U0745319

教育部人文社会科学重点研究基地
山东师范大学齐鲁文化研究院重大项目

傅统先全集

第一卷

张茂聪 主编

山东教育出版社

图书在版编目（CIP）数据

傅统先全集 . 第一卷 / 张茂聪主编 . — 济南：山东教育
出版社，2020.9

ISBN 978-7-5701-1433-7

Ⅰ. ①傅… Ⅱ. ①张… Ⅲ. ①社会科学—文集 ②教育
学—文集 Ⅳ. ①C53 ②G40-53

中国版本图书馆 CIP 数据核字（2020）第 183307 号

责任编辑：李 红 杜启朕
责任校对：任军芳
整体设计：邢 丽

FU TONGXIAN QUANJI
DI YI JUAN

傅统先全集

第一卷 张茂聪 主编

主管单位：山东出版传媒股份有限公司
出版发行：山东教育出版社
地址：济南市纬一路321号 邮编：250001
电话：（0531）82092660 网址：www.sjs.com.cn
印 刷：山东临沂新华印刷物流集团有限责任公司
版 次：2020 年 9 月第 1 版
印 次：2020 年 9 月第 1 次印刷
开 本：787 mm × 1092 mm 1/16
印 张：35.25
印 数：1—1500
字 数：488 千
定 价：198.00 元

（如印装质量有问题，请与印刷厂联系调换）印厂电话：0539-2925659

图1：1931年，在圣约翰大学学报《约翰声》出版
　　　社合影，傅统先时任《约翰声》中文版主任，
　　　英文版编辑（第一排右二为傅统先）
图2：1946年，在圣约翰大学教育系任教期间合影（第
　　　一排左一为傅统先）
图3：1950年，获哥伦比亚大学师范学院哲学博士
　　　学位，归国前在哲学院楼前留影

图 1：1953 年，与妻子蒋尚庄在济南合影
图 2：1960 年，与妻子蒋尚庄在济南趵突泉公园
　　　合影

图 1：1972 年，在济南家中阅读《文汇报》，留影
图 2：1979 年，参加学术会议合影（第一排右四
　　　为傅统先）

1980 年 11 月，应联合国教科文组织邀请出席在巴黎举行的"关于生产劳动与普通教育相结合问题"的专家会议，留影

顾问委员会

顾　　　问：傅贻谷　陆有铨

主　　　任：商志晓

副　主　任：万光侠

委员会委员：（按姓氏笔画排序）

　　　　　　于述胜　张晓鹏　徐继存　戚万学　魏贤超

编委会

主　　　编：张茂聪

编委会成员：（按姓氏笔画排序）

　　　　　　王　宁　仲米领　刘含宇　杜文静　张　圳

　　　　　　张　颖　陈　萍　范晓婷　侯　洁　董艳艳

时代与心境：傅统先先生的学术人生
（代前言）

　　2020年，是我国著名哲学家、教育学家，教育哲学学科重要奠基人之一傅统先先生（1910—1985年）诞辰110周年。先生于1932年毕业于上海圣约翰大学，曾受聘在暨南大学、正风文学院、东吴大学、圣约翰大学等院校任副教授、教授等职。1948年8月，赴哥伦比亚大学师范学院攻读哲学博士，师从美国社会改造主义的重要代表人物劳普（Raup，R.）。1950年获得博士学位后回国，1952年至1985年任职于山东师范学院（1981年更名为山东师范大学）教育系。先生的学术人生融哲学、教育学、心理学为一体。先生始终主张运用哲学的观点研究教育问题，提出哲学是思想，教育是行为，这是整个生活的两个方面。①先生对西方教育哲学中国化探索作出了重要贡献，尤其是对杜威学说、皮亚杰学说见解独到。翻译了杜威的《人的问题》《确定性的寻求：关于知行关系的研究》《经验与自然》等，译介了皮亚杰的《发生认识论》《儿童的道德判断》等著作。较早出版了《教育哲学讲话》《现代哲学之科学基础》《美学纲要》等专著，晚年与张文郁教授合著《教育哲学》一书。先生在《申报》《平论》《教育研究》等报刊上发表论文200余篇。先生在哲学、教育学领域作出的独特贡献，离不开其在求学和治学过程中坚定的以教育改造中国的教育理想、扎根于教育实践的行动和为中国教育事业奋

---

　　① 傅统先，张文郁.教育哲学讲话［M］.上海：世界书局，1947：18。

斗终身信念的支撑。

一、志存高远，战乱中求索教育救国

先生的一生一直为实现民族复兴，探索教育救国而努力。他亲历了上海的繁华、战乱与颓败。面对动荡时局，眼见大批的青年放纵自己、颓废不堪，强烈的家国情怀和民族忧患意识使先生较早地意识到人心问题才是根本问题。先生引导鼓励青年要在颓败空气中养成乐观态度，确立崇高理想，用一种战斗的精神达至最圆融完整的和平境界。①

（一）少怀大志，只身一人远赴上海求学

1910年，先生出生于湖南常德一个回族小商人家庭。先生少怀大志，立志成为教书先生，经常在游戏中扮演"小先生"的角色，为自己的卧室题名为"立志轩"。1925年，在母亲的鼓励下，只身从湖南常德辗转至上海求学，考入上海民立中学②。为了节省费用，借居于上海西门小桃园街清真寺内，因而受伊斯兰教影响颇深，早晚均做礼拜，听讲教义。此时期在先生心中埋下了泛神论的种子。1926年，先生转入当时上海最好的高中之一圣约翰大学附属高中。1928年高中毕业后，直接升入圣约翰大学。圣约翰大学在当时有"东方哈佛"之美誉，其师资配备、学术研究诸方面在当时亚洲乃至全球堪为一流，培养了张伯苓、陶行知、陈鹤琴等著名教育家。其间，先生主修哲学、辅修教育学，受到了严格的学术训练和西方哲学熏陶。先生学习刻苦认真，广泛涉猎了以黑格尔为主的西方近代哲学著作。大学四年级开始在学术上崭露头角，被聘为校刊《约翰年刊》英文部编辑，学报《约翰声》中文版主任、英文版编辑。在《约翰声》上发表《柏拉图的哲学》《关于易经的考据》等论文，并着手撰写《知识论纲要》一书。从圣约翰大学毕业后，先生因身患疾病未能直接参加工作，在家休养期间，潜心钻研哲学。为了解决认识论上的问题，先生曾跟随哲学家、佛学家蒋维乔学习佛学，结识了哲学家张东荪等人，这对其后来的学

---

① 傅统先.哲学与人生［M］.北京：首都经贸大学出版社，2012：自序。
② 梁自洁.山东现代著名社会科学家传：第1集［M］.济南：山东教育出版社，1991：285。

术道路产生了重要影响。在这一时期，先生翻译了《格式心理学原理》，撰写了《现代哲学之科学基础》《美学纲要》等著述。

（二）战乱中探索教育救国

1935年，先生病愈后到上海暨南大学附设实验学校任教，并积极推行"设计教学法"，先生从此与教育结下不解之缘。1937年，因上海"八·一三"抗战爆发，先生利用授课的机会，积极向学生宣传爱国主义思想，唤醒青年发扬民族主义精神。先生的爱国行动曾一度触怒日寇，不断受到日伪特务机关的恐吓。为免遭迫害，1939年8月，先生迁居于圣约翰大学校内，并受聘圣约翰大学讲师。同年翻译出版波林（Boring, E.）等著的《心理学》。1940年9月，在职进修圣约翰大学研究生院教育哲学硕士，1942年，先生以《从实在论角度重述唯心主义》论文获文学硕士学位。后因太平洋战争爆发，国内形势恶化，学校美籍教师相继离校回国，受校长沈嗣良邀请，先生于危难之际执掌圣约翰大学教育系。

教育救国依然是知识分子肩负的时代使命。面对学校教育和家庭生活失败的社会现实，先生力图以哲学复兴民族精神，出版大学国文教本《哲学与人生》，借以引导青年树立乐观的、积极的、现实的人生观，鼓舞青年直面困难不断求索，培植健全人格。他说："人生是奋斗的，我们要在奋斗中去求胜利。生活是变迁的、是痛苦的，但是在变迁的生活中，我们却找得到变迁的秩序条理，在痛苦中，我们却能求到愉快幸福。"[1]先生主张以教育改造社会，这种教育与传统教育截然不同，先生将之称为"新教育"。先生的"新"体现在：从行动中去求知识，再由知识来指导行为。以学校教育去领导社会风气，再以社会风气来推进学校教育。[2]先生对内立足中国现实，对外置身于世界文化融会发展的趋势之中探索教育改造中国之路。发表《与梁漱溟先生谈中国民族之前途》《以教育救中国》《如何使教育适应社会需要》和《中国文化之新精神》等文章，并以笔名"觚斋"发表《世界文化之分歧与会流》。在先生的视野

① 傅统先.哲学与人生［M］.北京：首都经贸大学出版社，2012：366。
② 傅统先.以教育救中国［J］.观察，1947（12）。

中，哲学和教育是一回事儿，哲学家予以社会生活一种适当的评价而建立社会的理想，教育家则执行哲学家所创立的社会理想[①]。

在国难深重的抗战时期，先生深感中国文盲太多，教育应肩负起扫除社会文盲、为社会服务的重任。先生在上课时动情地向学生讲："中国的文盲太多了，只要看曹家渡这一角就不知有多少，这些文盲的存在是圣约翰大学的耻辱，更是我们伟大的教育系的耻辱，假使在学校的附近有那么五六所的义务学校，由教育系同学主办，那么不出三年，包你可以把这一角的文盲全部扫除，这是圣约翰的光荣，更是我们教育家的光荣。"[②]于是，先生亲自带领教育系学生在苏家角附近创办康乐民众补习学校、中南中学、爱群小学、圣约翰大学附属中学等多所学校。这些学校的创办为推行"新教育"、扫除文盲、解决平民子弟上学问题起到了关键作用。

（三）为回族教育文化事业发展竭尽全力

先生是回族人，家族世代信奉伊斯兰教。早年先生借住在上海小桃园清真寺期间，大教长李先慧带领先生学习《古兰经》《天方典礼》《天方性理》等伊斯兰教的经典著作，促使先生萌生了对宗教哲学的浓厚兴趣。这段借宿生活奠定了先生在新中国成立前同伊斯兰教界的密切联系。1925—1926年，先生以读经班学员的身份参加了上海回教学会，跟随当时中国伊斯兰教界著名的大教长哈德成和达浦生学习经学。

大学期间，先生发表长文《追求中的真宰》，开始受到伊斯兰教界的关注。毕业之际，先生受上海伊斯兰经学研究社的邀请，为学员讲授自己撰写的《知识论纲要》一书。先生讲课的时间虽不长，但是对学员们却产生了深刻的影响。一方面，先生用黑格尔的绝对唯心主义思想加深了学员们对宗教思想的理解；另一方面，这些学员成为全国各伊斯兰教礼拜堂的重要阿訇和教长后，进一步扩大了先生的学术影响力。这一时期，先生为上海伊斯兰教的文化事业作出了卓有成效的贡献。1934年，先生与王义、鲁忠翔等穆斯林青年共同创办

① 傅统先.教育政治与哲学［J］.教育与文化（上海），1946（3）。
② 周福如.筹备中的康乐义务学校［J］.教育学报，1947（1）。

上海回族职业补习夜校，印发穆斯林刊物《改造》，发起成立中国回教文化协会，编辑出版《中国回教文化丛书》。1940年，受商务印书馆王云五约请出版《中国回教史》一书，蜚声伊斯兰学界。该书被称为民国时期与白寿彝《中国回教小史》、金吉堂《中国回教史研究》、马以愚《中国回教史鉴》齐名的中国回族史的代表成果①。白寿彝在其《中国回教小史》中说："中国回族史的研究是一门很艰苦的学问。研究这门学问的人，须具备几种语言上的工具，须理解回教教义和教法，须熟悉中国史料及阿拉伯文、波斯文、土耳其文中的记载，他不只要有这些言语文字上的资料，他更要懂得回教的精神，懂得中国回教人的心。"②白寿彝的话，可以说是代表许多人对先生《中国回教史》一书的看法。先生通过撰写《中国回教史》也对以往的偏激态度作了深刻反省。先生认识到，在一个有着多种宗教的社会中，任何一种宗教都不能单独存在。先生不主张各教之间彼此各立门户，而应跨越鸿沟，互相交流。诚然，早年先生是信奉伊斯兰教的，但先生并非偏执盲目，而是注意研究与分析世界各种宗教的起源与发展，强调宗教间的尊重与沟通，并通过学习哲学特别是杜威实用主义哲学后，先生逐渐从哲学的高度对待世界、自然、自我。

二、志趣卓然，孜孜探求新近之哲学

先生为学始于哲学。在先生看来，哲学能够指导人生。先生贯通中西，先后研究宗教哲学、黑格尔哲学、杜威哲学、马克思主义哲学。先生的很多思想理论就是建立在哲学的基础上的。

（一）转向黑格尔客观唯心主义哲学

如前所述，先生中学时期深受伊斯兰教泛神论的影响，萌生了对宗教哲学的浓厚兴趣。先生入读圣约翰大学后，对其哲学思想起着关键性作用的应属斯宾诺莎（Spinoza，B.）、黑格尔（Hegel，G.）。斯宾诺莎主张，"上帝不是一

---

① 王伏平.傅统先及其中国回教史 [J].回族研究，2007（1）。
② 白寿彝.中国回教小史 [M].上海：商务印书馆，1944：题记。

个人，而是自然本身或自然法则"①，这一哲学观正与先生当时所信奉的伊斯兰教泛神论相契合，并巧妙地构思了"把心灵和物质联结起来的实体或上帝，从而获得一种统一体"②的基本判断。在学习探索过程中，先生更进一步学习到黑格尔客观唯心主义哲学，专心钻研黑格尔的《逻辑学》《精神现象学》《历史哲学》等著作，并涉猎黑格尔学派罗伊斯（Royce, J.）的《现代哲学之精神》等。大学四年级时，先生已经阅读了大量的知识论著作，1933年出版第一本哲学著作《知识论纲要》，详细考察了依据论、直觉论、感觉论、理性论对于知识起源问题之认识。先生认为这些学说都不能解释知识之来源，因为"感觉给理性以原料张本，理性组织之，支配之。凡概念，知觉，感觉，官感，无一非心灵之活动。"③先生进而论述了实在论、代表论、新实在论、批判的实在论、观念论在知识价值问题上的观点。先生将这些学派划分为实在论与观念论两大阵营。实在论主张，"有一个外在的世界的存在，它是离开任何意识或任何心灵而独立存在的。"④先生趋于观念论的主张，他承认外界存在的实有，但是存在不能离开普遍心灵而独立。《知识论纲要》的出版，标志着先生的哲学思想从泛神论向黑格尔客观唯心主义的转折。

（二）探索科学与哲学之关系

先生是较早综合运用相对论、量子论、完形心理学等最新科学知识，从自然科学的角度论证黑格尔客观唯心主义的学者。先生潜心研究爱因斯坦（Einstein, A.）的《相对论原理》、罗素（Russell, B.）的《物质的分析》、弗洛伊德（Freud, S.）的《精神分析引论》等书。1934年，发表《新物理学中之宇宙观》《生机哲学在生物学上之基础》等系列文章，探讨哲学之物理学和生物学上的依据。在《新物理学中之宇宙观》的导言中江振声写道："其所作之《新物理学中之宇宙观》多根据于马克思威尔（Maxwell），鲍尔（Bohr）

---

① 贺麟.斯宾诺莎主义的宗教方面［J］.中国社会科学院研究生院学报，1986（2）。
② 同上。
③ 傅统先.知识论纲要［M］.上海：作家书屋，1933：280。
④ 同上。

等之原著。吾国学者对于相对论探讨甚多，而阐明量子论者尚寡。傅君斯作，实为介绍量子论之先声！言论独到，理论精深；而对于物质之波力论与新物理学对于哲学问题之新曙光，尤开明尽致！"①1936年，出版《现代哲学之科学基础》一书，先生认为："现代哲学和科学已发展到使双方互相契合、互相合作的地步，实则科学和哲学是相依为命的。科学愈发达，哲学之任务亦愈繁重。"②先生指出，相对论之于哲学，在消极方面打破了空时之绝对性与客观性，在积极方面建立了"空—时"之连续性③，新物理学之于哲学，打破了因果律之旧见解，采取了统计法的既然观念④。先生在综合论述的基础上以"科学之趋向于唯物欤唯心欤"为结束，指出科学的发展趋向于唯心论。

先生之所以研究科学与哲学之关系的问题，与当时思想界长期存在的"哲学消灭论"有着密切的关系。20世纪20年代，中国思想界掀起"科玄论战"，科学与哲学的关系成为辩论的核心内容。以胡适为代表的"科学派"主张由科学取代哲学。1929年，胡适在上海大同中学作题为"哲学的将来"的演讲，主张科学可以代替哲学。胡适说："科学不能解决的，哲学也休想解决。即使提出解决，也不过是一个待证的假设，不足于取信现代的人。故哲学家自然消灭，变成普通思想的一部分。"⑤他认为："将来只有一种知识，科学知识。将来只有一种知识思想的方法，科学证实方法。将来只有思想家，而无哲学家。"⑥张东荪等人则与胡适的观点相反，认为哲学不可能被科学所取代。1930年，张东荪在《哲学评论》上发表《将来之哲学》，1937年又在《东方杂志》上发表题为《哲学究竟是什么》的文章，认为科学再发达也不能代替和包办哲学，科学与哲学有着不同的性质，两者的研究范围也不同，"近代以后的哲学只限于认识论，因为认识论是科学所不能夺去的，所以和科学没有冲突。可见哲学自己

① 傅统先.新物理学中之宇宙观［J］.光华大学半月刊，1934（3）。
② 傅统先.现代哲学之科学基础［M］.上海：商务印书馆，1936：11。
③ 傅统先.现代哲学之科学基础［M］.上海：商务印书馆，1936：56。
④ 傅统先.现代哲学之科学基础［M］.上海：商务印书馆，1936：238。
⑤ 欧阳哲生.胡适文集（第12卷）［M］：北京：北京大学出版社，1998：295。
⑥ 同上。

的变化不仅是对于科学有所让步，并且是对于科学相求调和"①。言下之意，张东荪认为科学与哲学是相互合作，密不可分的。

先生的《现代哲学之科学基础》力辟科学发达会使"哲学店关门"之谬说，在当时理论界特别是哲学界产生了较大影响，成为"旧中国哲学界最早探讨科学哲学的著作"②，受到哲学家张东荪高度评价："我看了以为得未曾有。即在欧、美此种体裁之书亦尚未见。而以时代之需要论，此种书则决不可少。"③先生撰写该书的立场是论证黑格尔客观唯心主义，是反唯物论的，也随即参与了一场全国性的唯物辩证法论战。1934年10月，张东荪编著《唯物辩证法论战》一书，收录了先生的《辩证法唯物论批判》一文，该文长达3万余字，先生在考察唯物论发展史，列举新唯物论者及其代表作，阐述新唯物论理论形成的基础上，进而从一般方面和特殊方面对新唯物论展开批判。该著作还收录牟宗三、张东荪等人的文章，共14篇。张东荪在"弁言"中特别交代"除傅统先君外，其余都是按交稿顺序次第排列"④。仅此就足以判断这篇文章的重要地位。该书出版后，引起叶青等人关于感觉、意识、实践等问题的论争，并最终以辩证唯物论者获胜而结束，但有学者认为，"两种胜利多半只是组织上的胜利，而决不是全部哲学理论上的胜利"⑤。仔细考察先生对于辩证法唯物论的批判，我们就会发现，这一时期先生对于辩证法唯物论的拒斥，实是基于其已形成的唯心主义本体论、宇宙论、知识论的哲学体系而作出的学理性思考。从论战的立场和过程看，先生是站在反对唯物辩证法的立场。从积极意义看，在客观上推动了中国思想家尤其是马克思主义学者对相关问题的再思考，间接促进了马克思主义中国化的进程。对先生自身知识谱系而言，也为其后期转向杜威实用主义研究积淀了深厚的哲学基础。

① 张东荪.科学与哲学 [M].北京：商务印书馆，1999：157。
② 刘凌，吴士余.中国学术名著大词典 [Z].上海：汉语大词典出版社，2001：41。
③ 傅统先.现代哲学之科学基础 [M].上海：商务印书馆，1937：序言。
④ 张东荪.唯物辩证法论战 [M].北平：民友书局，1934：弁言。
⑤ 沈志远.苏俄哲学思潮之检讨载 [J].中山文化教育馆季刊，1934（1）。

三、学贯中西，西方教育中国化的传播者和辩护者

唯物辩证法论战结束后，先生的哲学思想逐渐从黑格尔客观唯心主义转向杜威实用主义。先生对杜威是服膺的，他在1947年出版的《教育哲学讲话》一书中指出："我们现在所需要的是气魄雄伟的大哲学家或教育家，他的理论是代表时代精神而领导着一般人向前走的，如杜威之在美国一样。"[①]

（一）杜威学说中国化的传播者

1948年8月，先生怀着对真理追求的热忱，远赴哥伦比亚大学师范学院攻读哲学博士。在此期间，先生跟从美国著名哲学家兰德尔（Randall，J.）和欧内斯特·内格尔（Nagel，E.）分别研学思辨哲学、逻辑与科学方法。在美国教育哲学家劳普指导下完成《形成道德判断的方法论——基于国际比较的视角》（*Method In Moral Judgement—An Intercultural Analysis*）的博士论文。该论文着重论述杜威道德判断与"美国学派"[②]道德判断之间的异同。先生研究认为："这种以道德判断方法为核心的教育思想的发展，既是西方文化传统的延续，又是一种分化。它延续了西方的传统，因为它承认智力和理论概括在判断的描述性方面的功能作用。它强调将促进共同利益作为民主理想的重要性，这一理想保证利益相关者的积极参与和分享。它与西方传统的不同之处在于，它将重点从智力和理论概括转向寻求道德判断的可靠性概括，寻求为培养具有规范判断能力的人而建立方法论。"[③]先生认为："'美国学派'的道德判断的方法论，实质上是对杜威学说的批判性发展，但是仍有自身的局限性，该学派尚未充分阐述个体如何在更迫切的承诺和更直接的人际关系中，使自己更接近理想

---

① 傅统先.教育哲学讲话［M］.上海：世界书局，1947：138。

② "美国学派"，以先生的导师劳普教授为核心，其成员包括进步主义现代实验主义者阿克斯特尔（Axtelle，G.），美国进步教育联谊会的主席贝恩（Benne，K.）等美国教育家。该学派主张，以"民主而不强迫的社群"（un-coerced community of persuasion）的理想作为道德判断充分性的保证。

③ Foo, Thoong-sien. Methods in Moral Judgment: An Intercultural Analysis［D］. New York: Teachers College, Columbia University, 1950: 5-6.

状态下的民主而不强迫的社群相关方面的方法论特征。"①。

与国内一般研究杜威哲学的学者相比，先生的独特之处是先生不仅在教学和研究中对杜威实用主义进行了长期的探索，在实践中宣扬杜威实用主义，还译介杜威哲学著作并发展了杜威教育学说。20世纪50年代起，中国学界掀起批判杜威思想运动，"反动"成为这一时期的话语主题，《杜威批判引论》《实用主义批判》《批判杜威的反动教育思想》等批判杜威学说的著作不断面世。先生也难免卷入这一政治狂潮之中，但先生坚守内心的信仰，专心于翻译杜威著作，主要包括商务印书馆在1960年出版的《经验与自然》和1964年出版的《自由与文化》，上海人民出版社在1965年出版的《确定性的寻求——关于知行关系的研究》，以及先生同邱椿合译出版的《人的问题》。尽管先生当时是受命作为内部批判西方资产阶级思想的资料而翻译杜威著作，具有"被动"的成分，但是在主动性上却促进了先生自己乃至整个学术界对杜威的研究。这个时期先生翻译的杜威系列著作，较早年翻译的著作，具有更加严密的逻辑性、更加深厚的学术性和更加广博的学科知识领域。许多学者对于这一时期先生之于杜威学术思想传播所作出的贡献给予了高度评价："要翻译杜威这样的大哲学家的作品，光懂语言是不够的，还要有西方哲学史的造诣，翻译者本人最好就是一个哲学家、思想家。这些条件，傅统先都是具备的。"②"傅统先翻译的杜威作品可谓信、达兼备，很难超越。"③杜威哲学著作的译介更加完善了先生的知识体系，又使先生对实用主义有着更为透彻的理解。

先生根据中国社会的实际情况，在批判我国形式教育、书本教育问题的基础上，继承和发展了杜威的教育思想。首先先生认为："教育是生长，是整个人格不断向真、向善、向美的生长"④。先生解释说，"杜威的'凡是不断发展，不断生长就是生命'这一表述过于宽泛，……似乎杜威所言不断发展，不

---

① Foo, Thoong-sien. Methods in Moral Judgment: An Intercultural Analysis［D］. New York: Teachers College, Columbia University, 1950: 45.

② 陆有铨，等. 傅统先教授的学术人生［J］. 教育学报. 2010（5）。

③ 涂诗万. 杜威教育思想的形成［M］. 杭州：浙江教育出版社，2014：27。

④ 傅统先. 全体性的哲学与教育［J］. 学林，1941（8）。

断生长指向的是有机体，但是植物、动物和人类都是有机体，这三者在本质上是不同的"[1]。发展是人类所特有的，对植物与动物而言是没有意义的。因此，"教育是人类所特有的，教育不仅是生长，而且是整个人格的生长"[2]。先生进一步指出，"人格发展的最终目标是最真、最善、最美，是一种绝对的均衡协和状态……向真、向善、向美是人格发展的必然趋向"[3]。因此，教育是教人做事的。其次，关于杜威"学校即社会"的学说。在先生看来，学校与社会的关系并非仅是将学校办成雏形的社会，社会也是实施学校教育的延伸。他针对中国形式主义教育割裂学校与社会的弊病，主张把社会生活的方面，如政治组织、道德准则、经济结构等作为教育的材料，学生的学习应随时和社会事业相印证。因此，学校应指导学生通过参加社会调查等活动，体验都市和乡村的生活。在调查、观摩、实习的过程中，鼓励青年把自己所学的知识与经验投身到服务社会，改造社会中去。再次，先生认为以儿童为中心，反对教师的主导作用，这是错误的。教师是教学计划、教学大纲的执行者，在教学的过程中应发挥主导作用。儿童教育的目的是使其适应社会的需要，社会需要什么样的人才，儿童就应受怎样的教育，过怎样的生活。他进一步指出，儿童的教育应符合心理的程序，但是高深的知识应符合逻辑的程序。基于此，他主张小学教育应符合儿童的家庭和学校生活，中学教育应该与邻近的工厂、商店等发生联系，大学的教育应鼓励青年运用自己的所学投身到民间，帮助他们改善生活。

（二）为皮亚杰发生认识论辩护

先生对皮亚杰的研究用情颇深，有着自己透彻的理解。他是我国较早翻译皮亚杰《发生认识论》《儿童的道德判断》的学者，还翻译了皮亚杰的《儿童语言与思维》《教育科学与儿童心理学》等著作。一般人视皮亚杰为儿童心理学家、逻辑学家，而先生认为："与其说皮亚杰是儿童心理学家，还不如说他是一位发生认识论者，他之所以研究儿童知识的发生与发展是为了解决认识论上

---

① 傅统先.全体性的哲学与教育［J］.学林，1941（8）。

② 同上。

③ 同上。

人类知识之发生与发展的问题。皮亚杰花费了几十年的功夫来研究儿童对于世界、物理的因果关系、实体构造、空间、数目的起源和发展以及儿童的具体运算和形式运算的问题。"①

先生在《教育研究》（1979年第2、3、5期和1980年第1期）先后翻译发表了皮亚杰关于《发生认识论》的4次演讲稿。先生意识到学界对皮亚杰发生认识论存在不同程度的误解，又撰写了《试论皮亚杰的发生认识论》一文。一是驳斥美国内布拉斯加大学西格尔教授（Siegle，H.）的观点。西格尔认为，皮亚杰把"根据"一词在逻辑和心理学上的两种不同的含义混为一谈。先生在举例论证的基础上指出，皮亚杰并没有把逻辑和心理学混为一谈，而是企图把两者互相印证，综合利用。②二是同国内皮亚杰发生认识论的研究者进行商榷。在当时我国学界关于皮亚杰的争论主要表现为，有研究者认为皮亚杰的基本观点是唯心的。在先生看来，皮亚杰的发生认识论中确含有唯心主义的因素，然而皮亚杰的发生认识论与认知发展阶段理论从科学的角度证实了马克思主义认识论，包括感性认识与理性认识是辩证统一的关系，人的主观能动性，实践是检验真理的唯一标准等真理。

1982年，先生敏锐地意识到我国学界对皮亚杰结构主义的认识存在歧义，创造性地将皮亚杰学说同马克思主义认识论相结合，并以马克思主义学说为指导对皮亚杰的结构主义给予客观考量。在先生看来，皮亚杰的结构主义同其发生认识论一致，并非是唯心主义的，而是与马克思主义认识论有着异曲同工之处。先生认为，把皮亚杰的"适应"理解为一种被动地对外界的反应而不是一种能动地改造世界的行为，显然这是对皮亚杰理论的误解。在先生看来，皮亚杰对于"图式"以及由图式发展到具体运算结构，最后达到形式运算阶段的理解，不能和康德的先验范畴相比拟，皮亚杰的全部试验工作都是解决儿童思维发生和发展论。③

① 皮亚杰.儿童的道德判断［M］.济南：山东教育出版社，1984：序言。
② 傅统先.试论皮亚杰的发生认识论［J］.教育研究，1979（2）。
③ 傅统先.试论皮亚杰的结构主义［J］.华东师范大学学报（哲学社会科学版），1982（6）。

四、东学启智，奠基中国教育哲学新范式

先生对杜威实用主义哲学的推崇是显而易见的，但对马克思主义哲学的深度研究则又对其思想起到了革新作用。在从杜威实用主义转向马克思主义哲学的过程中，先生始终尝试以哲学为指导研究教育问题，力图寻求适合中国国情的教育哲学，赋予中国教育发展之灵魂。先生在探索教育哲学建设的学术历程中，撰写《教育哲学讲话》《教育哲学》等著作，建构了其体系化的教育哲学思想。

（一）对教育哲学的深度阐释

先生认为准确把握教育哲学必须首先厘清什么是哲学、什么是教育及两者之间的关系。仅仅围绕本体论、宇宙论、知识论、价值论的问题进行哲学探究，枯燥且乏味。先生将哲学视为人生的指明灯，强调哲学与人生、生活息息相关。先生指出："哲学是以现实生活环境中所发生的重大问题为出发点，一方面参照科学的知识，艺术的直觉，宗教的信仰和生命的情欲，另一方面运用逻辑的推理，语言的表达，系统的融会，对于整个人生作一番通盘彻底的检讨和评价来求索一个合情合理的人生之道，树立一个十全十美的理想社会。"[1] 那么教育到底是什么？如前所述，先生认为教育是整个人格向真、向善、向美的生长。先生在学习马克思主义哲学之后，更为明确地指出教育是培养人的活动。教育作为培养人的活动，主要是对人的世界观的塑形。在先生的视野中，人的培养离不开哲学。他认为："教育使哲学不落于空洞而使其切乎生活，哲学使教育不流于机械而使其活泼富有生气。"[2] 教育哲学则是"运用哲学对教育事实进行评价，并依据评价树立教育理想过程的产物"[3]。在对这一问题探讨的过程中，先生始终将人作为教育的对象，彰显人性的真善美，展现了强烈的人文关怀。

---

① 傅统先.教育哲学讲话［M］.上海：世界书局，1947：18。

② 同上。

③ 傅统先，张文郁.教育哲学［M］.济南：山东教育出版社，1986：2。

（二）奠基以哲学研究教育问题的教育哲学研究范式

在《教育哲学讲话》一书中，先生运用历史研究法追溯教育哲学发展史；运用基础研究法寻求教育哲学的生物学、社会学、心理学基础；运用问题研究法研究教育中的哲学问题，探索教育本质、教育目的、教育方法、教材等教育根本问题；运用派别研究法分析自然主义教育哲学、唯心主义教育哲学、实验主义教育哲学。在先生和张文郁合著的《教育哲学》一书中，则采用哲学之教育应用，构建了价值论与教育、伦理学与道德教育、认识论与教学、美学与美育为核心的教育哲学研究框架，并兼采各派教育哲学之体系研究，奠基了我国以哲学分析教育问题的教育哲学研究范式。在先生的视域中，"教育哲学是哲学的一个分支学科，是一门用哲学来探讨教育理论和实践诸方面问题的学科"[①]。但同时先生进一步指出："教育哲学是教育研究上的一个分析和综合阶段，抽绎出教育学的一般理论，因此可以说它是教育学的一个分支学科。"[②]先生并没有将教育哲学研究问题囿于哲学问题或教育问题，因为在先生看来无论是有关于本体论、宇宙论等哲学问题，还是关于教育本质、教育目的等教育根本问题的探讨，他们是教育哲学中的理论问题和应用问题，都是教育哲学研究所应涉及的。这对当下研究教育问题，进行教育改革所应秉持何种理念颇有启发。

（三）确立以马克思主义为指导的教育哲学研究

先生曾明确提出："人民教师必须是一个马克思主义者。……人民教师必须继续不断地学习马克思、列宁主义的系统理论……从而对年青一代起着模范作用。"[③]并以之为工具对原有的哲学体系进一步修正。1979年，教育部召开第一次全国教育科学规划会议决定在教育系教学计划中恢复"教育哲学"课程，先生受教育部委托撰写《教育哲学》一书。但在20世纪80年代，教育界由于长期受"左"的思潮影响，如何重新阐述与定位杜威教育哲学思想？如何处理西

---

① 傅统先，张文郁.教育哲学［M］.济南：山东教育出版社，1986：1。
② 傅统先，张文郁.教育哲学［M］.济南：山东教育出版社，1986：6。
③ 傅统先.儿童品德教育讲话［M］.济南：山东人民出版社，1954：9。

方教育哲学同马克思主义哲学之间的关系？如何为国家培养德智体美劳全面发展的社会主义建设者和接班人？先生结合自身40余年的学术沉淀，鲜明地指出："引领中国教育哲学向前发展的是马克思主义哲学，在教育哲学领域，怎样运用马克思列宁主义和毛泽东思想来研究教育哲学，正确地阐明教育的本质和规律，指导教育的实践，这是我国教育科学研究工作者的一项重要任务。"[①]先生以辩证唯物主义和历史唯物主义哲学观为指导，对教育本质、教育目的和方法等问题进行研究，运用马克思主义价值观批判客观主义价值观、主观主义价值观、实验主义价值观，以此为基础一步讨论价值论与教育的关系。在关于人的价值与教育目的关系的分析中，以马克思关于人的全面发展观批判杜威的教育无目的论。在伦理学与道德教育讨论中，用马克思主义伦理学批判以康德和卢梭为代表的主内派的道德观、以边沁和弥尔等为代表的主外派的道德观、以斯金纳为代表的道德相对论、以杜威为代表的实验主义道德观，奠基了以马克思主义为指导的教育哲学研究之路。

五、耕身实践，力倡教育助益人的全面发展

先生从未离开过教育，青年时期奔走疾呼，探索教育救国，折射出一代知识分子忧国忧民的人格魅力；出国深造后，他毅然选择学成归国。回国后到苏州华东革命大学政治研究院接受思想改造，1952年2月被分配到山东师范学院。先生秉持教育兴国的理念，以高涨的热情扎根于教育事业，为祖国培养全面发展的建设人才，进行了诸多有益的探索，提出了富有先见性的教育理念。

（一）创建青年教师培养制度，促进教师专业发展

先生在执掌山东师范大学教育系期间，十分重视青年教师培养，积极探索以老带新的助教培养制度。一是指导青年教师学习苏联经验，改进教学方法。先生治学严谨又不失灵活。"傅统先老师的课，上得生动活泼，课堂上的大辩论，使我至今难忘。"[②]为了提高年轻教师的教学能力，使其熟练运用各种教

---

① 傅统先，张文郁.教育哲学［M］.济南：山东教育出版社，1986：14。
② 顾国华.文坛杂忆全编6［M］.上海：上海书店，2015：86。

学方法，先生要求教师必须根据教育目的、教学任务、学科性质、学生年龄、学校环境和设备条件选择合适的教学方法。先生指出，科学的教学方法必须符合社会主义、共产主义教育的目的，能使学生很容易地接受知识、学会本领，能唤起学生的自觉性和积极性，不仅要能保证学生掌握系统的知识、技能和熟练技巧，而且还要能够培养学生优秀的道德品质。[①] 先生强调，教学方法必须是完成一定教学任务的手段，……脱离了教学目的和教学内容，单纯地追求教学方法，必然是不免流于形式主义。[②] 这些主张，对于克服盲目学习苏联教学经验的教条主义发挥了积极的作用。二是指导青年教师进行科学研究。为祖国培养全面发展的社会主义新人，"依靠于教学质量的提高，而提高教学质量，除贯彻教学改革外，开展科学研究工作，有其决定的意义"[③]。在先生的支持与帮助下，教育系教师撰著了《谈谈怎样上课》《关于教育的本质》等一系列著述。这些著述奠基了山东师范大学优良的学术研究传统。

（二）对德育、劳动教育和美育有深度的思考

中华人民共和国成立以后，先生结合我国教育现状，着重从德育、劳动教育和美育进行了探讨。第一，先生认为，道德教育是全面发展教育最重要的组成部分。先生依据苏联教育经验，主张在培养儿童道德品质的过程中，遵循积极性与实践性的原则、连续性与系统性的原则、对学生严格要求和尊重学生人格相结合的原则等，灵活运用说服、示范、练习、奖励和惩罚等方法。第二，在《儿童品德教育讲话》中，阐述了教育必须与生产劳动相结合，认为教育与生产劳动相结合是实现人的全面发展的根本途径。1980年11月，先生受邀参加联合国教科文组织在巴黎召开的关于普通教育与生产劳动关系的专家会议，并作《中国的普通教育与生产劳动相结合》的报告。回国后，在《教育研究》上发表《谈谈生产劳动与普通教育相结合的几个问题》，系统阐述了对于教育与生产劳动相结合问题的看法。第三，美育是实现人的全面发展的重要组成部

① 傅统先.教学方法讲话［M］.济南：山东人民出版社，1954：6-8。
② 傅统先.教学方法讲话［M］.济南：山东人民出版社，1954：75-76。
③ 胡锡奎.国家过渡时期总任务与高等学校的科学研究工作［J］.科学通报，1954（5）。

分。先生认为，美育能促进智力的发展，加深对科学知识的掌握。美育能够深刻地影响一个人的思想情感，有助于提高其社会主义思想觉悟和共产主义的道德品质。美育可以促进身体健康的发展。先生认识到，学校教育忽视美术课教学计划设计与实施，美术教师的地位尚未受到应有重视。先生根据我国美育在学校实施的实际情况，提出相应的改革建议，主张在学校里进行美育，不应只限于上几节音乐和美术课，可通过组织学生春游、露营或访问名胜古迹等课外活动，邀请职业艺术家到学校里执教艺术课等形式进行美育，同时应重视各种艺术之间的共通性等。可见，先生对全面发展教育的探索，不仅仅是简单的移植或模仿，而是对我国人才培养目的与需求的审慎思虑。

（三）教书育人，培养优秀后学

1956年，先生在工作计划中提出希望培养能够胜任高等师范学院教育学教学工作的高层次教师，这些教师能够掌握教育学全部教材知识、处理教材的方法、具备基本的教学经验和多种教学方式方法，将来能够独立从事前沿性教育科学研究。但因为其后不久的"整风"运动和"反右"运动，这些运动使国家培养高层次研究人才的计划搁浅。晚年，先生忍受病痛的折磨，凭借自己强烈的事业心和责任感，致力于教育学高端人才的培养，为我国培养了一批如陆有铨、魏贤超、张晓鹏、戚万学等优秀的教育学者。

先生尤其注重培养学生的爱国之情。先生晚年躺卧在病床上，还用深沉而有力的语气嘱托学生"读书！读书！再读书！效力祖国，造福人民！"。这份嘱托，令人动容。先生要求学生阅读教师所指定的参考书。它可以帮助学生深入理解和巩固教师在课堂上所讲授的内容；可以对于教师在课堂上所提出的重点进行比较全面的钻研，从而充实教材内容，扩大学生知识领域；学生通过独立阅读参考资料可以发展自己独立工作和独立思考的能力。[1]在先生看来，阅读参考书乃是帮助同学们更全面、更深入地掌握课上所学，而不是一种额外的负担。先生重视开阔学生的国际视野，亲自指导学生翻译《儿童的道德判断》

---

[1] 怎样阅读参考书.山东师院［N］.1955年12月10日。

《学习的条件》等西方经典著作，在翻译、校对和审阅的过程中精益求精。在先生的言传身教下，弟子们也尽自己所学，谨遵其"效力祖国，造福人民"的嘱托，为我国教育事业的发展贡献自己的学识与才干。

1979年春，先生当选为中国教育学会第一届理事会常务理事，兼任《教育研究》杂志的编辑委员。翌年，先生受联合国教科文组织邀请，出席了在法国巴黎召开的国际会议。先生以终身学习的姿态，紧跟时代脉搏，在晚年还密切关注国际学术前沿动态，负责通校、审阅、翻译了联合国教科文组织出版的《学会生存：教育世界的今天和明天》《世界电化教育概况：利用教育技术进行科学教育的新倾向》等。1985年3月2日，先生在上海辞世。12月，先生与陆有铨合译的罗伯特·姆·加涅（Gagne，R.）所著的《学习的条件》出版。次年，先生与张文郁合著的《教育哲学》出版。

先生立足于中国教育实践，站在学术发展的国际前沿，肩负教育家的责任与担当，集毕生之力置身于中国教育事业的发展。求学期间刻苦学习宗教哲学和黑格尔客观唯心主义哲学，催生其哲学研究生涯；在教书期间，深入钻研杜威实用主义哲学，并以之为参照，从哲学的高度探讨教育问题；留学归国后，先生以极高的热情学习马克思列宁主义、毛泽东思想，并以之为指导，不断反思、批判，逐步构建了自己的教育思想体系，对教育本质、教育价值、教育目的等教育根本问题深入研究。先生对德育、劳动教育、美育的见解可作为当下建设全面发展教育体系，指导学校和家庭教育的有益借鉴。先生严谨治学的精神、无私奉献的教育情怀，也永远值得我们学习与继承。

六、薪火相传，《傅统先全集》之大成

后学从未忘记先生在我国哲学界、教育界、伊斯兰教界作出的卓越贡献。《傅统先全集》收录先生的著作、论文、译著及遗作等，近600万字，分为著作、译著、论文三大卷别共12卷。

（一）著作卷别体系

第1卷，收录先生的先期哲学著作，包括《知识论纲要》①《现代哲学之科学基础》②《美学纲要》③。《知识论纲要》重在解决知识论中最为核心的问题：知识之起源与知识之价值。先生从黑格尔客观唯心主义的观点对不同认识论学派的学说进行批判与分析，特别论述了当时新兴的新实在论和批判的实在论。先生主张，绝对不知道的东西即无存在，凡存在都属于观念范围之内，自我、非我、大我乃实是存在的，这些都是观念的。《现代哲学之科学基础》是"旧中国哲学界最早探讨科学哲学的著作"，哲学家张东荪为该书作序。先生论述了科学在哲学上的意义，准确把握了科学与哲学之间的关系，系统阐明了当时最新自然科学知识。先生认为，科学与哲学同样是求宇宙的微妙。虽然科学能精确地深入分析宇宙各部的细微处，但是它的结果仍不外乎供给哲学以正确的资料，预备对宇宙的全盘作一批判的、综合的认识。科学注重于事实的实验，哲学偏重于理论的逻辑。若以精确的事实辅助逻辑，我们或可得一较为融贯的哲学。《美学纲要》是一部美学理论专著。先生在书中讨论了经验之完整性、美感经验之本质、美与自然、美与理活动、美感经验之特性、艺术的种类、艺术与生活等问题，逻辑结构严密，理论性较强，对于我国现代美学的发展有一定的影响。先生认为，在我们的生活中，少不了一种美感经验。假使它是奢侈品，这种奢侈品在我们的生活中，也是必需的，并试图从理论上解决中国艺术问题。通过本卷，可以从知识论、科学哲学、美学等不同角度感受先生的哲学智慧。

第2卷，收录先生的教育哲学著作，包括《教育哲学讲话》④《反动的实用主义教育思想批判》⑤《教育哲学》⑥。《教育哲学讲话》是先生在圣约翰大

---

① 傅统先.知识论纲要［M］.上海：作家书屋，1933。
② 傅统先.现代哲学之科学基础［M］.上海：商务印书馆，1936。
③ 傅统先.美学纲要［M］.上海：中华书局，1948。
④ 傅统先.教育哲学讲话［M］.上海：世界书局，1947。
⑤ 傅统先.反动的实用主义教育思想批判［M］.武汉：湖北人民出版社，1957。
⑥ 傅统先.教育哲学［M］.济南：山东教育出版社，1986。

学执教"教育哲学"时，根据教学经验撰写而成的。该书是先生构建中国话语体系的教育哲学作出的初步尝试，也是"教育哲学讲话丛书"的一种。先生认为，教育哲学可以说是教育事业的灵魂。教育应该符合社会状况，但是不应限于社会现有的需要。这就是说，教育的方向不能违反国策，但是它却又不应仅做政治的工具。教育往往又负有推进社会、改造国家的使命。教育哲学是在现实生活中所创造的一种理想，而这种理想要决定着我们将来生活的进展。《反动的实用主义教育思想批判》是先生为配合当时的全国性杜威批判运动所作，尽管"反动"一词贯穿始终，但从整体上看，是全面分析杜威实用主义教育之主体，也是基于杜威英文著作的详解。《教育哲学》是先生在改革开放后与张文郁共同编纂而成。先生力图运用马克思列宁主义的基本原理对教育领域中的重要问题进行科学分析，对西方教育哲学思想，特别是杜威实用主义教育哲学思想重新进行了客观评价。先生指出，"实事求是"和"实践是检验真理的唯一标准"，是马克思列宁主义的精髓。根据这个原理，对于一些基本理论，直接引用马克思主义经典著作来加以阐述，并尽可能地引用经过今中外实践（包括科学实验）证明具有一定科学性的教育理论研究资料。阅读本卷，不仅可以感受杜威在先生学术思想中所占的分量，更能体悟先生独特的教育哲学见解。

第3卷，收录先生的教育教学著述，包括《逻辑纲要》[①]《哲学概论工作手册》[②]《哲学与人生》[③]《教学方法讲话》[④]《儿童品德教育讲话》[⑤]《谈谈怎样教育子女》[⑥]。《逻辑纲要》是先生在大夏大学、光华大学等校执教"逻辑学"时编写的，体系严谨，逻辑清晰。《哲学与人生》是在《哲学概论工作手册》基础上完成的，全书以积极的人生态度，畅谈哲学与生活、人生之苦乐、人生之目的、人性之善恶等问题，字斟句酌，颇富哲理与韵味，具有强烈的人

---

① 傅统先.逻辑纲要［Z］.上海：大夏大学等及各大书局，1939。
② 傅统先.哲学概论工作手册［M］.上海：世界书局，1944。
③ 傅统先.哲学与人生［M］.上海：世界书局，1945。
④ 傅统先.教学方法讲话［M］.济南：山东人民出版社，1954。
⑤ 傅统先.儿童品德教育讲话［M］.济南：山东人民出版社，1954。
⑥ 傅统先.谈谈怎样教育子女［M］.济南：山东人民出版社，1956。

文关怀精神。先生认为，在人生里面，一切都是变化不停的。需要从来不会十分满足的，情绪从来不会绝对安定的，理想从来不会完全实现的。因此，我们的奋斗也就从来不会停止的，这就是人生。《教学方法讲话》《儿童品德教育讲话》《谈谈怎样教育子女》，是先生在山东师范学院教书期间，根据教学经验和苏联教育理论撰写而成。先生认为，人民教育的目的，是要培养年轻一代成为智、德、体、美、劳全面发展的新人，使其将来能自觉而积极地参加祖国的建设和保卫工作。因此，我们新中国的年轻一代，在学校求学的时期中，不但要掌握系统的知识、技能和熟练技巧，而且也要受到共产主义道德的教育。同时，教育子女是每个家庭的基本任务，是父母的社会责任，当然也是他们最为深切关怀的事情。这些著述语言简洁，寓意深刻。虽然主题繁多，但是无一不展现着先生严谨治学的教学态度，潜心求索的学术风范。

（二）译著卷别体系

第4卷，收录先生翻译的杜威（Dwey，J.）哲学著作，包括《经验与自然》[①]《确定性的寻求：关于知行关系的研究》[②]。杜威（1859—1952年），美国著名哲学家、教育家，实用主义主要代表之一。在《经验与自然》中，杜威提出他的实用主义哲学的基本观点，并把它称为"经验的自然主义"或"自然主义的经验论"。在《确定性的寻求：关于知行关系的研究》中，杜威研究了知与行的关系，强调知识具有实践的意义，指出理论与实践之间有着内在的联系，这种内在联系使得知识成为实现人类目的的工具和手段。

第5卷，收录先生翻译的杜威哲学著作，包括《自由与文化》[③]《人的问题》[④]。在《自由与文化》中，杜威以什么是自由为切入点，对自由问题、文化与人性的关系、美国背景、集权主义经济与民主、民主与人性、科学与自由文化、民主与美国等问题进行了探讨。在《人的问题》中，杜威论述了教育

---

① 杜威.经验与自然［M］.傅统先，译.上海：上海人民出版社，1960。
② 杜威.确定性的寻求：关于知行关系的研究［M］.傅统先，译.上海：上海人民出版社，1965。
③ 杜威.自由与文化［M］.傅统先，译.上海：商务印书馆，1964。
④ 杜威.人的问题［M］.傅统先，译.上海：上海人民出版社，1965。

与民主观念，思想的挑战，人性、科学与学术的关系，价值观与人的思维等问题。

第6卷，收录先生翻译的皮亚杰（Piaget，J.）著作，包括《儿童的语言与思维》①《儿童的道德判断》②。皮亚杰（1896—1980年），瑞士心理学家、哲学家和逻辑学家，发生认识论的创始人，被誉为心理学史上除了弗洛伊德以外的另一位"巨人"，他提出的发生认识论不仅是日内瓦学派的理论基础，也是对欧洲机能主义的重大发展。先生认为，与其说皮亚杰是儿童心理学家，还不如说他是一位发生认识论者，他之所以研究儿童知识的发生与发展是为了解决认识论上人类知识之发生与发展的问题。

第7卷，收录先生翻译的考夫卡（Koffka，K.）著作，包括《格式心理学原理》③。该书被列为大学丛书，是研究格式塔心理学的重要参考书。考夫卡（1886—1941年），美籍德裔心理学家，格式塔心理学的代表人物之一。先生认为，此书"娓娓动人，使人久听不倦。有时好像离题太远，然而其形散而神不散"。此书正好像一本《红楼梦》，任他说了许多家常琐事，然在读者的脑海里面总是深深地映有一个贾宝玉与林黛玉的影子。

第8卷，收录先生翻译的教育学与心理学著作，包括《心理学》④《世界电化教育概况》⑤。《心理学》是美国哈佛大学的波林（Boring，E.）、普林斯顿大学的兰费德（Langfeld，H.）和康奈尔大学的卫尔德（Weld，H.）共同编写而成。先生认为，《心理学》一书里面有许多新的材料术语是一般心理学教本中所找不到的，有许多近来实验所得的结果也没有人系统地归纳过。《世界电化教育概况》，介绍了如何运用电子计算机教学机器、电视、无线电以及多种媒介的综合系统进行有关生物、化学、物理与数学几方面的教学改革的新动

① 皮亚杰.儿童的语言与思维［M］.傅统先，译.北京：文化教育出版社，1980。
② 皮亚杰.儿童的道德判断［M］.傅统先，译.济南：山东教育出版社，1984。
③ 考夫卡.格式心理学原理［M］.傅统先，译.上海：商务印书馆，1937。
④ 波林等.心理学［M］.傅统先，译.上海：商务印书馆，1939。
⑤ 联合国教科文组织出版部.世界电化教育概况［M］.傅统先，译.上海：上海教育出版社，1979。

向，为推动20世纪80年代我国电化教育的兴起与发展作出了一定的贡献。

第9卷，收录先生翻译的教育学与心理学著作，包括《发生认识论》①《教育科学与儿童心理学》②《儿童的心理发展》③《学习的条件》④。《教育科学与儿童心理学》及《儿童的心理发展》是皮亚杰所著。《教育科学与儿童心理学》由《一九三五年以来的教育与教学》《新方法：新方法的心理学基础》两部分构成。《儿童的心理发展》一书收集了皮亚杰心理学研究的文章。皮亚杰精辟确切地说明了他对于适应、同化、顺应等术语的理解。先生认为这些解释和阐述都足以帮助我们正确理解皮亚杰理论。《学习的条件》是美国教育心理学家加涅所著。加涅（1916—2002年），美国当代教育心理学家，主要研究学习理论与教学设计。他着重运用认知心理学的理论观点，主要是运用信息加工模式来研究学习问题。

第10卷，收录先生翻译的哲学著作，包括《自然与生命》⑤《唯心哲学》⑥《现代哲学倾向》⑦。《自然与生命》是英国哲学家怀特海（Whitehead，A.）所著。该书被收入到王云五主编"万有文库"第二集。怀特海主张：自然界不可以静止的、死板的单独事物视之；自然界乃是一种生命的历程与活动；宇宙是一个前进不已的历程，它有意向与价值为其指导力。《唯心哲学》是英国哲学家亨黎（Hoernle，R.）所著。亨黎把唯心哲学归纳为四大派：精神多元论、精神一元论、批判的唯心论、绝对的唯心论。他认为，这四派是互相影响、互相融会的。《现代哲学倾向》是美国新实在论创始人拉·巴·培里（Perry，R.）所著。培里认为，唯物主义和唯心主义由于其对科学与宗教的偏颇态度，各有其本身不能克服的缺点。而实用主义和新实在论正是在反对传统哲学，并克服其缺点中形成起来的。

① 傅统先. 发生认识论［J］. 教育研究，1979（2）（3）（5）+1980（1）。
② 皮亚杰. 教育科学与儿童心理学［M］. 傅统先，译. 北京：文化出版社，1981。
③ 皮亚杰. 儿童的心理发展［M］. 傅统先，译. 济南：山东教育出版社，1982。
④ 加涅. 学习的条件［M］. 傅统先，译. 济南：人民教育出版社，1985。
⑤ 怀特海. 自然与生命［M］. 傅统先，译. 上海：商务印书馆，1937。
⑥ 亨黎. 唯心哲学［M］. 傅统先，译. 上海：中华书局，1941。
⑦ 培里. 现代哲学倾向［M］. 傅统先，译. 上海：商务印书馆，1962。

（三）论文等卷别体系

第11卷，收录先生在《申报》《约翰声》《教育研究》等刊物上发表的论文，此外，本卷还收录了其博士论文，该论文是在国内首次公开出版。其中最早的文章《辩证法唯物论批判》[①]发表于1934年，最晚的文章《试论皮亚杰的结构主义》[②]发表于1982年。先生将自身研究与民族复兴紧密相连，关注青年教育问题，发表了《青年的思想问题》[③]《大学生与哲学》[④]《上海青年的再教育》[⑤]等。先生认为，建设新的中国，必须建设新的文化，先生透彻分析了《中国人的自然观》[⑥]《中国人的社会观》[⑦]，探寻《中国文化的出路》[⑧]，主张《以教育救中国》[⑨]。先生关注培养全面发展的人，注重教育教学质量的提升，发表了《关于改进教育与教学的若干问题》[⑩]《谈谈生产劳动与普通教育相结合的几个问题》[⑪]等。文章按照时间顺序排列，通过阅读，既可以清晰厘清先生学术思想发展轨迹，又可以感悟先生治学视野之广阔。

第12卷，收录先生在《儿童教育》《山东师范学院校刊》等刊物上发表的译文、书评等。第1部分，为先生翻译的论文，先生始终关注国际前沿知识，研究西方教育学、心理学理论，先后翻译了《柏拉图的哲学》[⑫]《学习的电化论》[⑬]等。第2部分，为先生所作西书介绍、新著介绍等。第3部分，收录先生

① 傅统先.辩证法唯物论批判［J］.载于张东荪著《唯物辩证法论战》，上海：民友书局，1934。

② 傅统先.试论皮亚杰的结构主义［J］.华东师范大学学报（哲学社会科学版），1982（6）。

③ 傅统先.青年的思想问题［J］.美商青年，1939（1）。

④ 傅统先.大学生与哲学［J］.教育杂志，1939（5）。

⑤ 傅统先.上海青年的再教育［J］.平论，1945（3）。

⑥ 傅统先.中国人的自然观［J］.平论，1945（5）。

⑦ 傅统先.中国人的社会观［J］.人之初月刊，1946（2）。

⑧ 傅统先.中国文化的出路［J］.平论，1945（1）。

⑨ 傅统先.以教育救中国［J］.观察，1947（12）。

⑩ 傅统先.关于改进教育与教学的若干问题［J］.教育研究，1981（5）。

⑪ 傅统先.谈谈生产劳动与普通教育相结合的几个问题［J］.教育研究，1981（7）。

⑫ 傅统先.柏拉图的哲学［J］.约翰声，1931（42）。

⑬ 傅统先.学习的电化论［J］.教育杂志，1936（4）。

的宗教学及宗教哲学研究著述，包括《中国回教史》^①《儒释道耶回五教基本一致性》^②等。《中国回教史》奠基了先生在伊斯兰教研究领域的地位。该书对民国时期的中国伊斯兰教的组织、教育，《古兰经》的翻译，伊斯兰教刊物等作了较系统的阐述。卷末为了更为全面地把握先生的学术思想、了解先生的学术人生，收录关于研究和怀念先生的文章。

编纂《傅统先全集》，我们得到先生次子傅贻谷先生的授权，傅贻谷先生提供了大量图文及资料；得到先生之弟子陆有铨、魏贤超、张晓鹏，以及全国各地关注先生全集工作的专家学者的帮助。2020年，是先生诞辰110周年，也恰逢山东师范大学建校70周年，编纂工作也得到学校的高度重视。在此一并表示感谢！

2020年5月1日

---

① 傅统先.中国回教史［M］.上海：商务印书馆，1940。
② 傅统先.儒释道耶回五教基本一致性［M］.出版社不详，1940。

出版说明

一、傅统先（1910—1985年），笔名舼斋。回族，中国著名哲学家、教育学家，教育哲学学科的重要奠基人之一。他的著作散见于1928—1985年的国内外期刊、报纸和商务印书馆出版的图书等。本全集编入迄今为止收集到的傅统先的全部文章，包括著作、译著、讲义、论文（中英文）、遗作等。凡有作者署名的手稿，根据相关信息确认为作者所著者，与他人合著或合译的著作，均收录。晚年作者参加文本校对工作的译著不作收录。

二、本全集共12卷，按照相关研究主题进行分卷，并以时间顺序进行呈现。为更好地研究傅统先先生，本全集收录有关学者对于傅统先及其思想研究的论文，并节选部分著作中有关的述评。

三、原著（文）中的纪年多系民国纪年，如廿一年（即公元1932年）。为便于区分与阅读，均在日期前加民国二字。

四、原著（文）中的数字、译名、人名、地名等均保持原貌。

五、原著（文）中的标题，为保持一致性，仅对一级标题的形式进行修改，其他标题的分层续码等均保持原貌。

六、原著（文）中无标点、旧标点或标点错误的地方，根据需要作了规范化处理。

七、原著（文）中的脚注、文后注等均保持原貌。

八、原著（文）中的"的""地""得"均保持当时用词习惯。

九、改正原著（文）中明显的错字。除部分通假字、古今字、异体字外，均采用简化字。

十、为方便研究者分析傅统先先生不同时期的学术表达方式和构词造句特点，保持了原著（文）中的话语表达和用词构句形式。

目 录

知识论纲要

003 | 文 序
005 | **第一篇　导论**
005 | 知识论之性质及其定义
009 | 知识论之历史
016 | 研究知识论之态度
026 | 研究知识论之方法及其范围
032 | **第二篇　知识之起源**
032 | 依据论与先验论
040 | 直觉论
046 | 唯用论
053 | 感觉论
067 | 理性论
082 | 知识起源问题之结论
093 | **第三篇　知识之价值**
094 | 实在论
107 | 代表论
113 | 新实在论
128 | 批判的实在论
142 | 观念论小引
151 | 主观的观念论
165 | 客观的观念论
179 | 知识价值问题之结论
190 | **第四篇　知识之真伪**
191 | 真理之标准
204 | 全书之总结

现代哲学之科学基础

209 | 张　序

211 | 自　序

214 | 科学与哲学之合作

224 | 现代科学思想之发展

239 | 空时问题在相对论之解决

262 | 物质问题在新物理学之发现

303 | 生命问题在生物学之诠释

346 | 心灵问题在新心理学之曙光

207

392 | 科学的哲学趋向于唯物欤唯心欤

美学纲要

409 | 自　序

411 | 经验之完整性

424 | 美感经验之本质

438 | 美与自然

453 | 美与心理活动

469 | 美感经验之特性

482 | 创作与欣赏

492 | 艺术的种类

407

504 | 艺术与生活

515 | **附录：傅统先学术年谱**

知识论纲要

文　序

第一篇　导　论

知识论之性质及其定义

知识论之历史

研究知识论之态度

研究知识论之方法及其范围

第二篇　知识之起源

依据论与先验论

直觉论

唯用论

感觉论

理性论

知识起源问题之结论

第三篇　知识之价值

实在论

代表论

新实在论

批判的实在论

观念论小引

主观的观念论

客观的观念论

知识价值问题之结论

第四篇　知识之真伪

真理之标准

全书之总结

文　序

人类的知识能够达到真理吗？一切科学文献都预先假定了知识是可靠的，因为它们都需用知识来表述。但是知识是否确实可靠？这是研究一切学术的根本问题。现代哲学界差不多整个儿的是知识论的势力。哲学家的专著大半是讨论他个人对于知识的某些问题所追求的详细结果。有许多介绍哲学的作家又只是表说各家大略的主张。现在我们要得一种述论知识问题的书；它一方面介绍历来各家的学派，而同时又详细的讨论各家的理由批评其得失，这样讨论知识的书籍还不够多得。

两三年来我专门注重到讨论知识问题的书籍，现代在西洋方面从英国的洛克，柏克莱的著作看到德国的康德，黑智尔，费而巴哈；在佛学方面从首楞严经，解深密经，密严经看到成唯识论，唯识三十颂等。于是深切的增加我研究知识的兴趣。不过像我所理想的一本介绍一切知识理论的书，仍然是很不容易得。

在一九三一年的七月里我在商务印书馆西书部见了一本巴龙（Jospeh T. Barron）所著的 *Elements of Epistemology* 是讨论各派知识论极有系统的一本书。他自己在那书的序里面说那本书的新颖乃是他陈述的方法。我于是以为可以把这本书介绍给中国研究哲学的读者。先是我想直接翻译。后来我同约翰大学聂高莱教授商议的结果，他劝我照巴龙的陈述的方法，根据他的书另外自己选著一本。一方面可以自由的发表自己的意见，一方面可以补充巴龙所未尽详的地方。于是我本着这种计划经过一年的参考和写作，暂时抛弃一切不与本题相关的书籍，专心在知识问题。结果是草成了这本知识论纲要。

本书虽不能是像我理想中那样完善的一本介绍知识论的书，然著者至少是在努力于趋向那种理想。其中有错谬的地方请诸位博学之士尽量的指教。

排印此书的时候，统先适在重病之后，不能做任何的工作。幸好友江振声先生代为校对，特此声明，以表忱谢。

傅统先识于语梅簃

民国廿一年九月廿二日

第一篇 导论

知识论之性质及其定义

第一节　哲学与知识论

　　哲学是对宇宙最后意义之整个而综合的研究。其目的为解释宇宙，然而并不是对于某种特殊事实或某部分的宇宙的研究。它要整个的观察宇宙。关于宇宙之各部分或某种特殊事实的研究是属于科学范围。哲学不仅是描写宇宙并且要解释宇宙，明了宇宙。尽力的去追求到实体之最后意义，然后明宇宙之价值及其目的。这是哲学的思虑功能。

　　哲学尚有其批判之功能。科学是建设在几个根本的假设上面然而对于这些根本假设之审查则不属于任何科学范围。譬如在物理学中我们用到因果，量质，时间，空间等名词，但是物理学并不讨论到这些重要概念的根本意义。这些重要的概念是我们日常生活和科学所根据的，所以把它们加以分拆和说明这是我们所需要的一种研究。关于这层工作是哲学的批判功能。

　　哲学普通是分为三部分：一、玄学；二、知识论；三、价值论。玄学研究宇宙之本体及起源这称为本体论。玄学中解释宇宙的变化及其层秩是为宇宙论。但是讨论到宇宙的实体和变化必要以知识为工具。然而试问这种工具是否可靠，这是属于知识论。从研究知识问题的结果而得到一种宇宙观由这种宇宙观而抓住一个最高的理想去处世为人。价值论就是讨论这些人生观的理论。从知识论对于哲学之其他两部分——玄学与价值论——的关系看来知识论是一个很丰富而宽泛的讨论，是人类解释宇宙的中心点。

第二节　知识论之性质

　　知识论的性质并不是一般没有受过训练的人所容易知道。然而关于知识论的性质则不能不有相当的认识，并且各种知识问题。我们学哲学的人也不能不有相当欣赏，因为认识和欣赏是解决问题的第一步。

　　知识论的性质也和普通哲学一样有创造和批评两方面。知识论的创造方面就是把知识之本身加以研究。思想程序是在我们的心里面进行的。我们的思想之本质是属于心理。思想并不是物质，所以也不受物质世界中之定律所限制。然此物质世界之现于我们面前而我们能知此物质世界则全赖思想之功能。因此，在属于心理的思想及由思想而现于我们前面的物质世界之间有一个很显明的分裂。不过我们的思想是要常常联系着物质世界的。我们的生活总要使我们思及环境，解释环境和管束环境。但是当我们想到种种事件的时候，我们也要想到我们对于这些事件的知识。总之对于知识的本身我们也能加以考虑。换句话说，知识之本身也可像世界上其他的东西一样作为一种详细研究的题材。关于这种知识本身之研究就是现在所谓之知识论。这是属于知识论之创造方面。

　　关于知识论之批评方面，就是把我们所有的知识所根据的假设加以精细的考察。科学给了我们许多公认为真实的结论。然而一切的科学和哲学都有这个明显的假设，就是说真而可靠的知识我们是可以得到的，并且我们是已经得到了。但是我们的知识是否可靠，而可靠的知识能否达到，这种假定是任何科学及哲学训练之任何部分所不加以讨论的。它们所假定的知识之价值实未属任何科学及普通哲学之范围。物理，化学，生物学都供给我们真知识，但是知识本身之是否真实，它们就不加闻问了。它们只无条件的承认知识为有效，而知识是否有效的问题，只有研究知识论才可知道。

第三节　知识论之定义

知识论的英文名字称为Theory of Knowledge。还有个术语是"Epistemology"。这个字是从希腊字变化而来的。Episteme就是知识或"学"（Science）的意思，而原来的本意是"站在上面"（Stand up）Logos就是思想语言的意思。这两个字合拢来成了一种专门名辞；而这种名辞用到哲学里面名曰知识论，则更是最近的事情。知识论所研究的对象就是认识作用。所以这种学问以前名之为应用论理学，批判论理学。知识论还有个名词是"标准论"（Criteriology）。严格的说，知识论与标准论的注重点略有不同。知识论的范围宽广些；凡是知识各方面的问题它都要拿来研究，而标准论只讨论到知识真假的标准。换句话说，就是我们怎样辨别真假。标准论只可算是知识论中的一个问题。知识论可说是研究人类知识作用之本质及其价值的一种哲学。知识论是从实效或真实方面着眼去讨论知识。

第四节　知识论之重要

知识论成了现代哲学的中心问题。以前的哲学家科学家都以为知识是有效的，可靠的。由这个假设，于是才有各科学的种种结论和关于宇宙的种种答案。然而这个假设是否合理则当于知识论中求之。若是知识是可靠的那末我们相信科学的结论和哲学的解说；若是知识是不可靠的，徒有言说而无实义的，则科学哲学一切的结论都已付诸流水毫无意义。因此知识论的重要不言可知。

若是在知识论里我们得到了相当的解决，那末我们自然抓着一种相融贯的宇宙观。譬如相信观念论的知识论者自有唯心论的宇宙观，相信宇宙离观念而存在的实在论者决不会是相信宇宙唯心的哲学家。由知识论而决定了个人的宇宙观再由所信仰的宇宙观而确定了达世为人的态度。一个极端的唯物论决不会到教堂里去做礼拜，相信万法皆空的释迦牟尼决不会贪恋凡尘。可见关于知识论中种种问题的解决可以左右一个人的人生观。因此知识论之重要不言可知。

知识论之历史

　　知识论的发展到了近代的哲学界中，尤其是近来，已达到极点。知识论占了哲学界的中心地位，现在差不多占了整个的哲学界。因为，若是知识论上的问题解决之后，本体论宇宙论都有了依据。不过古代的哲学家在发现知识问题之先，只是讨论许多玄学问题。因为他们先要有了知识，然后开始研究知识的本身。他们开始疑问：宇宙是怎样起源；宇宙的本质是什么；宇宙是怎样完成的等等问题。于是他们就得到了各种不同的答案。然后哲学家才进一步去讨论他们所用的研究宇宙问题的工具——知识——是否可靠。一棵树能否砍断，我们要看这把斧头是钢的呢，还是木头的呢？但是知识论之成为一种专门学说是开端于近代，虽然古代哲学中已经有了知识问题的种子。现在我们请先述古代知识问题之发纵。

第一节　古代哲学中之知识问题

　　希腊初期哲学中有一个极大的问题：即宇宙的动静问题。如米兰陀派（The Milesian School）的泰莱斯（Thales），他是第一个人说宇宙的本质是水；而海拉克莱托斯（Heracleitus）进而主张宇宙动的。万物如流水，变化不息。还有哀里亚派（Eleatics）则主张万物之静的，宇宙不生不灭，永久自如。

海拉克莱托斯以为万物是动的，所以他进而分析知识的本身。知识分为两种：一种是感觉上所得的知识；一种是高尚思想上所来的知识。从高尚思想上所来的知识是根本的，主要的，而官觉上的知识是错误的，是各种幻象的来原。所谓静的宇宙只是从官觉上现给我们的东西。因此静的事物只是一种错误，一种幻象而已。只有从高尚思想上所得的知识是真的，而从这种思想上的知识，我们明瞭了万物之变化移动的原理。海拉克莱托斯以为宇宙的本质是火，因此世界的实体是火，人类的理性也是火，而所谓知识就是人们内心理性的火对于外界宇宙实体之火的一种反应。宇宙实体的火是万知万能，而人类是实体的火之一部分，因此关于客观的真理，人类是可能达到的。这是海氏所提出的知识问题。他的观念可总括为两层：一、他以为知识可分为从官觉上所得的和从思想上所来的两种，而以思想的知识是根本的；二、他以为客观的真理人们可以达到，因为人们是无所不包的"火"之一部分。

哀里亚学派里面的潘曼尼德斯的主张恰巧与海拉克莱托斯的相反。他从万物皆静的主张而论到知识问题。他在知识问题上的口号是"能知即是有"。凡存在的东西必是能认识能思议的。他简直把"有"和"知"视为一事。反过来说，凡不能认识，不可思议的东西，都没有存在，都是"非有"。有了这种知识问题上的解决，他以万物皆静的主张，于是有了理论上的根据。万物的移动必需要有"空间"，但是空间是不可认识的东西，所以没有存在的价值。空间既无存在，则所谓在空间的许多移动，其实都是没有的。所有的移动，都是官觉上的幻象，并不是真实的。总之，潘曼尼德斯的知识问题上的主张是"能知即是有"。

继海拉克莱托斯之后而讨论知识问题者是恩陪多克莱（Empedocles 490-435 B.C.）。他把宇宙万物的本质认为有火、气、土、水四种。万物由此而成，人类亦由此而成。则人之本质与万物同性。他从这种同性相亲的关系而认定了知识质的可能性。他有一句话叫做"同性相知"。甲与乙的性质相同，因此甲能知乙。

知识的问题到了德穆克里托斯（Democritus 460-360 B.C.）才有精密的讨

论。他也以为知识可以分为两类：一、显现事物之外表的感觉知识；二、思想知识。第二种最重要的。但是外面的事物何以能到我们的心里，而我们的心何以能认识心外的东西呢？德氏以为从心外的事物射出许多小影像。这些影像穿过了感官而使心灵发生一种动作，由此乃有感觉。影像中许多粗浅的能使人心中发生感觉而止，但是还有许多精密的影像能进而使人发生思想。所以人们心内的感觉和思想都是由外面事物的影像才发生的。德穆克里托斯的这种学说之遗迹，在现在的实在论里还可以寻着呢。

以后有一般自称为哲士的诡辩家出来。他们知道海拉克莱托斯分知识为感觉上的和思想上的两种；并且他又承认德穆克里托斯以思想由感觉而成的主张。因此欲求真理必须求之于思想，而思想又只是感觉之联续而已。不过感觉是不可靠的，变动的，而同时它又是真理的根据。所以真理也是变动的，不确定的。公说公有理，婆说婆有理，各是其是。感觉既因人而异，所以真理亦因人而异。因此只有个人是真伪的标准。凡我之以为是而他之以为非者，这对于我视为真理，而对于他则视为虚伪。因此诡辩家的真理是相对的，是因人而异的。

诡辩家的怀疑论做了苏格拉底（Socrates 470-399 B.C.）的哲学的出发点，物质的宇宙不能得到确定的定论。换句话说，知识是不可能的。但是他以为在不可知之中只有"人"是惟一可知的东西。宇宙之来源，本质皆不可知，然人生之意义即目的则可知。所以他的口号是"知你自己"。

从苏格拉底的道德真理学说发展，苏氏的学生柏拉图（Plato 427-348 B. C.）主张真理是存在的，而且是永存不朽的。在这一点上柏拉图直接反对当时一般诡辩家的相对真理说。若是世上没有确定的，绝对的真理，则这种相对真理说当然也是不确实的。因此柏拉图以为我们必定有绝对的真理，也必定有真伪之绝对的标准。的确，万物是千变万化，各有不同。人有长短肥瘦良莠不齐。不然在这许多不同之间必有人之所以为人的特点。有这几种特点存在于我们心里，这就是关于人的观念。关于完全人的观念是永存不朽的。个人有异同生存，而人之普遍观念则无异同生灭。所以由此推论事物虽千万不同，而关于各类之普遍观念则永远一致存在。这种种普通观念，柏拉图以为就是绝对真理的元素。现在感觉的世界中确是没有这种绝对的真理，然而这种绝对的真理确实是永存的，然存在什么地方呢？柏拉图说在我们感觉之外另有个观念世界，在这个世界中是有绝对的真理。在这个观念世界中的绝对真理就是感觉世界中各种变化不全的东西的绝对标准。合乎这个绝对真理的东西就是真的，不合乎的就是假的。纸做的老虎是假的，因为我们关于老虎的普遍观念是能活动而吃人的。所以柏拉图的真假之标准，就是存在观念世界中的普遍观念。

若是完全离开了物质的世界，试问观念又从那里来的呢？若是完全没有任何观念，物质又复何能认识呢？因此柏拉图的学生亚利士多德（Aristotle 374–322 B.C.）进而主张物质是由观念解释的，而观念是存在于物质世界之内的。总之亚氏也是承认真理之存在不过存在于物质里面而已。

以后还有斯多亚派（Stoic）与哀皮鸠鲁斯（Epicurius）两相争辩，于是到后来又使怀疑论兴起来。如毕洛斯（Pyrros 360–270 B.C.）主张凡知识皆有其反面。反正并不见有何真假的分别，所以凡是不必加以真假的判断。

以前是关于上古各学派讨论知识问题的端倪。但是知识问题并没有专门的研究，所以我们绝不能把知识问题和玄学理论分开。

第二节　中古哲学中之知识问题

中古时代可说是没有纯粹的哲学，而只有神学。知识论是属于纯粹哲学范围以内。宗教虽有时根据知识，但是大半要全靠信仰。所以西洋中古时期，虽有许多知识问题，然而关于这许多问题的解决只有附和他们宗教上的武断而已。在本节我只想把几个明显的问题略略提及，因为我不愿牵连计多宗教的问题。

在这个时代有两个极重要的知识问题，一个是对于感觉的功能和产生知识之理智两者间的调和；一个是把上帝默示的真理和人的知识互相调和。前一种问题引起了极长的关于宇宙之起源及价值的讨论。但是中世纪的学者并没有把知识当作一种单独的学问。他们也有些讨论这一类问题的文字，但是没有一定的系统。还有两个相对的学派：（一）唯名派，他主张普遍概念，惟空明而已，绝无实在；（二）实在派，他主张普遍观念是实在的。所以中古的实在论即现代之所谓观念论，而唯名论即现代之所谓实在论。有的又以为感觉和理智都是可靠的。他们主张人心能达到真理。他们也讨论知识之性质，可惜只是东鳞西爪，语而不详，并没有系统的学说。

第三节　近代知识论之发展

在古代与中古时期。知识论之问题虽略见端倪，然混杂而不明，含糊而不确。只有问题之讨论，而无讨论之系统。知识论之成为单独专门学术始自近代。所以广义的说，知识论可说发端于上古，然而严格的说，专门的知识论到近代才有，到近来才发展到极点。

近代第一位大哲学家就是法国的笛卡儿（Descartes）。他首先引起了知识的确实问题。他叫我们不要随便相信某件事情是真的或是假的。凡所谓知识都必定是我们所切实知道的。一加一等于二是毫无疑议的，但是世上的事物都不如一加一这样的简单。所以我们不能轻易去相信。无论何事何物我们必定要疑问到不可疑问的地步，然后可以相信。这种怀疑的态度就是启发近代一切知识问题的锁钥。

知识论到洛克（John Locke）才成为一种确定的学问。他研究知识问题的大作是《人类悟性论》（*An Essay Concerning Human Understanding*）。在这篇文章里他要追求人类知识之起源，确定性及其范围。他是哲学史上第一个人明白的指示讨论知识问题的范围。他以为一切观念都由经验而来。思想是由外界印在我们心内的感觉和我们自己对于外界所起的内省所组织而成的。他的主张对不对我们在后面有详细的讨论，本节置之不问。不过他是开知识问题新局面的首领。他承认知识是否有效之先，他要估量我们的认识能力。在这一方面他开通了柏克莱和休谟的途径。

洛克把我们所见的色，所听的声，所嗅的香味归于主观，而不是属于外物的本身，是名之为初性。一件东西的大小，高低，远近乃是外物的本相，则名之为次性。但是这种初性次性的分别柏克莱以为是不对的。初性虽属主观，次性何以不是属于主观？若是没有我们主观的感觉，试问事物之远近，大小复由何而分？所以柏氏打破了初性和次性的分别，而以为一切性质都只是观念而已。洛克也主张一切都是观念，但是观念后面还有物质。而柏克莱则以为物质不必要，因为除了主观的色、香、声等之外，没有什么存在。所以他说"存在只是被知觉"。换一句话说，世上只有观念而无物质。

休谟，洛克，柏克莱是站在一条线上的。他们以为我们所见所闻的都是一些印象。印象之再现就是观念。休谟和柏克莱两人的问题闹到了德国，而引起了康德（I. Kant）对于知识问题的兴趣。康德以为知识之起源是因为人们有先验的格式，外界的东西都要套入这些格式，经过内心的活动，然后发生许多观念，然后才有认识。对于外来的感像必须合入空间和时空两个格式里面。凡经过了"空""时"两个先验的格式以后，内心起一种综合判断的活动，把外来所感受的东西假以理性的判断。这些判断也是要适合许多先验的格式。（这些格式可约分为分量，性质，关系，形态四种。共分为十二范畴，现在从略，后当详释。）因此，我们所知道的一切经验，都是经过了这些格式的。经过这些格式所显现的一切经验，都只是现象而已。至于发生这些现象的"物之本身"（Ding an Sick， Things in Themselves）我们不得而知。因为凡所知的，都是经过了这许多先验的格律，而不是其本来面目。总之，康德主张我们现在所认识的，只是由内心依先验的格律而加以综合判断所现出的现象，而"物质本身"则不可知。

由康德的知识论而影响到欧美的许多哲学家，尤其是康德以后的一般德国哲学家，如菲希特（Fichte），谢林（Shelling），黑智尔（Hegel）他们把康德的知识论发展而成为一派唯心的本体论。

这些知识问题到了现代更有许多新的尝试。有的照着旧路走，有的另辟新途。现在的哲学界几乎被知识论完全占住了。唯用论一派的人以为知识只是一种知识论而已。他们以为凡是有用于人生的都是真的。真理的标准只是效用。新实在论的立足点也是主张知识问题之解决的结果，他们以为事物是离内心而存在的，凡事物你就是思想固然存在，不思亦存在，它们并不是内心的产物。但是有些人要问：若是没有思想，没有观念，你们怎样知道东西，凡一物离人心，我们对于此物质观念能有么？物之观念既无，那末所谓"物"到底是什么呢？所以他们的结论是：凡物离心思则不可议，事物之所以为事物非观念解释之则不可这一派称为唯心论。可见知识论到现代已是极兴盛的时代。

本章讨论知识论的历史是给研究知识问题的一个背境，一个引子而已，并不想把整部的知识论的历史搬出来。因此有许多地方说的较为详细，而有些地方则极简单，有些简直完全删除了。如是等等都不过是为容易视察知识问题发展的路线而已。

研究知识论之态度

知识论之发生，是起于人类复杂的经验；然而也是从人类对于知识之价值的反省所胎生的。但是我们要知道思想，并不是完全反省的。时常我们的思想发出许多妄想，造出多少空中楼阁，或是对于美术生出赏鉴，不过这都不是反省的思想。我们考虑如何去解决一个问题，而想达到一种确实的结论，这种思想才是反省的。知识论就是由对于思想本身反省的思想而胎生的，因为他是解决知识的问题，而是对于知识之价值达到真实的结论。

在思想中有各种认识的境域不同。第一种就是无知的境域——部分的或整个的缺乏知识。还有怀疑的境域。时常一个判断是在模棱两可之间，对于一个命题既无承认之凭据又无可否认的实证。在这种情形，我们的心思是处于怀疑的境界。我们有时还处于参加意见的地位。我承认这个判断是对的，但是仍有点恐怕弄错了，所以这种承认并不坚决。还是一种确实的境域：就是我完全确定某种判断是对的而毫无疑义。这种心境是确定的。这种确定不疑的心境是普通人人都以为是真实。譬如吃饭，穿衣，坐黄包车，小便等，人人都承认这些事的知识是的确的。这就是所谓确实的心境。

有人以为人们普通所确定都是真的；有人主张我们所确定的判断有时是假的。现在普通多半赞成第二种意见。科学史上给我们很显明的例子。十年前以为确定的理论，现有说它完全不对；以前说地面的确平的，太阳自东至西而移动的，现在我们否认这些曾经确定过的理论；而说明地球是圆的，地球绕日运行。推而言之，甚至于历史，哲学，宗教，各种学术都是如此。昔以之为是，而今以之为非。故矛盾之观念充满了知识界中。因此可见事物虽然确定，然不能因此确定而绝对承认此事物为真实的。

普通的确定和真实时时不能相合，所以才有知识问题发生。所有认为真实的知识并不完全是真知识。若是人们的思想总是与实事相合的，那末至今也无所谓知识论。在日常生活里，我们用不着多反省。反省之发生必有一定之原因。现在"实在"和知识不相和合，因此我们才对于知识加以严密的研究。一部汽车走得好好的，那末我们不曾过问车里面的机器。但是汽车忽然停止不走，所以我们就不能不研究车内机器之情状及其种种发动和停止之原因。知识问题亦复如是。当知识不能解释"实在"的时候，我们就会发生下列各问题：例如有没有真知识？我们所感觉的现世界是否即真实之世界？我们所有的感觉只是个人私下的心理之经验而与外界毫无关系呢？还是现在的外界只是我们心理的活动呢？这些问题都是对于我们的思想的反省所发生的疑团。若是这些问题都有了系统的步程或一贯的解决；那末，知识论就成了哲学里的一种单独的学术。对于这些知识问题未解决以前，最重要的一件事就是解决这些问题应有的态度。

第一节　研究知识问题之开始态度

在研究知识论之始，我们最要紧的对于这种讨论是应有一种正当的态度。许多的知识论已失去它的效力，因为他们对知识问题的追求走错了路由。第一知识问题之讨论当有公开的心境。科学之目的是在乎对于其题材之确实结论；然后由这些结论而造成一种系统。这种工作之能成功，就需要用一种无己见的功夫。研究知识论的人也应当竭力免除以前所有的偏见。他当以知识为本身为研究知识之目的。他不能照他所想象的知识或他所原有的知识而研究之。个人之私见当完全铲除。我们不可把我们已经有了哲学学派拿来造成相配合的知识论，我们把知识问题讨论之后所得到的结论来作为我们哲学系统之根据。总之，哲学家尤其是知识论者当取纯粹的科学态度。关于知识论所取的态度在哲学史上告诉我们有三种：

第一种是怀疑的态度，他们以为知识问题之解决是不可能的；

第二种是武断的态度，他们以为知识问题是可以解决的；

第三种是批评的态度，他们主张知识问题相当的范围之内是可以解决的，不过要取有批判的精神。现在让我把这三种研究知识论的态度详细的讨论一下，并察其得失。

第二节　怀疑的态度

怀疑论之定义　怀疑论这个名称是从希腊字仔细考求的意义而来，因此，从广义方面说，一个主张怀疑态度的人就是一个追求真理者，是一个考求者，他决不断定事物的是非。

怀疑论之种类　从哲学方面而论，怀疑论可分为三：（一）根据理性而怀疑；（二）根据理性而不信仰；（三）反对有达到真理之可能。严格的说，第三种才可说是哲学的怀疑论，所以我们所要讨论的亦就是第三种。

哲学的怀疑论反对或怀疑人心能够达到真理。这种主张或是主观的（绝对的），这种怀疑论绝对的怀疑一切事物，就连认识的作用也加以怀疑；或是客观的怀疑（相对的），这种怀疑派承认某种判断是存在的，如心理的事实，但是怀疑他们是否有客观的效力。历史上的怀疑派大半是属于后一种的。

客观的怀疑论从其范围而论可分为两种：（一）普通的，即对于任何信仰而加以怀疑；（二）部分的，即对于某种信仰而加以怀疑，如从特别之根源而来的信仰则不怀疑之。譬如Fideism对于自然界之知识怀疑，而相信超自然之知识。

历史上几位有名的怀疑派学者在希腊有波罗泰过拉斯（Protagoras）谷盖亚斯（Gorglas）毕洛斯（Pyrrhos）爱尼席德谟斯（Aenesidemus）阿息席洛斯（Arcesilaus）卡乃德斯（Carneades）西克斯托斯（Sextus Empiricus）。在近代有孟丹（Montaigne）卡龙（Charron）派斯谷而（Pascal）休谟（Hume）布而福（Balfour）。近代的多半是部分的怀疑派；他们限制其思想力，但是他们也并不相信我们永久保存怀疑的态度。

怀疑论之审查 怀疑论之理由我们是以为不对的。兹分述其理由而逐条加以批评。

理由一：这层理由是根据人类思想历史。有无数的错误流通在人类的思想里面，这种种错误足征人类思想之不可靠。一部思想史也不过是描写人类求真理之行为及其失败的一部悲剧而已。无论在哲学上，宗教上，及其他知识界，在几千年来人类的思想总是不能一致。就在理智界中，或无论什么地方我们总是失望，见得些五花八门的信仰。公说公有理，婆说婆有理，全部哲学史就是他们打笔墨官司的成绩。怀疑派的人说若是思想可靠，真理早已寻到了，至少也可以没有这许多无味的争论了。

批评一：不错，错误和矛盾实在是事实。但怀疑家承认他们知道人类之意见有冲突和错误的地方。那末，人类的思想至少有一件事实是可以确定的，即冲突与错误之存在。再者错误就是真理之缺少，或说判断与所要判断的实体不相符。但是在这一层意思里含有承认真理存在的意义，否则无真理，又何知有错误呢？尚不止此，承认错误之存在即承认有真理之标准，因为没有标准我们就不能分别真假；若无标准无真假则怀疑派以思想之错误而反对思想之能达到真理亦先自不能成立。错误之存在并不能指为思想不可靠。他是指示知识之追求中将发现许多的陷阱而人类之理智并不会一定是坠入的。

关于思想之矛盾也是一样的存在着。不过没有怀疑家教我们相信的那样多。也有许多不可磨灭的信仰。譬如认识所得的"所与"（Date of Consciousness），二加二等于四，二减二等于零，这是没有可反对的。但是所存在的矛盾也不足证明思想之不可靠。矛盾只足证明达到真理是需要精力而不是容易的事。而且矛盾之发生其他的原因正多着呢！如含糊，错概念，错解释，不慎的理由，不对的观察或无观察及一切错误的原因，皆足以解释矛盾之存在。所以怀疑派这种理由是陷于"前后不符"的论理错误。

最后，我们要注意的有许多毫无希望去解决的问题现在已经解决了。人类的思想在知识中是进步的。这种进步可以使我们希望现在还不能解释的问题将来或可解决。所以怀疑论第一层理由是失败的。

理由二：实体之本性问题是永久不能解决的，因为有许多自相矛盾的地方。要去解释实体我们的思想限于撰取两种矛盾的理论之一，而且这两种理论都必定是错的，就是所谓两矛盾之一确定的逻辑结果也不能应用到这种矛盾上去。于是似乎关于实体问题的解决论理上是不可能了。关于这种两面都不对的矛盾事件有许多的例子。古散诺（Zeno）说，理性显示我们动是不可能的，因为动必动于空间，而一个时间决不会占有两个空间；是以在一个时间占一个空间则动亦不成其动为矣。然而感觉告诉我们"动"是真有的结果，照感觉而论，理性是错误的，但是依理性而说感觉只是幻影。像这种反背律（Antinomies）足以证明理性感觉间矛盾之不能灭。于是实体之本性亦不可知。则怀疑派反面之态度自有其论理之根据矣。

批评二：若是关于反背律不能解决的时候，这种怀疑的态度是很对的。不过我们相信这些反背律是已经解决了或是有解决之可能，而且散诺的反背律已被亚利士多德所解决，其余的也得着了相当满意的解决。那末我们还能以反背律作怀疑的根据吗？退一百二十步说话，就是我们不能得着满意的解决，但是我们也不能就说这是不可以解决的。说这些反背律不能解决是一事，而承认我们不能解决它们又是一事，不可混杂而论。

理由三：知识之标准不能证明，而且也不得而知。何以呢？譬如有一种理论你必要用一个标准去估量其价值，因为没有实验过的理论是没有价值的。但是拿去试验这理论的标准之本身，亦必经另一标准以试验其效用及价值。而这第二个标准又必用第三个标准去实验它自己，推而至无穷，是知识之绝对之标准不可得而知也。简言之，我们所用以证明理论之标准的本身，亦必经其他标准以证明。

所以我们用未经证明的标准去证明理论，这是陷于（Begging The Question）的理论错谬。因此怀疑论者用这层理由来证明知识之标准是不可能的。

批评三：这是个可怕的反抗。它正中了无论何种知识论的真困难之处，因为知识论总是以为外在的真理是可得的。话虽如此，不过真理的标准并不是外在的。似乎怀疑论的第三层理由预先假定标准之本身与这标准所要证明的判断完全是分开的；标准之本身是在这个标准所证明的判断之外的。但是真理的标准并不是外在的。若是我们能够证明真实的判断在它们本身里面就有证明其真实之特性而同时我们知道了这判断的真实及其效力，因此我就可以免脱了怀疑论的第三层理由。

理由四：怀疑论的这一层理由是根据于感觉的物理与生物的状态。在被感觉的物体与能感觉的主体之间有许多的物理生理的程序搀杂其间，那末欲求实体之真知识不可能矣。譬如隔于脑力与所见之物之间的一个原素有所变动，而结果所得的已为另一感觉，因此，我们又何能十分确定我们脑中所出现的事物与该事物之实体是完全一样呢？我们又何能确定对于该事物之种种经验和判断即能与该事物质之本身相符合呢？

批评四：对于这层辩证将留在后面详细讨论。简单的说，感觉之关系性并不是知识之门，它不过是个求知识的方法而已。再者，我们还是要记着，这层理由还只能包括一些用感觉器的知识而已。关系不用感觉器的实体之知识。那末这理由就不切当了。还有一层足以置这种辩证于死地。怀疑派是用感觉器官的知识以为有效力的，因为他们拿来做结论知识为不可靠的前提。而同时被他们证明不可靠的知识他们又拿来认识"以太波"空气，神经丝，脑经，等等感觉器械的存在。从他们认为真的前提，他们结论到其前提之不可靠。其自相矛盾之谬不言可知。

又有一种常常批评怀疑论之自相矛盾的理辩。知识既无效而何以他们认为"知识为无效"的知识是可以确定的呢？从这一层说来怀疑论是不可以理喻的。不过现代的一般怀疑家承认种种信仰之存在。他们只怀疑其效用。他们以为信仰是主观的，其客观性还是一层怀疑。

第三节　不可知的态度

不可知论的意义　不可知论同怀疑论一样。个人有个人的意见。照言词上看来，是指为一种决定不可知的态度。表面看来似乎比怀疑论还要极端，不过照现在的"不可知论"名词之用法，比怀疑论来的和缓些。

不可知论（Agnosticism）这个名词是赫胥里在一八六九年特创的。各学者对于这名词各有不同的意义，不过普通指为对于某种知识的对像的一种怀疑或否认的态度。我们的知识并没有无限的能力。我们的认识力是有限制的。在某种程度之中我们能认识，然而除此限制之外就是一个不可知的境界。不可知论的主要点就是他们认定有一个不可知的境界。对于这种境界决定取一种不可知的态度而不去注意它。不过何者可知，何者不可知的各主张，不可知论者有他们自己的界线。

大概所有的不可知论者所以为不可知者是"绝对""第一因""本体""上帝"等。因此不可知论有时和无神论是一样的，不过也各有不同。譬如斯宾塞（Spencer）就承认"绝对"的存在，不过不知其真性而已。

不可知论的批评　对于不可知论的完备批评要包括全部知识论宇宙论的讨论，本节范围狭小，不能包容，故仅择其重要者略言之。

一、不可知的态度之可取之处就是他们自谦的态度。大有"知之为知之，不知为不知"之概。他们指定了人类的理性所不能达到的止境。

二、若是我们说某物是不可知的，我们必先要把这是不可知的物和人心的能力互相比较。若是我们只知人心的能力而不知该物之本性，则比较又从何而起呢？既无从比较，我们又何能断定该物之不可知呢？那一点不可知论者没有认清。

三、我们既知一物之存在，我们就不能进而知其本性吗？在它的存在中，我们就不能见有什么表现在其存在中的本性吗？譬如用在自然科学中思想程序可进而升入玄学之境界；由事物之现象而会认其本体之征。这是不可知论者没有辩到的。

第四节　武断的态度和批判的态度

怀疑论者已经失败了，不可知的态度又不为研究知识论者所推许，我们只得进而看武断的态度是否可靠。在哲学里面武断论三个字似乎很讨厌；不问情由不求理解糊糊涂涂的武断，这种态度尤其在知识论里面实在不成体统。不过武断论另有其新意义，并不这样简单，这样无聊。武断而有激烈的与批判的二种，故不可不辩。

一、过激的武断论　这种武断的态度是不用哲学的考虑，不求理论的证明而认定认识作用是有效的。这种过激的武断派坚决的主张我们必要接受知识所得的事实而我们的思想有达到认识真理的可能。他们的这种根据也有两种理由：（甲）思想能达到真理的自然情势是不能怀疑的，因为在你们讨论知识论之中已预先假定了思想有达到真理之可能；（乙）若是我们的知识问题的追求从怀疑人心之能否知真理而出发，那末我们永远没有跑出这种怀疑的可能；没有一个结论是确实的，因为它自己就是根据于不确实的大前提。一种知识论就是知识之本身，因此它已经预认了知识之有效。

关于以上的第二点我们所要矫正的是：若是我们先承认人心有认识真理之能力，然后去证明知识之效力，这简直是臆断之说，不能成立。关于第一点我们要承认所要证明的和用以证明的是一件东西，——思想不过是我们必需的步阶，因为思想是我们能运用的唯一工具。我们必定要用思想去证明思想，但是这并不是说，能知道真理的能力就有哲学上的确定。

我们研究知识论的层次是这样的：我们开始把思想能达到真理作为一个天然的假定。我们再用思想去研究这个天然的假定，因此而知这种自然的假定是否可靠。若是有人反对说，就是人思想有到达真理之可能做一个天然的确定也是不可以的，那末我们回答说，若是把这种确定也废除了，则所有思想均混乱不堪，请问在那里有知识论呢？我们绝不能建设任何知识，除非我们利用思想。但是我们不能说思想达到真理之可能有哲学的决定。

二、批评的武断论　批评的态度就是关于知识论之讨论，绝不肯根据不曾证实的假设上，不肯松松的放过任何思想。若是批评论者迫于不得已的时候而强为应用假定，然而这些做定还是要经过批判的考查。他有时利用传统下来的信仰，但是他决不加以偏见；若有人主张思想达到真理为不可靠的理由，他是十二万分的情愿洗耳恭听。

所以批评的武断论主张这种研究某种问题的思想状态，可算一种普遍而有方法的怀疑。以前我曾说过，怀疑是一种思想状态，在此状态中我们不接某项命题，因为它没有充分的证据。所谓普遍之怀疑的范围是包括所有的信仰传说。所谓有方法的怀疑之目的，是要由此怀疑而达到进一步的知识。这是任人选择的。因此一时间我将某种信仰视为是可疑，因而可以使我反复的研究它。我看承认它的根据是什么；再看有何理由可以反对它。如是非则还其非，是亦还其是。这就是有方法有条理的怀疑。

我们的怀疑必定是普遍的；无论任何信仰传说都要经过精细的讨论。知识论之目即将我们所有自然而信为确定的思想加以考查。有许多不能经过这种考查的，它们就不是哲学上的确定。仅仅口说是对的，是不可能的，而且也不能解决其真假问题。怀疑派说它是不对的，但是它不能因此就是不对了。唯一显正破邪的方法就是将所有的判断一一加以研究，看它们能不能得批评之省虑的证明。

我们的怀疑必要是有方法的或有条理的；我们当把一切信仰传说是属可疑的。我们这种有方法的怀疑当然只能用到我们信以为真的一切传说。但是试问：我们是否能怀疑一切的信仰呢？"二加二等于四""我在吃饭"等信念也能加以怀疑吗？这些似乎不容我们去怀疑。不过有许多哲学家反对思想有达到真理之可能。所以这些信仰之真假思想能否认识；因此我们不能不将它们做一个有方法的怀疑，以不可怀疑者而怀疑之。我们要拿出经怀疑之后所证明其不可怀疑之理由而驳正对面的主张。许多这一类自明的判断（Self-evident Judgments）我们仍要疑其与实体之关系。但是我们要记着有方法的怀疑和真的怀疑是不同的，因为有方法的怀疑是无可疑的疑的。真的怀疑是某项证据证明可疑而必有之怀疑。

所谓有方法的怀疑已应用了千百年。间接的证明（Indirect proof）就是一个例子。从欧几立得，亚利士多德，奥古世丁等没有不用这个方法的。他们怀疑某种问题，但是并不因为不相信，实在是个反攻的方法，一方面证明所怀疑的问题是对的，一方面应付了对面反对的这些问题。

这种态度才是我们研究知识问题的人所应采取的；时时刻刻要保存批评的态度和相当疑虑的态度，换一句话说，我们要有科学的态度始可与言知识论。

研究知识论之方法及其范围

凡研究一种学问必先要抓定这类学问里面的资料。有了这些资料，然后才用相当的方法去讨论和整理。知识论用要讨论的资料：第一是传统的信仰。第二是反省的能力。传统的信仰是存在的。这个我们不能加以怀疑。即怀疑家亦承认传统信仰的存在。从我们在年小的时候就无疑意的承认了许多许多的事实，条理等。所以我们对于知识论之追求是根据各哲学家所承认的事实。有许多的知识即怀疑家亦不能不赞成。若是有人武断的说知识的事实是不存在，那末他自己的这结论就足以驳倒他自己这武断的说法，因为至少"我不知事实"这种知识他是承认其存在的。若是有人怀疑某种知识之事实，则其本身对于事实的怀疑，也是不可靠的了。

至于反省的能力也是事实。我们对于思想状况之反省，对于思想之考查，对于各信仰之根据之考虑，这都是不能加以否认的事实。其效能足以证明思想独一的能力之存在。而且它是试验我们各种信仰唯一的工具。

第一节　研究知识问题之方法

研究知识问题的方法就是用反省的能力去试验各种传统信仰的真假虚实。经过反省的分析而仍能存在的信仰才是真的。那些经反省而失败的信仰就是假的。所以我们对于传统信仰要加以精细的考虑功夫。这种反省的功夫必要有系统的，要科学化的。这种反省在范围上，在性质上，在方法上，都与那些普通一般人所用的反省不同，因为他们对于传统信仰的反省是无系统的，非科学的。我们要无偏见的思想之程序。我们绝不要拿私见来影响我们反省的追求。无成见的追求最容易使我们达到目的。这种目的之达到我们必要忠诚的报告内心的内容。

除非在研究这些问题之始，我们诚意的愿受事实之指挥，否则，讨论知识论是徒劳无益的。知识论是从经验而产生，然而也要经验去试验。所以当我们读到各哲学家所主张知识论的理论的时候，我们至少要默问：这些理论是否合乎事实？

笛卡儿之方法　笛卡儿（Reué Descartes 1596—1650）在哲学里面发明了一种方法。这种方法近来虽已无人赞同，然而曾经享受一时之盛誉；也有一说的价值。笛卡儿鉴于他以前的及他同时的思想家的种种谬误和矛盾，且为避免怀疑论计，他建设了一种新哲学。这种新哲学绝无其他各思想系统所陷入的错误。为免除其他哲学所有之种种谬误计，他决计先养成一种清静的心境。他们绝不肯受他从教育上，书本上，以及感觉上，理性上所得来的意见或信仰的迷惑。他要周虑的怀疑任何事物。顺着这种虚心求理的心境，他再从一种坚固而真实的根据出发，而建设一种没有以前种种谬误的新哲学。因为这些疑虑他没受任何劝诱，最后他得到了一个不能怀疑的真理。这个实存的真理是："这怀疑的人是存在的"。笛卡儿的口号是"我思固有我存在"。思想者本身的存在是不受怀疑而存在的。他是不能摇动的基石，在这基石上建设了一个毫无虚假的思想系统。

关于笛卡儿的怀疑性质有极大互相反对的意义在里面。它似乎是真怀疑，因为他说他有许多强有力的理由。既是这种怀疑是真的，是无所不包的，那末心之能否达到真理亦当可疑。不过这种怀疑倾败他整个的系统。照逻辑推论下去，他应当是个怀疑派。但是他说算学的命题即矛盾律也是可以怀疑的。这些算学的命题和矛盾律似乎是绝不可怀疑的，因为我们必须要承认它们。因此我们只用别种方法去解释笛卡儿。我们知道当他不能真正去怀疑这些不能反对的信仰的时候，他还要怀疑他们是否给以对于实体的内察。这样一来他的方法又有什么价值呢？

若是笛卡儿只从主观方面着眼去接受这些自证的条律，若是他真怀疑它们能否给它以主观以外的条理，那末他的"我思故有我存在"也要受同样的打击。若是从这些自证的判断里面只选出"我思故有我存在"一条是真理，只有它有客观的存在，而否认其他同样的判断，这的确是不合逻辑的。所有自证的判断要否认就一概否认，要赞同就一律赞同。绝没有赞同其中的某一判断而否认其他判断的理由。

第二节　知识论之范围

知识认知范围总分为两部分：（一）知识之起源问题；（二）知识之价值问题。我们一切的判断或一切的传统信仰到底是从那儿而来的？知识是否可靠，或我们的思想所能达到的是否是真理。以上两种问题是知识所必须回答的。而且知识之价值更当赖其起源。所以在我们研究知识之效力问题之先，我们要回答知识起源的问题。

关于知识的起源和知识的价值在第二第三两篇有详细的讨论。本节列略述其大纲以清眉目。先看各哲学家对于知识之起源是如何的回答。

一、依据论　知识之起源，是根据以前学者的思想发生。

二、先验论　未生以前从先天就带来有许多的知识种子。这就是主张在经验之前就已有知识。

三、直觉论　人们的知识是凭直觉而发生。

四、唯用论　人类必须有知识之存在而后有圆满之人生。换言之，知识极有用于人生，因而发生知识。

五、经验论 知识是由人类的经验集合而成的。

六、理性论 知识是根据人类之理性。

七、综合论 知识之起源乃由于人类之理性对于感官所得的所与而加以整理。综合论乃是从理性论和经验论两者之综合。

至于知识之价值就是讨论知识所能达到的是什么。这乃是问认识的对象是如何的性质。关于这层讨论也有下面的几种学说：

一、实在论 被认识的东西就是这东西的本身。被认识的东西并不靠认识的主体而存。

二、新实在论 把实在论加以整理而主张凡事物皆是离认识作用而独立的。他们承认在这些事物之间的关系也是实在的。

三、批评实在论 对于实体之认识含有三种原素：思想，事物，所与。他们把所与也承认有独立的存在。

四、主观的观念论 事物之存在当赖主观的认识而存在。我们所知道的是我们心里发出的观念。

五、客观的观念论 凡事物都只是"普遍的心"之表现。凡事物都是这"普遍的心"的观念而已。

最后我们再讨论所谓真理是什么。何为真理之标准？这也是属于知识论的范围以内的。

第三节　知识论中各名辞之解说

知识 "知识"一辞是不能加以界说的因为它是认识作用之原始事实。我们能考虑它，能形容它，但是我们不能把它分成若干原素，也不能用知识以外的名字去解说它。"知识仅知识而已。若试欲以其他名辞解说之，其结果则所解说者已非知识矣。"

但是我们不能说我们不能知道何为知识。我们晓得知识之本质，比什么东西还清楚些。定义之本旨也不过是使人便于知道。夫知道即对于某物有所知觉。当一物现于能知之认识作用前则该物已被知矣。我知道这书的时候。这书就现在我之前，不过或许不是现于物质之世界中。在此世界中事物有其客观之存在。然被知之时于吾人心理中亦有其存在。故能知物体即对于外物有所活动也。

我们不能没有客观的实体就能对实体有所判断有所活动，故知识之对象即对此客观的实体所发生的种种观念。总之，这种对象是存在于我们思想范围以内的。关于在我们对此实体所发生的观念以外，我们只能领悟此实体之存在，而不能确知此实体之内容，因为在知识范围以内的只是关于此实体之观念，而非即此实体之本身。离观念离知识之实体吾人尚暂未能明显有所表述。所表述者亦不过吾人之心对于该实体所发生之观念也。所以我们所知的是心境，是我们意念，感慨，感觉，思想等内心的概念。我们所知的是限于能知的心之范围以内的。

"知道"也有各种意义不同。譬如我知道这个人，这就是说我见了这人而我能认识。这是认识或熟悉的知识。这含有我知觉这人的意思。或我知此人是说我晓得这人的脾气，天性，品格等。对此人的知识是直接的或间接的。所以有时我没有见此人而知道他了。因为"知道"有时是认识或熟悉，有时是明瞭深觉。

认识与知识（Cognition Knowledge）常时是互相通用的，不过也有点分别。认识是去知道的过程而知识乃是过程之结果。

经验 经验是一个人所经过的认识生活之态度。它有时是经个人认识而得的实际知识或对于某人直接所得之印像。因此经验与从他人处所得之间接形述的知识是两样的。当我说"我有一种经验"的时候，我就是认我自己从某方得到的一个直接的印像。经验有时是指示从直接印像所得来的知识。某人对于某事有了无数的经验而得到一种特有的知慧，我们就称此人是有经验的人。如我们说某人是有经验的大政客，某人是有经验的军官等。在知识论里面所谓经验或经验之知识就是由亲感及心之活动所得来的知识。

科学 科学是一种特别的知识。所谓科学的知识是整理而为有秩序有系统的知识。这种是同混杂的未组织的知识相反的。许多普通人所有事实的知识也是物理所讨论的。不过他们的知识并不是科学的，因为他们没有将物理的事实互相连贯而组织为一融贯的主义。当知识已为有系统的时候，它就成了所谓科学。

信仰 信仰是根据他人的传说而接受某种言论。所以信仰也算是一种知识。当我们因承认其真实而肯定一种判断，我们承认对其真实是根据他人之言，那末我们可说是有科学的根据吗？不，我们因他人之言而肯定此判断，则只能称之为信仰。话虽如此，不过我们也要注意，若是我们所根据的人物是足以使人相信的，是深有经验的，那末我们从他所得到信仰也就是真知识。常常遇着一些判断还要细细的考究，也没有足以确定的证明，不过去相信它是似乎合理的。在这个时候我们只可说有某种信仰。

认识 认识作用也是不能算界说。广而言之，认识是指一切感觉，思想，感触，意志——总之，是一切心理生活。当我们知觉这些心理状态的时候，我们就认识它们。自觉（Self-consciousness）就是说心对它自己的一切活动的知觉。因此这只指心之认识活动而言。自觉有两种，直接的和反省的。直接的自觉是我们平常所知觉的事实种种混杂模糊的知识。反省的自觉是对于我们的心理态度所加外在而正式的考虑和试验。我仅知某事而顾及此被知之事实，这种自觉是直接。但是当我于对此事实之知识作为认识之目标的时候，当我们特为因考验他们之外在的和明显的考虑我的心理状态的时候，这种自觉是反省的。从我内心所考究的心理活动状况并将我的心思反复的思想这种态度是谓之反省。

理智 理智乃思想之最高机关，我们有官觉和理智的两种知识。它们的分别以后再谈。理智一辞多乱用之。有时理智就是理性。而理性一辞适用以指示根据内在证明的理智。理性一辞之正确用法，是指推论的机关即由机关而推论其他之结论也。"人是理性动物"一语中可见"理性"一辞之意义矣。

第二篇
知识之起源

欲将各种传说，各项判断，都追溯到它的起源，这明明是不可能的一件工作，因为它们的资料和范围太扩大。话虽如此，然我们不能因此就避免这项事业。幸而我们尚能向历来讨论此问题的各哲学家来求教。这样的工作及其他种种关于知识极麻烦的问题，在各家的知识论里面都曾讨论过。从哲学史上我们可知研究知识之起源的各学派大概可分为七派：如依据论，先验论，直觉论，唯用论，经验论，理性论，综合论。兹依序分别讨论如后。

依据论与先验论

第一节　依据论之理论

何谓依据论　以耳当目这是一般人最普通得到知识的法子。我们的信仰和判断大半是从别人的言论和书本里面得来的。一生一世我们要知道的事物极多极多，我们怎能一件一件的亲自经验。一则也没有这样的精力；一则几十寒暑也得不了许多的成绩。因为生命的匆促，我们只好将事物的真假信靠于他人的言论，而且人的本性容易接受他人的建议。若是没有确实正面的理由，人们绝不会怀疑他人的言语。我们的日常生活中也多有以他人之言论而判断事物的真假。所以我们的信仰和判断多半是根据外来的传说而起源的。

小孩子们的心理是不会有所疑惑的，而且他们的经验尚不足反对他人的言论，所以小孩子总是将他们所亲见的和耳闻的视为同样的真确。因此，我们可以说以依据他人的言论为求得真理的方法。其广播之原因第一是人们的天性有限，其结果为相依作证；第二，人类最普遍的本性是信人为实。

简单的说，所谓依据论即主张人类的知识是依据他人之言论而来的。

依据之标准 一个人的知识渐渐增加，如是慢慢的知道用自己的经验。理性和直觉去测量某种言论是对的，某种言论是错的。欲判别言论之得失，大概可分为三类：（一）以其本人之专门学识，（二）以其信仰者之人数，（三）以其流传之久，暂为三个根本的标准。

一、以威权为标准 平常我们能否相信一个人的话，大概视其以前是否忠实可靠为转移。我知道某人是诚实可靠的。当我有怀疑的时候，我就到他那儿去请教。不过那人还要对于那种学说或事理有专门的知识。关于原子论中的问题就要去问忠实的物理学家。但是我们不能把医学上的困难向天文学家去讨教。所以在道德上而加以在知识上有相当威权的人每每是做一般人依据的标准。

二、以人数为标准 对于某学说信仰的人数多，普通也显示某种学说的优美。但是许多依据论的主张者并不以此为然。耶稣教徒并不以相信佛教的人多而转依据佛教。耶稣教徒的人数虽多至今还不能转变许多弱小宗教的信仰。说来也很奇怪，每每人们喜欢相信能吸收多数信从者的学说。两种相反的学说我们去判断谁是谁非的时候，总以为信从的人多是可以得到真理较大的可能性。此处最大的误会是我们预先假定凡信仰某种学说的人，个个都曾下过一番省察的功夫。不知大半的人多喜盲从，不自省察。若是每人都曾凭着经验或理性讨论过某学说而大多数的人能发生信仰则此学说当有较多真实性。但是知识之最上标准为经验或理性，而非人数之本身，则人数之多寡乃可以助某学说之虚实。

三、以年代为标准　以学说流传之久暂为其可依据之标准当较以前两者为切当。主张依据论者多守旧。每以先前学说之稳固及悠久之历史为荣幸。悠久之流传作强有力的依据，其理由可略分为三。

第一，是我们的兴趣和感情作用的原故。一个古老的组织能激起一般人的希望惧怕安慰等心理。它成了一个精神经验的堆栈。许多人觉得没有这样一个古老的组织似乎就不能灌溉他们的心灵。其实这种崇古的心理与另视其理论之真假完全是两件事。这种历史的兴趣和崇古的感情或许存在，然而我们绝不能接受其武断为真理。

第二个理由以一种学说之久远作为真实之表示也是一种不对的理论。这种理论就是老年人比青年要聪明些，所以我们应该尊重长者的意见。若是我们的祖宗至今还活着，他们的年龄甚高，故他们多年积蓄的经验甚丰，他们所以是值得去敬畏的。但是照人族进化而论，我们的经验，我们的智慧，确是我们祖先所梦想不到的。这是"青出于蓝而青于蓝，冰生于水而寒于水"的意思；所以青年之聪慧只有加于老者而不会减于长者。

第三个理由比前两个较为根本一点。主张依据论者信仰一个真黄金时代。那时的人们得着上帝的默示较为完美，故其理也较真。黄金时代的人离上帝很近，至今世世相传将一点上古精粹慢慢的遗失。故其来源愈久之言论，其离上帝之旨意愈近，而其理也愈真。这种论调和现在的进化论又是相反的。理愈求愈真如铜愈磨愈亮。人类之知识渐由幻想而科学化。上古的知识如一个孩子的知识，近代人的知识如成年人的知识。试问两个人知识孰为可靠？

关于以上三个理由的讨论，我们知道它们是不可靠的。但是何以依据论仍能流传甚广呢？所以进而讨论其流传之原因。

依据论流传之原因　依据论之态度之所以流传甚广，其主要原因可分为四。

一、依据论的主张者就是承认他人之言论学说不能做知识之最后来源，然而他们仍要辩驳说某人之言论学说之所以应受他人的依据，实在因为他的这

些言论并不能从另一人或其他来源所可得到。换言之，某人直觉的觉悟某种知识，或是他特别的得到了神的默示。这种从直觉或默示而得来的知识是别人所得不到的。所以他得到的那种特异的知识，我们舍此绝无他源可得。这种原因多半是宗教家，神秘家或直觉论者所主执。

二、第二个原因和怀疑论有很近的关系。怀疑派的人每每容易采取以依据知识之源的态度。因为他寻遍各家哲理总得不到绝对的真理。然一旦有人宣言他不用证明而已得到极神圣的真理，若这些意懒心灰的怀疑家见了这种论调多易采纳之。

三、我们要生存，有活动，则我们不能不引用他人的言论。在我们的生活中我们哪有功夫一物一事的去亲历其境。别人之言论确是我们生活的要素。我们因为需要它，故不能不信仰它。这大概是唯用论者所有的原因。

四、依据论流传之主要原因实在是有关于心理方面的，而不是理论方面的原因。人类天性对于理智是懦却的，是懒惰的。绝不肯无事多用脑力。别人有现成的传说在此，我何乐不为的不接受它呢？何必多放心思。这种人最喜放弃他应有追求的责任。他非不以此为耻，反笑别人是无事忙。这种天性既广，故依据之态度愈甚。因以上四点，依据论之流传遂广。

第二节　依据论之批评

主张知识是依据他人之言论而来的，这种论调在相当的程度中确有几分真理。我们的知识在幼稚的时候是父母教授的，长大了又有老师教我们的书。这不是明白的显示知识之来源大半依据他人。我知道在中国的东面有个美国，而在中美之间又有太平洋。但是一处我也没有见过。像这种知识确是依据书本而来的。但是依据并不是知识最后的来源，并且依据也不是知识可靠的来源。下详言之。

批评一：我们的知识既依据他人的言论，而各人各有其主张不一，试问知识可靠的来源到底是谁的言论起？各种根据有时互相冲突有时意见相左。若是我们依据而得真知识，则谁弃谁从呢？你说圣经是一切知识的来源，我说是可兰经，他说是佛典，再有人说是四书五经。到底哪一部可供为知识来源？这是主张依据论的第一个弱点。

批评二：依据他人之言论，并不能做真理最后的根源。我们说某事是根据甲所说的，故该事当是真的。不过甲说那件事至少也要根据两个立足点。或者是他亲自证明的经验。在这一点仅根据甲的言论尚不能作我得该事之真理的最后来源，因为甲自己还要根据经验而来。第二或者甲是根据乙的，乙又根据于丙的。这样一直追溯下去，最后一人必是根据于他自己的经验，或理智或默示或直觉。故仅以他人之言说为根据或有相当之真理，然绝不能作知识最后的来源。

第三节　先验论之理论

说到我们的一切信仰观念知识的来源，先验论主张在我们有经验之先在，胎内生下的时候，从先天就带来了许多信仰观念。一切的知识观念不是从经验上得来的，是我们先天所赋有的。在幼稚的时候，我们尚且不觉得那些观念；以后渐渐长大的时候，我们先天所有的观念信仰都慢慢的实现出来。所以在学习的时候，我们似乎在求索新的真理和新的观念，其实这些所谓新观念新信仰都不过是我们原有许多先验的观念信仰重新渐次实现的程序而已。

古代主张先验论最有力的是柏拉图。他以为有两个世界的存在：一个是感觉的世界；一个是观念的世界。所谓感觉的世界就是我们眼所见，耳所闻，手所触的这个世界。在这个世界中都是许多单简个体。这里一把椅子，那儿两个茶杯。这都是许多单简的物件。这个世界是暂时的，变化无常的。也可说它是虚假的幻影。还有一个所谓观念的世界。这个世界里面都是许多普遍的观念。"椅子"是一个普遍的概念，在我们思想中，椅子的观念是普遍的，并不是指这把椅子那把椅子各单简的东西。"圆"的观念并不是指定某一个圆圈，而是各圆圈普遍的一个观念。这个观念的世界才是永存不变，真确而实有的。

真知识是从观念的世界而来的。从许多普遍的观念造成了我们的知识。那末观念是从那儿来的呢？柏拉图以为观念绝不是从感觉的世界而来的。感觉的世界是虚幻的泡影，而观念的世界是真实的实体的。然真实的不能来自虚幻，实体亦不能来自泡影。故观念不是从感觉来的。观念既不是由感觉来的，那末从那儿来的呢？柏拉图以为观念是从另外一个观念的世界而来的。观念的世界和感觉的世界完全是分开的。感觉的世界是属于身体的；观念的世界是属于灵魂的。然而灵魂在的观念又怎样连到了身体上的感觉呢？此地于是由感觉和心灵的问题讨论到心和身的关系。

柏拉图进而承认人类的灵魂在有身体之前是在观念的世界中存在。换句话说，就是在我们有生之前，我们的心灵是存在的。在这种境界真体毕露，虚假毫无，这纯粹是个观念的世界。自后我们从前世投到现世而得有人体。在我们有了身体的时候，我们心灵中一切的观念也随之而来。在我们幼稚的时候，先天的一切观念已是模糊不明。当我们长大的时候，先天的观念方才慢慢的显明。所以我们长大的时候所得的观念都只是先天已有的观念，重新显现而已，并不是新从感觉中得来的。

莱布尼兹（Leibniz 1646—1716）是最近代主张先验论的哲学家。他是因为他的本体论所有的主张而不得不说知识是先验而有的。故知其知识论请先略述其本体论之主张。莱布尼兹以为宇宙的本体是包含无数心灵似的真质。它们是非物质的。这些真体他称之为"元子"（Monads）。他们可分为（一）理性的元子（这是许多有知识有道德性的自我）；（二）感觉的元子（这是许多非理性的灵魂）；（三）单纯的元子（这是许多有机体或无机体。）所有这些元子都是隶属于神之下。神就是太上元子。他们的特性是除了大家倚赖神之外，每个元子和任何其他元子是丝毫不相关系的。它们是绝对的分散。甲不影响乙，亦不为甲所影响。甲就甲独立的一个自我。甲有他独立的一个世界。莱布尼兹曾说过"元子是没有窗户的，故无物可出，无物可入。"

这些元子既毫不互相影响，那末感觉的元子和单纯的元子就不能影响理性的元子。另言之，即一切有机体，无机体及其他动物绝不能在人类的心灵上发生任何影响，也不能在我们的心灵上留下它们的影子。因此人们就应该没有外界的知识。人类和人类亦各有其他世界，故亦不互相影响，因此人们就应该没有人类的认识。那末现在我们对外界的许多观念是从什么地方来的呢？研究到此地莱布尼兹就不得不主张人在有生之前就由神赋与了许多的观念。这些观念在我们才生养出来的时候是模糊不明的。我们渐渐长大，那些先验的观念亦随之依着治理宇宙的"先定之和谐"（Pre-established Harmony）而渐次显明。人们之所以得知识，都是因为心灵元子和其他元子预先由神的大力已经把它们和谐的布置完妥了。所以事物之活动而有人类之知识。这并不是因为有事物之动而使人有知识。实在是在心灵元子和事物元子之间都是神所主使"先定的和谐"的力量在那儿活动。因此人们有了知识。

总之，先验论的理论是主张我们的知识不是从经验得来的。在我们未有经验之前，先天中就赋有知识的种子。

第四节　先验论之批评

先验论并没有多少精密的理论。以前所说的那些理论在现代的知识论里面简直没有空足的余地。其实从古至今也没有许多主张这种论调的哲学家。现在我简单的分四层批评之。

一、先验论的理论丝毫没有经验上的根据。你说初生的稚子就有了一肚子的观念知识。请问你何以证明他有呢？请问成年的那些变态心理的人们为什么没有正确的观念呢？所以主张先验论并没有一条一条有根据的理论，而只有如此如此的定论。这不能满足哲学家的好奇的心理。

二、讨论到知识的来源，我们并不能有丝毫的成见。我们要先由公正的研究而知道了知识的来源，然后知其性质及价值，始能成立本体论的系统。从几位先验论的代表所持的理论，我们知道先验论是从已成的本体论而产生的，而不是单独能成立的理论。柏拉图因为要符合他在本体论上所主张的观念世界而不得不承认知识是先经验而存在的。莱布尼兹因为贯澈了他元子无"窗户"的主张而不得不屈服于先验论之下。所以先验论并不是哲学家诚心研究所得的结果。先验论只是弥补哲学家已成哲学系统的工具。这也是不能使我们满意的。

三、观念是要被人们所知觉的。我心中从来不知觉椅子的时候，我绝不会有椅子的观念。不曾知觉就可说是没有观念之可言。先验论者一方面主张在孩童的时候人们已经有了观念，而同时他们又承认幼稚的童子并不知觉有何观念。这些不能知觉的观念，请问先验论者凭什么根据坚持它们的存在？

四、没有根据的假设，在必需的时候，本是不可依据的。但是先验论的假定确是多此一举。若是没有其他的理论解释观念的来源，那种假设还可利用。不过我们知道尚有其他的理论可以解释一切的知识。据我们所知道：一切的知识都是从我们的感觉和理智相混合的作用而来的。内容留在后面再详细讨论，兹不多述。

从以上几层所研究的结果，所以我们知道以先验论去解释知识的来源是在排斥之列的。

直觉论

第一节　直觉论之理论

直觉论绝不承认理智是达到真知识的根源。知识的来源是一种感觉。所谓感觉就是整个的心理态度对整个的真体反射。直觉一词有各种不同的意义。普通是指经过感官知觉的直接认识。有时直觉又作为是一种直觉机关向真体作立时之内观。它是一种立时的内观。或是直接对本体的感觉。真知识是领会出来的，而不是由理解所发生。

以直觉为真知识之来源，这种主张实行已久。在人们信任理智之前就以直觉为真理，孔子以亲身经历之结果而以忠恕为经义。牟尼经历直接之感觉而以欲念为苦痛之泉源。是皆以直觉为知识之来源也。希腊古哲柏拉图氏以其辩证法为向真体作直观的入门。据我们所知道，一位思想家每每在理智中不能得结果的时候，就以直觉为真理之归宿。柏氏即其一。

在中世纪真理唯一的根源就是信仰。所谓信仰就是直接对真理的了解。那末信仰即直觉之一种。所以中世纪的知识都是根据直觉的。

近代可说是理智的世界，物极必反，古之明训。在过于信任理智的时期，同时就要引人走到直觉的路上去。法哲卢梭可说是生在理智时代而竭力的趋重感觉。他以为我们心内对个人人格的感觉而可使我们得到真理。直觉告诉我们，说我们的心是感觉和意志唯一的代理。德国也有不少直觉论的信徒。甲各毕（F. H. Jacobi 1743—1819）主张真理不是从间接的知识而来的，而是从直接知觉来的。他叫这种直接知识为信仰，（这就是我们所谓直觉。康德的主张也十分相近直觉论。在他的第三篇批判论（《判断之批判》——The Critigue of Judgment）他说信仰可以根据在感觉到需要上。从我们美术的感觉我们可以认识到神（真体）。从康德的这种建议而做了谢林（Schelling）和叔本华的主张的基础。叔本华以为科学的理智只能解释事物的表面，而实体是从直觉的知识而来的。而且从直觉我们知道实体就是意志。谢林完全接受了康德的建议而主张美术的感觉是含有达到最后真理的认识。美术家的方能走进知识之城门。十九世纪自然主义发达而直觉论渐落。至今柏格森起来而直觉论乃大倡。

以前西洋的哲学家主张直觉为达到真理之门径，然未以直觉自成为一完整之系统。直觉论至柏格森乃自成一派。故余论直觉论则以柏格森之主张为主体。他以为直觉能达到理智所不能达到的知识，故直觉较高于理智。兹分条详细述之。

一、理智的弱点

宇宙的真知识是从直觉而来的。理智所得的知识不是真确的知识。理智并不是达到真理的工具。这种论调柏格森给我们下述的几种理由。

（1）柏格森在他的"玄哲导论"中说认识对象有两种方法：一种是知道事物的表外，一种是侵入事物的内部。前者用理智，后者用直觉。所以理智所能认识的只是事物的外面而不能深入内部。一枝植物，我们要知它是一朵花呢？还是一棵树？我们看见它是一朵花，于是我们就把它排在花一类。这是理智的工作。然这是外表的同异而不能侵入事物的实质。

（2）理智是符号的。理智的知识是要用符号去表示的。换句说话，理智只是一种描写而不能亲历的内观。《红楼梦》里面的林黛玉是怎样的娇艳，怎样的多情。到底她只是小说里面的人物，我没有亲自和她谈过心，张三说李四怎样的忠厚，怎样的仁和，但是总没有我和他亲自认识来的真确。沙士比亚的文词怎样的美好，然而中国翻译总没有看英文原文来的精彩。理智只能给我们符号和翻译，而不能使我们认识对象的本来面目。

（3）理智是相对的。人之所以为人，就是因人和其他的东西有特殊的关系。点，线，面之所以不同，就是因为它们关系的不同。而且一人之认识一物自有其个人之观点和立场。譬如同是一本书，买书的商人见了就要注意到它的价钱。他们把书本当作了货品。读书人见了就要审察他的内容。不识字的人或者还要把它做柴烧。因此事物和个人的兴趣也有一定的关系。这都是互相对待的。这样的理智是不能认识绝对的实体。

（4）理智是部分的。 各个人的观点不同，而从某一点所得来的知识决不能认识实体的全部。理智只是许多观点的结合，而不是全部的认识。而且理智所认识的只取其生命的一段落，并不是全部的生命。因此理智不能达到全部的真理。

（5）理智是死板的。 一切的事物生命都是连续进展的。而理智的描写只是对事物生命一段一段的写真。间断的描写不能达到进展的生命。所以从间断的描写所得的知识不能认识真体。

总之，理智只能分析而不能综合。它只把整个的生物拆成一段一段的死东西，而不能把间断的连成整个的生命。故理智不可倚靠。

二、何谓直觉

柏格森以为人生是不断的旋流，宇宙乃连续之创化，故分析的及死板的理智绝不能穷宇宙之究竟。所以达到真理的方法并不是求之于理智而只于直觉之反射中求得之。

在生命旋流中各物皆有与生俱生之本能。以其与生灵聚生而后才能知生命之灵机，明宇宙之真像。宇宙生命之间多能由本能而相通感，故一生物之本能能知他生物。然视扩充与发展之程度而衡其认识之深浅耳。本能的真性绝不能由科学方法阐明之，因本能与理智所趋适反。一则宿于生命之中，而一则为无机之具。是以本能断非理智而能了解，而亦不能以言语表示之。

本能直是一种感通。此感通之对象可扩大于无限，其本身亦可超脱利害关系而反省。只有这种感通始可引导我们到生命之内性，明生物之秘笈。只能由这种本能人们乃自觉其与真理相交感而融为一体。凡人类的本能变成了无私利，可自反省而能优游乎扩大于无限之对象之中，凡是这种觉识自己交感生命的本能就是所谓"直觉"。柏格森云"直觉乃理智之感通。吾人可神游物之里面，以与物体浑为一体而相会和，而终于不可言说"。因此柏格森主张只有直觉才是追究宇宙生命的真知识。换言之，真知识只能于直觉中得之。

三、直觉论心理上之根据

兹进而讨论直觉的本质之心理根据。关于直觉之本质最简单的假设，就是以人类之生灵而能与生物界或宇宙之真体互相交感。我们相信"本能"与"想象"两种元素或可作为这种超自然经验的解释。不过我们对于"想象"之结构既鲜，而对于本能之根基复不可多得，故论及此两元素亦不过略指趋向之途径而已。

人生无论在心理方面，还是生理方面，都有许多与生俱来的本能。饮食动作，发音皆天然之力。喜怒哀乐之情，厌恶爱悦之感，亦乃生而能之。虽然我们不能承认我们完全直接承受了我们祖宗所有的经验，但是我们不能不承认我们一切思想行为曾间接的受了祖宗的遗传，而本能即此遗传之表现。我们个人的经验乃为本能限制。我们祖先过去的生活习惯既见之于本能中，而我个人过去这一生亦复于吾等之记忆中见之。由此种本能及记忆所生之势力，于是于冥冥中左右吾人之知识，而时时授人以深微之觉悟。集过去之经验而生直觉之行为是谓之想象。此想象之特性在使人有突然而然之行为。如我欲解决某一问题，久之而不能就一答案，至某时忽有一良好解答突然现于吾人之脑海中。此创造之潜力即来自此"想象"之发挥。本能与想象于是在心理上做了直觉的根据。

宇宙之真理，人生之秘笈是整个继续的旋流，这种整个扩大的生命只能作直觉的对象，而非理智所能诠释。故唯直觉始为真知识之来源，唯直觉始能认识真体。是为以整个之感觉而直接认识整个之生命。此直觉论之大意。

第二节　直觉论之批评

在批评直觉论方面我们接受他正面的主张。的确直觉是存在的。譬如我们的心灵确实是不能用身体的感官去知觉他，而我们又似乎确有心灵的存在。这种直接的"自我认知"只有从直觉中得之。

但是关于直觉论之理论及其对于理智之忽视亦有不少可议的地方，分下列数点讨论之。

一、直觉与理智的分界太严　直觉与理智同是心灵的活动，他们是同工一致的，他们是分不开的。而直觉论者似乎把他们分得太严。偏于直觉而遗弃了理智，这是太趋于极端。若是我们不用理智而完全以直觉认识一切，那末我们简直就不能思索不能言语。若是我们只以为直觉始可知识，直觉乃知识唯一之途径，则直觉有三种缺点。

（1）不能说明直觉到底是怎样，因为如若我们一加说明，则需概念，而一用概念则已入理智之领域。

（2）不能传达由直觉所认识的对象，因此我们也不能知道直觉的什么，因为如若我们说直觉所认识的是真体，是生命，是绵延……等，那末这些名辞意念仍是属于理智的界内。

（3）不能辩白是非，认识真理，因为一经辩论，一经分别，则隶属于理智而不为直觉所许。因此直觉不能单独成立。凡有直觉，必有思想。即直觉一辞亦属理智，故真智慧乃理智与直觉之联合。

二、直觉论乃自相矛盾之表现　理智既无求真理之实效，直觉复乃不可言状之体认，则以理智之结果而洋洋万言数十万言以研究直觉，直乃真相矛盾之怪状。柏格森以其所反对之理智而建立其直觉哲学。柏格森之学说系统为何？乃一理智之结构耳。若其直觉之哲学可信，则所以说明其哲学之系统乃不可靠。故柏格森愈以理论证实其直觉，而愈足以显其忽理智重直觉之怪诞。

三、 直觉本身之不可靠　我们确实能从直觉，而得到不少真实的知识，然而直觉并不完全是知识可靠的来源。在我们日常生活中，直觉是最容易错误的。譬如我们每每自然而然的默认某人是我的朋友，某人是我的仇敌，然而这种直觉的认识常常与实际所得之结果相反。再如许多玄想的理论，抽象的事理，直觉尤不能全为可靠；因为同一问题由各人之直觉所得之结果而发生矛盾之观念。儿童多赖直觉而生活，愚民多以直觉为指导，然其结果之高下不言可测。直觉乃知识之来源，然必赖理智以发扬之，证实之，因此仅直觉论仍不能作知识来源之圆满的解释。

唯用论

　　"何谓知识的来源"对于这个问题在近数年美国的学者发现了一种新答案。关于这种答案的新思想是根据于人生的利益。这就是在中国也很流行的唯用主义。唯用论研究知识问题是直接研究现代心理学及逻辑的结果。唯用派的学者并不愿如传统知识论之学者做毫无补益之空谈。唯用论接受现在人生之价值，此人生并不是理想的人生，也不是永生，而即现在动物的生活，欲望与本能的生活，适应环境，文化演进的生活。唯用论即以这种人生为出发点，而讨论知识的来源。

　　唯用论对于知识之解释亦别有其见解。知识并不是静止事物，譬如对于桌子的知识不仅是认识这张桌子。唯用论以为知识是整个认识的层序——包含一个所知的知者，一件被知的事物，一个认识的机关和其认识之成败。"知"就是生命之一状态，就是人生适应环境之一状态。"知"乃一行历，于一特别之时期出发，以相当之方法测度之，以希望或畏惧之心理求达之，而后视其成败以结论之。总之，唯用论推翻了静止的知识，而以为知识是动的。知即是行，或即在行中，离了动的行，则知乃不能成立。这就是唯用论研究知识问题的材料。现代唯用论的三大支柱在美国为杰姆士，杜威，在英国为席勒。兹进而讨论此三家对于知识来源之见解。

第一节　杰姆士之实用论

论唯用主义多追溯到皮耳斯（Charles S. Peirce 1839—1914）。他在一八七八年正月发行的《普通科学月刊》（Popular Science Monthly）上做了一篇文章，题目是"如何使我们的观念明瞭"（How To Make Our Ideas Clear）在这里面他主张：若我们要确定观念的真伪，那末我们就要视此观念在人类行为中所发生的实际结果如何。此种新异的主张，当时并没有引起一般人的注意，至一八九八年始引起美国心理学大家杰姆士（William James）之重视，乃更事扩张之。

杰姆士全部的哲学都是以他的心理学为出发点。他的心理学又大半是出于他对于旧的"原子论的心理学"之反动。这种心理学乃英国之洛克，柏克莱及休谟等哲学家的根据。他们以为知识之来源是包含许多的觉知而成的，而这些觉知又是从许多零星散漫，各种分离的感觉或印象与内心相接触所组织而成的。譬如我们认识一个苹果：人与苹果接触的时候，这苹果便在人的感官上发生了一套硬、凉、圆、绿色的感觉，射映到人的脑内，而成了观念。于是我们就认识了这就是个苹果。因此凡人所知道的，及组织成人们的知识的题材就是这些分开而离散的感觉或"观念"。

这种原子论的心理学杰姆士是极力的反对。洛克说：经验是从许多分开的感觉经过内心所加的种种相连续的关系而成。杰姆士则不以为然。他以为心并不是在分散而离析的感觉中而加以联结。譬如这个苹果并不是由心把许多硬的，冷的，绿的，圆的等等感觉联结拢来的知识。因为知识的对象，并不是许多心理状态组合，而是一种相续体。我们对此相续体所得的经验与这相续体是同样的真实。从这整个的相续体中，以内心的活动而把这苹分果析出来。所以照杰姆士的主张，我们知道苹果就是用内心的活动把我们所经验的整个相续体加以分析，而分出一个苹果。心是整个的活动，只有分裂离析而无联结合和。心之作用乃离析经验整个相续之流。

但是为什么心要活动，将整个之相续体离析成为许多简单个体呢？（如苹果，纸笔，桌，椅等）杰姆士以为心不是盲目糊乱的把整个的相续体分成许多零星东西。心自有其"目的"而后始有其选择，淘汰的活动。其目的在人类意欲于人生中必得有圆满之适应，而于天然环境中获得其浓厚兴趣。故人类内心之所以于经验整个相续体中而选择若干，淘汰若干，其目的在使人有圆满之人生，以适应天然之环境。换言之，人们因为要有美满的人生始有心之活动，而选择淘汰此整个相续体以为许多观念。（如桌椅，书籍，车辆等）

将这种实用的态度应用到知识的来源问题，那末实用论者坚持知识之开始乃人类对其环境之一种回应。对此环境有认知的时候，此知者即于其中发生了兴趣，合乎其兴趣者选择，异乎其兴趣者淘汰之。能达到此兴趣则喜，不能达者则忧。于是由此等兴趣关系选择，淘汰，成功，失败，而发生抽象的思想，判断，以及其他高尚心理之程序，总之，知识乃能知之人类适应其环境之经验耳。复因此经验之助，而与其他新环境相适应。因此借固有之经验，知识乃能限制及管束其环境。

简括的说实用论有三个要点：

1. 经验是一种相续体。心并不是联结各项零散的感觉而成经验。心乃是将这相续体的经验割分成许多的东西及其间的关系。

2. 这种分裂并不是胡乱的，而是选择的，淘汰的，加益的。

3. 这种选择是有目的的。其目的在能管束环境而得到圆满的人生。

第二节　杜威之工具论

杜威也是唯用论之一大支柱。他主张的重心点是坚持知识乃用以制管环境的工具，故杜威之唯用主义乃名之曰"工具论"。虽然他的工具论是从逻辑着手，然其视知识多以生物进化之眼光观之。人类之所以生存，以其能适应环境故耳。以其对环境之适应如是乃发生知识，以为其是适应之工具。

所有的知识都是经验的。思想或知识之获得（Knowledge Getting）并不是每日盘旋脑内死板的东西。它是整个的探求，于此探求中有可靠的材料，有物质的分析，而后应用之于原有之目的而视其结果之成败。杜威分思想全部为五阶段：第一在生活感觉有某种困难；二察其困难之所在；三于是建设种种能解决此问题之答案；四以种种理由发展之；五然后乃以各种观察实验以知确否而予以取绝。在思想历程中必须完成了这五阶段，然后始有所谓知识之存在。知识之发生必有一定之目的，而知识之存在必须已达到此固有之目的。所以知识实在是达到某种结果之工具。

知识是一种实际的名称。知识是因为人生之需要而追求事物的一种工具。因此知识是发生于人类有种种需求的时候。人们总是遇着烦杂而互相冲突的经验，他们于是感觉着各种的痛苦困难。由这些困难而激起人们种种行动以冀免除之。于是乃由知识存立。一种安逸的生活，一种不劳而获的生活，其实是一种没有思想的生活。人类之有思想，乃因其生活中之活动不能直接达到胜利。各种思想之发生，因为它们证明它们能以解决环境之困难而操人生之胜券。

因此，知识在根本上是实际的。它为活动而存在。知识并不是从外界的感象映射到心内而成的。若我们把它分拆到最后知识实在是一种从心与环境交合的结果。

工具论的要点就是：

1. 人生要适应环境以图生存。

2. 因适应环境人生发生困难痛苦。

3. 知识因之发生，以作解决人生之工具。

第三节　席勒之人本论

美国唯用论的势力到了英国。英国始终坚持唯用论者有席勒（F. C. S. Schiller）其中心点乃处于人本主义之立场。其主力乃对英国极有势力之绝对唯心论加以痛击。席勒坚持其人本主义以与美国之唯用论相呼应。其思想之根据可远溯至勃洛大哥拉斯之"人为万物之灵"之说。于是知识之来源乃始于人类之兴趣情欲。是乃以人意为根本而讨论知识来源之问题。

席勒以为人类之感情意志吾人之信仰知识有莫大之关系。他说"精神生活之目的足以影响一切认识活动。"由此我们可知一切认识作用之发生，皆是因为欲求以适人类精神生活之目的。知识里面不仅是纯粹的知识，里面也包含人生之兴趣，感情欲望等观念。我们的兴趣不仅决定我们思想的对象，而且决定我们对于那些对象的思想。非但对我们的思想如此，即施之于感觉也是如此。凡对于我们人生有补益的事，我们的感觉灵敏些。对于我们人生之需要欲望有满足可能的世界，我们就得到这世界的经验。我们的世界是属于"人本"的世界，因为世界之被认知乃经人类之兴趣以为之媒介。

席勒是主张"事实不能离认知"。我们知识的原料本是一个无意识的浑沌经验。拿这种生硬的浑沌经验而加以有目的的选择与评价乃有知识世界的存在。有许多与人生利益没有关系的原料人们不必去认知它，因此它们是非实在的东西，对它们也没有真知识。人类对此生硬的材料所加以选择的目标就是看它们对于人生的旨趣有什么补助。于人类有用的就去认知，于人类无益的就去淘汰。故使用含有认知的意思。

席勒思想的要点即

1. 人类之情感意志影响知识作用。

2. 知识之发生乃欲满足吾之兴趣。

杰姆士，杜威，席勒都着力于知识之实际方面。他们以为知识之本身并非即是目的。知识之存在乃因其能引导行为以达到实际之结果。然他们三人亦各有小异之处。杜威注重环境是管辖我们心理的活动和我们的世界互相交合的原素。而席勒乃注重人本乃管辖彼此互相交合的原素。然而在我们所讨论的范围以内，则知识之实际性及知识乃由人心与世界相交合而发生的主张他俩是一致的。

第四节　唯用论之总评

唯用论再也没有得着多大的威权。它虽然在科学界内得着一点势力，但是在哲学阶级份子中并没有多少信从。唯用论曾受了不少的攻击和反对。现在我们批评唯用论只限于其讨论知识来源问题的一部分。

一、唯用主义之认识论的错误　照我们所知道的，唯用论以经验为一连续之流，心乃从此流中选择种种状态以补益于人生。在根本上，思想并不是接受的，也不是创造的，而只是选择而已。人心自然有种种之选择，而不需经验之呈现。心之种种活动根本上是自由的。我们要静心的反省，看看事实是否是这样？我们要仔细的考察，看看当我们的知识发生的时候，我们的环境是否是逼迫我们去认识？我们不是常常去认识许多与我们的需要相违背的事实吗？牛顿发明万有引律（Law of Gravitation）难道是他为环境的需要所逼迫而发明吗？

苏格拉地为什么情愿出钱雇人来和他谈论（求真知），这也是因为环境物质上的需要呢？请唯用论者有以教我？

二、知识并不完全是实用的　我们就是承认知识是心对环境的活动，但是我们不能就说知识只在使用范围之内，因为把人类求知的兴趣只限于功利之一途，这是很不正当的。知识或许是由实际之兴趣而发生，但是他并不一定总是实用的。唯用论者太偏重于思想之工具方面。思想之原始或许是实用的，然而事实告诉我们知识是已超过了实用的功能。当人开始思想的时候，他就是思想的动物，如是他就不仅是为事实之需要而思想了。而且人类之求知欲是天然的。"人类乃是理智之动物"来不可磨灭之语。

因此知识非仅是实用的，而且是科学的或冥索的，因为我们是在一个理智的世界中。我们大家都觉得我们有时仅因"知"而知之。人类好奇之本能每促吾人追求种种无合实用之知识。思想虽为达到一种目的之工具，然其本身亦可变为一种目的。人类常能于求知中得到快乐，这也是知识足以丰富人生之价值，即冥索之思想亦不必即为无用。对于宇宙万有，意义秩序等等之无用的思索也是认识极值得的一种作用。

三、哲学不必是有用于物质人生的　在结束唯用论对于知识来源问题的解决之前，我们尚不能不提到唯用论者对于普通玄奥的理论或冥索的哲学的一种轻视的态度。唯用论者反对抽象的玄想而斥之为益利之空谈。他们主张哲学必须拿来实用的，哲学应是无时不注意社会问题之解决。这种功利态度不仅唯用论者如此，即多数之科学家亦系如是。然此种见解不能因其散播之广而默认之。我们不接受这种见解的理由是因为它太孤僻了。哲学是实用的，但不仅限于实用范围之内。哲学亦有思索之功效。杜威在成立他的工具主义的时候，也是建立了一种思索的哲学。他自是用冥索的思想去证明思想不应是冥索的。总之，那些否认冥索思想的人是容易陷入自相矛盾的境况。因为以玄学思想为无益之举，此种思想之本身即是玄学的。

唯用论对于知识之来源的解决或许是对的或许是不对的。但是他们从知识之发始而证明知识之本质是有实用性的，这明明是唯用论的错误。

感觉论

关于知识的来源问题我们曾经讨论过依据论，先验论，直觉论，唯用论，然而这种种主张都并没有得着多少人的信仰。现在我们要研究的两大学派都有悠久的历史，而且信从的人非常之多。是集古今思想之两大支柱。一为感觉论，一为理性论。古今大哲学多属此两派。故对于此两派之学说评述亦当较前者为详。

第一节　感觉论之定义

感觉论就是主张知识乃发源于吾人之感觉。这就是说知识是从我们对于特别个体（Particular）的许多感觉组织成的。以感觉论的理论去讨论知识之效用问题，则此种理论名之为经验论。经验论主张观念之是否可靠，当视其能否经感觉经验之证实。只有经验是可靠的，而此所谓经验是直接从感觉上得来的。

若是以感觉论解释实体之本性，则感觉论与现象论相混合，因为现象论主张除了表现在我们感觉前面的东西之外没有什么是存在的，然所谓表现于吾人感觉之前者，则惟现象而已，故惟现象存在。在表现于吾人感觉之前之现象的背面，无论是精神的或是物质的东西都不算是有存在的。实证主义者是和感觉论一样的。只有可感觉的东西是能知道的。从反面看来，感觉论是从各种冥索的思想中将解放，而正面则哲学只限于自然科学之方法及材料之范围以内。这种学派是极端反对先验的及各种其他的玄学冥想。

第二节　感觉论之略史

古今哲学界许多极有势力的思想家是赞成感觉论的。培根的《新工具》一书就给了以后各派感觉论极大的影响。培根最注重的是尽人力以发现自然界。除玄想，离神学，关于自然界之研究只能限于感觉所能及者而不能以玄想致之。到了霍布士（Thomas Hobbes）他把哲学视为讨论物体运动的学问，哲学的资料只是对于现象及其物质现状的知识。我们所讨论是物质现象。洛克则抱这种主张更事发展。他主张知识的来源是经验，而对外物的经验是来自感觉。休谟更把他的主张建立在洛克的学说上面。他坚持知识是从许多观念联合成的，而这些观念只是各种印象或感觉而已。

英国经验论之发展由上述各人哲学家中可以知之。而法国亦有同样理论之发展。至孔德（Comte 1798—1857）乃树立所谓实证主义。他告诉我们每一科学之发达必经三个阶段：第一是神学，第二是玄学，第三是实证。在上古的时候，人们遇着某种需要，他们只倚赖着神的威力，这是思想上神学的阶段。到了玄学阶段，人们以玄奥的思索解决各种问题。到最后实证的阶段，人们乃拒绝玄奥的思索，不承认神的存在，不以"绝对"是可知的。他们只注重事实的试验而研究其各种关系。孔德以为到实证的阶段方始表示知识的完整。孔德这种主张的理由是：一、人类思想的进化是从神学经过玄想而达到实证的阶段；二、再从心理上的分析，我们知道凡知识事都能最后追溯到各种感觉的经验和经验的联感。实证主张在现在思想中传播甚广。近代在英国有斯宾塞（Spencer），赫胥里（Huxley），刘韦士（Lewes），Tyndall，Harrison，

Bridge， Allen等人；在法国的有里伯（Ribot），Durkheim等；在意大利有Ferrari，Ardigo，Morselli等；在德国有Lass，Riekl，Avenarius等人。

今日感觉论之所以发达，固然一部分是由孔德之以哲学精神锻练感觉论，然而这种感觉论的态度之所以深深印刻在一般人的心坎，就不能不说是因为科学的胜利。科学的能力是多麼的伟大，它能开天地之神签，明宇宙之玄妙，匡制自然，随心所欲。这种威力确足以抓住今日一般思想家的心弦，使他们不知不觉的跑到了科学神圣的坛前。于是从这些受过科学洗礼的人心而发生为科学之神所支配的思想文化。不过我们回头一看科学之所以成功，只是一种经验的或是试验的方法，其最后之试验当视感觉经验为规定。确实，科学也曾用理性去组织种种的理论，但是这些理论是必须受感觉经验的裁判。

科学用感觉试验一切，而能得到许多惊人的成绩。所以一般人相信感觉知识虽不是唯一的知识，然而它至少能给我们一个满意而可靠的试验。它的结果比哲学家的玄想有用得多了。这种种的事实都足以感觉论深入人心而使人轻视玄想的哲学。但是我们不能因为其传播之广大就不去加以考查和批评。我们还是要不断的辩明其是非。

第三节　感觉论之基本主张

感觉论根本的主张是：感觉是一切知识的泉源。现在没有一个哲学学派是否认识感觉的存在。而且也没有一个哲学家主张感觉和知识的来源毫不相关的。不错，在以前的理性论者确实主张我们的观念是只从理性来的，而丝毫无感觉之作用。但是在近代这种以感觉为知识之来源的主张却是一般人所承认的。许多的哲学家或许多对于感觉之着重各有不同，但是他们绝不否认人类知识最后的来源是有感觉（Sensation）之成分。

感觉论者主张感觉乃吾人一切观念知识之来源。就是有些有关于抽象的对象的知识根本上仍有具感觉的性质。感觉论者绝不承认在超过感觉之外另有所谓知识来源。所以他们和那些理性论者是互相仇视的，因为理性论者主张超感觉之外另有理性为知识之来源。

但是我们何以能证明感觉作用为知识的来源呢？感觉论者以为感觉作用本身就可以证明之。我们开眼睛就能看见东西；若是我们闭了眼我们就不见有物。我坐在椅子上我就有抵触的感觉。碰着石头我的脚就会觉得痛。若是我的脚不碰这石头，我就没有触觉。

依感觉论的理论，知识始自感觉是对的。不过他主张知识只限于感觉而永不离开其感觉之特性，这一层我们是不能不加以严格的批评。我们讨论感觉论分两部着手。第一概念之来源问题；第二，需要判断之来源问题。讨论概念来源的感觉论名之唯名论；讨论需要判断之来源者属之于联感论。兹分别评选之。

第四节　唯名论之理论及批评

我们的观念或概念是从何而来的？讨论那个问题的感觉论我们称之为唯名论。唯名论一辞英文系"Nominalism"此字脱胎于一拉丁文"Nomen"这拉丁字的意义就是"名目"或是"名辞"。所谓唯名论者就是因为它承认"普通名辞"（Universal Term or General Name）。不过这个"普通名辞"只是许多同类的东西的一个总名辞而已，除了我们所感觉得到的东西组合以外，我们的心灵没有单个组织这些"普遍名辞"的能力。唯名论绝不承认在感觉之外另有任何知识机关。它绝不承认在感觉之外我们能有任何思想产生。唯名论者也时时引用"抽象""理智""普遍""概念"等名词，但是他们看这些名词，和感觉没有多大的分别。这些概念（即普遍名辞）亦不过是感觉之精粹而已，并不是离感觉另有所谓概念。

简明的说，唯名论者主张普遍概念（Universal Concepts）并不是纯思想的产物，而只是许多同类的东西一个普遍名辞，换言之，只有感觉是概念的来源。关于这一层为求明暸计，请更申述之。

我们直接的知觉一件东西，就可以看出它里面所含有的许多复杂的性质。有些性质是和这件东西的同类所共有的，有些性质是这件东西所特有的。除了这些性质之外，尚有处于空间和时间的性质，而且还有这件东西本身所处的空间的特别地位和她在时间中所立的特别某一时间。譬如我知觉一张桌子。这张桌子含有其他桌子所共有的性质和它本身的大小颜色等所特有的特性。这张桌子是在空间和时间以内的。当我看见它的时候，它就占有那一特别的时间，在我看见它的地方，它就处在那个特别的空间。这是我知觉这张桌子所应有的一堆复杂的性质。现在把对于这张桌子的感觉所有的各种成分列表如后：

D……凡桌子所共有的性质。

d……吾知觉的这一张单个桌子所特有的性质。

S……这张桌子是在空间。它有能放置在任何地方的性质。

s……这张桌子在我现在看见它的地方所处这特别的地位。这时它并没有在别的地方。

T……这张桌子是在时间以内。它是能延长至很久的时间。

t……当我看见它的时候，那一刹那的这张桌子。

在这特别的时间和特别的地点，我们对于这一个特别的桌子所感觉的是全部复杂的经验。我们用"DdSsTt"这个符号来代替。无论我们经验一件什么东西，我们都能把它同样的分析。但是这六种性质我们是不能把它们拆成一个一个去凭空想象。我们绝不会想象出一匹不在任何空间和时间以内的马？我们也不能只凭心灵就会想象一张没有颜色没有形式的桌子。就是我们去想象一张桌子，然这张理想中的桌子也绝不会没有其特别的颜色和形式。除了许多的特别个体（Particulars），我们绝不会想象什么东西出来，因此，也不会想到或认识到什么东西。这就是唯名论的论调。

由此，我们知道唯名论的基础，就是主张在我们认识中的概念总是和感觉个体所得的想象互相连合而不分的。彻底的说，唯名论简直承认概念就是想象。想象既不能离单个体而存在，则概念亦不过各种相类的单个体的感觉之名称符号而已。

唯名论之批评 唯名论以为概念就是想象或感觉。这一点我们不敢承认。概念是概念，想象是想象；它们并不是一样的。欲知它们的不同，我仍然先把对于一个特别的东西的知觉所分析的六种性质继续讨论下去。

对于一张桌子整个的经验，我们可以分析成六种性质，但我们不能把任何一性质分开来发生出一张想象的桌子。但是我们可以把注意点集中在那几种性质，而忽视其他几种。因此我们能想得到或认识到我们所特别注意的这几种。譬喻我对某一特别的桌子的知觉是DdSsTt，我们可以忽视st两种性质而集中注意DdST，如是我仍可想得到一张单个桌子，而不限定这张桌子在什么地方和什么时候。虽然我们不能离单个之桌子而想象桌子，然而我们能注意DST三性质离开dst等单个性质，因此我们仍能想得到普通桌子的概念。我们虽不能离开时间（Tt）空间（Ss）和单个性而能想象出理想的桌子，然而我仍专注在D性质上而有所谓"座"的概念（Deskness）。我们对于桌子的概念并不是把对单个桌子本身的感觉抽像出来，而只是对于DST之三性质特别注意耳。故概念与想象自有其不同处。唯名者盍静听之！

我们相信概念与知觉或影像不同。这一点若是我们能证明，则唯名论可不攻自破。兹列其不同之理由如后：

（1）概念忽视各单个体之特性，而代表某种东西内部的本质。知感或影像（Percepts or Image）并不表现物类之本质，而只注意其外表之性质，如形式颜色等等。影像所表示的是某件东西在何时何处及其有何特性，而概念仅示具同类之共有性。譬喻一张桌子的概念就是一件用木料或其他原料所成的东西，它有四只脚而能做读书或吃饭用之，然而当我影像到一张桌子我们就影像某一特别桌子的形式或颜色。这是概念影像不同之一。

（2）概念是普遍的。因为它可以代表所有同一种类的东西。概念是综合所有同一种类的共有本性。譬如人的概念就可以应用到任何人的身上。人的概念可以适用于张三也可以适用于李四。非洲人也合乎人的概念，中国人也合乎人的概念。影像就不如此。不论这影像是清晰还是模糊的都不是普遍的。影像仅能影绘出某一个人，他有多高多大，是胖子或是瘦子。若是我们想到"马"，并且注意由这"马"的概念而得到随之而来的影像之马，由此我们就知道概念与想象不同。概念能应用到所有的马，而马之影像则只能影映出某一匹马。

（3）概念是一致不变的，是必需如此的。譬如马的概念，我们就不能从这概念上加增或减去某种成分。马的概念绝不能加上翅翼，因为有翅的东西，绝不能现出马的概念。马的概念中也不能减去毛的成分，因为对于无毛的东西我们不会发生马的概念。再如人的概念必具有理性和肉体两种成分。只有两种成分方能组成人的概念；既不能多，亦不可少。除了理性只余肉体，这已非人的概念。总之，概念是固定不移的。

但是影像就不然。它是可以变动的，而未可坚定的。我们就是对于同一人的影像还可以变出多少样子。我们影像一匹狗，有时现出一匹花狗，有时想象出一匹小狗。这也是概念和想象所不同的。

（4）概念或许是十分的清楚，但是随此概念而来作影像或许十分的混乱不明。譬喻我有一个万角形的图案的概念；这个概念十分的清楚，并且我知道万角形的图案是件什么东西。但是我们能影像得出一个十分清楚的万角形的图案吗？对于极渺小的东西我们能有十分清楚的概念。譬喻一个千分之一英寸小的元子，我们能有一个十分清楚的元子的概念，我们知所有的原子是件什么东西，但是我能影像得出一个千分之一英寸小的元子吗？概念既十分清楚而想象则十分的模糊，那末它们怎能被混视而为一物呢？

（5）概念并不是感觉的对象，而只是思想的对象。换句话说，概念并不是由感觉所达到的，它只是由思想所产生的。譬喻我们有种种的判断，如"马，兽也""人为万物之灵"等；我们所想到的"马"和"人"的概念并不是指定我看见的某种马，也不是我亲身知道的某种人。在这些判断里面这"马"和"人"是指一般的马和所有的人。因此影像只是某单个物的描写，而概念

遍指同类所有的东西。所以若是我们没有概念，我们就不会发生普遍的判断（Universal Judgement）

从心理学所研究的结果更能使我们明瞭概念与影象之不同。心理学家对于思想和影象的关系建立了两件事实；

一、几个人思想到同一物件，而他们由此同一物的思想所得的影像都是互相不同的。赵大，钱二，孙三，李四他们同时思到了"人"，但是赵大所影像是他的母亲；孙二所影像的是他的哥哥；孙三所影像的是他的儿子；李四所影像的是他的情人。

二、某一人思想到同一物件，而由此思想得来的影像亦是时时不同的。牛贩子张老大在昨天想到"牛"的概念的时候，他脑内所盘旋的牛的影像是昨天他卖出的三匹黄牛。今天他想到"牛"的时候所发生的影像是今天他刚买进的五匹水牛。同一张老大想到同一"牛"的概念，而所发生的牛的影像不同。

若是我们的思想和影像是相同的，那末语言文字何以能用为传达思想的媒介呢？若是普遍的名辞是代表许多变化不停的影像，那么同一字语何以能在各人中有同一的意思呢？譬喻，"动物"一辞在五十个人之中可以起五十种不同的影像。但是我们提起"动物"两个字，我们各人都知道"动物"是什么东西，换句话说"动物"一辞能在五十人中有同一之意义。因此，若是影像和概念是相同，那末人类的知识就不是一致的了。我们知道，当我们用普遍字眼的时候，我们是把思想传达出来而不是把我们的影像表现出来。

从上面的批评我们知道唯名论有许多使人不满意的地方，现在我们所反对唯名论者的意见分述如下：

（一）概念与影像之混杂 唯名论者的根本错误就是他们混杂了概念和影像。我们的确不影像出一件抽象的东西。但是这并不能证明我们不能思想到一个抽象的概念。我们不能发出一个普通的或抽象的影像。从这等等的事实我们就知道唯名论者的毛病在他们忽视了概念的存在。当我想到"人"，我就有一个概念。若是这个概念实现出一个一个人。那末才有黄种人，白种人，或黑种人。但是仅一人的概念并不代表某颜色某形状，它指为人之本质而已。人的概念可以指无论什么颜色什么种族，总之，他是有理性的动物。因此，人的概念之本身并不是黄种人的概念，亦不是白种人的概念，更不是任何种族人的概念。人的概念是普遍的，因为它能适应到任何人。我们没有普遍的影像，而只有普遍作概念。

（二）对某一物之感觉愈多则其影像愈模糊而其概念反愈清晰　有时影像也会成为普遍的和概念差不多。我们对于偕伴东西常常感觉或影像，我们对此物的影像就慢慢的变成了朦蔽不明。这些影像就一步一步的不很清晰不很显现了。于是它们失去了明晰之后，就慢慢的变成了普遍的，而它们有时也能以应用到同类的各东西。

我们既使承认这些普遍的影像，但是这样承认不足以驳倒唯名论。据我们所知道，我们要影像的某一东西我们愈是常常感觉，这些东西的影像愈是混杂愈普遍而愈不清晰。但是概念则不然。若是我们只看过一个狗，我们对这狗的影像是清晰的，但是对它的概念就不十分清楚。对于狗我们看见得越多，则狗的影像越糊涂。但是我们看见的狗越多，我们对狗的概念越清楚。从此可以证明普遍影像并不是概念。

（三）零星的单个体不能生出普遍的概念　唯名论以为概念只是对同类许多单个的东西的一个总括名目而已。概念只是许多单个的东西，在一名辞之下，用联感作用所联合拢来的。唯名论主张经验的成分只是一个一个的单个体而并无其他的成分。概念不是经验的内容，而只是一个空名目。关于这一层我们不敢苟且。若是我们经验只有单个物件，若是这些单个的东西是互相分开，那末要想从零星单个互相分开的东西而胎化出一个能代表全同类别个体的概念；这当然是绝不可能的。请问铅能度出金子来吗？

唯名论对于概念的来源问题所作的答案往往和事实大相冲突。所以唯名论屡遭驳斥。唯名论者试欲归所有知识为感觉知识，但是他们是失败的。所以唯名论对于知识的来源也不能使我们满意。

第五节　联感论之理论及其批评

凡一判断（Judgment）必包括主辞（Subject）宾辞（Predicate）和在此两者间的某种关系。"一圆形较大于其中之任何部分"，又"二加二等于四"。在这两个判断中"圆形"和"二加二"是主辞；"任何部分"和"四"是宾辞；"较大于"和"等于"是表示主宾之间的关系。在一判断中的若是这主宾间的关系是确定的而不为任何情况所转变，那末这个判断永久是如此。这种判断是称为必需判断（Necessary Judgment）或是普通判断（Universal Judgment）。因为这种判断久是如此，而可普遍各处而不致错误的。这种判断是永不错误，而与其相反的判断则总是不对的。

必需判断之存在是一种事实。但是在知识范围之内无论什么公认的事实，都必须经过各种知识论的解说。当感觉论欲解释此必须判断之事实的时候，则此种感觉论名之为联感论。

弥尔（J. S. Mill）的联感论　各观念能互相联带的感觉得到。这是观念联感律。弥尔以为我们之所以确认我们的必需判断，是因为此观念联感律使我们不得不如此。在我们的脑海中现在要是呈现某种观念，则在我们以前的经验中，同样的观念也联带的涌现出来。在我们的以前经验中关于我们的必需判断中的主辞和宾辞向来总是相联结的。譬喻我们每次经验"二加二"而每次我们都经验到"四"。"二加二"和"四"两个观念永久如此的同时现出，于是我们不知不觉就承认"二加二等于四"的判断。但是这并不是说这种判断是客观的真确；"二加二"或许多在火星中是等于五。若是我们以前并没有"既方则不能圆"的经验，我们或许也是一个圆形的四方物。

因此，必需判断之必需是难以反对，这纯粹是在主观和心理上的关系。必需判断并没有客观观念的根据。它们的性质完全是从学习得来的心理习惯而养成的。

弥尔联感论之批评　联感论至今并没有得着多少人的信仰，所以也不须我多费笔墨来批评。不过联感论有一个明显的错误我们不能不注意。假设真的我们的必需判断的必需性是我们经验屡次重复的联感之结果，那末某一判断重复联感论愈多。则此判断之必需性愈难确定，某判断的联感之次数渐次增加，则此判断之确定性亦必渐次增加。但是事实不然。我们知道只要一次经验之后，我们就确定此判断之必需性。譬喻我第一次知道"二加二"是什么，和"四"是什么，我就明白了"二加二必需是四"。若是我们把这个判断反复的经验，然"二加二等于四"之必需性并不因之而愈加确定。就是我第一次知道"三加三等于二加四"，我们也能确定这判断的必需性。因此弥尔的理论是不适当的。

进化联感论　斯宾塞（Herbert Spencer 1820—1903）知道了弥尔理论的弱点，即个人的经验由心理上的联感而确定必需判断的必需性，这并不是一个强有力的解释。斯宾塞为免除此种弱点计，他主张在我们心理联感之上还有遗传的能力。这种遗传的力量把以前历代祖先的经验一代一代的传递下来。我们的祖宗曾有某种经验，而这些经验就在他的神经系中留下了许多的痕迹。这些痕迹历代遗传以至相传到最后这些神经系的留痕，就变成了思想之必需律。我们必定要认定某些判断是必需的，因为是这些判断在我们的神经系中所映的痕迹经过历代的遗传，已是这样的深刻，以至于我们不得不承认它们是不需疑惑的必需判断。譬喻"二加二等于四"这个经验在最先的祖宗的神经是留有这样一个"二加二等于四"的痕迹，至后历代一方面遗传到这种痕迹，同时另一方面也得到同样的经验，于是"二加二等于四"。此经验在以后各代人的神经系中所留的痕迹乃愈深刻。以至现今在我们的神经系中这"二加二等于四"的痕迹是这样的深刻，而我们绝不能加以否认。不过这种理论也是使判断之必需性或普遍性成为主观的东西。

进化联感论之批评　斯宾塞的理论虽是别出心裁，但是我们不能证明它。在有史以前的人类所有的概念的生长和性质，并不在我们研究范围以内。但是我们不知道到底那些祖先有些什么经验，这是很明显的。

而且，这些判断如"九加九等于十八"和"两点间最短之距离为两线间之直线"这都是确定而必需的。而且我们知道在长久长久之前，数学还没有发明的时候，这些判断也没有成立。不过照斯宾塞的理论，这些判断就不能视为必需判断，因为这些判断在人类比较是很近的发明，它们在人的神经系中所留的痕迹并不深刻。对于判断的来源是斯宾塞也没有给我们满意的解释。

第六节　感觉论之总评

感觉论可评议的地方很多，不过以上种种批评也足以证明感觉论并没有给我们一个满意的理论去解释知识的来源。我们不否认感觉论正面的主张——宇宙间的知识是经过感觉而来的。但是感觉论不以为我们的知识还需赖一个超感觉的机关。至于这一层它是与事实相违。感觉论太趋于极端，它太趋重知识的感觉经验部分而忽视了人们心的活动作用。

若是我们否认了感觉论，而承认超感觉的作用，那末又有一个问题发生了。我们能不能知道这些超感觉的东西呢？感觉论的根本主张是以为超感觉的东西是不能知的，其理由为超感觉之外，我们就不能有任何经验。这种主张是否根据事实，我们仍不能不作一客观的批评，兹由下列数点评述之。

一、先验的理由不能证明之　刚才我们说过感觉论主张：凡不是感觉经验以内的东西，我们是不能知道的。感觉论者依照其理论的结果而把知识限制在感觉经验范围以内。这一层我们不能不加以考虑。我们不能从一种自因推果的立场而限制知识。我们的理论是如此如此的，因此知识是在感觉经验范围以内，这是不对的。限制知识唯一的方法是试验法，换句话说，我们从结果而溯源到原因。若是我们对于知识欲建立某种理论，必先研究知识。知识或许是有限制，然此限制之发现，亦必将知识的本身加以科学的考查。我们要从实地的研究中知道知识确是为某某而限制的，然后我们方建立这样的理论。我们要先能回答"我知道些什么"，然后始能回答"我能知道什么"。没有一种知识论能忽视知识之本身。若是它是一种有价值的知识论，它必定根据从各种知识考查所得的结果。我们不能因为预先有了一种某是知识某非知识的假定，然后再去判别某是知识，某种知识。总之，理论绝不可判别知识之本身，而理论则必为知识本身的讨论结果所判定。因此一位批评思想家绝不满意仅仅是肯定"感觉经验乃唯一之知识"而无实地考查之结果。他必要问这种肯定能否证明。凡能证明超感觉的东西是存在的，可知的，凡能确证玄奥的冥想是有效的，可靠的，我们都不能不诚虔的接受。

感觉论的原则有没有什么证明呢？凡进行去证明一件事，或者是先验的或者是经验的。从先验的理由方面我们寻不着证明感觉论的地方，因为"存在"与"感觉的存在"并不是一样的；"存在"的观念和"感觉存在"的观念并不是同样的意思。"真实的存在必需是感觉的存在"，这并不是一个自证的论调（Self-evident Statement）。我们还可以想得到许多非感觉的存在，因为感觉存在的观念和存在的观念并不是不可分开的。而且"存在"和"感觉存在"并没有一样的内容。"感觉存在"是"存在"中之一种。"感觉存在"是"存在"而加有"感觉"的成分，这种成分在"存在"中是没有的。因此，在"存在"中还可能有一种"理智的存在"。或许是没有超感觉的东西，若是有超感觉的东西，则此超感觉物或许还不能超过理智领域。这种东西并非内在的不可能（Intrinsically Impossible），而且我们似乎是知道这种理智的存在。因此从先验的理由方面不能证明感觉论之根本主张。

二、经验的理由不能证明之　在经验的理由中，我们看看有没有辅助感觉论的地方？感觉论最要紧的一点就是以为凡知识都是感觉的。不过照以前讨论的结果，知识中的概念就不能溯源到感觉。他们欲试表示凡判断都是试验的，但也是归于失败。至于孔德的理论是根据人心经过三个阶段的言论，然而历史告诉我们这也是无稽之谈。不错，人心在各时期或许趋向神教，或是注重冥想。或是趋向试验科学。但是我们不承认或在个人的思想中，或在种族思想中，这三个阶段是顺序继续，而各不相杂的。亚利士多德是科学家而同时也是玄学家。笛卡儿和牛顿是相信宗教的，而同时也是科学家和数理家。康德是有名的哲学家然而他也是个基督徒。普通都知道的，科学在中世纪极发达，而同时中世纪是一个宗教和科学的时代。德国超验派的玄学是继科学而起的，但是它后来又是科学继之。孔德想我们相信人类思想的进程是先由宗教而玄学，至科学，这是我们不敢赞同的，因为这种理论历根据历史事实。

在先验方面在经验方面，我们都得不到足以证明感觉论之根本主张的理由。它简直是一种无根据的假设而且是一种错误的假设。

概念和影像之间有一种根本的异点。这件事实是没有一种感觉论能给我们一个圆满的解释。若是感觉论是前后一致的，那末感觉论者就不能承认概念之所以异于感觉之特性。若是他们默认这些特性，他们就不能前后相符了。可是感觉论者默默的承认了他们所反对的理性机关。因为他们每每得他们对于概念的意见，发生种种明显的困难，于是发明所谓"省思"，和"变幻想象之能力"等，然而这些言辞不啻承认我们的知识中除感觉之外尚有其他的作用。

三、感觉论自己否认其理论　若是感觉论主张只有具体的，简单的，感觉的东西是可知的，然而同时感觉论之本身就不是具体的和感觉的，而仍是一种抽象的东西。因此感觉论之成立，就足以破坏感觉论的理论。凡理论是不能感觉的。照感觉论的主张则感觉是不可知的。所以这种自相矛盾现象就不能使感觉论有成立之可能。

理性论

感觉论已经详细评述，然我们仍觉其对于知识之来源无圆满之解释。兹进而讨论历来与感觉论相反对的理性论。在哲学史上理性论占有极大的势力。在知识中理性论亦有其特别之意义。普通这种理论是主张：知识或整个的或部分的，总是从理性上发生。有一种极端理性论，它简直只承认哲学全部的内容都只是从几个根本概念用演绎法分化出来的。它主张真知识的本源乃是理性。仅有理性是独裁一切的；理性比感觉处于较高的地位。

理性论可分为纯粹理性论及批判理性论各有其势力；前者以笛卡儿，斯宾诺莎为代表，而后者即康德之批评主义。

第一节　纯粹理性论

纯理性论现在只是哲学史上的一个重要名辞而已，今日的知识论者并不很重视它。这一学派的起脉当在希腊的毕沙哥利氏（Pythagoras）到笛卡儿始成立了理性论的系统。而笛氏的方法又被斯宾诺莎，莱布尼兹和若而夫辗转发扬，理性论乃大倡。

纯理性论主张真知识不是从感觉而来的，知识是理性的产物，人类全部的知识都是从几个经我们的理性所锻练出来的原则，互相演化，互相推论而成的。这派哲学家从数理的方法而研究知识的来源。现在依次略述之。

毕沙哥利氏派 这个学派非但主张知识是从数理而发生，而且坚持数理即唯一之实体。最完善的知识就是从数理而来，而所谓数理就是纯理性的产物。譬如任何数目就可以变出种种不同的关系和特性。拿数码来代替事物，我们就可以把这些代替事物的数码做成各种公式。于是这种公式无论应用到什么事物都是对的。譬喻A+B=x；m=fr（n）这些公式无处不可应用。这种种的数目种种的关系都是造成我们的知识之原料。

笛卡儿 他以为若是我们要得真正的知识，我们就要怀疑一切事物是否可靠？感觉靠不住它欺骗我们的地方太多了。远看一个圆圆的小东西，走近一望原来是一块很大的方石头。明明一根直竹竿，插到水里面就变成曲线。感觉不能给我们真知识。笛卡儿以为若是我们怀疑到不可怀疑的某种原则我们就拿这种原则作根基，用理性推演出各种真正的知识。笛卡儿全部哲学都是从他怀疑到不可怀疑的原则——"我思故我存"——推论而来的。从规定的原则而发现新真理，这是笛氏以几何学指导哲理的方法。

斯宾诺莎（Spinoza 1632—1677） 他的哲学的内容和笛卡儿并不相同，不过他们的方法是一样的。他们都是想把数学中那种确定性用到哲学上去。从几何学式的定理而推定各种真正的知识。所以斯宾诺莎的大作——《伦理学》——完全是仿几何学的格式而作的。他的"伦理学"全书分五部：一、关于上帝；二、关于心之性质及来源；三、感情之性质及来源；四、人类之限制；五、人类之自由。每部之首先立定各种定义及原理或定理，然后制成种种命题，再加以证明，解说等。结果遂推论出斯氏之全部哲学。

莱布尼兹（Leibniz） 他也用笛卡儿的方法，并且他注意成立知识必先有先验之原则。莱布尼茨不以洛克之以经验为知识之来源为然。不错我们的知识中是有感觉，但是这此感觉怎样能联合拢来而造成普遍真理？因之，莱氏主张知识之来源是理性，由理性才把这此感觉，综合起来，始有知识。故知识之组织中经验的分子并不重要。知识最重要的成分是理性的能力。纯粹理性论者继莱氏之后者有若而夫（Wolff 1679—1754），他用传统的格式而重述莱氏之哲学。因其无特别之影响，故从略。

第二节　纯粹理性论之批评

极端的理性论讨论到知识的来源和我们的观察有点违反的地方。若有我们仔细省察省察这种问题，我们就不能不承认我们对于这个宇宙的知识的材料确会从感觉知识而来的。感觉知识是否可靠虽尚未证实，但是感觉知识之事实是不容否认的。理性作用也是事实，但理性必需拿感觉所得来的材料作为"张本"（Data）。概念是空虚而无意义的，除非感觉供给概念以实在之内容。理性需要经验的"张本"，因为理性本身并没有经验的资料；理性所有的是其本身活动的认识。而且我们所要解说的宇宙只能用感觉经验的"张本"与之接触。

即使我们承认理性有神秘的能力，不用感觉所给与张本而能发生知识，但是谁能担保这种知识是确实可靠？吾们不能确定这种知识确是表述这个宇宙。理性论总是离开经验的成分而讨论知识，所以理性论的理论总是与事实远远的离开。至于研究实验的本质这一类的问题，理性论常给我们种种合乎逻辑前后一致的论调，但是它们与事实并不求符合。真理不能仅被理性而造成。真理是发现的；然而这种发现的工作一半是由于理性，一半是由于感觉。

纯粹理性论是矫正感觉主义的，但是太趋于极端了。不错知识程序中是有理性作用，但是理性论太趋重理性而忽视感觉。这种极大的错误被康德知道了。他一方面想改正感觉论，而一方面欲免除理性论的错误而主张所谓批评理性论。于是这种理论占据了纯理性论在哲学上所固有的地位。

第三节　批判的理性论——康德主义

康德用"批判"一辞并不是和平常用以作为与武断相反的意思。此所谓"批判"在康德主义中是作为试欲发现知识之先验形式的解释。康德之所以主张批判的哲学是因为矫正当时经验论与理性论两派的错误。因此欲知道康德《批判论》的内容必先简单的说明休谟及其以前的经验论和斯宾诺莎至若而夫的纯理性论。

现代的思想从笛卡儿二元论出发，一派由洛克的经验论而至休谟乃大倡；一派经斯宾诺莎，莱布尼兹至若而夫而成立纯理性论，感觉论到休谟就发达到极点。知识是从官感而来的。所有的知识都是从许多零星分开的感觉联合拢来，除此以外我们就没有知道的东西了。我们的心没有活动作用的能力，只是接受外来的零星印象。心只是许多联感的观念而已。我们所知道的是经过感觉的现象，除此即无知识。因此，所谓上帝，所谓灵魂，所谓本体都没有这么一回事。

不错，我们的知识是要经过官感的。但是仅由感觉的知识是有必需性普遍性的吗？由感觉来的知识不能完全供给我们所有的事实以证明一切判断的普遍性。休谟谈到此地就没有办法了。结果成了一种怀疑论。我们只有现象的知识。若是我们用感觉知识去认识本体这是绝不可靠的。知识不能有效用。我们只有现象而无实体。康德对此绝不满意。的确，知识是要经过感觉的，但是从感觉而来的知识不能达到真理。所以康德还要追究下去。他要追求出一种能达到真理的知识。然而这种知识不只是从感觉而来的。超感觉之外尚有先天的力量来组织知识。这是康德对休谟的矫正。

理性论到莱布尼兹而趋于极端。莱氏学说由其高足若而夫之阐明，于是大倡。笛卡儿对于官感虽是怀疑，然没有十分明显，到若而夫才公然反对官感的有效力。只有理性始可引导我们知道实体。知识的来源是理性而非感觉。若而夫以为有两种不同的认识，即理性与官感。所谓官感是浮而不实的东西，绝不能确定符合本体，因之也不能用以认识宇宙之本体。然而若而夫以为理性能够达到关于本体，因果，时空等等的真知识。只有理性可以有无上的威权去了解一切。

若而夫并且主张知识的联结是在我们意识之外而独立存在的。因为他主张本体有两个宇宙。一个是本体的世界，和所有的意识是独立的，这个世界即使没有心去知道它，也是存在的。一个是意识事物的世界，这个世界是和那个独立的本体相符合的。理性的知识是能够知道那个和意识独立的世界。若而夫以为我们可以知道各种事物及其关系，但是这种知识并不是因为我们感动而存在的。康德以为若是只有理性而没有感觉，这是空泛不实的。我们必有感觉作为知识的原料。知识离了主观的意识绝不会存在。月亮里面没有人，也没有意识，谁敢说有独立的知识的存在。康德以为知识是主观的，我们所知的世界也是主观的，换句话，这只是现象世界而已。

康德一方面矫正休谟只有感觉是知识之唯一来源的主张而承认感觉是组织知识之一份子。感觉是知识的原料。但是只有零散的原料，而缺少组织的关系和综合的能力，若是这样那末知识绝不会存在的。譬如一个花瓶，若是我们没有一个综合关联的花瓶的概念，而只有许多绿色，硬性，长圆形等等零星的印象，我们绝不会有花瓶的知识。因此康德以为虽有原料然仍需组织综合之能力，而这些综合之能力不能来自经验而是先天的。

另一方面康德也承认若而夫等所主张之理性而以之为组织知识之原力和形式。但是康德以为理性是离自我意识而独立存在的。理性是主观的，是我心的活动。离"心之活动"则不能有所谓理性。理性虽为知识之综合力，但是有空洞之形式而无感觉之原料，则不流于空疏即落于幻觉。于是知识亦无由而成立。因此康德说："有概念而无知觉则失之空疏；有知觉而无概念则流于盲目"。

经验论和理性论各有其利弊。康德因为要得其利而去其弊，于是而有《纯理性批判之作》（Critique of Pure Reason）。此书为康德批判理性论之宝藏，诚不刊之伟著。惟欲明康德知识论之系统须先明其对于"知识"一辞之解说。

何谓知识 单单一个一个概念（如人类，地球，热等）也不能组织成为知识。知识之成立必须把"人类""地球""热"等观念和其他的观念连合起来。换句话说，知识必需有判断——一个主辞和一个宾辞。譬如"人类（主辞）是有责任心的动物（宾辞）；""地球（主辞）是一个行星（宾辞）；""热（主宾）则澎涨（宾辞）。"因此所有的知识都是组织成许多的命题。凡知识皆由判断组织而成的，但是我们不能以为每个判断都是知识。

因为判断分综合判断（Synthetic Judgment）和分析判断（Analytic Judgment）二种。在分析判断中宾辞不过是分拆主辞固有之观念，而没有在主辞之外辞加新的观念。另如，凡物具有澎涨性。所谓"澎涨"这个宾辞本是"物"（主辞）所固有的性质。因此"澎涨"除分拆"物"固有之观念外，并没有另加新意义。这种分拆判断并没有告诉我们新的意义，所以它不能增加我们的知识。但是综合判断就不然。譬如"地球是一种行星。""行星"这个宾辞给主辞（地球）以新的观念。地球和行星是两种可以分开的观念。非但如此，而且地球上加以行星的观念这还是几千年来人们思想的结晶，而后始知地球乃行星之一种。因此只有综合判断是可以扩充和增加我们的知识，始可组织知识。分析判断则不备。

康德更进而研究，他以为我们仍是不能把所有的综合判断视为必需的科学知识（Necessarily Scientific Knowledge）。我们所谓"必需的科学知识"就是说一个综合判断在无论什么事件上，无论什么时候什么地方，它总是真确的。主辞和宾辞的联结并不是偶然的，而是必需如此的。譬如，这杯茶是很热的。这确是一个综合判断，但是它是偶然而不确定的。因为不久这杯茶就慢慢的变成冷了的。若是我们说"热则澎涨"，这也是个综合判断，然这个判断随时随处总是真确不移的。今天如此，几千年后也是如此。这才是一个必需的普遍的命题或概念。

但是我们何以能确定某一命题每次都能证明是必需而确实的？经验能不能拿所有的事件放在我们面前？我们谁又能知道在我们的观念之外不会有热则澎涨的事件发生呢？这一点休谟是对的经验是有限的，它不能保证事物的必需性和普遍性。休谟至此而止，乃主张靠经验的判断不能达到真理。但是康德欲更进一步研究，而主张凡我们欲建立必需而普遍的知识则判断必赖理性。凡一判断必赖理性与经验。因此真正的知识即先天的综合判断（Synthetic Judgment a Priori）。这种知识于数学，物理，玄学中得之。如"二加二等于四""水之摄氏表零点则冻。"这些有必需性和普遍性的判断都是综合的，先天的。

知识之来源 真知识是先天的综合判断。这种知识的来源康德以为两个泉源。第一是由官感供给原料，第二是经理性从事组织，譬喻凡物则热澎涨。所谓"物"，"热"，"澎涨"都是感觉所给与的原料。然而凡物因热则澎涨这里面的因果关系都是理性的能力。故凡一科学判断必需含有感觉与理性两种成分。

康德承认事物的本体是存在的，因为只有这本体可以激起我们的官感。同时我们也知道我们有达到事物本体的机关而给与所有思想之原料，这种官感知觉康德名之为直觉（Intuition），物事之能发生影现则必需经过心的活动。这种能接收事物影现的机关康德名之为可感觉性（Sensibility），所以事物只能经过我们的感觉性而给与我们。而只有感觉性给我们以直觉。这些直觉经过悟性而变成思想而发生概念。故凡知识必直接或间接溯源于直觉或感觉性。

每一直觉又含有（一）纯粹的或先验的成分和（二）经验的成分，形式或物体。所谓经验的分子就是各种感觉；所谓先验的成分就是时间和空间。空间与时间是先感觉经验而有的形式；感觉是依此两形式而构成的经验。感觉和时空乃合而为康德之所谓直觉。

关于感觉康德没有十分讨论，不过大概他以为感觉有四种特性。第一、它们是多数的。第二、它们是混乱而无秩序的，它们是聚积在一起的官感材料而没有形式的。第三、它们是单个的，这就是说，在同一环境中各人所得的官感经验不同。第四、认识感觉的心是被动的，可以感觉的来因是属于离意识而独立的实体。

直觉的先验成分不是离主观意识，而是从外面射入的。它是从主观的心的活动而发生的。因此对于先验的成分心是自动的而不是被动的。这些先验的直觉就是时间和空间。感觉是直觉的材料，则时空即遍觉的形式。由时空的形式把混乱无秩序的感觉组织成直觉而直觉乃转而成为组织知识之原料。

时间和空间是从理性来的，而不是从经验来的。我们可以有下列的证明。

一、一个婴儿虽然没有空间的意念，然而他不喜欢的东西，他会缩手不要；遇着可爱的东西，他就伸手去拿。因此它似乎先天就知道前后左右的地位。在他有感觉之前，他就有了空间的观念，时间也是一样的，在所有的知觉之前，他就有了先后，迟早的。若是没有这种时间的感触，那么就不能有明晰依秩序的知觉。

二、时空是先验的直觉。思想可以从暂时空的东西间抽象出来，然而思想不能从时空的本身抽象出来，由此可以证明这时空的直觉不是从客观的外界来的，他们是理性的一部分。

三、从数学中我们也可以证明时空观念是先验的。算术是时间的科学，几何是空间的科学。算术和几何上的真理是由绝对的必须性和普遍性。康德以为凡有绝对的必需性和普遍性的知识都是先天的。三三得九和三角形之三角等于两直角，这种真理不是经验告诉我们的。因为经验是有限的，他不能给我们绝对而无从疑问的真理。而算术几何则有绝对无疑的真理。这种真理既是讨论时空的，则时空及先天的直觉。

四、时空是纯粹的直觉，而不是从许多感觉经验所抽象出的普通观念，因为抽象的普通观念必须比单个观念的特性稀少些。譬喻人的普通观念决没有我们对苏格拉底，孔子的认识来的详细丰富，但是普通的时空观念，其特别的时空观念比较则不然。特别的时空观念反没有普通的时空观念来得丰富详细。而且我们能想到没有事物的时空，但是离了时空我们就不能知觉事物。因此，在我们有感觉事物之先，我们必有时空的直觉。

时空是先天的，是主观的，而没有客观的存在。时空不是离我们的意识的对象，因为我们只有占时空的事物做我们知觉的对象。我们从这种前提就可以得到下面的结论，我们知道，若是我们认识客观独立存在的东西，我们预先就带了时空的眼镜。所以无论我们所直觉的什么东西都是经过时空的眼镜，这就是说，凡呈现在我们前面的感觉，并不是客观事物的本体，而只是经过时空眼镜的现象而已。譬喻我终身戴一副黄色的眼镜，那么我所见的黄色的东西，并不是那些东西的本来面目，而只是经过黄色眼镜的现象而已。凡知识必有感觉以为其原料，而此次原料必经时空的眼镜而来的，则吾人所言论所知所觉者，皆现象耳。吾人既终身不能脱落此时空之眼镜，则在此等现象背面本体始终不可得知之。

知识的根本来源是直觉与悟性。直觉里面也有外来的感觉和由理性而来的先天形式。用先天的形式——时空—把乱杂无章的感觉原料制成直觉；由此直觉而供知识之原料。若是只有原料的输入，心只是被动的，那么若是没有制造原料的机关，知识也绝不能组织成功。因此要组织知识，那末心不但是被动的接收，而且还要积极的活动。有了心的活动做为制造知识的形式，然而始有知识的发生。因此，康德特别注意心的活动。

所谓心的活动并不止将接收的感觉加以分拆，加以认识，而且心的活动还有一种综合的能力。它把许多零零碎碎的直觉综合拢来成为种种有意义的判断。但是这种心的综合作用也不是随心所欲的任意编制。这综合作用也是像直觉里面用时空的形式来联合感觉一样的依照各种先天的形式。心的综合能力先是依照各种先天的形式，把直觉所供给的原料加以综合，而形式知识内所包含的判断。这种先天的形式康德，亚利士多德之后而名之曰范畴（Categories）。

我先说过范畴是先天的形式。康德以为最高的范畴是因果观念。因果观念是两种现象之间所必需的关系。这并不是从经验而来的。休谟以为这种因果观念只是科学方面的一种偏见，而与玄学上没有什么价值。康德则不然。康德以为这种范畴既不是由经验而来则当为先天之形式。于玄学功用甚大，范畴乃组织之工具，它们供给了组织知识所必需的模型。

康德没有深深的证明范畴之先天性。于是他进而给我们一个完全范畴的列表。这个表对于范畴的分类是依照历来分类的判断的方法而定的，因为范畴是我们判断一切的形式。判断的分类先总分为四种，每种内分三个判断，共计十二种如下：

（一）量（Quantity of Judgments）

普遍（Universal）

特殊（Particular）

单独（Singular）

（二）质（Quality）

肯定（Affirmative）

否定（Negative）

无限（Infinitive）

（三）关系（Relation）

直言（Categorial）

假设（Hypothetical）

分类（Disjunctive）

（四）情态（Modality）

疑问（Proplematical）

确信（Assertoric）

必然（Apodictical）

例如

一、普遍判断 凡人皆必死。主词是普遍的。

二、特殊判断 有几个人是哲学家。主词是几个的。

三、单独判断 安迪生科学发明家也。主词是独一的。

四、否定判断 凡人必死。表示真实。

五、否定判断 灵魂不死。表示非真实。

六、无限判断 灵魂不死。表示限制。

七、明言判断 上帝是公平的。表示实质和融贯。

八、假设判断 如上帝是公平的，则善有善报恶有恶报。表示因果。

九、分类判断 古代之头等国家或是希腊或是罗马。表示互相交替。

十、疑问判断 行星或可居人。表示可能性或不可能行。

十一、确信判断 地球乃圆形。表示实在。

十二、必然判断 上帝必是公平的。表示必然性。

康德从这十二个传统的判断分类而建立十二种思想的范畴。列表如下：

（一）量

一体（Unity）

多数（Plurality）

总计（Totality）

（二）质

实体（Reality）

非实体（Negation）

限制（Limitation）

（三）关系

实质是（Substance）

因果（Causality）

交互（Community）

（四）情态

可能（Possibility）

实在（Existence）

必然（Necessity）

在这十二种范畴之中，第三个范畴关系是包含其余的范畴而最为重要的。兹复简而由量、质、关系、情态、四大范畴略加申述。

（一）**量的范畴** 这是讨论一体，多数和总计种种量的关系。我们知道一件东西的时候，我们不仅是知觉这件东西的颜色，形式，地位等等可感觉的性质，而且我们还认识这些性质之间互相联合，互相混杂，互相统一等等关系。我们认识一件东西，尤其要对许多可感觉的性质有总计的认识。我们要知道一件东西，我们必需要把这件东西所含有的种种印象都统一起来。这种统一或总计的范畴是先天的，是必需的。因为没有这种范畴，我们就不能统一种种的印象；不能统一散漫的印象，我们就没有对于这件东西知识的可能。

（二）质的范畴　我们知道一件东西，我们非但预先要有统计等等量的关系，而且我们还有种种质的比较关系。每种感觉必有厚薄浓淡之程度不同。我们认识一件东西的时候，对这件东西有些可感觉性质我们觉得认识得深切的，有些可感觉的性质我们觉得认识得不很真确。因此凡可感觉的东西都有一个先天的质的范畴。这种感觉之深浅真切的程度也是先天的，不变的关系。

（三）关系的范畴　我们知道一件东西，我们不仅是需要预先在量上有总计等等范畴，在质上有程度差异的范畴，我们还要有因果关系的范畴。前后两种知觉必有因果的关系。我们现在所知道的现象世界是有秩序的，有条理的。这些先后秩序等等关系并不是前后两个知觉各不相关系的排列着。一件事情的发生前有因后有果。我们知道某件事情我们必先有前后的因果观念的关系。虽然我们不知道某一件事，必有某一因必致某一果，然而我们能确定凡因必有果，凡果必有因。这种因果关系不是暂时的，不是偶然的，它是必需的而无例外的。

（四）情态的范畴　康德于情态太多注重于应用方面，而讨论何谓实在，可能和必然。所谓实在就是"我们认为一件事物是实在的"而不是说一件事物的绝对实在。这所谓实在是应该归入于感觉现象之下的。所谓"或然"就是我们的概念只是或然如是的。所谓"必然"也是在感觉现象必然如是的一种情态。

分析知识的结果，我们知道知识包含两种成分：一、感觉，二、理性。感觉一方面用时空两种形式把接收的许多印象聚积起来而造成了直觉。另一方面，理性作用十二种范畴把直觉综合拢来而加以判断，于是而造成了知识。刚才所讨论十二种范畴，他们的工作是把许多无秩序无系统的直觉经验综合拢来，统一起来，好像时空一样的把感觉配合起来。我用一个譬喻，整个的知识好似一部完整的机器。制造机器的原料是铁。而铁的来源是铁矿。时间与空间好似开矿师的计划。依照这种计划把铁矿开垦出来加以锻炼而制成了有用的铁。这锻炼过的铁就似我们制造知识的直觉。范畴就似制造机器的工程师所有图样计划。根据这图样的格式把铁料制成一架完整的机器。

康德以为时空和范畴都不在经验之内的。譬喻开矿的计划。制机的图样都在从铁矿里面出来的。所谓时空范畴都是先天的主观的，由吾心的综合活动而有的。从这一点我们知道知识虽然含有感觉时空范畴种种的成分，然而知识不是这些东西的堆在一块而已。知识是整个的一体的。这种在许多分散的动作里面的理性统一，就是所谓"我心"。由"我心"的活动而有悟性作用而有范畴的发生。由"我心"的活动而有时空之形式。由"我心"之活动而能接收外来之印象而成为感觉。然后心的活动以时空的形式组织感觉而成为直觉。然后由"吾心"之综合作用，依十二种范畴以直觉为原料而发生知识。因此时空是先验的，范畴也是先验的，也是主观的。事物之本体不能有所谓一体，多数因果关系。所谓一体，多数，因果关系皆在吾心。吾人只有一体因果之心理活动，而不知另有所谓一体之本体。亦不知另有所谓因果之本体。

从上面所讨论的结果，我们知道知识的内容除了感觉作为原料之外完全是吾心的综合作用；完全是我心依照几种一定的格式在那儿活动的现象。凡我们所知觉的东西，都是经过时空的格式和十二种范畴等等吾心的活动而来的。换句话说，若是离开了时空和十二种范畴，没有了我心的活动，那末我们就没有所谓知识，也没有所谓知觉。那末离吾心而存在的本体，不经过时空及十二种范畴的实质，我们都不得而知。因为我们所知道的是本体经过时空范畴所发生的现象而已。因此我们现在带着时空和范畴的眼镜所观看的世界，只是一个现象世界而已。本体不可知，康德的这种理论有个很好譬喻。我们承认有两个世界：一个是离我心而独立的本体世界；一个是由我心而发生的现象世界。我心的综合作用譬如是分光的三棱镜。日光经过三棱镜者变成了各种颜色的光线。本体的世界也似日光一样的经过了吾心活动依照时空和范畴的格式而化成了这个五色光芒的现象世界。我们所知所觉都是经过了三棱镜所发生的现象。在三棱镜那一面的实体我们不得离三棱镜而知之。

第四节　批评的理性论之批评

我们讨论康德的哲学只限他的知识论。在此范围之内吾进而批评之。

一、逻辑的必须性不足以区别范畴与感觉　康德把感觉与范畴分别得十分清楚。感觉是原料范畴的形式。照此形式而编织原料，而组织知识。康德以为只有范畴是有必需性和普遍性；感觉就没有这种必需性的。所谓"必需"康德当然是指"不得避免"的意思。不过他也承认所谓必须性有两种：逻辑上的必须性和知识论上的必须性。我们先讨论所谓逻辑的必须性能不能分别感觉与范畴。逻辑的必须性无论在我们的意义中，概念中，定义中，确实是存在的。三之平方必须是九，因为我们所谓三之平方就是指九的意思。三角形的三角之和等于两直角，因为我们所谓三角形就是指示一个形式，总其角之和而等于两直角之和。所谓逻辑的必须性就是说我们的主辞的意义和宾词的意义是一样的。主宾互相矛盾的不可能，即所谓逻辑的必须性。康德主张范畴是有逻辑的必须性，这是不容否认的。但是康德欲以此区别感觉与范畴而不承认感觉亦有逻辑的必须性。这是我们所不敢苟同的。因为关于感觉的言论也有逻辑的必须性。我所谓白色就不是黑色的意思，因为白色必须不是黑的。我所谓玫瑰是芬芳的，因为玫瑰花必须是芬芳的。因此康德欲以逻辑的必须性区别范畴和感觉是不对的。

二、从知识论上的必须性康德亦不能证明其理论　康德所谓时空范畴的必须性是从知识论上而言。我们记得他分有分析判断和综合判断。分析判断中宾辞只能说明或分析主辞固有的意义。譬喻二二得四。分析判断总是先天的，这是没有问题的。综合判断的宾辞在主辞上加以新的意义，譬如凡物热则澎涨。这种综合判断大半是由经验而来。物热后是否澎涨？这是经验多少年的经验而确定的。这种由经验而来的综合判断不是必须性，因为有限的经验不能证明其必须性。然而康德以为在综合判断中有许多是有必须性和普遍性的，因之是先天的而不是经验的。故纯理性判断一书中的中心问题就是讨论先天的综合判断的可能。这是康德所谓知识论上的必须性。

但是关于时空范畴的种种先验（有必须性的）判断康德并没有证明它们是综合的。三加二等于五，这是必须的判断，但是康德没有证明这是综合的。不错他曾经试欲证明因果律是综合的，但是，其实因果律成了综合判断的时候，或因果律预言其永存不变的时候，则此因果律即已失去他必须性矣。康德欲于逻辑的必须性之外，另有所谓关于时空范畴的综合判断的必须性，这一层他又不能使我们满意，因为时空范畴虽是必须的，为其不能证明它们是综合的。

三、必须性不能证明时空范畴是主观的，是先天的　不错，时空范畴是普遍的，是必须的，在时空之外我们确实不能想到事物的存在。但是我们就能因此而主张时空是属于主观的吗？我们能不能说时空是在事物里面做事物存在必须先有的条件。从逻辑上来说来，"类概念"（Genus）是在"种概念"（Species）之上所应有的。如"书"是"类概念"而"黄书"是"种概念"。没有书的"类概念"就绝不会有黄书的"种概念"。没有动物的概念就绝不会有人的概念。凡人或黄书之存在必须先有动物或书的存在。但是我们不能因此而主张动物或书是属于主观的。总之事物之先必须有时空，但绝不能因此而证明时空是主观的。

四、康德之理论自相矛盾　批评一种学说最好的方法，是把他自己的理论和它的结论两相比较；若是自相矛盾，那末这种理论当然不能成立。当然，康德是主张他的"纯理性批判"的结论是对的。这部书解脱事物本体的知识，告诉了我们非经验的知识范畴。但是他的理论是不承认我们能得到这种知识的。康德似乎相信纯理性不用经验就能组织关于知识之先验形式的真知识。但是他的理论是除经验之外，无论何物都是不可知的。若是我们承认没有经验过的东西是不可知的，那末知识之先验的时空范畴当然也是不可知的，因为它们没有经验上的根据。若是它们是存在的，而康德又能知道它们，那末它们是在我们的经验范围之内。这种自相矛盾的现象不能使我们确认他立论的圆满。

知识起源问题之结论

知识来源的问题，争论到今日还没有得到一个正确的解决。依据论以知识是根据历来先辈的经验和他人的言语文字而来的。但是先辈和他人的知识是从那儿来的呢？换句话说，依据论没有给我们知识最后的依据。先验论以为知识是我们从先天带过来的。在这个世界中知识只是慢慢表现而已。但是这种理论没有给我们确实的证明和根据。直觉论则以为知识是直觉而不是理智。但是什么地方我们能得到完全离理智的纯粹直觉？唯用论主张知识是因为人类活动的需要而开始的。然而许多的知识并不是因为实用而发生的。讨论知识来源的两派根本理论：一个是以感觉为知识之本，一个是以理性乃知识之源，亦各有其得失。大概他们的根本主张是不错，只是太各趋于极端。现在著者以管见所及，进而述余个人对于知识来源之解决。

第一节　总论

知识是从经验组织而成的。这是谁也不能否认的。在经验之外我们就不能知道什么东西。但是我们为什么把经验组织成知识呢？知识的发端是因为人类生存的需要。人们因为要便利人生，于是注意到各方面的对象慢慢的发生了知识。但是人们虽是便利人生，然而同时我们也有天赋的求智欲。是我们一方面因为生活意志的冲动，一方面秉着求索奇异的精神，于是而知识发端。知识以经验为原料，但是这个经验并不是狭意的官感经验，那末经验是怎样构成的呢？简言之，经验是吾心对于外物活动的结果。我们所经验的对象，都是经吾心的活动而发生经验。所以在我心活动之外，我们绝不会有什么经验。

经验之外无知识。那末我们讨论知识就不能超越知识经验的范围。但是经验是有限的，故我们欲完全以经验而证明整个之知识系统又似乎是不可能的。因此，余论知识于单个自我经验之外而有所谓"承认有效"（此即Morgan所谓Acknowledgement），"承认有效"就是我们接受某个超个人经验的理论，此种理论虽不能经验逻辑之证明而亦不为逻辑所否认。我们之所以承认这种理论有效的根据，是因为接受之以后我们就可以贯彻我们的理论系统的一致。否则我们已有根据的理论就不能成为完全的系统。因此在自我经验之外，有时我们不能不承认某种理论的有效。

第二节　知识之发端

知识之所以发生，若是我们研究它里面发达的程序的时候，我们就知道它是和其他的精神活动有密切的关系。所以研究知识，我们不能不观察到感情与意志的活动。知、情、意是三位一体的东西，不能彼此分开的。因此，我们讨论知识的来源，我们就要从心理上建设一个基础。

人类一切活动的发生都是因为生存意志的冲动。一切的生物优胜劣败，适者生存。人类在这种争斗的环境欲图一线的生机，他们就不能不适应环境。其他的生物在这生命竞争的世界上欲图生存，它们只有听"自然"的排置而得到相当特有的适应能力。人类在生命之上突创有意识，在意识之上突创有心灵。所以人类之适应不仅是一任自然的安排，而且在"神之目的"（Divine Purpose）之指导下，我们还有心理上的活动。我们能从了解环境认识生活而得到比较优美的适应。所谓了解，所谓认识，这是在人类特有的"心灵"层级中。所谓心灵就是人类特有的一种潜伏的知识能力。由这种潜伏能力的活动而后对环境发生知识。以认识环境，然后非仅得优美之适应而且有制御环境之能力。所以求知之发端乃是因为生存意志的冲动。

若是我们考诸实事，各种科学的发生，其原始亦无不由于适应环境之需要。几何学之发生是因建设房屋桥梁测量田亩土地。中国的木匠没有学过几何学，然而他有几何学的知识。从他们经验的常识而建立了几何学的基础。其他如经营商务而发生算术；农务种植之时节，航业方向之辨认，于是而发生天文学。在考诸儿童之初始知识。儿童开始所支持的是"乳"。因为要吃乳他就知道了供给乳的人。当他需要乳的时候，经过相当的训练后，他就会叫"妈妈"。而且儿童最初认识的是吃品，其次是玩具。这都是因为生存意志所冲动的原始状态。

因此生存意志不仅是使我们求索直接的需要，而且使我们思想。随后慢慢的经过了满足直接需要之外，而突创出一种这求知欲。最后由这种求知欲变成了我们机体中机能的需要。这是一种广大而有力的需求。这就是我们所谓为知识而知识。我们有了一种真理的需求，这种需求就是一切哲学的开端。因此，现在求知已不知完全因为实际的关系。天文学是因为农业航务而发生，然而现在爱因斯坦之研究天文并不是因为他想种田或航海，也并不是想供给人家之种植航海或任何其他实际之利用。他是因为真理而求知。其他的科学律则亦无一不是因为纯粹求知而发现的。

生存意识只是知识组织的冲动力，而不是组织知识内容的来源。我们因为图生存，于是才发生知识。然而知识内容之来源又是另一问题。知识是如何组织成的？知识之组织以什么做形式，以什么为原料，这都是我们研究知识的来源所必需另为讨论的。但是在讨论知识之先，我们不能忘却知识乃由生存意志之冲动而发端的。

第三节　研究知识来源几个必须认为有效的先在条件

研究知识的来源是有几个先在的条件，我不能不承认它们是有实效的。所谓实效就是在我们的心灵中我们不能不有这样观念。它们的存在不在本编讨论的范围之内，在本书第三编的结论里面我们再有详细的研究。现在我不拿任何理论来证明它们的存在问题。现在我们因为要预先解决知识的来源问题，因为我们要组织一个前后一致的有系统的理论，我仅以亚历山大（S. Alexander）所谓"天然的虔诚"容纳之。

我所承认的有下列三种观念：

一、外界的存在；

二、我心之综合能力；

三、神力。

一、外界的存在　我承认有一个外在的世界存在。这个世界不是从我个人的心灵组织成的，它是离开单个自我而独立的。但是这个外界乃是一个宇宙心灵的观念，这个外界也绝不是物质的世界。它是我们官感的对象。当我们知觉它们的时候，我们是不由自主的不得不知觉它们。从这个外界射发出一个"映入的影响"（Morgan's Advenient Influence），这种影响有射入我们感官的必然性。由这种外来的影响映入了我的心灵，于是供给组织知识的粗糙原料。从这映入的影响而布置了我们经验的骨格，然后有我心的活动而在此骨格上加以筋肉。至于这个外界则必须是在一个宇宙心灵的范围之内。详细的讨论在第三编第十八章第三节自我与非我之存在。

二、我心之综合能力　刚才我说过由外界的影响映入官感，然组织此原料之能力乃由我心之活动。我心一方面"引纳"（Referring）外来的影响，一方面整理之，综合之。凡我们经验一件什么事情，知觉一件什么东西，我们不能不承认：心的活动是不可缺少的。若是离开了"我心"，我就不会知觉这个现象的世界，而且这个现象世界也没有存在的可能。从心的活动我们能接受外来的影响而综合为经验的知识。心的活动不是从经验而来的。心的活动乃是上属于神力。心的综合能力是先验的，是属于神力之活动与指导之下。

三、神力　所谓神力就是在外界之上在我心之上的一个伟大的活动力与指导力。这种神力我们暂且不去证明它，然而我们不能不承认其实效。它是一个指导的目标，一切活动皆受此目标之指挥。

我们所承认的有外界之存在，我心的综合能力及神力。但是它们彼此间的关系是怎样的呢？欲讨论这个问题我还要借穆耿（C. L. Morgan）先生三个观念，一是"层创"（Emergence），这就是说下一层的东西联合起来，非但是这些东西总和，而且还突然新创出上一层的新性质，这一层的性质还可创出再上一层的新性质。从"层创"的观念再化出两个观念；一个是"内包"（Involution），一个是"上属"（Dependence）。所谓内包就是下一层的性质，是包括在上一层的性质之内的，而上一层的性质又是包含在再上一层的性质之内的。然而上一层不为下一层所包含，而自有其新性质。所谓"上属"就是说下一层之所以存立，之所以有组织，必须依赖上一层的能力；上一层之组织又必须依赖再上一层之能力。然而上层之组织力量并不依赖下层。这三种观念明白之后，可进而讨论外界，我心，神力之关系，以成立著者对于知识来源问题之系统。

组织知识下一层之原料我们承认是从外界发生的影响。从这些影响而突创出心的活动，故心之综合能力乃包含外来之影响。然而外来的影响必需上属于我心之综合能力而后有所谓组织系统。故外来影响必受吾心活动有实效之布置。从许多人心之综合活动而突创出所谓神力。故神力乃包含我心之活动。然后我心之活动乃上属于神力而后有综合作用之发生。故吾心之综合能力亦必受神力之有实效之指挥。从上而下，则神力，包含我心，我心包含外来之影响；由下而上，则外来之影响为我心之活动所组织，我心之活动复为神力所指导。

上包下，下属上，互为补益，然后有所谓经验知识之发生。下者为原料，上者为形式互相交作，始为综合的理论。简单之说明未能深明知识之内容，组织知识之来源。现在我要从刚才成立的大纲再略为发展。可惜短短的篇幅不能使我们做详细的讨论。

第四节　感觉与理性

依传统的研究法，我们讨论知识的来源还得要从感觉与理性说起。感觉论以为知识的来源在感觉，这是不错的；因为感觉确是组织知识的重要原素，然而理性也是和感觉互相合作的组织知识，这是不能不承认理性论的地方。

我们的心确是自动的。它有一个超过官感的机关——即理性或理智。它有一种综合能力。它能注意到许多同类的单个东西的普通性质，把这些性质抽象出来而综合之为概念。我们的感觉也是根本的，它能感觉外界的影响而供给理性以制造概念之原料。事实证明，我们确有认识的高级能力与低级能力的分别。经过官觉我们觉得个别的东西。譬喻我经过视觉就看见这样那样的东西。我们有一定的大小、形式、颜色在这个时间，在这个地方。若是我们触着一件东西，我们所遇着的是这个抵触；若是打它一下，我们所听见的是这个声音。无论我们官觉那一件外界的东西，我们总是觉得它们的单个性。这里是单个东西的认识。但是我们反省反省，我们知道还有另外一种知识能力。这种知识能力不是对个别的东西的认识，而是普遍的抽象的认识。譬如我想到"书"，这并不是这一本书那一本书，它是没有单个性的。这个思想不为某一本特别的书所限制。我看见的这一本书，只限于这一本书，而我想到的"书"是可以应用到任何一本书。思想的对象是普遍的对象，而不是个别的对象。官觉所表现的是事物的外表，而不能告诉我们这些东西是什么；官觉并不能表白事物的本质。

然而我们的理智告诉我们东西的内容。因此单是官感就不能告诉我们这是一本书。官感只是报告颜色，形式，大小等等；但是我能知道那就是一本书，由此而发明我确是有一种不是官感的知识。

再者对于公平，希望，因果等等抽象的名词，我们虽不能官觉之，然我们懂得它们的意义。而且官感并没有反省的能力。官感只能供给原料或张本，而不能将张本加以考虑。反省是一种事实，由此我们可以证明在感觉之外尚有高级的机关。我们另有判断能力。从理智之有概念的判断的能力，而我们可以知道官感与理性之别。

官感与理性虽是不同，然而它们是不能分开的。在我们的经验中官感与理性是互为功用的。尤其是在成人的经验中，官感与理性的成分简直不能分别。我们要知道知识的程序是复杂的。整个的认识程序是包括"官感张本"（Sensory data），感觉（Sensation），知觉（Perception），保持和记忆（Retention and Memory），概念（Conception），判断（Judgment），我心之活动（Human Mind-activity）与神心之活动（Divine Mind-activity）。

照我的系统，官感供给原料而为理性之基本，理性以感觉为原料而支配感觉。理性内包感觉；感觉上属理性。两者相依为命，互相牵制而不可偏执一方。由感觉而下，尚有官感张本为一切认识之基础。由理性而上尚有神心之活动为一切认识之指导。复由感觉而上至理性层层突创而组织各层不同之构造，于是而成为完整之知识程序。

第五节　整个的知识程序

整个知识的组织中，我们承认了主观能知道的心灵和客观被知道的是物体，但是我不是赞成二元论，也不是多元论者。我以为它们两个就是一个，一个就是两个。总之，它们是知识一体的两方面而已。外界物质之所以发射出影响来，必定要有吾心的活动。吾心之活动之所以接受之，也必须外界有映入的影响。这一层明白了，然后可进而讨论知识组织之程序。

知识是经验许多的层次组织而成，前节已经有一个纲领兹列表说明如下：

神心

（Divine Mind）

我心活动

（My Mind activity）

判断

（Judgment）

概念

（Conception）

保持和记忆

（Retention and Memory）

知觉

（Perception）

感觉

（Sensation）

官觉张本

（Sensory data）

物体之影响

（Advenient influent）

照这样一个层次表最好我从下层先说起。

一切知识的基础就是外界的物体所发射出来的影响。我们是秉着天然的虔诚承认外界物体的存在。外界物体的本质乃是存在我们之知识范围之内的。这一层我们留在下篇再来讨论。我们所知道的就是凡我们知识一件对象，对象乃是一种映入的影响。从这影响而组织成了官感张本。所谓官感张本就是由影响所发生的官感以作为感觉的原料。由多数官感张本组合拢来，于是而成为感觉。感觉的集合又成为组织知觉的原料。

许多官感张本聚集起来，然后始有所谓感觉知觉。然而这些"张本"并不像天空的行云，地面的流水没有停留的。它们也不是前刹那落后刹那继起的。凡"张本"都在自我里面储藏起来的。这些原料的储藏我们名之曰保持。并且储藏的东西也不是永久埋没不现的。这些储藏的东西有随时可以提用的能力，换句话说，凡聚集的"张本"都随时可以涌现出来。这就是我们平常所谓记忆。

从许多的知觉中表现许多相同的现象，许多普遍的性质。这些从知觉而来的普遍性质就是组织概念的原料。对一件东西的概念就是对于许多同类的东西所含的普遍性的认识。合几个不同的概念加以布置，加以关系，然后产生所谓判断。聚所有之判断而有我心。集人类的心的活动互相交流，互相通释，而体觉有神心之存在。神心乃一切知识的焦点，包括一切的知识，而有一切知识所不能知的新性质。若是从下到上，我们就说是下属包括在上层里面，而上层并不是包括在下层之内的。

我说由外来之影响而发生官觉，由官觉而组织感觉，从下推上乃是下层组织上层，但是这并不是说上层只是下层之总和而已。上层创有下层所没有的新性质。例如感觉组织知觉，知觉组织成的概念，但是概念不是一堆知觉而已。知觉也不只是一堆感觉而已。所谓感觉不过只有对外界的感觉。然而没有意义。我们知觉一件东西，我们对于这件东西就有意义。所谓知觉只有知各单个散漫的东西的意义，然而概念复在各单个的意义之上而有普遍的意义。知觉的对象是单个体，而概念的对象是普遍的。下层组织上层，而上层自有其新创造。

上层不仅是下层的聚合的结果，而自有其实效（Effective）。所谓实效就是上层是支配下层的指导力。下层虽然是组织上层的成分，而下层本身之组织乃是倚赖于上层的实力。下层供给上层以原料，上层支配下层以形式，互为关系，非一非二，即一即二，总之为知识之全体。兹复略为讨论由上而下的实效能力。

宇宙一切的运动，人生所有的思想，我们承认一个无上的神力作为它们的原动力和指导力。神力是极伟大的。它是支配我心一切活动的。若是没有神力的存在，我们就不会有思想，也不知道宇宙。然神心是不为人心所支配。在神心支配之下有我心的活动。我的心活动有一种综合的能力。它能引纳外来的影响而对于许多现象相同的性质，它有一种特别注意的能力。它把所有注意到的相同的普遍性质抽象出来而成了概念。所以概念是我心的活动，把知觉的对象所包含的个别性质除去所包含的普遍本质集中，而加以综合的支配所得的结果。我心的活动再把散漫的概念依其种种不同的关系而综合为判断。因之我心的活动是支配判断以下的一切组织的能力。至于下概念是支配知觉的，知觉是支配感觉，感觉是支配官感的，官感是支配一切外来的影响的。

从上属与内包总合，乃发生知识之全部。

知识来源答案之本文止此，尚附有一个重要的问题：心的活动因概念之种种关系而综合为种种判断。这些关系是从我心的活动而来的呢？还是从外界固有的关系而来的呢？康德以为它们是先天赋与的范畴，是纯理性的出产。但是这一层我不敢赞同。碗落下了地，和破碎的碗块这种因果，并不是由我心产生的。我心固然有综合的能力，然而外界必有可被综合的客观的关系。碗落下了地，破碗这种客观的因果。然而若是没有我心的活动把这些关系综合起来，那末我也不会这样的判断。假定火星和月球里面有许多的因果关系，但是我的心活动范围并没有达到那里面去，我们对它们里面的种种并没有产生种种判断。因此，客观的关系在我心活动之内，我们产生判断。在我心活动之外，我们不知道有什么关系的存在，而且也不能妄造判断。

第六节　结论

　　知识论中有两个最大的问题：第一个是知识的来源是什么。这一层我们可算是回答了。简括的照传统的说法，知识的来源，感觉与理性是互相作用的。感觉给理性以张本原料，而理性组织之，支配之。自官感而上，上包下，自神心而下，下属上。自我心而出，则概念、知觉、感觉、官觉无一非心之活动。自外界而入，则经我心所引纳者方为所知。故所知者皆已为我心所融锻之现象也。故心外无知心外无物。

第三篇
知识之价值

知识论尚待解决的第二个问题，就是知识的价值。我们已经讨论过知识的来源，但是我们尚没有证明知识的确实，或者能够是真实的。这个知识的实效问题是很容易明瞭的。我们已经说过，在我们的知识和我们知识的对象之间有一道明显的裂罅。两不相通。知识在本性上是内心的和心理的。而思想之对象，在性质上，很多的是心外的和物质的。有些对象也是心内的和心理的，这是的确的，但是即使在这种地方我们对心内实体的对象之思想也不与后者相同。心理的呈现是不是一个真实的表现？我们能不能担保我们的思想是思想对象有效的表现？尤其这对象是否心外的？到底有没有这样一个心外的境界？是否我们所谓世界或者是心里经验的展览品，而纯粹倚赖着心的？我们的知觉是表现与心独立的实体呢？还是仅仅的表现主观之内的现象？这些问题以及其他的种种问题都是必须先待解决的，然后我们始可进而讨论知识之真实问题。

第一个问题所要回答的是：宇宙是一个离心独立的实体呢？还是倚心而存在的实体呢？不用反思的人是相信：他是经过他的官感而认识了一个外界的，离心独立的世界。这就是说，他相信这个物质的世界是离开他的，知觉是独立存在的，而且他相信他能够知道他所知道东西的性质。我们要把这个自然的态度加以省察——要调查这个论调，是否是建立在事实上。由此我们所要讨论的问题是：对于这种信仰，以为官感知觉的张本是显示实在及有外界性质的东西，对于这个信仰，我们能不能有一个哲学上的证实？我们能否知道有一个外心而存的世界之存在？我们能否知道这个世界是什么？这些根本问题，我希望我们从哲学史上得到许多的解决。我把解决知识之价值问题的学派总分为实在论与唯心论。

实在论

第一节　实在论之定义

实在论这个名辞有许多的意思。自然在此地所讨论的并不是有关于文学艺术一方面的。知识论的实在论主张心外的世界，离开我们的知觉而独立存在的，而且我们有些关于这个世界的本性和性质的判断也是真实的。实在论以为我们对于这种理论有哲学上的确定。美国哲学会审定委员所建议关于实在论的定义是："知识论的实在论这种见解以为真实的对象有时是被知觉的，有时是不被知觉的。"

这个定义注重在实在论坚持实在能够在我们知觉的时间以外仍是存在的；它是在我们的认识经验以外而且离开这种经验而独立的。实在论主张即使我们没有对外界的知觉的心，即使我们没有外物的观念，外界仍是生存自如。实在论有各种的派别，一面有极端朴素的实在论，另一面有详审的实在论。所谓朴素的实在论是那些对知识问题未加思索的一般平常的人所主张。我们吃饭穿衣，这些山珍海味，美丽的履服那一样不是真真实实。约翰孙（Samuel Johnson）说过你要踢那块坚硬的石头，你不能不说它真是一块石头在那里。譬如二本书放在一起，你知道它们，它们是在一起，你不知道它们，它们也在一起。因此射那（Sellars）说朴素的实在论并不是哲学理论，而只是平常人的一堆信仰而已。致于详审的实在论这种理论十二分的注意实在依靠知觉的主观，这一派简直是唯心论之另一名辞而已。在这两个极端之间，尚有新实在论和批评实在论，我们随后再讨论。现在我们先要讨论近于朴素实在论的两派知识论的实在论。（一）知觉论，（二）代表论。

第二节　知觉论

这个理论又称为直接的或呈现的官感知觉论。这派主张实在是直接经过官感而知觉的。在所知的对象和能知的主观之间确有一个媒介物，即心灵因外界对象之刺激变化，但是这种变化或媒介并不是在知觉的时候从意识层所发生的。它是我们用以知道实在的媒介，并不是我们所知识的媒介。它只是知识的通信器而不是知识的对象。心灵直接的和立刻的趋向实在，而心灵之认识心理状态必用相反的思想。这种媒介并不是一个两者之间的代表，从此代表而心灵引纳对象的存在。它不过只是一个心理的感动或变化，藉此变化心灵就去依合外界的对象。外界的对象在我们心上活动，于是我们的知觉因为这个活动或影响而产生。在这个中间我们就必需证明一个媒介。若是我们不承认有这样一个媒介的存在，我们就不能承认对外界的知识或者先天的，或者是已成的。

第三节　知觉论对于心外世界存在的证明

凡实在论都主张世界是离心而独立存在的。现在先讲知觉论的证明。凡人都承认有些我们认识的所与是显为外界的，这就是说它们是显现在这些所与的主观之外的。我知觉有人物树木房屋，但是这些所知觉的东西是有外界性，因此我所知觉的东西是离开我和我对于它们的知觉而独立存在的。它们似乎是所知觉的外界的实在，而不是自我主观之一部分，而且外界的存在并不依靠自我或自我对于它们的思想。若是它们不是外在的，我们要问问何以它们会这样的显现？它们是怎样显现的？这是反对实在论应该先要答复的两个问题。"何以如此"这个问题或许能回答，然而要问他们"怎样如此"，他们就不能解释了。因为若是没有外界的世界，那末我们所知觉的这样东西怎样会现在外界的呢？若是外在的所与并不是外在的，它们就是内在的。但是假使它们是内在的，那末它们怎样会成为在自我之外的呢？这是难以思索了。而且我们也不能知道我们怎样会得到所谓外在这种概念，因为在反实在论的理论里面没有这种概念的根据。

若是没有外在的实体那末感觉的外在性或客观性又是不可解说的了。感觉外界我们不能解说那是我们已经成了一种习惯，因为习惯就假定有一个开始的外界，而且这是不可能。又有仅是内在的所与的联接，其结果并不能产生外在的所与；它只产生一个许多内在所与的复杂体。

从事实上还可证明，自我并不是事物外在性的原因。我们经验我们所知觉的东西的时候，觉得我们自己是被动的。我们觉得外来的东西不是我们所造成的。不错，它们是我们所知觉的。但是产出这些知觉，我们只是把我们自己放在一个适当的环境中而使之发生，这并不是什么重要的成分。而且我们知道所知觉的东西之内容，并不是完全被我所限制的。我们所想象的影象大半依赖我的意志，但是知觉大半是离开我的。我能想象万里长城，但是我心必须跑到山海关才能知觉得到。若是我们要知觉它，我们必定要我们自己配合到那个相当的环境中。若是我们睁开眼睛看看外界的东西是蜂涌而进，我爱看的，要看我不爱看的也得要看。在知觉里面我们是被动的，在想象里面我们是活动的。从这种事实而决定了实在论的主义。我们所知觉的东西是在我们之外。然而在外面的东西除非是在我们的知觉范围之内我们始能知觉它。

第四节　知觉论与对外界之知识

我们的知识能不能有认识外界的价值？知识论的实在论主张我们的知识有认识外界的效力。知觉论者相信心外的世界是即刻直接的在知觉里面给与我们。知觉论者完全的依着经验所发现的；我们是直接的官感着实体。我们是直接立刻的知道这个心外的世界，因此在相当的境况中，我们的知识是有实效的。所谓知道就是实体直接呈现在我们的意识之中，若是实体呈现给我们，我们就知道了它。说我们不知道我们所知觉的东西，就等于说我们不知道所知道的东西，这简直是知识之本身也不承认其存在了。所以我们用不着斤斤的辨明知识之真实。

我现在乃进而详细讨论知觉论之内容，然后批评其谬点。

官感性质之相对性　我们经过官感作用乃认识心外之实体。实体来到我们意识之内的媒介就是官感，神经系或脑系。这个媒介有一定的构造，而且它对于实体之呈现于我们的意识是有很大的影响，它不能限制我们所感觉的东西，但是它能裁制我们怎样官感我们所官感的东西。于是在我们的知觉内官觉有重要的作用，而且当我们研究从官感所得的知识的时候，我们是要注意这件事实的。官感知识是外心与内心两种分成的混合体。我们可以从这种事实而得到两个结论：（一）心外实体的官感性质，一半是由心外实体的决定，一半是由感官及其它知觉程序之神经系之各部分决定的。（二）所以感官及神经系之状态将影响于官感性质的，所以官感的实体也是一样的。在官感器官的状态里面有所差别，或是在实体里面所有差别，都要发生不同的感觉。欲显明感官情形怎样影响于官感性质，我们只要举一个简单的例子。以同样温度的水，若是你将一只温暖的手放在这水里，这水似乎是冷的。若是你将这只手弄冷了再放在同样温度的水里面，这水就似乎是热的。还有色盲的人把红色当作绿色。

科学告诉我们，视觉在所有的官觉的物质和能知觉的经验之间包含有一个长而复杂的程序。感官与神经系对于感觉的性质有不小的补助。在视觉里面有（一）物质的对象；（二）以太波流；（三）眼睛里面的化学程秩；（四）从神经通到脑筋系；（五）脑筋系里面的化学程秩；（六）从物质而变为心灵的；（七）感觉。

从相对性所得的结论　从上段我们知道官感性质是和各人的感官和神经相对待的，而不是离感官而独立存在的外界实体。从这种事实我们得到下面的两个结论。

（一）我们必不可将所呈现在我们意识里面的东西和我们对这些呈现的东西所下的判断互相混合。对于这官感所与的资材，我们所下的注解常时是错误的，因为我们有时不问清白急于判断。

官感知觉并不只是包含一个实在的感觉，并且还有官感的想象和加入感觉里的许多意义。譬喻一面有四个直角的桌面，平常我们所知觉的是两个锐角两个钝角。因此在下一个知觉的判断的时候，理智和想象到过去的经验都在里面活动。这样有时乃发生所谓错误的感觉。其实感觉之本身并没有所谓错误，所错误者乃是理想内所混杂的想象对于这感觉所下的判断。

（二）因为对于外在的东西的认识，张本是一部分能知觉的主观的感官和神经系的作用所得的结论，由此我们知道感觉器官情状之不同，足以使认识张本不一样。但是我们的官感是可靠的，官感只是呈现它们在某环境中所必须呈现的，而决不加以注解及判断，因此官感绝不会欺骗我们的。所欺骗我们的是我们自己对于它所下的判断。我们眼睛的官感只把所看见的呈现出来，而不加以判断。譬喻一根棍一半在水里，一半在水面。我们所官感的是棍之一半在空气里，一半在水里，而见它是弯的。官感的工作止此而已。若是我们进而判断说这棍之本身是弯曲的，那末我们的判断就是错误的，因为我们没有明白这棍是在两种不同的媒介里面。

若是我们仅把我们所官感和实在承认是一样的而不注意，我们的感官和神经系的变态情状，我们时常会有错误。知觉者的机体情形或许有错误，外界的东西或许反了常态，能知与所知间的或许有变态的媒介，然官感之本身是可靠的。

常态的和变态的官感知觉　在官感知觉里面能知的主观的官感器官有很重的势力。这些器官或许是平常的状态，然而或许也是反常的状态。在事实上我们尝试区别这两种状态。我们知觉之可靠必须它在常态之下。感觉之有常态必有下列三种条件：（一）能知方面的条件；（二）所知方面的条件；（三）媒介方面的条件。

（一）能知方面的条件。

甲、能知者在生理上在心理上必须是康健。他必须认识从官感而来的材料和从想象而来的材料，而且有在它两者之间有区别的能力。希望恐惧，欲念都为产生幻像的种子，发生幻觉的根源。这都是足以迷糊我们的知觉的。

乙、感官必须没有反常的态度如色盲，近视，重听，种种的毛病。

丙、感官即不受这些如色盲等等感觉的影响，那末感官是中立的，所以中立性也是常态的感觉所不可少的条件。

（二）所知之对象方面的条件。

甲、所知的对象必须在相当的距离之内，不可离知觉器官太远，也不可太近。

乙、对象之表现必须延长相当的时间，以备对它有一个明白的知觉，不可转动得太快，以致没有正确的知觉。

丙、若是在某一知觉内包含有两种官感的作用，那末我们必须相信两者联合的报告，而不可单信一种官感的报告。譬如测量远近，我们必须有视觉与触觉相联合的报告。

（三）媒介方面之条件。

若是官感作用里有媒介的，那末常态之知觉必须有下列两种条件：

甲、我们必须有平常的媒介如视觉需目光变白光。

乙、媒介物必须是统一相传，一时不可有两种媒介。如半段在水里面的棍子有两种媒介，一个是水，一个是空气，这就成了反常的。

从这个常态与变态官感知觉的事实，我们得到两种推论以援助知觉论之理论。第一个推论就是由这种事实而证明了感觉相对性之见解。在每一官感知觉之中，某种感张本的性质乃是从我们的官感器官之状态性质以及其机体构造而决定的。若是感官机体组织不同，我们的知觉亦必不同，因为我们的官感知识乃是从官感而来的。然而这并不是说这是知识的弱点。知识还是知识；我们有一个一定的知觉本性，而这个知觉的本性是我们得和外界有认知之接触的唯一方法。若我们舍弃了这种官觉知识必须的程序而空索实体这是不行的。

第一个推论是我们官感知识之相对性，并不是使我们不能得到宇宙之本体。其实，我们从官觉所得来的张本是达到宇宙实性唯一的方法。不错，因其相对性，而事物之本性绝不能为人所知觉。照现在的科学说，事物是经过呈现事物之媒介而为我们所官感的。我们所知觉的东西是一个主客或"能""所"相合的东西，主观或能知供给官感器官及神经系，而客观或所知供给被知的本体。因此事物之本体并不只是被官感的事物；被官感的事物只是被知觉程序所变化过的本体。

理智知识相对性之问题　我们能不能主张理智知识是相对的呢？有多少人以为理智知识也和官感知识一样是相对的。但是这是毫无根据的见解；理智之知识并不是相对的。

官感知识之所以有相对性，乃是因为官感知觉经过感官作用而得到的，而感官因各机体构造之不同而各异。这种相对性不是只因为对象被人所知而发生的。这是许多思想家所疏忽的地方。他们以为官感知识是相对的，所以凡知识的物件皆是相对的。若是详细的考虑一下，我们可以知道为感觉所特有的相对性不是属于心理的元素，不是属于知识之主观的元素，而只是用于知觉里面的物质工具之不同。它不是由心理或心的组织而发生的相对性而只是心外的相对性。相对性之发生，乃是因为机体之不同而不是因为认识力之不同。

自我中心说　相对论者也赞成我们所要辨明的知识是没有价值的，因为它不是事物本体的知识，它不是在知识关系之外而独存的实体的知识。它只是对于在这些关系之内而受这些关系所影响的实体的知识。我们不能离开自我经验而得着实在的世界。我们不能认知离开我们的意识的东西，因为凡物之认知都是在我们的意识之内的。因此我们没有权利说我们的知识真正是实性本体的代表。培黎教授名之曰自我中心说的（The ego-centric predicament）。

这种学说是不错的。但是至好它是方法论上的一种学说。我们不能没有知道一件东西而知道它。我们不能没有想到一件东西而思想到它。我们不能没有思念到一件事而想念到它。离开知识关系的本体乃是我们没有知道它。若是我们照平常说我们知道了本体，这就是说我们知道不被我们所知道的东西。这是一种矛盾语。

自我中心说能够证明什么吗？若是能知实体的主观是改变实体的，在某种关系之下是影响实体的，那末所知道的东西和不知道的本体，明明白白是不同的，虽然我们尚不能看出它们不相同的地方。然而这种绝对的判决又不是相对论所取的，因为他因此承认了他对于相对性的知识并不是相对的。这是自相矛盾的。知觉论者以为知觉的知识是相对的，而理智的知识并不是相对的。

知觉论的理论讨论到此为止，我们要进而批评这种理论。

第五节　知觉论之批评

为清理眉目便于批评起见，兹再就知识论之重要论点简略述之。

一、知觉论主张我们直接经过官感而知觉的对象，就是离能知的心而独立的实在的外界。换句话说，我们的知识能直接认识外界的实体。

二、心灵的变化是被动的：人心因为外界物事的刺激始发生变化。这种心的变化只是把外界的知识流传到我们心里的工具。所以我们所知道的只是直接的外界，而不是心内所发生的变化。

三、知识论主张我们所看见的红花绿叶茅庐大厦，所听见的远山近水，尖声怪叫这种官感性质是属于外界的本质。我们官觉它们是因为外界把它们呈现在我们的心内。

四、知觉论承认官觉是因为环境之不同，各人之互异而有时变迁。但是我们不能从这些变迁而主张官感的性质是不可靠的，而不是外界本有的性质，因为官感这本身是不变迁的，所变迁者乃是我们的神经的构造和脑筋的活动，外面的环境地位等。

五、知觉论以为我们常有错误的官感，但是知觉论以为纯粹官感之本身绝不会有错误，而只有我们对这些官感所下的判断是错误的。换句话说，我们把官感所呈给与我们的加以解释加以意义，官感不错误，而所加的意义是时时会有错误。

六、官感知识因种种环境机体构造之不同而是相对的，但是知觉能达到世界的本体。我们所直接知觉的这个世界确实是真实的，是心外独立的。若是我们要直接知觉万里长城我们就要到关外去。因此外界是独立存在的。知觉的心只是被动的。

七、知识论也许承认"自我中心说"，以为我们不能离自我经验而能得着实在的世界。但是知觉论以为实在之世界必经过自我心理上的经验而得认知。然自我经验不能影响实在世界之真实。而且我们也不能绝对的主张所知的世界和不知的本体有所分别，因为这种主张是和相对论不符合的。

依着以上的七点，我们来认识知觉论的弱点。

我们对于知觉论有许多疑惑的地方，知觉论者难以给我们圆满的答复覆。让我们和知觉论者讨论讨论以下的几个问题。

一、我们直觉经过感官而官觉的对象乃是外界固有的实性吗？我们所看见的颜色，所尝着的滋味，所嗅着的香臭，这些官觉资料真正是离心外而独立的实性吗？要讨论这个问题之先，我们要懂得所谓"初性"（Primary Qualities）和"次性"（Secondary Qualities）。初性就是一件东西的样式，大小，坚实，运行。这些性质是一件物质所不能缺少的，没有它们，就没有所谓物质。它们是必需的，没有矛盾的。所谓次性是一件事物的颜色，嗅味。这些性质有时是矛盾，有变化的。知觉论者非但以为初性是物质固有，而且次性也是外物的实性。这一点我们不敢相信。譬如我看见一根树，它上面有红花绿叶。其实，红绿的颜色只是花和叶经过不同的光波射刺在我们的感官上经神系到脑部而发生红绿不同的结果。这些都不是物体固有的实性，而只是事物初性的因所结在机体构造的果。譬如火是热的，这种的因在我们手上就会发生痛的结果，但痛不是火所固有的性质。推之于颜色，嗅味也是相同的。还有以下各种问题，有些也可以证明直接官感的对象（次性）并不是外物的实性。

二、退一步说，就算物质的东西真有可感觉的性质，但是官觉性质是相对的，是因环境，构造等等之不同而时变化的。一件东西可以变有几种颜色的现象，那末我们能否识别到底那一色是这东西固有的性质呢？譬如一张红木桌子，有时因为光线之不同，主观的观点不同，眼睛的构造不同，等等环境之不同，会发生各种的颜色。这些颜色每种皆可说是真的，那末我们就难以解决到底这张桌子的真颜色是那一种。因此，颜色并不是这张桌子内在的所固有的性质，而只是桌子的初性，光波，感官，观点等等因果和合的现象。夜间我们走到一间没有光的黑室里面，我们简直不能识别有什么颜色之存在。因此桌子本身不能有任何颜色。

三、官觉是离开我们的知觉而独立存在的吗？这朵红花，不问我们在看着它，或没有看着它，总是故有那红的颜色吗？换句话说，"存在即知觉"的主张能否应用到颜色及其他次性吗？就是实在论如罗素教授还得要承认："或许官感之直接对象（即官感张本或次性）是依赖我们内里的生理状况而存在的，并且，例如，这些有颜色的表面，当我们闭着眼的时候，就没有存在了。谁都承认的：离开一个能知的观者，离开了他生理上的状态，我们就不相信任何东西总是有颜色，或是说，我们就不相信有颜色的存在。或可徒事辨强颜色离开知觉是存在，但是不能在经验上证实。月亮里面的东西是什么颜色？谁也不敢说！

四、知觉之直接对象以能知者之兴趣与训练不同而以为转移。各个不同的能知者因其环境之不同，而被知者之直接性质亦有随之而不同者，那末我们能不能说不同的能知者是知觉同一件对象呢？美丽的音乐，音乐家听见了有无穷的妙味；病人听见就觉其烦扰不堪，无知的人听见许多杂碎的声音而不明其音调谱拍。这三种人所听到的是同一种声音吗？谁能决定那一种人所听到的声音是真实的本性呢？若是我们主张所谓知觉的对象乃是此对象所给与我们的，那末我们各人得着各种不同的知觉之直接对象如是，当然是从虽相似而不相同的对象才能给与我们各人以虽相似而不相同的知觉。这一层知觉论又不能自圆其说。然而他们或许说知觉之不同乃因各人环境之不同，解释意义之不同，而不是由于官感性质之不同。关于第三四两个困难他们可说这是"自我中心说"，两种解说他们以为并没有什么，实效的证明。我们暂把这一层留在下面去讨论。

以上提出四点，我们对于官感预先设有一种假定，即我们所谈的官感乃是纯粹的官感能知之主观，对此纯官感所加的解释，或意思，或是说对官感所下的判断是互相混合的。换言之，我们把官感和判断混杂了。知觉论者曾斥责我们说这是太疏忽了，太含混了，没有科学的态度。所谓官感就是外物的实性直接呈现给与我们。纯粹的官感是没有虚假的。因此一朵花有各种颜色，这我们所下的判断不同，不同的能知者有不同的知觉，也是我们所下的判断不同。这些都是与纯粹的官感是没有关系的。到底我们能不能分开官感与判断。知觉的判断这种论调对不对，到底有没有，纯粹的而无判断的知觉？兹进而分条讨论之。

五、纯粹的知觉之对象就是一堆没有意义没有判断的官感所与。若是我们说知觉的对象就是官感所给与我们的，那末我们知觉的对象就是一堆混乱不堪，毫无意义的东西。我们只有这种纯粹的知觉，那末我们就不知道我们所知觉的是什么东西，有什么性质，因为若加以区别，明其性质，我们就在纯粹知觉上加了解释，加了判断。譬如当我的"心不在焉"的时候，拿着一本书只见书上许多的斑点，看了许久，我简直不知看的是什么意思。"心不在焉，食而不知其味"这也纯粹知觉的例子。请问这种知觉能认识本体吗？不错，纯粹知觉给我黑的，就是黑，弯的就是弯的，没有丝毫虚假，但是只是一堆黑的，硬的，圆的，官感能给我们以事物之本体吗？这是谁也不敢承认的。因此我们真正知觉一件东西，就是除一堆官感之外还有由心的活动对它们所加的解释和意义。换句话说，有意义的事物绝不只有纯粹的知觉。因此现在我们所认识的对象并不只是知觉直接所给与我们的，而另外有由心的活动所加上的解释与意义。若是完全只有纯粹的知觉而没有意义，我们难道说自有所谓知识的对象吗？若是我们没有"万"字概念和"里"字"长"字以及"城"字的概念，若是我们没有心理活动的意思，若是我们不由心的活动而回忆"万里长城"的历史，我们就是到了关外，见了许多的砖瓦，但是我们能有万里长城这种意义的认识吗？

而且我们直接所知觉的对象只是事物显现在眼前的那一部分的表面。放在这儿的一个茶杯，我们所知直接知觉的只是向我这一面的一半。杯里面，杯那面我们不能同时直接知觉。那末我们时常凭着官感所与的一部分而判断我们知觉了整个的茶杯。一方面是由我们直接知觉所得的官感所与（只是整个对象之一部分的表面）；一方面是我们所判断的整个的茶杯（整个的对象）。然而直接知觉的官感所与并不就是整个事物之本身。并且我们就是直接知觉的茶杯的一部分，也是因为我们有整个茶杯之意义。这些都是知觉论者所难以免除的困难。

六、知识的对象是直接由独立的外界呈现到我们的感官。但是知识的对象是不是要受心的活动的影响呢？知觉论者或许承认认识外界必经心的动作，但是他们说心的动作并不能影响外界的实有，因为（甲）心的动作并不是自动的，而是由外界刺激而被动的；（乙）官感知觉之变化差异或许是因为机体构造（即神经系脑筋构造等生理关系）之不同，而并非是心理作活动有以致之。第一是心的自动问题，第二是心灵与脑筋之区别，兹分别讨论之，以明知觉论之不能成立。

（甲）外界直接到我们的心里不必我心的活动就会发生对此外界的知识。常识以为如此，实在没有这样简单。刚才我们在上面第五个批评里已经说过所谓官感所与（即外界直接呈现给我们的材料）它们是混杂无章，混乱而无意义的；只有纯粹知觉而没有意义。知识的对象绝对是乱杂而无意义。真正的知识对象是有条理，有秩序，有意义的。然而所谓条理秩序，意义并不是许多官感混合拢来而得产生的。若是我们只有红的，香的，圆的，软的等等感官互相拼合，绝不会有整个有意义的知识对象。若是我们加以解释，加以意义，加以判断，而曰"此玫瑰花也"，那末必须心的自动的活动去组织，安排构造这些官感回忆以前的经验而给以意义。所以心是自动的，而不只是被动的。

（乙）知觉论者以为官感知觉之变化或因机体构造之不同，而无所谓心的活动之影响。不错零星的官感是因机体构造之不同。刚才我已经辨明纯粹官感知觉不能发生有意义之知识对象。知识对象之有意义乃是因为心的活动组织这些散乱的官感而产生的。故因心的活动对官感或许有不同之安排组织于是而发生知识对象各种不同之意义。譬如是一束玫瑰花。卖花者见了它，这玫瑰对他的意义就是它可以值多少钱。艺术家见了它，它简直是下凡的天仙，美丽非凡。它对于诗人的意义，它能引出无穷的香艳趣史，见境怀情的旧事。这都是因为他们心之活动对这玫瑰花有不同之组织关系。这不是机械的脑筋所能产的。

从以上的理由我们觉得知识论尚不能给我们以圆满之理由而使我们信服。现在进而讨论代表论解决知识之价值问题能否给我们以较高的理论。

代表论

第一节　代表论之理论

以知觉因缘论批评知觉论者有一派实在论，名曰代表论又名为"简接的"或"推断的官感知觉论。"这种理论主张在"自我"之外的外界，并不是我们所直接认知的。我们所直接知道的并不是外界，而只是"自我"和自我之心理状态。然而从这些心理状态映现出外界，换句话说，自我状态而有外界性；于是，我们的心区别外界性和非外界的心理状态，并且由此推论有外界性的东西必有一个外在的原因。从这种见解看来，我们经过知觉直接所得来的张本或对象，并不是心外的，而只是心内主观意识的对象。因此代表论者极力的在哲学上建立一个程序，我们可以从此程序超越内心的张本而达到心外实体的知识。代表论者于是求之于因果律。内心的张本之外在性必须是因为有在心外的对象而始发生的，必定是"非我"使之发生，因为没有其他适当的原因。因此所谓"非我"（在我之外）的外界确是存在的。

欲明暸代表论之意义起见，让我们拿一个比喻来说明它。假设一个人看玫瑰花。要是照代表论分析起来，我们可以得到几种成分。（一）这个人主观能知觉的心。（二）这个人直接所知觉的对象。（三）玫瑰花的本身，实体。代表论的理论是：第二件（所知之对象）乃是代表第三件（花的本体）而呈现在能知的心里面。因为，严格的说，花的本体我们并没有直接的知觉。我们直接知觉的是花浮现于我们心里面的观念，由此观念而使我们的心想着了花的本体。因此我们的心是间接的经过花的观念而知觉外界的本体。

第二节　代表论对外界存在之证明

我们曾经说过代表论是用因果律来证明一个心外的实体之存在。一个存在的偶然的东西，（即一件东西它并不是因为它的本质而存在的，也并不是在它的本质中含有相当的存在理由）。这种偶然的东西必须有一个原因。代表论者相信这种理论是有效的。然而这种判断是否有效，是否可靠，让我们将其名辞加以分析，以明其真理。

我们是认知一联串的张本，变迁不息，前起后仆，生灭无常。有这些张本显现着是外在的东西。我们对于这些变化无穷的张本之知觉也是不能一定的事情。这种变化无定的东西，因不会自为因果，换一句话说，它们之所以存生必定有一个来因。它们必定有个来因，因为它们是变化不定的东西。但是代表论者以为这个来因并不是从自我内心而发生的。他们不以为外物都是我们内心的创造品。所以它们是离自我内心而存在的。因此我们知道事物必有一个外界的本体映射在能知觉的心内，而发生我们的知觉，于是而有所知觉的事物之代表。不错，我们所知的张本是外在的，是变化的，这是不可否认的事实。它们前仆后继，彼生此灭，川流不息，变化无常。孔子立川上而观水之下逝，曰逝者如斯夫，不舍昼夜。濯足长流抽足再入，已非前水。我们一分钟前所看的字已不是现在所看的字了。因其变化不定，它们须有来因，然而我曾说过它们不是自为因果的。"自我"不能为万物之来因其理由如下：（一）我的意志没有决定我们所要知觉什么东西的能力。我们不能因为我们要知觉什么就知觉什么。任你坚意的去追求你不能无中生有的去知觉什么。我的意识不能创造知觉。（二）我们的想象也无有创造知觉的潜伏力。从反省我们就可以知道意识里面的想象和官感知觉的张本事大大不相同的。

理想中的想象是受我们的意志之节制。我们能把这些想象任我们的摆布，我们能随心所欲的去创造新想象。但是知觉就不然。它是在我们的意志管治之外的。譬如我们能想象这张纸的颜色是红的，但是我们不能把我们所知觉的白纸变成红的知觉。我们能理想空中楼阁，但是我们不能随处可以知觉万里长城。而且想象是含糊懦弱的状态，而知觉之张本是强烈活现的状态。我们仔细的反想反想，就可以知道知觉比想象有较高的准确，清晰，具体的程度。想象中的进餐绝没有实在的进餐来的有滋味。再者，我们觉得我们制造想象，同时在知觉的时候，我们觉得是有"非我"的实体加在我们心上的印象。因此想象不能解释我们官感张本的外在性。因为在内心的自我里面没有可以解释官感张本特性的地方，因为官感张本不能为我们主观心里的来因所解释，因此，官感张本的来因不是在自我之内；它们的来因必是自我之外的。所以自我之外的外界是存在的。

第三节　代表论者之代表笛卡儿与洛克

主张代表论者在近代可以笛卡儿与洛克为代表。笛卡儿以为怀疑为哲学思想之出发点。重理性之推论，开近代哲学之新风气。洛克著悟性论对于知识论作有系统之研究。出鸿刊伟论以明知识之来源本性，范围，价值等问题，作近代知识论系统之开端。他们两人都是主张代表论的。兹为明瞭代表论之意义起见请述他们两人对于代表论之主张，然后再来批评代表论的是非。

笛卡儿　要真正的对于万物有真正认识，笛卡儿以为我们必须要怀疑万物。从怀疑的结果，对于宇宙万物我们都似乎不能得到真知识；简直无物不可疑，无事不可疑。我们直接的官感不能给我们真知识，因为我们常常受它们的欺骗。他以为天地气色，形式声音都只是幻觉而已。他怀疑到底，还有一件他所不能怀疑的。他所不能怀疑的就是"怀疑"之本身。我们不能怀疑我们自己的怀疑思想。而怀疑必有一个怀疑者，思想必有一个思想者。所以笛卡儿说"我思，故我存"。

对于一切的外界我们都是怀疑着，我们对它们没有真正的知识。我们所有真正认识而不可怀疑的就是我自己各种思想的真实——如思想，信仰，想象，感觉，意志，观念等，我们所官感的外物变化不息，生灭不停，今天所官感的如此，明天所官感的如彼。但是我们认识的是一样的东西。因此官感不能使我们认识外界；而我们认识外物的媒介是思想。笛卡儿是站在二元能的立场，主张心与外物兼并存在。我们之认识"物"乃是因为我们认识"心"。我们所有的直接知识就是与心相连的思想。我们之所以认识心外之物，必须以心理状态为其媒介。因为我们的思想有些是代表物质的东西。但是我们不能担保有些思想是不是真正的代表外界，因为心物是互不相关的。但是我们怎样能判断这些代表的真伪呢？笛卡儿乃诿之于上帝。上帝是大公无私的。万物都是依赖上帝的。笛卡儿从上帝的认识而判曰"凡我所清晰明白思想者，都不能失其真实性。"

洛克 他主张因为思想和理性的心，除了它自己组织的观念之外，并没有任何直接的对象，所以我们的知识仅是熟悉这些观念。照洛克的说法，知识是对任何观念之同异，差别，联络等等关系之知觉。何谓之"观念"。洛克以为"观念"即人类思想之悟性的一切对象。如感觉，想象，概念，都是观念。洛克分有单纯的观念如方间，动作，苦乐等及复杂的观念如状态，本质，关系等。我们直接知道的只是这些观念，从这些观念我们乃认识外物的存在。我们直接知道的是在我们心内的观念。但是我们怎样会发生这些观念的呢？因此必有外界的东西引起我们的观念。即有观念，故必有观念之来因；此来因即外界之存在。

第四节　代表论之批评

一、观念怎样代表外界　代表论者主张我们只直接知道心理的状态或观念，而不知外界。但是他们又主张真正的知识必须与外界的东西相符合。然而我们即无对外界直接之知识，更无从把观念去比较外界，更无从知其是否符合。外界既不可知，那末我们何以知道"观念"的内容就是代外界东西的内容呢？我们的心只是只能直接知道自我之心理状态，而不能越雷池一步。再者，若是知识之材料仅为能知之主观的心理状态，那末就是所谓外界的存在这种思想也绝不会发现在我们的心理。我们既不知道心理状态之来因为何物，又不知观念能否有代表外界之功能，那末所谓因果将有些什么效用呢？若是凡我们所知道的都是主观的东西，于是我们所知道的观念的来因，当然也是属于主观之内的。而且我们还没有证明因果律在客观的程序里面是否效用的，所以我们也不能知道是否有一个能引起心内观念的外界。我们在这个主观的世界里面以为有效的因果律，绝不能因此去证明它在客观的外界也是有效的。因果律是否在客观的外界有效用，这一层之能证明必须首先承认这个外界的存在。但是外界是否存在还没有认明出来。从这些地方细细的考虑，我们就发觉代表论是不能成立。

二、空间二元论不能成立　所谓空间二元论就是说有两个空间：一个空间是我们所直接知觉的东西所占的空间；一个是从我们直接所知觉的东西所推论出来的客观外界的东西所占的空间。若是心只能经验它自己主观的状态，那末我们的心要从这些心理状态去推论外界真实东西的性质与存在。我们所推论的东西绝不是我们所知觉的东西。所推论出的东西乃是所知觉的东西的来因。若是这样，推论出的东西不是知觉的东西占有同样的空间，因为空间二元论的意思是占有两种不同的空间。但是"何处"是"真实的"东西所占住的"真实的"空间呢？客观外界真实的东西（即推论出的东西）绝不能在这个我们所知觉的空间之内，因为一个是属于主观的，一个是属于客观的。然而我们照代表论的主张凡我所知觉者都是主观的，那末我们是绝不能超越知觉的空间，而且也不会想到一个离所知觉的空间而另存的空间。若是推论出的真实的东西不能存在在知觉的空间之内，那末到底推论出的东西是存在什么地方呢？这又是代表论者所极困难解决的问题。

新实在论

若是依照历史上哲学思想的发展，在代表论之后，我们就要说到唯心论。因为代表论主张我们直接所知觉的一切，只是我们的心理状态，而非事物之本体，并且主张心理状态的来因就是物质的外物。既是我们所知觉者都属于心理的状态，何以我们又知道超心理状态之外而有物质呢？这不是矛盾吗？于是柏克莱起而矫正代表论，以为我们所知的既然一概是观念，那末我们对于这些观念的思想绝不是物质的，于是柏克莱进而主张宇宙乃是一个许多的心灵所组织的社会。历史思想的趋势乃偏于唯心论。再由柏克莱之唯心论而发展到德国而有康德的批判的唯心论，费希特着重于意志的唯心论，而后有黑智尔的绝对唯心论。一直到二十世纪才有一班哲学家起而攻击唯心论，继知觉之后而有所谓新实在论。

本书不重于历史的发展，而较重于对各问题解决之系统。新实在论乃是继知觉论之后而解决知觉之价值问题。所以我在研究唯心论之先，直接讨论新实在论。

第一节　新实在论发展之大势

近代实在论之有势力乃是在二十世纪的开始。实在论的直接目的乃是在打倒唯心论。奈唯心论的营垒建得极其坚固。詹姆士曾一度加以攻击，然没有多大的成功。讲到新实在论之发萌始于德国之胡塞尔（Husserl），他在一千九百年著了一部Logische Untersuehungren。复有迈农（Minong）之Ueber Annahmen（一九○二）及Gegandstandstheories und Psychoeogic（一九○四）的新实在论之运动乃倡。

英国新实在论的先进家不能不首推摩尔（G. E. Moore）。他在一九○三年的《心灵杂志》（Mind）里面发表了一篇"驳唯心论"，可说是下了攻击唯心论的动员令。摩尔极着重于"觉着的心理动作"与"此动作之对象"两者间的区别。他说心理动作就是感觉。他由此而辩驳唯心论，说唯心论的错处就在它假定了我们所觉着的就是被觉着的东西的内容。摩尔以为觉着的动作是心理的，而被觉着的对象并不是心理的，而且这个对象并不受认识动作之影响。"所知不为能知所影响"这是新实在论的中心主张。

曾经来中国讲学的罗素是英国新实在论运动最显著的人物。他之所以显著，因为他思想的方法是混合逻辑与数理。他对于符号逻辑之贡献就证明他省慎之状态及其成熟之思想。他的大作有《数学原理》（*Principles of Mathematics*），《对于外界之知识》（*Our Knowledge of the External World*），《哲学问题》（*Problem of Philosophy*），《心之分析》（*Analysis of Mind*），《物之分析》（*Analysis of Matter*）等书。罗素称他自己的哲学为逻辑元子论（Logical Atomism）见《现代英国哲学》第一集。他是着重逻辑的关系和我们对于实体的思想的关系。所谓逻辑的元子论乃是指事实与命题中的型式（Type）之分别的意思。关系者切不可与关系混为一谈；它们是分别的，不可减缩的。逻辑就是研究许多随处可以应用的形式关系。这些逻辑的形式罗素名之为"命题功用（Propositional Function）"，好似数学里的公式随处可以把这种关系应用得着。如"某某必死"，此"某某"可为张三，可为李四，无往而不可用之。用这种方法去讨论知识论，他主张我们所知的心灵物质都是由许多非心非物，即心即物的中性材料组织成各种不同的关系成功的。

亚力桑逗（S. Alexander）也是值得讨论的新实在论者。他的著作更有系统。他把新实在论建立了一个很圆活的宇宙论。他的伟著是《空时与神》分两卷（Space Time and Diety 2 vol）。现在我们单注重他的知识论一方面。他的理论之出发点乃是反对"代表实在论"之不可能。他也和摩尔，罗素一样的主张觉着的对象不是心理的，心理的觉着动作是没有内容的。从这种知识论上他建立了以"空时"（Space-Time）为本质的宇宙论。"空—时"是组织宇宙万有的材料。亚力桑逗是主张层创进化论的。他以为宇宙是分为多少层，由下层的分子组合拢来突创有新性质而进化为上一层，层层进化而有整个的宇宙。因此心灵只是含蓄在脑筋里面的心理动作而已。亚力桑逗是一位极有系统而大胆的思想家。他给与怀特海与摩耿的影响最大。

其他英国哲学家如兰恩（Porcy Nunn）的知识论上的工作也是值得提到的。他出了一本小册子名曰《科学方法之目的与成绩》这书是很有影响的。还有莱德（John Laird）也是常识丰富之辩护者。他最好的作品是《自我问题》一书。他在知识论的主张上和摩尔，亚力桑逗相同。黑客斯（Dawes Hicks）是一位精锐的批评家。他注重心灵的辨别能力。柏拉德（C. D. Broad），他能追随算学物理最近的发展，而以普通的文字把它们解释给一般普通的读者。他的知识论好似洛克的。他承认初性与次性的分别，而且在初性上还加入"力量"一成分。因此他渐与新实在论分裂了。张东荪名之曰感相论。他以为官感张本是知觉里面的材料。这些材料乃是正确的实质，它们即非心理的，亦非物理的。官感张本乃是心影与物理对象之间的第三者。他的主要作品有：《知觉，物理，与实体》，《科学的思想》，《心灵及其在自然界之地位》。

美国实在论之运动有较为宽广的开始。詹姆士，桑塔耶那（Santayana）及武德柏里吉（Woodbridge）乃是极进的先驱。后来美国的实在论分成了两派：一为新实在论，一为批判的实在论。批判的实在论将于下一章详细讨论之。

詹姆士与武德柏里吉以实在论立场解释心影，以之为事物间之一种关系，而此关系之本身自有存在。詹姆士主张名曰积极经验论，假定实体之粗糙原料是直接供给我们的。物理与心理的差别仅是一种关系或观相（Perspective）之差别而已。

还有一般新进的实在论者渐渐有明显的理智之趋向。他们注重符号的逻辑及罗素之所谓逻辑的元子论。其根本主张以为对象之本身是在经验界里面给与我们的。对象之呈现并不依赖我的知觉而存在。事物之被人所知也只是外在的一种关系而已。心影也只是机体对外界的反应。这也是实在论趋于行为主义的方向。至其极实在论者简直完全否认意识之主观性。他们也是同样以为实体之原料即是平常经验界所知所见的。这些材料可分析为单个体，普遍体，空时关系。他们不承认因果概念和实质。

美国主要之新实在论者为霍尔脱（E. B. Holt），马尔文（W. T. Marvin），孟太格（W. P. Montague），培黎（R. B. Perry），毕特金（W. B. Pitkin），斯巴庭（E. G. Spauldiug），他们合作的写了一本著名的《新实在论》。其他尚有霍尔脱的《意识之概念》，孟太格的《知道的途径》，斯巴庭的《新理性论》及培黎的《价值概论》。

怀特海（A. N. Whitehead）普通也列之于新实在论。不过他的主张还在进展中很难得把他列入那一派。不过的确他的思想是受过亚力桑逗和罗素的熏陶。他也是同样的主张宇宙间没有固定实质而只有继续联串的事情。看他大概的情势很是与新实在论相近。他的信条是"被我们官感所知实地原素是在它们本身之中一个普通世界原素，而且这个世界乃事物之复杂体，此复杂体包括我们的认识活动，但是是超越它们的。"（见"科学与近世界"）他的大作有《自然界之概念》，《相对论原理》，《自然知识之原理》。

第二节　新实在论共有之特点

新实在论可说是近来许多哲学共有的一种趋势，并不是凡新实在论者都有同样的主张。其实，在他们之中有无数歧异的地方。所以我只能在他们的理论中择其最显著的特点简略述之。

新实在论者第一步就是发传统特有的哲学方法。而力主哲学与科学根本相同。欲研究哲学必用科学的方法。凡知识都是科学的知识，都要以科学的方法证明之，确定之。但是新实在论者并不是要组织一个完整的系统，也不是要博通整个的宇宙。他们只要在事实上发现了什么，就以科学的方法锻炼之，然后把所得的结果作为他们的主张。

他们相信根据逻辑，我们没有任何理由可以反对说这个世界明明是一片一片的混乱杂碎小瑰所组织成的。新实在论不以为整个的宇宙只从认识其任何部分而得推证之。并且新实在论也不欲学德国的维心派以为世界的本性即知识之性。知识只是一种天然的事实，它没含有什么特殊神秘的能力。

新实在论根本有三个来源：（一）知识论，（二）逻辑，（三）数学原理。而且还根据最近的新物理学即爱因斯坦的相对论，和近来的新心理学即机能派与行为派的心理学。兹分别论之。

一、知识论　新实在论要把玄学从知识论里面解放出来，以为玄学不受知识论的限制。马尔文曾在六位新实在论者合作的《新实在论》一书著有"从知识中解放玄学"一文，专门讨论这个问题。以前的许多哲学家自康德以来主张知识论是最根本的。（甲）知识论逻辑上是在一切知识科学之先；（乙）我们可以从直接研究知道的程序而推论知识之限制；（丙）研究知识论者可以离开其他一切的科学而建立本体论。新实在论者以为这都是不对的。他们主张是：

（甲）知识论从逻辑上看来并不是根本的，知识论在逻辑上的地位是在许多特殊的科学，如物理，生物学等之后成立的。知识论不比其他的科学更根本些，而它只是其他科学里面之一。知识的程序，发现的动作，人们的理论以及理论的状况，都只是天然的事情而已（Natural event）。而且知识论尚必须经过科学事实的证明。

（乙）知识论不能使我们明白何种知识是可能的，或何者为知识的限制。知识论的理论绝不能确定知识之可能性，因为知识之可能性乃是随经验的事实而转移。我们不能只从理论中演出某种原理以作为一切科学的指导。一切科学的指导只是经验的事实和归纳的方法。故知识不能从直接研究知识的程序而确定知识之限制。

（丙）知识论不足以明这个存在的世界之本性；知识论不能给我们以本体论。换句话说，本体不能只从知识论而得确定。然知识论只能假设一个本体论。若是知识论能确定本体论，那末知识论只是直接研究知识之程序，而不需其他科学的辅助。但是我们在前面说过，事实不是如是，因为知识论还要求助于其他的经验事实。若是知识论能确定本体，那末关于本体的报告就能从知识的本性中推论出来。但是对于知识的本行的研究还是日增无已，我们怎能从正在发展的知识而确定宇宙之本体呢？

从上面的几层理由新实在论者相信：

（甲）知识论只是特殊科学之一种，以知识为天然的情形而研究之，如生物学之研究生命，物理学之研究光线；

（乙）知识论之科学必须预先假定承认逻辑的公式和几种其他科学，如物理，生物学的结果；

（丙）逻辑，玄学，和几种现有的科学在理论上是关于知识论的。

（丁）故知识论不能限制玄学。

二、逻辑　自亚利士多德以来的形式逻辑，只是一个主辞加一个宾辞，这只是表示事物的性质。新实在论者以为还是不够用的。逻辑中最重要的是事物的关系或是普遍形式。如"凡人都要死的，苏格拉底是人，故苏格拉底亦是要死的。"这个三段论法的前提和结论的联接不是在"苏格拉底"，"人"，"死"等等个别的成分之间；逻辑之重要点在乎其普遍之形式，或关系如"甲是丙，乙是丙，故甲即是乙。"像这个形式真是无往不通，无往非真。故逻辑之研究重乎关系与形式，而不重乎个别之成分。再如一个简单的命辞"苏格拉底是道德家"，逻辑所注重的是"甲是甲"的纯粹形式。推而广之，事物之任何关系可以以符号表示之。这种新逻辑名曰象征逻辑（Symbolic Logic）。这种逻辑也是新实在论的来源。新实在论因此而主张我们不能因知道这一事物内在的性质而可以推知此物和另一事物之关系。

三、算学原理　近来的数理已起了极大的革命。Lobatschevsky发明了"非欧几立得"的几何学。Weierstrass证明了"连续性"并不包括无穷小数。肯脱（Georg Cantor）发明连续论和无穷论。佛莱吉（Frege）表现算学继逻辑之后。于是年年都是从平常算学方法所得的结果。这些结果只有新实在论融洽了它们，因此而得有极大的胜利。这一层不是专门数理的理论者不易明瞭，只得略而不述。对此有兴趣的人可参看罗素的算理哲学。（傅种孙，张邦铭同译商务出版）

四、相对论　新实在论受相对论的影响很大，而以罗素为尤甚。这种影响大概是从爱因斯坦的著作而来，他从根本上改变了我们对时空物，各种的概念。现在我们不是研究相对论，故仅以有关于新实在论者简述之。

相对论以为没有一个单独的，无所不包的时间，在此时间中，宇宙间一切事情都有其地位。相对论主张某些事发现于此一地方的某一事物上，这些事是有一定的时间秩序，然而事情发生于不同的地方的各种事物上，那末这些事情是没有一定的时间秩序。各不同的地方所发生的事，是没有一定的时间秩序的。时间是依着空间而绝不相离的，只有混合的"空—时"而没有离时间的空间，或离空间的时间。

时间的概念既是改变，空时也因之不同。两件东西之间的距离并不是许多点在空间集合而成的，而它必是在某一定时空中的距离，因为在两件东西之间的距离是随时变迁不已的；某一时的观察和另一时的观察，乃各有主观不同的概念。因此我们也不是说在某一时间的物体，因为物体随时随处而流动。所以一件东西只是依照一定的律则的一联串事情而已，并没有所谓固质的东西。我们所视为一个永久的实质，其实只是许多事情的联串，好似影片里面所现的人，看来好像一个没有变动的人，其实只是无数人影联串拢来的。因此自我也是一样的，没有永恒如此的自我，而只是许多继续变迁的自我的一大联串而已。新实在论的这一点真像佛教唯识宗对于物我的理论。唯识宗的理论也是以为没有固定的事物，没有固定的人我，前刹那没逝后刹那继起，继殁无穷而发生现世一切事物人我，其实都是依照规定律则所生的许多前后相继的事情之联串而已。

从这种理论，新实在论者乃进而主张心理的（属于自我的）组织材料和物理的（属于外物的）材料都是同样的。粗看来似乎自我和外物是大不相同的。

若是我们承认自我和事物都只是许多事情的联串，那末我们对于自我事物的概念就相差不远了。所以新实在论者主张心物的材料是许多非心非物的中立体，它们有如此等等的关系就变成了所谓心，它们有如被等等的关系就变成了所谓物。其原料为一，而以其组织之关系不同，而裁分为所谓心物之别。

以上所讨论的只是略述新实在论发展的大势，以及其理论之根源和所受外来的影响，并兼述其宇宙论之见解。所论者皆略而不详，盖仅求知其知识论之主张的立场与背景耳。兹进而论新实在论对于知识价值问题之解决。

第三节　新实在论对于知识之价值的理论

新实在论在知识论上的出发点就是要攻破唯心论的根本主张。新实在论者都是主张心灵绝不能创造或组织宇宙，而只能认知宇宙。物理"现有"的一切，乃是直接呈现于能知的主观。真实的实物是直接被我们知觉的，然而这些实物的存在于本性并不受知觉的牵绊，它们是离知觉而独立的。我们所知觉的外界对象并不是物理的激刺之结果，亦不是心灵之任何组织，亦不是能知的心的任何动作或程序。我们所知觉的就是外界物理的事物。

自康德以来的唯心论者以为心有综合的活动，而新实在论者则以为能知的动作是区别的动作。外界的东西发出种种的刺激，经过我们的视官，由眼睛里面的种种生理变化，印入脑筋而后发生所谓官感，于是而有知觉；故知识只是外来的所与。然而我们能知的心知觉外界所发出的动作不是综合的，而只是区别的。我们先知觉整个的外界，然后区别其各部分，于是而组织为知识之内容。譬如我们对于一朵花的认识。先知觉这花的大概形式颜色，再区别这花朵里面有花瓣花蕊花柄各部分，再区别其他一切，于是对这朵花我们就有了整个的认识。许多的事实与能知的有机体发生了新的关系，新的联络，于是而变成了新的知识内容。对于一件东西的知识，只是这东西所走进的一种新的，外在的，暂时的关系而已。知识关系是外在的，因为事物之存在与本性是离开其被知道而独立的。新实在论以为其实关系是真实的，是彼此独立的。

简括的说，新实在论者在知识论上所应用的正确方法乃是新逻辑的分析法（Logical Analysis），而代表实在论的对于知识价值问题的解决的就是独立论（The Realistic Theory of Independence）。本节对于分析方法的讨论从略，对此问题有兴趣者可读《新实在论》一书里面斯巴庭所作"辩护分析"（Defence of Analysis）一文。现在只专就独立论讨论之。主张独立论最力是培黎教授。他在《新实在论》里面作有"独立实在论"；在《现代哲学之趋势》里面第五卷专论实在论里也有详细的讨论。我站在讨论独立论即根据此两文。

实在论的知识论可说附属有两个理论：一个是内在论（The Theory of Immanence）；一个是独立论。内在论乃是上承前代的思想，而独立论是表述新实在论之精神。所谓内在论的意思就是说：当某一确定的东西（甲）是被知道的时候，（甲）这件东西的本身加入一种关系之内而组织成为心的内容。这个东西的本身自有内在的性质或自有其他的关系，如物理关系等，因此这个东西是超越认识关系之外的。这件东西的刺激引起有机体上的反应而使心灵区别接受外来的物事的印象，于是在我们的认识范围之内有所认识的东西。然而这件东西的本身是超越者所认知的东西之外；即这件东西有内存在而不受其被知觉的情况所束缚。

事物自有其内在的性质，这种内在论差不多近来的哲学家人人都是这样主张，非但不足以成立新实在论，有时反足以破坏之。所以内在论之外新实在论者以为另有补充之必要。事物非但是自有其内在的性质，而此内在的性质不论这件东西是否被认识，总是离认识关系而独立存在的。所以培黎以为新实在论的根本原理是："内在是独立的。"这是新实在论的独立论。

独立论的主张是：事物是直接可以经验的，事物是可以直接知觉的，然为这物事的本身并不因为这种被经验，被拒绝的环境而始创生其存在与本性。因为事物之存在与本性乃是离经验知觉而独立的。你知觉它，它是存在的，它是自有其内在的性质；你就是不知觉它，它仍是有内在的性质，它仍是存在的。新实在论的原理是如此，我们再研究它，证明这个原理所用的理由。

新实在论之能成立，第一件要务就是要打倒唯心论的根本主张，唯心论已证明不能成立之后，然后以新实在论之理论取而代之。然后再发表新实在论的正面理由。培黎以为证明新实在论的原理有四个理由：（一）反面的理由，驳倒唯心论之主张；（二）关系之外在性的理由；（三）对象与觉着之区别的理由；（四）心灵之本性上的理由。兹分别简述之如下。

一、反面的理由　唯心论主张：事物之存在乃受能知之意识所限制。关于这一层唯心论并没有证明。唯心论错误的地方有两种：第一是"自我中心论"的错误，第二是"原始定义"之错误。所谓自我中心论是："事物必经我心之认识而存在"；我们不能离心而思想外物之存在。这是无论什么思想家都是这样说法的，不独唯心论者为然。故自我中心论不能独为唯心论者所利用而证明其理论。因此，自我中心论不能为任何派别所利用，而当别找其他的理由。所谓"原始定义之错误"即开始承认我们知觉事物是心的对象，于是进而主张被知觉乃事物之主要份子。培黎以为有时我们会不知觉某些事物，而那些事物仍是存在的。培黎以为我们不能因为现在知觉事物就以知觉为事物的要素。培黎说这是错误的。事物是中立性的；它可以与心发生关系而变为被知觉的东西，然也可以与外物发生关系而变为独立的外物而不必为心所知觉。唯心论有了这样两大错误其理由因此不能成立。于是新实在论可取而代之矣。

二、关系之外在性　与实在论相反的见解以为关系是包括组织此关系之各成分的，因此组织此关系之各成分欲与此关系分开，那末这些各成分就必损坏它们的性质。新实在论以组织关系的各成分，可以与这个关系分开，而不致变动它们固有的性质。无论什么东西都有（甲）（乙）的成分与甲乙间的关系，因此，一件东西的构造就是甲乙及其关系。新实在论的意思并不是说甲乙的成分和此成分所组织的关系不是互相依赖的，它的意思是说，由甲乙各成分所组织的关系是在甲乙各成分固有的性质之外所加的一些新东西。若是我们把这些新东西，或把在甲乙各成分固有的性质之上所加出的关系从这些成分上减除了，那末甲乙各成分固有的性质仍然是独立存在的，没有丝毫损坏。因此关系是在组织它的各成分所固有的性质之外的。这是新实在论的关系外在说。

现在再把关系外在说应用到知识论上。我们有对于一件东西的知识。这件东西的内容并不是在它固有的性质之外，而由种种关系所制成的。因此，一件东西的内容并不是它对于意识的关系而制成的。当然，对于这件东西的认识确是由这件东西及其与认识作用之关系所制成的。但是这件东西是以其固有的性质供献给认识作用的，而不是从认识作用中得到其性质。因此，我们不能说每一件东西的内容是依赖认识作用而存在的。培黎以为关系外在说其应用之范围极广，仍不足以建立新实在论。新实在论还有要讨论的问题。事物是在有新关系之前而存在的。至于这个新关系是否是独立的，这确要待诸事实的解决，而不能仅从关系的事实推论之。因此新实在论还要考查事物与认识作用的关系明显的本性；还要发现这种关系是否即依赖的关系之种种事实。

三、对象与认觉之分别　现在新实在论要转向到它的事实的理由，而讨论到关于心的本性以及其与认识作用之关系。我们先要假定认识作用是一种关系。新实在论以为认识作用与其对象是不相同的。认识与对象是两件事。黄色存在是一件事，而官感又是一事。感觉的对象并不是感觉本身。若是感觉也是对象，那末此对象必另有一认识。这个认识是一个明显的关系，若是对象不为我们所认识，它也是存在的。

四、心的本性　新实在论者多半倾向于行为派的心理学。他们以生物学的立场解释心灵。他们以为认识作用只是一个有机体所运用的一种功能而已。有机体与环境是互为联接的。预先独立存在的环境刺激到人们脑筋中，而认识作用只是一种选择的反应。若是有反应，就必有被反应的刺激。物体在行为范围中，空间时间上的支配与抽象之逻辑的与算术的关系共同决定许多可能的认识的对象。实地的认识对象是依照生命之困乏而从许多可能的对象中选择出来。如是，从单个反应的有机体所选择出来的许多对象以关系而组织之为一整个体。而这个整个体从认识作用中推演出来的只是其整个性而已。所以外物是预先独立存在的，而心的本性只是对外物的反应作用而已。

新实在论对于知识价值问题的解决已经述的。知识有直接认识外物本性的价值。这是一切实在论的总义。现在我们进而批评新实在论的理论。

第四节　新实在论之批评

一、新实在论不能驳倒唯心论　新实在论各家的动机第一是先要打倒唯心论，然后成立他们自己的理论。所以我们批评新实在论第一也要看它是否压倒了唯心论。新实在论攻击唯心论所用的战略是把各家唯心论的理论去其烦琐，除其差异，将千头万绪集中成一个简单的公式；将整个的唯心论用一两句话去代表。然后新实在论聚会其全力以攻破他们所列的唯心论的公式。于是他们以为一举两得，唯心论可迎刃而解决矣。如罗素说唯心论是"主张任何存在的东西，或者，无论如何凡能被知为存在的东西必定是心理的（在某种意思之下）。培黎以唯心论之根本原则为"存在是依赖对于它的知识"，或"存在或即能知者或即被知者"。但是我们仔细想想这种公式是否能代表普遍的唯心论？我们敢说非但不是一般唯心论的代表，而且尚不能代表唯心论的任何一派。其实这种所谓根本原理只是柏克莱一个人的唯心论。这是我们在本书讨论唯心论的时候可以看得出的，因为现在的唯心论早已不是以前的唯心论了：有些唯心论者简直连"唯心论"这个名辞都要废除，而名之为冥索哲学。而且自柏克莱以来的唯心论只有同一的趋向而没有同一的公式。所以新实在论并没有攻击全部的唯心论，不，就是柏克莱的唯心论新实在论是没有根本的攻破。现在我们仅就新实在论在它所列的唯心论的公式所加的批评，我们再把这些批评拿来讨论。看它能否攻破唯心论。

（甲）自我中心说。新实在论承认我们不能离主客相连的认识关系而经验到实在。这是他们承认自我中心说但是他们以为这种说法谁都可以拿来驳倒他的反对者，所以精细的辩论者不能拿这层理由作为辩理的根据。但是新实在论者仍不能因为柏克莱用了一个自我中心说的理由去否定他的"存在即知觉"的原则，而证明莱氏的这个原理也是不对的。再者新实在论者说："不错，我们不能离开事物和我的关系而经验实体，然而我们不能拿这个理由去证明没有这种关系，实体就不能存在。"培黎的论调就是如此。不过我们要想想"认识关系"是一个不可否认的经验事实。从"认识关系"而推论世界之本性与存在，就是从经验事实去推论世界的存在。新实在论者能斥责唯心论者以这种事实而推论世界之存在是不对的吗？我想诸位读者要是以事实经验为哲学之根据的话，要是承认经验中有心灵与对象之联带关系的话，那就绝不会斥责以经验事实推论世界存在的见解。因此新实在论没有柏克莱唯心派的原则。

（乙）原始定义之错误。新实在论以为唯心论原始就承认颜色等是我们所知觉的对象，于是从这个原始的定义进而主张知觉的对象得知觉而后存在。新实在论就质问颜色等是否即知觉的对象呢。但是此地新实在论也是只表现柏克莱的唯心论原则所用的理由不能成立，然它对于柏克莱的原则并没有加以彻底的攻击。

在这两方面新实在论只矫正柏克莱根本原则的几个理由而没有驳倒他的根本原则。这是第一层新实在论反面的目的没有达到。

二、新实在论对于心灵意识的误解　新实在论解释心灵完全是根据行为派的心理学。心灵只是有机生物的功能，只是被动的反应和接受。意识只是一堆官感所与的集合。知识只是许多独立的东西所联合的关系。总之，心灵没有自由活动的成分。但是心的活动是不可否认的事实。颜色与形式仅仅的呈现或给予绝不能组织成知识。除非我们对外物加以判断，我们才有对外物的知识，而判断就是心的活动。若是世界没有人心，那末砖土房屋，鸟兽山水能发生知识吗？这是康德所给我们不可磨灭的真理。心是活动的。不论我们是区别外界或是综合外界，不论我们是判断或是结构，非要心的活动不可。知道不仅是一种变换作用，它总是动作的。若是心不是活动的，那末我们何以能辨别是非呢？颜色形式以及任何感觉只是呈现事实而没有真伪的辨明。只有当我们判断我们所感觉的一切的时候始发生真伪。这也是心之活动的证明。因为新实在论把心灵意识看的太狭了。新实在论只看见心接受所与，而没有看清心的结构和判断的所与。这是新实在论极大的错误。新实在论证明独立论上面所述的第四个理由就是心灵的被动。这个理由新实在论还算是根据于经验事实，以为证明独立论的枢纽。其实，这只是误认事实。事实上，只有心的活动始可组织知识，而没有外物之间自己会组织成关系离心而变为知识的。新实在论者再想想看！

三、知识之外而知道有"存在"这是"非经验"的，并且是矛盾的 　新实在论的中心点就是主张实体是离开知识而独立存在的。于是趋于极端，而以为我们知道在知识之外有事物的存在。知识之外的实体他们还形容为中立性的实质，其本性为非心非物，而可以因结构之关系不同而变为即心即物。我们承认在经验之中，在知识之中，能经验者与所经验者，能知与所知是彼此独立的；心理活动与活动的对象并不是一物。然而我们知道"能""所"两者的独立，乃是以知识关系为范围。在知识关系里面知识关系与能所两关系者都是独立的。但是在知识关系的范围之外乃是没有知识关系。我们知道对外界知识的构造乃是外物的成分与认识关系和合而成。若是现在没有知识关系，我们就不能构造成对外物完整的知识。换言之，我们或许不能说知识之外没有存在，但是我们绝对的能够说知识之外没有知识，知识之外不知有存在。这是我们根据经验和事实的科学精神。我们所经验的，所称为事实的，都是在我们的知识范围以内。我们不能离开知识而找得着经验事实。新实在论似乎有点神秘了，知识关系之外他们非但知道有存在，而且形容之为中立性。既没有知识关系而又知道……等，这不是极明显的矛盾吗？离开知识关系，离开我们所知的现象而看出一个许多中心性的东西东奔西碰混乱不齐，无意义，黑漆一团的世界，这真是神乎其神，秘之又秘，这不是极不合乎经验吗？总之，我们承认知识关系之内能知与所知是独立的，然后我们不承认知识关系范围之外仍有知识关系，而新实在论假定了知识关系之外的知识关系。即使承认脱离知识论而研究宇宙的对象，然而我们不能脱离知识而研究宇宙。总之我们要在知识范围之内研究宇宙。

四、分析方法不足以达到实体　哲学是要求得整个宇宙的解释。我们对宇宙要有个整的观念。我们仅是分析宇宙，结果我们仅知其部分而不明全体。所以哲学在分析方法之上尚要综合的方法以补充之。因为我对于新实在论的分析方法上面没有详细讨论。此地也不便烦琐。关于分析方法的批评，读者可参孜柏格森的《哲学导论》与《创化论》和霍金教授《哲学派别》（原书自第三六七页至三七一页中文译本为瞿菊农先生之《哲学大纲》，有与兴趣者可全读第二十九章霍金教授对于新实在论之研究。）

批判的实在论

近来思想界有一种趋向就是由几位志同道合的思想家联合起来讨论一个问题，合撰一本书。《新实在论》一书在一九二一年出版，是六位新实在论者所合撰的。在一九二〇年由七位批判的实在论者合撰了一部《批判的实在论论文集》。这部书是批判的实在论的基本。这七位作者是菊拉克（Durant Drake），乐夫举艾（Arthur O. Lovejoy），濮拉特（James Bissett Pratt），洛机斯（Arthur K. Rogers），桑他耶那（G. Santayana），塞勒斯（Roy Wood Sellars），斯趋朗（C. A. Strong）。此外还有塞勒斯的《批判的实在论》（*Critical Realism, A Study of the Nature and Conditions of Knowledge*），斯趋朗的《意识之起源》（*The origin of Conscieusness*），桑他耶那的《精蕴之域》（*Realm of Essence*）。这几位批判的实在论者的合作只是在知识论上的努力。我们是合同解决知识论上的问题而不超过这个限制的。

在《批判的实在论论文集》的序里面，他们声明所用的"批判的"一辞，并不是从康德那里借用得来的，因为康德亦曾用过这个名辞去形容他的哲学。批判的实在论者以为"批判的"有极优美的意义而绝非康德一人所能拢断而霸为独有的。所以他们所用的"批判的"一辞和康德的批判哲学是毫无关系的。读者也不要误会以为批判的实在论是从康德传统下来的。

第一节　从批判新实在论讲到批判的实在论

新实在论把实在论太趋于极端了，它把普通常识哲学化。于是新实在论就不免发生许多可议的地方。新实在论之趋于极端或许也是因为新实在论的动机是反面的；它的目的是攻击唯心论。唯心论的真理被它一笔抹煞。于是进而主张（一）人们能直接知道外物的本身；凡我们所知觉的外界都是真法；我们所知觉的总是真的而没错的；（二）意识只是对于外界所呈现的实体的选择区别，而不能自动给外界以意思；（三）知识只是外界的实体彼此加以关系而跑到意识里面去。而批判的实在论就并不如此激烈，就没有像新实在论那样的极端，因为批判的实在论的动机是趋于建设的努力。它要建设一个各面融贯的知识论，妥协唯心论与实在论之争点，极力容纳两方面的优点。所以批判实在论虽然是属于实在论的，而极力收取唯心论的理由，同时公正的批评实在论的弱点。批判的实在论对于新实在论就有许多批评的地方。所以我们研究批评的实在论乃是从批评新实在论开端。

我们先从关于意识的理论谈起。新实在论以为意识只是对于外来的实体的选择作用而已。上面我们批评新实在论的时候已经讨论到这一层。我们批评说意识不仅是被动的选择，而且是自动的综合。批判的实在论以为意识不仅是对于实体的选择，而且给实体以意义。意识乃是有机体的一种作用，此作用给外物的刺激有解释的反应。换句话说，我们反应外来的刺激的时候，我们不仅是接受外来的刺激；而且我们在外来刺激上加以解释，加以意义。从意义的讨论转到知识的性质。新实在论主张所谓知道某物即是某物之现于我们前面而已，即是某物之跑进我们的脑筋里面来。批判的实在论则不以为然，所谓知道并不是接受外物的现象，而是一种解释，而是一种主动的意义；在意义里面我们选择和区别外界的某些性质，而知道即是给这些解释出来的性质以解释。如此，知识并不像新实在论看得这样简单，知道动作是一种复杂的程序。人类的心灵不断的反应外界的刺激，由这些继续的反应而发展和蕴藏着无数的意义及范畴；所谓知道就是用这些蕴藏的意义与范畴去解释意识里面所选择出来的对象的一种程序。

新实在论从它对于意识和知识简单的解释，以为心理动作只限于被动的觉着外界，心理动作只是简单的觉着动作而已，并没有多大的重要。这虽是新实在论攻击唯心论自然的结果，然而批判的实在论以为心理动作并不这样简单，心理动作是解释作用的一种复杂的程序。心理动作是一种经验的事实，它有某些内容和构造的。从这一点，批判的实在论不像新实在论以为知觉的张本是一种非心理的实质，而主张知觉的张本是在意识里面的区别和解释作用。

关于"错误"（Error）的问题，新实在论因为要维持他的理论前后一致的关系，铸成了极大的错误。所谓"错误"的问题，就是讨论我们的知觉是否有错误的时候？我们所知觉的一切对象总是真的吗？新实在论的基本主张是：我们是直接知觉外界实体：外界的实体是直接呈现于我们之前的。于是凡我们所知觉的总是外界的实体。所以进而主张我们的知觉是没有错误的。概念是真的，观念是真的；有的趋于极端而主张梦境，幻觉都是真的。这是经验的事实吗？关于这一个问题新实在论受了极大的打击。洛机斯在《批判的实在论论文集》里面作了一篇"错误问题"详细的批评新实在论（见Essays in Critical Realism P117—157。若是照新实在论的理论，我们就要承认外界在同时同一物中包含有互相矛盾的性质。我们有不可否认的事实，甲看某物是红的；乙看它是蓝的；许多人看见各种颜色，而某些人只见一种灰色；我在极强烈的日光之下立了一刻回到房间里看报，报上的字是红颜色，几分钟之后这报上的字成了黑颜色。那末某物能同时是红的又是蓝的么？报上的字到底是否真有两个颜色呢？一根直棍插入水中是弯的了，它的弯形是真的吗？那末这根棍同时又是弯的又是直的。许多有毛病的人外面没有声音的时候听见许多声音。这些例子，要是照新实在论的话，凡知觉的都是真的，那末它们都是真的了，同一东西有矛盾的性质。

按诸经验事实这是绝不能成立的。批判的实在论以为这都是知觉的错误。然而何以有知觉的错误呢？这一层是批判实在论的中坚理论，容在后面详论。

第二节　批判的实在论之理论

　　批判的实在论在知识论上是二元论。所谓知识论的二元论是主张知识的主观和知识的对象是两相独立的。知识的主观是心理的活动，知识的对象是独立存在的外界。欲研究批判的实在论之二元论，我们必须先谈谈观念论与新实在论的主张。观念论在后两章里我们还要详细的讨论，现在只略言其纲领，以明批判的实在论思想的渊源。观念论我称之为"观念"的知识论之一元论（Idealistic Epistemological Monism）。在知识论上观念论的一元论就是主张没有独立存在的知识对象，知识的对象只是知识的主观，心理活动所创造出的观念而已。我们所知道的只是观念，只是心理活动的状态，而不是外界的本质。观念论把知识的对象附属于知识的主观。观念论以为知识是"附加的"（Relevant），这就是说，我们所知道的事物，所有的性质和意义乃是主观的活动所赋加在事物上的，而不是事物本身所自有的。主观的心给外界事物以意义。总括的说，观念论的一元论两个根本主张（一）知识的对象是主观的所创造的观念；（二）知识是由主观所赋加的。

　　新实在论恰是和观念论相反，批判的实在论称新实在论为"知识论的一元论"。我因为要把它区别观念论的一元论，故称之为"实在的知识论的一元论（Realistic Epistemological Monism）。"实在论的一元论"主张知识的对象就是离开心灵独立存在的外界实质：所谓知识的主观只是被动的接受外界实质的现象而已。实在论的一元论把知识的主观附属于知识的对象而着重于承认知识对象离主观的独立性。新实在论以为知识作用是"摄取的"（Transitive），这就是说，外界独立的事物把它们自己的性质和意义投射到主观里面而没有改变它们的样子。不问有没有主观，外物总是独立存在的。总括的说，实在论的一元论也有两个中心主张（一）我们所知道的即是独立存在的外物自己的本质；（二）知识是主观从外物的本质中所摄取的。

批判的实在论乃是极力容纳前两派理论的真理：一方面承认观念论对于心的活动之重要；知识论是赋加的。一方面主张外物是独立存在的知识又是摄取的。换句话说，批判的实在论既承认知识的主观是心的积极活动，又接受知识的对象是独立的外物；既承认知识是"赋加的"，又接受知识是摄取的。所以批判的实在论乃是知识论的二元论。批判的实在论若是以为所知道的事物有许多的性质或意义是主观的心的活动所赋加的，那末被我们所知道的事物就并不和外界事物的本质完全相同。换句话说，我们对外物的知识并非即外物本质之写真。然而批判的实在论者主张我们所知道的事物就是外物独立存在的本身。于是问题就发生了：批判的实在论怎样关联知识主观的心理活动和知识对象的客观的独立性呢？知识的主观和知识的对象两者之间是怎样媒介的呢？观念论解决这个问题是主张知识的对象乃是知觉的张本（Data of Perception），新实在论解决这个问题是主张知觉的张本或官感张本（Sense-data）乃是独立的外物。前者把知识的对象吸收于主观之内，于是以为官感张本是心灵活动所创造的；后者把主观认识的官感张本吸收于独立的外物之属，于是以为官感张本是属于外界的本身。批判的实在论既是观念论实在论两者兼受，那末就不能像这两派合主客为一主张一元论，而当别寻途径以会通知识之主客两者的关系。所以批判的实在论主张知觉的张本既不是主观心理活动的创造，又不是属于客观外物的本质，而是一种"理论的实体"（Logical Entity）。知觉的张本（Datum）乃是以主观心理的活动为原动力而赋加给独立的外物的意义。外界的物事虽是离主观的心理活动而独立存在，然必须依赖心理活动的原动力赋加之以意义，而后始可为人所知道。主观的心理活动虽是赋加意义于外物的原动力，然必须有独立存在的外物，而后始有知识之对象。所以批判的实在论以为知识的主观是人类心灵的活动，知识的对象是独立存在的外物，而两者之间的媒介是"张本"。或是说主观的心之所以知道对象的外界乃是用"张本"为工具的。批判的实在论以为"张本"（datum）用之太烂，故另外立了一个名称为"Essence"。此字张东荪译之为"蕴"或"意蕴"今沿用之。所以批判的实在论以为整个的认识的程序包含有三个原素（一）心理活动，以前官感之回溯，各种想象之呈现（知识之主观）；（二）赋加在现在的官感上的意义，或张本，或"意蕴"（知识之媒介）；（三）"意蕴"所指证的独立外物（知识的对象）。

第三节　意蕴之解释

知识有达到本体的价值吗？讨论批判的实在论对于这个知识之价值问题的解决就要以它的"意蕴"的解释为中心点。

批判的实在论之解释"意蕴"本应从研究知觉出发，不过若是先研究"概念"，然后去看"知觉"我们就有较为清楚的认识，因为在"概念"里面的"意蕴"较为显而易见。我们从心理学上来分析"概念"，我们发现有各种实感的印象和忆起的印象如听见的，看见的，口述的等。但是心理学告诉我们：没有两个人在他们各人的经验中能发现同样的一堆印象和感觉，然而他们仍同意是想着同一东西的意义。譬如我们对于孔子的概念，若是我们请十位心理学家去分析和描写这个对于孔子的概念，我敢说没有两种描写是同样的。然而他们的意义都是想到同一对象。从这种对于概念的分析，在想着某对象的程序中我们就可以区别出所回忆起来的特别印象与感觉，和在概念中对于对象所加的意义，对于某对象的印象与感觉各人有所不同的。各人对于这同一对象都有同样的意义。可见意义与印象不同。这种思想作用以及对于对象之回忆乃是主观的心理活动，而在这些回忆的印象之上所赋加的意义就是批判的实在论，所谓

"意蕴"（Essence）。

分析"概念"的结果发现了回忆印象与意义之不同。若是我们把这种分析应用到知觉，我们也可得到同样的区别，只是这种种区别没有在"概念"中那样清楚明瞭。现在的心理学告诉我们知觉不仅含有实感的和回忆的印象，并且也含有许多"意义"（Meaning）的成分。譬如我们知觉一张桌子的面子，我们实在感觉的是两个锐角和两个钝角，然而我们的意义是所知觉的这张桌子的面子是四个直角。我们实感着铜元的形式是椭圆的，然而我们知道它是正圆形的。于是我们可以在知觉中分析出两种性质：（一）所感受的性质（Characters Sensed），这是我们实在官感着的；（二）所意谓的性质（Characters Meant）这是我们所理解的。第一种如眼见的锐角与钝角，以及铜元的椭圆形；第二种如我们所理解的四直角，以及正圆形的铜元。在知觉中这两种性质不必一定是相同的，不过这两种性质在知觉中比在概念中要较为接近些。我们还要注意我们常常所感受的很少而我们给以很多的意义，所以意谓的性质常常是扩出感受的性质以外。而且在知觉中感受的性质常是包藏在意谓的性质之内。所以这两种性质虽绝对不能一致的，然而它们却是极其混杂不明。这两种性质这样的混合起来，批判的实在论者乃名之曰"性质之业"（Quality-group）或曰"性质之复杂体"（Characters Complex）。这是批判的实在论对于"意蕴"或张本的解释。

第四节　意蕴的本性

"意蕴"就是在知觉中，或在概念中，由回忆的印象所引起的意义，这就是所谓意谓的性质；平常名之曰张本（datum）。上面我已经说过观念论以这个"张本"乃是心理活动所创造出来的观念；实在论则以为张本乃独立存在之外物的本身；绝对论又以为张本是实有的，是存在的。批判的实在论以为"张本"（一）不是主观的心理状态；（二）不是独立存在之外物的本身；（三）并不是实有的。所谓张本即通常之普遍性（Universals），这乃是论理的实体（Logical Entity），或逻辑的意蕴（Logical Essence）。这种意蕴乃是论理上的。意蕴的功能乃是作为主观解释独立的外物所用的工具。濮拉特说："总之，它是主观知觉其对象的工具。"兹申述之。

一、意蕴不是外物的本身　"意蕴"即我们知觉外物的时候所知道在外物的意义，并不是从外物的本身发出来的，也不是外物的自体。譬如我看见一个东西，我知道它是一只红桃子，批判的实在论者说我所知道的"红"的意义和"桃子"的意义并不就是我所知觉的对象之本身。我官感着外在的对象而加之以"红"和"桃子"等等的意义。推而广之，以至于我们所听的对象（"That"外物之本身）和我们所理解的外物之意义是"什么"（"What"意蕴）都不是一件事情。普通常识以为批判的实在论这种说法是不对的。照普通常识的解释，我听一个声音我就知道那是羊叫。"羊"和"叫"等等的意义就是我们所知觉的外物的本身。我看见一个外物，我知道那是一朵红花；我之所以知道那是"红花"就是因为我所知觉的外物的本身即是红花；红花的意义是从外物的本身发出来的。这是普通常识，批判的实在论绝不以为然。知觉的对象是外物的本身，我们所理解的意义是我们赋加在知觉的对象上面的。因此，意蕴不是对外物的写真。

在这一点上，批判的实在论解释真伪问题极当。若是意蕴和外物的本身是一致相同的，那末我所知道的就是真的。若是它们不是相同的，那末我所知道的就是"错误"的。这样去解释"错误"就可以解决知识论上的一元论对于"错误"问题所发生的困难。新实在论以为知觉的内容乃直接是外物的真相，那末凡知觉的都是真相，世界就没有所谓"错误"了，然而错误乃是事实。在这种困难之下新实在论不能不求教于批判的实在论。

但是批判的实在论怎样证明意蕴非外物之真相呢？它解释说若是我们所知觉的意义就是外物的本身，那末外物的本身必多含有矛盾的性质。甲看它是红的，乙看它是蓝的，那末外物的本身同时又是红的又是蓝的吗？外物的真相绝不是如此的。我知觉张三的身体是五尺高（意蕴）；若是张三渐渐的从面前离远。我所知觉的他的身体就慢慢的变小了，以至最后我知觉他的身体变小得只有一个黑点了。我知觉的内容（意蕴）已是由五尺高变成一个小黑点了，那末张三的身体的本身实地也是变小了吗？这是绝对不是的。以地位远近之不同而意蕴渐次缩小，可见意蕴非即外物之本身。

从时间上，也似从距离上一样，可以区别意蕴与外物。雷电的发生是同时的，但是我们所知觉者乃是看见电光几分钟之后才听见雷声。我们所知觉的雷声乃是在雷声之本身发生之后几分钟。雷这件事物之真相是延长几分钟的吗？不，当之发生早已过去；可看得见的事情本身非即知觉之内容。有许多我们现在所知觉的星光（意蕴）还是几千年前的一颗星所发出的星光（真相）故意蕴非外物之理确定矣。这是批判的实在论矫正新实在论的地方。

二、意蕴不是心理的状态 意蕴不是由心理活动所创造出的状态。我们心理实地所感着并非即知觉的内容。这是很明白的，我们所知觉的东西（意蕴）并不是因知觉这东西所发出的动作。我看见的红花和看这红花的心理活动并不是相同的。譬如一个铜元，我所理解的乃是一个正圆形的东西（意蕴），但是我们心理的状态乃只是一个椭圆形的东西，又如我觉着色红而味香的玫瑰花，当时我们的心理状态只是一些"红""香"等等的感觉以及"玫瑰花"几个字声音。而所谓"红""香""玫瑰"等等本身之意义并非主观的心态而只是知觉的内容，意蕴。又如一张四方形的桌子：我们实地所感觉的状态是两个钝角两个锐角的形式，然而我们知觉内容的状态乃由四个直角的形式。可见实地觉着这种心理的状态和知觉内容，意蕴的状况，乃不是一致相同的。换句话说，知觉并不是忠实的对于当时的心理状态之写真。

主观的观念论就洽与批判的实在论这一层相反，它主张主观的心理状态就是我们所知觉的内容。被看见的东西与能看见的心理活动乃是同一事情。这一层，批判的实在论绝不以为然。"我看花"，我所知道的"花的意义"并非我心里的花之状态。而且"我看花"和"我自己觉得我在看花"这完全是两件事。

因为第一个的对象是"花"，而第二个的对象是"我在看花的心理"。因此知觉张本或意蕴当然不是主观心理状态，知觉张本不是忠实的描写心理状态。这是批判的实在论不以观念论为然的地方。

三、意蕴不是实有的　一件东西是实有的，第一必需占有特别的空间和特别的时间；第二必需有眼见的显现。许多人以为意蕴是实有的。譬如我们看见一个东西，而知觉它是一把椅子。这知觉的椅子（意蕴）乃是在空间和在时间的，而我们又眼见它是显现而鲜活的（Vivid）。但是批判的实在论以为意蕴既不是占有空间和时间的，又不只是鲜显的感觉。现在把这两点略为讨论讨论。

第一，批判的实在论反对官感知觉的张本（或意蕴）是占在空时间的，故意蕴非实有。不错，意蕴乃是对一个大的或小的东西，远的或近的对象之解释，这是不容否认的。但是除非这对象必须是真的，始可确定它是在这里或是在那边；否则这种确定是不可靠的。因为确定事物的地位乃是指说到由意蕴所解释的外界物理的事物而不是指说意蕴的本身；意蕴的本身既不是在此地又不是在那边的。意蕴是没有空间的关系的。我看见一件东西，意蕴就说它是书；在任何其他的地方看见同样的东西，"书"的意蕴仍是解释它们的。某一意蕴随处皆可应用之以解释同样的东西，所以意蕴并不限于特定空间的。

知觉的张本（意蕴）也不在时间上占有绵延性，因为只有所指说的外界是占有特定的时间的，而意蕴是没有时间地位的。不错，意蕴把外界现于我们之前，这种"现于前面"是占有时间的，而意蕴之本身则不然。从此点，批判的实在论不承认是占有时间和空间。

第二，批判的实在论以为意蕴，不是官感上活鲜鲜的，所以非实有。我们之所以因其官感上是活鲜鲜的而想它是实有的原因，乃是因为我们把心理状态和意蕴混为一谈了。好像若是我们没有官感就不能知觉一样的，若是没有感官和脑筋之供给可官感性，那末也没有意蕴呈现出来。不错我们承认官感性的心理状态是实有的，因为感觉的心理状态乃是呈现由意蕴所解释的外界之主观。但是我们不能因为呈现意蕴的主观是实有的而以为意蕴之本身也是实有的。呈现意蕴主观之心理状态乃是纯粹感觉，然而意蕴并不是这种纯粹的感觉。乃是

"感觉即意义"（Sensation as Meaning）。爽快的说，官感知觉中所显现的意蕴乃是意义而非感觉。我们之所以看见鲜显的外物乃是因为我们有感觉性的心理状态，但仅是纯粹的感觉不能使外物鲜明而显现，而必有随感觉而起的意义。譬如我们看书，我们所知觉的不是一点一画的纯粹感觉，乃是同时感觉一点一画和同时随之而起的意义。因此，我们不过看见一点一画的纯粹感觉而能懂其中的意思。所以一点一画的纯粹感觉是实有的，然随之而起的意义则不限于特定之空间与时间。批判的实在论从这一层的分析乃不承认意蕴是实有的。

四、意蕴乃逻辑的实体　前面我们已经说过，意蕴乃是知觉中所呈现出的意义。但是我们想象的某人或是纪念某人，如老子，孔丘，列宁，甘地这些不同的人，或是我们所听的"人"这个字的声音，都不是意蕴。所谓意蕴乃是"普遍体"（Universal）。于是此时此地我用以写字的器具知道是"笔"，随时随地凡用以写字的器具，我们都知道是"笔"。所以"笔"的这个知觉内容不是限于哪一支，而可以普遍应用的。因此意蕴乃是功能的（Functional），这是具有逻辑的性质。因为批判的实在论不很用"张本"一辞以名知觉的内容，而名之曰"意蕴"或"逻辑的实体"。它是有逻辑功能的，随时随地可以应用之而不为特定之空时所限制。照这样看来，知觉作用与概念作用没有品质的差异，而有程度之不同。这是批判的实在论在建设方法的理论。

从以上关于批判的实在论之讨论，我们知道它以为物理的事物和心理的状态是区别而互相独立的，这是知识论上的二元论。但是我们也明白官感知觉乃是有机物用以配适环境的工具；当然，自我与环境是两事。于是心理状态所呈现的意蕴乃是用以解释外物本体的工具，当然意蕴和外物也非一事。批判的实在论以为若是知觉中的意蕴和实物上固具的本蕴是一致的时候，我们的知识就是真的，这种就是可靠的，或是有认识实物本蕴的价值。若是知觉中的意蕴和实物的本蕴是不相一致的时候，知识就是不可靠的，就没有认识本体的价值。这是批判的实在论对于知识之价值问题的解决。

第五节　批判的实在论之批判

批判的实在论之特点就是它对于知觉张本的解释。它以为张本非宇宙上实有，而是论理上的实体。故名之曰意蕴。宇宙外界是知识的对象，然而对于外界的知识乃是用心理的通信器给予外界的意蕴。是以意蕴非外界自有，乃是加与的。所以离了意蕴我们不知外界事物是什么一回事。外界自外界，意蕴自意蕴。这样看起来，批判的实在论乃是一种观念论。何以又自称为实在论呢？批判的实在论之所以为实在论，乃是因为它承认外界是离意蕴而独立存在的。虽是离意蕴则无知识，然绝非意蕴即知识之对象。知识的对象乃我们直接所知道的"独立存在的外界"。批判的实在论之不同于新实在论，乃是批判的实在论所主张的知识程序包括三种关系者，即能知的心理机关，所知的外界事物，和意蕴或"性质复杂体"。从承认意蕴之逻辑实性因而免除了种种新实在论的困难。然而不幸实在论因为主张意蕴而引起了各种困难。故这种意蕴的解释以成了众矢之的。凡批评批判的实在论者无不拿其意蕴之主张作为攻击的中心点，因为意蕴的主张乃是批判的实在论唯一的法宝。

一、离意蕴而知外界是自相矛盾　新实在论因为要彻底的主张离知识而存在的独立外界，而以为外界自有其意义，知识乃是外界事物固有的意义。从外面运输到人脑子里去的。因之新实在论以为凡关系皆外在的，故不论之知识有无，外界仍是有独立存在的意义。在这一层批判的实在论并不如此彻底。它以为意蕴是由心理机关赋加给外界。若是外界离了意蕴就没有意义。当然，若是离开了一切意蕴，也就没有所谓"外在""存在""独立""性质"种种的意义。既没有这些意思，我们就更不会再说某某是"存在的"，某某是"独立的"，某某是"外在的"。因为若是我们说某某是独立存在，当时我们就赋给外物以意义了。外物既有意义，就又不是离意义的纯粹外物了。但是批判的实在论一方面以为离意蕴则无一切意义，更无从解释外物之任何性质，同时另一方面又主张离开心理机关，离开一切意蕴，而有独立存在的外界。既然离开了心理机关，既然离开了一切意蕴，我们就不能对外界有任何意念，对于外界的一切我们就都不知道了。何以批判的实在论者同时又主张他们知道外界是独立存在的。我们既知道外界是独立存在的，我们就赋给外物以意义了。这不是自相矛盾吗？若是我们离开意蕴我们对外界就只有纯粹的感觉；只有纯粹的感觉绝不能组织任何普遍体（Universal）。若是没有普遍体，那末我们何以有含普遍性的"存在"，"实有"，"独立"等等观念呢？若是我们没有这些普遍性的观念，或意蕴，当然我们离一切意义意蕴就不知是否有独立存在的外界。这一点批判的实在论免不了矛盾的毛病。

二、意蕴与外界不能互相比较　从上一段讨论的结果，若是批判的实在论主张意蕴是赋加在外界上的，我们就不能知道外界的本身。批判的实在论以为我们所知道的对象是独立存在的外界，然而独立存在的外界的意义乃是赋加上去的，那末我们所知道外界的意义并不是外界的本身。于是对于外界的本身，除去了赋加的意义之外，我们只有纯粹感觉，然而纯粹感觉不能表现外界的意义，故外界本身，离意蕴外，对于我们不能发生任何意义，换句话说，外界的本身我们仍是不得而知。没有意义的外界本身是不可知，所知者乃是意蕴。从这一点我们就进而研究批判的实在论对于真理与错误的见解。它的主张乃是把外界和意蕴两相比较，若是互相符合就是真理，若是不符合，就是错误。但是意蕴可知，离意蕴的外界本身是不可知的。请问可知者与不可知者怎样来比较呢？既是比较，我们当然对双方面都要分明的知道。若是我们只知道一方面，我们怎能把另一不知道的方面拿来比较呢？因此意蕴和外界本身不能两相比较。

三、对于实体的知识不可得　若是我们认识的外界的意义乃是和外界本身不同的意蕴，知识的对象虽是独立的外界，然外界之实性绝不可知。外界的实体既不可知，那末我们对于外界实体的知识是不能达到的。我们现在所有的知识乃是由认识机关赋予外界以意义，故我们所知的意义乃是赋加的，而外界实性不得而知。我们的知识既不能直接达到外界的实体，那末，若是我们要明宇宙之本质知事物之真理，知识就有何价值之可言？因此批判的实在论对于知识之价值问题没有圆通的解决。

四、意蕴是从哪儿来呢　斯趋朗以为意蕴第一不是从外界的本身而来的，第二也不是属于心理的，第三又不是宇宙实有的。意蕴乃是普遍性，有逻辑的功能。但是到底意蕴是从哪儿来的呢？若是意蕴是被知的对象影响认识机体的结果，那末认识机体直接知觉外界的意义，于是就绝不会有错误的意蕴。所以这一层是批判的实在论所极力否认的。既不是从外界的影响而来又不是宇宙的实有，批判的实在论以为它是逻辑的实体。但是逻辑的实体又是从何而来的呢？此地批判的实在论因为要保持其实在论的先见而不肯承认意蕴乃心灵的活动以综合能力组织起来的，于是就以不了了之。因之乃置之不答。关于逻辑功能的实体不外心灵活动所组织的，这一层著者在前面第十章关于知识各成分的来源与组织已略具个人的意见，而对于"普遍性"乃是承认由心的综合力上秉神心之性下集官觉之材乃组织而成。这一点我是得批判的实在论极大的弱点。

观念论小引

　　关于知识价值问题的解决，我们曾经说过有两条路。一条路就是实在论所建议的解决。上面我们已经把实在论源源本本的讨论过了，不论它是知觉论，是代表论，是新实在论，是批判的实在论都没有圆满的建立了健全的理论。还有一条路就是与实在论背道而驰的观念论。知识论上的观念论在近代发展极盛，可说是哲学史上的威权。我们现在于实在论不能满意之后再来讨论观念论，看这种理论对于知识的价值问题能否给我们一个较为圆满的答复。

　　现在英美的实在论势力很大，它的主力是攻击观念论。在历史的程序上，在逻辑的程序上，观念论应在实在论之先讨论，一则因为观念论兴盛之大势早在实在论之先，二则因为实在论是观念论发展极盛的反感，而实在论的理论多半以攻击观念论为目的，但是我以为观念论之大势并不因实在论而减其锐锋。观念论的潜伏力仍然很大，将来哲学的趋势仍然是走上观念论的路。实在论里面的新实在论曾经一度完全脱离观念论而立在相对的立场解决知识的价值问题，其结果是困难百出，立足不稳。后经批判的实在论努力矫正，其结果批判的实在论仍逃不了观念论的范围。所以将来哲学的威权仍要把握在观念论的手掌中，不过今日的观念并不是纯粹几十年的观念论。因此，我把观念论放在实在论之后讨论，而且观念论与著者个人的意见相近。在实在论之后来研究观念论，复可使读者明瞭观念论虽屡受猛烈的攻击，然仍健自如，因而对于观念论或有更深切的认识。

第一节　观念论之要义

观念论这个名辞有种种不同的意义。至于在其他学术界里面的种种意思我们在此地都不必去管，我们现在要讨论的是知识论上的观念论。观念论在哲学里面也有种种的意义，如宇宙的本质乃是精神或心灵，这是属于本体论，可名之为"唯心论"；在价值论中，有一种主张说人生的目的是永远趋向着理想的最后价值，这是关于理想的，可名为理想论。所谓唯心论，理想论，观念论，在英文字里面全是用"Idealism"。然而在知识论上的观念论除去与本体论上之唯心论颇有关系外，和价值论上的理想是没有多大的关系。知识论上观念所讨论的对象是观念（Ideas，Not Ideals）。在知识论上的观念是洽洽和实在论的主张相反的。

实在论的主张是在官感知觉中，实体之存在与知觉的心是不同的，外界是离开人们对它的知觉而独立存在的。观念论的根本要义就是这种主张的反面。观念论者不承认所知道的外界，能离开人们对它的知识而被人知道其存在，换句话说，外界之被我们知道其存在，必须在我们的知识范围之内。离开了知识，或超越了知识，我们就没有任何知识，故离开了知识，我们就没有对于任何事物存生的知识；这就是，我们不知道任何事物的存在，或是，我们不知道事物之是否存在。我们不能超越一切知识而复知外界之存在。所以凡物之存在必须以知识为必需条件。我们必先要知道某物是存在的，我们才可以说它是存在的。否则，我们就不能确定其是否存在。简单的说，观念论反面的主张是不能离知识而确定外界之存在；它正面的主张是凡我们所知道的一切乃是知觉内容而不是外界的本体。知识的对象乃是观念而不是本体。除了观念之外一切都不可知。

第二节　观念论发展之大势

知识论到近代才有系统的发展，而近代全部知识论的发展中观念论的势力要占一大部分。现代哲学史上自笛卡儿，洛克以降经过柏克莱散布到德国的康德，菲希特，黑智尔，一直到现在的格林，布拉德莱，鲍桑葵，罗哀斯，可说观念论是哲学的正宗。现在我要简略的把这些哲学家思想发展的程序谈谈，以明观念论发展的大势。

讨论知识论上的观念论之发展简便点从洛克起。谁都知道他的《人类悟性论》一书是研究知识有系统的第一部大作。他自己虽不是观念论者，但是可说观念论之思想自他开始。前面我们说过一切知识洛克以为都只是观念而已，离了观念就没有知识。所以知识直接的对象是观念，而观念的是外界的摹本，外界的代表。洛克以为一切观念有两种来源：一种是属于心理活动的理性；一种是官感所以供给的材料。官感张本题里面又有初性与次性：初性就是我们所官感物体的固性，广大，形式，地位，运动，这些洛克以为是客观独立存在的；次性就是事物的颜色，声音，臭味，这些并不是外物所固有的，而是我们的心理活动所加上去的。所以洛克的主观除去物体初性如硬软，大小，地位等是外物所固有的之外，其他如理性，初性都是心理活动所创造的。到了柏克莱，他把物体的初性也归于心理范围之内。他主张凡我们所知道的一切都是知觉的内容，不论初性次性，都是由心灵活动所发生，所以他进而有"存在即被知觉"的主张。因此谈观念论我们当以柏克莱为近代观念论者之鼻祖。观念论的正统随后由英国流传到德意志，于是而大盛。康德是一位伟大的观念论者。第一件他坚持的即心是一种综合活动。我们先经验而具有空时以及其他十二范畴，我心用这些范畴来综合一切的感觉，于是而有知识。因此凡知识都不能超过范畴的眼眼而达到事物之本体，换句话说，凡知识的对象都是我心用先验的范畴所组织起来的知觉内容而已；本体（Ding en Sich）不可知。这是康德把知识论匡制了本体论及宇宙体。观念论后来的趋势就是把知识论和宇宙论本体论混合，也可说是思想和本体混合了。许多精神的世界里面心灵是创造的。若是世界上没有心灵，所谓艺术，道德，经济，国家，宗教，都是不可能的。这些艺术工作，道德行为，国家组织，宗教教会，我们的心灵是经过它们而表现它自己，换句话说，心灵生命的本质就是这些精灵世界。菲希特以为我们的意志必定要冲动，然而意志冲动必有其活动之对象，如是于精神中有外在世界之创造，因此，世界之存在乃是意志所创造而用以作为它冲动的对象。到了黑智尔这种心灵生命的本质即宇宙万有的主张以至于高峰。黑智尔已为宇宙之本体就是绝对的思想。所以黑智尔，不像康德，黑氏以为我们非但知道自然界的实体，而且知道精神世界的实体。这"绝对的思想"（Absolute Thought）就是宇宙之本体。这个本体是慢慢的从自然界的进化，人类一切活动的发展中实现出来，换句话说，"绝对的思想"把它自己在自然界里面，在人类活动里面，表现出它自己。在本体论上这是绝对的唯心论。与此相关的，在知识论上就是客观的观念论，这一派主张观念是客观的，所谓宇宙万有就是这些客观的观念或以心灵的经验所造成的。因此，宇宙并不是自我个人的观念所产生，而是这个绝对的心灵所造成，所以，知识的对象不是自我个人的观念，而是一个绝对的心的观念。黑智尔讨论这一层著有《心灵哲学》（*Philosophy of Mind*；W. Wallace 英译）与《精神现象学》（*Phenomenology of Spirit*）。到现在观念论的大势又回到英国，传播到美国，意大利。换句话说，现在的观念论者都是受惠德国康德、黑智尔两位大哲人的影响。

谈到现在的观念论者第一个我所要说的就是保持绝对的唯心论最有威权影响的格林先生（T. H. Green）。格林的思想大半是来自康德与黑智尔。他主张凡所知为一切真实的东西必定是在知识系统的统一组织中；在知识的统一组织之外我们以为没有东西是真实的。格林就是承认这种知识统一之精神上的事实，于是进而以观念论之立场而讨论伦理问题。他著有《伦理学发凡》

（*Prolegomena to Ethics*），不幸格林尚未作完就逝世了，此书还是由柏拉德策所编成的。他的主张是：凡是真实的东西必定在自我意识的统一范围之中（此即康德之知识统）；而这个普遍的自我意识之一整个体就是上帝。只有上帝或普遍的自我意识，方是一切知识的有效和真实所必需的前提（这就是黑智尔的自我意识的表现）。和格林立在同一运动线上尚有开亚德两兄弟（John Caird and Edward Caird）。约翰开亚德是一位苏格兰的牧师，后来做了格拉斯古大学（The University of Glasgow）的校长，他著有《宗教哲学》一书，从黑智尔的思想立场去讨论上帝的存在问题，以改造传统的辩证。爱德华开亚德是以评述康德而出名。他的评述是根据黑智尔和后来德国的绝对论者。他们的主张是：实在体乃是绝对的精神趋向于完全与自我意识实现的发展中有组织的一种系统。爱德华者著有：《康德哲学之评述》，《黑智尔》，《康德之批判哲学》，《宗教之进化》等。

现代的观念论者之中最富创造能力而声明影响最大的要首推布拉德莱。他虽是承认世界是合乎理性，然而他以为思想并不就是实体；经验才是实体。所以思想只能在现象范围活动；欲求得实体必需要用情感（Feeling），感知（Sentience），直接经验的统一（Unity of Immediate experience）。布拉德莱的名著是《现象与实体》（*Appearance and Reality*）和《关于真理与实在之论文集》（*Essays on Truth and Reality*），《逻辑原理》与《伦理研究》。

几与布拉德莱齐名的观念论者是鲍桑葵，他的逻辑很受布拉德莱的影响。他的逻辑既不是传统的形式逻辑，又不是归纳法的逻辑，又不是现在的符号逻辑。他的逻辑是显现知识形式之实在的逻辑；由这种逻辑可以表示知识的发展从外表不完全的状态而达到统一的完全状态，换句话说，世界经验力求达到统一之完全，而此种进展的过程以知识的形式表示之，这就是鲍桑葵的所谓逻辑。这种逻辑是从柏拉图以至黑智尔，布拉德莱发展得来的。鲍桑葵的思想受黑智尔的影响比布拉德莱还要深切些。他的哲学中心点不论在逻辑中，在玄学中，就是"个性"（Individuality）这个概念。所谓真正的个性就是自我生存，自赖，完全，统一的意思。个性是一个系统的整个，它是在此整个之部分中表现它自己，而各部分在此整个中求其完全。他的大作有《逻辑，或知识之形态学》（*Logic or the Morphology of Knowledge*），《个性及价值原理》（*The Principle of Individuality and Value*），《知识与实在》（*Knowledge and Reality*）等。

美国观念论者的威权可说是罗哀斯（Josiah Royce，1855—1916）。他以为我们这个世界都是观念所产生，世界上的事实没有不可拿观念来说明的。若是没有观念世界一切都不可知。这个世界是属于精神界，是精神的观念组织而成的。我们本身既也是精神，故吾人能以精神而理解精神之世界。他老先生是黑智尔在美国的门徒，受黑氏影响极深。罗氏很注意经验中常识的事项，从这种常识事实出发而证明唯一普遍的意识是实在的。他的学说容后详说，因为著者本人就情愿做他的门徒。他的著作关于观念论的有：《近代哲学之精神》（*The Spirit of Modern Philosophy*），《世界与个人》（*The World and The Individual Qvol.*）。关于宗教方面著作有：《哲学之宗教方面》，《基督教之问题》，《上帝之概念》，《忠实哲学》等书。

概念学派里面还有许多次一等哲学家如华勒司（W, Wallace）以翻译和解释黑智尔之书籍出名，陆韦士（Richard Lewis），琼斯（John Jones），麦堪志（J. S. Macenzie），谬尔黑（J. H. Muirhead），黑尔登（R. B. B. Haldane）。他们都是和格林站在一条战线上的。还有莘克赖（May Sinclair）著有《观念论之辩护》（*Defence of Idealism*），他也是受格林的影响。鲍桑葵的影响到了亨莱（R. F. H. Hornlé）。而卡儿金是罗哀斯最得意的高足。受过布拉德莱的影响的哲学家有戴乐（A. E. Taylor）和乔吉姆（Horold Joachim）。

纯粹从逻辑的和玄学的动机而研究黑智尔的有麦克塔加特（J. E. Mcnaggart），他有很清晰逻辑思想的头脑，他注释黑智尔的哲学极精细清楚。他对于辩证法的解释欲把思想程序和实体程序认为一物的种种举动一概都废弃了，而力持以有限的心灵去追索一个关于经验的事实相当而一致的概念。他以为求得"绝对体"之暗示乃于社会经验中得之。他著有《黑格尔辩证法之研究》，《黑智尔宇宙论之研究》。带神秘主义色彩的观念论者，霍金教授，是注意于解释宗教经验的。他以为上帝是直接被人们所知道的，人们是直接在立刻的官感经验里面知道上帝。他著有《上帝在人数经验中之意义》（*Meaning of God in Human Experience*），《哲学派别》（*Types of Philosophy*）等书。和观念论大势推进的尚有濮林格——拍弟生的哲学（A. S. Pringle-Pattison），著有《上帝之观念》一书很有声誉。他的主张大概是："绝对体"以自然界为其自己显现于人类的工具，故整个之进化过程都是这个"绝对"内在的生命。

以上是英美方面观念论的大势，这真是略之又略了。关于现在详细的发展，读者可读罗机斯《英美哲学近百年史》第五章。

在德国方面的新观念论者首推陆宰（R. H. Lotze 1817—1881）。他极力的建设形而上学，而同时力求调和自然科学之机械观与思辩哲学之目的观。所以他的学派可称为"目的论的观念论"。陆宰哲学上根本的思想是"实在即关系"。事物的存在乃是指互相关系而言。他的大作有《玄学》（*Meta-physik*，*1841 and 1879*），《逻辑哲学之系统》（*System Philophie Logik*）等。还有倭鉴（Rudoff Euc ken）也有观念论的趋向，主张精神生活，打破物质建设足以满足吾人内心的迷梦。他的根本思想可求之于《为精神生活的内容而战》一书（*Der kampf um einen geistigen Lebensinhalt*）。其他如巴契（Rache），鲍尔生（Paulsen），柯亭（Cohen），文德而班（Windel band）等人真是美不胜举。现在中国关于现代德国哲学家的著述极少，读者可参阅李石岑著《现代哲学小引》。

新观念论的正统可说是从英国移流到了意大利，因为柯罗米（B. Croce）与秦谛勒（Giovanni Gentile）是以共同祖述黑智尔哲学并加以革新与发展为目的。柯罗采的哲学乃是继黑智尔之后，故自称为"心之哲学"。以四部大著，成其思想之系统，颜曰《美学即表现与一般言语学》（*Estetica*），《逻辑即纯概念学》（*Logica*），《实用之哲学：经济学与伦理学》（*Filosofia della pratica*）及"历史学之学说与历史"。四书均由安斯理译为英文。他的主张是唯一的存在只有心。只有经验是我们真正知道的。然而在经验似乎有由心而发的经验及经验的对象两种之区分，但是柯罗采以为它们都是属于心灵的。它们只是观念与观念之关系而已。与柯罗采齐名的就是秦谛勒，他的哲学称为纯行论，著有"教学总纲"与"心灵即纯行通论"，备述其根本主张。他以为宇宙就是心或是精神，凡我们所知道的对象都是心灵。从这样正宗相传，观念论仍是蒸蒸日上。

此外法国的观念论者也是不胜枚举如拉维逊（Fliy Ravaisson），勒奴费（C. Renouvier），拉雪利（Jules Lachelier），居约（J. M. Guyau），布特鲁（Emile Boutroux），傅叶（Alfred Fouilyee）都是一代名杰。他们大都是因反对风行一时的实证哲学而继起。因篇幅有限，只得从略，望读者自己去看李石岑著的《现代哲学小引》。

第三节　观念论之派别

观念论的主张是：我们知识的对象乃是一种意识的内容，而没有独立存在的外界。外界也只是依赖意识状态，或观念而存在的。这在理论上主张里面大致可再分为三个学派：（一）唯我论（Soliosism），（二）主观的观念论（Subjective Idealism），（三）客观的观念论（Objective Idealism）。兹略言其各别之理论如下。

唯我论以为万物唯我，除了有意识的自我之外就绝没有实体。至于有没有像自我一样东西存在这可不能从理智方面去证明。这种主张太没有根据，可以说没有多少哲学家赞成。

主观的观念论和唯我论相近，它主张在能知的主观所有的心理状态代表实体存在之外，绝没有离心境而独立存在的外界。知识的对象是任何主观的意识状态。主观的观念论和唯我论不同的地方是前者主张存在是任何主观的意识状态而不限我一人的主观，而后者则主张存在乃是我一人的主观状态。

客观的观念论是现代一般观念论的主张。这种理论承认世界万有只是观念，然而这些观念并不是一些有限的意识自我的主观的观念。它主张世界万物，对于这些有限的意识自我主观，乃是客观的。世界虽是客观的存在，然而在本性上是属于心理的或心灵的。世界万有虽不是有限心灵的观念，然而是无限绝对的心灵，或是绝对的精神，或是无限绝对的自我所有的观念。世界万有确是观念，只不是我的或你的观念。客观的概念论以为有一个"绝对的心灵"（The Absolute Mind）或"绝对的自我"（Absolute Self）的存在。世界对于你我这些有限的心灵是客观的。然而这个世界和你我这些有限心灵都是这个绝对的心灵或绝对的自我实现"它"自己的过程。世界万有"有限心灵在内"都是"绝对心灵"自我实现的表现。这一学派自黑智尔以来格林，布拉德莱，罗哀斯，诸大哲都属于此。诚哲学之正宗。著者个人亦为此派哲学信徒之一。详细理论容后再来讨论。现在我们要进而讨论各派之理由。

主观的观念论

唯我论没有多少的赞成者，也没有多大的势力，所以不用我来详细讨论。现在我直接研究主观的观念论。这一派是柏克莱的主张。柏克莱著有《人类知识之原理》（*Principle of Human Knowledge*）及《海拉斯与费朗劳士之对话集》（*Three Diologues Between Hylas and Philonous*）。

第一节 "存在即被知觉"之原理

在柏克莱《人类知识之原理》的开端，他就说一切人类知识的对象都是观念。换句话说，我们所知道的对象不是独立存在的外界，乃是我的观念。因此，外界不能离心灵而独立存在。外界之存在必定在一个能知的主观的意识范围里面。能知的主观不能超越它自己的意识范围之外而复有所觉着。可见知识之对象确是主观意识范围之内。知识乃事物存在的先在条件。我们所知觉的对象仅是当一个心灵知觉它们的时候才得存在。柏克莱有名的口号是"存在即被知觉"（esse est percipi）。这件东西我现在拒绝它的时候，我说它是存在的，但是当我受有知觉它的时候，它仍然是存在的，因为还有别的心灵在知觉它，然而没有人的心灵能知觉整个的自然界，那末没有整个的宇宙在吗？不，不，有一个无所不知，无所不能的心灵永远的总是在知觉着整个的自然界，因此，自然界的存在乃是这个无所不知的心灵之知觉对象。

第二节　"存在即被知觉"原理之解释

凡存在的东西必定是被心灵所知觉的。被知觉的外界只是知觉的对象，或观念而已。对于这个原理欲加以详细的解释，我们就得先讨论我们所知觉的外界是什么？一件东西（所知的外界）不外乎有许多声色，嗅味，触等等的性质，（现在哲学家名之为官感张本），而且这些性质必定是附属在一件具体的事物（即本质）里面。所以世界乃是由许多隐含多少性质的本质所组织成的。这样看来，知觉的对象有两种——官感张本（性质）及具体事物（本质）。我们之所以知觉事物之本质，乃因为我们知觉事物所有的性质。

从以上对于知觉对象分析的结果，凡事物所有之声，色，嗅，味，等情质，柏克莱以为都只是"官感的观念"而已。"观念"之意思，此地用之极广，乃指示凡一切被心灵所认识的对象。所以柏克莱以为一切官感张本，或"观念"乃是被心的所认识的对象。观念（知觉的对象）既是倚赖心灵，那末具体的事物呢？柏克莱以为并没有所谓本质，本体，其所谓事物之本质乃只是一堆观念之聚合而已。此地有一堆红的，甜的，光滑的，冷的"观念"赋加以一个名词，于是呼之曰"苹果"。其实苹果也只是一堆观念，或者说，它也只是为心灵所认识的对象而已。关于这一点是柏克莱别出心裁的地方，而且今日的哲学家也有从科学的方法研究得到同样的结果。如新实在论的罗素先生主张一件事物乃是许多官感张本的聚类，或"逻辑的结构"。

柏克莱以为外界万有唯观念而已。这个所谓观念乃是指能知的心灵之对象，而并不是说观念是能知的心灵状态或心理程序。这就是说，宇宙万有被能知的心灵所知觉的对象，并不是说宇宙万有乃是心灵的心理状态。我们实地上所官感观察是存在的东西。柏克莱并不反对这些东西的存在。我们所知觉的花草鸟兽无一不是真实存在，但是柏克莱不承认它们离心灵之外而存在。此地我们看得出柏克莱所谓"存在"一辞其传统的"存在"之意义不同。他以为我们实地知觉是存在的东西，这个东西确是外在的存在，并不只是心理的状态。但是我们没有实地知觉的东西，这件东西我们就不能说是存在的。许多的哲学家斥责柏克莱主张事物只是没有外在存在的观念，其实这完全是误解。柏克莱之所谓观念并不是说没有外在的存在，不过其外在之存在必以知觉为先在的条件。观念并不是知觉的程序或状态，乃是知觉的对象。知觉的对象并不是否认其外在之实有。但是我们观念论主张事物之外在实有并不是屈服于实在论，或附属于实在论。因为实在论与观念论之争点不在外界是否外在的实有，而乃是争论外界是否能离心灵而独立存在。实在论以为"能"；观念论以为"否"。若是我们把"主观的观念论"解释为"外界乃心灵之知觉状态或程序，而无外在之实有"的主张，那末柏克莱可说不属于主观的观念论。柏克莱所主张的"主观的观念论"乃是"外界都是观念（即知觉之对象），不能离能知的主观之心灵而独立存在；外界之所以外在独立的实有乃因能知的主观心灵知觉之"。

第三节 "存在即被知觉"之证明

存在不是独立的，而乃是知觉的对象。柏克莱说过："我在这上面写字的这张桌子是存在的，这就是说，我看见它我觉触它；而且若是我不在书房里，我应说它是存在的，这个意思就是说，若是我在书房里的话，我要知觉它，或者是，其他的心灵确是实地知觉的"。于是主张这个原理的理由可以从三方面讨论。第一点我们能否想得到许多不被知觉的官感张本吗？第二点宇宙实有乃是观念；第三点"物质"是不存在的。兹分别略述如下。

一、不被知觉的官感张本是不可想到的　若是官感张本不被知觉，我们又能知道它们是存在的吗？柏克莱以为官感张本之存在必为能知之心灵知觉之。否则，就是矛盾的。若是我们说官感张本有绝对的存在而不与任何心灵发生关系，我们就要说这是在我们的知觉之外的，换句话说，我们不知觉其存在。照柏克莱对于"存在"一辞的解释，凡不能实地知觉其存在者都归之于"不存在"。这可算是极端的推重实地经验。在我们的观念之外我们还有什么知觉吗？若无观念，我们就没有宇宙山川的官感知觉。诸位能否想得到或说是知道一件不被你们知道的东西之存在吗？

二、宇宙乃是观念　上面我们已经解释过宇宙万有唯观念而已，这就是世界不能离心灵而独立存在。因为要明白这一层我们曾经分析过世界只是许多声，色，嗅，味等官感张本而已。先前只是假定这些官感张本是属于意识范围以内的，然而没有说明柏克莱的理由。我们现在讨论柏克莱证明官感张本非独立存在，乃意识对象的几种理由。

（甲）官感张本依知觉者之状况而变迁　同样一件东西，左手触着是热的，右手触着是冷的，你闻着是香的，我闻着并不香。病人吃好菜反说没有滋味，同一这盆菜给我们吃就鲜美异常。若是照平常一般人的说法，冷，热，香，臭，苦，甜，乃是外界事物中本有的性质，那末同是一件东西它能有各种相反的性质吗？譬如你的左手是热的，右手是冷的，两手放同一热度的温水里面，左手觉得这水冷些，右手觉得这是热些。同时同一盆水能有冷热相反的性质吗？柏克莱以为由此可知官感张本不是属于外界的，而是依赖所知者之意识而存在的。一切声，色，嗅，味等官感张本乃是随能知者而转变。若是官感张本是离开意识而独立存在的，那末无论何人知觉着同一对象就要有同一的官感张本，然而这是与事实相反的。官感张本非外界事物固有的性质，这种主张和近代科学研究所得的结果相同。物理学者告诉我们在这个世界上事物本身并没有声，色，嗅，味不同的性质，它们仅是观念而已；这些观念的前因乃是各种不同的震动。

（乙）初性（Primary Quality）亦依知觉者之状况而变迁　上段所讨论只

傅统先全集

154

是关于官感张本，前者哲学家名之为次性。一般的人以为声，色，嗅，味等虽是观念，然而具体事物的物体并不是观念，乃是离心独存的。前面我们也曾解释过柏克莱以为这些具体的事物也只是许多观念之聚合而已。何以知道具体的事物也是观念呢？我们又要进一层来分析这些没有声，色，嗅，味的具体事物。所谓具体的事物，从分析的结果，亦不外容量，动作，大小，地位等。哲学家称之为初性。许多哲学家主张它们无论如何是独立存在的。柏克莱又不以为然，它以为它们也像次性一样的，只是观念而已。他的理由也是和证明次性一样的。初性，容量，方所，大小，动作等，都是随着能知觉者而变迁的。说明的例子很多。花生壳小孩子觉得太硬弄不碎，在大人的手指间它就极软的轧碎了；我们坐在船上，见岸上的树木移动着，其实是船动而非树移；山巅上看见山下的人只有几寸长，走近一看原来是个七尺之躯的男子。若是我们所知的大小，软硬，动静乃是离主观意识独立存在的对象所有的本质，那末同一花生壳又是硬，又是软；同一树木又是移动着，又是静停着；同一男子又只有几寸长而又有几尺长。这都是绝不可能的，所以柏克莱主张我们直接知觉的这些变迁的形样，硬性，动作等乃是在我们意识范围之内变迁的观念而已。这一点确是柏克莱的革命思想。他把初性次性一视同仁了。次性既能因其随能知者变迁而视为观念，初性亦何独不然？

（丙）在知觉中我们立即所确定的乃是我们对于意识里面的事实之确定

柏克莱是证明了初性次性并不是真的，但是他没有否证"一切初次性质乃属于离心独立的东西"。不过柏氏有极根本的理由相信我们直接现前所见，所触所觉得一切性质事物都不能离心独立存在。当我问我自己，在知觉中，我所直接确定的是什么？这是很明白的，我这样或那样的去认识，这种事实才是我们立刻所确定。例如，我直接确定一朵红玫瑰的存在。其实我真正所直接确定的乃是许多红，绿，花，叶，刺，冷等感觉的经验。在意识里面我以前的经验复杂事实，才是我直接确定的。凡我们直接认知一件现前的东西，我们必先求之于意识里面以前的经验。所以我们直接确定的事实仍在我们意识之内而并非与之独立。这一层乃是说我所直接的感觉的认识之事物乃观念而已，然而这并不是证明没有外在的事物之存在。

我在前面已经说过，现在还要重复的声明，柏克莱所谓宇宙是观念，这并不是说，这个具体外在的宇宙并非是真实。柏氏所认为在意识之内的乃是现前我直接确定的意义，换句话说，这可说乃是批判的实在论的意蕴。至于外在的宇宙，柏克莱绝不反对其真实与存在。他于是还进而区别所谓真实的与非真实的。真实的东西并不随我的意志摆布，它显现的活跃跃的，它是可以组织其服务自然律，它十分的表现出它的融贯性与秩序性。非真实的东西就是相反的。

三、物质是不存在的　柏克莱虽不反对外在的宇宙，如山川树木房屋一切的存在，但是他并不承认它们是物质的实体。柏克莱说我们知觉的现前对象乃是观念，但是这没有否证物质（柏氏，定为非观念的意思）离意识存在之可能。因此或许我们能有推论到离意识独立存在的物质存在的可能。柏克莱主张这是不可能的。其理由如下：

（甲）可感觉东西并不能像不可感觉的东西　就是承认直接知觉的事物乃是观念，然而或许另有一个世界里面一切事物都是离心灵而独立存在的，而且那个世界知我们所知觉的这个世界是相像的。若是如此，那末我们的知觉则只是对于这独立存在的世界之摹本而已。这种意见是绝不可能的，柏克莱有两层反对的理由。（一）设若观念是另外一个世界的摹本，而观念是长久的变迁，那末在这个另一世界里面的东西，每一件就要和几种变来变去的观念完全相像。但是这是极混糊不明。离心独立的真热度并不能同时又是冷的又是热的，然而在人们的热度观念中，在同一房间中甲感觉得热而乙以为冷。所以变迁的，流动的事物怎能是规定的，不移的事物之摹本呢？柏克莱的第（二）个理由较为根本的。物质就是非观念，当然非观念就不能和观念相像。可感觉就不能和不可感觉的东西相像。我们能说一件东西是不可见的，而同时又说它是和颜色相像的吗？一件东西是不能听见的而同时我们能说它是像一种声音吗？

（乙）物质不能是观念的来因　照前一段，我们承认像观念的物质世界不能证其存在。但是我们还可以说这个物质实在并不像我们的观念而仍是存在的。因为我们一切官感的观念必有引起这些观念的来因。我不能是观念的来因，观念本身亦不能彼此发生观念，所以一个离心灵而独立存在的物质实体必是这些观念的来因，故物质存在。这种主张柏克莱又是以为不对的。有两个理由（一）不错，观念必须有来因，物质并不是唯一的可能的来因，因为还有一个比人们的心灵较为强大的心灵作为观念的来因。（二）物质并不能做任何事物的来因——至少不能做意识观念的来因。所谓"物质"就是一种被动的，死板的，不动的本质。请问不动的东西怎能做事物的来因？不思想的东西怎能做思想的来因，因此，柏克莱以为物质不能做观念的来因。

（丙）凡推论出的实体必是属于心灵的 在上面一般里面，柏克莱以为物质是不动的，死板的，所以它不能做事物的来因。不错来因是要活动的，但是现代的科学反对物质不是活动的。从科学上我们知道，物质乃是一种"精力"，这种精力或者是视为动作或者是规为动作之原动力。所以柏克莱反对的意见似乎不对。然而柏克莱又可回过来辩论。不错，就算"精力"是一种原动力，就算它是事物的来因，就算有一个推论出的实体，然而精力的运动乃是一种可感觉的性质，可感觉的性质仍是在我们的意识范围以内，故事物之来因仍属于心灵的；然而推论出的对象仍是一种意识的对象，仍是观念，仍是属于心灵的。因此，物质，不论它活动不活动，是推论出作为观念的来因，乃是我们推论的对象。推论乃是意识作用，故物质仍会意识之对象，即观念而已。

（丁）物质之存在完全不为人所知 凡在人知识范围之内的东西总是心灵的，颜色，形式，运动，声音等都是心灵的。那末物质是不被人所知道的，没有颜色，没有形式，没有运动，不为人所推论，不为事物之来因。像这样一个完全不为所知的实体柏克莱绝不能否认之。然而柏克莱对于这种论调有两层反对。（第一）这种论调简直是自己打自己的嘴巴。你既是说是物质是完全不为所知的实体，何以你又能知道它是存在的呢？你说它存在，至少它的存在是被你所知了，何以你能说它是完全不为所知呢？这真是自相矛盾的不堪设想。（第二）若是我们承认物质为不被知的假设，物质是绝对没有任何性质的，那末这种假设只空有字语，毫无实义。物质既不是有意识的，又不是无意识的，既不是无色，声，嗅，味等官觉性质，又不是有这些性质，既不是活动的，又不是不活动的，总是一无所有，实在，连存在也没有。既不被知，又焉得而名之为物质的，非观念的。

四、生理心理学不足推翻柏克莱之理由　现代对于柏克莱的主张（宇宙即观念，万有属心灵）有一个严重的反对。这种反对是根据生理心理学的讨论。现在的生理学家讨论出，一切属于意识作用的现象都是依赖于神经之激起。由此看来，意识并不是什么最后的实体，它不过是物质的神经程序里面的一种功能而已。若是把通到手上的神经系完全断绝交通，这只手就不能活动自如。若是把通到脑筋里面血管断绝了，意识马上就失去了功能，顿时就麻木不仁。总之脑筋是物质，那末其功能，其意识无一不是物质的结果。这样一来可算是绝了观念论的根。对意识是属于物质的知觉，知觉也是属于物质的功能，推而至于万物之存在何一非物质耶？其实不然？其实不然？我们请看看柏克莱的驳正。血管与筋肉，神经与脑筋无一非可感觉的东西，它们也只是一堆可感觉的性质之总和，它们只是硬的或软的，灰的或红的，纤维的或细胞的。这些官感性质乃是观念，乃是倚心而存在的。这一层我们表明得极丰富的，不必多赘。脑筋与神经并不是所谓"物质"而意识乃是观念的功能。就算是意识不仅官感性质之混杂体，那末意识乃是推论出来的观念之来因。然而意识的来因其本身乃是思想的对象。所以仍然出不了意识范围之外。即使我们承认意识乃是脑筋与神经程序，而脑筋与神经的程序其本身也是心灵的，也是观念而已。

从以上的各项理由，我们知道了外在的存在必不能离心灵而独立。换句话说，存在唯观念而已。所谓观念即觉知的对象，这就是说，事物之存在必以被人知觉为先在之条件。故"存在即是被知觉"。

第四节　主观的观念论之批评

　　主观的观念论中心的主张就是：外界的一切实有都是主观能知的心之对象；事物之存在被知觉为先在的条件。主观的观念论并不如一般人所疵议的反对事物外在的实有，这一点是和实在论一样的。可见主观的观念论和实在论所不同的地方并不是说事物没有外在的实有，而乃是在此外在实有的事物能否离开心灵而独立存在的问题。实在论以为实有的外界乃是离主观的心而独立的；观念论则主张外界绝不能离主观的心而存在。进一层说，实在论主张在知识范围之外我们仍有对于事物存在的知识。主观的观念论则不然，它主张在知识范围之外即是没有任何知识，故不承认与无知识之境界而有对事物存在的知识。欲批评主观的观念论之先，这一层是不能不认清楚的，因为批判它的劲敌就是实在论。近来主观的观念论所受的攻击极烈，而新实在者培黎先生尤以批评观念论，而为人所注意。今余批评主观的观念论乃是借培黎先生在他的《现代哲学之趋势》一书内所述的理由，并且还要把培黎对于主观的观念论所加的批评再加以批评，我们要分个谁是谁非。

　　一、物之存在不仅属于心灵界而不属于自然界　培黎以为主观的观念论第一个错误就是它把心灵和自然分别得太清了；主观的观念论以为心灵和自然是两种不同的本质，两个不同的境域互不相容纳。于是属于自然界者则不能复属于心灵界；属于心灵界者亦不能又属于自然界。所以凡属于心灵界里面的一切事物永远不能脱离心灵而独立存在于自然界中。培黎教授以为这是一个极大的错误。心灵界与自然界是互相流通的，一件东西可以又属于心灵又属于自然。在自然界中存在有无数的事物，这些事物是独立存在的。在没有流通到心灵里面的时候，它们是不被知觉的，但是有的被人们知觉了，心灵界以为这不能说若是没有心灵事物就没有存在，因为没有心灵去知觉它们，它们仍是存在于自然界，所以照培黎教授的说法，这是观念论的思想混乱。培黎的意思是在心灵范围之外有许多独立存在的东西，它们是离知觉而固有的。在这些独立存在的东西里面有的跑进到心灵界内而成了心灵范围之内的事物（此即观念）。然而这些事物并不因为有了心灵才存在，它们早已存在于自然界中。在心灵范围之内的事物（即观念）好比是某种官职或位分，而在心灵之外的事物，比如是没有这种官职的人。我们不能以为没有官职，那末连做这官职的人也不存在。譬如大总统这种官职就比如是观念，而公民就是非观念的事物之存在。一国之内有许多的公民；内中有一位被选为大总统，但是我们不能说这位被选做大总统的公民若是不做大总统，也连公民的资格也就没有了；我们也不能说没有大总统就必没有公民。所以公民不必个个都是大总统，大总统也不是做公民必需的先在条件。所以凡存在的事物不必个个都是观念，观念不是事物之存在必需的先在条件。

对于培黎之批评的驳正　培黎之批评观念论的理由似乎极其充足，然而仔细研究之下也是思想混乱。第一步他就没有认清柏克莱所谓"存在"一辞。柏克莱所谓"存在"乃是在知识范围之内的。我说一件东西的存在就等于说我知觉一件东西的存在。在无知觉的境界既无任何知识，尤不知有事物存在。故不存在也可说是不知其存在。培黎是离开知觉而知有存在；在不被知觉的境界中而知觉有许多事物的存在。培黎总是说在心灵之外有许多独立存在的事物。我要请问培黎教授先要回答我们："你凭着什么根据而能说离开了你的心灵和没有了你的知觉，你还有对于事物存在的知觉？你凭着什么根据而能离开你的心灵，在你的知识之外而预先假定有许多独立存在的事物之知识？"我们根据经验上的事实，根据柏克莱一贯的意义，凡所知道是存在的一切事物一定都是在知识范围以内的，或都是观念。在我们的知识之外，在我们没有观念的时候，我们是没有任何知识；我们既不知有事物之存在，复不敢妄自设以假定。培黎知识之外预先承认有许多独立的事物，所以他就有在大总统之外而有许多公民的这种譬喻。照我们所驳复的在知识之外不能复有任何事物存在的知识，那么培黎之以大总统与公民之譬喻就不适当。我们只能把心灵或知识范围以内的事物譬如是皇帝的位分事物之存在譬如是皇太子。皇帝只有一位，皇太子也只有一位。除了预备做皇帝的这位皇太子之外不能说还有许多的皇太子。若是不是帝制国家，没有皇帝的位分，还有什么皇太子吗？所以确乎能说这位要做皇帝的皇太子，若是他不做皇帝，他就决不是皇太子：没有一位皇太子是不做皇帝的，历朝的个个皇太子都是做皇帝的。皇帝是做皇太子必需的先在条件。这样的譬喻才合乎事物存在与观念的关系。离开了皇帝就不知有皇太子；离开了知识或观念就不知有存在。

二、主观的观念论预存错误的认识　培黎复进而作第二次之攻击。他以为观念论者简直是坐井观天，所认识的天只有井口这么大，于是坚持天之大等于井口。主观的观念既预先已存着这样错误的认识，以为天如井口，然后极力与人争辩。若是有告以天大无涯，观念论者就喋喋的辩个不休。培黎教授以为这是一般观念辩理的通病，所以才费了些宝贵的光阴未驳斥之。譬如一朵玫瑰花，你看见了，嗅着了，总之，你是知觉了，于是你就坚持被知觉乃是玫瑰花的主要成分。殊不知玫瑰花不在你的知觉之内，它也会在知觉范围之外而跑入自然界。它既可属于这一领域，又可归入那一领域的，主观的观念论者在先认识了玫瑰是知觉的对象，于是主张玫瑰花只能是知的对象，只属于知觉的范围之内，否则它就不能存在。譬如"主"字头上的一点"丶"也可放在"太"字的下面，也可放在"犬"字的旁边，观念论者只见"主"字头上的一点，于是进而辩曰"丶"一点只在"主"字的头上，而绝对的否认这一点也能在"太"字的下面，也能在"犬"字的旁边。再譬如恰巧我住在哥伦布河的岸边，由是河而知哥伦布其人。由此我就以为哥伦布此人，此河因之而得名也，如是抹煞一切哥伦布历史上之事迹功绩。培黎以为这就是观念论以先入为主观的通弊。主观的观念论能不能证明"视事物为观念，为知识之对众"乃此一切事物之最根本的性质？主观的观念能不能否认在知识范围之外尚有无数事物之存在？

对培黎之批评的驳正　培黎预先认识了凡一切事物（一）可在心灵或知识

之内，（二）也可在离心灵而独立的自然界，（三）也可不落于两边而成许多中立的性的质体。所以他说，主观的观念论只认识事物只能在心灵之内而不能另入其他领域，这是坐井观天没有认识其他的几方面。培黎教授评来评去不出前节讨论的焦点。知识之外尚有任何知识吗？主观的观念论回答"无心灵观念时，就没有任何知识"。培黎主张"有"：在离开心灵的时候，在脱离了知识的时候还知道有一个中立性本质的世界和自然界。培黎不知他既有一中立性本质的世界；既知有自然界而此中立界与自然界仍不出乎知识范围。"悟空呀！悟空，任你多大的本领总逃不了如来的手掌。"知识的范围是无量的！心灵的范围是无边的，培黎以"主"字上的一点为喻，知识之外无任何知识。照譬喻说我们所知的"主"字上的一点。除了我们在"主"字上认识这一点之外就不认识任何字。这只好譬如全世界只有一个"主"字；即主字之外无任何字（因为一切世界只有知识范围，知识之外无任何知识，故作此喻），在这种环境中当然我们可以极力的辩护这一点"、"只是在"主"字头上。除了"主"字之外不能放在任何字上，因为我们是认定"主"字之外无任何字语之存在。因此培黎的这种譬喻绝不能把它来朦弊读者的耳目。哥伦布的譬喻也是如此。因为照观念论的意思这个譬喻只能说我除了认识哥伦布河之外绝对的不知任何哥伦布的故事。当然我们不能信口雌黄乱造谣传说些神话奇迹，因为无中生有胡诌神话只适于文学界而不容于哲学思想之中。培黎的惯技就是以不适当的譬如来混乱一般人的耳目。

三、自我中心说不足为据　培黎再接再厉的作第三次攻击。说来说去到最后我们的培黎教授承认了"没有一位思想家能说出一件不是观念的东西。他不能离开心灵而想到事物的存在因为一用思想就属于心灵范围之内"。这一点培黎承认了，而且他以为没有一个人是不承认的。他称这种学说为"自我中心说"。但是他仍然不服。就算是一切的东西都是观念，但是观念论者绝不能在观念之外，在没有心灵的境界中，绝对的证明没有事物的存在。观念论只证了心灵之内的一切是观念，但是不能担保心灵之外没有非观念的存在。这只有其正面而没有反面的衬托，在逻辑上这是不合法的。因之培黎仍以观念论的理论是谬误的。

对培黎之批评的驳正　不错若是主观的观念论主张一切的一切（包括这个有知觉的世界，和一切无知觉的世界，和一切不可思议的神秘世界）都是属于心灵的，都是观念，那末他一定非但要在有知觉世界证实，而且还要在一切其他的世界中证实他的理论。若是主观的观念论主张"心灵之内的是观念，而心灵之外绝没有非观念的存在"，那末他必定一方面要证明"心灵之内的是观念"，而同时另一方面要证明"心灵之外及有非观念的存在"。但是主观的观念论并没有主张一切的一切是属于心灵的；并没有说心灵之外没有非观念的存在。也许一切的一切之中有许多不是属于心灵的；也许心灵之外有非观念的存在，这些主观的观念论都不过问。主观的观念论所主张的是："一、宇宙万有都是官感张本；二、官感张本乃是官感直接现前的对象；三、官感直接的对象乃是属于心灵范围之内的；四、故宇宙万有都属于心灵范围之内。"由此可知，主观的观念论所主张的"凡事物皆观念"中，所谓"凡事物"乃是指一切官感直接现前的对象并没有包括官感知觉之外的事物。所以只要一切的人们承认凡官感直接的对象的，这个宇宙都是观念，那末主观的观念论就已经成立了，坚定了；用不着讨论知觉之外的一切。心灵之外有无"非观念"的存在对于主观的观念论并没有多大的打紧。培黎也曾用过譬喻。他以为观念论有这样的主张说，"因为凡我们知觉的事物都是观念，故观念是一切事物（所知觉的，非知觉的）唯一的要素"。所以他譬喻说："因为凡我所认识的人都只是说英文，故英文为一切语言唯一之可理解的方式。"这当然是不对的。其实观念论只有这种主张"因为凡我们所知觉的事物都是观念，而不是非观念，故观念是一切所知觉的事物唯一的要素"。照譬喻，就要这样说法："因为凡我所认识的人都只说英文，而不懂其他任何语言，故英文是我所认识的这些人唯一可理解的言语形式"这并不是以某范围之内的情形，如此而推论到此范围之外一切语言形式亦必如此。照后来的这个譬喻又谁能否认之！

以上的三个批评是主观的观念论的当头棒，幸而我们已经驳正，它们绝不能击中和破坏观念论丝毫。但是主观的观念论并不是没有丝毫破绽，它也自有其弱点，不过培黎教授没有击着罢了。让我简略的述明。

一、主观的宇宙论主张宇宙万有是有限制之自我心灵的对象；事物赖有限之心灵而存在。人们的自我心灵是有限的，宇宙万有是无量的。有限的心灵何以能总摄无量的万有呢？宇宙有许多部分是有限的心灵所不能完全照见的，那末这些部分是存在呢，还是不存在呢？

二、主观的观念论有个流弊就是容易趋于极端。极端的主张是世界在每一个人的心灵之内。若是我的世界是我的观念组织而成的，而我的观念又是我的思想活动所产生的，那么每一思想者都必有一个各自分开的，而有空时的世界，在此世界中各自有其自然界，其结果成了无数分开的世界。然而照我们所知觉的人们都处于同一时空之间，世界只有一而没有多数。

三、主观的观念论以为经验只是我自己心灵活动的结果，世界是属于主观的自我，但是我们知道主观的心灵决不能无中生有，构造出许多实有的经验和世界，宇宙之间必有主观自我之外的外在能力在那儿活动着，这种活动推动了宇宙的一切，组织宇宙的一切，这绝不是有限的心灵所能办得到的。

客观的观念论

　　宇宙万有的存在离不了心灵的活动，离不了知识和观念的范围。若是人们没有知识，即不知有仍何存在；知识范围之外，是否有存在这是不可知的。不过凡我们所确知是存在的东西，总在我们的知识范围之内。存在虽不是知识的产物，然而它是知识的对象。这是主观的观念论不可磨灭的结论。心灵确有创造的自动的能力。知识的对象离不了这种能力；事物之存在是属于心灵范围之内的。

　　主观的观念论有其成功，而同时也有其失败。在上章末段我们知道了人们的主观的有限的自我意识不能总摄广量的宇宙。而且世界万有不是许多各自分开的心灵之对象，因为世界是共同的，是统一的。所以宇宙是统一的意识的对象；关于这一层主观的观念论没有认清楚。而且主观的心灵绝不能组织和推动宇宙的一切。推动宇宙，组织万有，尚有较大的，无限的心灵。一切有限的心灵都只是这个绝对的心灵的表现。绝对的心灵是干，单个的心灵就是枝。关于这一点主观的观念论也失败了。客观的观念论抓住了它的成功点，补充了它的失败的地方，于是而成了一个完整的哲学系统。客观的观念论承认了实有或存在是属于心灵范围之内的，然而这个心灵是一切意识的来源，一切意识的统一。

第一节　康德的"超越之统觉"

讲到客观的观念论之根源，我们要推溯到康德的现象论。不过柏克莱也留下一点线索。他说过，在各人心灵之上有一个神圣的心灵，宇宙的存在离不了神圣的心灵之范围。但是柏氏并没有深谈，而且尚不是客观的观念论理论发展的正宗。其正宗于康德哲学中始能得之。康德以为人类的心是在同一之法则中活动的，事物的性质是浮动的，然而在不同的时间，各样的人总能同样的认识这些事物，可见万有之间必有秩序，必有永久性，必有统一性。无论在什么地方人类的心灵总能达到同一真确的结果。组织知识的原料虽然各人心灵中是不同的，然而这种原料是在同一方法中组合起来的，而且得到同一的结果。可知宇宙事物之间确有法则。譬如算学中的律则人人都是同一的。三加三无人不说是六，三角形的三角之和等于二直角等公式是普遍的。由此我们知道知识有其普遍性。然而何以知识是普遍的呢？康德说这是因为各人的心灵是互相和谐的。和谐的人心有一种综合性，它们统一综合起来之后，就能各人达到同样的知识。心灵和谐的综合即所谓超越的统觉（Transceudental Apperception）。这是一种超个人的意识。康德对于这一层并没有说多少，但是它是后来客观的观念论理论之发源。

宇宙之间确是有秩序的，守律则的。但是这种秩序，这种律则乃是人类的心灵所给予的。一切的存在必须经过心灵而后乃为人所知道。不错，人们并没有创造世界，然而世界之能被人们知道，则心先为人们由原始之感觉重新改造之组织。有人或许质问：即如此，那末人们本身为什么反附属于这些律则之下呢？康德回答的理由是人类分别为两种自我：一、超越的自我，二、经验的自我。经验的自我只是超越自我的表现或现象。属于自然律则之下的人们只是经验的自我，而超越的自我是组织这种律则的。超越的自我之本性不可知，我们所知的是表现超越自我的经验自我而已。

所谓超越的自我在康德的意思并没有反对说它们并不是各人独立。不过后来的学者拿他的"超越的统觉"解释之。人们超越的统觉各人都是和谐的，同一的，可见超越的自我各人也都是同一的。这许多单个的自我不是分开的，也不是彼此独立的。它们合起来组织成一个普遍的绝对自我。因此，我们各个不同的心灵所得到关于宇宙的真理总是同一的。可见我们必有一个共同统一的心灵。于是超越的自我成了一个普遍的意识，成了一个绝对的自我。这个绝对的自我非但供给我们的经验之形式或律则，而且供给以材料。"绝对"组织实有，它本身就是实有。思想与实有混化为一了。这个思想并不是个人的思想，这是一个普遍的心灵的思想。因为思想总是内在与心灵里面的，故宇宙（此即思想）亦隐在这个"绝对"的心灵里面的。

于是观念论焕然一新了。观念论的根本主张是"知识为存在之基础"。但是知识一辞自有其新的注释了。它不是一位单个知觉者的活动。它是一个普遍的思想者有系统的活动。客观的事物并不是单个人类的心理状态。客观的事物已自有其永久性，同一性，和有秩序的一种关系。事物不是属于主观而自有其客观性。不过这种客观性仍是属于一个绝对心灵范围之内的。客观的事物是绝对心灵的实现。所以这种新观念论名为客观的观念论。

客观的观念论到菲希特另换了一种证明的方法。不错，心灵的活动是组织宇宙的原动力。这种心灵并不是单个的个人，而是深沉的，真实的意志。主观的意志是要活动的，然而为什么要有客观的宇宙呢？菲希特的理论是这样的：意志是活动的，然而活动必有其活动之对象，必有发展其活动之可能性的环境。譬如我要做教授然而必需要有学生。于是这普遍的意志组织了宇宙万有。有了宇宙意志就有了活动的对象。宇宙就是意志的实现，也可说，宇宙就是意志活动的结果。最后由宇宙中可以看出意志的活动。在这一点菲希特打破了康德的"物如不可知论"。万有的本体就是意志。意志实现于宇宙之间，故意志可求之于宇宙间。

心灵与外物之鸿沟业经客观的观念论渐次的填没了。康德主张外界的秩序和律则，空间和时间都是心灵的产物。然而这尚不是个人心灵的产物，于是又发展为一个绝对心灵的产物。菲希特是绝对为活动之意志。外界是心灵的实现，心灵乃是外界之精髓。到了谢林他以为较外界和人心更深的有所谓"绝对"或"同一"，或称之为"主客无异"或名曰"心物一体"。然而在这个时候哲学研究的焦点已不在心物之他我之分别。哲学的工作是要详细的分析和证明："个人意识和外在秩序，有限自我和无限自我，个别的世界和普遍的世界，它们是怎样以心灵或精神的关系互相连紧的"。这种系统，这种工作之成功就要归功于黑智尔了。

第二节　黑智尔的"自我意识之显现"

观念论对于知识价值问题的答案是：存在是知识的对象；存在的本性是心灵的。从主观的观念论进展到客观的观念论心灵的范围扩大了。由单个心理上的心灵而推化到逻辑上的普遍的心灵。人类的心灵和外界的存在都是这个普遍的心灵之表现；非但是表现而且是这个心灵活动的产物。这种理论到黑智尔手里完成了一个逻辑的系统，而且客观的观念论达到了极高峰。以前的哲学系统到了黑智尔才完整而后来的哲学理论复无不受其影响。黑智尔理论的方法是逻辑的。但是他所用的逻辑并不是形式逻辑，因为它采用了一种新方法——即三立论的辩证法。所谓辩证法就是先拿出一件事物的正面；然而再举出反对这件事物的反面；第三步就从这事的正反之间求其调和，求其综合。这即是"正"（Thesis）"反"（Antithesis）合（Synthesis）的三立论。黑智尔以为宇宙万有的真理无一不可用此法在互相矛盾之间求其综合而求得之。万有的进展，历史的继续都可以辩证法解释之。凡事物有其正，必有其反。正反之合乃得到较高的真理。然而此层正反之合又是较上一层的正面，后有其反面，在这一层正反之合又可得到更较高的真理。宇宙之进展即正反合之连续，愈得其最高之"合"，愈可得最高之真理。（如下图）

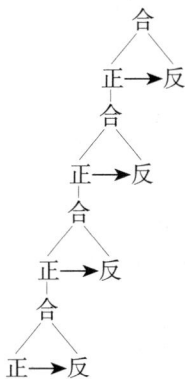

```
            合
          正──反
            合
          正──反
            合
          正──反
            合
          正──反
```

黑智尔辩证之方法如此我们再看他辩证的理论是怎样的。

宇宙之间有许多心灵和自我，而自我之外又有非我；主观的心灵之外又有客观的外界；单个之外又有普遍。在表面它们是处于相反的地位。然而它们是怎样关联的呢？我们怎能解释这些矛盾的现象呢？黑智尔的理论就从分析这种关系着手。

怎样能认识自我，这就是自我意识的问题。我们的讨论就从此出发。我说："我现在知道我在此时正在有一种感觉，或是正在听见一种声音，或是正在有一种思想。"我们仔细想想：我们能即时知道即时即地现在的一切吗？当你说"我知道"三个字的时候，你所感觉的已经过去了，你所听见的声浪也不在了，你所思想的也已消失了。所以我所知道的我的感觉，我的思想，我的举动，都是在我的感觉，思想，举动之后。一刹那前所知道的，一刹那后又成过去。我所知道已经过去，而即我之知识亦已过去。故我不能说"我现在知道"，而只能说我已经知道了。前一刹那之自我已在后一刹那之自我前飞走了。现在的我所知道的自我已是现在之前那一刹那的自我，而现在的自我又是后一刹那所认识的自我。譬如在我们正是快乐的时候，当时我们并不感觉快乐，到了后来我们想到那快乐时候的一切，于是我们才觉得极其快乐。我不知道我现在是什么；我只能知道在一刹那之前过去的我是什么。因此，我们必定要从现在的自我飞走过去了，然后再回溯到刚过去的自我的时候，才能自己认识自己，自己知道自己。换句话说，我之能知道我自己，必须要在现时的自我之外的自我去知道之。推而广之，一切感觉，一切性质，一切思想，一切生命之有生存，必定要被其它心灵才反想得到，要从外面才观察得到，要在其本身之外的另一物体所认识，要以新的经验重演述之。若要你单独的站在这儿，离开一切的环境，离开一切的关系，离开一切的思想，离开一切的生命，你还知道有你自己吗？在那个时候你自己也不成其为你了！你要在外面发生许多关系，反想你自己，批评你自己而被人所批评，观察你自己而被人所观察，然后你才成其为人。你才是一个有生命有一贯的自我。因此，自我的存在是我的内在生命有意识的向外公开的表现。好像我们大家都知觉的，若是我长久的完全离开了社会，我们就要觉得生命是怎样的空乏。那个时候我已不是朋友，父子，夫妇，兄弟，公民，工人了。因为这些关系一齐脱离了。请问这样还有所谓生活吗？那个时候我就发现我已不成为我了，可见内心的生命和社会的生活是互相关联的。内心的生命必需公开表现于社会生命中，总括的说，在我自己里面自我只能被现在一刹那以外的自我所认识：这就是自我之认识必经过后一刹那的自我。在我的外面，我要有了朋友，父子，夫妇，同伴以及与其他自我之一切关系，有了这些关系，（这就是有了自我之外别的自我）然而我才有生命，我才是人类，自我才能成立。这可说是心灵生活的规律。普通总说认识只是某一人单独在内心的事情而已。这是不对的。我要认识到别的东西，并且要被别的东西所认识。故一切意识乃是求诉于别的意识，内心生活乃是求诉于外在的生活。所谓内心生活就是和外在的许多心灵互相交感。人类一切的动作至少要求许多其他的自我，要求之于社会，求之于别的心灵。没有单独的生命；没有纯粹内心的生活。只有这个许多自我的世界。既是内心的自我必经过别的自我而后有存在，于是所谓内心的自我确只是一个外在的，显示的，表现的自我。唯一的心灵只是许多关系的心灵所组合的世界而已。所谓自我认识只能求之于外在的而精神的关系之中。

$$意识生活 \diagdown \begin{matrix} 他我 \\ \uparrow \\ 自我 \end{matrix}$$

无论在意识生活的什么地方，所谓意识乃是许多相反的相争的目的思想，激动的一个联合，一个组织。你绝不能认识什么东西，除非你拿这件东西的反面去攻击它，除非你发现它里面矛盾并打倒这些矛盾，你才能证明它是什么。这种规律是黑智尔哲学系统的基础。

黑智尔得了这样一个规律，于是他就运用之以解释一切意识关系，而且将我们和彼此，和世界，和上帝的一切理性关系组织成一整个的团体。他以为深进的自我，或绝对的自我只能于精神的奋斗，劳动，冲突中求得之。我们私自的自我和一切外在的事物发生各种关系，各种冲突，而后表现出自我的存在。凡在我的环境遇着的关系愈多，遇着的冲突矛盾愈多，则内心的自我愈普遍愈冲进；我所克服的冲突，矛盾愈多则此自我愈完全。在宇宙间是一个无穷尽的精神关系，在这样关系中所表现出当然是极深进的，最普遍的自我心灵。凡宇宙的一切关系无不与此自我相联紧，宇宙的一切冲突，一切矛盾无不被此自我所克服。所以这是绝对的自我。我们个人的自我亦不过在此绝对自我中的一点小小的关系而已。这个绝对的自我只是一个绝对强健的精神，他经过了生命中一切的矛盾，他得我永久的胜利。譬如一家的家主管理一家的事情牵连外面的关系，所以这整个的家庭就是表现他的精神。家庭愈美满愈足以实现他的精神。至于宇宙万有文化演进，以及一切的意识都是这个绝对的自我之实现。

适才我们所讨论的是黑智尔实际的主张，这是关于心灵关系的分析。至于哲学上所需解决的问题如能知与所知，实体与现象，心灵与外物，有限与无限，这些哲学哑谜只有黑智尔运用前面所讨论过的规律解决了。我们看黑氏的哲学系统是怎样的。

整个的真理绝不是死板的定义所能说明。我们只能从认识一切根本概念和它反面的真正关系中明瞭之。譬如单个心灵的认识必求之于社会心灵，内心生活必求之于外在生活。此一刹那之自我与前一刹那的自我，私个的自我与其他的自我，都是处于相反的地位，似乎是矛盾的，冲突的，分开的。然而我们要得到这些相反的观念之意义，我们只能深察到在每一对冲突的趋势之联合中求得之。因此，真理只能在反正的冲突之综合中得之，而绝不能以死板的方法得之。因此，世界与精神之本质必是在这些有限的不定的存在之互相争斗，互相矛盾中所含的真理。世界的本质并不像康德所说的不可知。真正的本质是从这些流动变迁的现象中显现出来。因为真正的本质是心灵的自我，是主观。它要保持生存，它要继续活动。它生存必需要其生存之环境，它活动必需要其活动的对象。于是而分化实现于宇宙万有。从上而下，乃是主观实现于客观，精神具体于外物。自下而上，则由有限中显无限，由外表上证内心。黑智尔始终一步也未曾离开辩证法。

宇宙间是互相矛盾，互相冲突的。有其正面的观念必有其反面的观念，然而正反两方面乃不过是一较高的观念之各部分。推至最后，这些正反的观念乃是一个无所不包无所不容最高的观念之各小部分而已。最高观念乃世界总和的思想；它要是完全实现的时候就是整个精神系统中的绝对自我。此绝对自我联连了无尽的关系，克服了无穷的冲突，而成了一切思想极高的统一。换句话说，许多无穷尽的关系互相矛盾，互相冲突，然而它们又是互相显示，互相解说。它们的总和就成了这个极高的思想统一。它是万法之法。它就是宇宙间一切事物，一切思想的生命关系的综合思想。绝对的思想或自我是蔓茎，单个的自我和外界是枝叶。

因此，黑智尔以为一切自然现象，心灵活动，文化之转变，历史之推动，都是绝对的思想的表现或实现。宇宙的本质并不是一件死板的东西，它是渐次从宇宙间实现出来的绝对思想。而且文化之发展，历史之演进，以至于万有之生存，人心之活动。皆因此绝对自我意识或自我实现而显现，而存在。

第三节　现代观念论之营垒

　　观念论系统的发展到黑智尔可说是已至极点。以后的观念论者都是他的支流。然而现代的观念论者各有其发挥之特点。它极坚固的营垒遭了许多猛烈的炮火，经过无数激烈的攻击。非但没有毁坏丝毫，反而使它更坚固，反而击散了敌方。实在论的各种理论已不能说明知识与实验的关系。它们都被驳斥了。我现在要看看近来各观念论者所建立的营垒。

　　格林是英国第一位新黑智尔论者。我先从他的理论说起。他以为知识乃始于许多相联关之事实的经验。至于事物的联关不是它们自己组织成关系，它们需要某种联接机关（Combiming agency）去处制。因为凡不与意识相关系的事物是不能发生知识的，所以这样的联接机关必是一种意识的活动。因此自然界之统一乃是意识统一的表现。简单的说，知识某件事物即是去联关它们。事物之知识即因有此联关的心灵。然而在我们这些个别的有限的经验中的单个私自的心灵是不能产生这种联接机关的，于是而有一个"永久的心灵"。这种永久的心灵在我们人类认识自然界之前就先已限定了自然界，而且它在我们这些有限心灵中慢慢的一部分的显现它自己。这个神灵的心乃是组织实体的普遍系统。

　　布拉德莱的辩证"绝对"的出发点，就是他首先分别经过思想组织过的关于外界的观念，和原先直接经验到的外界这两者是不同的。实体在经验中一方面可说是我们所直接知觉的这个样子，一方面也是我们以为是怎样的样子。"什么"（What）和"那个"（That）的分别。观念与存在的分别。他怎样分别的呢？他以为我们的思想不是唯一的经验状态。思想和一切实接的经验（如动作，知觉，觉触）是不相同的。直接的经验乃是许多混杂的，不相差别的感触印象彼此交流而已。然后由思想去区别它们，整理它们，给之以一定之名辞与关系；于是而始有秩序与系统。因此经过思想整理过的事物如直接经验到的印象是不同的。换句话说，在思想中我们不仅是论及一切非直接经验的东西，即使我们是论及即刻现前之一切的时候，我们也是要把它置于许多关系许多解说之中；把现在即刻所得的经验，从此即刻的内容中分开来，而后配合到一切非即刻经验别的其他关系。思想的工作是绝不能少的，但是思想的结果发生许多的矛盾，所以不使人意满。直接的经验是混乱的，是不融贯的。经过思想的组织之后它变成了有秩序的可理解的了。但是这种可理解性是有限制的。经验之可理解必以思想为方法。思想，本身就隐含许多的矛盾。请问从这种含有矛盾的思想所组织成的一切，当然不能是完全可理解的。因之，没有思想能显现真正实在的本体。要经验到这较平常经验高一层的实在之本体则不是人类思想所能辨得。这种较高的经验就是布拉德莱的"绝对"或"绝对的经验"。

布拉德莱之辨证"绝对"，他是根据二点。（一）不错，实体是在我们所思想的一切中显现它自己。但是（二）实体在思想中的显现是不确当的，因为思想是隐含有矛盾性的。因此布氏的"绝对"是超人类的经验；在这种超越的经验里面，经过我们的思想组织过的秩序世界和经过感官和感触所得的活跃的直接显现，两者是彼此联合了。因此，这个"绝对"解决了直接经验和思想内容的差别和矛盾。

但是回过头来说，不错，我们不能走入"绝对"的经验境界，不错，我们不能从人类经验中完全认识"绝对"，然而"绝对"的根本的性质，仍是显现于我们的经验之中。我们永不会看见实体的全部，我们只能"洞见一斑"。

鲍桑葵不像布拉德莱的注意人类思想的缺乏和失败。鲍桑葵着重于思想的成功，以平常的思想经验而证明"绝对"。"绝对"的线索可于人类日常生活显示之。崇山峻岭隔阻我们的交通，于是我们开山掘地，区别美丽必求于丑恶中。譬如欲得我们所爱的东西，若能随意尽量取得，那末我们即得到亦不觉可喜可爱。除非我们经过多少的苦楚困难而后获得之，那末我们就要喜爱若狂。可见在我们日常生活中无不于矛盾中求和谐，无不于反对中求综合。这种极高的和谐，极高的综合就是"绝对"的表现。

鲍桑葵所谓思想乃是"总和之活动形式"（The active form of Totality）乃是"普遍体之具体化"（Concrete Universal）。譬如我们解决某问题。当然是以思想而达到的。但是我和我的心灵并没有做些什么。那只是各种的思想发现在我的心灵中。思想之达到真理并不是我，或这个思想的人有什么神秘方法有以致之：实在是这个被思想的人所认识的问题环境对象经过思想者的思想而发展它们自己，从它们自己里面的觉动而后达到真理。所谓思想乃是与实在论之外界管制心理的程序。我之所以要如此思想，实因外界之迫力。实体之本性管制心灵如何去决定。故心理之活动即表现实体本性之表现。个人的宇宙只是个人选择能力在整个大宇宙中所指定的那一部分而已。在经验的外界中实体显现其本性之某部分，经过经验之连续而渐次趋于完善的实现。个人之心灵即为经验的外物所管制，故个人之心灵即表现一部分之实体。在一切心灵中所显现出的就是矛盾而变为和谐，使冲突而趋于秩序的综合能力。这个综合能力所表现的即"绝对"。

二十世纪的观念论者大半都是趋于绝对论。不论是布拉德莱和罗哀丝，霍金（Hoking），莘克赖（May Sinclair）和卡而金（Mary W. Calkin）。他们或她们都是以为宇宙是许多自我心灵所组织成的。这些观念论者也都是像笛卡儿一样从确定自我的存在为出发点。自我是实在的，就是我们怀疑自我，否认自我也必需要有一个自我去怀疑去否认。自我到底是什么呢？所谓自我就是一个较为互久而仍有变动的实在，它是单一的。因为他就是他，我就是我，而不能彼此代替的，它是复杂的，因为它是许多特性许多不同的经验所组织成的；它是关联于它以外的一切任何实体。

这些自我是彼此关联的。自我之认识必认识自我之外的一切，因为没有其他的自我不足以有自我意识。由此可知一切的实体乃是一个整个体，它是包括一切的一个绝对的自我。一切的有限心灵都是此绝对心灵之局部而已。绝对心灵的实有可以举出两个辩证的理由。

（一）人人都是承认的：我们有错误我们不能尽知，这就是我们有时是无知。现在就因为无知和错误的存在而可以推论到一个绝对的能知者的存在。某人以为他的意见是错误的。不错他确是承认这种错误。何以他知道这是错误呢？或者则后来他发现了真正的意见，或者他知道了别人比他较为正确的意见。故错误之存在即显示必有真理之存在。反过来说，我们知道这是真确的，这也是从其他一切错误的地方表现出来。但是有限的心灵有时只完全有错误之一方面，所以反不知其错；有时只完全真确之一方面所以也反不明其真。因此，这种真误的比较，必要一个包含一切错误和真确两方面的经验的心灵，而后可能。换句话说，就是要有一个包含真误两方面的自我，而后始可分别真确与错误。推而进之，在许多有限之心灵中的错误无知，就必要有一个全知全能的知者。而后始可解释一切错误与无知之可能。此全知全能之知者即所谓"绝对自我"。

（二）我们立刻所确定的即自我之存在以及其所经验的一切。在所经验的一切中我们觉得自我们的意志为外界所阻碍，所反抗。我们觉得自我是被限制的。由这种被阻碍被限制，我们就可以知道在自我之外有其他的存在。因为有其他的存在阻碍我限制我，而后我乃能被阻碍，被限制。没有自我之存在的东西限制我，则自我并不觉有任何限制。此即由我之认识而后认识他我。其他外在之本性虽未知，而其存在则已直接感觉。极端的观念论既以为仅知自我与自我之经验，而此地复有自我之外之存在，则自我与自我之外的存在两者之间将何以解释之。于是绝对论或客观的观念论应声而起。他们以为这不能不承认一个总包一切的自我。假定我和其他的一切都是一个无所不包的大自我的各部分。我直接知道自我，我就要直接知道这个大我，而我乃是他的一部分。而且这个大我也包括自我之外的一切。自我之认识而所以知其他存在着乃因认识自我而必求之于大我，于是由认识大我即我大之其他部分亦为我所认识矣。此所谓大我即一最后的，包括一切的绝对。

第四节　客观的观念论恭答其它评者

观念论遭过许多的攻击，然而仍是健在。主观的观念论确有不少的困难，然而它的根本主张——"宇宙是属于心灵的"——丝毫无损。欲免除主观的观念论之困难而极力发展其根本问题，于是而建立客观的观念论。故客观的观念论乃以观念论的根本原则为基础而重新建设其坚强的城垣。不幸这个坚强的建筑仍时被攻击。敌方攻击的目的虽不时向着新的城垣，然而它的主力仍着重于轰炸一切观念论的基础。可惜凡反向观念论的一切理论都失败了。其失败的理由我屡次在前面详细的说明了。现在对着客观的观念论仍是不少的炮火与炸弹，我们现在要研究它们是否击中了客观的观念论，是否毁坏了观念论基础的丝毫。

一、观念论被人批评说是思想混糊　被知的客观和能知的客观明明是两相分别的，为什么观念论要说被知即能知之内呢？不错我们也分别能知其所知。但是所知脱不了能知的范围。既无能知事物之存在则从何而被知？事物之被知即入于观念范围之内。故宇宙不存在则已，存在则即观念的宇宙。你能想到这样一个境界吗？没有观念没有思想，没有知识而仍有存在吗？你即想得到，就在这一想念之间已复入乎观念范围了。然而这就没有实有的外界吗？不，外界是实有的，惟外界的实有只于观念中表示之。也可说，外界是实有的，惟此实有之外界亦即普遍之心灵的表现或实现而已。

二、存在即被知　有人批评说观念论根本的错误乃以为"仅被知的东西方是存在的"。有许多的东西是存在的，然而它们不一定是被心灵所知道的。实在论者说过在不被我们知道的地方也许有不少存在的可能。这种可能性我们不敢十分承认。因为完全不为所知的东西既不能是物质，又不能是心灵的；既无香又无色；既非本质又非因果。总之，它们是不可思议的。所以这种不可思议东西，与其肯定存在之可能不如否认之。而且完全不可知的东西即存在亦不能加于其上，因知其存在则此物亦为可知矣。

三、多元乃一元之各部分 一切观念论的基础没有被敌方毁坏丝毫。我们愈反对之愈攻击之，愈足以显其坚强。我们再看敌方对于客观的观念论是怎样批评的。客观的观念论以为宇宙的本质乃唯一绝对体。多元论反对说世界明明是包括许多的东西。无论何人都可以证明这句话。我们观察到有许多人物许多物质许多生物。它们是彼此独立的，它们并不是一体之各部分。不错，客观的观念论并没有否认许多实物的存在。不过它们互相关系的，它们是一体之各部分。这个一体乃是无所不包的。它们并不是彼此独立的，而是关联的。客观的观念论之关系（Relation）乃解释为能关系（Relating）。有能关系而必有所关系者；而能关系与所关系乃一整个体之各部分耳，乃一有关系功用的实体之部分耳。

四、"绝对"超越变迁的经验 绝对的实体是不变的，而有限的自我乃是变迁的。那末从"绝对"看来，这种变迁只是幻影而已。但是变迁确系事实，那末客观的观念论将可以解释之。客观的观念论回答说，"绝对体"也许经验着是不确定，然而其本身并非即不确定。有限的自我觉着变迁，绝对也许分握这种变迁的觉着。然而它本身并非是变迁的。绝对虽然是分得有变迁的经验，然而绝对本身是超越这种变迁的经验。而且因为"绝对"是无所不包的，故从"绝对"看来没有什么东西是真确的。所以变动是真确的。"绝对"经验这种变动，然而它本身超越这种经验的。

从上面讨论的结果，观念，尤其是客观的观念论，乃是解决知识价值问题的唯一理论。

知识价值问题之结论

　　知识的价值可说是知识论里面极重要的问题，也可说是哲学的中心问题。关于这个问题的解决历来分两大派，一即实在论，一即观念论。实在论里面又分为知觉论，代表论，新实在论，批判的实在论。总之，它们的根本主张是：外界乃离知识而独立存在的。人们在这里，这个茶杯是存在，人们不在这里，它也是存在的。这是极平常极普遍的见解，所以赞成的人很多。实在论自称为常识的辩护人。素以讨论宇宙本质问题的唯物论，尤其是近代的辩证法唯物论也从讨论物质问题而转向知识之价值问题，其实它也只是从实在论里面拾些残余而已。它也是斥观念论为反常识的。然而实在论是否合乎常识？实在论主张在一个完全没有心灵完全没有知识的境界中，事物是独立存在的。事物有存在的可能性。常识是否告诉你：在你一无所知的时候，你又能知道月亮反面的山水有存在的可能性吗？常识是不是显示我们这是矛盾的言语。完全无知识的时候即等于无任何知识，那末何以实在论者又有事物存在可能性的知识呢？实在论假装着似乎是说些极平常话来愚弄一般只有常识而无哲学知识（哲学的定义见第一章）的人们；其实，所谓实在论确是一种极神秘极不可思议的理论。它能一方面说无任何知识，而同时又能知有事物存在之可能；它能离开了知识，以至于离开了常识而复知事物之存在。观念论绝没有这样的大胆。实在论既不能成立，则知识价值问题之解决我们只能求之于观念论。其实观念论是说明知识价值唯一的理论。现在到了著者表述我自己对于这个问题之解决的时候，当然我只有站在观念论这方面，我只能做一个忠实的观念论者的门徒。我没有新的意见，因为新的意见也是包括在观念范围之内。

第一节　存在之意义

　　一件东西我们说它是存在，它就必须要有意义。意义就是对于某心灵发生意义，无意义就不能显其存在。物事所表现的意义是什么呢？现在我们照常识来说罢。不错，这里有个苹果，它并不是观念，明明是放在那里的。摸着它是光滑的，嗅着它是香的，看看它是红的，尝着它是甜的，触着它是冷的。于是所谓苹果就是说它是在那里，它是香的，红的，甜的，冷的，滑的，硬的。我们说它的存在因为它有这些性质。但是所谓性质只是各人的观念而已。请看，在麻木不仁的舌头上，和死人的上颚上，一切东西都是没有滋味的。所谓冷热也是因人而异，同样一个苹果冷手摸在上面觉得是热的，热手摸上去就觉得是冷的。至于颜色也并不是在外界，因为光波之不同而颜色也不同；在黑暗地方各种颜色都消失了。其他如声音也是因为各人听官之不同与无声之声浪之不同而不同。总而言之，一切这些官感的性质都是观念的。它们都是因为我们而存在，最好，它们乃是某“世界心灵”之思想的具体化。何以呢？因为若是在我们的心内所发生的观念能与这些性质相同，那末这些性质必是在“世界心灵”里面的观念。若是我们并不以为这个真正的物质世界之本身，乃世界心灵之观念的具体化，若是这个世界不是观念，那末这个世界这本身简直就是离开人们一切的眼耳口鼻，既无颜色，又无滋味；既无冷热，又无明暗；既无声音，又无静肃。再看当我们游览到名胜之地，看到名家的书画，我们发生无穷的感想，我们觉得名胜之地的美丽，我们批评这些书画的伟大。试问这种所谓美丽，所谓伟大是否随处随人都是存在的呢？不，不，若是一个不懂古迹，没有美术眼光的人，看了名胜，他就感觉不到美丽。若是一个不识字的人，或不是书法家，他就不知名人书法的伟大。可见美丽与伟大以及其他一切价值与意义，只能有鉴赏者而后能存在。若是它们存在于赏鉴家之外，它们就必在其他心灵之中，或者就是某一"普遍心灵"的思想。

试问读者是否承认官感的性质和抽象的鉴赏乃是观念？若是否认的话，那末这就与我们在前面对于事实的分析不相符合。若是我们要基于事实的话，我们就不能不承认官感之性质与抽象的鉴赏乃不是在外界的，而是属于心灵的；要是在个人主观之外的话，它们必是在一个普遍的"世界心灵"中。我们既是把似乎在真实的外界的美丽，价值，冷热，滋味，嗅觉，颜色，声音都归入了观念的领域中，那末所余下来的谓真实的外界又真在什么地方呢？不过也有人回答说，在你和任何人的观念之外，许多东西仍有其形式，大小，硬软，运动，远近，声音，不能在乎你的心灵之外，但是声浪在是你的心灵之外。颜色本是观念的，但是激起各种颜色的以太波浪并不需要心灵的。热度是观念的，但是发生热度的分子，是在心灵之外。但是诸君仔细再想想看！一件东西的形式，和大小到底有什么意义？是不是在某一定的环境中我们不能不发生某种形式大小的观念。总之，外界一切的意义及一切性质的意义都是必要经过我之观念而给其外界的。当我说那些东西有形式，大小，运动，分子的时候，当我说空气里面有音浪和光波的时候，我的意思就是经验直接或间接的给了我一大堆的观念。这乃是在经验中集聚的许多观念，而我现在发现同样或相关的经验的时候，我就拿以前的观念解释之，给之以意义，也可深刻的说这不是我能解释的，也不是我能给之以意义，这乃是一大堆的观念到了某一定之环境时，必定要涌现给我们的。然而这种"必定要涌现给我们"并不是因为外界有物质的实体，而后由这种物质影射到我们的心灵。何以呢？外物一则不能离心灵观念而自有所谓意义，一则所物质之性质——如官感性质与鉴赏价值——大半乃是观念，乃是心灵的产物。故物质不能使我们发生观念。那末这些"必定要涌现给我们"的观念是从那儿来的呢？就在此地我们已经觉着到一个"世界秩序"；从这些必定呈现给我们的观念就足以表现"宇宙心灵"是如何的显现到我们的前面，如何在显现到像我一样的心灵上。所谓"空间"的概念也就是经验和我的心灵所呈现的一个观念的系统而已。这些观念乃确有一种实效。所谓实效就是我看着这个世界的时候，我不能不看见它是在空间。我告诉人们某物有多广，多大，多深，我描写它，我有了许多广大深阔的观念。于是我组织成了空间的观念。然后由空间的观念，来解释世界。我们把世界放进了空间而说世界是真的，其实，这只是我把此一观念想入了另一观念而已。不过这不能随我自由想念，这是必定如此的。而这个"必定如此"就隐含有一个"世界秩序"的意义。然而并没有越出观念的境域。（所谓"世界心灵""世界秩序"乃系指一事其存在，在第四节证明）

因此，从以上对于初性和次性（Primary Quality and Secondary Quality）即对于官感性质，时空概念，赏鉴价值等等分析的结果，我们明白了我们所认为真实的世界乃是观念的。反过来说，在这个世界里面，没有一件我们称为真实的东西不是我们以观念表述出来的。

我们之称某种东西是存在的，这就是我对于外界发生许多的意义。要是我没有任何意义的时候，我就没有外界的意义，也没有存在的意义。我之所谓存在，就是因为我们觉着有许多的性质。我们因为有颜色，声音，香味，美丽，伟大，神圣，大小，软硬，形式，远近，久暂，官感的快愉，精神的价值，以及一切任何意义而后乃知有存在。然而这些性质都必定要由观念表述之。若是没有心灵，绝不会有这些性质。这些性质既是观念的，那末由此性质所显现之存在，当然也在观念范围之内。没有心灵之活动，即没有一切性质，价值，时空，没有这些性质等，即没有任何意义；没有意义即无所谓存在。请问实在论者与唯物论者，你们能举出来一种没有任何意义，没有任何性质，没有任何价值的存在吗？因之世界的一切存在，只能以观念表述之。于是我愈认识世界，我愈有一个丰富的心灵。我愈与事物之真理相近，我愈得到很多的观念。若是我们的世界是可知道的东西，那末此世界之本身亦必根本是属于心灵的。而且只有心灵认识心灵，只有观念始可与观念相像，故我知我是心灵的，我之外的世界也是心灵的。我们的口号是"一切的存在是属于观念范围之内的"。

第二节　无知识即无存在

我们的第二个口号是"绝对不知道的东西是不存在的"。实在论者主张存在是完全离开知识而独立的，这就是我们能在一个绝对不可知的境界，一个绝对没有知识的地步而主张事物的存在。也许有的实在论这样说："我们并不是主张绝对不可知的存在。存在也许被人知道，而也许不被人知道。然而不被人知道的时候也是存在的。"此地我们就要仔细的分析。这个所谓"不被人知道"，（一）还是绝对的不被人知呢？（二）还是现在还没有被人知，而将来有被人知的可能呢？我先来讨论第二点。我们要进一步的问"现在还未知，将来有知道之可能"，像这样的存在能否完全脱离知识而独立？这种存在现在你完全不知道。但是我要问"你既是现在完全不知道的时候，你可以能知道某物之存在呢？"你也许说"现在它未被知，然而将来它有被知的可能，故尔知其存在。"呵！原来你要是永久完全不可知的时候，当然你不知有存在，而你之知有存在却原来是在将来你知道了它的时候，故你知其存在。那末这种存在不仍是要属入你的知识范围之内吗？"并且你还可以说"存在不一定要属于知识之内，因为若现在已知其存在，而将来不知道它的时候，它仍然是存在的"。那末我还是要问："将来既不被知的时候亦有存在，何以呢？因为你以前已知其存在。那末你之所以知其存在，虽现在它未被知道，然而过去的时候已经被知道过了，故此种存在亦不能脱离知识而独立。"从这般的讨论我们得了一个结论："存在被知之可能而虽未被知道亦是存在，但是这种存在的认识绝对离不了知识的范围。"凡要绝对离开知识而完全始终独立的存在，那末除非这种存在是绝对不可知的。换而言之，若是实在论承认存在不是绝对不可知的，它就是承认存在不能绝对离知识而独立。若是实在论者坚持存在是绝对离开知识而完全是独立的话，他就是等于说在一个完全没有知识的境界而知有存在的东西。

现在我们要讨论到绝对不可知的境界有否存在。绝对不可知的存在简直是不能承认的。这是一种毫无意义的概念，这是一种矛盾的肯定。知识之外的存在可能简直是无意义，它好似一种从来没有看见的颜色，从来不为人所听见的声音，从来不为人所尝着的滋味，从来没有感触过的感觉。当你们证明这种存在之可能性的时候，那种存在已非绝对不可知。所谓绝对的不可知就是非存在。离知识就没有存在。回过来说，若是世界存在在这儿，它的原质就是已经被人所知。这所知当然是被心灵所知道的，那末这种原质已经在根本中就是观念的，心灵的了。一个心灵之知道真实的世界，他就是在这世界里面找着了有许多含有性质的东西。但是这所谓性质乃是观念的存在。一个心灵之认识真实的世界，乃因其找出了许多的关系，如平等与不平等，伸张与收缩，共同与互异。然而这些关系只是一个心灵的对象而已。这个世界必定是一种心灵或是一堆心灵，或是一个整个的普遍心灵所组织成功的。

第三节　自我与非我之存在

意识的存在是不能否认的。因为心灵的活动是认识宇宙一切的原动力。一切的存在都在范围之内，都是依赖着心灵的。我们必要思想，必要肯定，必要否认，但是这一切活动都离不了意识。我们不能怀疑意义的存在，因为在怀疑的时候已经是预先认识了一种怀疑的意识；我们也不能反对它的存在，因为在我们反对的时候这就是说必有一种意识去反对。因此，意识的存在是不能不承认的。既以我们的反对与怀疑也足以证明其存在。单个有限的意识就是我们所谓自我的意识。自我意识之存在是确定了，而自我的世界也是一个观念的世界。然而自我怎能破出自我心灵的范围而达到自我以外的一切心灵呢？

关于这个问题我们可以从两方面讨论。一方面，自我心灵与外界的心灵乃是同一本质，即我与宇宙为一的意思。另一方面，自我与外界乃是互相显现的，自我无外我则无由显现，外我无自我则不得存立。兹分别详细讨论之。

在本质上，自我与外界乃是一个整个体。组织外界的心灵和我自己的心灵乃是一体的。凡外界的一切事物，不论是我直接知道的东西，或是离我极远极久的东西，它们绝不是产生我们的思想的原因。它们只是思想的对象而已。我直接知道的东西，譬如一个茶杯，我一定要有一个茶杯的意义。但是我所有的茶杯的意义是要与外界的存在同一的，换句话说，我是早已有了茶杯的实质，然后当我心里对于茶杯的意义与我已有的茶杯本质的认识同一的时候，我就说它是茶杯。然而现在单个的自我并没有茶杯本质的认识，那末我就不能同一我个人所有的茶杯的意义。于是我就不能认识茶杯。然而我的确是认识了茶杯。单个自我心灵既不含有茶杯实质的认识，那末茶杯的实质以及其他一切的存在的实质必须是包括在一个整个的，普遍的或深大的自我之心灵里面。我要思想到一件东西，我就要把单个心灵的意义与"大我"所含有的那件东西之思想要是一贯的。这个大我乃是真正的自我。真我或大我有完全整个的认识。在我们单个心灵认识之前，我们所要认识的东西一定是已经包含在大我的心灵之中，否则，我们就不能认识它。没有大我的存在就没有一切存在的认识，因为我们不能无中生有，因为我们不能从完全一无所知的地方发生意义。当我们对某物发生意义的时候，当我肯定它，否认它，怀疑它的时候，我的全部认识之总和，我之大我早已经含有了那件东西。大我含有小我含有一切存在；我即大我，宇宙一切亦即大我。我与外界即一体。故我之思想外界并非在我之外思想之，乃在大我之内思想之。

第二点自我之有存在，必有他我之存在。一个孤独的自我乃是一无所有的。孤独的自我没有一切的认识，即没有一切的思想，既无父子，夫妇，兄弟，长幼之关系，又无老少，远近，亲疏，好恶之分别。那个时候我还有我吗？换句话说，就是无自我。然而自我实有。而自我之有，乃是因为我思想一切外界，认识一切外界，在外界里面，我是一个公民，是一个儿子，是一个丈夫。我之于外界关系愈多而自我愈大。故自我之存在，实含有他我存在之意。这一层我讨论黑智尔时言之很详，兹不多赘。

从上面的两层讨论，自我是存在的，而且由自我之存在而得确定外界的存在，因为没有外界的存在，亦不能显示自我之存在。

第四节　绝对自我之认识

不论我们在前面是讨论存在的问题，不论是证明自我与外界的确有，其中都含有一个绝对的，普遍的自我之认识。所谓绝对的自我乃是一个整个的心灵或是普遍的意识。这个绝对自我并不是绝对不可知的，因为前面我们已经证明了绝对不可知即是非存在，但是我们的思想亦不能完全显现之。因为在我们的思想中含有不少的矛盾，往往思想之本身常是前后不一致。我们对于绝对自我之认识用不着我再来详细反复的分析，因为以前的客观的观念论者已经历有定论。现在我简单的从三方面讨论关于绝对自我之认识。

一、绝对乃整个宇宙之总和关系　自我意识必须有外界之若干关系而后可能。我之所以知有我乃是因为我知道事物。我知道有山水草木，我知道有飞禽走兽，我知道有其他的一切自我，从这些关系中乃知道有一个主观关系者的存在。一个原始人他所认识的自我只是一个打野兽吃荒草的人，也许是三五个同类中的助手一同去寻食物。他在外面的关系只有这样多，他的自我意识也只有这样广。一族人中的一个领袖，他要处理一族的纷争，人要抵抗外族的侵略。在这一族中他与各个族中人都发生关系。他所发生的关系极多，他的自我也极大。譬如孔子他的思想精神非但影响于当时当地，而且与各处的学者和几千年的人情都发生了极深刻的关系，而他所表现的自我又更大。现在的一位大政治家，他要认识世界各国的国情，他要做国内的良好公民，他所表现的自我也不小。总之，它与极多的对象发生的关系愈大，而他所表现的自我愈大。但是我们能互相发生关系则必有以关系之主动力。而能与我们各个心灵及宇宙间一切的一切都发生关系的，则当然显现出一个极大的自我。他容纳一切的关系，他与一切发生关系。一切关系之总和关系，即一个绝对自我意识之表现。这并不是奇异的思想，也不是反常识的思想。何以常识的思想，和平常的思想，我们普通都不易得到呢，只知得不到这种绝对思想的原故，并不是因为这是奇异的或反常识的，而只是因为他太普遍了，太常识了，以致我们不去注意他。以前的人不知道空气的存在。并不是因为空气奇异和反常，实在是因为空气太普遍，与我们所发生的关系太平常了，故反而使我们不注意，反而使我们不能认识它。绝对的自我与我们所发生的关系太多了，太普遍了，故我们反不会认识他。其实他是个大我与宇宙间随时随处是发生关系，他是一个总合的关系，他是我们与外界发生关系的来源。

二、绝对乃矛盾间之和谐　若是遍地都是黄金，若是我们随时可以得到金钱，当然世界上就不会有贫富之分。换句话说，富翁所有的产业乃是比平常的人所有的多些。愈压倒一般有钱的人，就愈显其富有。这就是说有富必有贫，有贫始足以显富。其超越贫者愈多则愈富。再说到拍网球，若是大家打个平手则不足显出其技术之高明。反过来说，凡技术高明的人他败退的敌手很多。被他打败的人愈多，则愈足显其网球艺术之巧妙。推而广之，凡超过不美满愈多则愈足以显示其美满之超越；不完善者愈多，则愈足以显示其完善，心灵生活就是把自己分散成许多互相矛盾，互相冲突，然后以全力胜其敌方。认识也就是照例从冲突的宗旨思想而得到的和谐或组织。你所组合矛盾冲突之思想愈多，则你的认识愈完全。如你认识价值，你就要从有价值与无价值间有所分析，而后从此分析之矛盾中有所超越或和谐。总而言之，没有一件东西你是能认识的，除非你能以其反正之矛盾证明之，除非你是发展其内心之矛盾而超胜之。因之，在整个宇宙间一切矛盾之发展，一切劳苦竞争之间必有一个超胜一切矛盾之和谐，而这个总超胜者即绝对之自我。因为自我越伟大，则其包括之矛盾愈多，而其超胜一切矛盾愈完全。故绝对之自我即一个十全十美的心灵，他包含生命中一切的矛盾而超越一切矛盾之上而得到了永久的胜利。

三、绝对乃认识一切真理之自我　在前面我已经说了知识范围之外乃绝对不可知；绝对的不可知即等于无实有存在。于是当我说我知道这一件我从来没有闻知的事情是真理的时候，这就是说我以为现在所知道的事乃是在我现在思想之外所存在的事实相融贯一致。然后在我现在思想之外的事实绝不是离知识范围之外的存在，因为知识之外无存在之确定。那末此在我现在思想之外的事实必仍在知识范围之内。不过不是在我个人的知识范围之内。于是这种事实必须在个人自我之外的大我的知识范围之中。当我说这是真的，这就是在个人自我所思想到的东西和在单个自我思想之外的事实两者之间必有一种比较，由比较彼此融贯的时候，我始说它是真的。单个的自我不能把两者加以比较，因为有一方面是在单个自我思想之外的。由此可知必定确有一个能知一切真理的自我——他知道单个自我所思到的事物，他也知道在单个自我思想之外存在的事实，在这个大我这两者互相比较的一致的时候，单个的自我才能说是真的。只有这个大我思想的时候，我们这些小我才始知有真理。简单的说，你要把现在的思想和在你的思想之外的外物相比较，则此外物既不能绝对不可知，则必为一极大的思省的自我所能知道。此大我即绝对的自我。他包含一切的真理。一切的真理都是绝对思想的对象。有了此绝对思想之对象，然后单个心灵中始有是非之分，真伪之别。单个心灵在事实上确知有真假，则绝对自我之实有亦确定矣。

从上面我们所讨论的结果，宇宙实有都不能离知识范围之外，故世界乃观念所组织之世界。惟此观念不能是单个心灵之观念，而必是一绝对自我之观念。何以知有绝对自我之存在？先确定存在不能在知识关系之外，故绝对自我绝非不可知。然后在此属心灵的世界中认识了单个自我之存在；再由此单个自我之存在而后知外界之确有。所谓绝对的自我乃由此单个自我与外物之实现中认识之。关于知识价值问题的答案只有两种选择。一、绝对的不可知；二、凡知者必在一心灵世界中（此即观念论）。第一选择为绝对的不可知，此即无一知识无一存在，所以说不能成立。又不能再有第三种选择，因一切选择都在知识范围之内。故著者不能不以其光明客观的态度而接受第二种选择，即观念论。故本章内容著者所述非著者创造前人所未知，实乃表述真理之鞭如何使著者趋于真理之途之程序而已。故著者非新创造，实亦无新可造，因任何新的理论皆不出乎知识范围或观念论之外也。

第四篇
知识之真伪

知识的来源和知识的价值两问题我们已经先后的回答了。但是我所讨论的是关于真正的知识。但是知识的真伪是怎样区别的呢？何者为真理？何者为错误？所以讲到最后我们就讨论知识的真假。知识的真假问题是不能自决的，除非我们知道真理是什么：欲知道何谓真理，欲明瞭真假之分我们于是要讨论到真假的标准。

"南京是中国的首都"这个判断何以是真的？"北京是中国的京城"何以现在说这句话就是错的？因此我们就要研究真伪的真理。我现在先要对"真理"二字下个定义，然后看各家对于这个定义所加的各种不同的解释。

五个减五个等于零。水是由氢气化合而来的。中华民国是一千九百十一年十月十日成立的。这都是真确的事实。何以一般人都认为是真的呢？仔细一想我们知道了凡是真的判断必定是描写或指说那事物的真像。真理就是与"实在"相符合的判断。我们先假定这样一个"真理"的界说，然后我们来讨论真伪的标准，以明各家的解决。

真理之标准

历来以环境之不同与智慧之进展而对于真理标准之认识各有不同。然而各种标准也有几种是混连不分的。不过每一种标准都自有其特见与着重点。我们现在所要讨论的几种真理标准是：

一、本能风俗传说

二、普遍同意

三、官感直觉

四、符合论

五、实用论

六、融贯论

第一节　以本能风俗传说为标准

以前的心理学主张某种不学而能的自然动作，都是因为人们有许多确定的本能与生俱来。于是有人主张宗教乃是真的，因为人们各各都有一种宗教的本能，关于道德的判断也是真的，因为人的本能是如此。

不错，人类的一切活动都基于许多自然趋向。世界上因为有这许多本能的趋向的激发，然后才有文化之发展，科学哲学之产生，学术思想之进步。但是本能不是真理的标准，我们有两种理由：

（一）现在的心理学家对于本能一辞的解释各家纷纷不一。总而言之，我们绝不能看出许多确定而纯粹的本能。本能与学习出的能力几乎不能分清。我们的咽喉里发音是天然的，但是我们所说的话也是学习的了。要是把本能和理智分清出来，这是绝对不可能的。所以本能只是某种行为的趋向不是确定的也不是纯粹的。

（二）人类的喜，怒，哀，乐，同情，愤恨，好奇，畏惧，其根源无一非自然趋向，然而它们能做真理的标准吗？它们的本身有许多互相矛盾互相冲突的。假使我们以本能为标准的话，我们将信任于哪一方面呢？我们能以其自身冲突的东西来做真理的标准吗？

古时民族因为保持个人的生命财产，于是大家团结起来，而同时一族的思想信仰也自然的引导着一族的人们。于是人民的一切行动思想信仰都以一族之行动思想信仰为标准。凡一族的风俗许可你去做的去想的，那都是真的，否则，就是假的。即是现在有时一般人仍脱不了风俗的牢笼。一个人不敢说为社会所不许可的话；不敢做为社会所不许做的事。

但是社会上的风俗绝不能做真理的标准，因为风俗的本身就是发生许多缺点与矛盾。历史上给了我们不少的例子。许多的风俗稍一思想即显为不可靠，故风俗之本身无时不在改革之中。风俗虽有其价值，然绝不能视为一切真理之标准。

一时一族的风俗或许不是真理的标准，然而有人说最可靠的则莫过于传统思想了。所谓传统思想乃是集若干民族思想之精华，得历代祖先思想经验的总汇。这当然是千真万确的了。只凭着我们现在的人们之思想理论未见得有几千年传来的思想经验来得可靠吧？常识家也许这样说：几千年无数人的思想经验所不能得到真理？你们现在的凭一点哲学思想就想要去发现真理吗？

然而传统思想之本身也有互相矛盾的地方。有的传说是这样的，而有的传说又恰恰是相反的。我们拿那一种来做标准呢？而且我们不能说凡传说思想都是真确。我们的传统思想历代在改革矫正，并且常常还留传下许多错误的观念。故传说之本身仍不能做真理最后之标准，其本身尚需合理的标准以区分真伪。总之传说虽有时含有真理，然绝不能做真理的标准。

第二节　以普遍同意为标准

普遍同意就是说世界的人各个都同意。拿这种普遍同意做真理的标准，这就是说凡人人同意的事情都是真的。这种共同信仰，人人普遍的相信很可以显现宇宙的真理。

普遍的同意也许是真的，但是我们想详细的讨论一下，又可以知道它不可靠。一件事物想人人都去同意的说是真的，这并不是一件容易的事情，因为世界很少有几件整个人类都认为真实的东西。假若有某些事是共同信仰，那末也只是极少数的空泛信仰而已。于是人人都承认世界上实有存在的物事。但是这些存在是什么，他们又各人的意见不同。其结果只留些空洞的观念而已。我们要切实的问到生命的意义，社会的关系，本体的存在，人们的意见极不一致。

普遍的同意有时很不可靠。以前的人各个都相信地球是平面的，是不动的，但是现在已经完全推翻了。以前的人共同都信仰飞上天走过海这是不可能的。至今已经成了家常便饭。总之，虽有共同信仰亦不能即证明其真实。我们也许人人都相信假的东西，也许人人都不相信真的东西。在我们所相信的东西本身仍要于批评着它是真实的，或是假的，这就是说，普遍同意不能做最后的标准。共同信仰的东西或者是真的，但是它之所以真，并非因此普遍的同意，而乃是另有其标准在焉。

第三节　以官感经验为标准

官感是人人日常的经验。它能使我们与外界接触。"此地有一张桌子"这句话是真的，因为我确看见那张桌子。而我还靠在上面写字。所以有人主张凡为五官所能觉着的东西都是真的。我们绝不否认我们的官感。若是我亲眼看见了一树好桃子，我说这里有一树桃子，这是绝没有人否认的。因此官感乃是真理的完备标准。那末官感以外有没有真理呢？官感论者如孔德弥尔趋于极端以官感为唯一之标准。凡被官感所觉着都是真实，而凡不为官感所觉着的都不可靠，都是不可证明。于是官感以外无真理。

然而官感是否可靠呢？五官所觉着的都是真知识吗？官感以外无知识的原素吗？我要回答说这是绝对不是。官感并不完全可靠。这一层我们屡次辩明过。我们在山顶看见山底的人只一寸多长，其实他有五尺多高。沙漠地方能看见水草，其实只是心中的幻觉。色盲的人看见红的而说是绿的。所以官感之本身尚不能作为真理的标准。官感本身之可靠与否尚需待思想之批判。我们前面已经说过知识不仅是五官所组织的，而且还需理性意识的支配。有许多我们不用官感而认为真实的东西。理性，思想，意识，它们不为五官所觉着，然亦确有其存在。

而且我们所官感的东西，乃是确定的指着是这一件或那一件东西。而绝没有普遍性。只有单个特别的东西而没有普遍的概念，则真理是绝对的不可能。当我们讨论某种理想或价值问题的时候，其真理则绝不能于官感中求得之。因为理想之本身并非受官感之节制，反而官感当为思想理性所支配。所以感觉仍不是一切真理的标准。

第四节　以直觉为标准

　　我们一切所直接经验的都是千真万确的。我觉得自我的认识，思想中所用的普遍辞，这都是直接感觉到的事实。简称为直觉。直觉依各家之见解而有若干不同的解释。不过我们很可以稳当的说，凡在意识中直接所经验到的一切都是直觉。

　　诗人们在大自然中容化了。他们直接感觉到自然一切的美丽，他们忘了他们自己。真理从这种直觉得到之外是别无它法了。情人们在彼此的心中两相契合了，那也是这种直觉的交流。不仅富于情感的人如此，即数理家也不能不承直觉为真理之标准。因为他们所视为真理的原理都是从直觉得来的。整个比其中所含之任何部分为大；三比一多些。这都是不能否认的命题。有了这种原理始有一个确定的思想之出发点，而推论法始有存在之可能。还有许多人主张道德的纪律，宗教之原则也是直觉的。好恶美丑的区别乃是直接经验到的。总之，一切的公理都是由直觉所确定的。

　　但是直觉到底能做真理的标准吗？让我们先把直觉分别为两种解说。第一，假使以直觉为一种认识经验的话，那末我们确实是有这种直觉的认识状态。不过讨论真理的标准问题我们不能取这种解说，因为所谓真理乃是我们的认识状态要与实体相符合。于是我们来看第二种解说，这就是说直觉乃是对于事物实体之认识。但是直觉中所得的，是否即代表实体我们就不无所疑。我们有红色的直觉，然而红色的直觉就能代表红苹果的本身吗？我们有时会直觉到梦境的幻觉，然而这并不是真理。直觉之本身能否得达真理尚须另有其区别，故直觉不能做真理之标准。

　　直觉就是直接认识的。纯粹根本的直觉是不夹杂有丝毫理性的程序和推论的公式。直觉的真理就是不假任何推论而自身显现其真确。那末我们就要问：

我们所直觉的一切其本身确实是真确的吗？若是以直觉为真理的标准的话，我们就必须以直觉判断之。然而直觉之本身何能区别它自己的真伪呢？若是我们拿理性来判断其真伪，那末我们就得不到根本的直觉以做真理的标准了。疯狂的人有不假外来的直觉，发明家也许是直觉的顿现，诗人与先知也是要直觉。直觉也许阐发真理，然而也许是智力衰败的病态。故直觉之本身不能辨别直觉之真假。

第五节　以实用为标准

　　以事物实际的效果作为知识真伪的标准，这是我们在第七章曾经讨论过的唯用论。上面我们所注意的是唯用论对于知识组织成分来源问题的讨论，现在我们要它以实用为真理标准的这一方面。凡一种观念或一件事物如果有产生圆满的实际效验的，它就是真的；反之，凡无圆满结果的事物都是假的。

　　唯用论对于真理的定义完全改变了。旋转于一般人脑海中的所谓真理，乃是与实在本体相符合的东西。然唯用论独着重于事物观念之结果。这是实际的问题。为什么唯用论对于真理下了这样一个解释呢？因为唯用论者对于事物观念云本身的意义已换了新的说明。"一件事物的意义"其中的"意义"两字有两种解说：（一）人的"意义"就是指一种理性的动物。这就是说"人"与"理性的动物"乃是指同一东西的两种说法而已。（二）第二种解说是："天上乌云满布"这个"意义"就是指"天要下雨"了。乌云而使产生下面的结界。此地"意义"两字的解释就是指前一事而能产生后一事。电是什么意义？电的意义就是指一种能产生光亮，旋转机械，以及其他种种作用的力量。电的意义就是指它的功效。这张桌子的意义就是说一件能在上面吃饭写字的东西。唯用论对于物事的意义乃是指第二种解说而言。

　　唯物论因为对于一切事物观念的意义取了第二种解释，所以对于真理标准的理论也就是顺着这种解释所必得的结果。何谓椅子，椅子仍是供人们去坐在上面的工具。于是当我们问："这把椅子是真的吗？"的时候，我们就要看这把椅子能坐不能坐。若是我们能坐在上面，那就是一把真椅子；若是我们不能坐，那末这就是一把假椅子。总而言之，凡足以使人们满意的信仰都是真的；凡有实际圆满效果的一切事物观念都是真的。

然而有几种证明能试验出圆满的效果呢！那一种是圆满的，那一种不是圆满的呢？照唯用论者的意思，我们有三种试验的方法：（一）现价；（二）和合；（三）高等价值。这三种试验各处各人的用法不同。兹分别解释如下：

（一）**现价** 当这种信仰能够给人生以实在的利益的时候，它就是真的。一张纸币能兑换现款，它就是真的，否则就是假。凡一种假设能在官感经验中证明能发生它有利益的结果，这种假设于是有了现价，因之它就是真的。南京在上海的西面，汉口在南京的西面，要是我到汉口去，当然向西走是极近的一条路线。这种信仰可以用实地经验证明，所以它是有"现价"的。若是我相信地球是平面的，那末巴黎在上海的西面，而纽约在巴黎的西面，于是从上海到纽约向西走是极近的。这种信仰在实在经验上得到相反的结果，这种不能兑现的信仰是错误的。因此，凡一信仰之真假，设若能从实地经验中得着效果的话，必须实地考察者本其官感上的经验所得到之结果中判定之。

（二）**与其他的信仰和谐** 我们的信仰要前后一致的。一种新的信仰加入之后，或者新信仰变成了旧的信仰，或者就是旧的信仰属于新的信仰里面。然而这两种信仰的去就则视"现价"为标准。因此，真理是不断的变迁着。每一种信仰之所以能圆满必具有两种条件：第一其本身必有兑现的价值；第二要与我们其他的信仰一致。

（三）**较高尚的价值** 一种信仰除了在我们的身体上发生物质的效果之外，还能影响我们对于世界的感想与态度。一种信仰也许给我快乐，也许给我烦恼；也许给我们安定，也许使我们摇动；也许给我们道德上的毅力，也许给我们道德上的疏忽。譬如在宗教信仰中找不着一点官感上的现价，这些信仰和其他的信仰是互相和谐，那末这种信仰的真假，则必视其是否具有较为高尚之价值以判决之。若是乐观论与悲观论两者其他的成分都是一样的，那末前者较之后者有高尚的价值。但是我们要特别的注意，假使一种信仰已具有第一第二两种条件，那末就不必再用第三种试验了。

从上面三种测验真理的方法，我们知道唯物论没有绝对真理的存在。真理是相对的，是变迁的。我以为是的，他以为非；此时信为真理的，彼时也许是信为虚假的。总之，凡与我个人生命上工作圆满的，我就相信是真的。

批评　唯用论求追真理的态度是很科学的。它希求将来的结果。它的进取的心灵，自由的精神，诚实的态度，勤苦的工作，都足以奋发学者对于真理的追求，都足以引起多数人的同情。但是我们要客观的寻出真理的标准，这个目的唯用论绝不能使我们达到。唯用论的理论里面确有不少的破绽。

一、意义的误解　前面我们说过对于物事的意义有两种解说："人者理性之动物也"这一命题中主辞与宾辞乃是指同一物。物事的意义就是问物事的本质是什么，这是第一种解说。第二种解说物事的意义乃是指示由这物事而能产生什么结果。唯物论解释真理乃是依照第二种意义演绎出来。但是我们所指的事物之意义并不是要问其结果，我们所追求的真理乃是要追究事物的内容本质。所以唯用论对于真理的意义完全出乎误解。

二、真理离实用而存在　荷马的诗真是好极了，它可以陶冶我们的性情，激发我们的情感。照唯用论者的意思只要荷马的诗能使我们满意，那就完了。自于荷马本人的有无于荷马诗的实效上并没有多大的关系。故荷马是有，是无，是真，是假，都可以不闻问了。不错，荷马本人的存在问题乃是完全离开实用的。但是我们以为既有荷马诗，必定确有荷马诗的作者。我们要得到真假的标准，我们是要问到底有无荷马其人的时候，我们就不能问荷马诗的欣赏，我们要追求荷马本人的真假。真理并不是于你有益的就是真，于我无用的就是假。真理也有绝对的。二加二等于四，这是谁都不能否认其绝对性的。这一层唯用论也未想到。

三、假的也有实用　有许多假的东西，然而它们也能和真的发生同样圆满的效果。譬如某人有一幅真王羲之的字。他的朋友把这张字借了去，而这位朋友能写得出像王羲之一样的字，于是他照样完全一式的写了一张，把真本收起来，还给他这本假作的。这真假两张字完全一样的。那位收藏王羲之字的原主丝毫也认不出这张是假的。于是他仍然同样的宝贵它，它也能有同样的效用。照唯用论者看来，那张假作的字也就是真的了。但是追求真理的标准的人绝不以假的当真的为满意。真是真，假是假。我们不能以假的有满意的效用而视之为真的。

四、逻辑的错误 凡真的信仰观念事物都是有满意的效果。但是唯用论者说，凡有满意的效用的信仰事物都是真了。在逻辑上这是一种错误的换位。不错凡白马都是马，但是我们不能说凡马都是白马。

五、唯用论之自相矛盾 唯用论者以为真理是变迁的，是相对的。我以为真他可以为假。此时以为真，彼时以为假。则唯用论之本身当然也是变迁的，也是相对的。一时可视为真，一时可视为假。然而同时唯用论者以为唯用论乃是绝对的真理，因为他们绝对的主张唯用论。这不是他们又承认有绝对的真理吗？这是前后不一致的矛盾。

从这五种批评看来，唯用论也不能做真理的标准。

第六节　以符合论为标准

所谓符合论就是以为我们的观念和外界的存在互相符合的时候，这种观念就是真的；两下不相符合的时候，就是假的。在我们意识中的概念正确的代表外界之环境的时候，这种概念就是真的，否则就是假的。这张地图是真的，因为实在的地势和地图上所画的完全符合。你说此地有一本书，这句话是假的，因为这里没有书本。观念与实体相符合就是真的。这种理论我们还要注意下面几点：

一、所谓符合并不一定像拍照像一样的符合。观念之符合实体并不一定像照镜子一样的。这种所谓符合乃是心理上的，或意志上的。

二、符合并不一定说是符合实体之整个。虽然是符合一部分，然只要那一部分是属于实体里面，那就行了。

三、所谓要去符合的实体乃是在心灵范围之内。

批评 符合论的主张是观念与实体相符。但是照我们上面所讨论的结果，所谓实体亦观念而已。即符合论者亦以为实体不能出观念范围之外。因此符合论者乃是以观念与观念相符合而已。然而这不是符合论所情愿的。所谓纯粹的符合论，乃是要以观念与观念之外之实在相符合，但是这种比较是不可能的。我们不能把观念之外的东西拿来和观念比较，因为观念之外根本我们就不承认有什么东西的存在。若是我们承认观念和观念符合的话，那末我们已经出了符合论的领土而入了融贯论。因此符合论虽然可以拿来说明真理，然而并不能做真理的标准。

第七节　以融贯论为标准

真理的标准到底是什么？我们至今还不知道。本论，风俗，直觉，实用，符合等都不能做真理的标准。但是我们从上面讨论的结果使我们不能不从融贯论中求得真理之标准。

在第三编中我们讨论知识价值问题的时候，我们得到了下面的几条结论：

（一）绝对的离开知识，即无任何存在之认识。

（二）我所认识的一切外界都是观念的。

（三）外界不是单个自我的观念，而必是一个普遍的心灵的观念。

（四）因为我们知道我们的真理是不完全的，我们也会有错误，故你我们认识了有一个整个观念的系统，有一个整个完全的真理。

（五）自我与非我乃是互相关系的。自我之真确乃因非我之真确，非我之真确亦因自我之真确。故宇宙乃是一个统一的系体。

（六）真理乃一无所不包的绝对自我。

（七）绝对自我与单个自我非一非二即一即二。单个自我之真确乃与绝对自我相混合；绝对自我之真确乃于单个自我中显现之。单个自我乃一体之分化与显现；绝对自后乃分化之综合与系体。

故言单个自我即言绝对自我之一部分；言绝对自我亦以包括单个自我。

若是读者已经承认这几点的话，那末我们就不能不拒绝实用论与符合论的标准。

（一）实用论的标准是不对的，因为真理乃是一体融贯的，而不是相对的变迁。凡真理必皆承认其为真理而绝不能以我之以为真者而你以为假，你以为假者而他以为实。

（二）符合论的标准是错谬的，因为它欲以观念与观念之外者相比较，这是不可能的。我们所比较符合者乃观念与观念耳。而观念与观念相比较，那末我们就出了符合论的理论而投向融贯论了。

若是读者承认上面几点的话，那末我们也就不能不接受融贯论的标准。

何谓融贯论呢？融贯就是系统的一致。融贯论以为一个真的观念乃是与其他一切共同接受的观念在系统上是彼此前后一致的。观念怎能一致的呢？凡是一致的观念信仰都可以用逻辑上的矛盾律与同一律表述之。凡一件东西绝不能是这样的，而同时又不是这样的。这件东西既在此地，但它不能同时又不在此地。这就是矛盾律。真理是不能矛盾的。真理应当是整个的系统，真理是前后一致的。同一律所表现的融贯之意义更清楚。孔子就是孔子，甲就是甲，绝不是别的东西。这就是说，一个观念是如此的，然而它是始终一致的，绝不会变成别样的。这就是同一律。凡能遵顺这两条律则的就可说是一致的。

我知道这个茶杯是真的，这并不是因为在知识范围外面有另有一个实质的茶杯，以知识外无实质故。而知识之内的乃是观念。换句话说，在我个人认识这个茶杯之前，我已经含有了茶杯的观念。然而单个的自我在没有认识茶杯之前并没有茶杯的观念。然而我们不能从无中生有的变出一个茶杯的认识。于是我们知道了我必有一个整个认识的系统，单个自我不能有此整个之认识系统，则此认识系统乃是一个深大的自我，一个世界的心灵所有的。因为在大我的认识系统中已经有了茶杯的观念，于是当我说"这茶杯是真的"时候，这就是单个自我的茶杯的与大我的茶杯观念彼此是融贯的。关于这一层请看本书第十八章第四节第三所以绝对认识一切真理之自我。此地恕我不重复了。

有许多人反对融贯论，殊不知他则之所能要反对融贯论也就是因为他们有了融贯的见解。所以一切批评融贯论的人都是拿着石头打自己的脚。现在有下面几种非议融贯论的理由：

（一）融贯论只能得到相对的真理，因为它主张真理之所以为真乃因与其他真理互相关系着。绝对的真理只能从大我的心灵中得到。在我们有限的思想中绝不能得到绝对的真理。真理的发现是层进无穷。所以融贯论仍没有得到绝对的真理。

像这样的批评，随便那一个理论都可以应用得上，因为无一理论能自己承认它自己已得了绝对的真理。我们不断的发现真理，也不断的发现错误，但我们不能因此就说知识没有价值；既是大家都没有绝对的真理，那末在相对的真理中，我们可以看到融贯论比以上的理论要圆满得多了。而且有许多真理也有绝对的成分，如自我之意识，逻辑之规律，几何之原理都绝对不能否认。

（二）有人反对融贯论，以为凡真的观念乃是一致的，但是并不是凡事一致乃二念都可说是真的。一位吴刚每年每日的在月宫里伐桂，这是十分的一致论调，但绝不是真的。但是这种反对并没有看清一致的意义。所谓一致的整个系统，不仅是观念本身的一致。凡是一致的观念，它是和我们一切的思想内容完全一致的。吴刚伐桂的事就不能和我们的一切思想内容一致。故凡这样完全一致的观念都是真的，不能一致的就是假的。

（三）融贯论一人批评说它太理想了，太不合于实用，所以空有抽象而无实际。融贯论非我们得到了一切事物的关系而发始能得真理。但是这是不可能的，这只是理想。所以融贯论不能实地的采取之为一有效之标准。这种批评说我们个人得不了一切事物之一切关系，但是我们的大我是无所不包。是以自我为大我之一部。大我与单个自我乃混化而为一的，所以我们虽不能得到全部的真理，然也能得到一部分的真理。但是不能因为只有一部的关系而说是毫无真理。

（四）有某种观念是完全一致，但是并不与事实相吻合。一致的观念而不与事实符合，难道融贯论者也能说一致能做真理的标准吗？但是我们要问：既不与事实符合，这种观念还能说是完全一致的吗？至少这种观念已经与事实没有一致。我还重复的说一句所谓一致乃是整个宇宙系统的一致。

对于融贯论的批评还有，但是以上的几点已不能反对融贯的丝毫，其他的更不用提了。融贯论之优点是在它能解答其一切标准所不能解答的哑谜。何以我们知道我们的经验是官感知觉而不是幻想呢？何以实用的观念能达到其效果。何以我们的直觉是确实的？这些唯观念之融贯而已。融贯论而且能对付真理的各方面。在我们得全体的结论之先，我们要顾虑到一切的生命，一切的见解，一切的经验。唯融贯论始能承认各标准之真理而避免其误谬。

因此，我们要寻出一个适当的真理标准就只有融贯论是较为完善的。

全书之总结

　　知识论里面的题材，大概我们都讨论过了。本书的宗旨是要研究知识的来源和知识的价值，后来又追索真理的标准。在研究这些问题之先，我们要省察研究这种工作的态度。怀疑的态度和不可知的态度只是反面的，这都不能使我们满意，因为若是采取这两种态度，那末这两种态度之本身也是可怀疑的，或是非不可知的。但是我们仍是要有有限制的怀疑。无理由的武断态度也是不能满足，但是我们要有果断的精神。总之我们研究知识的问题要取一种批判的态度。

　　知识是从那里来的呢？依据论，先验论，直觉论，唯用论，感觉论，理性论（纯粹的和批判的）都不能解释知识的来源。其实，感觉给理性以原料张本，理性组织之，支配之。凡概念，知觉，感觉，官感，无一非心灵之活动。自外界而入则必经我心之引纳，故所知之外界现象，无一非心灵之对象。

　　至于知识的价值问题，有两大营垒对峙着。一种是实在论，一种是观念论。实用论里面又分有知觉论，代表论，新实在论，批判的实在论。然而这些理论的根本主张绝无成立之理由。实在论的主张是：有一个外在的世界的存在，它是离开任何意识或任何心灵而独立存在的。然而离开任何心灵而有存在就是说绝对没有知识的境界而知有存在。关于这一层我们已经辩驳得清清楚楚。我们分析出绝对无知识即无存在。若是实在论的这个根本主张完全推翻，那末著者只有趋向于观念论一途。至于批判的实在论较为有理由，然已经渐次的脱离了实在论的气习，而投降于观念论的旗帜之下。观念论主张外界的存在是实有的，但是它不能离心灵而独立。虽能离开单个的心灵，然亦不能脱离普遍的心灵。

我们怎样区别真假呢？解决这个问题的有以本能，风俗，传说，普遍同意，官感经验，直觉，实用，符合，融贯等作为真理的标准。绝对的标准是不可得的，但是能得较为完全真理的标准的理论则只有融贯论。

总而言之，观念论，尤其是客观的观念论仍是知识论中不可磨灭的理论。我们不能反对观念，因为我们反对的时候，我们已经走进了观念的领土。我们的主张是：

一、绝对不知道的东西即无存在；

二、凡存在都属于观念范围之内；

三、自我，非我，大我乃实是存在的；

四、这些都是观念的；

五、自我和非我乃普遍心灵之对象；

六、普遍心灵乃自我与非我之究竟。

现代哲学之科学基础

张 序

自 序

科学与哲学之合作

现代科学思想之发展

空时问题在相对论之解决

物质问题在新物理学之发现

生命问题在生物学之诠释

心灵问题在新心理学之曙光

科学的哲学趋向于唯物欤唯心欤

张 序

自胡适之先生作了一二次讲演，主张科学于将来可以代替哲学以后，国人在思想界上似乎有些人因此遂误会为哲学与科学是相冲突的。最显明的是所谓科玄论战。凡站在科学一方面而攻击玄学的人在隐隐约约之中至少总是示人以科学与哲学是相反的。殊不知科学与哲学相战，这在欧洲乃是五六十年以前的事了。最初是起于德国的唯物派；后来继以英国的经验派，乃至于法国式的实证派，这些学说之所趋乃形成一个反形而上学的潮流。不过这个潮流却已早成为过去了。我们只须检查各国的出版界便可证明。换言之，即科玄论战一流的文章在晚近二三十年以来直可谓已绝迹。这一点只是一个反证。其正面却另有一个重大的意义。这就是哲学与科学在二者的本身已起了变化。哲学的变化虽不甚大而最重要的一点是反亚利士多德的方法。科学的变化则很大。这是有突飞的进步，自相对论出而空时的观念根本上起了革命。推其极端不仅是空时变为相对的，并且直变为没有了。自波动力学出而物质的观念又起了革命。不仅物质的固体性没有了，即物质的粒子性亦摇动了。加以不定原理把物质的条理更弄得不可测。二十世纪初叶可谓物理学最有改观的进步之时期。

但是我以为这还不止。尚有两个含义：一个在物理的科学；一个在生理与心理。这二个可以说统罩自然科学全体。第一个是今后讲物理却不能离开认识论。这便是物理与知识打成一片。即傅统先君所谓能所不能分开是已。这是科学上一个极大的新转向。第二是趋向于整全。在生理学上与心理学上显然皆有此倾向。所谓趋向于整全就是改变了旧日的机械论的观点。这二点合并起来以致全部自然科学乃大异于其以前的状态了。这样的科学界自起变化当然影响于哲学。在我们哲学家看来，可以说科学是在那里一天一天向着接近于哲学而变化。至于哲学亦未尝不因科学的接近而起变化，有以求接近于科学。傅统先君有鉴近来国人之谈哲学者日多，但很少有现代科学的素养，有时甚至于作违反科学的主张，以为此非哲学界之福。乃发愤以数月之力遍读最近科学著作而撰为此书。书成以稿先寄我阅。我看了以为得未曾有。即在欧、美此种体裁之书亦尚未见。而以时代之需要论，此种书则绝不可少。外国虽有类乎此者，然翻译以后决难合国人的脾胃。此书完全以中国人为立场说话。叙述之显明，范围之广大，实在皆正适合国人之需要。故我很愿意在此序上广向中国读书人士推荐，以为留心现代思想者能人手一编最好。

民国二十四年五月二十二日

张东荪序于北平

自　序

　　说几句俏皮话引起许多人会心的微笑，或是讲些浮浅的理论使自己得到一个妇孺皆知的声名，这大概是中国思想家的特色。举凡社会学、经济学、政治学、教育学、文学等等，他们都看过一个大纲再加上自己的一点小聪敏，于是他便成了一个权威的作家。在他老友所编的某杂志中他发表一篇《国际经济情势之展望》，在他自编的文集里又收入了许多"中国社会改造"的讲话。其他，如我国的党政，文学思潮之演变，现行教育制度，文艺批判，各种的问题他们都能随意拿来成为大块文章。他们真是万能，社会上也就因其万能而予以热烈的欢迎。其结果便使中国的思想界长成了一种避难就易的怪现象。谁都愿意做轻巧事，何况那又能得到一般的欣赏呢？若是埋头苦干去向一种专门学术深掘，那就等于自绝于中国思想界。因此，这种浮浅的风气使我国无论对于那一种学问都不出"概论""大纲"的范围。

　　再说到哲学界，有几位学者在千辛万苦中挣扎，总算在尚浮浅，喜万能的思想界中得到了一片干净土。谁知近几年来轰入了许多以口号建立哲学，以政党拥护哲学的先生们，其中我认为最奇特的就是许多人喜欢把死去了的唯物论，酱呵醋呵的加上些作料也跑到哲学界来扰乱。他们假借科学做招牌，把哲学的正统骂得一文不值。他们说科学是唯物的；唯物是科学的。此外的哲学全是反科学的。其实这是一种挂羊头卖狗肉的勾当，他们自己还没有知道羊肉是什么滋味哩！

　　从哲学与科学的关系我又想起了十年前的科玄论战。读哲学和研究科学的人，两方面大打其笔墨官司。在十多年前的中国能发生这样一场热闹的论战，这确是中国思想欣欣向荣的表现。但是现在还有人保持科哲冲突的态度，这真不能不使我对中国思想界失望。十几年来科学与哲学的发展已使双方有互相契合的关联。东荪先生所说的"科学之哲学化"可算看清了近年来科学与哲学的趋向。有人说哲学的题材渐次被科学分别的拿去了。哲学只剩下一个空壳，贫乏得毫无实意。据他们说，哲学的将来是毁灭。我认为这也是聪敏的思想家一种取巧致胜的论辩，似是而非，动人听闻的口号。根本他就尚未知道科学是正在供给哲学许多的资料；根本他就没看见哲学正在容纳科学所得到的结果。哲学贫乏了吗？哲学要毁灭吗？在真正看清了近来的科学发展哲学猛进的人看来，这只是表示中国思想界的贫乏，将来只是浮浅的风气要归于毁灭。

　　这是我写此书时的一些感触。我生性就鄙弃浮浅，当然我也不能如万能博士一样得到社会的注目。但是我自有乐趣，我就爱在我所喜欢的专门功课的深处探寻，也许我毫无所得，也许所得极微。这种精微的求索已足够以滋润我的心灵。我不会取巧，也没有口号。我只用深入浅出的方法，凭诚恳拙直的态度，以理由代谩骂的痛辩，秉当仁不让的精神来和诸位讨论"科学是趋向于唯物呢？还是趋向于唯心？"我们不是只挂一块科学的招牌就完事，我们要追求科学思想发展的历程，我们要拿真凭实据来解决哲学的问题。

　　我写此书时有一个预定的计划就是用极浅显的文字表述极深刻的理论。我希望没有研究过专门的科学或哲学的人都能看得明白。关于这一层我能成功多少，不敢确定。不过我在讨论相对论和新量子论的时候，我竭力的免除数理与公式，仅求其理论在逻辑上的程序。我计划的第二点就是注重理路的发展。我不愿介绍几点结论便完事，我要求得达到某一论点的理由及其理由发展的历程。因为我以为这样才可以启发读者的思想，得到深造的途径。

　　"科学之哲学趋向于唯物欤唯心欤"这当然是本书所要解决的中心问题。其结果如何读完本书后自然明白。唯物论是我素来所鄙视的。尝就新唯物论之本身检讨之，成《辩证法唯物论之批判》一文。张东荪先生的理论从来也是反对唯物论的。所以他曾把我这篇东西收入他编的《唯物辩证法论战》。从破唯物论一点看来我们是站在同一战线上。现在我更以科学思想斥唯物之妄，特请东荪先生作一序这是再适当没有的了。我谨此向他致谢。

　　本书粗成第四五两章时光华大学江振声先生曾索去载登《光华半月刊》三卷中，并曾代为校对。第七章为全书结论也可说是作者的中心思想，所以曾借本年北平哲学年会的机会，颜以"科学的唯心论"，请东荪先生代为读过。这都使我应以十分的诚恳去感谢他们的。

统先识于海上语梅簃

民国二十四年五月一日

科学与哲学之合作

　　科学与哲学是相辅并进的。本来在古代科学与哲学是混为一体的。至中古时代科学与哲学都做了神学的附属品，那时既无哲学复无科学之可言。近代知识进展极速。各种的科学都羽翼丰满，各自分飞。当时科学以为一切宇宙之秘无不可迎刃而解，于是情骄意盛视哲学如敝屣。其实，这只是一时畸形的变态，绝非科学与哲学本身之间有什么不能融洽的裂痕。现代科学与哲学的发展早已矫正了这种变态，显示了它们不可解断的关系。

　　科学与哲学我认为同是以系统的知识去求宇宙万有的实在。它们难因时代推动力之不同而各自有其发展，难因采取的方法之不同而各自有其历程，然其求真理之目标则始终一也。实在说，古代思想中只有普遍的知识或学问（science），而无分立的科别。因为science一词在希腊原为scire，即知识之意，而哲学为philosophia，义即爱智。例如亚利士多德之Physics与Metaphysics两部分唯有时期先后之别，而两书均以知识之整个范围为题材。所以古代的哲学即科学，科学即哲学。至中古时代自由研究之学问已湮没无闻，人们只有信仰而无知识。科学与哲学都做了宗教的奴婢。当时的科学只是替创世纪加注解；哲学只是替圣经作说明。近代自培根之《新工具》出，注重观察，归纳事实。于是科学始渐次分类独自发展。各以哲学题材中之某一点作为专门研究之对象，科学把整个的学问分为各项科目以作深刻之探求。在宇宙万有的知识中有一部分是研究日月星辰的便分成了天文学；有一部分是讨论物体之组织与变化的便成了物理化学；有一部分是考察生物活动与有机进化的便成了生物学；有一部分是追求心灵活动的便形成了心理学……于是个别的科学似乎逐渐把哲学遗忘了——不！有时研究科学的人在诅咒哲学。这好像在丛林中专注在某一根树或某串叶子的时候他忘却了他是在大丛林中哩！哲学与科学是不会离散。哲学要知道整个的自然界到底是什么。各种科学便以自然界的某一部分作一个精确的研究，然后都把它们各自所得的结果交给哲学去作最后的总结算。孔子说过："学而不思则罔；思而不学则殆。""学"我作"科学"解，"思"我作"哲学"解。若是徒有科学而无哲学则罔无所指；若徒有哲学而没有科学则空洞不实。故科学与哲学始终是互相补益，互相合作的。

有一点我要预先声明的，即本书所言科学是指纯理论的科学而非指应用科学。理论的科学是求自然之原则；应用科学是实际上去利用这些原则以匡制自然。理论科学是为知识而求知识；应用科学是为人生而求知识。简明的说，爱因斯坦是理论科学家，爱迪生是应用科学家。现在我们所讨论的只注意科学之思想，而不顾其技巧。

科学与哲学分工合作的情形决不是泛泛的空谈几个名词或徒用几条定义所能竣事的。我们要详细的研究科学与哲学的性质及内容，然后比较之，融汇之以求其相互之关联。下面我便继续的分析两方面的特性。

第一节　科学之特性

我曾说过，科学与哲学都是以有系统的知识求宇宙之究竟。但是这不足以说明科学与哲学，因为这只是一个普通的概念而已。譬如"玫瑰是花"这不足以解释何为玫瑰花。我们要说明这种花有什么颜色，有怎样的形态，在何时开花，以及它与别的花所不同的特性，我们始能认识它。至于何谓科学，我们就要讨论科学所有的特性。

一、科学是叙述的　科学在探求自然之秘的时候它是偏重于事实之观察与实验。于是科学的第一件工作是把观察与实验所得的结果详细的叙述下来。自然所给予我们的实况科学就尽力的描绘。某一种专门科学便专注于自然之某一部分之叙述。有人说科学只是写实自然，而不替自然加解释，加说明。但是我以为科学的叙述必含有适当的说明。不然，我请问："为什么我们要追索事物的原因？为什么要预测或实验事物的结果？"一言以蔽之，为自然加注释而已。有人说："一切科学都用着时间、空间、物质……种种的观念为基础。但是究竟什么是时间、空间、物质……呢？通常科学家是不必过问的。"科学家不过问空、时、物的究竟吗？那真是"通常"的科学家，那还是十八十九世纪的"通常"科学家！假说应用科学家不闻问这些，那还情有可原。至于说到二十世纪的理论科学家而不必过问空、时、物质之究竟，这真是滑天下之大稽。我们知道相对论是在解释何为空时，新量子论也正求索物质之究竟。其他如生物进化，遗传与生长等何一不求说明一部分之自然界？不过科学所说明的只是自然之局部。科学只专门解释它所研究的一部分而不顾及其他。所以科学的解释自然是现代科学的事实。但是这种注释并不是整个的最后的。巴特里克（G. T. W. Patrick）在其《哲学概论》中言科学为事实之寻求，事实之叙述，事实之说明。则较为公允。

二、科学是分析的 "分析"我有两种意义。第一，科学是分门别类的。科学把自然界分为许多科目。每一项科学只专门研究它本身范围之内的材料。所以科学是分析的。第二，科学所用的方法是分析的。譬如，它研究物质的性质，它就把物质分成原子，再分成电子，再分析为正电子负电子。若是它讨论生物组织，它就要把生物分析为简单的细胞。科学在自然界中只是研究它本身所特别专注的地方。凡在它本范围之外的题材它便疏忽了。科学把整个分析为零散，把全体分析为部分。我们还可以说这是科学的抽象性，因为科学在整个的资料中抽绎出它自己所注意的一部分加以深入的分析。

三、科学是精确的 因为科学偏重抽象，偏重分析，它所研究的内容也就要追根穷底。科学要钻入自然细微的深处。科学要专心一志的探讨它所抽象出来的范围。那末它所得到的结果当然有较为精细较为准确的可能。每天专心打靶的人所发出的子弹当然要较为准确；终身从事于雕刻的人所出的作品的确是较为细致。因之，科学有深刻的观察，严密的统计，精确的实验，审慎的测量。譬如一位生物学家对于一个极简单的问题，如决定冰的潜热，他不惜改造若干次的实验仪器，穷毕身之力以求小数点下极细微的一点尾数。再如关于几种特殊物体的景带（Spectrum bands），物理学家宁肯牺牲一生的精力去考察种种的实验以求得到一个计算物体之密度与弹力准确的记录。天文学家为观察整个之日蚀计他可以不辞辛苦的从英国跑到Brazil的苏布拉地方和Guinea海湾的王子岛上去看日蚀。何以他们要这样？一言以蔽之，求其精细与准确而已。他们千辛万苦的搜罗许多data。也许他一时得不到效果，也许他弄得茫无头绪。但是他替后来研究的人预备了许多极有益的参考，他替将来的科学家立了精确的基础。

四、科学是规律的　因为科学是注重分析，力求精确的，它就不能不力求简洁明晰，便于利用。于是科学总是把许多普遍的现象归纳为几条简单的法则。这种特性我名之曰科学之规律性。科学法则予自然以简洁清晰的说明。并且科学还可以拿这些普遍的法则预测未来的现象，匡制自然的运行。但是一般的科学家和迷信科学的人都喜欢信仰科学法则是神圣不可侵犯的。这也失去了科学的精神。老实说，科学法则并没有完全为一切事实所证明，它们不是绝对的。科学法则是随时代而进展的。牛顿的万有引力律曾一时视为天经地义，现代爱因斯坦已发现了牛顿律所不能解释的现象。因此，爱因斯坦的相对论已取而代之。而爱氏原理之本身也是继续的在修正之中。我们信奉科学法则之神圣那是大可不必，但是科学之有法则性这是不容否认的。科学要简单，要明显，所以它需要以简单的规律去解释较多的自然现象。克希荷夫（Kirchhoff）说：“力学要用最简单的形式而完备的描写自然界的各种运动。”他又说：“一个描写在今日是视为最简单的，但是在未来科学的发展中它将为另一个更简单的描写所替代。”所以科学法则不贵其永存勿替，有求必应，而贵其能说明自然现象的简明性与整齐性。

总而言之，科学是追求自然现象有系统的知识。它的方法是观察、实验、测量、统计。它的特性是叙述的、精确的、分析的、整齐的。

第二节　哲学之特性

科学之发生每在哲学之后。个别科学之题材无不从哲学范围中分别出来。科学是从分析方面讨论。而我们研究哲学的特性就要从"整个"方面着手。以有系统的知识求宇宙万有之玄妙，我们已经说过，这足以说明哲学或科学。因为它们有特性上的区别。科学是注重于"分"，哲学就是着重在"整"。所以哲学的特性总不出"整"的关系。李顿（J. A. Leighton）以为哲学是对于经验、生命、行为以及其互相关系之一切主要特点的总检讨。怀特海（A. N. Whitehead）在其《历程与实在》中说："哲学之研究系向较大的普遍界航行。"在以前斯宾塞也说过："科学是局部的有组织的知识；哲学是整个的有组织的知识。"这都足以表示哲学特性之概略。

一、哲学是批判的　在我们日常生活中有许多观念是认为有用处的。在一般的科学有许多概念是假定为真实无疑的。这些概念到底是真实的吗？普通人对于这些是不闻问的。哲学就是特别要批评这些概念，特别要考察其实在的意义。伯洛德（C. D. Broad）在其《科学思想》一书中第一章详述哲学之题材及其对各种科学之关系，他就特别注重哲学之批判性。他说："哲学最根本之工作乃取日常生活及科学所用之概念而分析之以决定其明确之意义，表述其互相之关系。"我在前面说过，科学并不只知利用常识中的概念而不加以说明。科学对于普通的概念也是要明定其意义，说明其关系。然而各种科学所说明的意义都只能应用到它本泛围之内。同一概念在此一科学中其一意义而在另一科学或别有其不同之意义。哲学所要批判的，所要说明的乃是一种普遍适用的实义。哲学所着重者尤其是要这些概念去对整个的宇宙作全盘的批判。

二、哲学是整全的　适才我们说哲学要对整个宇宙作全盘的批判，这就是哲学所有的一种全体观（synoptic）的特性。所谓全体观有两种意思。第一，哲学要以整个的自然界作为解释的目标。哲学要将未经分裂的整个知识题材作一种完整的研究，或是哲学要将各种科学分别研究后所得到的确实结果综合起来作一种全部的汇通。鲍尔生（F. Paulson）在其《哲学概论》中名哲学为"一切科学知识之总和"。欧朋（Urban）也认为哲学是组合和关联各种科学的结果。伯洛德把哲学分为批判哲学与思考哲学。其批判哲学即指哲学之批判性，其思考哲学即言哲学之整全性。他说："在思考哲学中我们无疑的应当把一切科学的结论拿来讨论。"这是我所谓哲学全体观的第一种意思。第二就是说哲学的方法是综合的。譬如哲学讨论到物质问题虽有时也用分析方法，然而它最重要的工作还是将物质之各种性质综合起来以求其真义。哲学虽兼取分析与综合两法然其分析为临时之手腕，综合为根本之方法。哲学之研究问题它要把这问题作为一个全体的看法。因此哲学在本质上，在方法上都是整全的。

三、哲学是彻底的 哲学之解释宇宙要追根问底。宇宙究竟是什么？时间与空间究竟是什么？因果究竟是什么？我究竟是什么？"什么"究竟是什么？"究竟"究竟是什么？总之，哲学欲求宇宙万有之究竟，欲得自然现象最后之意义。这好像是充满了好奇心的小孩子盘东问西的天真态度。哲学要问到不能再问的本源（Irreducible nature）。卡尔金（M. W. Calkin）在其《哲学之恒久问题》的导论中说："哲学是用理智去求索事物的完全不能再追问的本性，适当的说，哲学是求整个实体的最后本然。"卡尔金注意到哲学的最后性（Ultimateness）。她说哲学是最后的因为它要达到无以复加的境界。哲学并不在表面上或现象上去用功夫。

四、哲学是关系的 哲学所注重的不在内容之简明，不在形式上之齐整，而在万事万物的关结处。哲学不独研究制网的绳子，不独注意网孔的大小，它所特别注重的是考察网是怎样结起来的，网结是怎样关联的。哲学不但要明白宇宙万有各自的关系，并且它要得到自然界的总关系。不错，科学也是注重关系，但是科学所求的关系只限于局部的。哲学所求的是整全的关系，最后的关系，各科学所有独自关系间之总关系。罗素在其《哲学》中说："科学试欲用规律将事实聚集为一捆一捆的，而哲学的原料不是原来的事实而是这些规律。"这就是说，科学法则把事实结成一捆一捆的关系，哲学再把这些关系总结拢来。李顿在其《哲学领域》中也说："哲学之目的乃发现真美善完全的意义及其关系以决定他们在实在宇宙中的地位。哲学欲以一切关系之省思诠释人生。"

我在拙著《知识论纲要》一书中说："哲学是对于整个宇宙最后意义之批判的研究。"我觉得这可以包括哲学的批判，彻底，整全，关系四大特性。

第三节　科学与哲学之分工合作

有人以为各种科学一门一门的从哲学范围中分离出来，其结果科学发展愈盛，哲学之内容则愈将贫乏。新科学不断的从哲学中产生出来，新科学陆续的把哲学的题材拿去代为解决。那不是哲学将变得空洞不实一无所得？其实这只是皮毛之谈，不明哲学与科学的真义。科学自有其科学之工作，哲学亦自有其哲学的工作。其工作是分别进行的，然而它们的目的与机能仍是相同的。从它们两方面的特性看来，科学的注重在其精确之方法，简明的法则，清晰的叙述。而哲学的特性就整个的对宇宙最后之意义加以批判的解释。科学与哲学的工作不妨偏重于一边，然而它们双方的精神不能不连成一气。它们是分工合作的，相辅并行的。一所制造汽车的工厂，其唯一目的便是生产轻便的机械代替步行。假使这工厂里面关于制造马达、汽缸、车胎、车身、油漆……各部分都各别的有专门技师执掌其职。那末这工厂另外再不需要一个总工程师吗？我看世上没有这样的工厂。总工程师是管理全厂一切的工程，监督全部机器的制造。在某模型的汽车没有制造之先他要有一个全盘的设计。在各部机件预备齐全之后他要配合装置，作最后的检验。所以总工程之不可少尤胜于其他各部分之技师。这种情形和科学间之需要哲学是相同的。然而哲学没有科学的努力，那也是没有成就的。一位总工程师徒事埋头设计，而没有机件的制造，那也只是空口说白话，毫无实际。即使他能独自造出一部汽车，也许车子能走，可是小心半途上出大毛病。因此，要有彻底的科学，要有精细的哲学，要对自然有真实的了解，科学与哲学非合作不可。现代的科学的发展因为它有哲学的监督，现代哲学之兴隆亦因其有科学之基础。这都是无从否认的事实。

一、叙述与批判之相互作用　真正的了解自然，我们不仅是把一切的现象备述无遗，我们还要将各种叙述的结果加以融贯的批判。叙述供给批判的资料，批判辨别资料的真伪，这样我们始有完善的知识。科学之特长是善于叙述，但是它不加以最后的批判。科学家只是对自然界一部分的说明。哲学之特长是工于批判。但是它不会脚踏实地的去寻索自然。所以真实的认识宇宙实在，叙述与批判是相互作用的。汤姆生（J. A. Thomson）在其《科学导论》中说："对于诸范畴与组织之批判为玄学对科学的主要贡献。"怀特海在其《科学与近代世界》中说："哲学不是科学的一种……哲学是对各科学的总考察，而其特别目的为予科学以和谐与完成。"现代的科学家与哲学家都明瞭了科学的叙述和哲学的批判有同样的重要。它们虽是各自分工，然而仍是彼此合作的。

二、分析与整全之相互作用　科学只是专门去分析，分析，分析到极狭小的范围中。若是科学始终只专注它所分析的一部分，而忘却了整个的关系，那末科学将不知它是为什么而工作。假定你只研究某一株树的组织，或某一朵花的形态而忘了你是在一个大丛林中，那不是笑话吗？而且你要考察整山的丛林实况，那决不是仅从几株树的分析得以成功的。若是反过来，你只从大体的观望全山的概略而不详细的研究，那末所得的结果也不会实在。因此，分析与整全也是不能离散。一个专门做车胎的技师不仅是知道车胎是怎样制造的，并且还要能把车胎配置在汽车适当的地位。所以现代的科学家不仅是"闭门造车"，他也注视到自然完整的关系。哲学家也不仅是讨论宇宙之完整，他也要融会各科学所得的实况。

三、精确与彻底之相互作用　我们要认识宇宙的实在，徒有表面的精细与准确，徒事现象的分析，那是不可能的。我们还要彻底的精确，我们还要最后的究竟。但是只求彻底而不精细，只求最后而凭空虚构，这也只有空中楼阁，海市蜃楼，徒有其庄严而已。所以现在的科学家不只是计算时间之准确，测量尺寸的精细，他还要彻底的追问时间是什么，空间是什么。现在的哲学家也不只凭粗略的概念，深入的渺茫，他也要有精确的根据，实验的基础。

四、规律与总则之相互作用　科学的法则只是一种简明而整齐的叙述。但是我们希望在这些法则上有一个总联结。若是我们欲求宇宙之完整，我们就要将这些法则作一个最高关系的解释。怀特海说："我主张对抽绎加以批判。其功能有二：一则予各种抽绎以相当而正确的地位，然后再把它们和谐的配合拢来；二则直接的比较对于宇宙较明显的各种直觉，以组织一完全的思想规律。"可见现在的哲学家已着重在科学法则之间的总法则，因为非此不足以诠释完整之宇宙。

从以上的比较我们知道哲学并没有贫乏。科学愈发达，哲学的工作愈繁忙。科学愈繁密的从哲学中分立出去，哲学愈有努力融会的必要。现代的科学若较前有十倍的扩展，那末现在的哲学工作必有二十倍的紧张。因此，现代的科学家必有哲学的涵养，现在的哲学家亦必有科学的基础。并且也只有大哲学家才配做大科学家，也只有大科学家才是大哲学家。爱丁顿的《物理世界之本质》一书已有中译本，译本后面有一位YT先生来上一个跋。他说："他（指爱氏）涉及哲学的地方，却既无精辟之见，亦多错误之说，很不敢令人赞成。科学家对于哲学缺少知识是一般的现象，倒用不着惊异。"不错，十七八世纪的人对于当时科学家之缺少哲学知识确可不必惊异，因为那时的科学还没有发达到现在的程度。我想这位YT先生大概是"不知有汉无论魏晋"之流，所以他并不感觉惊异。他以为"大科学家是小哲学家。"但是在二十世纪的今日而言科学家缺少哲学知识；或认大科学家的哲学是荒谬的，那我真是惊异不止。因为我知道现在真正伟大的科学家才是大哲学家，真正伟大的哲学家，必有深刻之科学认识。

参考书

Broad C. D. *Scientific Thought Introduction*

Whitehead A. N. *Science and Modern World Chap.* IX

Russell B. *Philosophy Chap.* I

Woodger J. H. *Biological Principles Introduction*

Leighton J. A. *The Field of Philosophy Chap.* I

Gamersfelder W. S. Evans D.L. *Fundamentals of Philosophy Chap.* IV

Bosanquet B. *Science and Philosophy*

Calkins M. W. *The Persistent Problems of Philosophy Chap.* I

Thomson J. A. *Introduction to Science*

张东荪 《科学与哲学》 商务印书馆出版

张东荪 《哲学研究》 光华哲学会出版

张君劢 《人生观之论战》

罗志希 《科学与玄学》

汪奠基 《哲学与科学》

傅统先 《知识论纲要》

现代科学思想之发展

　　人类的思想从中古时期奴婢的环境中解放出来之后，青云直上，日臻发达。而科学尤似雨后春笋，若烈马奔驰，独自滋长，各趋极端。物理学专门探讨物质之结构，运动之规律；生物学专门注意生物之活动，进化之历程；其他如化学、天文学、地质学等都各自有其特殊之发展。于是宇宙之玄妙，万物之运行诸问题均似乎迎刃而解。这些科学都发现了一个共同原则——即宇宙是有秩序性的。一事之发生必有其前因，一事之进展必有其后果。在某些必备条件圆满之下必继以某事之发生。一切的一切都在因果律支配之下。无论宇宙之运行，生命之进化，人事之变幻，生理之活跃，都是许多不同结构而同一的原理的机械而已。怀特海在其《科学与近代世界》中说："在这个世纪（十八世纪）以机械说明一切自然现象运行的概念，其结果使科学凝固为武断。"因此，科学以为这一件无上法宝可以应用到一切，真可谓有求必应。当时科学还有一个特点，就是它们仅做当前的工作，它们只就其本科范围以内从事分门别类，据因考果。但是科学并不深究到事物最后的境界。各种科学把常识中普遍承认确实的概念都拿来解释它所注意的问题。这时代科学与常识是合作的，科学并不追究常识之假定的真实性。如当时科学家对于绝对空间与时间之承认，传达力能之以太的肯定，原子构造之说明，生物细胞机械活动之描写，无不以常识所见为根据，至多亦只是常识之扩充而已。质言之，科学对于分析、叙述、精确、规律等工作均已尽其所能，然亦只偏重于此一方面而已。它只力求科学之"分"，而忘却了或轻视了科学之"总"的方面。这是十八世纪科学思想发展的轮廓。

一直到了十九世纪的末叶，科学家的态度进步了。科学已注重到怎样去把科学观念和最后实在两岸之间架起一座桥梁。科学已注意到批判、彻底、综合、完整之精神。科学开始检验常识假定之真伪。它在其"分"之上加上了"总"的意义。譬如研究到空间与时间之本然则有相对论之"空时"连续体；讨论到原子之究极则有新量子论之波粒能子；研究运动法则则有海森堡（Heisenberg）之不定原理，发挥生物演化则有完整论之结构。怀特海说："在前世纪的七十年中几种物理科学是建立于连续性观念之基础上。然而在另一方面道尔顿把原子性的观念做了化学的基础……力能论主张在变化之下有数量的永存。进化论主张变化的结果为新组织之突创。"这都简单的表示二十世纪的科学已达到了与哲学严密合作的地步。

我们对于宇宙的惊异，天地的玄奥，于是注意到天文学。讲到宇宙之大，天文学说明了宇宙的伟大，天体的运行，星球的结构，空时的架格。看到宇宙之小物理学乃力求物质的本然，运动的法则，光力的现象，电磁的能力。近及于与我们共同生活的，在此地球上有各种生物，所以生物学就观察生命的意义，机体的组织，生存的适应，天演的进化。人类以自我为中心，尤为天地玄妙中之一大玄妙。是以求宇宙之妙者尤不能不一究其本身，最近心理学乃有极速之发展。故凡宇宙万有可由天文、物理、生物、心理四大科学以探讨之。

第一节　天文学最近之情势

天文学的进展把地球中心说消灭无遗，固不待言，然而它又放大了宇宙的范围，减缩了生命的重要，发现了宇宙的完整，这都是对于世界思潮起了极大的影响。最近的观察证明了牛顿学说的不适当，建立了爱因斯坦的相对论。它造成了现代哲学的趋向。现在请先略述近来天文学的情势。

一、宇宙之大　夜间仰视满天星斗，光耀璨烂。要是拿得着的话，我们似乎可以采几百颗星花放在一个小花篮里面。但是此细小之星光当大于地球太阳几千万倍。八大行星合太阳乃组织太阳系。在太阳系之外还有许多的天体系列，多如恒河沙数，此即星云之集聚。琼斯（Sir James Jeans）名之曰"岛宇"（an island universe）。汤姆生说："夫以太阳系之硕大广漠，宜若无伦矣，而在众星云会集之大宇中渺乎沧海之一粟耳。"在威尔逊天文台之一百英寸口径的大望远镜，看大宇的星云约有两百万之多，而琼斯计算之结果，此大岛宇当较此望远镜所视之面积尤大至一万万倍。每组旋涡式的星云足以包括一万万如太阳大小的星辰。琼斯在其《神秘之宇宙》中说："天际之星斗其数当多似全世界各海岸之沙粒。"太阳系仅恒河沙数之一耳。天体之间尚且介有不可思议的距离。以十分之七秒钟能绕行地球一周之光线或将行一〇〇，〇〇〇，〇〇〇，〇〇〇光年以绕此大宇。

二、生命之短促　行星之形成照天文时间计算，其年岁甚小。太阳系的造成乃因两星云之相撞。但是两星云大约在七兆兆年始得相碰一次的机会。所以太阳系的年岁在星云中真是幼稚得很。地球是从太阳中分裂出来的，当然它的年龄，较太阳还要小些。在地球形成之后，忽而极炎暑，忽而极寒冷，经若干年后始有生物产生之可能。自生物中进化为人类尤当为全生命线一端之几分之几。而人类之有历史文化尚不过四千年之事。若是把全生命线当做十二小时的话，那末人类生命的发生只是十二时最后的一秒钟，现在我们可以把地球、生物、人类的年岁作一个简单的比率。

> 地球的年岁　约为　二，〇〇〇，〇〇〇，〇〇〇年
>
> 生物的年岁　约为　二〇〇，〇〇〇，〇〇〇年
>
> 人类的年岁　约为　三〇〇，〇〇〇年

若是我们再把地球的年岁和太阳和星云去比较，地球简直只好做它们几百万辈以下的灰孙子。至于人生的几十寒暑，那又算得什么一回事。

三、自然之完整　天文学观察的结果是自然界确为一不可分载的完整体。整个的宇宙就是一个有组织的机体。大宇宙就好比是一个人的身体，它

是许多互相关联的组织细胞结构起来的。在无际的空时中产生了星云；星云的分裂而产生各星体；星体的相撞始产生太阳；太阳的奔裂而发生八大行星和许多的卫星；在地球上的生出了有机物，由有机物进化而为精微之心灵。凡这一系中之一星体有所变化，有所更动无不影响其他的组织；凡一生物之转变，亦无不影响全宇宙之布置。这就表现自然的完整性。故怀特海说："科学已取一新态度，既非物理的，又非生理的。科学已成为完整体之研究。"丁格尔在《今日之科学》中作了一篇《天文学与科学观念》，在结尾的时候他说："……宇宙并不是混沌的，它是各种不同的成分联合成一有秩序的完整，即人类之心灵亦由此原料而造成。"摩尔顿（F. R. Moulton）是《天文学导论》的作者，他曾在《世界与人类之本质》中作《天文学》一文，他的结论也是这样说："在天文学家看来，在物理世界中，他认为最显要的，最有趣的一部分，不在其空间之浩大，不在其星辰之数量与容积，不在其天体运行之狂力，不在其天文时间之冗长，而在其宇宙之完全的统一性及其天空现象庄严的连续性。从此太阳系极小之卫星以至星云、银河和银河以外的一切，其间绝没有混沌，绝没有机遇，绝没有反常。宇宙之统一性为科学中最高之发现。也就是在这一点上使我们非但明瞭外在世界，而且使我们有知道本身和心灵的希望。"摩氏此论尤为透澈。

四、从牛顿到爱因斯坦　从牛顿立下了万有引力律一直到爱因斯坦的相对论之前，牛顿律在物理学上已成了一种极大的权威。简单的说，牛顿肯定了一切行星的运动都由于两种相反的力量而发生。一种是离心向外的力量。假定没有别的力量阻碍着，一物体将一直向前冲去，永不回头。还有一种是向内吸引的力量。行星之绕行太阳有一定的轨道，即因为行星与太阳两相吸引的关系。牛顿又主张有绝对的空间、绝对的时间和绝对的运动。他又主张粒子性的物质，永存于一切时间中，每一粒子均向其他粒子发生力量以产生加速度。每一粒子有一定的数量，其质量与为一定力量在此粒子上所产生之加速度成反比例。关于绝对的空间与绝对时间历来就有不断的争论。与牛顿同时之莱布尼兹（Leibniz）即开始了这场争论。莱氏和牛顿之代表克拉客（Clarke）相抗尤力。至十九世纪末马哈（Mach）力辟绝对时空之说。至爱因斯坦、闵可夫斯基（Einstein and Minkowski）乃有确定之实验成立相对论，力斥绝对时间之说。没有绝对的时间和空间而只有"空时"的连续体。宇宙不仅单独计算宽长高三度，而时间为第四度，矢量（vector）为第五度。空间乃球形或圆管形之弯曲式，有限而无边。牛顿以物质为空间所决定，爱因斯坦则以空间为物质所决定。但是我们知道，牛顿并不和相对论相反。相对论补充其不足而已。相对论大体所解释者与牛顿律相同，但是它多能解释牛顿所不能解释者。相对论罗素主张极力，著《相对论之ABC》，《物质之分析》等书。天文学家爱丁顿（A. S. Eddington）亦力为相对论宣扬，著有《空间时间与引力》，《物理世界之本质》，《扩张之宇宙》等书。琼斯亦有《我们周围之宇宙》，《神秘之宇宙》，《科学之新背景》等书为之张目。致于怀特海与卡尔（H. W. Carr）则直接采用相对论以为其哲学之资粮。

最近因斯里拍（Slipher）在洛威尔天文台发现星云有大速度之扩张几冲过爱因斯坦空间之限制而至无穷尽之境。德国哥亭根大学天文学教授海克门（Otto Heckmann）亦证明此扩张之宇宙物质能通过而不必为非欧几立特之宇宙。故相对论空间曲度之说似有摇动之势，而将代以福烈德曼与里麦特利（Friedmann and Lemaitre）之空间膨胀说。则空间仍将为无限的。

傅统先全集

228

第二节　物理学最近之发展

天文学的发展离不了数理与物理，所以相对论通常是在物理学范围中讨论的。但是此地我认为从目的上说，相对论之旨趣在求空时之本然，引力的究竟，它着重于宇宙之大处。物理学则偏重在自然界的小处，譬如它求原子的构造，辐射之本质。我先大略的把物理学一般的情势说一说。

一、原子之结构　爱丁顿在其《物理世界之本质》中说："在一九○五年和一九○八年之间爱因斯坦与闵可夫斯基根本的变化了我们对于时间与空间的观念。在一九一一年拉塞佛德（Rutherford）对于物质的观念引起了从德穆克利特以来所未有之变化……近代物理学对于原子中所发现的真实空间之事较之天文学对于星辰间所发现的真实空间之事尤为混乱。"可见近来关于原子的结构的问题极为兴奋。原子已决不是一种细小坚硬固体的实体，而成为一种精致的太阳系似的组织。在这个组织的中心有正电荷以为核名曰质子（proton），而绕此质子运行者为负电荷名曰电子（electron），如行星之绕日。因电子与质子引力作用之相等而使电子得以依循轨道而运行，彼此保持其平衡。质子之质量（mass）大于电子一八五○倍。故原子为质子与电子所组织，而质子几占原子质量之全部。但质子与电子之间所余空隙尤极大。譬如我们把组织人体的一切元核电子堆集起来除去其间空隙，所剩者仅为一为放大镜所得见之一小点。所以原子是太阳系式，其特点有二：（1）原子为正负两电荷所组合；（2）其间有极大之空隙。

二、量子新论　物质之原子性由来已久，而于二十世纪之初关于力能之放射始作原子性解释。一九○○年德国大物理学家蒲朗克（Max Planck）首先主张力能（energy）也是原子的，而其单位为量子（quantum）。普氏发现放射力能的常数为（6.55×10^{-27}erg-sec），曰蒲朗克常数，以h代替之。以此常数乘每秒钟振动之次数，即得力能之数量。一九○五年爱因斯坦准此量子论而扩充为光量子论（Photo-Quanta Theory），他主张光力能乃是一捆一捆的放射，其放射单位为光子（photon）。因此光已不是继续不断波浪式的放射，光能是一个光子一个光子像弹子式的射击。辐射力能是原子性的，辐射是许多光子所组合。量子非皆同一大小。一单个量子中之能量需赖此粒子每秒钟振动之次数为转移。在一九二五年海森堡（Heisenberg）发表一篇新量子论和斯鲁丁格（Shrodinger），柏乐吉利（Broglie），戴拉克（Dirac）的波动力学，他们以为光能单以粒子解释还不够，同时光也需波浪的概念。物质单以原子去解释也是不够的，物质还能有绕折与干涉作用等等波浪的性质。结果，物质与辐射成了一种波粒两元的东西。

三、不定原理　原子太细微得不能得而观察，吾人之知有原子乃由其有活动。电子运行使四周发生影响，因之我们认定原子之情状。假使原子是常住不变的，电子始终循着唯一的轨道绕原子核而行，无所谓四周之影响，亦无从知原子为何物。电子总是在许多轨道中跳来跳去。若是电子从里面一轨跳到外面的一轨道，则得以吸引外来之力能；它若从外一轨跳到里轨道则力能向外发射。于是电子围绕原子核左冲右突，横冲直撞，时而向外射发力能，时而吸收外来之力能，来去无定。电子从此一轨离开而达到彼一轨，其间吾人未能得其丝毫足迹。或者我们可以说，电子一会儿在此一轨道上消失，一会儿在另一轨道又产生。在这个此生彼灭之间我们看不出丝毫的因果关系。我们更不能预测这种跳跃在什么环境在什么时候会得发生。我们真无法去决定电子的行为。因果律在此小宇宙间无以为力。

若是我们对于粒子有完全之认识必同时得知其确实之位置与精密之速度。但是一九二七年海森堡发表了他的《不定原理》（*Principle of Indeterminacy*），大意说："一粒子能够保持其位置，或能确定其速度，然若两者同时具备，则在任何严格之意义之下都是不可能的。"我们能确定其位置则其速度愈难得知；愈精细的测量其速度，则对其位置之观念愈为模糊。此原理用之于波浪说为然。用之于波粒子说尤然。所以我们对于自然之认识是不定的，是或然的。

四、思想方法　因为近来发现了原子的组织，新力学的成立，不定原则之建设都根本的牵涉到科学理论的方法上。以前的科学是根据因果律，或机械法。一块石头在二百五十六尺高的楼上落下来，照伽利略（Galileo）的堕体律推测起来，这石头一定在四分钟后落在地面。这就是说若是我们得知了一系统起初的状态以及其管理此系统的法则，那末我们便能预测该系统在任何时间的状态。这是可以用实验证明的。这种决定论到牛顿尤为大盛。新物理学有许多地方已不能适用因果律做思想的方法。马克士威（Maxwell）首先拿统计法（statistical method）来代替因果法。后复经鲍兹曼（Boltzmann），斯摩鲁考斯基（Smoluchowski）及基布斯（Gibbs）之应用，于是统计思想法乃遍布于全物理学界。所谓统计法就是统计事物的总数，求其平均之现象以诠释其全体。统计法不助我们去预测全体中某单件事故的发生。统计法只给人们以推论管理系统的全体的法则。我们不能说某种情形将来必定如何结局，我们只能说某事之全盘或将有某种发展之可能。所以测量之数目愈多，则此法则之应用愈确。这种思想方法就是限制我们去预测单个事件的未来。若云明其既往，则得知其未来一切，诚欺人之谈，不足为信。科学知识愈发达，我们对本身无知之自觉愈深。我们越进步得快，求知之态度越和缓客气。现今一洗十八世纪科学不可一世之傲慢态度，这是二十世纪统计法之一大贡献。

五、最近趋向　自拉塞佛德首创太阳系之原子说，至一九一三年～一九一五年间鲍尔（Niels Bohr）复以不继续之概念（即量子论）加入原子之结构，其势大盛。后又有商美费德（Sommerfeld）以相对论应用于原子组织，物质之本然得粗备概念。然至一九二五年新量子论或波动力学勃起以波粒子解释物质。其领袖人物在德国为海森堡，斯鲁丁格，在法国有柏乐吉利，在英国有戴拉克。这几位大科学家都得过一九三二年～一九三三年的诺贝尔科学奖金。爱因斯坦说："理论的物理学最近而最成功的创作——即量子力学——在原则上它根本和通常所谓牛顿和马克士威的两纲领大不相同。因为其法则不足以描写物理实体之本身，而仅言吾人与致所指之某一特别部分之表现的或然性而已。我以为戴拉克对此理论有最逻辑的完全贡献。"

至于原子的构造到底是弹子式的射出，还是波动式的放射？有许多现象需要前一种解释，有许多现象又需要后一种的解释。最近柏乐吉利和斯鲁丁格两人的发展则主张粒子有波动的性质，波浪也有抛射性质。从他们的理论得到了两个结论：（1）光电效应——被光从原子中射出电子——指明在光里面粒子的系统与波浪的振动有同样的重要；（2）电子不仅有电能的粒子而且有波动的状态。宇宙可用有波动的粒子和有粒子的波动去描绘之。

第三节　生物学最近之发展

　　从了解自然界我们不能不注重生物，因为它是自然之一部分；从领悟人生真谛，我们尤当研究生物，因为生命是生物的特性。现在的大哲学家如柏格森，杜里舒，汉尔唐，怀特海，无不直接受生物学的影响。生物学理论的发展有一个特点即其内容的冲突性。伍德吉（J. H. Woodger）在其《生物学原理》中开章明义就说："生物学为一有对偶性的科学。若吾人对生物科学作一普遍的考察，那末吾人当觉其有为他种科学如化学等所未有的裂痕。生物学已分别为许多专门的支科，如其他科学之分科然，但是生物学的各支派之专门研究者不论其为方法，为观点，都有显然的分歧。因之，愈分歧，其各支间之争斗愈甚。"生物学中最有历史的两冲突派别为机械论与生力论。但是近来极有力的趋势是承认生物有完整性与自主性。

　　一、机械与生力　机械论主张凡生物的一举一动以及其种种结构机能，都能用机械来解释。无论是微生物、植物、动物、人类都能和星体、石头、河崖、土壤一样的看法。自然界的一切都是可预定的，可测量的，生物也不是例外。生力论就以为生物除了物理化学的运行之外，还有一种不可测定的活动。这种自动的力量或名为"生力"，或名为生机，或名曰生命原力，或名曰机体原则。关于机械论在历史上有英国的哈特勒（D. Hartley 1705—1757）与普利斯特勒（T. Priestley 1733—1804）。法国有拉梅特利（T. de La Mettrie）和荷尔巴哈（Holbach）。他们把人类做为一架机器。近来各生物学家对"机械"一词亦已各有其不同的意义。如费翁（Max Verworn）在《大英百科全书》释生理学一词曰："仅能以管理物质世界的法则才能管理物质的生命现象。机械法则是自明的（self-evident）。"一九二〇年《心灵杂志》上马谢（F. H. A. Marshall）发表了一篇《生物科学之范畴》以机械论为以物理化学的概念去解释生物。威尔逊（E. B. Wilson）在其伟著《细胞学》中言机械即以生物作机械解说。罗厄布在《通俗科学月刊》登过一篇《生命之机械观》视有机体为化学的机器。

生力论可说自亚利斯多德始，因为他以为自然界有一种发动和指导一切运行的能力，生物也是受这种能力所推动。近代生力论者有哈惠（W. Harvey 1578—1657），史塔尔（G. E. Stahl 1660—1734）。而胡尔佛（C. F. Wolff 1733—1794）尤为亚氏以后明显而深刻的代表。新生力论起于柏鲁门巴赫（Blumenbach 1752—1840）。二十世纪之初美大生物学家孟哥茂黎（E. Montgomery）尤积极为生力论辩护，其大作有《原形质之生命与组织》出版于一九〇四年，而于一九〇七年又成《生命组织中之哲学问题》一书。还有曾来我国讲学的德国大生物学家杜里舒，他主张机械因果律是无从解释生物的。还有英国的汉尔唐与斯墨兹都认为生命是全整的，既不可重视机械复不能偏向生力。

二、进化与突创　在一九二九年美国科学促进会的常务执行委员宣称："若是我们认为对于生物进化的证明是一种妄想，那末我们便无根据。因为有机进化的证明当比任何科学通论之证明较为健全。"可见进化论从达尔文到现在仍有不可磨灭的影响。达尔文（Darwin）是集进化论之大成。他从许多生物界的观察中发现了几条原则。他见生物因生产过剩，于是力争以图生存。环境有种种不同的变化，为求适应此环境以争生存之机会计生物乃强胜劣败，适者生存。前一代把许多优良的适应能力遗传至后一代，于是生物一代比一代繁杂，有机乃进化不朽。在一九〇〇年荷兰大植物学家嚣戈（Hugo de Vries）发表了他的突变论。他观察夜莲馨花的结果他认为达尔文的逐渐演进说不合乎事实。新性质的产生乃是突然而来的。在新旧性质进化之间我们找不出继续的痕迹。但是近来柏格森主张生命是绵延不断的创化；亚力桑逗与摩耿（S. Alexander and C. Lloyd Morgan）又力主进化层次突变之论。将来我们都有详细的讨论。一九二〇年美国大生物学家及研究有脊动物的权威拍滕（William Patten）出了一本《进化之韬略观》。他以为进化不是盲目的，也不是混乱的，进化有一定的韬略。旧性质不惜牺牲本身去纪律其本身，训练其本身以力求有效之作用，于是乃生新性质。他说："无创造，则无进化。创造不断之流即是净化；净化即是连续的创造。"进化是从混沌而进于秩序完整，"正当其时"的机缘乃有合乎其时的创造。至于以进化论创立宇宙论的除摩耿，拍滕等人之外尚有布丁（J. B. Boodin）之宇宙进化论，塞勒斯之进化自然主义。然大多数趋向于层次之突创之说。

三、活动与机体　"生命之物理化学观或机械观虽仍常在著名作家心目中盘旋，然而我们研究生物学的人已决不这样了。"汉尔唐在其《生物学之哲学基础》中开章就这样说。机械观已不足以解释生物。现在我们知道生物有两种普遍的特性：（一）自主的活动；（二）有组织的机体。第一点指仅用刺激与反应不足说明生物一切的行为。钟表只要开足了发条，它便自己会走。但是生物能将自己去适应环境，同时它也能匡制环境。生物能自己弥补自己的损伤。它有生育，它能遗传。这并不是理化概念所能解释的。第二点是指生机的完整。生物的部分是为整个的全体而发生作用，生物的整体也是为其各部分始发生其作用。机体的全体和部分是互相关联的，互相倚赖的。牵一毛足以动全体。因此，生物是完整的。怀特海在其《科学与近代世界》中说："科学已取其新途径，它不是纯物理的，也不是纯生物的，它成了有机体的研究。生物学是研究较大的有机体；物理学是研究较小的有机体。"

第四节　心理学最近之趋势

心理学是直接研究人类心理行为的科学。所以它对哲学上的知识之构造，身心之关系，心物之区别等等问题都有直接影响。近来专门拿分析方法注重人类动作行为的学派曰行为主义；由变态心理，精神病态而研究意识活动者曰精神分析论；特视行为之目的者曰目的主义；完全用革命的方式以整个心理活动为完整之形态，这一学派曰完形心理学。兹先略述其趋势。

一、行为主义　现代心理学开始进取的学派要算行为主义。他们以研究生理状态，动物行为所得的结果而用之以解说人类的行为。因此，动物心理学对于行为主义有极大的影响。一八八三年罗曼尼斯（Romanes）出了一本《动物之心理进化》。他证明人类的智慧是由动物的智慧进化而来。罗厄布（J. Loeb）拿实验化学原理来说明动物的动作。一八九六年摩耿发表了一本《动物的生活与智慧》，告诉了我们许多小鸡的实验，他发现了吝惜律（The Law of Parsimony）。一八九八年桑戴克（E. L. Thorndike）出了《动物的智慧》。他说动物的动作是偶然发现了刺激所引起的结果。动物在许多次的尝试失败中偶然达到了目的，于是在渐次练习而成功了习学的行为。这是有名的"尝试与错误"的原理。俄国的巴夫洛夫（Pavlov）从猫狗腺液而发现了交替反射（conditioned reflex）。他乃进而主张人类的行为都是从许多交替反射集合拢来的。到了一九一一年密梭利大学的教授梅耶尔（Max Meyer）乃完全以人类行为的观察而说明心理的活动。他发表了一本《人类行为之基本法则》。凡心理活动都是刺激与反应的堆集。一九一三年华生（J. B. Watson）出而激烈的推翻了内省法。他发表了一篇《一个行为主义对心理学之看法》，完全用实验方法研究人类的行为。凡不能实验的活动都是不存在的。一九一九年他出了一本《行为主义的心理学》，一九二四年又出了一本通俗的《行为主义》。他不知意识为何物。思想只是没有声音的言语行为。我国的郭任远尤为彻底的行为论者，其作品有《人类之行为》，《心理学与遗传》等书。

二、精神分析论　二十世纪奇峰突出的心理学要算奥国维也纳大学的精神病学教授佛洛德（Sigmund Freud）的精神分析学（Psychoanalysis）。本来他是一个精神病治疗者。在一九〇〇年他发表了《梦之解释》，次年又著了一部《日常生活上之心理病》，后来又做了《精神分析学引论》。他主张人类的意识只是心理活动的一部分。人类心理在不知不觉中有一种极大的活动力在支配着一切人的行为。那就是欲的冲动，佛洛德名曰"立必多"（libido）。佛氏把人类的一切梦境，精神病，或失言，偶忘，都认为是这种隐伏的色欲冲动的结果。受佛洛德学说的影响而自成一派者有琼恩（C. G. Jung）。其基本学说与佛洛德大致相同，不过他认为这种冲动力不全是色欲，而是一种求生意志。他把人格分为"重内者"（introverts）——重视自己——与重外者（extroverts）——重视外界。重内者的人格事事都以自私自利为重，这大多是隐意识的活动最力。重外者诸事先以社会外界为重，这是意识活动最力。其著作有《撰字联想之研究》，《无意识之心理学》，《分析心理学集》，《分析心理学论文选》。这一学派还有一个是佛洛德的学生阿德勒（Alfred Adler）。他认为无意识的冲动是一种求权意志，它表现为低贱的情意综（complex of inferiority）以致发泄而为精神病。其作品有《机体之低贱及其心灵补救之研究》，《歇私的里亚的大征候》等书。其他如美之康普（E. T. Kempt），朴林斯（M. Prince），英之列夫斯（W. H. Rivers）等对精神分析均有所列论，然皆以佛洛德为依归。

三、目的主义 目的主义的代表是麦独孤（W. McDougall）。一九〇八年他出了一本《社会心理学导论》，一九二三年出了《心理学纲要》，一九二六年他出了《变态心理学纲要》。他以心理活动虽不能以内省法求证之，然徒以机械的刺激与反应亦不足以尽之。人类的一切行为都必有动机。原始的动机就是人类的本能。本能是人类一切行为的原动力。没有本能的人即等于没有动力的机器。麦独孤说行为非如行为主义者主张之反射集合，行为有一种自动性，它是独立于环境之外的。行为本身有一种连续性，它虽变异其现状也要去达其目的。所以行为乃是趋向目的的活动。合各种本能而为情操（sentiments），集种种情操而为社会活动的原动力。故社会活动也是有目的性的。因为心理上有目的性之事实，乃有为求预有某种目的而发生的行为，这就是"目的之因"（teleological caus ation）。此目的之因非仅人群中存在且存在于一切动物之行为中。

四、格式塔心理学 格式塔心理学始于德国心理学教授维台墨（Max Wertheimer）。这是崭新的而最有势力的一派。维台墨的著作都是陆续在各杂志上发表。一九二五年他出了《关于格式塔学理之三文》一书。这三篇文字是《似动之实验研究》，《原始人类之思想》，《数目、形式、创造思想结论之进程》。后来又出过一小册《格式塔学理》。但是为此学派鼓吹最力的当推苛勒（Wolfgang Kohler）与考夫卡（Kurt Koffka）。苛勒先研究人猿的心理，曾有《人猿智力测验》一书。一九二〇年刊行其名著《在静定状态中之物质格式塔》，以格式塔原理应用于物质方面。一九二九年又出英文本《格式塔心理学》一书。考夫卡于一九一九年出《格式塔心理学之贡献》，从视觉方面的错误说明似量与似动的关系。一九二一年出《心灵发达之原则》以批评反射说与尝试与错误说之不对。一九二四年出《心灵之长成》对儿童心灵之发展列论极详。我国研究此派学理最早者为萧孝嵘曾著《格式塔心理学原理》一书。此派学说力反分析法把整个心理状态破裂为若干原素。他们以为心理活动是整个的，他对情境也是作整个的关系看。这种心理之完整即名为"格式塔"（Gastelt-whole）。此字德文作图形或完形解（form or configuration）。心理状态是一种有组织的有系统的完形，它不是刺激与反应之总和，它自有其完整性。这个心灵的完整和我们所讨论过的大宇宙的完整，小宇宙的完整及生命之完整是互相契合的。

现代四大主要科学思想发展已说了一个概略。事实很显明的告诉我们，科学的内容已逐渐趋向于解决哲学上的几个恒久问题，也可以说它们在替现代的哲学奠立基础。且科学思想愈发展，其对于哲学的贡献愈大，千百年后谁知科学之开掘宇宙玄妙，人生真谛至何无穷尽之深渊？

参考书

Whitehead A. N. *Science and Modern World Chap.* VI

Joad C. E. M. *Guide to Modern Thought*

Dingle H. *Astronomy and Scientific Ideas*（*Science Today*）

Russell B. *The Analysis of Matter Chap.* II

Moulton F. R. *Astronomy*

Newman H. H. *The Nature of the World and of Man*

Eve A. F. *The Trend of Physics*（*In Science Today*）

Infeld L. *The World In Modern Science Chap.* Ⅰ

Russell B. *A.B.C. of Atom*

Driesch H. *The History and Theory of Vitalism*

Haldane J. H. *Sciences and Philosophy*

Haldane J. H. *Mechanism*，*Life and Personality*

Woodger J. H. *Biological Principles Chap.* Ⅴ

Woodworth R. S. *Contemporary Schools of Psychology*（《现代心理学派别》谢循初译）

Pillsbury W. B. *The History of Psychology*（《心理学史》陈德荣译）

空时问题在相对论之解决

事物是存在的吗？假定它是存在的，那末它是怎样结构的呢？平常把事物分析为若干极细微的电子，然而这些电子之结合拢来以构成一件东西，它们必要排列在空间。事物也认为是连串历史的继续，但是这种继续必要经过相当的时间。要是我们从认识论方面讨究事物的现象，我们知道事物影响我们的感官，然后我们对事物之存在有所认识。但是我们对于感觉所接受的事物一定要有空间以罗列之，和时间以秩序之。所以空间和时间形成了构成外界事物的基本架格。康德以为混乱的感觉之所以有意义必经过先天的心灵范畴，而基本的先天范畴即空间与时间。一般庸俗的认定和牛顿辈根据于这种庸俗假定所得的理论便又认为空间与时间为客观的实在，一切其他事物必赖此空间的架格而实在。然而无论他们那一派的哲学家和那一时的科学家都无有不认空间与时间是构成宇宙万有的架格。所以空时的问题在哲学上与在科学上有同样重要的地位。

传统的哲学家大半把空时认为主观的概念，它们只是玄想的对象。所以他们只是用逻辑与理论去讨论时空。传统的科学只是盲然的接受通常的假定。他们以为空间为装置物体所不可少的实在，时间为事情所不能不经过的历程。然而他们同样的是从一个小壁洞里面去看豹，也正好比坐井观天。因为他们的眼光都不能超过地面。他们都拿地面作为观察空间和时间的标准，这所以无怪乎他们都不能对于空时有正确的认识。自从相对论出现之后我们知道欲得解决空时的问题必须脱离这个地球，甚致于脱离太阳，脱离一切的天体。换言之，我们要从大宇宙中的整个去观察空时。

空时问题从近来天文学的观察，数理学的精算，物理学的实验得到了相当的解决，这就是相对论的建设。这些科学研究的结果对于哲学思潮发生很大的影响。换句话说，哲学上的空时问题科学的实验给了我们强有力的解决。近来哲学界如怀特海、罗素、伯洛德、亚力桑逗都直接从相对论的科学奠立了他们哲学主张的基础。但是我们知道科学的理论是不断的进展，不断的改进。即相对论本身，我们也不能认为确定不移的定理。它仍然在继续发展之中。不过现在空时的问题从这一方面去讨论至少要比一般的玄想正确些，至少要比根据常识假定的科学深刻些。假使对于这个构造一切事物的架格有了正确的认识，我们对于事物的本然当然不难领会。但是我们要知道这种认识虽根据于科学事实然而我们仍然要继续的发展以窥空时之全豹。

第一节　旧科学的空间与时间

旧科学对于空间与时间的解释就是把常识所认为正确的假设加以系统的整理。此地所谓旧科学就是指相对论以前的物理学。常识的假定就是一般人对于空时的概念。一般人的信念是有传统的历史，是目前的偏见，根深蒂固，牢不可破。若是我们要否定他们的假定，把他们引到高远的地方去观察真理，那是很不容易的。除非我们有确实的证据。哥白尼以地球为绕日而运行的理论经过多少时日的争论才通行无疑。对于空时的问题爱因斯坦也起了同样的革命主张。但是他对旧科学的理论攻击是不容易的工作。精密的计算，正确的测量都给相对论以显明的证据。所以这样的理论给我们在哲学界解决空时问题发生了极大的力量。现在先请言一般的见解。

一、空间与时间是独立的　我们的周围都放有事物，房间的左角有一把沙发，圆桌放在中央，书架设在三面墙边，书架里面装满的书籍。这都表示有空间的存在。我们跑到一片田野间仰望蔚蓝的天空，我们得见无涯的穹苍。飞机能在上面航行无阻，星体也是在天涯运行不息。这也不能不使我们感觉到空间。从外滩公园到兆丰花园相隔有四英里，四行的大厦有二十二层楼，一支钢笔有四吋长。所以通常的人都认为空间是实有的。由上面的经验我们还可以分别空间为（1）感觉到的空虚，这是混然的，普遍的和（2）测量的面积，这是分段的，解剖的。前者是由我们的感觉所得，后者由我们的思想所分析。但是它们认有空间之存在是同一的。在另外一种似乎完全不同的情态中我们也从感觉方面和思想方法认定有时间的存在。早餐已过去了，晚餐尚未来。事情的前灭后起，此刹那生，彼刹那息，我们都感觉有时间的流过。在人们的思想中时间分段为若干年月日时刻分秒。我们讲了五十分钟的书就下课，休息十分钟又上课。每七天我们得一天的休息。这又使我们认为时间的实有。测量空间的工具通常是用尺，计算时间是用钟。

常识告诉人们空间与时间是多么不同的两回事。时间是从昨天到今天到明天，早迟连续的经过。而空间是指此地、那边、上面、前后左右占住的面积。上一个钟的课和长衫有三尺八寸长是两相独立的事实。空间与时间各不相关。这本书放在我书房的书架上今天也在那儿明天也在那儿。假使我们三年五载不动它，它总在那同一地位。先施公司在上海的南京路这是和时间没有关系的。在民国二十四年三月二十七日下午七点钟我正在写空时问题的讨论，也许张三在南京看报，李四在北京出恭。上海经过了二十四小时，伦敦和纽约也同样的经过了一日一夜。时间之流对于空间也似乎不发生什么关系。因此，通常总以为时间和空间是两不相干，自各独立的。

二、时间与空间是无限的　"天外有天"这是一句俗语，也可以说是找不到空间的边际的意思。"最初无始"这也是思想家常根据常识所最喜用的一句成语。空间和时间之有"无限性"非但一般人这样说，而且旧科学家也是这样的假定。从我们直觉方面得到的扩张性和绵延性上说，空间似乎是无穷尽的扩张，时间也似乎是无始终的流去。若是一位传统科学家能飞到极远的 Arcturus 星球上，他还是看不见边际。假定他向太空一直飞去，他也认为永远不会回到原处。若是一位历史家或考古学者求到生命之原始，求到地球的最初，甚至求到天体的来源，他总觉得没有时间的尽处，从我们的思想所得到的空间与时间之可分析性方面说，空间和时间都不能分析到极点，空间通常是分为长、阔、高三度；时间是分为过去、现在、未来（不过时间是过去、现在、未来连续不断的一度）。立体可以分为平面，平面分为线、点，再分为一丁儿一点儿，千分之一，万分之一，以至无穷。一年能分为月日时刻，一时能分为分秒，以至二分之一秒，四分之一秒，八分之一秒，千分万分万万分之一秒。没有一点空间是能分析到不能分的止境，也没有一刻时间能以分析到不可再分的地步。总之，以前的哲学家，科学家全都承认这样的假定。不然的话，他们可太麻烦了。要他们找空间的尽处，他们就瞪目不知所对；要他们确定时间的有限，他们只觉得这是到海里去捞月。所以他们一致接受了空间与时间之无限性。

三、空间与时间是绝对的　旧科学根据常识的假定认为空间与时间是绝对的。所谓空时之绝对性就是指空间和时间是与其他物质一样有独立的客观实在。假定没有独立存在的空间，由何而有物质之扩张；假使没有绝对实有的时间，何能一事物继续一事物的流传下去。常识这样说法，伽利略，牛顿也就这样的相信。当时有许多人认为时间是相对的，因为它是由我们的思想所分别为年月日时刻分秒，因为它是由事情之联串而假定为时间之流。其实，离思想，离事情便无所谓绝对的时间。空间也是一样的，它只是和我们身体的位置，物质占有地位，互相对待而假定其存在，因此，空间也只是相对的。牛顿辈便不大以此为然。牛顿主张在相对的时间与相对的空间之上必有绝对之时间与绝对之空间。离感觉对象之外，离事情发生之外必有绝对的，实在的，数理的空时，因为无有这种实有的空间则无物质之运动，无物质之运动则何由而有感觉对象之显现。若是无有离事情之时间则事情何得前后相继。牛顿说：

　　"Ⅰ.绝对的，真实的，数理的时间其本身为等量的流连而与外物无关，另名曰绵延；相对的，明显的，普通的时间借运动而有其感觉的，外在的测量，如时月日年。

　　"Ⅱ.绝对之空间其本然无关乎外在事物，它永远为同样的不动的。相对空间为此绝对空间之对活动所加的测量……

"Ⅲ. 地位为一物体所占之空间，依此空间而可为相对的或绝对的地位。

"Ⅳ. 绝对之运动即一物体由此一绝对地位变移至彼一绝对地位；而相对之运动则由此一相对之地位变移至彼一相对地位。"（牛顿之原理Principia）

绝对之空间与时间是不变迁的，然而实际上所便于应用的只是相对于感觉对象之空时。但是，既然如此，则牛顿以何种证明而主张空间与时间之绝对性？牛顿之解答为：因有绝对之运动而知有绝对之空时。而所谓绝对之运动即物体之位置关系的变迁，而这种变迁可以向任何方向，可以有任何速率，这都足以证明有一无限之空处，无限的延长。此无限之空处即牛顿主张的平静的，不动的，无变化的绝对空间；而此无限之延长即静止的，无变迁的绝对时间。

第二节　相对论的空—时

空间和时间的绝对性，客观性，这是常识和旧科学的假定。在哲学上我们很早就知道空间和时间都是主观性，是不能脱离心灵而独立存在的，因此空和时都只是相对的，康德且认为时空是先天的范畴，但是哲学的理论终不及科学事实之易于受人信仰。于是伽利略，牛顿辈之绝对空间与绝对时间均为一般人所认为真理。殊不知所谓科学事实仍不是绝对的。科学是继续的发展，不断的开拓新事实，以证明以前认为真的科学事实亦只是不准确的，或似是而非的幻象。旧力学之绝对时空已为二十世纪相对论所推翻。爱因斯坦用精密的实验，准确的计算，所得的科学事实乃证明了大宇宙间并没有绝对的空间和绝对的时间。所谓空间或时间是对某系统而言。空时是与主观相对而言的。宇宙间有无穷尽之运动系统，则宇宙间之所谓空与时亦有无穷尽之种类。相对论告诉我们不能在这些运动系统之间得一共有的，标准的，或绝对的空间与时间。假定天体系统一律是静止的，那末绝对之空时尚非不可能；无奈天体星球是不断的运行，是极速的飞驰。因此，爱因斯坦主张时间与空间只在同一系统中是适用的，然不能应用到其他的许多系统中。每一系统中自有其空时，而每一系统之时空对其本系统都是准确的；对其他系统则总是错误的。这是相对论主张的大意。现在我们进而追究相对论发展的程序，以及其种种证明的事实。

一、以太是存在的么？ 旧科学家主张时间与空间是客观性。上海外滩海关的大钟总是建立在固定的地方——即外滩海关的屋顶上。若是我们跑一百次外滩，我们没有一次不见大钟之巍立于海关屋顶。此处我们说到空间的客观性必定要有一个标准。我们之得知这大钟是占有同一空间，因为它总是树立在三马路的外滩海关屋顶上。假定一块浮木放在吴淞口外，若是我们在吴淞镇玩过一会儿，再跑去看那块木头，我们就无从决定它是否仍在同一地方。因为海风的吹动，怒涛的打击，我们无从得到一个所谓"同一地方"的标准。因此，在怒海里得知是否在同一地位，我们必直接的或间接的依凭陆地作一标准。现在我们要问："地球在天空里面，我们将凭什么标准以决定它在客观的空间从同一地位移向相异的地位？"换句话说，我们怎样在客观的空间指定某物是占有同一地方的？我们拿其他的行星做标准吧？无奈这些行星本身也是转动的。拿太阳做标准吧？太阳本身跑得更快。拿远处的星云吧？它们彼此相距飞驰较太阳还要迅速。总之，大宇宙间的各星体好像是在一个没有边际的，没有陆地的大海中的许多波浪。这个太空中我们既不能拿某一波浪做为"同一空间"的标准，复无岸际之可凭。那末所谓客观的空间将以何物为标准？因此，旧力学认为空间是好像平地上一样的，有一种固定的，不变形的东西作为"同一地位"的标准。如外滩的马路，海关的房子都足以证明海关大钟是在同一地方的标准。在旧力学所假定的这种弥满于空间的固定的，不变形的东西就是以太。只有以太的存在才足以显明地球是某一确定地点，或地球已移向某另一地点。推而至于一切的事物，一切天体运动，其空间地位之变移或占有，无不以"以太"为标准。否则，便无从认定空间之客观性。

至于决定时间之客观性，或决定两处事件之同时发生亦必假定以太之存在。譬如上海沪战发生于一九三二年一月二十八日夜十一时三十分。当时即发一无线电至日内瓦，这个电报当然不能在一二八夜十一时三十分同时得到，因为电波的传达必占相当时间。所以我们要知一二八夜十一时三十分日内瓦国际联盟会的委员同时在办什么事，我们不能拿那电报到达的时候作为与一二八夜十一时三十分同时。我们还要知道电报从上海到日内瓦在以太中走多少时候。无线电报从上海到日内瓦到底该走多少时候呢？我们计算这个时间，千万可不要忘了地球本身也在旋转。若是无线电是从上海向日内瓦走，适时，地球是经过以太从日内瓦对着上海方面旋转。因此，日内瓦也在迎向上去接受上海来的无线电浪。这样，假若地球在以太中是不动，日内瓦并没有迎向上海旋转，则此电报必到达到较迟。因此，我们要知道上海与日内瓦之所谓"同时"，必计算由上海至日内瓦电波传导之时间。欲知此传导之准确时间，必先知地球经过以太阻力所行之速度。

以太的假定是旧物理学所必需的，然而何以证明其存在的事实呢？我们知道以太弥布空间必有其阻力，换言之，以太对于事物之转动必有其影响。假若地球在以太中运动，或光线由以太中射过去而不见有任何影响，则我们从何得知以太的存在？我们在河里划船欲知河水对于船之有阻力，可由顺行与逆行中得知。谁都知顺水而行较之逆水而行要快些。如船由此岸渡过彼岸横渡河水中，则其速度当较顺行（由上而下）为缓，较逆行为速。若是我们只知河水的一端而不知彼端，同时亦只知河岸的这边而不知那边，那末我们要知河水是否有阻力的话，我们可以把船顺行十里再逆行回来，另一方面，横渡十里再划回来。其结果我们知道因为水的阻凝，水势横渡来回当较顺逆回转之速度为快。顺逆往返所需时间当较多于横行往返之时间。若是船在河水中顺行，逆行，横渡全没有丝毫的差别，那末我们便知无所谓水的阻力。

我们欲以同样的方法实验光线之击射有无阻力，再以此阻力之有无以决定以太之是否存在。但是这个实验比对流水的考察要困难得多。因为所假定的以太的性质不是像流水这样的稀松活动。若是极高速度之光线都能射过无阻则以太的坚硬性，固定性当较钢铁为尤甚。所以光之穿过以太，欲求其阻力必有精细之测量，准确的观察。这个以太阻力有无的实验是由迈克尔生（Michelson）与摩莱

（Morley）二氏所做的。他们从A点或B点两处成直角形的地方同时射出两道光号。在相同的距离处各放一反光镜如图之C与D以使此两光号各自射回原处。由A至C与由B至D，其距离相等而互成直角。所以若是空间有以太，则AC，BD两线必有一与以太顺行，另一与以太逆行。若是AC是与以太同一方向射去，则BD必横以太而行，其结果则AC往返之时间必长于BD往返之时间。反之，BD顺以太之方向射去，则BD往返平均时间必长于AC往返平均之时间。总之，如以太是存在AC，与BC之回到A点与B点必有极微细之差别。然而迈、莫二氏实验的结果我们得不到丝毫以太的影响。A，B两光号无论向任何方向射向同一距离，然后反射回来，其所需的时间总是一样的。照图中AC，BD两光往返所需时间我们看不出一丁点儿的差别。因此，所谓以太从这个实验证明是毫无意义的。

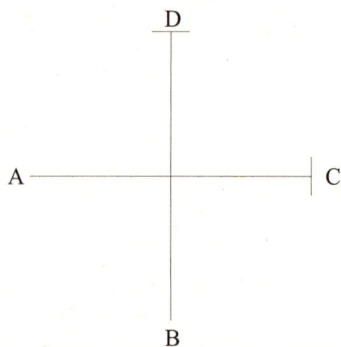

二、费氏之收缩作用（Fitzgerald Contraction） 旧物理学之建立绝对空间，绝对时间，与绝对运动乃以"以太"之存在为唯一之标准。迈、摩二氏已证明此标准之虚妄，则旧物理学空间与时间之理论已摧残殆尽。然照费氏之收缩论则迈、摩二氏所得无以太影响之结论仍不能据称为无以太之证明而别有其解释。现在我先来说明费氏的收缩作用。一八九三年费慈济拉特和一八九五年罗伦慈（Lorentz）不期而合的提出了一种理论。他们认为所谓物体并不是像常识所肯定的有持久的实质，占有一定的质量。物质实在是一堆电荷的粒子。这些电粒子的力量互相拉持成一种平衡的状态，于是便成了物质的质量，若是这一堆电粒子在急速的运动中，它们便不能保持原有的平衡状态。于是这些电粒子便视运动之速度与方向而变化为另一种均衡的状态。因此，物质的质量在急速之运动是时常发生变化的。费、罗二氏根据这个原理而发现了譬喻一根尺与运动的方向成直角的运动，——即此尺横着向前急速的运动。若是我们把这根尺转成与运动的方向平行，其结果则使这根尺的长度要缩短若干。这种收缩作用是与物体的性质没有关系的，而乃为其速度与方向所决定。不问是钢条也好，橡皮也好，其地位与运动方向成直角者转变为与运动方向平行，则其长度收缩。假定我们住在一个每秒钟走六一〇〇〇英里的星球上。有一列火车从甲处到乙处洽好与这星球的运动成直角。后来再从乙处转开往丙处则与这星球运行的方向平排的，那末这时这列火车便缩短了一半。再如火车从甲到乙本系与这星球相交成直角运行，才到半途的时候这个星球刚好转了一个直角的方向，其结果乃与由甲到乙的列车成了平行的，这样也会使这列火车和其上人物都缩短了一半。地球的运行转变也使其上的人物收缩，不过我们不能得见，因为我们本身也是成正比例的收缩了。我们也不能用尺去测量其某物是否缩短若干，因为这些测量器具也随之而收缩了。

这一点理论第一告诉我们测量长短高低宽厚的唯一标准——尺——其本身就是靠不住的。第二，事物所占空间大小宽狭当随地球之速度与旋转之方向而转变不定，我们不能确定事物本身之绝对空间。第三，一物之大小高低，当与其他事物之大小高低比较而成。其本身因无绝对不移之大小高低，乃只能与一切其他事物比例之关系而成立其体积之占有。第四解释了迈、摩二氏何以光号直射横射而不见其差异的结果。然而这又似乎证明了不能否认以太的存在。因为光号与以太顺逆往返所需时间虽较多于横行往返之时间，然与以太平行（即顺逆流行）之实在距离则必当较短于与以太成直角而行所实在经过之距离。照精密计算的结果，顺逆往返虽行较缓（以太阻力故），然足与距离的缩短（与以太并行故）两相抵讫。故顺逆往返与横渡往返洽可同时得到原处。这又似乎我们不能推翻以太，而且同时我们无论如何也观察不出以太的所以然。

迈、摩二氏的实验证明我们得不到以太的影响，所以他们说以太是没有的。费、罗二氏证明何以我们不能得以太的影响，但是他们又能假定以太是存在的。表面上迈、摩与费氏似乎是冲突，然而他们都是解释同一现象即我们无论如何总得不到以太的影响；他们同样的说明了以太不能做绝对空间，绝对运动的标准。无论以太是存在或不存在，它对于物体运动是不发生影响的。对于物体运动所发生影响的乃是它本身运动的速度和方向。所谓测量的标准只是相对的，这就是说它只在同一运动速度下之星球上有可能的。在运动愈速的星球上它的量尺收缩愈短，这种缩短的量具只能应用到本星球其他与之有正比例缩短的各事物上，而绝不能应用之以量其他不同速度之星球上。除非一切天体星球都是静止不动，我们才有一种无往而不利的量尺是以衡其长短。至于时间与运动也是一样的只有相对的标准，而不能以同一时钟去计算各种不同速度的物体运动。因此，我们轻视了或抛弃了以太的标准性；注意到或着重到光号向各方击射之无差异性与运动之速度对物体之收缩作用。

三、爱因斯坦的空时相对性　在一九〇五年爱因斯坦便凭着上面的两点原则立了一个新的原理即："无论以任何实验我们都不能决定自然界本身的绝对运动。"因为星球运动极快，我们要找一种绝对的空间或绝对的时间那是不可能的事。照费氏的理论两种速度不同的物体各有其不同之收缩作用。每一物体上所用以测量的尺具用之于本物体总是对的，用之于其他不同速度之物体上则总是错的。在两个不同速度的运动物体上的人总觉得自己的测量是对的，对方的测量是错的。罗素给我们一个浅显的譬喻，一列火车一直前行，其速度有光速度五分之三。如若它自己车上的乘客量其车身长度为一百码，而轨岸的人于此车行过时用极精密方法量得此车长度之结果则仅八十码。车里面的东西都向前直进，其长度由车外的量之总要比乘客所量的结果多些。这就是费氏的收缩作用而显明了空间之无绝对性。

至于时间我们也得不到绝对的标准。在物理学的实验上，我们知道凡速度极快的物体其质量与惰性亦必大；凡惰性大者必发生减速度（retardation）。是以在此物体本身上之一切变化都必较为迟缓。通常以为在三岁时两人在一起玩的，隔了七十年一定两人都是七十三岁。这在同一速度的星球是可以这样的。若是一个在地球过了七十年，一个则跑到运动急速的星云中的一个星球上面旅行了一次回来，那末这个计算就不对了。这位远游的旅客因为他是在一个运动迅速的星云上，凡他的一切生活发展都必要迟缓若干倍。他一切生理上的变迁，物理上的环境，甚至他算时刻的手表都相率成正比例的缓慢下来。在这位星云游客游历了一年回到地球上的时候，那位在地球上生活的朋友已经有了七十三岁了。在地球上过七十年，在比地球速度加快若干倍的星云上只觉得过了一年，因为星云运动的速度把它上面的物质运动都迟缓了七十倍。我想欧文（Washington Irving）所想象的Rip Van Winkle跑到的那座山上（他一睡有二十年）一定是在另一个较快速度的星球上面。不过照相对论的理由Winkle先生的毛瑟枪还应依然新颖，绝不致生锈，假定他有表的话，那表绝不会锈坏，只不过走了数小时而已。地面的七十年和极速度游客的一年都是对的。所谓绝对的时间便成为没有意义的一句话了。爱丁顿在他的《空、时与引力》一书给了我们一件可羡慕的事。他说有一人乘一架飞机，其速度比地球快一六一〇〇〇英里。若是我们看见这位乘飞机的先生的一切行为都非常之迟钝。我们只用十分钟可以吸完的一支雪茄烟，他要二十分才吸完。他的一切都比我们增加一倍。罗素说的好你可别忌妒，小心他牙痛的苦痛也要比你延长一倍！

反面的，相对论已推翻了空间与时间之绝对性。现在我们要求相对论说明怎样空间与时间是相对的，是主观的。诚如爱因斯坦所言，我们找不到绝对的速率。宇宙间的空间和时间我们全找不到绝对的标准。但是它们有相对的标准。我们人类是在地球上，所以人类的空间与时间是以地球的速度做标准的。我们知道中国在太平洋的西面，美洲在太平洋的东面，上海在近于纬度三十度，经度一百二十度，这都是以地球为标准。假使我们站在太阳上观察地球，因为地球的运动，一分钟前上海所占有的空间已非一分钟后上海所占有的同一空间。在太阳系里面我们观察地球与八大行星所占有的空间，我们是以太阳作标准的。在某时地球绕太阳已行至轨道之某点；某时，海王星绕太阳已行至轨道之某另一点。假定我们站在太阳系以外其他的星云上，我们看见地球与其他绕日之行星所围绕太阳周行的轨道也并没有固定占有的空间，因为太阳和它的八大行星的一大系列也是在极速的飞驰。因此，太阳系的空间又是相对于其他星云而言。而这些星云本身更是极速度的奔驰不已，所以星云的空间又是相对于其他更远更速的星球而言。由此，我们知道在地球上的观察者有他们自己的空间；在太阳上的观察者又另有其本身的空间，太阳上的空间与地球的空间结构不能交换应用，各不相同，然而各有其同等的准确性。在星云上的观察者又是有一种不同的空间结构。总之，宇宙中有若干星球就有若干不同的空间，且对其本系均有同样的准确性。空间只是相对于某一定之特殊系统而言。若是脱离了一切相对的体系而有一种无往而不利的绝对空间，那便是毫无意义的话，直等于兔角，镜花。

　　时间也与空间一样的，它是相对于某主观系统的。前段我们说过在不同速度的运动体系上，即使钟表可作为计算时间的标准而这种钟表也会随速度之变迁而变迁其行动的作用。所谓同时亦只是指在同一速度的体系上的观察者所观察到的事实。"同时"要用到两种不同速度运动的体系是不可能的事。两件事情的发生在此情境的人认为是同时发生的，而在另一不同速度的情境中的人则认为两事是此先彼后相继发生的。更在第三个不同速度体系上的人则又认为彼先此后。这三种时间我们没有一种可以认为比其他两种会不准确些。换言之，这三个不同速度的体系各有其三种不同的相对时间。每一相对于本体系的时间总是准确的，而在其他体系上的观察者看来那就是不正确的。我们绝不能发现一种普遍的时间，它能应用到一切不同速率的体系上所发生的事情。若是我们不能使一切星体静止，若是我们不能划一一切运动的速度，那末我们就不能不认识时间是相对的。罗素在他的一本通俗的《相对论ABC》中说了一个极有趣的例子。有一列火车开过某车站时有两个盗匪在轨道旁边分别的轰击车头上开车的机师和车尾上护车的宪兵。一匪与开车者相隔距离适与另一匪与宪兵所隔距离相等。开车者与该宪兵均被两匪各发一弹而毙命。在这列火车的正中央的一节有一年高德望的长者同时听见两匪的枪声而绝分不出两枪开发的先后。所以在这位长者看来这两处的枪是同时开放的。但是此车站之站长刚巧是站在这两盗匪所暗伏的两地方之中间，而在这位站长听见则击毙宪兵的枪弹先发，而打死开车的枪弹后放。这样一来，于是乎发生了问题，这两处的枪声到底是同时发出呢？还是车尾的先放，车头的后放，现在假定这个宪兵和开车的人是两堂兄弟，他俩共同有一叔父极有财产拟以其全部所有遗传与其后死之一侄。那末，如若是宪兵先死则此财产当传给开车者之长子；如系同时毙命则该宪兵之子与该司机之子各分其半。两造均对簿公庭要求主持公道。照通常说来，无论是推事，或是两方的律师都必主张在这两个证人（乘车长者与车站站长）之间必有一个是对的，一个是误证了的。两枪之放发如非同时则必有一先后。但是照相对论的理由，则这位长者和站长两人所证明都是对的。适于行走的车辆上的"同时"则不能适于静止的车站上。同为两件事的发生，在车上认为同时，在站上便认为异时，在站上认为同时在车上便认为有先后之分。我们有一个偏见即为承认静止地面上的时间是对的，而车上必是错误的。但是物理实验是不容我们有这种偏见的。火车上的观察者有其相对的时间，而太阳上，星云上亦各有其同一准确性之相对时间。

罗素的例子是用声音来代替光线，似乎还不能十分正确明白。爱因斯坦本人在他的《相对论浅释》（商务夏元瑮译）中曾用火车与闪电来说明时间的相对。在其原书第三十页他画过这样一个图：火车有均衡之V速率前进。在火车的人都以火车为时间之标准体系。轨道两旁的人则以地面为标准。如AB两处发出闪电从车站上或地面上的人（M处）观察则系同时发生。如从火车上（M'）中央看来则必B处闪光先于A处闪光。因为火车是以V速度自左向右，与B光相逆与A光相顺。逆光先到，顺光后到。地面是静止的，对它便无所谓顺逆。M因在AB之中点，是以看两处闪光是同时的。此地所谓同地是指相对于地球而言，所谓B先A后是相对于火车而言。

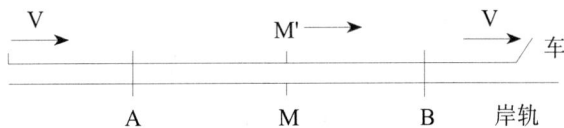

相对论证明了（因为没有一次的实验结果是否定）的空间与时间的绝对性是毫无实义的，建立了时间与空间只是主观体系相对的虚构。我认为这是爱因斯坦循着迈、摩二氏对以太的实验，费慈济拉特、罗伦慈二氏的收缩作用，这样发展的进程在消积方面的成功。

四、闵可夫斯基之四度"空—时"　现在我们要讨论到相对论对时空问题从积极方面的建设。空间与时间并不是绝对的，同时也不像常识与旧科学所认为空时两者是互相独立的，以前我们把时间和空间视为两不相干，各无关系。空间是宽、深、高三度。时间是连续的一度。空间三度以量尺计算，时间一度以时钟计算。但是时间与空间之独立性必预先假定以静止的，无变迁的，或划一运动，毫无速率差别的星体做为它们的标准。以前的物理学家的眼光只能达到地面，而不能设身于大自然之外以研究空时问题。因为事实上我们知道太空之间有恒河沙数的星球各有其运动速率不同，各有其转向方向不同。它们自成一主观的系统。彼此间互有其悬殊之时空。我们并且明瞭了空间是不能脱离运动速率而成立；时间也不能脱离运动速率而存在。所以在各种相对运动间的时间与空间是不能独自分立的。在时间的绵延中空间地位是随之而转变的；在空间移动中，时间亦必随之而消逝。若是我们知道地球是运动的，各天体亦有其不同之运动，那末时间的消失无不使空间更动。空间的变迁我们也绝不能坚持时间是独自无关的。坐在火车上的客人若是他以火车做标准的话，早晨八点钟他坐在京沪路特别快车二等车箱上，中午十二时他仍然在同一二等车箱里面。这样我们可以说时间的消失在火车上的空间并没有变动。若是我们把火车与地面相对的来说，上午八时客人是在上海北站，中午十二时他们已经到了丹阳，下午两点钟他们已到达南京下关。因此，乘客坐在火车上，没有一秒钟的消逝中，他们不在继续的转变其地面上空间的地位。世上能有一位乘火车的先生说是他在车上消磨了两点钟而未更动其空间的吗？他绝不能这样的设想因为他急于达到其目的地。地球也是像火车之于轨岸一样不断的在太阳系中旋转变迁；太阳系本身也是在星云里面更速度的连续飞驰；其他星云也是同一情形。因此，我们没有离时间的空间，也没有离空间的时间。

从大宇宙整个的系统中，从各体系的整个关系中，我们看不见单个的空间，更看不见独立的时间，我们所得到的是"空—时"的连续体（space-time continuum）。从整个关系中我们始能接近实在。从整个关系的大宇宙中现在我们能得见的就是一个混然无别的完整"空—时"。大自然本身并没有分析它本身，它在各方面都是保持平等量的。这个完整体可以作为描绘一切宇宙现象的标准。凡能各方面作齐量观，凡能融贯一切的，乃是近乎实体的。所以"空—时"连续体是可以作为各个单独空间和时间的标准。相对论在积极方面乃建立了空时之完整性。

爱因斯坦和闵可夫斯基二人都用数理证实了"空一时"之连续体。以前的物理学家并没有看出空间的相对性，所以他们可以用 x y z 三度的坐标式（co-qrdinates）去解释空间。相对论既证明空时的相对性，所以欲解释一事情之发生于 x y z 三度之上尤必加 t 时间一度以成为 x，y，z，t，四度坐标。从通常数理中我们知道空间的公式是 $s^2=x^2+y^2+z^2$。现在相对论照此公式而求得事情之间距的公式为 $s^2=x^2+y^2+z^2+t^2$。t 就是加入的一度时间。所以闵可夫斯基以为世界是四度连续体。闵氏说："我所愿提出的空间与时间的观点是从实验物理学的土壤中所生长的，这就足以表示其坚强的力量。这些观点是激烈的。因此，空间之本身时间之本身都成了泡影。只有两者的连续体始得成为一种独立实体。"（《空与时》一九〇八年）相对论者于是不承认只占空间的东西而主张有空间亦有时间之事情（event）。没有客观的空间或时间而只有事情间的间距（interval·）。所谓事情就是这个时候的这一点，所谓间距就是此一事情到彼一事情之间的时空。一个完整体是不变的，常在的，而这里面的组织分子是变迁的，不常的。假定一位法国人较一位中国人所有的钱币多两倍；还有一位美国人则较这位法国人所有的钱还要多两倍。这三人之间的总关系是：B大A两倍；C大B两倍；C大A四倍。这个综合的关系是不变的，常在的。然而三者各自有其钱币制度。中国人用银元，法人用法郎，美人用金洋。这三人的单位是各不相同的。他们也能相对的计算与变迁。不过这些相对的计算与变更都只是相对其本国主观的钱币制度。至于他们三人之间之比较关系是实在的，不变的。间距之与绵延和空间距离就好像该三人间的倍数之与他们各自金本单位。

自然的架构虽是混融的整体，然而我们仍然可以把间距分为属于时间的和属于空间的。两件事情之发生其互相间的关系可以认为一种是得以亲临目睹的，还有一种是无从得以实地亲睹的。在物理学上我们知道没有任何物体的运动比光的速度还要快些。所以凡能亲临目睹的事情总没有光速率快。在这样两件事情的间距相对论便名之曰"时间性的间距"（time-like interval）。譬如飞机由上海飞机场起飞和它到达了北平的外郊就是时间性的间距。另一方面我们想象有两件事情其间的运动比光的速度还要快些，因此，这绝不是我们所能亲临得见的事情。相对论名之曰"空间性的间距"（space-like interval）。时间性的间距和空间性的间距，我们就是拿光行速度为标准。若是两事的"间距"适与光速度一样，那末它们的"间距"便是零。这些"间距"对于任何观察者都可以应用的，其效用是一样的。若是我们得到了两件事情的空间距离和时间之久暂我们便可算出它们的"间距"。但是这只是限于欧几立得的几何学，这只能限于一定不变的速度物体上。所以这是特别的相对论。后来把相对论的原理普遍应用于一切非欧几立得的空间，可以计算于一切加速度（非均衡的）的运动物体。于是特殊相对论乃扩充到普遍相对论。

第三节　普遍相对论对"空—时"之扩充

特殊相对论是仍然借着原有的空间与时间的观念来研究空时问题。其结果则建立了空时之相对性与"空—时"之连续性。现在普遍的相对论便一方面完全抛弃了传统的时空观念，一方面纯粹用空—时连续体的新概念以解释一切宇宙运行的法则。特殊相对论仍是保留了欧几立得的几何学，而普遍的相对论则利用了非欧几立得的物理几何学。在普遍相对论中我们可以得到极浓厚的哲学意味。它对于空时的结构，运动的法则都给了常人所意想不到的奇迹。这些奇迹可以在哲学上产生极激烈的革命思潮。在这个新理论里爱因斯坦发现了空间是孤形的。所以他们成了一种新的运动法则来解决宇宙结构的问题。我们现在为免除高深数理起见，只把普遍相对论的结论及其理路拿来简明的叙述。

一、空间的曲度　旧力学都假定空间是平面的。在这平面的空间直线当为两点间最短的距离。牛顿的第一动律告诉我们当没有何种力量的时候若是一物体是动的，那末此物体当以划一之速度沿直线直向前去而不停。太阳系的各星球牛顿认为当然是在一种平面的空间中运行着。然而何以这些行星和卫星都不沿着直线一直向前冲去呢？换言之，何以行星和卫星都沿着椭圆形的轨道运行呢？牛顿说这就因为星球有引力的原故。行星和卫星都要沿最短捷的路道运动。然而何以地球何以各行星卫星都不走直线呢？牛顿说这也是因为星球有引力的关系。行星与太阳互相吸引而各成其椭圆形的轨道；卫星与行星互相吸引而各成圆弧形之轨道。因为星球的运动都是遵循万有引力律。牛顿关于万有引力律的理论和实验完全根据了空间是平面的假设为前提。空间之平面形我们能证实吗？这是谁都不敢肯定的。那末，宇宙的秩序，万有的安排为什么只安置在平面形的空间，而不合置于其他种类的空间呢？为什么我们不把宇宙的秩序，万有的安排都配置一种合乎"时—空"连续体的形态中呢？这大概是人类从列祖列宗所得的偏见。人类以为只有一种平面的空间是"唯我独尊"，"无往不利"的。爱因斯坦等相对论的健将指示出了牛顿辈力学根本前提的错误。平面的空间不是空—时的本然。空—时连续体的本然并不是平坦的，而是皱曲不等，圆弧不直的。总之，空间是有曲度的。云星何以要一丛一丛的聚集在某些中心点？行星何以要集合在一起围绕着太阳。卫星何以要一群一群的围绕着行星？换一方面说，行星之运行何以要围绕椭圆轨道进行而不取短捷之途径向前直进？何以一切星云的飞驰都是成弧形的？相对论说："这并不是一种神秘的引力所起的作用。实在因为空—时之本然是弯曲的，是弧形的。空—时之曲度使星体运行成此现象也。"我们先看相对论怎样以空间之曲度去解释"何以星球取弧形轨道为其运行最短之途径。"琼斯在他的《科学之新背景》说过这样一个比例。我们从上海出发乘日本皇后号轮船直放旧金山。若是我们要取上海与旧金山之间的最短航道，照平常的意见就放开一张平面国际地图，在这张地图上于上海、旧金山两点之间画一直线便得到了最短的航道。实际上我们在轮船上把它从出发到达目的地所取最短行程一天一天的在地图上记录下来。但是记录下来的结果并不是在这张地图上该两地点间的直线而反是向北极弯曲的弧形线。若是这两地点是在南半球，那末在它们之间的最短航线当为向南极弯曲的弧形。我们从这张记录有航线的平面地图上看不出何以这船所取之最短距离不是直线而是曲度的呢？这似乎在南北两极有一种神秘的引力把这船吸引过去的样子。在这个例子中我们航行路程的根据是这张平面的地图。我们说两点之间之最短距离为一直线是指定在这平面地图上的直线；我们表录的结果是弧线也是在这张地图上的弧线。但是我们都知道地球本来的形式是圆球形的。地球并不像地图所画出的平面。我们拿一地球仪放在面前。把轮船所航行的路线记录在地球仪上面，然后我们用一根绳子测量出来的结果，这只轮船在这圆形的地球上确是取了一条最短的航道。地球的圆形硬在地图上绘成了平面，结果当然是不符于实在的本然。

牛顿之视星球在空间的运行就认为它们是在一种平面的空间运行着，星球之所以反而以弧形轨道为最短途径那就因为引力的吸引。牛顿就是用地图观察航行的人。轮船在地图上之弧形航程即等于星球在平面空间的椭圆轨道。后来拿出的地球仪便是爱因斯坦的相对论里面之曲度空时。因为空—时本身是弯曲的，是球形的。所以星球之欲于曲度时—空中取最短之轨道，其结果则不得不成为圆弧形之路线。这并没有什么神秘引力存在之必要亦正似南北极之不必有引力以使航行路线成弧形的理由一样。牛顿的理论不能说完全不对，因为地图在航行中确有实际的用处，不过它用于极远的地方便不正确了。所以与其说爱因斯坦为牛顿之反对者还不如是他的补正者。

现在我们再看何以天空的星球一簇一簇的聚集在某些中心点而不混乱。牛顿以为是引力的吸拒作用。因地球之有引力，月亮乃绕地球而行。因太阳之有引力，各行星乃绕太阳而行。因某一星云有较强之引力则此一簇之其他星云乃绕之而行。相对论的解释与这种理论大不相同。罗素在他的《相对论ABC》也给我们一个极有趣的比例。如一大平原间有一山冈。山冈的顶上尖如峭壁，由平地至山顶，其斜度愈近顶上则愈甚。在黑夜里面山顶上置一灯台。四方村上的人各执一灯笼，各以最近便的路线同时向山顶进行。他们愈近山顶，其路愈崎岖。愈近山顶愈难以到达山顶。假定这个时候有人坐在天空中的飞机里面。这人看不见有山冈。也不知地面的情形。他仅看见许多的灯光趋向一光处前进。这些灯光愈近该光处愈密然终不能临近该一光处。这位飞机上面的先生一定以为那一光处必有一种神秘的力量使这些灯光难以靠近，也许那儿有极高的热度抵制着各灯的前进。一到天亮了，这人才看见因为那是山冈顶上灯塔的光，执灯上山的人愈近山顶愈难行是以终难到达山顶。灯台对于执灯的行人并没有神秘的作用。在这例子里面执灯前进的人就是天上的各行星，山冈顶上的灯塔就是阳光。各行星运行之密集于太阳周围而不能逼近它乃是因为太阳是在曲度空—时里面的一个小山冈的顶上。黑夜里面坐在飞机里面的是牛顿辈诸先生。天明是爱因斯坦相对论之曙光。行星之聚集于太阳，其他星云之聚集于某一星云乃是因为它们是走上空—时的许多山顶而并不是太阳或某星云有特殊引力。实在的空—时有许多的小山丘似的凸凹不平，弯皱不直。所以这些皱曲使许多的星球聚向某一处进行而不能逼近。

爱因斯坦于是以空—时之曲度代替了牛顿的引力律。爱因斯坦说空—时并不是平坦的而是球形的。空—时固然是没有边际的（如圆球周面之无尽头），但是它是有限制的。圆球是有限的，然而我们随便指着哪一点前进总是没有尽处的。所以空时是有限而无边。空—时的连续体既是有限而无边的，空间是空—时的切面，那末空间当然也是曲度的。这种理论可以补救空间无限性的困难。旧力学虽然无从想象出一个有限的空间，无奈无限空间又是没有科学根据的。若是物质是在一种无限的空间，那末物质就要有无限量的扩张，对天体星球发出无限的吸力。其结果则使星球等将有无限速度的运动。但是观察和实验都无从肯定这回事。要避免这层困难就只有认定有限量的物质在有限的空间。所以有限而无边的空间（a closed finite space）是并非不可能的。

从前面所说的两个比例和它们所解释空—时的曲度，我们可以知道空时的曲度有两种：（一）空时连续体本身整个的曲度，这是说空时的全部是圆弧型的。（二）空时连续体上面又有许多小皱纹的曲度，这只说空时一部分的不平坦。空时上面的许多皱纹乃是因为天球物质的存在而发生的高下凹凸的状态。这好比地球上的许多山岭河海。天空星球运行的轨道，光线击射的斜曲都是因为这些小皱纹所产生的现象。至于整个空时连续体的圆形，我们就很难看得出，好像蚂蚁之无从看出地球的圆形一样。爱因斯坦知道物质平均的密度是一定不变的，既无膨胀复无收缩，那末空间就可因而有一确定的半径也是没有伸缩的现象。计算的结果大空—时连续体的周围光线从太阳出发行走十万万年可以围绕一周。因此，我们知道空时是有固定半径的圆形，光线由太阳射出十万万年后仍能归回原处。从这样我们可以推定十万万年后我们可以看见一个和太阳完全相同的影像，它一样的有光线，一样的有热度，只是一个影子而无实质。光线到了二十万万年又行一周，三十万万年又行一周。每周我们都能得见太阳的影像。这些影像都只是原来太阳的灵魂而已。因此天空许多的星云等有些也许只是原物的灵魂了。

二、宇宙的膨胀 因为空间永远有固定之半径，那末空间已有限而时间仍无限。前溯之无始，未来尤无终，而空间则固定不变。于是我们便难以把空—时视为球形，爱因斯坦从这一点而认为空—时是一个卷着的纸筒，又好似管形，如下图在直面是表示时间，在切面是表示空间。空间不变时间则永流无朽。但是近来福烈德曼（Friedmann）和里麦特利（Lemaitre）则以为空间不是固定不变的。空间有膨胀和收缩之状态，空间一朝膨胀则一直膨胀上去。若是它收缩则一直收缩下去。其结果便把空间视为一个尖底的茶杯或像一个角形。中心仍为时间。空间虽有限而仍变更无已。膨胀的一端则不断的膨胀；收缩的一端则继续的收缩。如下图。照这种理论空间的扩展是永远的在进行之中。

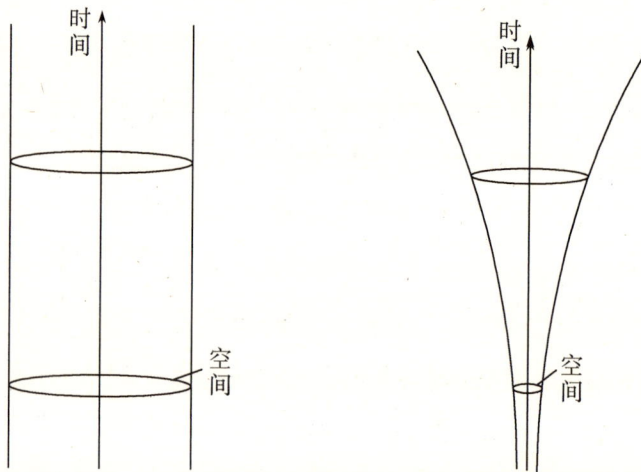

空间曲度是静止的还是扩展的我们无从用几何方式求之，尤无从围绕空间以求因为我们周游地球一周同样是找不到圆周的状态。所以我们仍然只能从天文台上观察星云运行的情形而间接的去推论。照现在天文台观察的结果空间是扩张不已，爱因斯坦的空间固定说已失其根据，弗、里二氏之说已有成立之可能。我们既无从肯定空间的固定性，那末空间的扩张自有其无限继续之可能。这样空间之无限性则又有复活之势。但是确实的状态都没有确定。爱因斯坦的理论还在发展之中，而且天文的观察也在不断改进。这都给我们希望在不久的将来宇宙的真相或可大白。

第四节　相对论在哲学上之贡献

相对论我可以把它分成三方面来看。（一）相对论在消极方面废除了空间和时间的绝对性和客观性。空间和时间只是心灵的产物，也可说只是心灵所描绘的一幅图画而已。（二）相对论在积极的方面建立了空—时的连续体，这是说明宇宙之完整性，自然之齐一性。从分析中我们无从得宇宙之本然。（三）相对论在应用方面把"空时"视为有皱纹的圆球形——不，最好是圆管形。时间是继续的流去，空间则是固定而冷静的。至于空间之曲度现已经得到福烈德曼和里麦特利的改正，他们认为空间是不断的扩张，星云在极速度的向外飞去。这足以反对爱之管形空间。然而空时之相对性与空时之连续性是无从否认的。

相对论这两点的结论对于空时之见解在科学上固属新发现，然在哲学理论中倒并不是什么新奇的玩意。康德不早就说空间与时间是人类先验的范畴。它们是心灵的显现。柏拉德勒说："空洞无物的空间是一种不实在的抽象。其本身无何意义，是以无所谓存在。"（《现象与实在》三七页）不过科学所得的结果是有真凭实据的。这种科学的实验肯定了这种哲学的思考。所以从相对论我们知道空时是主观的，宇宙是完整的。相对论最后肯定空—时连续体是客观的，是实在的。无论现代哲学界的那一位实在论者都根据这一点而主张事情（event）——空间与时间之交结点——是离心灵而独立存在的。怀特海、罗素、伯洛德等都有同样的基础。但是我们能知道离心灵的事情吗？空—时连续体超过了一切天体系统，一切单个主观而独立实在的。然而连续体对于整个的宇宙，对于普遍的心灵仍只是相对的，主观的。假定空—时离开了整个的宇宙而绝对的实在，那是有何意义的吗？爱因斯坦本人尚且说离物体则无所谓空间。可见连续体仍只是相对于整个宇宙可言。假定没有一个普遍的系统，我们将从何处去寻客观的空时？离普遍的系统则无所谓连续体，因为连续体者即是普遍系统之连续也。何为整个宇宙？何为普遍系统？单个的中性实体（neutral entity）能解释吗？分析物质能解释吗？一切离心独立的东西能解释吗？我们不能不否定这些问题，因为它们本身是分析的、零散的、混乱的、单独的。所以整个的宇宙、普遍的系统只是一个完整的、综合的心灵之表现而已。

参考书

Jeans，Sir James. *The New Background of Science Chap.* Ⅲ，Ⅳ，Ⅷ

James，Sir James. *The Mysterious Universe*，*The New Background of Science Charp.* Ⅰ，Ⅳ，Ⅴ

Russell B. *The Analysis of Matter*，*The New Background of Science Charp.* Ⅴ，Ⅳ，Ⅶ，Ⅳ，XⅢ

Russell B. *A. B. C. of Relativity*

Eddington A. S. *Space*，*Time and Gravitation*

Eddington A. S. *The Nature of Physical World*（《物理世界真诠》）

Einstein A. *Relativity*

Einstein A. *The Principles of Relativity*

Burtt E. A. *The Metaphysical Foundation of Modern Physical Sciences*

Cunningham G. W. *The Problems of Philosophy*

Poincare Value of Science 《科学之价值》 文元谟译

Poincare. *Science and Hypothesis* 《科学与假设》 叶蕴理译

Pobb. *Space and Time*（*In Evolution*）

周煦良译 《神秘的宇宙》 开明出版

王刚森译 《相对论A.B.C.》 世界出版

严鸿瑶译 《理世界真诠》 商务出版

夏元瑮译 《相对论浅释》

费祥译 《通俗相对论大意》

陈范予 《天空之无极》 《大陆杂志》一卷四期

陈范予 《时间之流》 《大陆杂志》一卷七期

江振声著 《认识与本体》（时空问题）《光华大学半月刊》三卷一期至

二期

Carr H. W. *The General Principle of Relativity*

Haldane J. S. *The Reign of Relativity*

物质问题在新物理学之发现

傅统先全集

262

新物理学有两大支流：一为相对论，一为量子论。克尔文（Lord Kelven）在二十世纪之初曾经说过旧物理学的理论之美丽与清晰已为两重云雾所遮，此两重云雾即相对论与量子论，它们把旧有的理论完全蒙罩着。新物理学确是像天空的行云，变幻无穷。有人说物理学的理论在六个月之后已经是落伍了。这虽是有点言过其实，然而其日新月异层出不穷，已够令人惊叹的了。在前章我对于相对论最近发展的理论曾作过一个简单的讨论。从相对论我们知道所谓时间和空间都不能离主观的系统。现在我们要进而从量子论、原子论、量子力学或波动力学去解决哲学上的物质问题。

相对论注重到宇宙之大，所以它所追求的是空间与时间之本然及其连续性，它所考查的是天体的运行，星云之布置。而量子论和原子论则努力以探讨自然之微细，它所讨论的是自然之本质及其组织，它所发展的是统计的运用，数理的推论。至于自然之本质可概括为物质与辐射（matter and radiation），物质就是分子、原子、电子等等的组织，辐射就是一切光线放射的能力。旧物理学以为物质与辐射是不同的，现在研究的结果它们仍是同一根源的。现在我们说到物质之组织，不能不连带的引用能力的放射；我们论及辐射之本然亦不能连带说明原子的构造。旧物理学所认为各个不同的对象在新的理论中已找到它们同一的基础。这个基础并不是唯物论者所主张的物质而是由观念所解释的仅有或然性的一幅图画而已。

第一节　物质之原子性

物质是许多极细微、极小巧的固体粒子所造成。这种观念由来已久。古代希腊的大哲学家德穆克利特氏（Democritus 400 B.C.）就这样说：

"原子之数目无穷，其形式之变化亦无限。原子互相碰击，其左右之活动与周围之旋转是为世界之始创。"

"一切事物种类之不同乃依赖于原子之数量，大小，组合种种不同的变换。"

这种物质之原子性的学说已播下了现代物理学的种子。所谓"原子"一辞在希腊原义为"不能分裂"。譬如一方木板，我们把它分为无数小块，再把这些小块分裂为无穷极微细得不能看见的粒子。这种粒子不能再分裂了如是名之曰原子（atom）。"原子"在近代已与其本义渐远，它非但不是不能再分的，而且里面组织的情形极为复杂。

在古代原子说的假定只是一种猜忖，没有实验的根基。这种学说在二千三百余年的长时期没有一点发展。一直到十九世纪的初年才渐渐的在化学里面得着一点实验的研究。在这个时候我们不能不推崇道尔顿（J. Dalton）的功绩。他是英国的大化学家，他的原子论与现代的原子论相仿佛。他以为物质是无数极小的粒子（原子）所造成，而这些粒子是由吸引力聚拢的。但是他并不像德穆克利特说原子有无限之形式，而主张原子只有几种有限的类别。到十九世纪的后叶原子论经过马克士威（Maxwell）等对于气体性质之研究而愈清晰明显。我们知道一件东西或者是同一性质的原质堆集起来的，或者是几种原质混合拢来的。前者如水，后者如墨汁。水是许多完全相同的分子相组合，而这些分子（molecules）整个的有相同的化学性质。墨汁就是松烟、水、香料几种不同性质的原质之混化物，而松烟本身又是同一性质的原质相组织。每一原质包含若干分子，如一点松烟包含有无数松烟的分子，一滴水就包含极大数目之水的分子。再进一步，每一分子又是由几种更为简单小巧的原子所构成。化学把各种原质分解为各种组织分子的原子，而发现了一切分子都是由九十二种原素所混合而成。

原子的本身又是由更小的电子与质子（electron and proton）所构成。电子是负电荷，质子是正电荷。电子绕质子周围而运行。正负之引力相平衡而为静态之旋转，故电子之数目与质子当相等。极简单的原子为氢（hydrogen）含有一电子一质子；其次为氦（helium）含有四电子四质子；而氧（oxygen）则有质子与电子各十六。总之，一切物质由无数分子所组织，而一切分子为九十二种原素混合而成。此九十二种原素复各为电子与质子所构成。电子与质子为何？这问题我们留在后面详细的答覆。

第二节　电力之原子性

许多的物理现象显明了原子是含有电荷的，而电解（electrolysis）的事实更证明了原子是为电力所影响。因此，由假定物质之原子性的结果而发生电子之原子性。福兰克林（Benjamin Franklin）首先建议电力之原子论。他说："有电力的东西包含许多非常敏锐的粒子，因为它能这样自由而安闲的透过普通的物件，甚至于最浓厚的物件而若无所阻碍。"这个建议只是一种猜测而已，电力原子性之首先有实验上的证明当为法拉弟（Faraday）之电解律（1833）。此电解律是这样的："在经过各种电解物而分解的时候一量及同量之电常常是自由分离为在化学上均等数量之许多游离的产物。"由此我们知道在一个电解物里面每一游子（ion）含有一个或几个原形的电荷，而这些游子的原形电荷都是数量上相等，大小上相同，换句话说，电荷有一种根本的单位，电是原子性的。海姆霍兹（Helmholtz）与史东奈（Stoney）先后阐发此意。史东奈主张每一游子上之电荷量无论其为正荷或负荷皆名之曰"电子"。惟"电子"一辞在今日之物理学中已付与负电荷之粒子，而正电荷者已名之曰"质子"。

海姆霍兹于一八八一年讲法拉弟之电解律，他说："若是我们假定化学原素的原子，我们亦不能不进而推论电力，无论其为正为负亦是分解为若干原形原子，此即为电之原子。每一游子当其游离于液体中之际，其原子单位必有相等之电力。"故海氏亦极力以阳电荷之单位为电原子。而且电子已成为一切物质组织之根本原素。

若是我们要知道电子的形式，根本上我们就只能说电子只是许多电力线从各方面聚会拢来的中心点。若是电子是在静态中，那末这些电力线是从各方面一致的直射进的，如第一图。所谓"游子"就是电解作用的从电解物里面游离出去的成分。譬如氢的正游子的式样也是和电子的一样，但是电力线是由正荷发出，故电力线所指的箭头是与电子的线之箭头相反。游子与电子所不同的，游子有一定之大小而电子则无，如第二图。

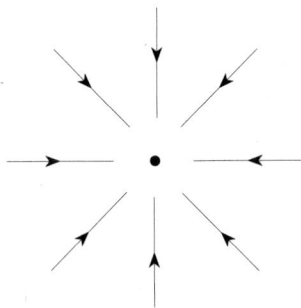

第一图　电子在静态时电力线射进现象　　　　第二图　氢游子

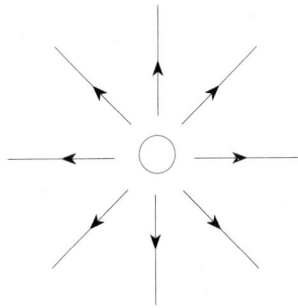

从电力经过气体之传导作用的考察，电子之性质愈得彰明。而栾琴（Rontgen）之发明X光尤为物理学家实验之利器。因为它从实验中得易于产生气体中之电力传导作用。实验给我们证明了传导作用乃是由于有电荷粒子或游子的存在。于一九〇六～一九一六年之内密立根（Milikan）潜心努力于此实验之中以电子之电荷性质。他的实验是油类的细粒以计算电荷。他的结论是：两个电子和两个质子一样，以完全相同之力量互相抵触。电子与质子有相反之电荷，而两者均为绝对相同之价值。原形电荷之价值，无论为正荷或负荷均为：

$$e=\pm\left(4.770\pm0.005\right)\times10^{-10}\text{e.s.u.}$$

$$=\left(1.590\pm0.0016\right)\times10^{-19}\text{coulomb}$$

这是电荷的根本价值的数目，无论用什么方法把电子从原来的原子中分解出来总是一样的。例如我们用alpha，beta，gamma光线和X光线去使气体发射；增热金属使之灼炽而射出电子，或以紫外光使之明亮而射出电子，从这些实验中我们可以知道原形电荷的大小无论在固体、气体、液体都是一定不变的。电荷价值是一个普遍的常数。

电子与质子的质量（mass）是若干呢？电子与质子两者的质量各不相同。质子的质量大概和氢原子一样大小。氢原子的质量是：

Mass of Proton = Mass of Hydrogen = 0.000000，000000，000000，00000017 grams.

而电子之质量较质子的质量小一八五〇倍，因为

Mass of Electron = 0.000000，000000，000000，000000，0009 grams.

$$\frac{\text{质子之质量}}{\text{电子之质量}}=1850$$

这个质量的数目我们所要注意的只是关乎在静态中的电子，或以较为速度为小的运动中的电子。这种质量可以名之曰静量。若是电子运动的速度极高，高过光的速度，那末此电子之电荷或质量则依其速度为定。质量因运动之速度而变迁不定，这层关系乃是从相对论的公式中说明的。相对论及其种种的证明把质量和速度列成这样一个方式：

$$\text{质量}=\frac{\text{能}}{\text{光速度}\times\text{光速度}}\qquad m=\frac{e}{c^2}\quad\text{or}\quad E=mc^2$$

从这个公式里面我们知道质量和能有互相连带的关系。每一质量乃代表极大数量之能，而每一能力必有其质量。我们没有无能的质量，也决没有无

质量的能。我们只有量能（mass-energy）。光的速度极大，假若照上面的公式，一件东西运动的速度有光那么大的时候，则必需有无限大的质量和无穷尽的动能。但是这是不可能的。所以没有物体比光还运动得快些。但是设若物体不能比光运动得更快，那末照旧物理学，质量就不会有所变动。然而新物理学以为质量与能有不可分离的关系。故若运动愈速，能乃愈增。由动能加入静能。则由此混合之能的增加，质量必大。是以物体由运动速度之增加而变大。旧物理学主张能加而质量不变。相对论则反是。欲证明相对论之理由必需极大速度之抛射。自然界即一大实验室。在它里面就有如光那样速度的抛射物。电子就有这样高的速度，而有射发作用的东西的原子就是以极高速度放出抛射线的电池。beta光线就含有惊人的速度之电子。故电子之质量乃为其速度所决定。

"电子是一切物质组织之普遍原素。"商美费德（Sommerfeld）在其伟著《原子之结构及景线》论及电力之原子性时这样说："不论其在电流中很慢的流动，或如阴极光线在空间以极高速率的奔驰；不论其在发射作用之分裂中放射，或在光电历程中射出；不论其在灯里面振动，或在望远镜的光程中效应，它仍旧是这同一物理单位，凡显现其同一电荷量及同一质量，尤以保持其电荷与质量比率之常数者，皆足以证明此单位之同一性。"故电力之原子性已为定论。

第三节　辐射之波动论

在旧物理学中物质是原子性的学说已成了一种权威，然对于辐射（radiation）的性质则以主张是波动的理论成了一种威权。辐射到底是什么？这个问题在希腊哲学家里面就有了波动论与粒子论之争。所谓粒子论就是说光是无数细小的粒子极快的向各方面击射；所谓波动论就是说光是一种在某种媒介物里面的摇动，如波之在水。前者言光之不连续性（discontinuity）而后者言光之连续性（continuity）。这两种理论在十七世纪的物理学界就有了激烈的争论。牛顿力主粒子论，胡津氏（Huygenss）则坚执波动论。随后因辐射之干涉作用（interference）绕射作用（diffraction）偏化作用（polarization）种种现象之发现以巩固波动论之势力，关于这些工作我们乃不能不念及英国物理学家杨恩（T. Young）、法国工程师佛勒斯奈尔（Fresnel）。于一八五〇年福卡特（Foucault）有水中光波之速度慢于空中光波之速度的证明；最后继有马克士威与海兹（Hertz）之电磁波动说，于是辐射波动之说乃大盛。至二十世纪之初蒲朗克（Max Planck）因波动论种种之困难乃复立辐射粒子之说，名光之粒子单位曰"量子"（quantum），再继以爱因斯坦之光电效应之说，其结果乃因波动论与粒子论各有其功效，各有其困难，乃互由对敌而渐趋于合作。兹先论波动说，次论粒子说，再结以最近发展之波粒子论以冀得辐射根本之性质，而明宇宙之本然。

辐射波动论有科学根据之首创者当推荷兰大数理学家胡津氏。其立论本不足以敌牛顿氏之权威，然终以实验之雄辩得获大胜。胡津氏说：

"假设光线之经过必需相当之时间，那末，这种动作常经过某种媒介物而必是连续不断的，其结果则当如声浪之发散许多圆圈的波纹；所以我名之曰波动，盖以其与石块抛入水中所起之波浪相似故耳。"

稳定胡氏理论之第一事实为干涉作用。两条光线射在一处，通常以为光亮之程度亦已增加。牛顿的粒子论就是这样主张：两光线之粒子集中于一点处，其光粒子增加，其所发之光愈明亮。然而光线之重叠在实验中所得的结果反是黑暗。很奇怪的就是何以光与光相加反而产生黑暗，这是粒子论所怀疑莫决的。然而波动论足以解释之。假定光线是波浪式，那末光波必有波峰与波谷之分（crest and trough）。波峰为正号的光亮，波谷为负的光亮。假使只有一条光线，那末从波峰或波谷发出光亮都不成问题，我们眼睛所见的是同样的光亮。若是两条光线相遇，情形就不是一样了。在实验里面，如第三图，甲光之波峰与乙光之波谷相叠，两光亮之正负相抵，峰谷相毁，是以两光波之相叠，其结果则光亮暗淡消失。如两水波之相交错而反使波浪平静。这就是所谓干涉作用的现象，为波动论强有力之证明。

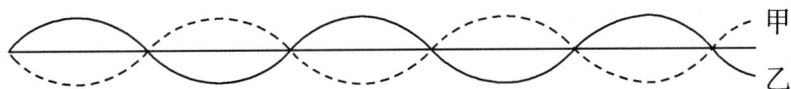

第三图　辐射之干涉作用

关于波动论的第二事实当为光线之绕射作用。若是波浪遇着了障碍物。它会弯折绕道旁边而过，这就是所谓绕射作用。光线已实验出有这种作用，所以光是波动。简单的实验是这样的：拿一张厚纸在中间剪一条狭而长的裂缝（见第四图S），背面发出很亮的光射入这条裂缝。在这裂缝前面五尺远正对此裂缝而与之并行的设置一根细铅丝（W）。再离铅丝十尺远放一幛幕。光由裂缝中射入，遇此细铅线而此细铅丝（W）之影映于幛幕上（M）。我们从幛幕上的细铅丝影子就可以看出光线是绕射于该铅丝之两旁。因为假使光线是不绕射的，那末这根铅丝的影子应该整个是黑暗，但是实验中幛幕上铅丝影子的中间有一条地方为光线照耀得很明亮，这一点就足以证光线之绕射。而且在此幛幕上与此铅线影子并排的尚有若干细长光暗间杂的影子，这都是光波绕射的特色，而为光粒子论所不能解决的。

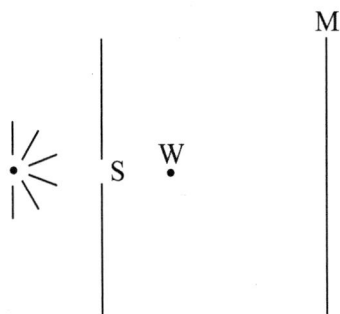

第四图　辐射之绕射作用

S为狭长之裂缝圆中系由上直看故仅为一小点。W细铅线亦同上。M为幛幕。

光波论的第三事实之证明为光线之偏化作用亦称极化作用（polarization）。所谓偏化作用就是一种直向一方面，或仅趋向于两极而不另向他方的特性，如磁铁石之仅向南北极即为一例。水和光都有极化作用，因为水波和光波是横轴的（transverse）而不是直行的（longitudinal）。所谓直行的即波浪震动的方向与其流行的方向是同一的；所谓横轴的即震动之方向与波浪流行之方向成直角形的。光和水的波浪震动是上下两极的而其流动则是或左或右的。譬如水上面浮的木块虽随波起伏而不顺流直下。这是横波的特性，亦即光波与水波之极化作用。这一点是粒子论所不能解决的。辐射既是波动的，那末必有媒介物以供其波动之运行，如水波之于海面，声浪之于空气。辐射之媒介为何？胡津氏乃创以太之说。以太遍布宇宙而无重量，广度光波而四射。

马克士威把光与电联接起来而主张光波是由电磁性的震动经过空间而传布。海兹主张尤为透彻。光波包含有两种震荡的"场"（field）。一种是电场，一种是磁场，两场互相成直角形的震动。在电磁光波论里面已不需要以太，也可说以太作为电磁场解释。然而以太已不是旧力学的意义。辐射波动之说至此已登峰造极。

第四节　辐射之粒子论——量子论

十七世纪牛顿曾一度的力争辐射粒子之论，然为胡津氏等实验之雄辩所打倒。波动论虽似完备然仍不免于种种极大之困难，故二十世纪之初乃有辐射粒子论之重整旗鼓。但是新粒子论并不仅是牛顿之复兴，而是其矫正，其发展。以辐射为粒子之理论现代名之曰量子论（quantum theory），蒲朗克始创之。

辐射是在以太里面的波浪吗？辐射是电磁场的震动吗？那末将何以解释温度之均衡？将何以解释于不同之温度下各种波长所蕴蓄能力之支配？将何以解释黑体之辐射？读者对于这几个问题恐怕不十分明瞭，所以我先说明何谓温度之均衡，黑体之辐射，及温度与能力之支配。这几种实验现象是波动论的当头棒，量子论的开山斧，其重要可知。兹分别略述之，以明其演进。

一、温度之均衡　我们可以实验一件五彩花卉的瓷瓶。在一间普通温度的房间里面有一部分花卉是黑的。假使把这花瓶在火里烧得通红，再放在一间很亮的房里面，那一部分黑暗的花卉亦是显现得很黑的。但是若是把这烧红了的瓷花瓶放在黑暗的房间里面，那末那一部分黑暗的花纹就反要显得很明亮的。因为放射物在亮的房间里面把光亮全吸收进去了，而使黑暗之花纹显得更黑；在暗的房间里面把所蓄之能力全发射出来而使黑暗之花纹转亮，即此事实乃证明凡能吸收很多放射能力之物体必能发射很多之能力。所以一件东西放在房间里面其温度必与房间中之温度均衡。假使这件东西热度较高则必散发至满室，假使它较低则必吸收室内之温度，务使其吸收与射发之程度相等而温度得以均衡。

但是波动论的理论与这个实验完全相反。譬喻一个垂直的摆二面摆动，结果必使摆上之能力逐渐消失于空气中以致使之停摆。一只轮船激起两旁波浪，假使机器停顿了，其余之能力逐渐散发于水中以致轮船不能前进，波浪停息。这是波动的理论。那末同样辐射在以太里面的波浪将逐渐消失或射发其能力以致其所激之光波亦将停息。其结果则所有之能力尽入于以太中，而一切物体将成为绝对零点之温度。但是上面所说的实验非但不能与波动论一致而且相反。物体非但射发一切的能力，而且不断的吸收外面的能力。良好的吸收者亦即良好之射发者。这是波动论所不能解释的困难。故温度之均衡不能以波动论说明之。

二、黑体之辐射　所谓黑体就是能够完全吸收所受的放射能力的物体。照克希荷夫（Kirchhoff）的律则能吸收最多能力的物体其所发射之能力亦最多，故黑体热至发白的时候，其所放射之光必较其他同一热度下之物体为亮。黑体因之乃成为标准的放射物。然而没有一件天然物体是完全黑体的，故必做一人工的黑体以备实验。用不透明的包皮做成一个空洞的圆球，里面充满着射线。如果在此圆球的不透明的包皮上开一个小孔，由里面射出的光线就和我们理想黑体所发生的光线一样。从这射出的光线上我们得许多有兴趣的结果。从黑体之辐射的实验所得的结果为：最长的波浪有极小的能力。当波长渐次缩短，则其能力逐渐增加。当波长减短某种限度时其能力已达最高之顶点。如波长超过此限度而继续减短，则能力反缩退减少，至波长减短到极短的程度则能力已几降至零点。这一点黑体辐射实验的结果又完全与旧物理学理论相矛盾。按旧物理学的理论波长愈小，能力愈大，当波长小至几等于零时，则能力将大至无限量。然而实验所得，当波长小至几近于零的时候能力已几近于零矣。波动说者简直莫明其妙了。假使波动论者尊重实验的话就不能不放弃其理论。

三、温度与能力之支配　黑体辐射之实验与波动理论冲突之点在乎波长与能力之关系，本段将讨论温度之不同与力能在各种波长中之支配的关系，以阐明波动说之困难。先拿太阳的光线来说，其温度为摄氏六千度。太阳之光线包括各种不同之波长故有各种不同之颜色，其中紫色波长为4000Å，红色波长为8000Å。于各种不同之波长中有各种不同之能力，见第五图。

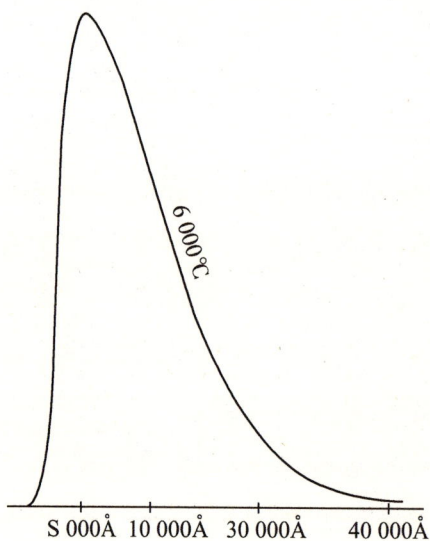

第五图　示不同之波长有不同之能

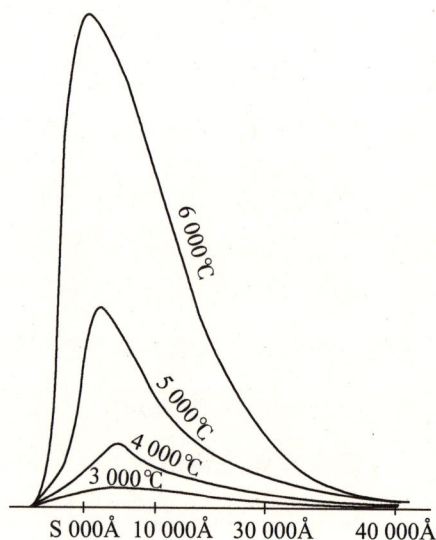

第六图　示能之多寡与波长之关系

图中横线表明不同之波长，曲线为在各波长中不同之能力之支配。图中以4800Å之一点为能力最多之处。4800Å波长当为蓝色，而红色之一点（波长8000Å处）能力则较小。然而这种能力之支配，乃在六千度摄氏温度点，若温度逐渐减低，则能力亦渐次减少。且能力之多寡与波长关系亦因之而变迁。见第六图。

在此图（第六图）中我们看得出温度之不同，能力减少。而且在摄氏六千度蓝色之能力最高，在三千度的地方能力最多之一点则近于八千Å波长（红色）。故能力之支配赖两成份：第一各种不同之波长而有多寡不齐之能力；第二各种不同温度之射发体而有能力不同之支配。这些都是实验的结果而非理论之推演。波动论对于这个能力的支配就无从解释。电磁论对于这个实验的结论也觉得不得其门而入。因为这种种的困难关于辐射的性质问题不得不在波动论之外另谋出路。

四、蒲朗克量子之假设

旧物理学以为辐射能力的射发和吸收都是水波式继续不断的，但是因为实验上发现了种种对于这种理论的困难，蒲朗克在一九〇〇年毅然决然的抛弃了辐射继续状态之说，而大胆的假定辐射能力是不连续的，是许多单个元素一簇一簇的放射或吸收。这个辐射能力的基本单位即名之曰量子（quantum）。譬如工厂里面有二百个工人可以每日出产一千匹布。因为生意清淡而裁工，我们绝不能减去五十二个半工人，也不能减去十五个又三分之一的工人。工人的单位至少是一位，这是成整数而不能再分开。再如钱币也有一个极小的单位如几分几厘几丝几忽，到了这个单位已不能再分而总是整数的了。蒲朗克也以为不但在物质里面有原子，在电力里面有电子，而且在力能里面也有量子。量子是一个基本的整数。能力的放射与吸收总是一簇一簇这种整数单位。这个量子是怎样计算的呢？蒲朗克有一个基本公式：

$$E = hv = h\frac{c}{\lambda}; \text{Quantum of energy} = h \times \text{frequency} = \frac{h \times \text{velocity of light}}{\text{Wave\_length}}$$

从这公式，我们知能之量子非确定不移之量，能量子是与频率成正比例的。h是一位蒲朗克常数（Planck constant），其数为：

h=6.55×10⁻²⁹erg-second，光速度=2997,900,000 cm.per second

在很短的波长，或很高的频率，能量子必很大。然而有过大能量之放射体就没有介乎两端之间的波长的物体放射较少能量量必很小，但波长更长之一端则其能量亦以其放射可能性较少能量之易于发生。所以到了波长愈短之一端其能量亦反小，盖以其放射之可能性较少耳。在很长的波长，或很低的频率的时候，其能量必甚小。蒲朗克的理论与前面的实验就符合了，波长的增加其能量必小，波长的缩短，其能量必大，然两端——太长或太短，其能量皆必较少。故能之量子论，或辐射之粒子论已取波动论之位而代之。

关于蒲朗克始创之量子论有三点要注意的。（一）原来蒲氏只论及放射作用之量子性而非肯定能之本身的量子性；（二）虽然蒲氏假定放射能力之击射是粒子的。然而，似乎蒲氏尚未需要粒子性之散布；（三）粒子性之广布四方的观念至以量子论应用于光电效应而始稳定。

五、爱因斯坦光子之理论　在蒲朗克假定能量子之说五年后（一九〇五年）爱因斯坦乃应用之以释光射。光也是量子的，爱氏如是更进一步以言辐射——即能力散布——之粒子性。何为辐射？答曰仅若干单个子弹似的光粒子之集合而已，此光粒子现在名之曰光子（photon）。所谓光就是光子之击射，光子乃为光能之基本量子。光子论之所以能成乃以其能解决波动说所不能解决之实验事实。关于光子论之实验基础为光电效应（photo-electric effect）。光电效应的实验就是把极高振数的光线如紫外光射到一片金属上面，于是就有许多电子散放出来。这些电子很快的似枪弹般的从该金属片上放射出来而有一定之速率。从这个实验中我们得着四点极重要的结果：

（一）从该金属上射出之电子其数目必与光线之强度成比例；

（二）光线系同一之单色，而电子射发之速度自低至高变迁不定；电子射发之速度与光线之强度无关，但其速度必因光线振数之增加而增加；

（三）高振数之弱度光线能使电子以高速度射出；

（四）假使射至金属上之光线其振数小于某一最低限度时则该金属并无电子之射出。

若照波动论来说：则以上实验所得四点完全不相符合。照波动论的推论光线的强度愈大，则放出电子之速度愈高，这是与光电效应的结果完全矛盾。再照波动论的推论，无论光线之振数若何之低，电子仍必继续由金属片中射出，这是和上面第四结论冲突的。但是从上面四点上看来我们不能不采取粒子论。从第四点看来，电子非有最小限度振数之光线则不射出，这就足以显明光能之吸收必是突然的，整数的，而不会逐渐的，连续的，因光线振数到此限度之下即突然失其光电效应之作用。关于上面的第三点，既极弱度之光线亦有电子射出，这一点就指明光能之被吸入乃是聚为一种极小的单位，盖其难为一单位——一量子——之光线然仍有超过该最低限度之高振数也。因为这种种的原因爱因斯坦之光子论乃得成立，而密立根（Milikan）等尤为发展不止，于是辐射之粒子论乃渐为新物理学之中心。

第五节　辐射之波粒子论

量子论以辐射为粒子而非波动，这种理论是一剂百灵机吗？它能解释一切辐射的性质吗？这句话谁也不能肯定的回答。既然蒲朗克先生本人也无从以粒子论去解释辐射之干涉作用、绕射作用等等现象。假使光线是直射的，那末何以实验的结果光线射入一条小裂缝而映在幕上有光暗夹杂的影子？粒子论复将何以说明光线速度之一致？可见量子论尚不能明说辐射之全部而只是其一部分之解释而已。达罗（K. K. Darrow）于其《现代物理学导论》里面说："量子论尚含有波动论为基础，因某一辐射之量子必以该辐射之振数说明之，而该辐射之振数必取决于其波长，而所谓波长则不能不应用波动论之干涉与绕射现象决定之。试问有否其他之例如若是矛盾之两理论而得有如此密切之融合哉？"再总结前两节关于辐射之本质可归列于下面数点：

（一）光线有干涉作用、绕射作用、极化作用及电磁波动等现象；

（二）故辐射当为波动；

（三）光能复有温度均衡、黑体辐射、光电效应等现象；

（四）故辐射当为粒子。

从上面四点波动论能解释绕射、干涉种种现象，然不能说明黑体辐射及光电效应等实验。粒子论虽能避免光电效应种种困难然仍无以释绕射作用。可见波动论与粒子论各有其所能解释之光射现象，然亦各有其困难。也可说波动论与粒子论各能说明辐射之一部分。故琼斯（Sir James Jeans）在其《科学之新背景》中云："确有一完全之数学理论于各方面皆显现所谓波动说与粒子说仅同一实体之两方面，时而光线现为粒子，时而现为波浪，然决不能两者同时并俱。"应费德（Leopold Infeld）在其一本通俗物理学的小册子名《现代科学之世界》里面说过一个有趣的譬喻。如在一个大的有声电影院里面有两位客人，一位是聋子能看见银幕上的一举一动，但是他听不见一点声音。还有一位是瞎子，他能听得场中一切的声音及音乐，但是他只知这是一个音乐会而看不见银幕。同样在一个影戏院里面，同样的开映名剧，但是两者所得的完全不同。我们再假定瞎子能看见了，但是现在他变聋了；聋子能听见了，但是现在他变瞎了。于是这两位先生可以大谈而特谈了，以先他听见各种音乐；以后他又看见影戏；但是这两位先生始终不知他们所看见的其所听的乃是一而二，二而一，只是一件东西的两方面而已。辐射的说明有波动与粒子两种理喻，其实亦只同一实体之两方面。但是超过波动与粒子之上的实体我们尚不得而知。也许新物理学之轮渐渐向这"不得而知"的境界推动。也许聋子非但看见而且会能够听见；瞎子非但能听，也许能变得看见，如是宇宙之谜或将大白。

第六节　分光术与景光谱

在雨后初晴的时候，我们每每会在天空中看见一条美丽五彩的虹。这条虹颇含有一点科学意味。所谓虹是一件天然的分光实验。谁都知道太阳的光是白色的。但是太阳光经过三棱镜立刻就会分为红、绿、蓝、紫等等的颜色。所以太阳光是各种不同的颜色混合而成为白光的。假如你不信，你可以依照三棱镜所分开的各种颜色的秩序排列出来，加以极快的旋转，那就会变成白色。假使我们把三棱镜所发出各种颜色里面离隔出某一种颜色来，那末我们就可以得到一种同质的光线。所谓同质的光线即是此一类之光均为同一长短的波长。故各种不同颜色的光线乃因其有各种不同之波长，且每一单纯的颜色自有其一定之波长。为便于测量波长计必有一定之计算单位，此单位为（Ångström unit）而每一Å为 $\dfrac{1}{10,000,000}$ millimetre。太阳光中凡能人眼所见的各种颜色光线之波长大约为自三千九百"Å"至八千"Å"之间。红色波长最长大约为八〇〇〇"Å"，紫色波长最短大约为四〇〇〇"Å"，其他如橙、绿、蓝、青等色之波长均介乎此两者之间。现在有分光器分光与计算极为精细。我们能借着这种仪器之助能在紫光之外而发现有更短波长之光线名近紫外光与远紫外光，近紫外光之波长大约由四〇〇〇"Å"至一千七百"Å"；远紫外光之波长大约由一千七百"Å"至壹百"Å"。然在远紫外光之外尚有更坚硬之光线，所谓更坚硬者言其波长之更短少也，如X光只有二〇〇"Å"至一〇〇〇分之一"Å"的波长，而加马光（gamma rays）只有八〇"Å"至四〇〇〇之一"Å"的波长；宇宙光之波长尤短。然而在红色光线之外亦尚有较长之波长的光线如近红外光及远红外光。近红外光之波长为八〇〇〇"Å"至二〇"u"；远红外光之波长为自二〇"u"至一millimetre。而在远红外光之外尚有无线电光其波长有长至二十kilometres者。兹列完全之图表如右：

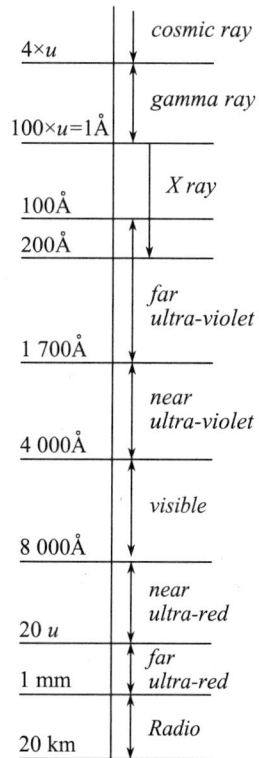

刻度	光线名称
	cosmic ray
4×u	
	gamma ray
100×u=1Å	
	X ray
100Å	
200Å	
	far ultra-violet
1 700Å	
	near ultra-violet
4 000Å	
	visible
8 000Å	
	near ultra-red
20 u	
	far ultra-red
1 mm	
	Radio
20 km	

　　太阳光经过三棱镜而分析为若干颜色之光线，这一系列的各种光线而成为一景光谱（spectrum）。各种物质所发出的景光谱各个不同而各有其特性。故景光谱为一切放射物原子之特性。我们能由于各种不同的景光谱而推论其为何种原子特性。所以分光术与景光谱是现在探明原子之特性，发现原子内

部之组织的枢纽。

我们先拿一种最简单的元素——氢——来研究。氢经过三棱镜的分光器而发出了氢所特有景线。在一八八五年巴尔麦（Balmer）研究氢景的结果而发现各景线之波长数目必遵简单的法则。在氢景能看见的部分包含有五条线其波长支配如后：

红 绿 蓝 紫 紫

6563Å 4861Å 4340Å 4102Å 3970Å

这五条景线属于一个范围或一个系列，因巴尔麦之首先发现此原素景线的法则则而名此一系列曰"巴尔麦系"。每一系列包括若干景线自有其始点及终点。其起点之线为此一系列最宽之线而有最长的波长；其他各线依序渐次狭小而达于此一系列之最短的波长。各线相隔之距离自起点之线至第二线相隔最远，第二线与第三线则较近，以后相隔渐次并拢，至此一列系之末尾各线其距离之近几不能分间。大意如第七图：

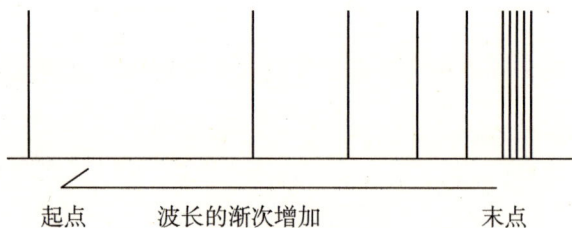

起点 波长的渐次增加 末点

第七图 景光谱之略图

巴尔麦发现下面的公式以求一系列中各线之波长，公式为：

$$V = R\left[\frac{1}{2^2} - \frac{1}{n^2}\right]; N = 3, 4, 5\cdots\cdots$$

V为波数（wave number）即波长之例数，R为勒德堡（Rydberg's）常数，等于一〇九六七七（109677 cm^{-1}）。巴尔麦系波长之最小限制为4/R。

莱曼（Lyman）继巴氏之工作而致力于紫外光线部分之各景线，此一部分之景线系名曰"莱曼系"，自有其起线亦有其限制。其求波数之公式为：

$$V = R\left[\frac{1}{1^2} - \frac{1}{N^2}\right]; N = 2, 3, 4\cdots\cdots$$

莱曼系最末点之波长为1/R。由此一公式而知莱曼系之限度波长当较巴尔麦系之限度波长尤小四倍。是以莱曼系当在紫外光线部分见之。

巴尔麦系在可看见部分之景光，莱曼系在紫外光线部分之景光；而景光之红外光线部分其管理波长等等之法则乃由帕申发现之，其公式为：

$$V = R\left[\frac{1}{3^2} - \frac{1}{N^2}\right]; N = 4, 5, 6\cdots\cdots$$

其限度波长为9/R。兹列莱曼、巴尔麦、帕申三氏列系对于氢景之波长比较图如下：

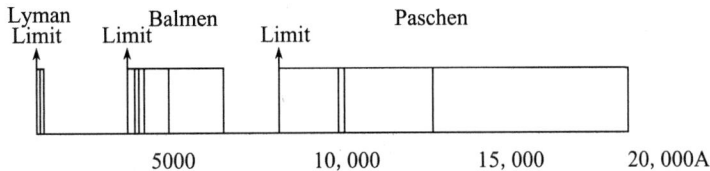

从氢景中认识了各列系计算之法则，我们尚能进而得知其他各种原素之景线法则。这许多的发现在物理建筑了极好的基础。这基础做了鲍尔氏成立原子内部之组织的后盾。

第七节 原子之内部组织

太阳系式的原子到一九一三年鲍尔的理论才完成。而鲍尔的原子论是依据拉塞佛德（Rutherford）的原子粗型和蒲朗克的量子论会通而成。在鲍尔的大作《景论与原子组织》的第二篇论文里面说："我们将依照拉塞佛德之理论而假定原子包含一正荷之原子核而有数电子周绕之。虽原子核较整个之原子其形颇小，然仍几占原子体积之全部。"此即所谓原子之元核论。鲍尔又继续的说："在本演讲中吾将用量子论之观念。"蒲朗克的结论为物质与辐射之能力的交换是有一定的单位，这就是说，物质不是连续不断的放射能力而是一批一批的能量不连续的放射，其能量之单位曰量子，每一量子为放射振数与h常数之相乘（E=hv）。由此两基础鲍尔乃进而阐明原子之内部组织且借以解释氢原子之线景。

一、鲍尔之原子论 在一九一三年他假定了三个原则以成立其整个之理论。而此三假定是与旧物理学的理论发生直接的冲突。这三个假定是：

（一）不连续的轨道之存在于原子核的周围；

（二）电子沿着一定不移的轨道运动而不散失其能力；

（三）电子能由此一轨道换跳至彼一轨道；因此跳换而电子所放射之能力是依照不连续的量子数而计算的。

鲍尔在他近来出版的《原子论与自然之描素》中也这样说：

"一个原子系有许多的轨道——静状轨道，每一层自有其分别的能力价值而且有其特有的静态。其静态性质就可以显现原子能力每次的变迁皆由其从此一轨道至彼一轨道之跳换所造成。"

"原子之放射与吸收之可能性乃由原子能力之变迁的可能性所决定，

且辐射之振数与启动轨道至终点轨道之间所消失的能力以下面公式关联之：

$hv=E_1—E_2$"。

"这些原则虽不能以传统观念解释之，然对于所观察之物理的化学的原素性质则有适当之基础。且尤能给实验之景线律则之基本特性以直接了当之解释。"（自第三十一页至三十二页）

简单的说，原子核在中央，周围绕着几条轨道，电子就在这些轨道上运动。（见第八图）电子或者绕第Ⅰ道走；或者跳到第Ⅱ道上走动，但决不会在Ⅰ轨和Ⅱ轨之间或Ⅱ轨和Ⅲ轨之间。然轨道有一定之限制，如电子跳去此限制之轨道以外则离他而去。鲍尔之理论能算出各不同之轨道上的电子能力。在Ⅰ轨的能力最小，然电子由第一轨至第二轨必需一定的工作，故Ⅱ轨道较Ⅰ轨之能为大，而Ⅲ轨之电子能力较Ⅱ轨尤大。各轨道之距离由Ⅰ轨至Ⅱ轨相隔最远，由之而渐次较近。

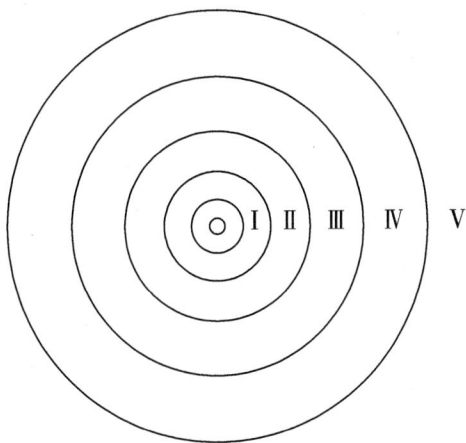

第八图　原子轨道图

氢景是怎样发生的呢？本来氢之能力最小常在第一轨道运动。如以电子经过氢气，能力因而增加，如是电子或跳至Ⅱ轨，或跳至Ⅲ，Ⅳ。每次的跳换原子必消失若干能力。这种消失的能力放射出来，故实验所得氢气中乃有若干之景线。照鲍尔之假定因原子之跳换轨道所消失之原子能力必是许多光子的射出来。某一跳换中原子消失的能力等于放射光子之能力。

因为放射光子的能量等于 $\dfrac{h \times \text{velocity of light}}{\text{wave-length}}$ ，故某一跳换中原子消失

的能力亦等于 $\dfrac{h \times \text{velocity of light}}{\text{wave-length}}$ 。这个公式的理论与氢景之实验是两相符合

的，所以鲍尔的理论很有根据。兹以鲍尔原子论释氢景之三系列。景线之放射
乃因电子跳换轨道而产生。各种不同之轨道上有同样各种不同之能量。（见第
九图）

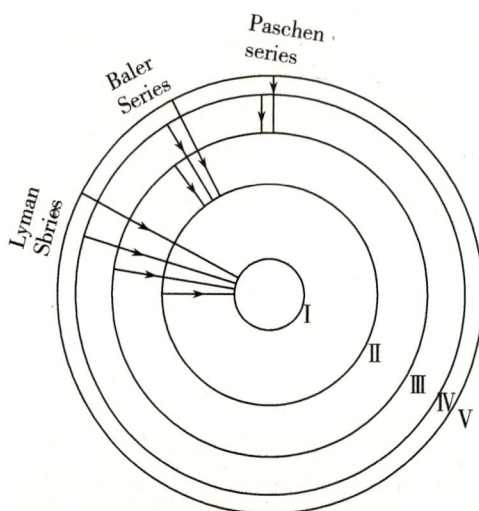

第九图　鲍尔之氢原子轨道以示其跳换轨道与莱曼、巴尔麦、帕申三系之关系

　　图示氢原子内之电子由第二轨跳至第一轨则有一定波长之辐射发出。此波
长之辐射即莱曼系线景之第一线。由第三轨跳至第一轨复另有一一定之波长的
辐射，此为莱曼系之第二线。推而至于第四轨至第一轨亦同。其跳换之距离较远
（图箭线较长）者，则原子之消失能力愈多；能力之消失愈多者则其波长愈短。

证之于 $E_1 - E_2 = \dfrac{h \times \text{vclocity of light}}{\text{wave-length}}$ 公式则完全相符。愈高层跳下，所失之能力

愈大，所失之能力愈大，其波长愈短；波长愈短则莱曼系内之景线愈向紫色移
动。于是乃进至巴尔麦系。所谓巴尔麦系者即电子之由第三第四轨道分别跳换第
二轨也。各层轨道距离较近，其所损失之能力较小，于是乎波长亦较莱曼系之第
一线为长。故莱曼系在紫外光部分而巴尔麦系各线在紫光之内而为能见之部分。

帕申系之各景线的组织亦复相同，且为同一解释。以其轨道距离愈近而消失之能力愈小，其波长乃愈长，是以帕申系之景线当在红外光之部分。这些实验均与公式理论相符。故鲍尔对于原子内部组织之解释诚极有价值。

二、商美费德对原子组织之改进　　在鲍尔的原子论里面他假定原子是好像太阳系的。鲍尔为简单起见假定电子运行的轨道是圆的而且是服从牛顿律的。换句话说，鲍尔假定了两件事（一）电子循着圆的轨道绕原子核而行，（二）电子虽运行，其质量（mass）不变。若照精细的计算这两点尚不能完全与实验相符。商美费德（Sommerfeld）对此两点乃力求改进。关于第一点商氏以为电子是循着椭圆形的轨道进行的，原子核是在此椭圆形两焦点之一点的地位。关于第二点商氏以原子论当符合相对论的公式，即物体之质量当依速率而变迁，故电子运行之速率不同，其质量亦时时变迁不定。兹将此两点再分别略述之。

　　照鲍尔的理论电子在第一轨道是圆圈的绕行，商氏之理论结果亦同。但是当电子跳至第二轨道运行，在鲍氏以为只是一个圆的轨道，商氏则不以为然。商氏以为电子在第二轨道有两个轨道的可能，电子或者绕着圆形的轨道行动，或者沿着椭圆形的轨道行动，但是此电子仍为同一能量。第三轨上也是一样的，在鲍

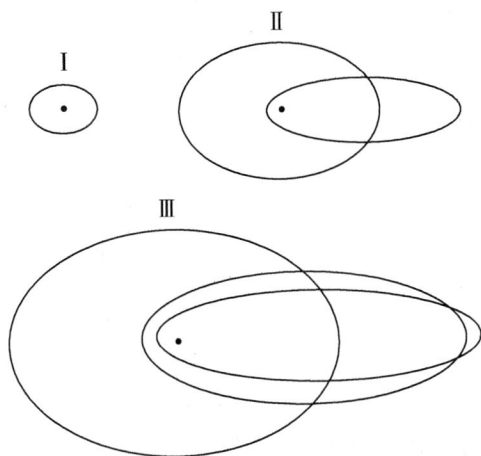

第十图　商美费德的能量轨道

氏也以为只有一个圆形轨道，而在商氏则以为有三个轨道的可能，两个是椭圆形的，一个是圆形的，然而它们同在一能量的层次中。第四轨道上商氏以为有四轨道之可能，三个椭圆形的，一个圆形的。其余以此类推（见第十图）。商美费德以一轨上有数轨道之可能性对于近来由极敏锐的分光器所见每一氢景线仍为数细微之景线组合而成的实验是互相符合的。商氏对线景之精微组织有极详细研究。读者可见其伟著《原子构造及景线》一书。

前面我们已经讲过质量是依速度而变迁的。假使在同一速度中运动，质量是一定不移的。但是电子绕原子核成椭圆形的运行则速度在此椭形轨道上之任何一点都各不相同。因之，电子之质量亦时时的变迁。每离原子核最近的一点其吸力及速度必甚高，而离原子核最远之一点则其吸力及速率必最低。故根据相对论的理电子离原子核最近之轨道上的一点其质量必最大，而离原子核最远之一点其质量则最小。

原子之构造由鲍尔之假定经商美费德之改进乃益臻完善。原子之构造非仅由电子与质子说明之，尤须量子论之解释，相对论之增益。宇宙万有虽千变万化，形形色色，然自然之普遍性或统一性尤不难于原子之构造需电子论、量子论、相对论三者并释之线索中求获之。

第八节　原子核之内部组织

原子的内部组织我们知道是电子与原子核的太阳系。然而现在物理学的进展更使我们知道原子核不仅包括正荷的质子（proton）并且也含有负荷的电子。电子非但绕原子核而运行，并且也是组织原子核的一分子。那末原子核的内部组织到底是什么呢？这是新物理学所努力追求的问题。

一、放射作用　放射作用（radioactivity）之发现对于原子核内部组织之研究有不可分离的关系。自一八九五年栾琴（Rontgen）发明X光线后三年居礼夫人等又发现了radium。镭有一种放射出来的光线能透入金属而不为其所阻。于是放射作用一辞乃渐普遍。有许多原素有放射作用的皆曰放射原素。其所放射之光线可分为三种：一名"阿耳发"线（alpha ray）；二名"培塔"线（beta ray）；三名"加马"线（gamma ray）。此三种皆由放射原素的原子核中放射出来。第一第二两种为电荷之物粒子，第三种含有极大能力之光子。α粒子即氦（helium）的原子核；"培塔"粒子即极大速度的电子。这两点都容易证明，因为α粒子经过电场或磁场即得与氦原子核同样的数量；β粒子经过电场或磁场就成了极速度的电子。

二、原子核之分裂性 在放射作用中α粒子最为组织他种元素之原子核的中心组织。许多复杂的原子核中所包括的电子与原子核总是组织为α粒子的。α粒子我们知即氦原子核；其原子重为四，电荷为二。如氧原子重为十六，其电荷为八。所以氧原子核当包括四个α粒子。因为16/4为四；8/2亦为四。又如炭原子重为十二，其电荷为六。是以炭原子核当包括有三个α粒子。

原子已经是够小的东西了，其直径当为一千万分之一生的米突。而原子核较原子自然尤为渺小，其直径当较原子之直径尤小十万倍。假使有人只有一粒质子那么小，他之视原子当似我们之视穹苍。说也奇怪，只要我们能在这极渺小的区域内——原子核里面——加以一粒质子的变动，我们就能得到一种完全不同的新原素。但是我们怎能涉足于原子核之内呢？在一九一九年剑桥克文实验室（Cavenish Laboratory）里面的拉塞福德替我们发现了这个秘密。这个秘密是原子核的分裂（disintegration of nuclei）。普通电子轰入原子而起游离作用（ionization）。但是原子核深处禁地，墙垣层层围住。于是非有极大能力之轰炸弹不足以击入核心。这种极大能力将由何而来呢？拉塞福德就利用从镭射放出来的α粒子，因为只有α粒子才有这样大量的能，且其质量当较电子之质量大过七千倍。拉塞福德即由此镭所放射之α粒子轰击氮原子。这种轰击虽是惊人，但是能深驱直入而得以击入核心者为数甚少。氮原子核被α粒子击射之结果乃把其中的一小粒质子——氢核——驱逐出来。我们以α粒子击射氮原子而使之从其核中逐出氢原子。这些被逐出的氢粒子向着四方纷射。若是以同样方法实验其他的原素，其结果也是质子的被逐。这就证明了原子核的分裂性。但有几种原素为α粒子轰击后而不放射质子，如炭因为它的原子核刚刚包括三个α粒子，如氧因为其原子核刚刚包含有四个α粒子。然氮之因α粒子击射而发出质子，其详细内容是怎样的呢？下详论之。

氮（nitrogen）——原子重为十四，原子数为七，则氮原子核当包括三个氢原子核和两个质子、一个电子（the nitrogen nucleus = 3 helium + 2 proton + 1 electron）。因为每一氦原子其原子重为四，三个氦则有原子重十二再加两个质子共原子重十四。故与氮原子重相符合。再如氦原子数为二。因为三氦原子，故有原子数六。再加一电子，共得原子数七。此亦与氮原子数相吻合。若是在此内容中我们加以从镭中所射出之α粒子，则其内部之变化结果当为四氢原子核和一个质子、一个电子。四氢原子核计原子重为十六，原子数为八。此系氧原子。所以氮原子核加α粒子其结果变为氧与氢（见右图）。因为氢即一质子。

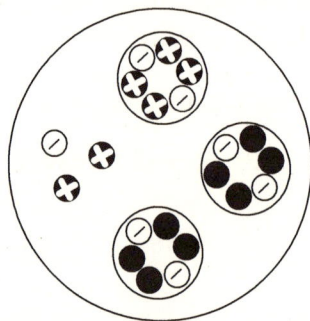

α粒子尚未击入氮原原子核

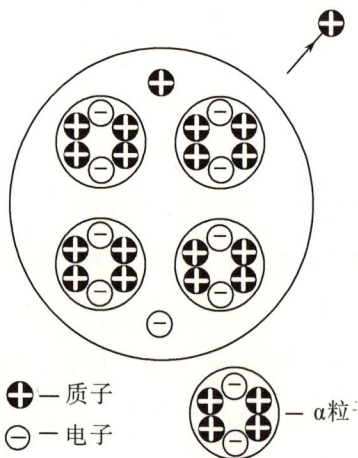

α粒子击入后所变之氢与氧

⊕—质子
⊖—电子

⊕⊖—α粒

原子核之内部组织由是而知为质子与电子两者组合而成，而两者之组合则总是氦原子核一样α粒子。欲深入原子核之内部以探讨物质之深渊，则尤预先创造更为强有力而极速度之轰炸弹。氮氧，炭及其他较重之原子核尚多未为α粒子所攻入。若是我们能实验出更强有力的α粒子，或其他速度较光速度尤高之α粒子，则吾等对原子核之知识尤为增加无穷。近数年新物理界即有此趋势，于不久之将来，关于原子核内部组织之神秘或有惊人之发现。

三、以质子分化原子核　在近两年来新物理学有三大发现：（一）以质子分化原子核；（二）中性粒子；（三）正子。这些发现都是剑桥克文实验室的成绩。其结果先发表于《自然》杂志中。兹先述第一发现。拉塞福德实验的结果，前已详论，兹再略以简单公式表示之：

$$原子核+α粒子=新原子核+逐出的质子$$

这个公式有两个特点：（一）即以镭所放射之α粒子轰击原子核；（二）即由原子核中被逐出者为质子。现在可克可乐夫特（Cockcroft）与华尔顿（Walton）实验出来若以质子光轰击原子核其结果必逐出氦原子核（即α粒子）。

原子核+质子=另一新原子核+α粒子

如以锂（lithium）实验之，其原子重为七，原子数为三。故其原子核当包括一个α粒子，三个质子和两个电子。若以一质子击入，其分化的结果为：

锂原子核（1α粒子+3质子+2电子）+1质子

=1α粒子+4质子+2因四质子+两电子

=一个α粒子

故锂原子核+1质子=2α粒子

照可华两氏实验之结果以质子击入锂原子核即得两个α粒子。总之，质子加入原子核必使原子核中射出α粒子。以其他原子实验之，无不相同。（见右图）

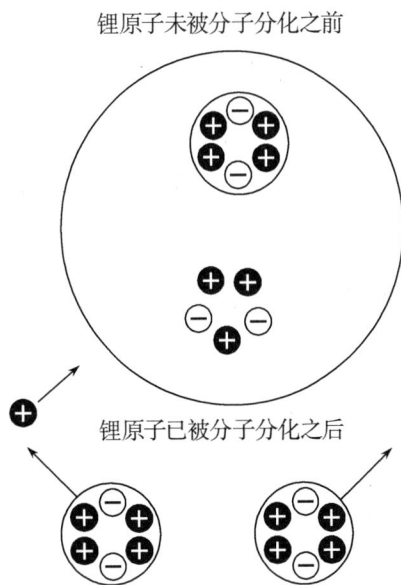

锂原子未被分子分化之前

锂原子已被分子分化之后

四、中性粒子之发现 在一九三二年拉塞福德实验室里面的卡德惠克（Chadwick）照拉氏分化原子核的方法以α粒子击铍（beryllium）原子核，然始终未见质子之射出。层次实验的结果，乃产生出一种新颖奇异的光线。它既非α粒光，复非β粒子光。而且又不是质子。它有不可思议的透射力，虽极厚之金属片亦不能隔阻之。然它又不像"加马"光线一样的短波电磁光线。卡德惠克乃大胆的假定其为"中性粒子光"（neutron ray）。此新假定虽仅产生一年多，然其传播之广，结果之奇，以及其对原子核内部构造之新发现，殊足惊人。这种中子是什么东西呢？前面我们已经说过原子核也是太阳式的包括一个正电荷的质子而周围绕以一负电荷的电子。惟原子核系统之直径当较原子太阳系之直径小至数万倍。其正负两电荷数目相等洽得中和时则可得此中性粒子。

在此中性粒子中质子和电子组合的坚强当数十万倍于氢原子内质子与电子之组合。因物质间所含之质子与电子之间有极大之距离而中性粒子当小数万倍，故中性粒子之透入力极强。兹再述其内部组织之变迁。

铍（berylium）的原子数=4；其原子重=9

α粒子之原子数=2；其原子重=4

故铍原子核之内部组织=2α粒子+1质子+1电子

在上面这个式子中原子核里面有两个α粒子而所余之一质子和一电子乃组合起来而成为中性粒子。故前公式又可写为：

the beryllium nucleus=2α粒子+1中子

若照此公式而击入以α粒子则此原子一变而为另一原子。其内部必有三α粒子而有一中子被逐出来。三个α粒子即是炭原子之核。故α粒子击入铍原子核则得炭原子及中子。

中性粒子确为原子核中极活跃之组织份子。其在核心中之电子总是组合而为中子。中子虽改变原子核中之原子重而不影响其电荷。中子的电荷是中和的。故中子加入原子核而不变其性质。

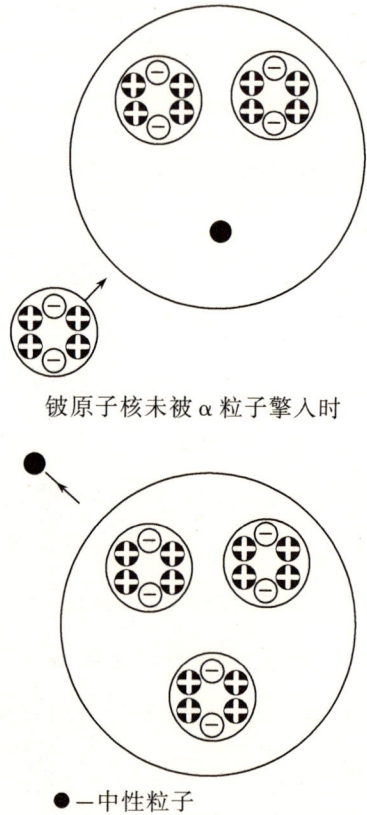

铍原子核未被α粒子擎入时

●—中性粒子

五、正子之发现　正子是一九三三年柏拉克特（Blackett）与阿哉立黎（Occhialini）两位的新发现。物质是电子与质子两者所组织。电子与质子有同样之价值而有相反之电荷。但是新物理学不把物质看得这样简单。中子就是一件奇怪的东西。然而近来又有正子（positron）的发现。其重要性不亚于中子。正子的内部既非质子与电子，复非α粒子。其质量较质子为小，置之于磁场中而有正电荷之活动。我们也可以说正子有电子相等之质量而为正电荷之活动。故名之曰正电子或正子。

综上所论，新物理学所描绘之物理世界其本质可综为以下四种：

（甲）负荷原质………………………………………电子　⊝

（乙）正荷而有与电子相等之质量…………………正子　⊕

（丙）正荷而质量较电子大一八五〇倍……………质子

（丁）无电荷而与质子质量相等……………………中子

这几种本质复为一最后本质之变换乎？此四者即物质世界之实体乎？物质之本然为粒子乎？抑能否为如辐射之视为波动乎？于是物理学复有其新问题，新工作之亟需解决，而物理世界之日新月异几至不可摸捉。

第九节　物质之波力论——新量子论或新波动力学

物质的本质在物理学界数十年来已认定系电子与原子核合组而成。自鲍尔加入量子论，物质之内部组织经分光术之实验无不与理论吻合。于是鲍尔之学说大盛。继又经商美费德之矫正加椭圆形之轨道及精细的以相对论的公式计算速率与质量之关系。那末物质是精微的粒子所组织的这似乎是无疑的。但是近几年来实验的进步，新事实的发现已渐渐感觉到鲍尔理论的无能为力。譬如氦原子有一个原子核两个电子，其所发出之线景已经超过鲍尔解释能力之上。再如鲍尔的理论把旧物理学和量子论两种不相容的东西混合在一块儿。原子核之拉拢电子其吸力是依高伦布（Coulomb）的律则，而原子核之服制电子是在一椭形轨道内。这是十足的旧物理学的律则。但是在这上面又补充以量子论去解释当电子跳轨时所射出的光子等等。然而在算计景线密度的时候我们又要用旧物理学。至于何以某些旧物理律则是采取的，某些旧物理律则又是放弃，这是没有一定的标准，同时也没有一定的理由。于是鲍尔以物质为极精细的粒子之理论也渐次的破绽重出。因为欲免除这些困难，对于物质的解释不能不另谋出路。这条新出路就是从一九二四年开始的新波粒论（wave-mechanics）。应费德（Infeld），《近代科学的世界》之作者，他说："新量子力学已给我们观念中以崭新的改善与进步，但是它仅系鲍尔理论发展之更进一步而已。现在我们很难说这到底是观念中的演进呢还是革命。从鲍尔之理论而传至新量子力学两者似乎兼俱。鲍尔所加入科学的观念并没有要返到旧物理学，而新量子力学又是旧量子论的精进。"这新学说虽产生不久，然传布极广而其解释之事实亦极多。这学说的创造者有法国之柏乐吉利，德国之海森堡及斯鲁丁格，英国之戴拉克。他们的理论原先都是论文的发表，而柏乐吉利之伟著有《波动力学》及和伯尼乐英（Brillouin）合著的《波动力学文集》，斯鲁丁格著有《波动力学论文集》，海森堡著有《量子论之物理原则》，戴拉克著有《量子力学之原理》。（我所用的参考书全系英译特此声明。）

一、柏乐吉利之波动力学　新波动力学的成立是数理进展的结果。其中许多深奥的数理公式不是一般的人所能懂得，但是其理论发展之线索及其所主张之结论这是敢向读者介绍的。有些地方不能不用公式的，这是要一般的读者原谅，好在读者也无需乎对这些数学公式力求深解。

柏乐吉利的主张在其伟著《波动力学导论》里面。他自己的言语中表现其中的精华："若是在近一百年间我们因过分的注重到光线的波动而太疏忽了它的粒子性，那末我们不是在物质的理论中铸成了相反的大错误吗？我们不是错误的仅思及物质粒子性而疏忽了它的波动性吗？因为这些问题本书的作者（指伯氏本人——统先注）费了几年的心思去力求'最少作用原理'（principle of least action）与费墨原理（Principle of Fermat）之同点并苦索蒲朗克、鲍尔、卫尔生、商美费德诸氏之以量子情形加入原子内部力学的意义。"伯氏深思苦索的结果是："物质与辐射同样的需要波动与粒子的二元论。粒子在空间之支配仅能从论及波动而始可能。不幸得很，在这二元论的两方面之本质及其相互间之明显关系皆尤为迷梦而已。"（上书第十页）至于其理论发展的程序是这样的：在光学里面早在十七世纪就有一位费墨先生发现一条根本的律则，此律则为"光线之由甲点射至乙点其取之途径当为其达到此距离之最少时间"。即使光线经过两种不同之媒介物，如由空气而至水中，光线亦不惜弯曲其路线以求在最短期间达到其目的。若是以数学公式表示之则为：

$$\int_A^B \frac{ds}{u} = a\ \text{Minimum} \quad u=波速度$$

在十八世纪中叶毛培睿斯（Maupertuis）在力学也发现了一个基本原理即"每一粒子由甲点向乙点移动其力能之速度必为最少"。其数学公式是这样的：

$$\int_A^B = vds = a\ \text{Minimum} \quad v=力速度$$

若是我们把这两个公式比较一下我们就可以看得出力速度（mechanical velocity）与波速度（wave velocity）有同一的作用。我们既知道费墨原理可以用之于一切之波动，那末我们当然也能以波动来解释力学的律则。所以波动可以认为是物质中的本质。这种为一般人所疏忽的关系就被柏乐吉利所抓牢。柏氏于是进而假定物质是波动的。柏氏说："在新力学的领域中有一条原则是足能成立的，这就是：波浪的密度必要在空间的每一小点上和在时间的每一瞬息中测量出来可能有一连带的粒子在那一点那一瞬之间。略一思及，我们就可以知道这个原则是解说光线之干涉及绕射现象所必需的，因为在光学里面最多的光能是在波动之有最大密度的地方。我们既是极力的拉拢光射与物质的理论，那末当然是把这条光学上所需要的原则扩充到物质的粒子上。"柏氏继续又说：

"因此我们达到了这样一个观念，即物质之粒子也可以像光射一样的发生干涉与绕射的现象，且其计算之方法必两者相同。因此，一群的电子同一速率必有一同一波长之波浪。"若是这种波动，像X光一样的射到结晶体上面，则必有绕射作用发生。于是乎物质粒子必加以波动之概念中明矣。

柏乐吉利之理论至今已经过许多实验的证明。纽约的德费生（Davisson）及祈美（Germer）在一九二七年实验出来电子击射于晶体物上亦正似X光线之为晶体物所回折。汤姆生（G. P. Thomson）教授以两万至三万瓦特极速击射之电子落在极薄的金箔上及其他金属上，也得到同样的结果。拉勃（Rupp）和汤姆生相反，用与极硬的X光相似的电子光射而也得到一样极美丽的回折现象而有极慢的流动电子经过极薄的叶箔。对此问题有深切兴趣的读者请细读柏乐吉利所著《波动力学导论》第七章"电子为晶体所发生之干涉作用和回折作用的原理"及第八章论"电荷粒子为固定中心点所发生之干涉作用和散射作用的原理"。在海森堡的《量子论之物理原则》第五章第二节第三节也很简明的说明这些实验。

柏乐吉利也和鲍尔、海森堡诸氏一样认定自然界并没有严格的决定论。也可以说自然界就没有严格的法则,既有,亦不过是"或然法则"(Law of Probability)。柏氏说:"这样去解释波动力学就发生许多的异点。第一,粒子是存在的,我们也可以承认我们说到它们的数目的时候它们是有一定的意义。但是和鲍尔的观念一样,这些所谓粒子并不像以前认为是占有空间,速度,及有抛射轨道等等的一件小东西。而在二元论的另一方面,在第二点上,所谓波动亦不过纯粹是某种或然性的符号或分析之代表而已,而并非照此一名辞之旧意义去说它是组织物质现象的原料。"物质有波动与粒子两种现象,但是这种所谓波动现象并不是物质的,而所谓粒子亦并不是有物质特性的对象。这最近最新物理学研究物质本然的极终点,其结果乃不能不弃物质实有之理论,而趋向于唯心论。关于这一层海森堡讨论尤详,当在后面再论。

二、斯鲁丁格之波动力学 现在的物理学家发展其波动力学皆以数理为其运用之武器,而斯鲁丁格尤甚。里庆巴哈(Reicheubach)在其《原子与宇宙》中说:"斯鲁丁格成绩之伟大乃在其发展到不可思议的数学本能,此数学本能可由其成绩中显出。"斯鲁丁格就在这种数学本能中把柏乐吉利的观念竭力推进,波动力学在柏乐吉利只是狭义的,只是限于一致活动的自由电子,而在斯鲁丁格则广为扩充以使其能探求外在的电磁场之电子活动。因为斯氏把力学的数学公式和光学的数学公式同一起来。原来"几何光学"(geometric optics)以光是直线的而非波动的,后来乃进而传至"物理光学"(physical optics),物理光学是以光线为波动的。几何光学和物理光学并不是两相独立的,几何光学不过是物理光学的极端而已。凡波长愈短则几何光学之理论愈能逼真。若是我们渐次的把光线的波长缩短,我们就要舍物理光学的法则而求之于几何光学的法则。从这一点上斯鲁丁格于是认定了旧的力学只能用在大宇宙的探求是有效,但是我们要追求小宇宙的话,我们要探讨原子内部的宇宙的话,旧力学已失其效用，我们不能不运用新的波动力学。所以新波动力学是旧力学的放大，旧力学只是新波动力学的极端而已。《现代科学世界》的作者应费德曾把斯氏思想的来源列过下面这个简明表：

物理光学 ——— 相似 ——— 新波动力学

转移 ↕   ↕ 转移

几何光学 ——— 相似 ——— 旧力学

于是乎原子或粒子之内部的组织，斯鲁丁格假定了只是以新波动力学去解说。把物质粒子解说成了波浪的振动，斯氏的理论又认为是怎样一回事呢？我略述其大意以示其与柏乐吉利之理论的一派相传而繁殖则过之。

斯鲁丁格以为电子并不是一粒一粒的东西，它是一种围绕在原子核的电场式的电荷。这种电场是振动的，这种振动有基本的，也有高度的。若是这些振动有了充足的力量，就会发生干涉作用。在原子核四周的空间有显明的电荷密点。若是这些密点互相助力，其结果自会使电力聚会在一小点上，这一小点处斯鲁丁格名之曰"力丛"（energy packet）。此所谓力丛非别，即普通所谓电子。"电子的周绕"就是力丛在原子核四周围绕。照这样说起来，电子仅是电场所发生之干涉现象而组成的特别组织而已。若是没有干涉现象便没有电子而原子核周围仅是一些负电的烟雾。

鲍尔式的原子型中有量子的观念，这一层斯氏也认为是对的，因为他以为这些力丛确有一种整数（whole-number）的特点。斯氏精密的公式所得的结果非但与鲍氏的相同而且能解释鲍尔所无能为力的困难。其数理理论的进展一般人是决不能懂得的，也不是本文所需要的，如

$$\psi = \sum_k c_k \mu_k(X)_e \frac{2\pi\sqrt{1}}{n} E_k t$$

这对于一般的人是没有意义的。关于这些数理我们只得从略。

三、海森堡之新量子力学　物质的本质有波动与粒子两种，但是这到底

有何意义呢？柏乐吉利论及这一点的时候，他先举了斯鲁丁格极简单的观念，即以电子或粒子是一堆波动所造成；粒子就是一个"波丛"（wave dacket），但是当实验到以晶体使电子起绕射作用的时候，所谓波丛的理论便毁坏无余了。柏氏继续的又论及他自己曾提出的两种解释，有一种是以为粒子乃是在波动现象中的一个单数。但是这种观念在不一致的波动上便无能无力。还有一种就是想把一波动和一粒子联合拢来，于是就要认定波动是一种实质而占有某一定的空间；同时粒子便是在波动中占有一定地位的一个物质点。因此而假定粒子为波动所指导而波动便是一个领港的。然而不幸这一层也不能满意。柏乐吉利于是进而讨论到海森堡教授的理论以求解答粒子与波动之疑团。柏氏说了下面的一段话："最后，第四种观念是海森堡和鲍尔所发展的，在现在这种观念最盛。初视之下它是有点散乱，然而它确含有大部分的真理。照这种观念看来，波动并不是一种占有空间的物理现象；波动不过是代表我们所知道的粒子之一种符号而已。实验或观察决不能证明这粒子是在空间占有这个一定的地位，而且也无以证明粒子是有某一定的速度，所有的实验都能告诉我们粒子的地位和速度只在相当的限制以内，换句话说，粒子在某一特别地位中只有相当可能性而已，粒子有某一特别速度也只有相当可能性而已……。"这个结论是这几位物理学家都同意的。海森堡的新量子力学（New Quantum Mechanics）与柏乐吉利和斯鲁丁格的波动力学异名而结论实同。说来也巧，海森堡和柏斯两氏的两条理论的路线是绝对的不同，而却能得到同样的结论。柏斯两氏的出发点是欲用旧物理学的名词说明原子之现象以求会通量子论的原子物理学和旧力学的沟隙。海森堡之出发点则完全与此相反，他以为欲求真理的原子法则旧力学非完全抛弃不可。总之，凡欲以不能为观察所得，测量所获的概念而绘影绘形的拟定一种模型以解释原子内部的秘密，这种尝试简直是劳而无功的。所以海森堡所发展的新量子力学是仅仅包括那些可以确切观察到的关系。而海氏以为所根据于观察的只有景线的波长和能率。于是海氏就凭着这些分光术所得的张本以求电子之地位与速度。但是不幸得很，我们愈是把它的地位确定明白，然而愈不能准确的决定它的速度。反过来说，越是把速度算得准确，粒子的地位则决难确算。鲍尔说过实体有两个互相补足的位置——即时间与空间的地位和能力与动力的活动。而这两方面好像是两个不同的平面，我们决不能同时把这两方面放在同一焦点上。这种不准确现象海森堡名之曰不定原理。但是何谓不准确？所谓不准确就是说某些状况是不能达到的。那末观察所显现的只是或然的现象而已（probabilities）。故不准确即是或然。海森堡的结论就是以为物质的本然我们万难准确的知道，我们所得者只是一点"或者如是"的概念。所以我们若主张物质是波动的，这种波动也只是或然的波动（waves of probability）而并没有实在的物性。这种或然性的波动决不是因果法则所达到？我们所用以计算的乃是统计的规律。这种或然性的波动既无实在物性，复非因果律所限制，故物质终无实体，徒存数理上的公式，观念上的符号。

四、戴拉克之量子力学　量子力学的结果只是或然性或不定原则，这一点戴拉克也是根本承认的。戴拉克在他一九三〇年出版的《量子力学原理》第一章里面说："因此光子的单个性在各处都可以保存，但是把决定论牺牲了。实验的结果，已不可照传统的理论那样为实验者匡制的条件所决定。最多，所能以推测的只是每一可能的结果或然的逢遇而已。这样缺乏决定性的情形在整个的量子力学中无不皆然而与传统的理论极端相反，初见之下像这样把因果律也抛弃了似乎难以使人满意。虽然如此，但是要注意若是我们去做一件实验去观察两个组合成分之一的力能（这就是用一面活动的镜子去反射以及测量通到这面镜子的反动力），其结果总是不能联合此两组合成分以产生干涉作用的效果。若照我们从量子力学的普通法则上看来，这种观察是不可免的要产生不决定的和不可预测的变化。所以我们照鲍尔曾经指出的，可以把这种决定性的缺乏归之于观察中必然所造成的振动中之不定现象的结果，虽然没有一个人能够追索到底这现象是怎样发生的。由这一观点看来因果律明显之失败当由于观察方法中之理论上所必需的笨拙。"这一段论不定原理是何等的透澈。戴拉克之极端信任观察的态度也和海森堡一样。戴氏曾说："量子力学之目的是在扩充那些能以答复的问题的领域，并在实验上所能证明的答案外不愈多所列论。"

新量子力学为人所批评的有两点：第一点，以前速旋电子之假定（electron

spin）曾经解释过的事实而新量子力学未予说明；第二点，它的基础仍是旧力学而没有以相对论做基础，所以新量子力学的结果未能和相对论的结果相符。在一九二八年戴拉克就发表了这两点批评同时可以铲除。戴氏一方面把相对论拿来补充斯鲁丁格的公式，同时另一方面也因此而得以解说速旋电子假设中所包含的事实。我们要把斯鲁丁格的公式比之于鲍尔之模型，戴氏之补充则亦正似商美费德之修正。由戴拉克的公式而又产生了一个惊人的观念，即戴氏承认有"负质量的电子"（electron with a negative mass）。质量还有负的吗？我们能说"今天我吃过两碗负的饭"吗？而戴氏大胆的假定负质量的电子，这是不能不说明的。应费德在他的《现代科学之世界》中说过一个有趣的譬喻。譬喻在影戏院将要开映的时候，差不多看戏的人全坐满了，门票已完全卖了。其中尚有几只买了票子尚未来的客人所空在那儿的空位置，渐渐的这些客人全来齐了，于是每只座位全有看客。这些已经售出而空着候那些后来的看客坐的座位，就好像是戴拉克所主张的在宇宙间有许多的空地方候着电子的来临，宇宙间大部分业已充满的电子，而零零星星的尚空着几个空处，在不久的将来就要为后来的电子填没。假定有朝这些空座位被电子占满之后，那就是世界的末日到了，宇宙就要毁灭。这些早已入座的电子即戴拉克的"负质量的电子"。这种电子未显露其存在，也无从用测量使其显现。戴拉克指出在这些空处的四周全围着负质量电子。许多有正质量的电子渐渐的入座而变为负质量的电子，如是渐次把物体减少，所以这个填空洞的行为就是毁灭物质的程序。戴拉克以为宇宙间有（一）迟到的看客，正荷的电子；（二）已入座的看客，负质量的电子；（三）空着座位，即围有负质量的电子的空处。前面我曾提及最近实验证明正电子或正子的存在已足以证明戴拉克假定的真实性。

有一位维也纳大学的物理教授哈斯曾著有《理论物理学导论》和《原子论》，他在一九二八年又出版一册《波动力学与新量子论》列论柏乐吉利、斯鲁丁格、海森堡、觉登与朋恩以及保黎原理（Pauli principle）和鲍斯（Bose）的统计论，均极简单清晰。哈斯教授曾在这本书的序里面说："量子力学自海森堡奠基之后虽仅二年而欲对此物理科学最幼稚之一支流作一书虽千余页亦难罄书。虽然，以著者之意，于此类深博完备者之外尚需一由广义方面成一较短之论文，俾雅俗共赏。此种作品当列论柏乐吉利、斯鲁丁格、海森堡之精义而无需高深之数理知识，并当发展各观念之关系，以其重要之应用而指示其要义。"这是哈斯之旨意，亦本文作者之本意，而作者所注重者尤在此类新物理理论对于哲学问题所发之新曙光以求组织一严正之哲学系统。

第十节　新物理学对哲学问题之新曙光

在近来人类的思想上因新物理学的树立而起了极大的变化。这种变化使哲学上久悬不决的几个大问题又得着新的解释。哲学上与物理学相连的问题不外物质的结构和因果的法则。关于这两个问题在哲学上有两相反的答案。对于物质的问题有一种理论是唯心论，它主张所谓物质根本上只是心灵的显现，物质是无实在的，实体唯心灵而已。还有一种相反的理论是唯物论，它主张物质是实有的，宇宙的本质是物质，心灵只是物质的作用而已。关于因果问题的答案一种是自由论，主张人类的意识有自由的活动，人类的意志不是机械式的被决定。还有一种是因果论，主张自然界的一切现象都是为因果律所决定，凡一因必有一果，即人类的意志亦完全为因果律所支配，决无自由之可能。传统的物理学只能假定了物质的实有和因果的法则始有进展。所以从来的物理学总是唯物的因果的。近来新物理学的转移使物理学界整个的态度都起了反动。里庆巴哈在他的《原子与宇宙》中讨论过近代物理学的世界之后，在第四章论及哲学之结果，也是提出因果与或然的问题和符号与实体的问题。但是他主张新物理学对唯心与唯物是同样重要。他说："经验论之根本观念为仅经验始能确定自然律之实效，这是新物理学所注重的；然唯心论之原理为把观察的事实合入为思想所创造的法则中，这在现代自然知识中也是同样的重要。此地便无所谓矛盾。"里庆巴哈对于因果与或然的问题也是主张两相辅益的，无冲突之可言。他说："实在，这两者（因果概念与或然概念——统先注）是紧紧连系在一起的，而且也可以显示出的，若是没有或然原则，那末因果原则是空洞无益的假设。我们在自然界能得到严格的法则，这是决没有的事。"我以为这种调和的态度是不充足的。物理学界素来所肯定的物质与因果两大抵柱已渐为新理论所毁灭。新理论的主张不仅法则是思想的创造，即物质之内容亦无所谓物质之踪迹可寻。自然界中不仅是因果律之不足，因果律对于小宇宙之内部组织简直是无能为力；在小宇宙的境界我们只能用统计法则，只有或然的结论，所谓因果律并无存在之可能。所以这种调和派作者不能满意。

然而国内有几位新唯物论的信徒强把新物理学拉入辩证法的唯物论，硬说新物理学是唯物的，这又不能不使作者惊奇。叶青说："企图由波浪力学来推出物质之不存在，也是错误的。一九二五年以来的波浪力学或新量子论，虽然指出电子是波浪然而波浪并不是无。最近几年来，电子底波长也能用实验测量出来。……它一方面，质点或粒子底观念并没有取消。而且科学家更进一步把波浪与粒子统一起来。他们说电子是波浪，又是粒子……"（见《科学论丛》第一集第六〇页）他似乎说得很起劲的一直数下去。他所说的虽确有其事，然而他绝没有看见过波动力学的始创者柏乐吉利写过下面的这段文字，我不惜重复的再抄一遍给他欣赏欣赏。柏氏说："但是我们和鲍尔的观念一样再不能把这些粒子绘影绘形的看为一件有空间地位的，有速度的，有抛物线的小东西。二则，在这二元论（波粒二元——统先注）的另一方面，波浪不过是某些或然性的纯符号的和分析的代表而已，再不能以此名词之旧意义去组织一种物理的现象。"所以叶青之以新物理学为唯物论的这是他个人的知识问题，并不是新物理学的事实。对于因果律的问题，他们当然也是绝对的相信因果律。他在一本中译爱丁顿的《物理世界之本质》到后面来上一个跋，这样的引用过一位名叫亨晓华德的（Heushaw Ward）两句话："因果律之所以为因果律，在于它底必然关系"，"因果律底严格性，就是因果律的基本性。"他自己又添了两句说："而这个定律之为科学底基础，是人人知道的，并且新量子论也不曾推翻它。蒲朗克曾告诉了我们其中的所以。爱因斯坦是赞成他的。"我先来说华德，其所引用他的两句话但并没辩证因果律在新量子论里面成立的理由，我们只得加"无理"两个字的批语。我再看中外书店译出的中文本，华德仍是东扯西拉并没有说出因果律确实在新量子论里面"必然"存在的理由。所以对于华德的这篇《科学并未走上神密之路》，仍只能批以"无理"两字。我再说到叶青所说的"新量子论也不曾推翻它"这句话，更属无根据之谈。我不懂何以这位先生既论及新量子论而对于新量子力学的健将戴拉克所写的东西都不过目。戴氏在其《量子力学原理》第十页上说："不决定状态之加入观察之结果中，前曾论之于光子，而现今尤必扩充至普遍之事件。当对某预备妥当之原子系统加以观察的时候，一般的，其结果将不是决定的，换言之，在同一条件之下将此实验重复若干次，必发生各种不同之结果……"所谓不决定即非因果关系所决定，这当为一般所深知。再看看新量子论的各健将的杰作中无有不只承认或然性与统计理论的，而且也没有不注重不定原理而抛弃因果律的，我在前面论海森堡、斯鲁丁格、柏乐吉利等已言及而不赘述。但是何以我在新量子论或波动力学的时候不十分提起蒲朗克和爱因斯坦，这是因为他两位不是这种学说的主要人物。然而他偏引这两位的话在其《论科学》一文以促因果律之稳健，我看这是徒劳而无功的事。

新物理学既不是二元论的，又不是唯物论的，则其新趋向为何？曰观念论耳！兹分述新物理学向观念论之趋势以明皂白。

一、因果律与或然性　前面我们屡次的说过，所谓因果律就是主张若是我们预先知道了某事的一切原因，便能决定此事的结果。但是物理学家最近探求原子内部的结论却反发现了不可为因果律所决定的行为。以鲍尔之原子型为例，围绕原子核的电子在此一轨道跳至上一轨道，复跳至另一轨道，或又回到原轨道，在点小玩艺上因果律便无以为力了。就没有一位主张因果律的人能预定电子跳轨之行踪。再有便是海森堡在其不定原理中所举的粒子之速度与位置不能同时确知。所以在小宇宙中我们既不能确得一事之前因，亦无以决定其后果。个别的事物上我们只有应用不定原理。我们所得而知者只能在若干事物中求其一般的平均的状态而已。新物理学于是抛弃了因果律而取统计法。在小宇宙中我们只知道现在的现象而绝对无从知其以前达此现象之前因，所以我们只得直接统计一切现在的现象而得其间一般的关系。统计法的应用我们不能得知个别事物之内容而只能知许多事物在一起的或然状态。柏乐吉利说："这就达到了朋恩曾经预见的结果即我们不能再坚持自然界有严格的决定论，因为旧动力学的一切决定论都是认定可以同时决定一粒子之原始位置与速度，假使海森堡的观点是对的话，这种认定就是不可能。结果是并无任何严格的法则而只有或然性的法则。"新物理学已显示了因果律根本上的无能。因此，心灵由决定论解放出来这也是不成问题的。爱丁顿说过："物质宇宙的完全的决定论不能从心灵决定论分离。……在无生物现象中没有完全的决定论除非决定论管辖心灵之本身。反过来说，若是我们想解放心灵，我们必定把物质世界也要解放到相当的程度。至于这个解放似乎是没有多少的阻碍的了。"所以自由意志在新物理学也得到相当的根据了。将来我还另有讨论到最近心理学对于心灵与身体之解答的时候再详细的研究这个问题。

二、符号与实体　　新物理学还承认物质的存在吗？前两页上我已答复过。只有新唯物论者之流尚迷梦新物理学之承认物质实有。其实那只是不明世故的迷梦。海森堡在其《量子论之物质原理》第六四页说："许多确实的数理法则是存在的，但不能把它们解释为存在于时间空间的东西种种简单的关系。"有人不是说清清白白波浪与粒子总是真的罢？请听戴拉克怎样说："这些波浪与粒子当视为两种抽象的状态，这种抽象的状态是用于描写同一物质实体。你们必定不可以把这个实体当作是包括有波浪与粒子的东西而组织一个依照传统法则的机械观来描写它们的关系，来说明粒子的活动。这种尝试是完全与新物理学因以发展的原理相反的。量子力学只要不含糊的从实验中去求得法则。若是在这个目的之外更欲深求波浪与粒子之关系，这是徒劳无益而毫无意义的。"可看波浪与粒子只是抽象的名词，图形中的符号而已。粒子与波浪只是一种代表，只是我们对自然界的知识的代表而并不是客观的自然界的代表。何以呢？波浪的假定只是供给海森堡、斯鲁丁格的公式一种有用的符号，而他们的公式只论及被我们观察到的事物。所以海森堡等只论及可观察的，而可观察的就不是客观的自然界，而只是我们对于自然界之观察而已。所谓波动论者只是论及我们经过观察所得自然界的知识。这种结论对于唯物论似乎是很惊异，然而我们不能违背事实。

电子波浪只是"或然性的波浪"而非实体。我们可以做一个实验求活动电子的速度与位置。有一个结果则只能得到确定的位置，反而得到不确定的速度，这样观察所得电子是短波。还有一个结果则只能得到正确的速度而有不正确的地位，这个电子又是长波的。同样一个电子，或以长波出之，或以短波出之，这并不是电子会变幻不同，而只是我们对于这个电子在两个实验中有两种不同的知识。所以波浪的图样是主观的或然性。再说到光粒子亦然。光子是"或然性的光子"。光子非但是我们知识的显示，而且仅是我们知识的图表。爱因斯坦是承认这句话的。一个光子碰到一个透明体，这光子会分成两条有同等能率的光线，一条反射出来，一条传达进去。在几秒钟之间这两条光线就会相距万里之遥，这就证明我们在万里之间没有确定光子位置的知识。所以光子也只是"或然性的光子"。总而言之，不论是电子的波浪，原子核的波浪，光子的波浪都只是包含电子，原子核，光子的知识而已。琼斯也在其《科学之新背景》第七章论不定原理中论之极详。读者可细阅此书。作者以其所言大概与己意相同处颇多，兹录数语以结束文本。琼斯说：

"空—时不是自然界的骨格而只是我们官感感觉世界之骨格，当我们超过官感，在空—时中说明对象的时候我们强把实在的自然世界装入这样一个烦杂的骨格中，其结果则使决定论无能为力。所以当小鸟飞过天空的时候，即使小鸟的飞行是依着一定的法则的，然它在地面的影子决不会服从这决定的法则的。"

"若是我们接受这个解释，我们必定主张唯物论的科学是与今日之物理学立于相反的地位，因为唯物论以为一切的物事都能完全在空时中表现出来；这是没有分清浮面和下面的深渊。唯物论以为事物之空时性质是初性，而科学所指示的是以空时性质仅为我们官感直接接触的性质！这只是表面上触入眼帘的皱纹而已"

"能看见之自然界的纯机械观也以同样之理由而失败。它以为这些皱纹之本身决定宇宙之工程，而不以为那是深底事变之浮波；总而言之，这种机械观思想错误，它以为风翼决定风的方面，寒暑表保持房间的温度。"

参考书

Blackwood，etc. *Atomic Physics*，1993

Allen H. S. *The Quantum And Its Interpretation*，1928

Darrow K. K. *Introduction to Contemporary Physics*，1926

Bligh N. M. *The Evolution and Development of Quantum Theory*

Haas A. *Wave-Mechanics and the New Quantum Theory*，1928

Birtwistle G. The Quantum Theory of The Atom，1926

Birtwistle. *The New Quantum Mechanics*，1928

Infeld L. *The World in Modern Science*，1934

Vleck J. H. *Van Quantum Principles and Line Spectra*

Fritz Reiche. *The Quantum Theory*，1924

Brigman. *Logic of Modern Physics*

Planck M. *Origin and Development of Quantum Theory*

Planck M. *Where is Science Going*?

Planck M. *Universe in the Light of Modern Physics*

Haas A. *Introduction to Theoretical Physics*

Jeans S. J. *The New Background of Science*

Bohr N. Spe*ctral Theory and Atomic Structure*

Bohr N. A*tomic Theory and the Description of Nature*，1934

Sommerfeld A. *Atomic Structure and Speetral Line*，1919

Heisenberg. *The Physical Principles and Quantum Theory*，1930

Broglie Louis de. *An Introduction to the Study of Wave Mechanics*

Schrodinger E. *Collected Papers on Wave Mechanics*

Dirac. *The Principles of Quantum Mechanics*，1930

江振声《认识与本体》（物象）《光华大学半月刊》三卷三期至八期

生命问题在生物学之诠释

在哲学上有一个很严重的问题就是如何去解决人生之谜。欲解决人生之谜我们不能不问及何谓人生。欲知何谓人生我们就要讨论到生命之本质。哲学家力求宇宙之奥秘，而有生物为宇宙间之一重大部分，欲求宇宙之妙者亦不能不致力于生物之活动，而有生物活动之特性即其具有生命。是以生命之认识为开发自然宝藏之焦点，决定人生哲学的关键。关于生命之讨论乃不外乎：何为生命之来源与本质？生命是怎样组织的，怎样长成的？生命有何价值或生命之是否有目的等等的问题。但是哲学家要讨论到这些问题就要参考生物学者所探求一切生命现象的结果。哲学家所注重的是生命的总合方面，其互相的关系方面以及其最后之意义，但是生物学家所供给哲学家的就是许多关于生命之分析现象，单个个体以及其变化之程序。譬如我们研究生命的本质，生物学者就给我们从生理学上得到种种生理作用的结果以供我们采取；从组织学所说明的种种组织现象以供我们参考；当我们讨论到生命之组织的时候生物学者就给我们种种细胞学或胚胎学的内容以为我们解释之根据；要是我们诠释生命之进化则生物学者为我们搜罗许多生物演化论或遗传学上的各种证据。所以生物学与哲学有极密切的关系。生命哲学之有生物学上的基础是当然的事，而有许多生物学者从其对于生命之科学上的认识而发展为某种哲学结论，这也是不可免的情势。

第一节　生命与物质

物质我以为就是一切没有生命的东西，我们可以假定它是化学里面的九十二种原素；或物理学里面的原子电子。生命就是自由运动的有机体。那末在根本上生命与物质是相同呢？还是相异呢？到底化学物理学与生物学是完全没有分别的呢？还是各有其不同的对象？生命有几种特点而为物质性质中所没有的？生命的原始是由物质而来的吗？抑自有其本源？这是研究生物哲学的几个根本问题。这是决定我们对于生命之本质，生命之组织，生命之长成，生命之价值各问题所应注意的根本原则。于是我就从这几点上开始讨论。

一、**生物学与化学物理之区别**　一般的思想家以为生物学只是一种以物理和化学的原则来说明一切有机体现象的科学。生物学所研究的机体在物理上的结构，其中种种化学作用的成分，以及机体之化学上及物理上的根源。总之，一切生理上的活动都不外乎物理化学作用种种变化的程序而已。然而在这些物理化学作用之外的生命活力呢？他们以为那不过是物理组织上的一点机能而已。假是有机体是一架机器，而所谓生命则只是这架机器的机能。所以生命在生物学中只是一点剩余的作用并不十分重要。这一点剩余的作用不十分重要吗？我们且看汉尔唐（J. S. Haldane）在其《生物学之哲学基础》中怎样说法：

"就在这一点剩余的里面包括生育以及关于种类之遗传与特性的中心事实。在生育问题里面又有同化与分泌的各种动作和一切生理活动上连带的统一进程。这就是说，几乎整个的所谓基本生理学或生物学都包括于此剩余范围之内。但此剩余作用如何被认为物理化学的现象，像这样的概念尚付阙如。"（第十一页）

其实，对于生命活力之机械观何止"尚付阙如"，简直是无能为力。在生命中有一种永久维持的和谐之配合，世代遗传，绵延无极。何以机体的活动，其种种的结构，以及其环境的适应会有那样精致而和谐的配合，得以维持生命，遗存生命？这种事实绝难用物理化学的概念去解释。在物理化学的对象里面无论是原子电子，变化作用，我们就决没有看见一点相互和谐，共同配合以保存整个结构的现象。只有生命我们可以肯定是一种永恒的完整机体的表现。生命现象里面各种组织活动都是和谐配合的。它们共同连带的作用以表现生命之完整。生命非但有内部的和谐而且与外部环境也和合的维持整个机体。假使环境离开了生命则只是物理化学上的玩艺而丝毫无有生气无有意义；机体离了环境亦无生命之可言。而且机体内部的各种组织假使分开离散则亦无所谓机体无所谓生命。所以生命完整的和谐配合，绝不能以零碎分散的事物，如物理化学之概念，所解释者以解释之。生物学即是以对此完整和配所表现之生命为根本研究之前提。物理化学之于生物学是无能为力的。

二、生命与无生命之区别　有生物与无生物当然是有区别，但是有许多先生们以为这种区别并不紧要，因为根本上有生物与无生物的原料都是一样的。有生物学的基本组织是细胞，细胞的内容是原生质。而原生质不外乎几种素常熟悉的化学原素组织起来的。原生质就是氢、氧、炭、氮、硫种种原素的复合物。所以根本上有生物与无生物是没有多大区别的。然而根本上有生物之特性不在乎其原料之为氢、氧、氮、炭而在于由此氢、氧、氮、炭等原素所和谐配合的一种组织。牛曼（H. H. Newman）在其《生命之性质与来源》一文中说："我已经简直的叙述了许多所谓原生物零星之材料的本质。虽然，一切的这些本质混合拢来仍不能造出原生质，因为这样的混合物并不是活的。"生命自是生命，生命绝不是氢、氧、氮、炭等，因为它们绝不能组合而成生命。欲以无生物说明有生物，直缘木而求鱼。生命自有其遗传的特性与环境的特性。这种遗传的与环境的特性可以由其内部的和谐与外部的和谐而表现之。

有生物的各部机能组织在生物学的组织学解剖学所获得的似乎只是许多零散的机械，然而深刻的观察告诉我们这些机能活动都有一种共同生存的特性。假使把这些机能组织各自分散，它们就失了其原有的作用。生物有一种新陈代谢的作用，它把无生物的原质变化为有机体而用以自动的营养它自己，补充它自己，保持它自己。有生物能发展它自己，增加它自己的体重，而且也能产生它自己。这一切的机械作用有一种和合的作用，这种作用就是求生命之维持与绵延。汉尔唐说："遗传的递变即含有这种明显的生物概念，有机体的生命是一种不断的维持它自己，产生它自己的整个。"（《生物学之哲学基础》第二十页）由是我们知道机体内部的各种组织，各种作用都是一致的和谐，整体支配各部分；各部分为整体而起作用相互配合，天衣无缝。

有生物不仅有内部的和谐而且与外部环境也是呵成一气的。汉尔唐在其《科学与哲学》中说：

"从物理学的观点看来，有机体在其继续而混杂的外部环境之变迁中以维持其特有之组织，这似乎是一种认为有超自然涉足其间的神迹。而从生物学之观点看来生命只是大自然之一种表现，而且有机体之营养其本身，生育其本身，保持其特有之组织与活动，这并不是神迹。因此环境并不是机体以外的东西，而是深入生命之内部的。……在一个生物学家看来，有机体之外在环境是像它本身各部分或其内部环境一样的深入生命。经过感官及其他接收机关，其四周之外在环境亦成为整个生命之一部分。关于这一部分也是在生物学所说明范围以内。"（第二〇一～二〇二页）

生命不断的适应环境选择环境以维持其完整。但是这个适应并不是机械之对刺激之反应。开发条钟就会走，玻璃碰在石头，碎了。这才是机械的。生命是自动的。假使它遇着不同的环境，它不惜转变其结构以适应之。这是生命之外在的和谐。我们绝不能把有机体和环境分开来，但是这不是说机体是物质环境所造成，而是肯定环境亦是生命完整之一份子。故所谓生命之完整非但包括有机体内部各组织之和合，而且与外在环境亦和合融化而为一。

三、生命之来源 假使我们问到：在没有一切生命之前，第一次生命之产生是从何而来的呢？我以为这种问题在科学上是没有多大意义的。譬如我们要问：在没有宇宙万物之前，第一种物质是从何而来的？这问题就没有一位科学家能回答的。然而这些问题科学家未尝不冒险以探求之，然终无所得。生命之来源曾经过许多大科学家的研究，如瑞希德（Richter），克尔文（Kelvin），瞿乐蓝

（Troland），钱伯霖（Chamberlin），穆亚（Moore），奥斯本（Osborn）等人。读者如对此问题觉有兴趣不妨试读穆亚之《生命之来源与性质》和奥斯本的《生命之来源与演化》。（B. Moore: *The Origen and Nature of Life*；H. F. Osborn: *The Orien and Evolution of Life*）。但是牛曼先生说得好："这些理论是有趣的，在逻辑上是很响亮的，至少是颇为启发的，然而像这样过于冥索的材料不适于在此介绍。老实说，生命来源的问题并没有解决，这是必要承认的。至多那不过是许多开端的假设而已。"（《世界与人类之本质》第一九一页）在同书第五三页上钱伯霖（R. T. Chamberlin）也承认："生命之确实来源仍系一未解决之问题。在地质材料与有生物之间之鸿沟仍没有会通。"

但是我认为极重要的一件问题就是我们要认清：生命是从无生物产生出来的呢？还是生命只能从生命而来？关于这个问题不外两个极端的答复：一即自然发生说（abiogenesis or spontaneous generation）；一即生物嬗生说（biogenesis）。所谓自然发生说主张生命是从无机物自然而产生的。这样的信仰由来甚远。通常总以为朽木上会生虫，腐肉亦易产生微生物，蛙与蟾是由池塘的泥里面产生的，老鼠是尼尔河产生的。在十七世纪的时候布朗（Sir Thomas Brown）怀疑到烂泥能否孵生老鼠，我们的乐斯先生（Alexander Ross）大发牢骚的说："谁要怀疑这件事我就请谁到埃及去，他就会看见无数聚集田间的老鼠，陆续的从污泥中孵生出来危害居民！"这种信仰一直到一六六八年意大利的生物学家瑞第（Redi）才拿来经过科学的检讨。他把一块肉一部分露出来，一部分封闭出来，然后肉腐朽了，蝇类下卵于露出的一部分，结果是露出的部分肉上产生了蝇蛆，而封闭的一部分虽腐而未生蛆。这就证明有生物并不是由腐朽物所产生。但是后来发明了显微镜，于是又有一般人说："假使我们所看见的东西不是从无机体产生，现在请来看，用显微镜我们可以发现许多细小的微生物乃是不断的从无机物产生出来！"在这种论调七十余年之后倪德汉（Needham）又来实验之。他把肉汁烹沸以使一切生物都死了，他再把这开沸的肉汁冷后封盛瓶内，若干日后打开一看仍是产生了无数的微生虫。于是自然发生说又复兴了。然而史佩兰禅史（Spanlanzani）否证了倪德汉的结果，因为倪德汉在手续上仍是不谨慎的从外面引进了有生物的孵卵。史佩兰禅吏很谨慎的实验肉汁，结果是并不见何有生之物。自一七七四年氧气之发现以氧为生命之要素。如是在一八三六年Schalze和Schwann又来用化学方法使空气输入盛肉之瓶中而阻隔一切有生物之输入，但是他俩的结论是肉汁并没有生虫。到一八五九年鲍杞德（Pouchet）又要否认他两人的实证。鲍杞德说："从默思中我总以为自然发生法是大自然产生有生物之方法……"他又做了许多实验以证其言之不谬。这场官司一直一八六〇年以后巴斯特（Pasteur）才把它判决断案。他证明了空气中有生物并且也说明了有些生物在某程序中并不需要空气，一切的一切都否证了以前所有自然发生说的种种谬证。

因此，只有生命始能产生生命这是科学事实（Omne vivum ex ovo），一切生命都是从卵子而来的，这句格言在生物学上有不可磨灭的实在性。生物嬗生说是我们讨论生命来源所认为极重要结论。

生命是一种永恒完整体之表示。此完整之生命不但是内部机能的和合而且与外在环境是互相和谐配合的。遗传与环境仅此唯一完整体之两部分。是以无论生命之维持与绵延，无论生命之长成与发展，无不以达到生命之完整为条件，亦无不共同和合相互联系以求完整生命之表现。是以生命之价值即求生命之完整。这是全部机体哲学，或完整哲学，或生命哲学之精髓。这种哲学的基础是在生物学里面而不能以化学物理的观念得之。

第二节　生命之性质

现在我们详细的讨论生命是怎样的？假使我们用物理化学去解释生命则生命是怎样的？假使我们用"生力"去说明生命，那末这样的说明又是怎样的呢？然后再把这两方详细的内容加以批评，秤量秤量有哪几点是说明生命之性质的，有哪点是不能认为生命之性质的。欲以物理化学说明生命的曰机械论；欲以生力解释生命的曰生力论（mechanism and vitalism）。兹分别讨论机械论与生力论以明生命之性质。

一、机械论之历史及其理论　机械论把生命与无生物视为没有多大的分别。生物之结构无异于无生物之结构，惟较为精细而已。惟物质与运动为一切有生物活动之唯一前提。这种理论其由来已久，然其得有生物学之辅助者则仅自十七世纪始。

（一）机械论之略史　早在纪元前第五世纪的鲁西柏斯和德穆克利特就把有机体视为无数物质原子的组合物。凡身体之有活动，之有热力都是原于火的元子在全体的周遍。两氏以为即魂灵亦不过较为精密圆活之元子而已。然而这只是一种忆说。一直到现在科学勃兴，机械论乃奠定其科学之根基。自哥白尼、伽利略、牛顿以来以物理化学之概念应用于有机体无不得心应手。于是机械论乃蒸蒸日上。十六世纪之解剖学与生理学兴。机械论乃如虎添翼，无往而不利，至十七世纪笛卡尔建立完全之机械论而以生物学仅为物理化学之支流而已。笛卡尔之影响在英国有哈特勒（David Hartley）与普利斯特勒（Joseph Priestley）之继起；在法则拉梅特利（Telien de La Mettrie），戴德拉特（Denis Diderot），荷尔巴哈（Paul d' Holbach）诸氏之说层出无穷。近时黑克尔（Ernst Hackel）有《宇宙之谜》，赫胥黎有《生命之物质基础》，均欲穷力为机械论辩护也。而现在之大生物学家竭力推崇机械论者当首推美国之罗厄布（Jacques Loeb）。

（二）笛卡尔之理论　笛卡尔曾有两本小册子一本曰《论人》（*On Man*）一本曰《魂灵之情》（*The Passions of the Soul*）就讨论到生命的性质问题。他以为人类是魂灵与肉体组织成功。灵魂是司思想的，而机体之一切活动除此而外无一非机械之组织；肉体就是物质依机械之程序产生的。笛卡尔从血液循环的发现上即是以机械观解释生命。心血的流通是一种化学作用的程序。胎胞之发展第一件就是长出一颗原始的心而这种心跳作用即是心脏的膨胀。心脏的膨胀非别，化学作用而已。笛氏说：

"我所形容的这个机器的经神系可以比为喷水泉机器中的喷水管；其筋肉

及其间的接笋可以比为各部份的机件；至于支配活动的精神（animal spirit）就好比流动中的水；心脏就是泉眼；脑盖就是流水出口的地方。……"

"……我所给予这个机器的各种机能如饮食之消化，心脏及血管之跳跃，以及各处之滋养生长、呼吸以及睡着……等等的机能乃由其各部分之布置结合而在此机器中活动自如，即正似一架钟，或其他的机器之由各齿轮砝码之组合而有活动一样。所以这只是血液及其精神不断的为心中之火的热力所鼓动。此心火之热力与其他一切无生物所发出之火热毫无差别。"（略译Eaton编《笛氏文选》第三五四页）

笛卡尔理论所根据之生理学胚胎学其幼稚及错误至为可笑，然其理论原则之影响既广且大。他说凡他所论各点其详细之理由或事实虽变换不同，然其所注重者则仅其机械理论之原则耳。

（三）拉梅特利之理论　他是法国十八世纪的一个唯物论者，曾著《精神的自然史》，《哲学著作》，《人是机器》等书。在《人是机器》里面他主张人类只是一种复杂的机器，不过"人类是比较最完善的质体。拿人类与猿猴及最灵慧动物相比较，这就等于拿休津氏之行星仪与平常钟表比较一样"。生命只是肉体在生理上的机能活动，这种机能活动是和一般的机器活动没有分别的。一切精神上，心理上，生命活动上的机能都只是机器上的属性；没有了机器，便没有这些机能。拉梅特利在其《人是机器》中说：

"人体是一个自上发条的机器，是一个永久运动底活生生的图像，食物是拿来补足热所消耗了的东西。如果没有食物，灵魂便会衰退而非常激奋以至于力竭身死。"（任白戈译第六五页）又说：

"灵魂与肉体是一齐睡眠的。随着血液运行底安定而和平与稳静的温和的情感就扩张于整个的机体。只要灵魂与眼睛一齐感觉到懒洋洋地重压下来，同时也与神经一齐向下沉落，于是灵魂就是逐渐地与躯体的筋肉一齐入于麻痹状态。这时，筋肉再也不能支持头部的重量，而头部亦再也不能胜任思考的负担。头部只要一入于睡眠状态，就恰恰等于不存在了。"（第六三页）

这样的论调对于机械论确有很深影响的，虽然他没有根据精密的科学。

（四）荷尔巴哈之理论　　其《自然之体系》在机械论的历史上确是一部名著。他以为生命或精神不能在物理世界之外有所得。他说："人是一个纯粹肉体存在，精神的人不过是这个肉体的存在于某一观点下而被观察罢了，……运动或活动方式，它所能具有的，岂不就是物理学的吗？"（杨伯恺译第四九页）生命的活动都只是依照自然法则机械的活动着。人类在一切之探讨中都应当根据物理学和经验。根据物理学和经验，荷尔巴哈探讨人类的结果他以为人类的生命只是"必需的而且互相联系的运行之长久运动"而已。而这种运动乃是根据于组织机体的血液、筋络、骨肉和培养机体的饮食空气等而存在的。人类的生命有一切物理法则的活动。他为自己所喜爱的东西所吸引，为自己所厌恶的东西所排拒，"他反抗对他的破坏，具有惯性力。"他以为：

"无论机械活动方式，是外在的也好，内在的也好，无论其表现之如何神妙；如何隐伏，如何复杂，若精密的观察之，则人类之一切动作、运动、变化以及各种之状态、改革皆为一般之自然法则所规定。"

"无论采取何种假定，植物、动物、人类都可以当作是在地球现在所有的地位与环境中，特别附属于地球而为地球所特有之产物；如果这个地球以某种运动而变迁其地位，那末这些产物也会变动的。"（第一四〇页）

所以荷氏认为人类决无理由自认为自然界之赋有特权者；其本身与一切自然界之产物服属于同一变异法则之下，推而至于一切有生物亦决无理由自认为有异于无生物之特产。总之，无一非物理法则之从服者。

以上是简单的追索机械思想之发展。至于其详细辨证之理论至现代根据现在生物学之发展而有特别丰富之科学内容。而以生物科学坚持机械之论当以美国大生物学家罗厄布为最力。

（五）现代之生物机械论——罗厄布之理论　　罗厄布于一九一二年在《通俗科学月报》里面发表过一篇《生命之机械观》，并于一九一六年出《完整之有机体》一书（The Organism as Whole），于一九一八年出《力能运动》，《感应作用及动物行为》一书（*Forced Movements*，*Tropisms*，*And Animal Conduct*）。他是一位彻底的机械论者，而且他全部都是根据于实验生物学。

他的主张就是以生物为物理化学之产物。生物的一切作用里面我们找不到"目的"的痕迹，也看不见"生力"的影子。在《完整之有机体》里面他说生命有三种特性：（一）生命细胞能够把它四周的零散的普通的简单的化合物综合起来而成为它所特有的一种很复杂的材料；（二）每一类或每一种生物各有其特具的常在的特性；（三）卵子的受胎作用。然而这三种生命特性仍为化学作用所决定。罗氏说："这种综合各种化合物的生命作用乃是由于它含有糖质。从糖质乃组合成有机酸素；而有机酸素含钚基酸amino acid乃成生命素，是为蛋白质之基石。所以有生物之综合作用乃集中于糖质元子，这是很明显的。"关于第二种特性有生物各种各类所别具的特性，罗氏以为："以我们现在的智识为根据则蛋白质在一切情形中都是传带这种常在的特性的使者。"各种不同的特具性都可从蛋白质而产生。至于第三种特性，卵子之受胎作用亦不能出乎化学的范围。这一类的卵子虽是不能接受别种生物的精虫，然这只是因为这两种东西的化学环境不同。盐基性的增加或碳化钙的集中就可以使别类精虫走进海胆的卵子里面而受胎，而海水中的盐基性或钙之减少亦可以阻止海胆卵子接收其同类的精虫。由此可见生命虽具有其特性，然此特性仍只是为化学作用所决定。既无目的之可言，复无生力之可溯。生命者化学原素之镶配耳。

生命只是机械的活动，罗厄布似乎从生理学的各方面都证明了这一点。他的机械论从（一）人工孵卵；（二）机体发达；（三）局部重生；（四）遗传机械；（五）反应本能；（六）适应环境，这六方面都得到了强有力的实证。兹从此六点进而讨论洛氏之生命机械观。

1. 人工孵卵（artificial parthenogenesis）。普通以为生命之成立必有雌雄之合作。新生命之产生必需经卵子与精虫之结合。于是生命乃成为神秘之谜。然而罗厄布实验之结果，卵子可以用人工从物理化学的功用上而孵化为新的有机体而不必有精虫之加入。在一八九九年罗厄布把Arbacia没有经过精虫孵化过的卵子放在另外一种适当的海水而可使之化成会游动的幼虫。还有许多海里的动物，如starfish, molluscs, annelids等的未经孵化之卵都可得到同样的结果。但是把这些卵子放在它们通常的海水则非有精虫不能孵化。这就足以证明精虫在卵子上的孵化作用可以用物理化学的东西来代替之。

从这一层上我们可知卵子的孵化只是一种机械作用。若是我们要详细知道这种孵化之机械作用的理由，则不能不知精虫在孵化作用里面的功用。普通当卵子受精之后而起孵化作用，第一则卵子周围发生了一层薄膜。平常总以为这层薄膜只是保护卵子的。其实这层薄膜乃是卵子孵化为新有机体所必需之物理化学上的环境。假使没这种环境使卵子内部发生影响增加酸化作用的效率，则卵子无论如何皆不能发展为有生物。换句话说，假使我们能把这物理化学的环境预备齐全，使卵之四周发生这一层薄膜，使增加卵子内部之酸化作用之效率，既无有精虫，卵子亦能孵化而成为生物。所以精虫之输入卵子纯为使卵子之得有适当之化学环境，以便其组织薄膜发展机体。精虫这样的作用是可以用人工的方法以化学上的功用代替之。罗厄布在好多海水动物里面都实验成功。这一点足以证明生命并不是神秘之谜，其原始之发生——孵化作用——都只是一种物理化学上的作用而已。这是罗氏坚持生命机械观之第一点。

2. 机体之发展（the formation of an organism from an egg）。不仅卵子之孵化是一种化学作用，即由卵子而发展为完全之机体也不过是一种物理化学的作用而已。罗厄布说："在未经孵化的卵子之物理化学结构的基础上只要经过细胞之分裂与生长的过程就会产生机体自存的总机关——肠胃。细胞的分裂是有生物特有机能最普遍的现象并且它是从比较简单的卵子结构分化为较为复杂的有机体之基本过程。"（《完整之机体》一二九页）但是这种细胞之分裂即化学作用。关于这种细胞之分裂及其发展之机械的程序罗氏在《完整之机体》第六章论之颇详。在他的结论是："未孵化卵子中的细胞质即可认为是一个雏形的胚胎。"卵子就是未来的胚胎。卵子的细胞分裂为有各种不同之特性细胞。由这些不同特性的细胞而发展为有机体各种不同作用的机关。然而细胞之分裂而有不同之特性，这都只有化学作用上的差异而已。罗厄布说：

"这些例子已足以显明卵子在开始的时候是一种简单的结构，我们现在要指出来以什么方法卵子乃有更进一步的分化。沙席氏（Sachs）以为每一机关之各种分化作用及其形成就假定了有许多预先存在着的各种不同特性的原质。这些原质我们可称之为内部之分泌（一种化学物质），在胚胎发展的时候它们就渐次的发展。在原先所存在的是一种胶性的原生物质，它有各种不同的黏性而且足以指示未来胚胎之头尾左右胸背各部分之分化情形。"（一四五页）于是罗厄布力主机体之发展亦只是机械的化学作用。

3. 局部之重生（regeneration）。有生物之重生作用就是说一棵树折去它的枝，它可以另外重新生出新的枝，割去了动物身上一块肉，它可以重生新肉。罗氏以为这也是有机体的一种机械功能。前一段我们说过各机关之组成乃为各种特殊之"内分泌"所决定。在植物里面有一种"生根质"和"生长质"。生根质使植物向下盘根。所以当我们只折去一枝树枝，这树枝就会生根。生长质使植物向上发长，所以一种树根会发芽生长。这种所谓"生长质"或"生根质"都只是各种化学物质。故生物之重生作用只是这些化学作用的现象而已。蛙与蟾的蝌蚪是没有脚的。然而实验的结果，只要饲蝌蚪以甲状腺（thyroid gland），它们就会生脚。而甲状腺含有碘素。马士（Morse）以为即以碘代替之，当饲蝌蚪以碘素汁的时候它们也会长脚，所以蝌蚪之长脚并不是神秘之生力所司，而只是碘素的作用所使然。罗氏在结论的时候说："我们对整个之重生作用所知尚不完全，然据所知的事实看来，重生现象之属于决定论的范围与其属于任何生理部分现象是相等的。"

4. 本能与感应性。普通以为生物不能以物理化学解释之，其原因为动物有本能与意志之存在，而许多本能是有目的。照罗氏的主张动物的本能仍只是从几种简单的物理化学律则而来。有一种极简单的法则即有生物之趋向阳光。飞蛾扑火这已是很老的成语。我们把很小的飞虫或螺蛳的幼虫，或蝴蝶的螟蛉放在一个试验管里面仅有一面有光线，那末它们就会向光线来的那一方面扑去。假如把亮光换过相反的方向，它们又会转向后面飞来。Porthesia chrysorrhoea 的螟蛾宁愿向亮光飞扑而饿死，而不愿吃它后面的食物。所以扑光的本能是十二万分的强旺。这种强旺的本能在最后的分析，只不过是鹏乐（Bansen-Roscoe）的化光反应律（law of photo-chemical）。至于植物也有显明的向阳现象。向日葵是谁都知道的。这叫做向日作用（positive heliotropism）。然而何以动植物会不能自主的为亮光所吸引呢？罗厄布建议了下面的一种理论。

动物在它们身体的表面，在它们眼睛里面，有时也在它们皮肤里面，都有许多感光作用的东西。这些感光素是两边对等的排列在身上，并且经过神经而与对等的筋肉相连接。光线使眼睛里，或皮肤里的感光素发生光化作用，光化作用的结果眼膜上或其相同物上造成了光化反应的物质，此物质影响到中神经系，再经过此神经系而影响及筋肉之伸缩能力。如若光化反应两边是相等，那末这种反应在两边对等的筋肉上也是相等，身体左右两面之筋肉以相等之能力活动，其结果，动物必对亮光之处移动，假若光亮放在一动物之一边，则光化作用之反应效率在两目中就不平衡了，且动物左右两部之筋肉也就不平衡。其结果则使动物转变其方面。这种转变只有两种方向——或向光或背光。所以罗氏结论有生物之趋向光亮乃因光线之有光化作用，此作用亦即动物活动之本能或意志的本源。罗氏说：

“这些观察之重要乃在乎其足以显示在动物活动中之意志或选择成分已逐渐减少。动物乃随其足部之行动而行动，而并非动物欲向何处行动而使足部移动之。”（二七四页）

“它们是光线的奴仆。”（二八一）

所以有生物的意志或本能都只是机械的活动，它们是受化学作用的结果。所谓目的，所谓意志，所谓自由均属无稽之谈。

5. 环境与适应。罗厄布以为环境与适应两辞被一般生力论者弄得十分的神秘。说什么环境影响有机体呵！有机体适应特殊的环境呵！其实照物理化学的眼光看来，这都是捕风捉影之谈。因为照机械论的主张环境就不能影响有机体；有机体也无有所谓适应环境的自动力。所以他以为不如把这个含糊的环境一辞以组织环境的各单个物理的和化学的作用代替之。如是从每一种物理的或化学的作用之影响于有机体，而我们乃可以有简单的物理化学定律去解说之。动物的结构与反应只是物理化学作用的结果。例如在深洞里面生长的动物眼睛是瞎的。普通说来这不明明是洞内的黑暗使这些动物的眼睛退化而失其光亮。其实仔细一观察始知大谬不然。艾近曼（Eigenmann）调查所得居在南美洲洞里的火蛇有两种名叫Spelerpes maculicauda和Spelerpes stefnegeri是有眼睛而能看见的。若是因为久不使其目而失其观看之效用，则何以这两种火蛇不会盲目呢？而且有一种鱼Tythlogo bius在水里见着阳光而会是瞎子，这又将何以用适应去解释它呢？罗厄布氏拿Fundulus的卵子用不同类的Menidia的精虫去孵化。结果常常有瞎眼的胎儿。可见这并不是黑暗的关系。还有一种办法，把卵子受精之后马上放在摄氏零度至两度的温度中，几个钟点之后，多数是死了，所活着的大多数是瞎眼。从科学实验里面欲以黑暗之洞致使动物失明这是办不到的事。潘恩（F. Payne）把六十九代的果蝇都生长在黑暗中，而它们的两眼仍旧是光亮的。乌伦呼斯（Uhlenhuth）证明了眼睛之发展无关乎光线之影响及眼目之机能，他把小火蛇的瞎眼移植于其身体之其它部分而不与视神经相连。当眼睛移植之后，这些眼睛会渐次退化腐坏，然而它们顿时就又复重新生出。固此眼睛并不与中神经系相连接。并没有接收阳光，并没有机能，然而它们仍能够重新生长一如平常。眼睛在移植之后而渐次退化颓废，这明明是因为眼睛中血液循环的阻碍。所以凡有使血液循环发生反常之情形则足以阻碍发展产生盲目。故眼睛并不是外界环境的影响。所谓适应环境都只是浅浮之说，不足以显示事实。

6. 生物之死。动物之死亡就是因为酸化作用的中止。说也奇怪，只要几分钟停止了酸化作用，生命再也不会回来的了。这就表明在延髓（medulla oblongata）里面的呼吸胞虽受极短时间之酸素促迫就要受得一蹶不振的损伤。也只要延髓受此损伤，则呼吸将永久停顿，以至于纤维瓦解，躯体颓坏，生命消灭。简单的断绝氧气的供给便没有生命。故生命是化学程序，死也是化学上的变化而已。生命除了物理化学的机械观以外便没有事实足以说明它了。

二、生力论之历史及其理论　生力论主张生命的活动乃是由一种不能为物理化学所解说的"生命之力"所推进的。生命的进程有一种自动的原动力，这种原动力为机械观所不能辖制的。杜里舒在其《生力论之历史及其理论》中开章明义就说："生力论之主要问题并非是讨论生命之进程能否是有目的的。生力论所要讨论的是：在生命进程中之目的性为无机科学所有之成分的特殊组织耶？抑为此进程本身所特有自动能力的结果耶？"当然，生力论是力主后者的。从历史上看来，其由来也和机械论一样的久远。

（一）生力论之略史 亚利士多德确是古代主力哲学家的典型。我们将另行简单的讨论他的主张。亚氏生力论的主张其影响之大直播至近代。其影响所及，血液循环之发现者及卵为生命之源的力争者，哈费（Willaim Harvey 1578—1657）亦为一大生力论者。至史塔尔（Georg Ernst Stahl 1660—1734）为亚氏后以科学研究理论生物学之第一人。其著作有Theoria Medica Vera。新生论之鼻祖胡尔佛为亚氏后最清晰最明显之生力论的代表。布伦门巴哈（J. F. Blumenbach）之著作乃成为旧生力论之登峰造极，而新生力论亦开始而产生。十九世纪末二十世纪初，美国大生物学家孟戈茂尼（Edmund Montgomery）为生力论辩护尤力。其主要著作有《原生质之生力与组织》及《从生力组织研究哲学问题》两书。至现今与机械论健将罗厄布对锋则为德国大生物学家杜里舒氏。

（二）亚利士多德之理论 亚氏根本的主张即是在自然界里面的一切事物都有灵魂的存在。即无机物亦然，惟其较为简单耳。凡一切活动必有此灵魂为原动力，整个宇宙乃是一个自行发展的体系。凡生物之内部都潜伏有一种自由发展的可能性。此潜伏之发展可能性亚氏名之曰"潜生力"（entelechy）。此"潜生力"以自植物而至人类之繁简不同而有结构与机能的互异。在植物中此潜力乃由其营养与蓄植中显现之；在动物中由官感性，想象力，知觉性中显现之；在人类此潜力则显现为理性，价值之欣赏，以及自决能力等。总之，亚氏以为凡身体之运动，结构之配置，行为之匡制，无一非此潜力之活动。

（三）杜里舒之理论 杜里舒是一位很大的德国生物学家和哲学家。他曾到中国来讲学，商务出有《杜里舒演讲录》，大部系由瞿菊农、张君劢两先生编译。内容几包括杜氏全部哲学。杜氏在英、德各国曾著有《生机体之科学与哲学》，《生力论之历史及理论》，《个人问题》等书。杜氏的主张与罗厄布的理论是完全相反。罗氏以为生命之性质非物理化学不足以解释。杜氏则以为机械论对于生命简直是无能为力的。杜氏在他《生机体之科学与哲学》之伟著中说："凡根据于简单的物理化学作用所组合的因果律决不足以解释机体个性之发展，此发展决不为关于物理化学物之布置的种种假设所解说。"（p.105）他又说："生机形式之特殊性不能与化学组织之特殊性相提并论，所以生机物亦不能依赖于化学。此外，有机形式是决不能用化学里面的原子分子等配置去解释的。爽快明白的说，一个原子或分子的形态决不是一个狮子或一个猴子的形态。"（p.102）杜氏主张生力论的理由大多是间接的或反面的。所以我以为杜氏的理论和前节所述罗氏的理论对照的讨论，比较清晰而有兴趣。

1. **胚胎之发展**。杜里舒第一件要打倒的就是"卵子是未来之胚胎"的主张。这种主张说在卵子里面早已有了未来胚胎的一切组织性质；胚胎仅卵子之化学发展而已。罗厄布主之极力。本文前论罗氏（二）机体之发展一段中已详言之。杜氏实验的结果大不以此为然。杜氏在机体发育的讨论之先立了两个概念：一个是"表现之价值"；一个是"表现之可能"。有一胎发展到某一定之时期，此胚胎之某一特殊器官的特有原素将来发展到最后的时候将成为一种什么确实成分。这就是机能发育所表现的价值，这就说胎里面某成分将来将发展为何器官之表现价值（prospective value）。还有"某特殊成分之发展到成熟期的某特殊器官，这种发展不是一定不移的，此特殊成分能超过未来之特殊器官而更有一种超过的发展之可能，这就是'表现之可能'。"（prospective potency）。杜里舒问："现在我们所注重的问题是：此表现之价值是不变的，是一顺的呢？还是以不同之环境而有不同的变移的呢？"（p.53）杜氏以为当然表现之可能是成立的。某一部分之确实命运不必与其未来发展之可能一致，即以海胆（sea urchin）为例。通常以为，如乐和斯（William Roux）实验之结果，此动物之卵子如分为两细胞则将来必仅发展为半胎。然而杜氏实验的结果"卵子之细胞二分之一只能发展二分之一的胚胎"这只是无稽之谈。杜氏说："现在据我们实验的结果，譬如四细胞期之每一细胞均可发展成一完全之生机体。换言之，每一细胞有发展成一生机体之可能。此现象可名之谓平等可能系统（equi-potential system）。"（演讲集第一册《生机体之哲学》十七页。）

"譬如将海胆之卵放在两玻片中间加以压力，至完成八细胞期，我得平均的八个细胞而不是两圈（各四个细胞），其平常的分裂不一样。此后的细胞分裂至十六细胞期便成两层的八个细胞。如压力一直施到十六细胞期，则十六细胞亦平列起来，再分裂便成两层的十六个细胞。但无论怎样结果都绝对是完全的生机体。"（同上二页）

杜里舒已明白证明了胎细胞并不曾包括未来生机体一切组织性质。因为我们分裂胎细胞的时候并没有把胚胎分裂为若干部分。反之，每一分裂细胞仍能发展为一完全之生机体。这绝不能为机械因果物理化学所能解释。用杜氏的话，表现之可能总是超过表现之价值。

2. **个体的复生——协和的平等可能系统**（harmonic equipotential systems）。这一点，杜里舒和罗厄布的理论又是一种完全不同的解释。杜氏主张"平等可能的系统"又可分为两种。一种是"复杂的可能平等系统"，如任取一细胞皆可成一极为复杂之生机体。还有一种是"协和的平等可能系统"，如许多的细胞共同发展成一全体而细胞间互相和谐。全体上割去了若干部分，而其余各细胞能和协重新再生出所割的部分。一个动物如割成两段而不至死，则此两段能各自重生出其所没有的一段而各成一完全之整体。这就是"复生作用"（restitution）。杜氏实验的结果，在一完全的生机体中取出一部分：此取出之一部分有发展成两种或三种相同的完全生机体之可能，然此一部在这两种或三种机体也各许有其不同的显现。杜氏有一图样如下：

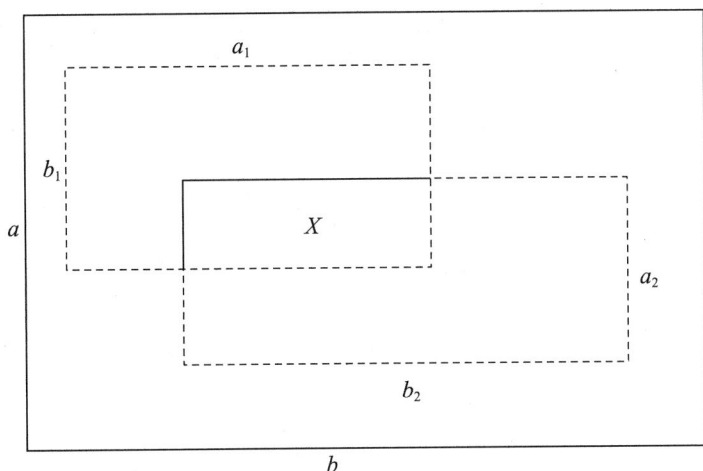

在图中X的成分可以是ab一物的一部分，也可以是a_1b_1一物的一部分，又可以是a_2b_2一物的一部分。但是X的成分在此三物中各有不同之表现价值：它是ab的胸部，a_1b_1的尾部，a_2b_2的头部。ab的X成分取出来，则此X能有协和的表现为a_1b_1平等而完整之可能。而a_1b_1的此X部分取出后又有和谐的表现为平等而整体的a_2b_2之可能，然在此三者中X各有其不同的表现价值。杜里舒有下面的几个实例：

① 海葵（sea-anemones）一类有一种Tubularia当它的花一样的头子失落的时候又能复生。普通以为这是一般的局部的重生，美国动物学家毕克福女士以为这不是局部的重生（regeneration process），这不是从受伤的地方再生长出来。这是全部茎干的许多部协和的共同合作所恢复的Tubularia头部。我们并可把它的茎割下任何一段，然此一段协助合作的结果可以复生一个新的头部。

② 海鞘（Ascidian clavellina）尤为协和平等可能系统极有力的例子。它是一种很复杂的生物。其全部可分为上下两部分。上部为腮（bronchial apparatus）下部为肠胃等。若是把这两部分开，则腮部可以重生肠胃部，而其肠胃部可以重生腮部。而腮部之变化尤为奇异。腮部分割之后，可以消失其间之全部组织而变成一个很小的白圆圈，仅存一点膜质和中质（epithelia and mesenchyme）。但经过相当的休息时期，它就会生长出整体的新海鞘惟较为小些。还有一种较为奇特而尤为重要的现象。假使我们海鞘的腮部从其肠部割下之后，再将此割下之腮部从任何方向再剖而为二。大半经过这种情形它们还是活着的，而每一半腮部也会像全腮部一样的消失其内容，又复会重新的产生新的海鞘。这已足以显明此生物腮部非但能借其各部分之合作而转变为新生物，而且即其每一部分亦能转变为一较小之新生物。这就是一个十足的协和平等可能系统的实例。摩耿也曾拿扁虫，任意乱切，亦均可成一小扁虫，其他如星鱼，纤毛类之生物亦无一皆然。

机械论能解释生物里面的这种协和平等可能系统吗？物理化学能解释这种系统吗？从生物之任何部分都能恢复一个完整的生机体，难道一生物之每一部分都包含有全体之一切特殊的内分泌吗？这是决没有根据的。一混合物经过化学的分解之后，其分解后之每一成分仍能恢复其原有之混合物的形式吗？假使如罗厄布所说生物各器官均为各种不同性质的化学物质——内分泌——之化学上的发展，那末我们将何以解释经过剖割后之任何一部分之能重复分别的转变为全体之其他一切部分而组成一完全之生机体？而且每一简单的器具的形式本身亦不与化学差别一致。不论星鱼，海胆等生物其每部分排列的形式自有特有的典型。若是以纯粹化学的理论去解释此特有形式之产生，那是绝不可能的。在协和平等可能系统中亦并没有机械意义存在之可能。杜里舒对于机械的解释是这样的："机械是物理的和化学的成分之一种特有的构成，借该两成分之作用而能一特有之效果。"（P. 103）然而生机体之每一部皆有和谐的发展为一完体之可能。当某一部分为完全体之一部分的时候有其固有功能，然与完整体分离之后复能发展为另一完整体而有全体各部分之一切功能？这确是一种特殊的机械！这是一种有自动发展力而不为因果所决定的机械。换言之，这种协和平等可能系统之生机体绝不是机械。所以"生命不是各机械特殊的配置；生物学不是应用物理化学；生命是在这以外的东西，生物学是一种独立的科学。"（P. 105）生命是自主的（autonomy of life）。

3. **适应环境**。杜里舒以为生机体的动作是有整齐性（regulation）的。所谓整齐性就是生机物当其组织或机能情态遇有骚扰之后而又会复现其原来之组织或机能情态。因组织之骚扰而发之整齐性谓之复生作用，因机能之骚扰而发之整齐性谓之"适应"（adaptation）。然而在生机体的机能生活中因有一种特殊的结构或固有一种特别的作用以应付其特有之境况，如鱼之于水，鸟之能飞，昆虫之保护颜色，叫声摹仿，植物之向阳等等，这都不能说是适应环境而只是固有的适应情态（adaptatedness）。所谓适应环境的作用就是原有机能的情态因环境的改变，而亦随之以改变以适合此改变之环境。适应作用不是生物发展的一部分，而是生物发展因环境特殊，而发生之特殊结果。现在我们可以注重到机能的适应（functional adaptation），这就是说生机纤维之组织因常用其机能故此机能愈能适应。如体育家因其常练习其筋肉，其筋肉乃愈强，故凡需筋肉强盛的工作他都能干。又患肾病的人因其一肾失了作用而割去，其所剩之一肾当任已去的一肾的工作而渐渐增大其作用。其次还有生理上的适应（physiological adaptation），譬如生机物的腐化，其对生命有重要关系的腐化得迟慢些。而对于生命不甚重要的部分则腐坏颇速。因此，在有脊动物，其神经细胞与心脏保持最久；在水类微生物，其心核延长最久；在扁回虫，其神经细胞与性育细胞抵抗最久，虽这些动物的其他组织消灭殆尽。这确是适应能力的证据。还有因种痘而得免于天花等症，这是生理适应的典型。我们因为种痘而能抵抗一切外来的毒气，这种对于变态的环境有一种特殊的反应，确足以显明适应环境的能力，从适应的讨论杜氏并不曾得着正面建立生力论的理由。他说："我很自由的承认我们并没有得到真正新的证明，但是我想我很可以说我得到了一点新的指示去说生机体并不是一种机械，其每一种整齐性都不可如机械里面的一样的视之为预先预备和安置的。"（P. 139）那里有像种痘以免病灾的那种机械？我们还要知道抗毒汁（anti-body）总是一样的，而它对于各种不同的毒物，或变态环境，所发的适应是不同的。化学物理关于这种对于各种环境适应的特殊性又是解释不通的。

4. **遗传与潜力**。我们前面已经说过，杜里舒讨论生命性质的时候，发现了"平等可能系统"，此即言由一卵细胞分裂至若干期而得若干细胞，此分裂后之每一细胞均同样的有发展为一整体的生机物之可能。若是生机体一部分之许多细胞复能和谐的配合成另一完全的生机体这就是"协和平等可能系统"。若是每一单个的分裂细胞有一种很复杂的发展，每一细胞能做各色各样在时间上在空间上极不同的种种活动，这就是"复杂平等可能系统"。如海鞘之复生即协和平等可能系统之一例，而cambium of the phaverogame这种植物无论在任何茎干之一段上取一单个细胞，此细胞即可发生极复杂的活动而另行发展出一枝有枝叶有茎干的新植物。一卵细胞分裂之后又分裂，经过若干次后其结果之每一细胞仍能有极复杂的行为，这就是"复杂平等可能系统"之一例。总之，在这系统中之每一成分都含有一想象完整体之可能。我们当注意此所谓"可能"即以前所讨论过的"表现之可能"。

在杜氏的理论里面我们可以知道"复杂平等可能系统"就应用到整个遗

传问题。所谓遗传，即一切的生机体都有重新创造像它们自己一样的原始存在之形式的机关。而且在父母与子孙之间总有一点相像。从父母身体中确实有相当的物质遗传给它们的子孙。而所遗传的这点物质只是卵子与精虫的结果，照现在研究的结果，承继父母遗传子孙的一点灵犀乃是细胞核里面的"基因"（genes）。因为这一点而发展成一个新的复杂的生机体。现在我们从这个完整的复杂生机系统追溯上去，那只是从极小的一堆细胞发展而来；这极小的一堆细胞又只是一个单个细胞分裂出来的；这一单个的细胞又只是一堆相同的细胞一份子；这一堆细胞乃是一个原初的细胞所分裂出来的。杜里舒于是疑问了"你们能想象出一架十分复杂的机器，虽然经过了几百次的分割，而其分裂的每一小块仍然是原来的机器一样的一架十分完整的机器吗？你可以回说当细胞分裂的时候并不是机器，而这架机器是在细胞分裂之后所完成的，好！那末在我们系统的某一定的细胞里面如卵子里面又是什么原料筑成这架机器的呢？"（P. 148）所以并没有一种机器能做整个发展的出发点和根基。那末，"潜力""隐特来希"（entelechy）证明了是存在于遗传根本上的东西，至少，它是遗传的结果；下一代之单个体的组成并不是机械的推动而是一种其本身自然的主动者。

在遗传里面有物质的"基因"的继续物，这是我们承认的，然而何以遗传又是自主的推动力所驱使呢？这不是自相矛盾吗？然而杜里舒以为"基因"与"潜力"是同时工作的。"潜力是管制这一代的单个胚胎发育的（这是遗传的起点），它又是管制下一代的发育的。潜力决定卵子本身是怎样的而且决定从此卵子发育之胚胎是怎样的。潜力可说是从此一代到下一代发育之自动的不可少的指挥能力的代名词。那末，在遗传里面的物质继续可不就是被指挥的，被支配的物质成分吗？"（P. 250）总之，"隐特来希（潜力）与基因是同时工作的。隐特来希以基因为工具而一切发育之指挥力则绝对是由于隐特来希。"（P. 154）

5. **本能与行为**。罗厄布把本能与有意志的行为都解释向阳感应的化学作用。然而事实并没有这样简单。杜里舒以为假定如罗氏主张，则本能之刺激物必是一种极简的东西。本能的刺激物或是各种不同波长的光亮，或是热力，或其他化合物。假定本能的刺激物是种种专属的，特殊的物体（specific typical bodies），像对于这类有单独个性的，极复杂的刺激之本能，罗氏之说就无能为力了。杜里舒以为在本能的刺激中虽不明显，虽不深刻，然确实有特殊的，个性的刺激。如鸟筑巢、蜂酿蜜、蛛结网，这都是本能，然而若是我们破坏了鸟巢的一部分，拆下了蜂孔之一角，或是冲破了蜘蛛网，它们不久又会修补完整。杜氏说："这里有关于在本能生活中之生命自主力的指示，虽则不是真的绝对的证明。"（P. 201）

"行为一方面是有意义与了解的，一方面便是记忆和经验。"（演讲录二集四一页）所以杜里舒把行为分为（一）有历史的基础（二）有个性感应的关系（historical basis and individual correspondence）。所谓历史的基础就是说行为必当根据以前的经验和学习。心理学熟习的名辞便是记忆力。留声机不也有历史的基础吗？它先要收进声音，而后始能发出声音。但是行为不是机械。留声机所发出的只能是它所收进的，然而生机体的行为，根据了过去的历史，而能发出种种不同的行为。而且行为能运用自如随意变化，机械就不能够。故行为之历史的基础就是生命自主之一证例。

行为又有每一个体对同一刺激有感关系之不同。如有至友甲乙二人，在路上遇见了甲对乙说："我母亲生了重病。"乙听见之后，当然是安慰甲，对甲说："我有什么地方帮助你的没有？"若是甲这样对乙说："他母亲生了重病。"这在字面，相差仅一字而所发出的反应则大不相对。乙也许要大惊失色，也许留下了甲，直向家中奔去。刺激方面的差异无几，而其可发生之反应行为则不相同。世界上有这些的机器吗？物理化学里面有这样的特性吗？如新闻纸的排版，把"白里安已死"，误排为"白里安未死"，在机械的印刷出来，其报纸上只能有"白里安未死"的结果而绝不会印出"张忠昌复活"的结果。机械的反应只能有因"刺激"略有不同，而略有差别，然他不能完全的不同。机械论又可以这样说："某两化学原素各若干成分相混合其结果将为某种新原素。然只要把该两原素之任一原素的成分略为减少，则其结果能变为另一种新原素。这不也是个性感应关系吗？"但这是似是而非。前一结果的原素与后一结果的原素只有外表形式上的不同而其所包含之原素仍旧是一样。生机体像这类的行为就大不相同，能有不能预知的反应。所以从这证明我们又知生命有一种自主能力。杜里舒更进一步问，这种生命自主的能力是否即生机物之脑的作用。杜氏又绝不以为然。脑不过是全身神经系的总汇，而此神经总汇最后之主动能力则当为心灵（psychoid），则当为"隐德来希"（entelechy）。

三、完整论之代表理论　讨论到生命到底是怎样的这个问题，一般的总不出机械论与生力论二种解决。前者以为生命只是一种较为复杂的化学物理之结构而已；后者则以为生命是由一种精神的推动力所发出的活动。我曾以罗厄布为代表讨论过纯机械的理论，以杜里舒为代表叙述了生力论的辩证点。但是双方面都陷入了同样的错误。这个错误就是把生命视为是可分析的。此地我所谓分析的即是说这两种理论都没有认定生命并不是单个物的总和体而是一个综合的完整体。机械论和生力论虽铸成同一错误，然而其铸成此错误之出发点则各不相同的。机械论以为生命可以分析为若干物理化学的单个成分。并且视生命是受自然力所支配的，但是它并没有看清：在生命中，有各部分之机能，结构，以及种种活动所共同协和维持一共同目的之关系。这种生机体之协和维持的关系及其世代相传以永久维持此协和之关系，这是机械论所没有注意的一件"小事"，也正是它所不能解决的"大问题"。其结果则未曾认识生命之本质。生力论认识了生命这种共同协和的关系，但是它以为这种关系是一种生力支配或反应与其分隔的物理环境所发生的结果。生力论虽证明了生命有一种内在的共同协和维持的关系。然而它并不知生命还有一种外在的与环境共同协和维持的关系。生力论把生机体和物质环境分裂了。生力论只以为在物理化学的环境里面有一种生命之活力支配着干预着。其结果仍然是把生物和物理化学的现象认为是各自独立的成分。机械论以生命内部是可分析的；生力论以为生命之外部是可分析的。所以生力论和机械论在根本上有同样的弱点。其实生命非但内部是协和综合的，而且与外部环境也是协和综合的。生命是完整的，不仅有内在的完整而且不能与外部的分离。外部环境也是生命之一部分。外部环境也当以生物学视点去解释（biologically interpreted），这才是生命的真性质。非要有这样的观点才可以认识生命是什么，是怎么样的。这是汉尔唐（J. S. Haldane）的理论，也是作者本人之所宗的证点。

汉尔唐是英国的大生物学家。他是汉尔唐子爵（Viscount Haldane）的兄弟。著有《机械论》、《生命与人格》、《科学与哲学》及《生物学之哲学基础》等书。一般的认定他是一位生力论者，但是他自己否认。他说："我常常被视为一位生力论者，因为我不能接受几十年前传统的机械生物论。然而我不是一个生力论者，而且永远也不会是的。无论什么派别的生力论都与机械生命论有同一根本的错误，因为它假定生命与环境，无论在视察中在思想中都是可以分离，其实它们是不能分开的。"（《生物学之哲学基础》第三十一页）他个人的基本主张以为（一）凡一切生命活动都是互相和协合作的，动其一必影响及全体；（二）生机体与环境是混合而为一的，两者分裂则均失其意义；（三）经验是整个的而最后的实体是精神的。所以我名汉尔唐为完整论。作者以为这种理论可以弥补机械论和生力论双方的困难而独自给生命之性质问题以融贯的解决。

（一）生命活动之协和配合 这一点我们可以说是对机械论的改正。机械论以为我们可以把一个生机体分析为若干成分，每一成分是可以分析为若干物理化学的原素。但是这样分析的是死的东西不是活的机体。这是物理化学而不是生物学。生物学所研究的对象是生命。假使生命分析为若干成分则生命早已不翼而飞。普通把生物学严格的分为形态学和生理学：形态学专门研究机体的物理化学的构造；生理学就专门讨论生机体之活动机能。但是我们要问：没有机体构造的机能是什么东西？没有机能的构造又有没有一丁点儿生物的意味？构造是怎样产生的，又是怎样保持的呢？单个的，或部分的机能和构造离开其全体尚复有机能与构造之可言吗？这些问题不论在形态学或在生理学中都只是"碰壁"。所以构造为维持机能之表现；机能为维持构造之表现。以全体言之，始有所谓部分；以生力言，始有所谓保持。汉尔唐说："若我等无丝毫生力论之意味而坚持形态与生理之分，则不啻自绝于科学。此非科学，直无学之可言耳。"（24）机能与构造是生命整体之不可分别的显示；生命之一切活动是互相协和而配合的。生命是有整齐性的；若是这种整齐性破坏了，则无所谓生命。整齐性就是生命之一切活动组织都是互相关联，互相合作的。汉氏说："生物学之专门科目为以生命乃一特殊之完整体，其各部分与各活动均系互相关系，若隔离之而未有不毁灭其本性者也。"（《科学与哲学》九十二页）兹再以生物活动之事实以证明之。

1. **呼吸**。呼吸为有生命存在极显而易见的表示。我们都知道这是氧气的吸收和炭气的吐出。关于这种机能及此机能之构造的保持不仅在生机体中发生体热和增加肌肉动作，而且关于神经活动，意识作用，排泄功能，同化作用，以及其他一切生命活动之保持无不无赖有此呼吸作用。而且不仅是机体之机能方面需有相当氧气的供给，即身体构造亦非此不可。若是在脑筋或其他部分停止了氧的供给，不久就要发生构造上的变化而终至不能复原。在呼吸的活动中此机能及其结构乃成功了机能，构造，以及全体之协和合作的保持。这种保持的状态中我们不能把此一部分与彼一部分分开，此一作用与彼一作用分开。否则便失去了整个生命的意义。

2. **血液**。周身上一切机能的活动，一切构造的组织都少不了血液的循环。假使血液的内容起了反常的变化，那末无论哪一部分的构造，无论一方面的机能全不能维持其固有的常态，全部都要发生不能合作不能保持的变动。所以有机体各部机能以及构造之所以能保持其常态，平衡其效能都必赖有常态平衡的血液成分。然而反过来说，血液成分之所以能保持其常态又必赖其他一切身体活动之有常态的保持。整个的不能分开。一切内部的机能构造都是互相连锁，互相关系的，都是共同维持一个完整的整齐性。假使一部分破坏了其常态，则全体弥补此破绽以维持此整齐性。血液循环与一切其他机能构造都互相保持其常态以完成其公共之整齐性。

（二）机体与环境之混一　有机体不仅有前一条所讲的内部协和配合，而且与其周围之环境是混合为一而不能两相分离。整个生命之表现必兼具内部协和与环境混一。这一点可说是汉尔唐修改生力论之错误的。他自己说得很明白："

"在生命之有机世界中，构造与机能不能彼此分离。构造是活着的，而生命之毁灭亦将损坏其所借表现之元子构造。且有进者，吾人尤不能以有生之构造与其周围之环境相分离。若吾人变迁其环境之一部而阻止此有生之构造有重新产生此一部曾为变迁之环境之机会，则生命无有不毁灭无余者也。于有机体与环境之间吾人不如在无机体与其环境之间划一沟隙。……故我人仅能视之如一永恒整体之完整的显现。"（《科学与哲学》七七页）

有机体周围的环境不是与机体分开的而是生机体生命之一部分。假使我们没有养气继续的供给，假使我们没有饭吃也没饮水我们还能活着吗？假使生机物没有与环境的接触，它们还能有生命存在吗？这就简单的证明了生命包括其整个环境。我们不仅如生力论者主张生命之力支配着一切物理环境，我们要进一步主张所谓"物质环境"亦仅生命之一部分而已，环境也是生命的。汉尔唐说："生命为一表现为无空间限制之完整体的大自然。"（七四页）故有机体和环境是绝没有空间之限制的。若是我们离开了生命之环境而讨论何为生命之本质，那等于是缘木而求鱼，终无结果。关于这一点汉氏所举事实尤多。

1. **呼吸之整齐性**。呼吸不仅是内部协和之表示而且是生命与环境之混一的表现。有机体与环境总是协和配合的，总是含有整齐性。譬如在肺部里面的炭酸气的平均压力总是平衡的，和合的，不论吐出了许多的炭酸气，或是增加了许多炭酸气，而肺部里面的炭酸压力总是那末平衡而不发生多大的变化。即使空气中的炭酸压力发生了极大的变化，而不会影响肺里的炭酸压力。呼吸始终是调和着内部与环境。这种炭酸压力的平衡就是保持动脉管血液活动的平衡。而炭酸平均之重要尚不仅在动脉管血液中，而且在周身的纤维中。因为在各纤维或各器官中之炭酸产生率是平衡的，则周身血液循环之效率也是均衡的。在呼吸的整齐性中，氧气与炭酸有同样的重要。假使在所吸收的空气中氧气压力锐减，那末我们的呼吸就立刻会加多。这是因为血液里面氧气压力的减低，经其在经神系上的影响而激动了呼吸作用。因呼吸之增加而肺部的空气中减低了炭酸的压力。于是炭酸压力减低而影响神经系的结果，呼吸又慢慢的减少。结果是两相调和。所以在呼吸作用中，我们知道了，生命之所以维持必赖身体活动互相的影响，身体构造协和的保持，以及环境的配合，三者并同的合作。三者缺其一，则生命之意义消失殆尽。

2. 环境与感官之关联。有机体与其环境之混一尚有经过皮肤与各部感官而联关者。在下等有机体就是经过其接受结构而与其环境相并接。譬如在植物里面，阳光和空气的影响是经过表皮下面的绿藻细胞而联接的。外来的各种印象不断的射入皮肤或感官，由是而传达到传入神经，或经过血液而达到神经系。随后，这些传入的印象或"影响"走到了与筋肉相联的神经细胞或其器官。于是而发生反应。这样一长条的历程或相联续的结果可以从物理的眼光去看，但是对于这种内部结构和周围环境经过皮肤或感官所发生之一连串的历程其间层层相关击，相协和，相配合。像这整齐性从物理的视点便无从了解之。至于意识作用之反应则更无能为力。在这种地方我们就不能不接受有机体与环境同为整个生命之成分的前提。环境里面之有五颜六色，香甜苦辣，大小高低，软硬光滑，若是没有生机体上面的感觉器官，一切全都是虚无。汉尔唐说："从一位生物学家看来，有机体外在之环境亦如其本身之各部分或内部环境一样的参入其生命中。周围外在之环境经过感觉器官及其他接受器官而为整个生命之一部分。生物学即解释此种参入状态。"（《科学与哲学》二〇二页）

（三）经验之统一　生命是一个统一的完整体。这并不是说生命是许多零散的事物之总和。生命是完整的，天衣无缝的，不可分散的。生命的完整体不仅包括内部机体在外界环境，而且扩充于整个的经验，整个宇宙。

不论是数理世界，物理世界，生物世界，心理世界，它们所讨论都是同一宇宙，只是各有其不同的观点，各有其不同的注意点。至于我们所知道存在的宇宙乃是经过我们知觉的认识。"存在即被知觉"，假使我们正确的解释它，仍有其融贯的真理。（参考拙作《知识论纲要》第十八章知识价值问题之结论）。所以汉尔唐氏也主张宇宙是我们所知觉的（the world of perception）。其从数理方面解释的，从物理方面解释的，从生物方面解释的，都只是此知觉的宇宙中所抽象出来的一部分。所谓知觉不外乎是兴趣与价值的表现。在知觉中或在意识行为所表现的兴趣与价值很多。一个农夫，一个猎师，一个诗人，他们对于此自然之知觉是一样的，然而在他们知觉中所表现的兴趣与价值是不同的。既然兴趣和价值都不同，那末这个宇宙不就该当是零落散乱的吗？让我们来讨论兴趣与价值之本身吧。各人的知觉中其所表现的兴趣虽在浮面像是各不相同，然而兴趣的本身是能分散的，各不相干的散漫在每个个人的意识行为里面吗？我们视察的结果，兴趣不仅不能空间上有在单个个体上毫不相干的分散，而且在时间上不能不相连续的切断。在我们兴趣中最着重的是"康健"。怎样才有康健，第一须有内部的均衡，第二须有环境容和，第三须有与其他一切个人的和谐。你要初到一个完全不知语言不明习惯的地方，你假使不和周围的个人联络，结果你就会"思家""不适"。个人兴趣没有空间的联络是不可能的，然而没有时间上的连续也是不可能的。我们兴趣之保持必有过去的均衡，也必有增进未来之均衡之现实。所以真实的由兴趣所表现之知觉宇宙其本身必继续的在过去、现在、未来之整个中显现之。

所以我所说的知觉为兴趣与价值之表现，这所谓兴趣与价值并不是个人的兴趣而是广大的兴趣。譬如，家庭中之一份子，或国家之一份子，或人类之一份子，其单独的兴趣是不能表现其知觉其意识行为的。我们必要从一家之中，一国之中，以至全人类中，全生物界中才能得到真实的兴趣和真实的价值。我们所认定的兴趣和价值其眼光愈广远，其范围愈宽阔，则其认识之宇宙愈相近，愈逼真。可以在我们的经验中，兴趣和价值必定是一个精神的完整体之表现。在我们的经验中我们必要有和谐的，统一的，兴趣与价值。这是经验统一的事实，否则我们便无所谓兴趣，无所谓价值。从这些精神上和谐的，统一的，兴趣和价值所表现出来的知觉宇宙当然是精神上和谐的完整体。汉尔唐说："我们经验的宇宙——即知觉与意识活动之宇宙——乃是从兴趣和价值所表现的精神世界。兴趣与价值并不是主观的不是属于某特殊个人的，而是客观的因为一切单个的都是要包括在内。在我们经验里面除了客观的兴趣和价值之外便无一物存在。在兴趣和价值之中我们整个的经验统一起来而成为一完整精神宇

宙之现实的显现。"（《科学与哲学》二六二页）

人生不是零散的活动由机械律去支配的，它也不是生命之潜力匡制分离的外界环境。生命是具有内部活动与构造之均衡，和外部生物环境之配合混一的完整体。

第三节　生命之发展

生命的性质内容我们已知道是一个完整体。现在我们再看生命是怎样发展的。关于这个问题种种解答很多。然在先前多以为生命的发展只是生命原有性质的开展。在生命开始形成的时候它就已具有一切未来的性质。有的以为生命原来即生就未来的各种性质，以后只是这些固有性质的长大而已；有的以为生命在开始仅具有以后各种性质的可能性，生命的发展就是这些可能性之实现而已。然而我们无论他们怎样的意见，他们都是以生命只有固有性质的开展增长，而没有新奇物的发展。到了达尔文研究的结果我们知道了生命乃是进化的；生命从极简单的慢慢进展而成为较复杂的，从较为复杂的而进展到最复杂的。所以后来以生命之发展即固有物之开展的主张已走不通了。达尔文以为一切生物互争生存，其善于适应环境者则得以存在，其不善于适应环境者则归于自然淘汰。慢慢的各种生物养成了适合其特有环境之特性。这种特性乃遗传至后辈。到了后辈承继了以前的遗传而又遇到了特殊的环境于是它又以全力适应之，结果于是又重新成功了新性质的习惯。慢慢的又传给下代。故即人类这样复杂的生物也是依照这个原则由简单的生物慢慢进化而来的。达尔文主义曾轰动一时，且给后来极大的影响。然而他有几点不可解决的疑难。第一是习得的特性能否遗传？第二，由低级进化为高级，其间之联络是怎样的？第三机械的进化怎样去说明生命之完整？于是从这些困难而产生了后来之种种进化学说。或把生命之来由去向作了个整个的观察，或把生命之日新月异作了个综合的研究。于是进化论不仅在生物学有极大的力量而且由生物学之探讨而成为哲学上的中心焦点。是故而有塞勒斯（K. W. Sellars）之进化自然主义；柏格森（H. Bergson）之创化论；亚力桑逗（A. S. Alexander）与摩耿（C. L. Morgan）之层创论；斯墨兹（J. C. Smuts）之完整论。兹分别略述之以求解答生命之发展问题。

一、进化自然主义（evolutionary naturalism） 塞勒斯是一位批判实在论者。他对于生命的发展并没有特殊专门的注意。他的原意是要用各种科学所得的结果去解释整个人类的经验。他建立一个批判实在论的知识论——那就是主张我们能知道外界的存在。于是进而讨论到这个存在的外界之演进问题。一切事物的演进都是实在的进展。他既不把这种进化视为单个的，不连续的展开，同时又以为并不需要所谓生力的神秘。他只讨论了几个关于发展的原则与范畴，然而这都关于演进有重要意见。

在一九二二年塞勒斯出版一本《进化自然主义》。在此书三二〇页他说："进化的自然主义要拿同样的公正眼光去看有机物与无机物，去看在人类活动中不可否认的目的性和整齐性，以及人类活动所借以发展的大宇宙之一切。这种主义愿于整个中去求部分而同时亦肯定此部分之特别性。"生命是整个进展的综合结论。它不是一堆零散东西的堆积，而是由一个层出不穷，创造无已的综合活动的整体。他说："每一特别的体质都是一个有组织的材料。进化就是说在自然界有各种的层级，高级是低级的产生，然甲乙之混一不即等于单个之甲与单个之乙。"塞勒斯主张有机体与无机体并没有根本的区别而只有程度之不同。所以那只是一个从粗糙的简单的到细致的复杂的之不中断的进化。这是一种自然的过程而无需生力之推动。

然而从简单到复杂的进化中一切有机体的活动都是含有目的性，其目的在求对自然之适应，对机体之满足。不过塞勒斯以为这种有目的的活动只是属于经验的目的论（empirical teleology）。这不是超自然的力量，而惟经验乃指导一切，推动一切，创造一切。我们尤不能忘记心灵作用也是和消化作用一样的为进化的产物。塞氏说："目的是有机发展在经验上之目的的表现。意识不是在情事中感人的悲鸣。它只是人事进展所不可少的工具而已。"

二、创化论（creative evolution） 这是有声望的法国大哲学家柏格森在他埋头数十年以研究生物学后所建立的一种主张。他的名著我们现在所当注意的是《创化论》。我国有张东荪先生译本。这是讨论生命是如何发展的一部伟著。柏格森知识论上的主张是直觉论。他以为实体不能以分析的理智得之，而必赖直觉之领悟。这在拙著《知识论纲要》已详论之。从这个基础出发所以柏格森之视生命不是注意其零量的活动，不斤斤于某一段落，某一部分的内容。他以为生命是一个不断之流。这种不断之流不仅经过有机体并远自无机体之领域冲动而来。柏氏说："今于生物，不可泛论。当明其由来。若详以察之。必知其经年屡代。次第变迁。分为数种。演为多科。乃率由一生力而出。虽有分散初不损其力且以增益之。是生力正如潮水之流也。"（张译二八页。）

（一）过去现在未来 我们现在计算时间是分有年月日几点几分等。在现在之前有过去，在现在之后有未来。这样说来时间是许多单位连续的扩展。柏格森以为这种时间是理智产生的符号，绝不能代表实体。真实的时间是一种不可分析继续不断的绵延（duration）。这个绵延就是生命之力（élan vital）连续创造的历程。生力堆集一切的过去不断的永恒的创化。譬喻一个小雪球在雪地滚进，它冲开了雪地上一条路线而集聚了沿路的雪花，其本身愈前进则愈集愈大。这个无论向前滚到了哪一点都自成为一个新雪球，而这个新雪球都是以前的雪聚合拢来的。柏格森说："生命是不可见的从过去滚向未来的进程。"平常的科学都以为在时间与空间的事物都能同样在未来又复显现，同样在其他地方发现。我们把它分为若干单位若干成分。当我们能知它一切过去条件的时候我们就能预知其未来结果。然而这种空间与时间以及其间事物都不是实体的本身。那都是理智所造成的种种符号图绘以欲作为窥视实体之工具。殊不知实体只能从直觉——直接的经验——而得之。我们从直觉所领悟到的实体是不可间断不可分析，永流不息，变化无穷的生命之力的冲突而会合的绵延。我们绝不知其所之，故无以决定其未来。生命之力是自动力，它有自由的意志，我们只能体悟不能预测，从综合方面说，一切的进化都是生力冲动所得结果。也可以说一切自然界都是此生力的表现。只是生力是实体，亦只有生力始有生命之发展。这种生命之发展是一个连续不断的创化之绵延。

（二）物质生命心灵　一切宇宙的实体在柏格森看来，唯生力而已。生力是创造不断之流，它是从混一而趋向个体之发展的冲动。与生力相对待的则有一种死定的，无增减的，不活动的势力，那就是所谓物质。物质譬喻是平地，生力譬是河流之泉源，河流不断地向平地冲进，在平地土壤松软的地方河流就分出一条支流。这种绵延的生长又好似"神话上的植物一样，他的花和叶都是随时改变形状的。"这枝树向上生长，遇到可能的部分就会另外分出一枝节。是以创造之生力不断的跨越物质。"并且借技巧与发明之力竭力把拘禁于动物内的势力释放出来，到了人类这个势力才能自由。"物质与生命是同一实体之两方面。实在可以说物质是生力的反面，"意识不断的有所创造有所增加而物质则不断的有所损坏，有所丧失。"物质与生力是唯一变动之流的两种原素。没有岸，哪儿来的河流；没有物质不断的被毁消，由何而有生力继续的绵延？柏格森在《创化论》里面说："生物无不受制于无生物。是无生物直生物之障碍耳。生物必先欲克胜之。而其克胜之方则又为将欲强之，必故柔之；将欲逆之，必故顺之。"这是生命之绵延所必有的条件，也可说是物质与生力的关系。现在我们要进而讨论生命进展的历程，以及沿此历程所产生的种种结果。

生命的进化并不是因果律所必需的结果，也不是一种预定的计划之实现。生命能力之冲动如洪水自山源而下泄，如炸弹遇坚石而爆裂，万马奔腾，四散分歧，愈趋愈异，终且不可究诘。所以生命之进化是不可决定的，不能预知的。新奇层出无穷，随机缘而变幻。然万种变幻皆自一源，千百枝节庶由一根。此根源即生命之力。在这个绵延之中其冲动之进展不仅是一方面的，不仅是许多阶级顺序而上，也不仅是前进，生命的进化是四散分歧的，如遇障碍或为转避，或而退化，或而停顿。不过其正流则绵延

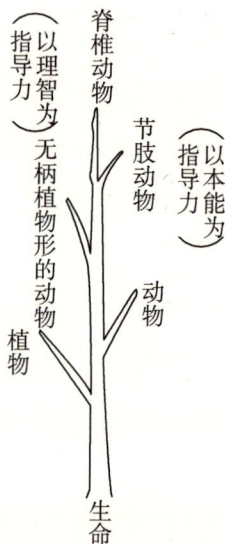

脊椎动物　节肢动物
（以理智为指导力）无柄植物形的动物　植物　（以本能为指导力）动物
生命

不断也。

关于在这个生命之进展的历程中所发生的种种支流李顿教授（J. A. Leighton）在其《哲学之域》一书论柏格森时曾列过如右的一个简图。

微生物、植物、动物为生命之力努力突破物质之障碍所打开的三条不齐整的血路。柏格森在其较后的作品《心力》（*Mind-Energy*）一书中说明这个发展的历程：

"就已发生之事观之，意识好像一条大河流，挽合各种潜力经过物质，使物质渐有组织……以物质为自由之器械。但是意识也几乎坠于陷阱之内，因为物质包裹意识，能使意识趋向于机械的动作，以沉睡于无意识之中。在进化的几条线上，尤以植物为最。……但我们仍能就其中而得见其存于进化中之自由，因其常能创造不可预料之形状。……在别的线上意识确保有自由，（动物）使个体得有感觉，遂能自有选择之余地。但生存的需要使此选择之能力仅限于谋求生活之用耳。……但到了人类一跃而含有一种特别的成分，他能造成新习惯以反对旧习惯，能造成对抗的机械动作以反对各种机械动作。"（胡国钰译《心力》二十一页）

从上面这段很长的引言，我们知道柏氏不似一般哲学家以为生命之进化是一阶段一阶段顺序而上的，他以为生命之进化是出自一源的几条各别的途径。固定、本能、智慧为一切生命所共具而各有其隐现不同。植物界是生力没有十分打通的一条路，动物界以至节足类已渐显意识活动之势。生力冲流而下至人类则自由意识之活动已到极端。

所以生命的进化，在柏氏的创化论看来，是生力冲破物质而生产了几条支流，有生命之流的正脉永古贯通，绵延不绝。其支流之突出不可预测，唯生力随机缘而自由变动耳。

三、层创论（emergent evolution） 层创论主张宇宙的进化是渐次有渐颖的性质之创化，不过这种新奇之创化不是如柏格森之生枝分节旁及支流的进展，而乃是层层之相叠，由下层之性质变化其关系而能创造上层之新性质。至于生命的进达也是这样一层一层创化而来的。建立这个理论系统的是英国的大生物学家摩耿，而摩耿又受亚力桑逗（S. Alexander）之影响。亚氏于一九二〇年出版《空时与神》一书。他把进化的历程分为若干层阶，下一层因有了特别的结构关系而产生为上一层阶。所以上一层虽含有下一层的内容，然自有其为下层所未有之新结构，或新关系和新性质。亚力桑逗以为最下一层当为"空—时"，由"空—时"而生出物质之初性如形式大小动静。再由这一层而生出物质之次性如声色嗅味。由物质之次性层而生出下级的有机体。由有机体而生出生命；由生命而生心灵；由心灵而生物质之第三性如真、美、善之价值；最后由真美善之价值而有神性的理想。摩耿受了这种理论的影响而创立一个与这略有不同的系统。他把最下层认为是物质原料，把最上层认为是神灵意旨。摩耿画了一个塔形的图样来说明这些层阶的内容与关系。这很能帮助我们明瞭生命发展的情形，摩耿把进化简单的分为三层，下层是物质，中层是生命，上层是心灵。他的图样是这样的：

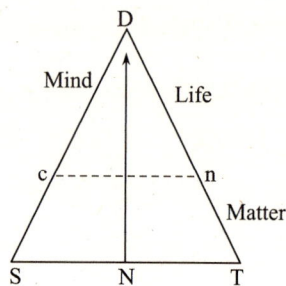

S = Space
T = Time
N = Ni sus
D = Diety

（一）进化之关联 让我们先来讨论摩耿所主张的每层进展相互间的关联是怎样的。于是我们就要注意摩耿三个别出心裁的概念。（甲）因缘（relatedness）这个意思，就是无论物质、生命、心灵都是以同样的原料因缘和合而成。要没有因缘和合的关系便无所谓物质、生命、心灵。而且物质、生命、心灵之不同乃因其各有不同的和合关系。物质为某一定的关系配合而成的，但是同样的内容变为另一不同的和合关系而另外创造一个为物质所没有的新性质而成功为生命的突创（emergent）。在生命的进化我们又可以分为若干层阶，如低下有机体、植物、动物、人类等等，然而这些层阶之进展乃因有不同之因缘和合而突创出新颖的性质。摩耿的第二概念是（乙）包底（involution）。这就是下层的内容都包括在上一层里面。换言之，下层是组织上层的原料。物质虽自为一层然同时也是包括在生命层里面。而心灵一层不仅包含有生命而且包含有物质。故张东荪先生译之为"包底"。某一层是包括其以下一切层阶之内容的。我们把这层意思用到生命进化之各层次中亦无不皆然。高等生物必包含一切下等生物所有之原料为其基础。同时摩耿也认为生物是包含有无生物做其基础的。这不是似乎摩耿有陷于机械论的危险么？然而他又有第三概念补充之，即（丙）上属（dependence）。下层虽为上层之基础，上层虽包括有下层之一切，然而上层自有其组织力，自有其新性质，它自有支配下层的能力。下层虽然组织上层，而反为上属于上层以受其支配结构。我们讨论生命各层的创造我以为最注重的是"上属"一概念。在生命进展中我们不必注意植物为组织动物之原料，动物为组织人类之原料；或理化上的原子电子结晶体为一切有生物之基本原料。因为假使没有植物之新性质，没有动物之新特性，没有人类中突创之新品质，我们便只有原子、电子、结晶体而没有所谓有生物。动物之所以为动物即因其有支配一切植物原料而成功一种新因缘或新结构的能力；人类之所以为人类即因其有支配一切无生物，植动物等之原料而突创出一为人类之新结构的能力。人类之所以为人类其重要点不因其包含有物质，及植物动物等原料，而乃是因为物质和动植物都"附属"于人类所有之新结构中，都属于人类所特有的支配力之下。不过摩耿是一位自然主义者，他把"包底"与"上属"是并重的。

（二）**进化之推动力**　前段所书的塔形图样中下面之一横线中间我们不是见一N字吗？我们不是见由N字而上有一矢形线吗？那就是摩耿表示在进化之历程后面必有一推动的力量。而且在那图中我们还见有一暗示即该矢形向上之直线是上达于神灵（deity）的。在生命的进化中每一层阶里面都有神意（divine purpose）在其后推动之，在其间支配之。这一层意思摩耿是说得很明白的。"我就能够而且已经接受了十分彻底的自然主义而同时我就仍然保持我对于神的信仰。"这是在摩耿之《生命心灵与精神》一书开章明义就这样说。在同书中他说："我以为生命与心灵是精神在上升的层阶里面的显现。……照这个观点，精神不是在进化层阶尖顶上的一种性质。从最底层到最上层的一切性质都是它在空时之条件下所显现出来的。"（第一讲第一页）无论从物质到植物、到动物、到人类都必有神的意旨。我们也可以说在物质层有物质的神性；在生命层有生命之神性；在心灵层有心灵的神性。神意在一切进化之历程中显现，惟其所显

现之形态程度各有不同。摩耿说："神即在一切中之一切，特其显现之形态与程度不同耳。"(《生命、心灵与精神》第三〇二页)

（三）生命之特性　在神旨的支配之下由物质层而突创出生命层，它必是有了新的结构或新的因缘。这就是我们所要讨论摩耿对于生命所特有的性质。在摩耿的《层创论》（*Emergent Evolution*，1922）之后集，《生命心灵与精神》一书里第三讲他讨论到"突创品的生命"（Life as Emergent）。他以为在生命里面呈显而在无生命里面所没有的特性可列为三种：一曰个性、企图与自由；二曰新陈代谢、分裂生长与发展；三曰把握过去、目的性和创造新奇之可变性。在第一项里面所谓个性即是在生命中有一种一致融贯的完整性，它是极力企图奋勇进展以保持其永久性。若是有若干的路线放在它的企图之前，那末它就有选择的自由。摩耿说："此地个性即是我们通常所谓之一贯的人格；自由含有选择各途径的意思；企图即为所选定为目的之标的领导而前进。"在第二项之下生命之特性当然无容诠释。在第三项则较为重要。一切的过去都保持在现在之中，此地我们可以说生命有遗传和记忆两特性。现在为一切过去之聚集。现在非但聚集一切的过去而且可以有若干的变化以产生未来的新异。然而这种进程是有目的性的，是趋向于未来之完满结果的。

四、全体论（Holism）　生命的发展是一种完整体的表现。生命是完整的；生命非但有其本身之完整，而且其完整是上包精神价值下含物质环境的。生命的发展就是以趋向于此完整体十全十美的实现为标的。这是作者对于解决生命问题根据生物学的事实所得的一贯的主张。塞勒斯以为生命的进展乃是不断的创造新奇，然而他否认了生命冲动的推进力。柏格森视了生命的发展乃是生力向前冲去的一种绵延之流，但是他没有给生力确实而特殊的说明。摩耿解释了进化由物质而生命而心灵，层次而上的创化，不过他不曾注重生命的完整乃一贯的，连续的显现。所以我认为很值得把斯墨兹将军的Holism放在最后讨论。

斯墨兹（General J. C. Smuts）在一九二六年出版了一本《完整体与进化》。原意是根据新近的科学，本着经验的事实，以阐明物质，生命，心灵一贯的完整。这样的检讨给生命的发展问题有极简浅正确的说明。斯墨兹的全体主义极为一般学术界所尊重。他承认宇宙是层次（levels）而进的；他承认每层的进化都有创造的，组织的，纪律的功能；同时他也主张生命进展的实质乃是一种完整体。因为这种完整体的实在，因为这种完整力的冲动而有完整生命的实现，而有完整结构之宇宙的完成（universe of whole-making）。

（一）**进化之层次**　斯墨兹对于宇宙的进化——（当然也包括生命的进展）——有两个根本的出发点。在直的方面他认为进化是有层次的（levels）；在横的方面他认为事物或生命是有"场"的（field）。我们先说第一点。整个的进化历程是经过若干层次的。（A）在自然进化的起点有甲乙两种原素，它们也许能稀松的混杂起来，但是互相是不发生实际关系的。这两种原素的混合是不能产生任何新性质的。斯氏说："它是完整观念的反面。仅在空间与时间之毗连可为对此情境的横写，这必是在自然界中当然很为稀罕的。"（《完体与进化》一五〇页）（B）当甲乙两原素互相发生了实际的物质关系之后，乃创造出一种新的组织，或新的系统。这个新系统或许是物质的重力，或许是电力，或许是磁力。"普通物理的范畴是属于这一系统的。"（C）甲乙两原素参入了化学的关系。它们组织了一种新的系统，而不失其同一。其部分联合之密度较（B）为甚。"只因自然界的物质多是从这两种综合的格式（即B与C两式）而产生的，故一切物质均可称为物理化学之机械体。"（D）在这一层次中甲乙两原素完全转变一种新组织，与其原来之形式完全不同。其创造品X绝不能以甲乙之和解释之。这就是生物化学的机械体，这就是生命之层。（E）再上一层又成为另一新颖的创造品，这是属于心理层了。其间有心灵与人格之新系统。（F）这一层是联合以上五层而超越它们的理想或价值，这就是绝对真美善的总和。粗浅的说宇宙之进化就是从这六个层次创化而上的。而生命一层一方面是突出物理化学之层次而成为一种完全不同的新系统；一方面是启发心灵层而达到真美善之价值的基本组织。

（二）**机体的"场"**　我们都知道电有一种力能所能达到的范围，那就是电场；磁石也有一种吸力的范围名曰磁场。斯墨兹以为一切自然界之事物在其本身之外尚有它们的"场"。事物等于它的全体加"场"。"场"并不是和其全体不同而另外加上的，"场"乃事物之连续。只有时间与空间的统一乃可创造实在。在空间的东西必与它对环境的影响和环境对它的影响作整个的全体观。在时间上，所谓物体必是一连串发生的事情（events）。我们从理智和官感所看到的对象之性质只是狭小的小部分，只能达到一定限制。其实超过感觉之外物质尚有较为广大的场。斯氏说："物体之可感觉部分与其围布于四周的场都同时是物质之统一部分。凡进入这个围场之内的东西都是被影响的；场有事物同样的性质。场或可视为活动或可视为结构。"（一一二页）这是物质的场，而有机体之有其场则尤为重要。"有机体的场是超过其可感觉性的限制之外的扩大。"（一一三页）譬如一点原生质在我们可以感觉的性质之外，它还包含几万年以来的种族遗传经验。它还潜伏有一切未来各种变化的可能性。斯墨兹说："有机体不仅是一种物质的体质，它是一串有历史的事情，各项事故的焦点，未来无穷变迁之不断流动的门径。可感觉的有机体只是一点或一种一切无限过去的发展之传达站头，千万年祖先之历史与经验的聚会点，无数后代在将来进展的一丝门路。过去、现在、未来都交会在那一小小的中心，这个中心只是生命之途的旅站……从这个中心射发出一个'场'面，其结构或能力的密度渐渐的四散减低，它代表过去，启发未来。有机体和它的'场'乃是一个连续的结构。从一个可感觉的中心出发渐渐的四散于无穷之境。……总之有机体与其'场'在其现状中包含有一切的过去若干的未来。"（一一五页）这层意思和我们前面讨论生命性质问题时所注重的有机体与其四周之环境的混一，一切经验包含过去现在未来的统一，这是根据于同一条件的。作者以为这是生命问题不可忽疏之点。

（三）**全体的实在** 从有机体与物质之有"场"我们乃知道每一种东西，或每一层次，或每一有机体，都是自有其全体的，而且整个的进化的历程也是一个完全体的表现。无论在物质中，在生命中，在心灵中，都可以看出有"完整性"的存在。进化各层次之上升新性质之创造无不表现此"完整性"之冲动。这种趋向完整性的力量斯墨兹名之曰全体（Holism）。生命的进展是完整的，很明显的，一颗牙，一匹牛，都自有其内部的组织，自由活动的发展，和它特有的个性。"全体是一切完整体进化的推动力，所以也是宇宙最后的原则。"

（九九页）全体不仅是一个概念，不仅是事物的特性，不仅是生命的推动力，全体就是一切进化历程的实体，就是生命的本质。全体不是加于各部分之上的，各部分之综合就是全体。全体在部分之中而部分亦即在全体之中。斯墨兹说：

“我们因此发现了在宇宙内特有全体性质的一个伟大统一的创造力，它是一贯的支配着把持着自然、生命、心灵的一切活动与力量。而且愈进化其全体性愈明显。这个创造的原理我名之曰全体。全体在一切不断的形式中收集原料，而集合无组织的力能单位，于是利用它们，化合它们，组织它们，给予它们特殊的构造，性质与个性。最后予它们以人格，从它们而创造真美善。这一切工作都依照一种全体构成的方法，从开始到最后，经过物质、植物、动物、人类其全体构造之密度渐次增加。”（一〇八页）

以能力言，全体力是宇宙进化的推动力；以目的言，它是进展历程所趋向的理想；以究竟言，它是一切事物、生命、心灵的本体。整个进化的层次皆此“全体”的显现。

（四）全体之功能　前段我们讨论“全体”的实质，现在我们略略列举它所有的功能。我们知道全体乃是一种结构或条理。在这个结构或条理里面一切经验事物中所区别的具体性质都关联起来。从这一点出发，我们可以讨论“全体”有何种的功能。（甲）全体是有综合能力的。全体是部分的统一，是部分的所产生的新结构。在全体中各部分原有的活动功能都变移的。全体的综合统一产生了一切进化中全体性，综合了整个宇宙。（乙）全体是有创造能力的。从下层进化为上层，自有新性质的构成。从以前的材料中创造出新的材料，创造出新的种类，故进化之层次为“全体”创化的结果。（丙）全体是有和谐能力的。全体能把各种不同的构造和谐的配合拢；全体能使一切的活动有一贯的整齐性。无论有机体的动作、机能、构造都有一定的组织，一定的管制，这也是全体的和协功能。（丁）全体是有推动能力的。进化的层次由简单而复杂的，由有稀松的完整性到严密的完整性，由粗糙的到精致的，这都是全体推动力的表现。（戊）全体是有自由能力的。全体能自由发展以趋向于其本然最高最后的显现。在进化的历程里面，由无机解放而至有机；由有机解放而至心灵，由心灵解放而至精神价值。这是全体的自由力所驱使。由这六大功能之运用，故进化是全体的；生命的发展当然也是全体性的（holistic）。

（五）生命进展是有完整性的　生命的发展照达尔文的演化论是根据于两种力量：第一是变化（variation），这是有机体内在的创造力。在有机体里面会产生许多单个的差异，其结构机能均有各种差异的变化。第二是外在的力量，即天然选择（natural selection）。这就是在有机体里面几件适应环境的变化都保持了，而那些不适合的变化就归于淘汰了，达尔文以后这两层意思渐次发生了困难。韦士曼以为习得的经验是不能遗传的；德佛利主张进化是突变的。孟台尔发现了遗传是许多单位的性质依照一定之法则所传递的。但是达尔文的主张和一切后来的这些意见都没有认清生命的进化是有完整性的。他们着重整个历程的某方面而疏忽其他各方面的关联。差异不是简单的而是复杂的。在一个差异特性上有许许多多的小差异小变化。差异之所以保持不是单个“选择”；进展不是属于某单个差异而是属于整个有机体。有机体是整个的向前进行的。某些显明的变化只是全体进展的探路针。斯墨兹说：

“我们知道每一单个有机体是一个统一的系统，其深藏的本性为均衡的自我完整的保持与全体发展。遗传为自我保守之表现。有机体包括其构造与‘场’，保持其过去趋向于未实现之将来。它维持过去将来两者之间的一个活动的调协；其现存的自我为过去与未来函在现在中的有机统一之调协实现。变化好似一个触角，在环境刺激之下趋向于未来。变化虽为环境所产生而仍在整个有机体匡制之下。”（二一〇页）

所以变化是有完整性的；选择亦必有完整的。变化与选择必以“全体性”（holism）为条件始有其意义，始有其推动生命进化的力量。

第四节　生命之目的

生命是有目的吗？换句话说，生命是有价值的吗？要解决这个问题则须明白我们对于生命的本质作何见解，我们对于生命的发展作何诠释。所以生命的目的问题，在本文前各节已经有了很明白表示。我现在把这个问题作为讨论生命问题的结束，同时也就是把作者对于整个生命问题的思想理路作一个简单的重述。

生命的进展我们知道不出乎两种形式。一种是以为生命只是把固有的性质，渐次的扩充，渐次的开展。在生命的源始就一次的（once for all）产生了许多的潜伏的可能性质。生命的进化就是这些可能性的实现。生命的进展还有一种形式就是主张在生命每一段的历程中都有新性质的创造。生命的进化是层创无穷的。前种主张是以为生命是因果法的推演。一切的未来均为一切的现在情况所决定；一切现在的情况都是一切过去进展的结果。与这种主张一贯的理论其认定生命之本质是机械的生命观；其解释生命之进化为因果法则的运行。是以生命只有机械的，因果的活动之可言，而无所谓价值，无所谓目的。

生命的机械观绝不足以释生命，在本文中作者已屡有列论。如：

（1）物理化学的概念不能用以释生命，因为生命是不可分析的。

（2）生命是协和配合的；生命是完整的，生命是自由的。

（3）生命连续的创化新性质，新关系。

以单个的有机体而言，它们总是维持其自我完整；以整个进化之历程言，则层次而上，由简而烦，由粗而细，由不自由而自由，由不完全而完全，均有一定之程序，均有其一致的趋向。这都是生命有目的性的表现。生命的目的就是理想完整性，或全体性的实现。所谓完整性就是真美善以及一切价值之综合。生命不断的绵延力求调协的配合，新颖的创造，进展的自由都是为达到一至真至美至善之"全体"。

参考书

Joad C. E. M. *Matter，Life and Value*

Alexander S. *Space Time and Deity*

Morgan C. L. *Emergent Evolution*

Morgan C. L. *Life Mind and Spirit*

Haldane J. S. *Science and Philisophy*

Haldane J. S. *The Philosophical Basis of Biology*

Whitehead A. N. *Life and Nature*

Whitehead A. N. *Reality and Process*

Jennings H. S. *The Biological Basis of Human Nature*（《人生与遗传》）

Hoernle. *Matter，Life，Mind and God* 陈范予译

Patten W. *The Grand Strategy of Evolution*

Thomson J. A. *The Outline of Sciences*

Broad C. D. *Mechanical Explanation and Its Alternatives*

Loeb J. *The Dynamics of Living Matter*

Loeb J. *The Organism as a Whole*

Dreisch H. *The Science and Philosophy of Organism*

Dreisch H. *The History and Theory of Vitalism*

Standing Spirit in Evolution

Smuts Holism and Evolution

Gamertsfelder and Evans. *Fundamentals of Philosophy*

Newman H. H. *The Nature and Origin of Life*

Sellars L. W. *Evolutionary Naturalism*

Sellars L. W. *The Principles and Problems of Philosophy chap.* XI X

Osborn H. F. *From Greeks to Darwin*

Locy W. A. *Biology and Its Makers chap.*XⅢ

Woodger J. H. *Biological Principles chap.*Ⅷ

张东荪《新哲学论丛》《层创的进化论》

瞿世英 《进化哲学》世界出版

张东荪译《创化论》，《自由意志与时间》，《物质与记忆》商务出版

张国钰译《心力》

瞿世英译《杜里舒演讲集》十册 商务

拉梅特利《人—机器》任白戈译

荷尔巴赫《自然之体系》杨伯恺译

江振声译《自希腊人到达尔文》

Moore B. *The Origin and Nature of Life*

Osborn H. F. *The Origin and Evolution of Life*

心灵问题在新心理学之曙光

　　心理学是新从哲学中分离而独自成立的一个系统。心理学是专门研究一切关于心灵活动的科学。它是很幼稚的故其离哲学的怀抱尚不很远。我们都知道科学是从哲学里面脱胎而来的。最老的科学其本身最健全而离哲学愈远。哲学是对综合的"完整性"作最后的研究。而科学是分析的去求自然之片段。所以在进化的历程中其表现"完整性"最浅的对象其独立成为科学的机缘最早，其显现"完整性"愈全者则其脱离哲学之巢臼愈迟。数学、天文学、物理学、化学、生物学都渐次的成为健全的科学。心理学因其为研究心灵之学，而心灵为表现完整性较全者，故其产生较近，其发展也较缓。然而它现在已经成为一种科学。

　　然科学之离哲学渐远而其认识宇宙之全体性亦减少。科学重自然之分析而忘其完整，重自然之浮面而忘其究竟，重自然之叙述而忘其批判。假使我们是专门的科学家我们不妨专就所研究的范围精密的去探求，不妨把科学更为科学化。若是欲求宇宙之完整性，或全体性，我们就要把逐渐远离的科学互相关联起来。在科学里面虽是我们只能见模糊的"全体性"，然而我们要知道那是表现整个全体性之历程中的一个阶段。在科学中虽是我们只能见零散的许多部分，然而我们要认清那是整个全体的各份子。所以现代的哲学家要把科学作综合观，要使科学哲学化。换言之，现在哲学的趋势就是以科学所得到的原理为基础而组织一个综合的全体观。时空物质所显现之全体性极为疏淡，所以我们把天文物理等科学加以哲学化，那是比较艰难的工作。生物或生命所显现的全体性较为完备，故生物学之供给哲学以新见解这是较为显明的。心理学离哲学之范围不远而心灵之为全体性的表现亦复较为深刻。所以心理学之为科学其直接在哲学之心灵问题上发放了新的曙光。是以哲学之根据心理科学尤为轻而易举。

心理学到现在真是生机勃勃，好似春天的花草。关于心灵活动的各方面都有新的发展。但是心理学的发展不像物理学那样一个论理随着一个论理的有逻辑上的秩序，也不像生物学在一同问题有几个互相冲突的解答。在心理学里面有几种问题，而每一个问题有一专门解答它的理论。这些理论各自都成了一个派别。然而每一派别因其各有所注重的观点不同，而忽视了别派的理论，不，简直是与别的派别冲突了。心理学里面所有理论上的冲突不是因为它们同样注重同一问题而发生，而乃是因为每一派所注重的关于心灵活动的部分不同，每一理论自有其重心点之不同。我们知道心理学里面分为内省派，行为主义派，精神分析派，完形派等。表面上似乎它们之间有争论，实在它们各自注重发展的问题不一样。我认为行为主义所讨论的只是关于心灵在生理学上的基础，精神分析派所研究的是关于心灵活动的范围，完形派则致力以求心灵是怎样长成的怎样活动的。每一理论对它所重视的问题都有相当的贡献，而对它所忽视的问题也有某种的固执。吴伟士在他的《现代心理学派别》里面说：

"倘若你问我何派能得最后胜利——迫我尝试预言的危险——我便答各派皆能得最后的胜利，同时没有一派能得最后的胜利。各派所争持的焦点，由我看来，都不能由证据证实或驳倒的假设。每一学派，皆代表对于某种研究的爱好，对于别种研究的不爱好。各派在所爱好的研究上，皆有成功，所以我说各派皆能得最后的胜利；但没有一派能解决一切心理学上的问题，能征服全部心理学的田园，所以我又说没有一派能得最后的胜利。"（谢循初译二一八～二一九页国立编译馆出版）

这是一段很痛快的话。所以我觉得研究的程序和布置要和我们讨论相对论，新物理学或生物学的程序和布置有所改变。我不照物理学依逻辑的秩序，也不似生物学用相反的对照方法去讨论心理学对于心灵的解释。我仍然把关于心灵的各种问题排列起来，然后拿对该问题最爱好的一派作为代表的解释。最后再把各问题作一整个的研究，拿各派对于其所注重的各点会合起来以为解决心灵与身体之关系的基础。

第一节　心之生理基础

谁都知道我们不能找到没有生理构造的心灵活动，但是同样我们没有看见过无有心灵活动的生理动作。然而行为主义的心理学以为心的活动就只是生理上的活动而已。行为主义只看见了心的活动在生理上的基础，而没有认清心的活动之本身。这正好似生命问题里面的机械观，它只着重在生命所借以表现的物理化学因果律的材料而忽视了生命之本身。当然在我们认识心之活动的时候我们要力求心的活动的本身，同时我们也不要忘记了心在生理上的基础。行为主义就专门注重在这一问题，所以我就应用这一派的理论来说明心灵活动时的一切生理现象。行为主义派虽认为这就是整个的心之活动的解释，但是作者只认为这是心的活动之一小部分，一较为不重要的部分。我们要认清心之活动的完整。所以我希望读者把这一派和其他的派别作一整个的研究。

照行为主义的意思，心的活动就只表现于人类一切的行为。除可观察的行为之外便无所谓心的活动。即思想语言都认为行为之一种。欲求心的活动，行为主义派只根据人类的一切行为。这种主张发源于研究动物的行为。研究动物的行为是纯粹根据于客观的观察。这种观察的结果同时也可以应用到人类的行为。现在行为主义派的健将首推华生（J. B. Watson）。而华生思想的来源我们不能不回溯到桑戴克的动物行为实验（E. L. Thorndike）。同时他所受俄国心理学家巴夫洛夫（I. P. Pavlov）的交替反射理论的影响亦极大。我在叙述华生主张之前请先论桑戴克与巴夫洛夫。

一、桑戴克的动物实验　桑戴克以为一切行为之学习都是由于"尝试与错误"（trial and error）的方法练习而成的。而人类之有各种行为大半也是由于这种方法。这时他当然还没有像现在华生等之不承认观念记忆的功用。所谓尝试与错误的方法就是欲达到某一目的我们用种种的尝试去探求，结果多因错误而失败，于是在屡试屡误之中得到了一个达到目的的途径。以后乃渐渐趋向于这一途径而不再重走入许多曾经失败的尝试。他把一个饥饿的猫放在一个迷笼里面。在笼外面放着一块肉，使这饿猫可见而不可及。这个笼子的门只有一处是可以开的。当这猫在笼里面看见了那块肉的时候东跳西踵的想走出这迷笼而不可得。最后它尝试到这个开门的机关上把门开了。若是把这猫同样的试验多次它渐渐的减少了无用跳跃的尝试而习学到开这笼门的技巧。还有用迷魂阵的方法把一只老鼠或小鸡放在一个只有一条路可以走得出的迷阵里面。这只老鼠或小鸡在头几次实验的时候会在各种迷途中乱跑乱窜。在某一回遇得巧的时候它沿着那条通的路走出了迷阵。在若干次之后它就会减少无用的尝试以至到最后，若你把它放进迷阵之后它能直接走那条通达的道路出来。我们再拿五只猫做实验。当我们唤"咪咪"的时候它们都会来。若是第一个猫来的时候给它食物吃，并且还抚弄它。第二个来了就只抚摸它而不给它食物。第三个来了就完全不理它。第四个轻轻的用水洒在它身上。第五个就把它完全浸在水里面。每次它们唤了来之后就这样办。现在我们假定这五只猫其他的情形如饥饿、困乏等都差不多是一样的。在照前那样若干次之后当我们唤"咪咪"的时候第一个来得很快而且一定是来的。第二个也是要来的，但没有第一个那样快。第三个有几次也许会慢慢的来，但是最后它是不来了。第四个比第三来的次数更少，而且它会更快的不反应那种唤声。第五个就简直像没有听见这个唤声的，靠得住不会再来了。

桑戴克就在这种习学的行为中发现了两条定律。一曰练习律（law of exercise），一曰效果律（law of effect）。练习律即是行为愈练习愈熟习亦愈便当。这就是平常所谓熟能生巧。效果律就指动物喜欢常常做它们所满意的事情，而避免那些烦扰它们的事。由尝试与错误的方法而促进了行为的发展，由练习律与效果律而造成了各种的行为。非但是动物是如此，人类也是如此。桑氏并没有否认人类之观念、思想，但是他以为尝试与错误是一切人类观念思想的基础。凡成功的行为都蓄集起来，凡失败的行为都已归于淘汰。人类能很快的得到有效果的行为，由是而渐渐的产生了观念与思想。换言之，观念与思想仍仅为较为复杂精密之机械行为而已。

二、巴夫洛夫之交替反射（conditioned reflex） 俄国的大生理学家巴夫洛夫给行为学派空前的影响，因为他首先发现了心的活动根据生理学的基本事实。这就是凡研究心理学的人谁都知道的"交替反射"之发现。巴夫洛夫在俄国建设了一个心理实验室就专门研究这个基本活动。生理学上说无论外来一个刺激就有一个反应。若是我们用手敲一下膝腱，腿就会向上一踢。手如触着火上，自知自觉的会极快的缩回。我们吃东西的时候有唾涎的流出。这叫做"基本反射"。巴夫洛夫所要研究的就是：每个刺激能否引起另外一个反射么？反射能否移转，能否交替。实验的结果，一个基本上不能引起某种反射的刺激也会能够引起那种反射。若是我们以符号说明之，便如下图。

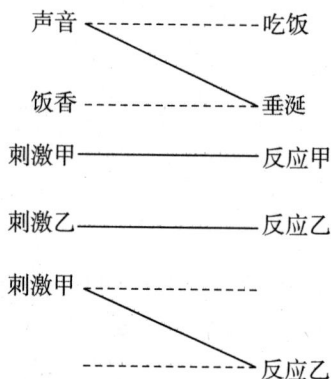

我们现在直接拿巴夫洛夫对于狗的实验来说明交替反射。他用一只饥饿的狗，给它一盘食物。它见了这盘食物自然会流出涎腺。巴氏于是当狗正在吃东西的时候使拍节器作响声。若干次以后，只使拍节器发生响声而不给以食物，狗仍是垂涎。这样拍节器的声音是交替刺激而流涎就是交替反应。这整个的反射作用就成了交替反射。交替反射完成以后到了第二天，当第一次有响声的时候狗是不会来的，但是交替反射不久就会发生而可使发生交替反射的次数要比第一天少些。若是继续若干日每日都使拍节器作响声而给以食物。其结果则每敲拍节器都使这狗垂涎。于是这种交替反射便固定了。然而倘若屡次拍节器作响声而没有食物，那末狗嘴里涎腺的分泌便渐次的减少，以致这种交替反射卒归消灭。这便称为交替作用之抑制（inhibition）。这种抑制是暂时。若是经过拍节器响声而给以食物这样若干次之后，交替反射仍旧要发生的。

交替反射的发生是可以迟延的。譬如拍节器作响声以后两分钟才给狗以食物。如是若干次以后狗的垂涎在拍节器的响声停止以后大约两分钟的时候才会发生。此地我们知道有两种相反的冲动争扎着。一是积极的反应，一是抑制的反应。狗闻拍节器的响声积极的不由己的要流涎但是响声而同时未见有食物，如是这种交替作用被抑制。然而两分钟又得有食物，故交替作用被抑制两分钟以后复新重起。巴夫洛夫又指出一种刺激能造成积极的交替反射，而与这类似而不尽同的刺激则得抑制该同一交替反射的发生。由这个事实而说明了何以动物——人类亦同——会有"鉴别作用"（differentiation or discrimination）。巴夫洛夫用两个相差半音级的音叉，他先敲一单音"中C"并且给狗以食物。若干次以后这狗对于"中C"有了交替反射。于是他再敲高半个音级的音叉，狗也会垂涎但没有得到食物。这样敲中C音叉就给以食物；敲高半音级的音叉就不给以食物。实验多少次以后这狗听见中C的声音便会流涎；听见近乎中C而较之或高或低音级的声音，它的交替反射便抑制了。

巴夫洛夫研究的结果，一切所谓心的活动或意识作用都只是大脑的机能。心的活动不外了别外界的对象；产生一切的知识。对外界对象之了别即是把一切对象所发出的特殊的刺激加以分别的选择；而一切知识都是经验的结果，经验则系交替反射的构成。但是各分析器官的了解能力与交替作用都只是大脑的机能。所以没有大脑的存在便无所谓心的活动。换句话说，心的活动是有生理上的基础。

三、华生之行为主义　人类的心灵活动其唯一可理解的机关就是人类的一切行为。换言之，除人类之生理行为外无所谓心的活动。这一派以为心理学所研究的不是心的活动而是人类或有机体的行为。华生在其《行为主义的心理学》一书中说："心理学是以人类活动和行为为研究对象之一种自然科学。"（一页）中国的行为派信徒郭任远在他的《人类的行为》中说："心理学是研究有机物全体的行为的科学，他的目的在考察有机物的行为的原理和种种决定和统御行为的定律。"（商务民国十二年初版第三六页）他们整个的鄙弃了"意识"。华生说："读者将见书里没有讨论'意识'，没有提到这些名词如'感觉'、'知觉'、'注意'、'意志'、'心像'等。这些名词很是风行，但我作研究的功夫，和把心理学成个系统讲给我的学生，我不用这些名词都能办得到。我简直不懂它们的意义。我也不相信有任何人能始终一致的应用它们。"（臧玉淦译《行为主义的心理学》原序）

有机体的行为在行为主义派看来只是生理构造的机能。不过生理学所注重的是分析有机体的各部分，而行为主义者则把从生理学各部分分析研究的研究综合起来，把有机体全体的行为作为一个整个解说。华生说："行为主义者所研究者是个人的整合（integration）和全体的活动"（同书第三七页）当然是没有无翅而能飞的鸟，无脚而能走的兽。行为主义者把心的活动所根据的生理基础研究得很精密。但是读者要注重作者所要研究者是心理学的整合与心的活动的全体。我要借助于行为主义者关于心的活动之生理基础所给予我们的。行为主义者止于此一角而已；我们还要经历其全境。

（一）刺激与反应　在行为主义者看来，心的活动只是一切有机的行为而已。现在我们进而讨论何谓行为（behavior）。行为主义者在人类活动的一切形式中找到了一个共同所有的基本原素。这个行为的基本原素就是刺激（stimulus）和反应（response）。每一个动作都必是对外来的某种刺激之反应。刺激与反应这两个概念他们是从生理学借用过来的。它们在心理学方面的意思和在生理学里面是相同的，只是在心理学中其意义要比较的宽广些。此地刺激的意义要扩充到一切外在的情境（situation）。如在物理学中的一切声光化电以及一切外在的内在的影响都可说是刺激。我们日常生活中所呈现的刺激很少是简单的。它们总是许多复杂的刺激之混合。华生说："……刺激的世界极为复杂。顶好把那能引起人身全部去作反应的刺激原素的总体叫作一个'情境'"（臧译九页）"反应"一词在行为主义者看来也是扩充到有机体整个适应的程序。刺激是引起行为的原因，而行为本身大部分还是这个反应系统。故心理学家所注重的不是刺激而是反应。整个反应系统的说明可说就是解释何谓行为。整个反应的系统大致是包括三个机关：（甲）感受机关这是司事接受外来的刺激；（乙）传导机关，这是专管把接受的影响传达到反应的运动上去，也可说这是接受刺激而给以反动的连接处；（丙）发动机关，这是发动一切运动的工作地方。譬如一块面包放在桌上。这是一个刺激。我看见了它，这是感受机关的事。我想要吃它而发令去拿它，这是属于传达与连接机关的。由我的手去取它放在嘴里吃，这就是发动机关的工作。但是华生要我们记牢"把机体合成整个，从人体全部反应去研究。……人类即使反应一个极微弱的刺激，甚至只举起一个手指，或说出一个'红'字，身体的全部都是加入在反应工作里面的。"（四五页）现在我们先分别的略述这三个机关，然后再总合起来讨论整个的行为。

（二）感受机关（receptor）——感官的结构　感受机关就是通常我们所感觉器官。华生在他的《行为主义的心理学》中第三章列述了有下面的几类感官：

（1）皮肤的感官　皮肤是接触外界最广的地方，我们有时觉得冷，有时觉热，有时碰着了刺觉得痛。故这一类又分有冷觉、温觉、触觉、痛觉。

（2）运动感官　这种感觉是在筋肉、腱、关节面等等的地方。如我们用力的时候筋肉的紧张，筋肉等是有感受作用的。

（3）平衡感官　这就是耳里面的"三半规管"、"椭圆窝"、"正圆窝"，当我们旋转的时候，在这感官里面的淋巴液即失其平衡，致我们头晕眼花。

（4）有机感官　专司在消化器、循环器、呼吸器、排泄器等里面的感觉。如胃里空了就觉得饿；血液迅速的循环我们就得心跳、面红。呼吸塞闭，就要咳嗽、呕吐；膀胱膨胀，我们就急于小便。

（5）味觉　其器官便是舌头上面的"味蕾"。这种味蕾又分为反应甜的、苦的、咸的、酸的四种。每种各司其职不相混乱。

（6）嗅觉　这个器官就是鼻腔。它能嗅觉一切的花香、腥、臭、焦乱的气味。

（7）听觉 这包括耳的全部，它能接受一切的声浪，区别各级的声阶。

（8）视觉 这是属于眼睛的职务。它接受一切的光波，但是波长短于三九七uu（紫外线）或长于七六〇uu（红内线）的光线是不能引起视觉的。

以上的八种感官各自分职的接受种种不同的刺激。我并没有详细罗列它们的构造机能。但是我们知道要没有这八种感受器官，反应是不可能的。若是照行为主义者的意见则视、听、嗅、味和种种皮肤的感官乃是组织经验中之理智活动的基础。有机感觉诚为吾人一切情绪如喜怒哀乐之泉源，而平衡感官，运动感官则为一切本能动作的根本。然而单独的感受机关是无能为力的。它必须经过神经系的传导和发动的筋肉和腺等等的实际运动。这三方面的关系我画一简图表示之。

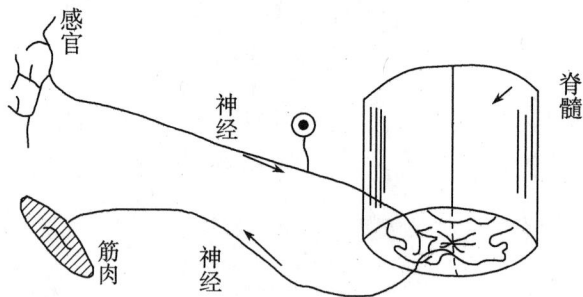

（三）发动机关（effector）——筋肉和腺 让我们先谈筋肉和腺（muscles and glands）的内容，然后再拿传导部分的研究来连接它和感受器。人身的运动，如头摇、手摆、眼睫、口开、体转、胃的消化、肺的呼吸等等都是筋肉和腺的运行。筋肉可分为条纹筋（striped）和平滑筋（smooth muscles）。条纹筋是一条一条的细丝状，若干条集合拢来而成为一束一束的筋肉的纤维，其长短大小不同。（甲）条纹筋在全身占有大部分，凡在胸背四肢，面颈眼嘴等处的筋肉都是条纹的。其作用则能伸缩、旋转、举落、仰合。郭任远说："一切行为的发生都是由于筋肉的活动。自跑路游戏，以及于谈话，和旧时心理学家之所谓'思维'无不包含筋肉的收缩。"（《人类的行为》一三五页）。此处积极的行为主义者把"思想"都视为类似谈话一样筋肉活动。骨是强而直的器具但是它是被动的。骨的一切动作都是由筋肉所主动的。（乙）平滑筋是在营养管和内脏各部上面的。如口内、咽头、食道、胃、大小肠、心脏、肺管各部分多是平滑筋，平滑筋是纺锤状的细胞所合成。每个细胞均有一细胞核。它们连接起来而合成一种薄膜。机体内部的养活和工作之顺利都是平滑筋重要的工作。平滑筋也有收缩的能力，然较条纹筋为迟缓。在筋肉方面，我们可以说，条纹筋是司管身体外部的活动，而平滑筋是司管有机内部的运行。

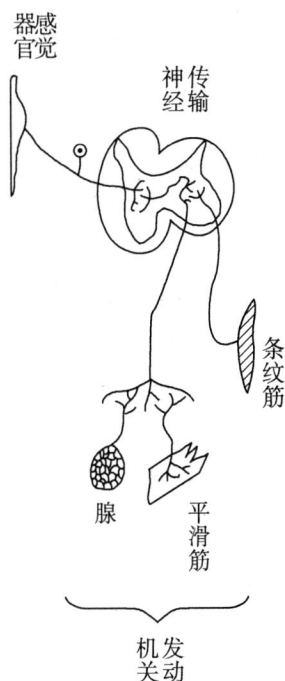

器感
官觉
神传
经输
条纹筋
腺
平滑筋
机发
关动

腺是专司分泌作用的。它和消化、营养、生长都有很大的关系。巴夫洛夫的交替反射便是从狗的腺液研究而得来的。腺大概可分为二种：曰有管腺（duct glands）与无管腺（ductless glands）。有管腺是有导管的。腺所分泌的液质都从这导管中流出。无管腺便没有这种导管。（甲）有管腺可包括（1）唾腺，它的作用是分泌唾液以便运输入口的食物。这种唾腺在口腔内共有三对曰耳下腺，曰舌下腺，曰颚下腺。（2）胃腺，这是浸润输到胃里的食物的一种液质。在胃的粘膜上有分泌的细胞，联合起来而成为许多的小腺。这就是胃腺。在十二指肠里面又有一种叫（3）胰脏，它是一种复合的管状腺。（4）肝脏，食物为胰质所变化的时候同时亦为肝汁所制作。它好像是一个化学物的制造厂。它能把糖制成淀粉储藏起来。以上的四种分泌液都是在消化化学作用上的主要物。而在排泄方面还有三种腺是：（5）汗腺，这就是从我们身上排泄的汗。（6）脂腺，这就是我们头发上，皮肤所排泄的脂汁。（7）肾脏，这都是许多排泄出来污物，即通常所谓尿。（乙）无管腺是没有输导管的自动化合液（autocoid），它由器官细胞中分泌出来就直接吸收血管，以达于各种器官。它能辅助或阻碍各器官活动的效力。近来研究的结果，人类情绪的变动受腺的影响极大。大致分为（1）甲状腺（thyroid glands）（2）上肾腺（adrenal glands）（3）脑下腺（pituitary glands）（4）生殖腺（sex glands）。甲状腺包含许多的小胞囊，里面装满的粘性液体。其中碘素很多。假使甲状腺激烈的活动，这个人就会面黄肌瘦，身材矮小，精神颓败，性情暴躁。假使甲状腺太迟缓的活动，则病状适与相反。肾上腺是在肾的上面分泌的一种液质，能引起许多有机活动的变化。假使它失了作用，则有机体之体温低降，脉搏微弱，压血减小，甚至随之而死亡。脑下腺在脑的底部，视神经交叉的后面。它可使条纹筋收缩，弛缓。它能阻止发育，降低体温，刺激肾脏及乳腺。生殖腺则主动一切男女的性欲活动。总之，无管腺有如药性一样的身体的一切活动。

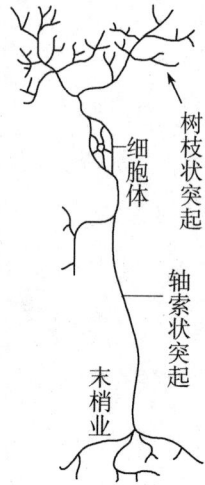

树枝状突起

细胞体

轴索状突起

末梢业

（四）传导机关（conductors）——神经系之活动

在述神经系之前我还要作一简图以明感受、传导、发动三机关的关联。（如右图）

感受进来的影响向内传入中枢，然后中枢把冲动送到发动机关，乃向外发生种种动作。这个传导机关就是遍布于周身的整个神经系统。神经系统的基本单位就是神经原（neurone）。它有一个"细胞体"由其一端伸出细长的纤维曰轴索状突起。在轴索状突起的末端则有末梢丛。细胞体的它一端有如树枝状的突起。单个神经原是不能发生作用的，它必与其他的神经原联合起来。联接的方法就是此一神经原之末梢与其他神经原之末梢互相交叉的接触着。在这个里面的冲动可以传达至另一个神经原中。这种两神经原的联接便称为神经键（synapse）。神经原有兴奋与传导两种功能。它只要受着一点外力便能与兴起而活动，这种活动不止于一神经原。此一神经原之兴奋能同时传给其他神经原而使之亦发生兴奋。

神经原可分为两类：一类是连接感受器官的曰感觉神经，凡感受器所收纳的刺激影响就由感觉神经而导入神经中枢。还有一类是连接发动机关的名曰运动神经，由中枢把神经的冲动经过运动神经向外传达到运动器。

由感官之受纳导入感觉神经，经中枢之联合，自运动神经传出乃发生反应动作。这整个历程即为一反射弧（reflex arc）。无论怎样复杂的行为都是若干反射弧的连串。

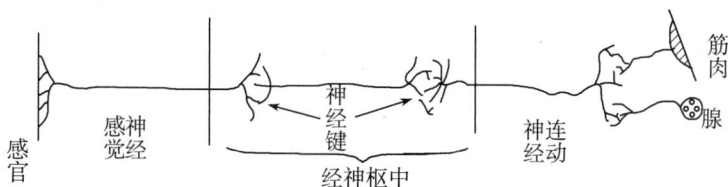

整个的神经系统的中枢部就是脑与脊髓（brain and spinal cord）。而分散于各感受机关与发动机关的神经如感觉神经与运动神经，它们在神经系统中是称为"末梢神经"（peripheral nerves）。这些散漫支流似的末梢神经都总汇于中枢。中枢的上部是脑。脑是延髓、小脑、脑桥、大脑四者所组成的。中枢自脑下以至躯干之极下处则均为脊髓。神经之出入脊髓，就是以各对脊骨之间的空隙为道路。神经系统还有一个独立的部分那便是自动神经。自动神经的组织是差不多的，不过它们是遍布各种机器官，如消化器、呼吸器、脏腑，以传导内部活动的。在脑上有皮质部（cortex）。据说凡言语行为，耳闻目睹种种的活动都在这皮质部设有各自分别的指挥部。这是司发号令的总机关。

（五）行为与人格 "我们的行为是关于全身的活动，我们断不可因说一部分的作用

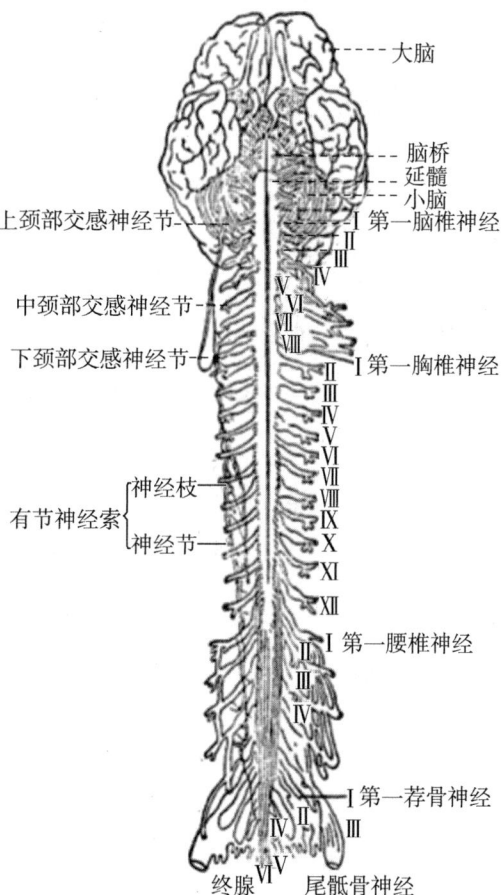

的重要，就忘却别的部分。"这是郭任远给与我们的警告。可知反应的运行应当是整个的。华生讲得尤为透彻。他在《行为主义的心理学》上说：

"脑与脊髓和它们各种末梢的结合可以视为那些简单的复杂的反射传导系统之单一聚合体。脑与脊髓一方面连接感觉器官，那方便连接筋肉及腺，在各种感受器和发动器中间作成一个复杂的连结系统。无论受了刺激的感官怎样微细，从那里起的冲动能够传到中枢系以发生机体全部的反应。……换句话说，一个刺激无论加在身体什么地方不只是引起一个局部的反应，全身筋肉的紧张及腺的分泌，也许也可以着它改变。"（一一四页）

感受机关，传导机关，发动机关，三者要共同工作才有整个的反应。反应与刺激之影响始有一切的行为。行为主义者把普通的身体活动，消化与循环等，本能与感绪等等，思想与记忆都认为是行为。思想华生名之曰"含蓄的习惯反应"，视为一种没有声音的语言。他所谓人格就是人类一切行为之总和。人格就是指"一个人在反应的全部资能（assets 实在的与潜伏的）和负欠（liabilities）"。所谓"资能"就是一切已组织的习惯与环境，和将养成新习惯之可型性与保持性。所谓"负欠"是指一切在目前潜伏的未起活动的原素。"我们的人格就是我们所由以出发和我们生活所经历的结果。他是'反映的团块'之全体。"

以上是关于行为主义派大体的主张。我们不能接受这是心的活动的解释，我们只能临时假定这是心在生理方面的基础。我们知道行为主义者只着重于"一部分作用的重要就忘却了别的部分"（郭任远自己在其《人类之行为》一三一页）他们忘却了，故意的忘却心的整个范围，忘却了心的整个活动，忘却了心之生长的完形。而且他们忘却了机械活动只是心的一个随员，心的一个无关重要（虽是不可少的）部分。所以我认为极端的行为主义只是一种极端不能使人满意的"行为"。至于其详细的得失我们将在后面讨论心身问题的时候再为研究。

第二节　心之范围

　　心的生理基础我们已经用行为主义的理论来说明了一个概要。现在我们要讨论心灵活动的范围。以前的心理学或可以说正统的心理学，以为心的范围只限于自觉的一切活动。凡不为我们自己所知觉的就不是心的活动。现在研究变态心理学和精神病的结果，在我们自觉的心理活动之外尚有一范围极广而不自觉的心灵活动。所以心的范围已扩充到"意识阈"的外面（beyond the threshold of consciousness）。这是正统心理学所没有注重的部分，或者说是未曾发现的部分。关于心的活动范围我们只有参考精神分析学派的理论（psycho-analysis）。这种学说是维也纳的一位医师佛洛德（Sigmund Freud）由治疗精神病而产生的。佛洛德所研究的范围都是其他心理学派或其他科学所未曾研究的。他认为这种境界中反而可以找到很深刻的心理活动。佛洛德说："在某种条件之下，某种时间之内，很重要的事件不至于借琐屑的事件而表现吗？所以精神分析派所研究的都似乎是现象界里的废料，它所观察的材料常为反的科学所认为琐碎的，平凡的，不重要的事件。"（佛著《精神分析引论》高觉敷译一三页）佛洛德就沿着这条不为人所注意的道路走入了一个心之活动的世外桃源。和他同道的尚有琼恩（C. G. Jung）和阿德勒（A. Adlex）等。他们各有其特点，不过我们现在是把他们会通一气的去探讨心的范围。

　　一、意识是心灵活动之一小部分　通常以为主宰我们一切活动的乃是意识。意识就是我们所自觉的整个心灵活动。但是精神分析派认为意识只是心的活动之一小部分而已。在意识之外尚有不自觉的"心的活动"，而主宰我们的行动的还是这些不自觉的活动力量。佛洛德把心的活动譬如海里面冰山。意识不过只是浮在海面的一角山巅。而冰山的大部分是隐藏在水里面不可得见的。这就是不自觉的心灵活动。佛洛德名之曰隐意识（unconscious）。佛洛德把心的活动分为三层：一层是自觉的心活，通常称为"意识"。意识是一个不断之流，由急而缓，至最后已似不流动之状。它又好像围绕的波动，在中心点的波动最高，渐远则其波动渐低，超越最远的圆圈的微细波动之外，便没有波动了。在中心点波动最高的地方即是正在"注意"的那一刹那的意识。离意识中心愈远而到了意识的边缘，则意识渐至模糊淡薄以超越意识范围之外。但是有许多已到意识边缘之外的心灵活动是可以重复召遣回来的，这是我们通常所谓记忆。佛洛德便把这些能召回来的活动视为"前意识"（the preconscious），这便是心的活动之第二层。那些超越意识之外而非以特殊的形式就不易召回的心灵活动佛洛德名之曰"隐意识"（the unconscious）。这是心灵活动之第三层。兹以简图示之。

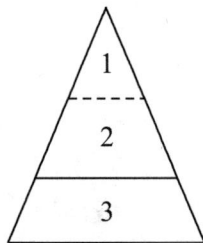

（1）意识层
（2）前意识层
（3）隐意识层

前意识是可以随时召回意识之内。我们可以说它也是意识。这是通常以为支配人类行为的心之活动。其实隐意识实主宰之，惟不自觉耳。

佛洛德以为隐意识乃在个体生命中所形成的，而佛氏的高足琼恩则以为隐意识并不这样狭小。隐意识不仅是个体由环境之压抑而形成，琼恩以为个体从人类历史进展以来的遗传中，已经是与生俱来的有许多隐意识，或不自觉的心灵活动。故琼恩又把隐意识分为个体的与集团的（personal and collective）。个体隐意识即是佛洛德之可召回而尚未召回的前意识与隐意识。集团的隐意识则包括绵延种族，营养个体的本能，和人类在原始时代所遗留下来印象。这种"原始印象"是琼恩特有的贡献。譬如我们中国人总是不知其所以然的尊崇龙王，把皇帝视为真龙下凡。这是原始时惧怕恐龙所留下的印象。从这种原始印象而有我们现在的所谓思路（archetype of thought）。我们知道"二加二等于四"，"全部大于部分"。此外有许多久思而不能解决的困难，在一刹那间顿然领会。如数理的原则，科学上的发现，这全是原始印象所遗留的固有思路。在许多的神话中我们多能看见得出其间的线索。琼恩举了一个例。他以为"能力不灭原理"只是买耀（Mayer）在隐意识中不自觉的浮现了古代宗教中神力不朽的观念，顿然的发现了这个定律。所以这仍是原始印象所遗留下来的。因此琼恩把心灵活动的范围更扩大了。意识活动的部分更渺乎其小矣。吾人岂能执其小而忘其大耶。

二、心意之潜隐　适才我们已经知道，在意识之外尚有隐意识，其范围较意识为广，其力量较意识尤大。但是隐意识到底是怎样的呢？它是怎样长成的呢？琼恩以为有集团的隐意识，这是从遗传中得来的，与生俱来。人类生而有维持个人生命的本能和绵延种族生存的本能。同时原始的印象也留在现在人间的隐意识中活动。佛洛德就没有注意这一方面。他以凡隐意识都是由环境长成的。初生的小孩子畅所欲为，他没有隐意识。何以什么"畅所欲为"便没有隐意识呢？这就是佛洛德的"快乐原则"（the pleasure principle）。他以为人类生来就喜欢寻快乐的。人的本来面目是整个的受"欲望"（wish）的冲动。当欲望冲动的时候最天然的趋势就是把它发泄出来以得到一种满意的快感。婴儿的生活就整个为欲望所占有。他没有假面具，他没有一点顾虑。凡是他所喜欢的东西他都要。若是他得不着他就号啕跳吵，直到他达到了目的，这才心满意足。婴儿时代的"畅所欲为"完全是顺着欲望的冲动而不顾别人的好恶。但是人是生活在社会里面的，他不能不与外界发生关系。当婴儿渐渐长大的时候他那"畅所欲为"的脾气常常就会碰壁。他看见好玩的东西就伸手去拿，结果是被火烧痛了而缩回来。他拿着一块花石头就放在嘴里吃，他觉得咬痛了牙齿而把那石头掷了。这还只是受自然环境的限制。儿童碰壁最利害的地方就是受社会的裁制。人类的原始也是和婴儿一样的全凭欲望的冲动。随着历史的时轮辗进，道德文化产生了。人类渐次顾及别人的快乐而不能不牺牲自己的快乐，也许为更高的快乐而放弃了较低的快乐。于是人们不能畅所欲为了。儿童也是这样的。当他长大一天，他多了一天的见识，这就是说，他越会迁就实际生活而压下他的私欲。邻儿的糖虽好吃，若是把它抢过来他就会受母亲的责罚。若是他不放"客气"一点，他就会遭客人的耻笑。所以道德、法律、习惯、礼教、文化，有许多的地方与欲望冲突。那末，人们要适应现实的条件。因此，人类的活动在循着"快乐原则"之上还要受"现实原则"（reality principle）的牵制。人类的本来面目虽欲以欲望支配一切活动，然而他尚有一个"自我本能"（ego），它遵守社会习俗，道德教育，而建立了所谓人格。我们要自尊自爱，要保持我们的人格，于是我们把一切欲望所驱使我们去做而不为社会所容洽的那些事都被压抑下去。这就是佛洛德所谓压抑作用（repression）。欲望之被压抑并不是完全消灭了的意思。这些压抑下去的欲望乃变成了"隐意识"。它们仍是不断的活动只是人们不自觉而已。所以愈是为法律所不许的事，愈是为礼教所痛斥的事则愈是欲望冲动最利害的事。这种压抑作用又称为检察作用。凡一切欲望为社会所容许的就可以经检察通过后而走到意识里面来。凡不能为社会所容许的欲望就被检察官（censor）摒弃于意识门墙之外而禁锢于隐意识中。佛洛德在《精神分析引论》中解释意识与隐意识以及压抑作用用过这样一个譬喻：

"潜意识的系统可比一个大前房，在这个前房内，各种精神的激动都像各个个体互相挤聚。和此相比连的，复有一较小的房间，像一个应接室。意识乃托足于此。但是这两个房间之间的门口，则有一个人站着似的，负守门之责，对于各种精神激动加以试验检察。对于那些不健全的激动且不许它们入应接室。……潜意识是前房内的激动，非另一房子内的意识所可知，所以它们逗留在潜意识中。它们若进迫门口而为守门者所逐，那末它们便不能成为意识；那时我们便称它们为被压抑的。但即许入门的那些激动也不必成为意识的；只是能够引起意识的注意，才可成为意识。因此这第二个房间可称前意识的系统。"（第三编七〇页）

"我们若称一种激动为被压抑的，其意就是说它因守门者不许它侵入前意识致不能冲出潜意识。"（同上高觉敷译）

这是一个譬喻，我们现在来用一个实例罢。有一个年轻的女子与一个爱人热烈到了极点。她俩正要预备结婚的时候，女郎的父亲得了重病，然而她是很孝顺的，终日侍奉她的父亲。只是她对于结婚的愿望很强，所以有时她会暗咒她父亲早死。但她以为这是无人的咒怨，她恐怕要变为大劣不孝。因此咒她父亲早死的愿望被压抑下去。后来她从未知她曾经有过这样一个愿望，只是她得了"歇斯提里亚"的麻痹症。人们本来的欲望为人伦道德的观念压抑了下去，而成为隐意识。然而隐意识有时还想浮现于意识中，如女郎之欲暗咒其父之早死，但是又为检察官压下去了。

但是何以她会成为"歇斯提里亚"（hysteria）呢？这就是隐意识虽被压抑而并未消灭的表现。隐意识仍然是在活动着，而且它的力量更为增加强烈。歇斯提里亚就是隐意识借以发泄的机会。隐意识并不只在一切精神病中开辟其活动之领土，即在常人中，它会在梦寐中活动，以至在日常的失言、误笔、忘字、遗忘等琐事中以扩张其活动之领域。佛洛德特著有《释梦》与《日常病态心理学》以作实验的研究。有时隐意识借"升华作用"（sublimation）以发泄。所谓升华作用就是用文学、艺术、宗教事业等等为社会所称许的事业来转换它的被压抑的欲望。贾宝玉因为林黛玉之死而去做和尚，这是一个好例。在中国往往有许多女子因种种欲望之被压抑而去修行，这是很多的事。如此之类都是隐意识的升华作用。这都足以证明隐意识是活动，而且是强烈的活动。人类的行为受意识之外的心灵活动所支配，我们只是在不自觉中而已。

三、隐意识之本性　凡欲望被压抑之后乃成为隐意识。而佛洛德以为一切欲望之基本欲则是色欲。在隐意识里面欲望完全是色的冲动。故凡为隐意识所支配之行为都是色欲的。这种色的欲望佛洛依德名之曰"欲力"（libido）（或音译曰"立比多"）。"欲力"是隐意识一切冲动的基本力量。佛洛德说"欲力"是色性的。琼恩则主张是求生之力，像柏格森的elen vital，叔本华的"生存意志"一样。阿德勒则认为"欲力"就含有求权的性质。同是一学派的三个人而对于隐意的本性有这样大的差别。这值得我们特别注意。

先来说佛洛德的色欲观。他以为人类从哇哇堕地的婴儿到临死的老头儿，他们本来面目的欲望在基本上无一不是求色的满足。色欲因为社会的裁制而压抑下去遂成为隐意识。然其活动之力量较意识中尤烈。若干压抑的情欲结合起来乃成为"情意综"（complex）。它们用各种反常的方式以发泄之。于是婴儿的吮手指、吸乳、抚弄身体，都是色欲的表现。佛洛德还主张最奇特的两种"情意综"，曰"腊西施情意综"与"伊谛普斯情意综"。

（一）腊西施情意综（Narciss complex）　在幼儿时代就有了色欲的表示这叫前生殖期。过了这个时期婴儿把自己本身当作色欲的对象。这显明的现象便是玩弄自己生殖器。佛洛德引了希腊的一段神话。从前有一个美男子名腊西施，他爱他自己的美貌。于是他每天到井里看自己的影子，后来跳井死了。这就是自恋（auto-erotic）。儿童之爱手淫据说就是这个根源。同性恋爱也据说是把自己相同的对象作为auto-erotic的工具。

（二）伊谛普斯情意综（Oedipus complex）　婴儿在三四岁时开始把色欲的对象从自己转向到自己以外的人。这人常是婴儿的母亲。因为母亲是最亲近的，所以据佛洛德说，她乃成了尚未被压抑的婴儿之色欲的对象。佛洛德也引了一段希腊神话，这是Sophocles所作的一本戏剧，说一位伊谛普斯王子在命中注定当弑其父而娶其母。但是他深自忏悔以致两目失明。终于因其双目失明乃于不自觉中弑了他的父亲而把自己的生母成了自己妻子。佛洛德以为在婴儿时人类确有这种乱伦的欲望，只是在知识初开的时候被检察者压抑了下去。佛洛德说："我们不难看见小孩要独占其母而深恨其父，见父母拥抱则不安，见其父他去则满心愉快。他常坦白的表示其情感而允娶其母以为妻；这似或不足和伊谛普斯之事互相比拟，但在事实上却尽够相比了；其中心的用意是两者所同的。"（高觉敷译《精神分析引论》第三编一七页）他在同书同处继续的说："你们要知道我仅描写了男孩和其父母的关系；翻过来就女孩子说，也复如此。女孩常迷恋其父，要推翻其母，取而代之，有时且仿效成年的撒娇，我们或只感觉得她可爱，而忽略其由这种情境而可以产生严重的结果。"大约六岁以后儿童已达到了色欲的潜伏期。原始的"立比多"被压抑了。

（三）求权意志　在隐意识中心的活动，色欲虽有甚大的激动然不得因此而趋于极端。佛洛德的门人阿德勒对其色欲观就以为言之太过。他说："色欲之成分，若非就其在生活形式之关系而言，则无从估定其确实之价值。"阿德勒以为生活的形式乃依环境之不同而变迁，然绝不能尽以性生活代表之。阿氏以为隐意识的本性是好胜心，是求权意志。人类总以自己是全能的，是正确的而超过一切人的。但是当人们受到了强烈的挫折之后就把这种求权意志压抑下去乃成为隐意识中的活动。它在人类活动中不自觉的支配了一切。

（四）求生之力　琼恩极不以佛洛德之色欲观为然。他甚至于说那是荒谬绝伦的。不错，"欲力"是有色欲的成分，也有求权的成分，但是这只是"欲力"的一部分。其实，"欲力"就是整个的求生力，就是柏格森的所谓生命之力。只要得"生"，那就不惜分化为一切欲望以求之。琼恩把它比为物理学上的力能。力能可以变为许多的形态。力能可为热力、电力、动力等，其本质不变。"欲力"也是这样的，它可以求营养之满足；可以求色欲的发泄；也可以求权力之优胜。然其求生则一也。我以为这种矫正是对的。佛洛德之泛色欲观我认为这是佛洛德本人情色狂的表现。言人之有色欲冲动则可，而强人皆必得情色狂则大可不必。

总之，人类有求生之力，因而发为若干欲望，自由冲动以求达到完整之生命。然以社会之裁制，道德礼教之养成，把若干欲望压抑下去，入于无意识之境。故在此境界中各种的冲动皆有，或发而为食欲，或发而为色欲，为求权欲，然均以求生为基力。

四、隐意识存在之证明　隐意识是不自觉的一切心灵活动。它既是不自觉的，我们何由而知其存在呢？佛洛德以为隐意识的浮现是在梦、精神病、偶忘、误笔、诙谐等等的现象中。在这些现象中的检察作用消失了吗？不！检察员也只是偶尔的疏忽了它的职务。乘此机会压抑的欲望就脱颖而出。当检察员清醒的时候"欲力"又潜隐下去。所以精神分析派之发现隐意识乃是他们治疗精神病的结果。现在我们把精神分析派对于梦、精神病、偶忘、误笔、失言、诙谐等现象的解释以证明不自觉的心灵活动之存在。

（一）梦之解释　在白昼间人们往往不自觉的把许多不能容的欲望压抑，于是，这些欲望就在梦寐中发泄出来。梦是有意义的，而且是因果决定律的结果。无论怎样似乎没有意义的梦总是以前事情的某种原因的当然结果。佛洛德说："梦者确实明白其梦的意义；只是他不知道自己明白，遂以为自己一无所知罢了。"（第二编梦二二页）所以"梦的原素初非主要物或原有的思想，乃为梦者所不知道的某事某物的代替，……梦就是这些原素组合而成。"往往梦的表面是这样的，而其背后则含这样不同的意义在里面。例如一个女人在儿童时常梦见上帝头上戴一尖顶的纸帽。这样的表面似乎是没有意义的，但是这现象自含有一种意思。因为她小时吃饭的时候她母亲因欲防止她偷看其兄妹的盘中食物起见常使她带上这样一顶尖顶纸帽。这梦暗藏的意义就是说"你们虽欲隐瞒我，然我如上帝之无所不知无所不见"。佛洛德称梦之表面现象为"梦之显相"（the manifest dream-content），其背后之意义为"梦之隐义"（the latent dream-thought）。"梦的隐义"就是被压抑的真欲望，欲在梦中活动，无奈检察作用在梦中未曾完全放弃其责任。所以有许多不能容的冲动仍为检察者所压抑，于是便成了所谓梦的显相。用佛洛德的术语说，这是"梦的化装作用"。在梦里面被压抑的"欲力"欲浮现出来又被检察作用的监视而它们化装起来。这种化装又名"梦的工作"。梦的工作是把隐义变成显相的过程。

佛洛德以为梦的工作有三种手续：一曰凝缩（condensation）；二曰移置（displacement）；三曰视象（visual images）。凝缩就是拿梦的隐义用较为简单的显相以发泄之。"显相好像是隐义的一种缩写体"。凝缩的方法有"（1）此隐义之成分完全消灭者；（2）于隐义中之许多情意综里面，只有片段浮现于显相中；（3）同性质之隐义成分在显相中混而为一"（引论二编论梦二页）佛洛德梦见过讨论植物，其实这植物是他园丁的老婆，他治疗过的名叫"花"的病妇，他自己妻子所爱的花等等隐义的凝缩。年轻妇人梦见她丈夫和一个不认识的女子接吻。这一个女子就代表了许多在她丈夫周围的女朋友之混一。所谓移置就是隐义里面极重要的成分换成了许多琐屑而无关痛痒的显相。"移置作用有两种方式：（1）一个隐念的原素不以自己的一部分为代表，但以较无关系的他事相代替。其性质略有近于暗喻；（2）其重心由一重要原素移置于他一不重要的原素上，梦的重心既被推移，于是梦遂呈现一种怪状。"（高译同书六页）视象就是把抽象的想念用一种具体的可看见的对象作代替。在梦中梦者常把思想用日常见惯的东西去影射。例如一个女子在梦中被人打了一棍。这是影射她想和男子接触的思想。

儿童的梦其显相即隐义之浮现。没有经过若干化装作用。白昼未满足的欲望从梦中得了满足。所以儿童的梦也是完全的，可了解的心理动作。佛洛德说："梦因愿望而起，而梦之内容即所以表示这个愿望。这是梦的通性之一。此外还有一个通性就是不仅使一个思想有表示的机会，而且借幻觉经验的方式以示其愿望之满足。"例如一个三岁零三个月的小女孩在白天游湖之后，在晚上就大游其湖。其情之快愉较白昼尤甚。这是因为白天她并没有游痛快，因而借此满足。到了长大成人，检察作用渐次敏锐，即梦间亦实行其职务。故成人之梦于显相背后的隐意就需要解释了。某x先生梦见他所认识的某女士失足踏到沟渠里面，他把她救了出来。这个隐意就是x先生已看中了她，要把她从爱河里选出来做他的配偶。

梦既经过了凝缩、移置、视象的种种化装作用，所以要解释其隐意识之活动则不能不明其象征。然佛洛德以为一切梦的内容都是色欲的象征。他把"手杖、洋伞、竹竿、树干等，或有刺激性与伤害性的什物，如小刀、匕首、枪矛等都是男生殖器很妥切的象征。少女在梦里为佩刀与佩来福枪者所追逐，这是最寻常的，不难翻译"。"女生殖器则以一切有空间性和容纳性的事物为其象征，例如地坑，洞穴等，又如缸和瓶等，各种大箱小盒及橱柜、口袋。""苹果、桃子及一般水果则为女性乳房及臀部的象征。"至于梦见郊游、打猎、爬山、骑马、入丛林、探桃源则全为性交的象征。总之，佛洛德是以色情狂的精神透视一切。琼恩便不以为尽然。琼氏以为梦是原始印象的复现。梦不是如佛洛德的因果决定论。梦是有目的性，它是从隐意识中去弥补或纠正意识的个性。梦是自由联想的结果。琼恩举了一个例。一个刚从大学毕业的学生曾经梦见他同他的母亲姐姐一同上楼梯。当时他听说姐姐不久即将分娩。这在佛洛德看来是极显明的色欲冲动。琼恩则不以为然。琼氏以为这青年眼前的职业尚未解决。他虽觉得职业的重要但对于久别的母亲太疏忽了。他虽想起了爱人的情挚，然鹏程万里尤未限量。新生命之产生以努力前进为要务。这样种种的情境联想起来便成了这样一个梦。母亲示义务的疏忽，姐姐示爱的情挚，上楼梯示前程，分娩示新生命。这整个梦的目的就是鼓励这青年努力奋进。

琼恩以自由论代决定论，以隐意识之含有道德原素代弗氏之色情狂，这是作者认为极要的一点。琼恩再三的说："隐意识对于意识确有一种补助的作用。"

（二）**精神病**　精神病也是隐意识活动的证明。在患精神病的人的动作里面我们能看出许多在不知不觉中被压抑的欲望冲浮起来。也可以说精神病是欲望冲动强烈时为检察作用所压抑而得的结果。所以精神病即隐意识活动之领域。患精神病的人其种种的行为视为疯狂的，无理取闹的，毫无意义的，其实，这些行为都是有来历的，有意义的。只是患者和旁观者都不知觉而已。佛洛德认为这是一种"伤痕的执著"。患者不自觉的把过去的某一点死死的执著，其行为以致和现在或未来都脱离了关系。佛洛德说过这样一个奇特的病症。有一个十九岁的女子，敏慧活泼。忽然患了迫胁狂（the obsessional neurosis）。她容易动怒，对她的母亲常常发生恶感。她睡的时候最怕喧扰。于是每晚大小的时钟都停止了。床面前的花瓶她都深虑的坠落而移到别处。但是她因为害怕而把那扇通到其父母房间的门终夜的开着。在床上她不使长枕头触着床架子。她盖鸭毛被必把鸭毛抖下压平了再盖上。这都似乎是没有意思的举动。而佛洛德解说得头头是道。他说："你们现在只须知道病者幼时对于其父曾起一种'性爱'（erotic attachment）。这种性爱乃足使她颠倒若痴，也许因为这个缘故，所以她对于母亲的感情如此恶劣。"（高译引论三编三〇页）佛洛德说她害怕，要安宁，全好像梦里的显相。尚非隐意识之本然。佛氏以为这女孩认钟表是女生殖器的象征。"她怕花瓶跌碎就是表明其抛弃整个关于贞操和初次流血等事的情意综"。长枕头是女性，床架像男子，所以不许它们接触。开着母亲那边的房门她是想阻碍她母亲同父亲发生关系。总之，佛洛德的分析多着呢？我们用不着细表。这女郎的病象都是"妒"的表现，她不欲一切女性现象与她父亲接近。这都是她不自觉的行为。因此，一切精神病也和梦一样的是潜意识的心灵活动。

（三）**失言、偶忘、笔误**　人们日常的一些琐屑过失，佛洛德认为全是被压抑欲愿之浮现，换言之，亦足以证明隐意识之存在。这些琐屑的过失初看似乎是偶然的，无意的，佛洛德以为这都自有其前因后果。失言与笔误就是愈被压抑的思想往往愈易于在不觉中脱颖而出。例如某次国会议长在开会时说："诸君，今天已足法定人数，因此我便宣告闭会了。"他把开会说成闭会了。表面虽似无意，实则他不知觉中总认为这次会议是没有好结果的。还有一个有趣的例子。某解剖学教授讲鼻腔的构造，学生都以为已经了解了。他说："这很难使我相信，因为了解鼻腔构造的人即在几百万人的城市也仅举一指可数——不！不！我的意思是屈指可数。"其实他在隐意识也只承认他一人懂得这个问题。（见高译引论一编三〇页）至于对最熟悉的人的名字偶然忘记这也是隐意识之活动。某女士总只称她女友未出阁前的名字，而忘记了她结婚后的姓氏。研究的结果，才知道她原先是反对女友的这件婚事，而且也厌恶女友的丈夫。故过失乃是两组不同意向互相牵制的，倾向争扎的结果。愈欲阻止之，而终于发泄之。这些过失，其背面均有心的活动激动之，惟乃是潜伏的而已。

精神分析派扩充了心的活动范围，在自觉的活动尚有不自觉的冲动。这是我们认为这一学派的贡献。个体的活动往往得到许多意想不到的结果，人类的行为往往有许多不知不觉的激动，这都是受一种潜势力的支配。在佛洛德看来，这种潜势力总是万恶的、污秽的、不道德的。他以为潜意识就是禁锢奸淫犯的牢狱。我认为这是佛洛德极大的错误。他带了情色狂的眼镜看一切的行为。琼恩已有所矫正。我认为隐意识包含有极高尚，极道德，极纯洁的力量。它趋向于完整性之现实。它支配着一切人类的行为，然而其支配之目的在求人格之全体，价值之综合。

第三节　心之长成

心是怎样长成的？这个问题在心理学上我们我们当然要讨论到学习问题，同时也要知道在没有学习之前，新生的婴儿有没有心的活动。这就是问心的长成是怎样开始的。所以心的长成包括遗传与习得两个问题。关于遗传方面，传统的心理学是承认人有本能的活动。不过这些活动都是不理解的，无意义的。但是在极端的行为派看来，人类是没有本能的，一切都是习得的。关于习得的形成问题，则有联合心理学之主张心的活动是有许多单位的原素所构成。心是个别的，单纯的感觉所联合的组织。这以冯德（W. Wundt）为代表。但是行为派主张学习是刺激与肌肉反应的联合。活动的单位是"刺激与反应"。这以华生为领袖。

然而本能的存在是不可否认的事实而本能之有理解力这也是可以用实验来证明的。至于纯粹的用分析法去讨论心的活动，这又不合乎心的本性。拿机械观去研究心灵比拿它去研究生命尤为妄谬。其理由我都要说明的。现在我只说我不能以这些学派做代表去讨论心之长成的问题。我以为真能认识心之长成的要算德国新兴的格式塔学派（Gestalt psychology）。我遂请格式塔的理论来解决心的长成问题。格式塔心理学以为心的活动要综合的讨论，心的长成是整个的表现。心是有组织的整个体，假使我们把心分析开来便无所谓"心"了。要把肥皂泡弄破之后去看肥皂泡的构造，那就太滑稽了。电流分断之后去研究电的流通，也是同样的无聊。机体不是器官加积的总和，而是不能分开的完整体。这在生理学我们有极巩固的基础。心的活动和长成尤当以有组织的完形为原则。以分析为唯一工具的郭任远先生要知道我们并不"在破字纸篮里讨生活"也不"单用舌笔来讨论"。根据十几年实验的结果所产生的格式塔心理学绝不能与物理、化学、生理等一样。物理化学绝不是研究心理学的基础，而反是研究心理学的障碍。

一、心之原始经验　心的原始活动我们只能从新产生的婴儿的一切活动中去观察。在必要的时候我们也可以用动物来做证明实验。考夫卡把婴儿运动的开展视为有四种不能分离的程序。在初生的时候婴儿有一种自发的活动。他会啼哭，他会伸张其四肢，他有食的动作和眼的活动。这种运动并没有外界的刺激或情境的引起。但是这种运动不能与情境完全无关，其性质亦不能毫无规定，因为婴儿不能不需要营养与生长，而这些运动的职能就是"促进其各器官的生长和成熟"。第二种是反射运动。这是反应外界刺激的。这些反应有赖乎个体的遗传而无须学习的；它有非常齐一的特性，如同一刺激则引起同一反应。如眼睛因太阳光的击射而缩小其瞳目。瞳孔的反射，在两只眼睛中是合作的。若是光线照着一只眼，则两眼瞳同时缩小。儿童的眼睛可注视到发光的东西。在常态中我们尚不能确定"被动"的注视是否比"自动的"注视发生得早些，然而主动的注视在儿童中是可能的。第三种是儿童的本能运动。本能最普遍而显明的就是吸乳动作。吸乳不是继续不断的也不是到疲倦了才停止。吸乳运动含有一种充实营养的目的。假使婴儿不饥饿的时候是不吸乳的。在动物里面如小鸡的啄食，飞鸟的筑巢，松鼠的吃果，都是没有经过学习而能的。本能的动作已有一种确定的目的。当这目的达到之后，其动作就停止了。这种运动是很复杂的，它要维持生存和绵延种族。第四种就是表示的运动。儿童有哭笑转头，和因酸苦而皱面。它是出于自然的。

（一）**本能之理解力**　本能的存在是谁都不能否认的。人工孵育的小鸡，没有见过母鸡的动作而能啄食距离很近的谷粒。没有老鸟抚养的鸟长大到孵卵的时候也会做巢。才生下的婴儿若是把乳头放在他口内，不一刻他就会吸乳。华生辈以为这只是一组连锁的机械反射。而郭任远更是否认一切所谓遗传的活动。我们现在看假使以本能为连锁的反射之学说是不能成立的话，则郭氏的故意（exaggerating）便无讨论的必要。本能的运动绝不是如郭先生所说的"未生的胎儿及初生的婴儿的种种无秩序的和无组织的极简单动作"（郭著《心理学与遗传》二六五页）之连锁。因为我们要顾及下面的事实：本能有很确定的目的，假使在常态之下某种目的不达到的时候本能的活动是不会停止的。而且在不同的情境之下，其目的不能达到时，本能的运动也会随情境而改换以达到同一结果。飞鸟筑巢的时候，它携带重点的树枝和带轻树叶所用的运动是因境而异的，然务使其目的达到。就是该目的绝对不能达到的话，它至少也要有达到该目的的趋向。婴孩吸牛乳时，若乳瓶不通，则吸吮更加起劲。这是摩耿的所谓"坚持性"。何以本能因情境之变异而不惜改换其运动以达到其目的？何以本能的活动遇着困难时要坚持的前进？这都是生理反射所无以解释的。

对于本能与反射弧不同的地方考夫卡在他的《心之长成》（高觉敷译即《儿童心理学新编》）又列了三层理由。（见译本第八五页）（1）反射弧是许多个别活动的集合。它随生机体的神经原系统的秩序而渐次发动。但是本能运动并不是许多各自分立的部分活动的集合。本能"有一致的进程，是一种连续的活动……相接而有始有终的整体"。（八六页）本能活动是整个的，有目的的。（2）"反射为'被动的'的行为，有赖于前行的刺激；本能的行为则为'主动的'，能搜寻刺激"。在本能中外境的刺激是不足以引起反应的；反应还需要一种主动的力量。这种主动力就是生机体的需要。当需要满足的时候活动也停止了。（3）本能的运动可被当前之感觉情境的不同而决定。故不同之活动可达到既定的目的。考夫卡说："由此可见，本能的活动和有意活动相类似的程度远甚于它与纯粹反射相类似的程度。无论如何，本能活动含有有意动作所特有的'向前性'。"（高觉敷译八七页）

现在我们可以得出结论说，心灵的基本活动是受之于遗传的。这种活动并不是一堆反应的集合，而是一组与生俱来的反应"主动力"。这是一种整个的内在的需要或冲动。这内在的主动力与其外在的情境相和谐而活动。所以心的活动在其原始都是有理解力的，虽然这种理解力是弱小的，模糊的。所谓心的长成就是发展这种理解力，加强这种原始的经验。

（二）完形及其背景 心的活动联想派以为是一点一滴的感觉本位加积起来的。但是我们认为心是一种完整体，它虽有生理的基础，然这些生理基础分析得"鸡零狗碎"之后便绝不能寻得心。电流虽要通过铜丝，然若是我们把铜丝切成一段一段之后，在这一段一段的铜丝里面我们能找出电的特质来吗？而且铜丝绝不等于电流。心的经验好比一支有音律节奏的歌曲，虽由七个基本音阶配合组织成功的，然一支歌的特性就是由于这种协和配合的组织而不即等于单个的音阶。我们把伏尔加船夫的曲谱分析为12345，那还成其为船夫曲吗？所以心的活动是一种有节奏的组织。心的长成就要客观的宇宙经过整个个体主观的配置。原始的经验与成人的经验并不是单位加积的多寡而只是其完善清楚程度深浅之不同。考夫卡说："客观的宇宙，须加以个体主观的构造，才可决定个

体所有的经验。新生儿对于宇宙的经验之有异于成人，正好像不谙音乐的人听乐之有异于音乐家。"（高译一一九页）

我们就视野（visual field）来说，婴儿看见成人的面孔，不是分别的先看眼睛，再看鼻子，后看耳朵等等，他是从整个的面貌上认识成人。他总是把几个邻近的或同性质的东西视为一个整个体。这名曰完形（gestalt）的认识。现在我们先来讨论完形。怀特墨对于完形的性质发现了几个原则。（1）他以为距离相近的容易组成一个完形。例如：●● ●● ●● ●●　　●●● ●●● ●●●前面是两点合为一组，后面是三点合为一组。而且前面的四个两点是合为一组，后面的三个三点又是合为一组。（2）性质相同的部分自然会组成一个完形。例如（甲）图是成直线的，（乙）图是成横线的。（3）有包围性质的也是形成完形。例如我们用AB和CD两根绳子照（丙）图列拢来，则成为两个椭圆的完形。（4）若是几部分能连接起来成一曲线，这也会自然的视为一完形。如（丁）图是三个不同形的图样然我们自然会看出是一条曲线（5）凡是对待相称的部分会组成完形。如

我们只当它是一整体而不知它是两个相称的组合。

所以儿童的意识都是从整个方面着手。由这一点格式塔心理学派得到一个基本原理，这原理说凡儿童之认识某一物乃由该物四周之情境互相关系中显现出来。儿童要从整个的关系中才能看出其间所特现出的图形。这就是说，确定的现象或图形必从一不确定的无限制的背景中凸现出来。我们绝不能不顾及整

个的关系而得单独看出个别的现象。儿童最早的经验或遗传的先验就是这种由背景所显出的图形。考夫卡名之曰"心理的完形"（mental configuration）。关于完形，考夫卡下过这样的定义："假使有一种经验的现象其每一成分都带有其他成分；而且每一成分之所以有其特性就因为其他部分及他与其他部分的关系，这种现象便将称之为一种完形。"（高译一二二页）苛勒（W. Köhler）在其《格式塔心理学》一书说："一种历程，生动的支配其本身，规律其本身，而为一完整境界中的实际情境所决定，这种历程就可说是依随于完形论的原理。"（Wherever a process dynamically distributes and regulates itself, determined by the actual situation in a whole field, this process is said to follow principles of gestalttheorie. Gestalt Psychology, p.193）这种心理的完形是儿童最早的心理活动。

（三）联感论之荒谬　我们既明白了何谓完形又了解了图形（figure）与背景（ground）的关联，于是我们乃可进而驳斥以经验为个别感觉之联合的荒谬。先让我们看看下面的一个图形。初看是圆形内包括三条很狭的扇叶形。但是假使我们再从圆形的中心注视，那三条很狭的扇叶形会变成另外三个很宽的扇面形。同样一个对象会形成两种不同的圆形。还有著名鲁宾杯子（Rubin Cup）。同样一幅图样，假使我们的眼光以黑色为背景，以白色为图形，那末所见的便是一只杯子。若是我们把白色视为背景，以黑色视为图样，则所显便为两个相对的人头。联想说以为意识是感觉原素的联合。那末何以同一感觉原素没有任何外在的变移，而有两种绝对不同的圆形呢？行为派的刺激反应之机械观也不足以解释，因为感受机关所接受是一样未变的刺激，则神经结中所经过的或激起的力量也当是一样的，然而何以有两种不同的反应意义呢？可见人类实有一种了别的主动能力。

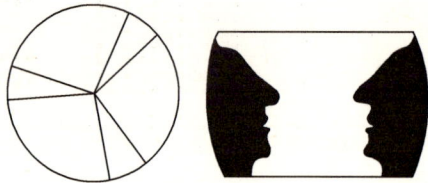

再试想成人在"心不在焉"的状态中又是怎样一个境况。我们的意识一变而为一团模糊的混一体。这就回到我们原始意识的境界。这是一切图形所由发现的背境。当在"心不在焉"的状态中，我们也许有刺激，然而我们能食而不知其味，闻而不知其音，见而不明的意。这若是用感觉原素联合说去解释，那就绝对此路不通。因为特殊的刺激不必都有特殊的意识现象。

现在我们要说到一个驳斥感觉联合说证明完形论的客观实验。这个实验名曰"选择训练"（selective training）。用浅灰色和深灰色的纸盖。使动物到浅灰色的纸盖里面寻得食物，而到深灰色的纸边便没有食物。这样训练纯熟之后，这动物会直接向浅灰色的纸盖反应。假使我们把浅灰色的原纸盖仍然保留，把深灰色的除去，而另外代以较原有浅灰色的纸盖更要浅些的灰色纸盖。第二个浅灰色纸盖是新加入的，动物没有反应过。假定照特殊刺激引起特殊反应的主张，那末动物当仍是反应第一灰色纸盖（即原有的）而不愿新加入的较为更浅些的纸盖。但是实验的结果，动物趋向新加入的更浅些的灰色纸盖的次数要较多于其仍然反应原有浅灰纸盖的次数。这就证明在这个实验里面动物在训练时期总是选择两种之中较浅些的纸盖，所以在第二次决选的时候它仍然选择两种灰色中较浅的一种。若是我们在另一实验中使动物反应深灰色的纸盖而得食，反应浅灰色纸则否。若是以另一更深的灰色纸加入而拿去浅灰色的。那末这动物又必多是反应那新加入的更深色的灰纸盖。可见动物或婴儿的反应不是个别的而是完形。它总是认识全部的关系，注意一图形而及于其背景。

苛勒拿这个实验应用于母鸡，黑猩猩，近三岁的小孩无不皆然。苛勒的报告是这样的：四个母鸡，用两个训练得选取浅灰色，用两个选取深灰色。在八十五次的决选中新加入而未经选过的纸盖，有五十九次是当选的。而原来训练时当选的颜色在决选中反只有二十六次当选。可见完形的经验在婴儿心灵确是存在，虽是很幼稚。这种心理的完形是心之长成的基础。

二、心之发展　儿童原始的经验是一种心理的完形。心灵即在其原始亦是主动的认识一种图形而兼及其背景。这就是说，原始的心之活动就是全盘的反应情境的整个关系。心灵乃是不断的保持这种平衡的状态。假使情境的整个关系中发生不同的变动，心理平衡的状态就被激动了，全部的形势都要变更了。换言之，情境的完形发生了缺点。心的活动要不断的弥补这些缺点务使成为完形的组织；要继续平服激动，求得更高的心理均衡。于是心的活动就渐次的生长。所以心的发展不是若干感觉原素之增加，也不是肌肉反应的加强，而是心灵主动的弥补缺点，引起原始心理完形模型之更整齐，更全备，更完善。

（一）发展之方式　心的发展是有两方面：一是本能及其成熟；二是行为的习得。前面我们已经讲过了本能问题，现在我们再看格式塔派对于学习问题将予以怎样的解答。考夫卡把心之生长立了四个方式。（1）"纯粹运动现象的发展"。儿童初生的原有的运动和姿势复杂的组织起来而成为精巧的新运动。他原会转动、握持、行动，以后渐渐的会说话、写字、弹琴、游戏。（2）"感觉经验的发展"。儿童原始的经验是很简单的，纯素的，以后乃渐次发展为繁复的，杂色的知觉经验。知觉已渐有完善的组织，全整的模型。（3）运动与感觉双方合作的发展。内的活动和外的行为联合起来以得到更适当的反应。发展历程要不断的融合这两方面而成功一整个的行为方式。母鸡会跑路又会看见朱砂色的毛虫。而当母鸡看见朱砂色的毛虫之后就会很快的跑快。这是运动与感觉的组合，发展的结果。（4）这一层是观念的行为（ideational behaviour）。在某些活动中已参加观念的干预。当我们动作的时候若是遇到了特殊的情境，我们就会暂缓动作而作相当的考虑。假使一个小孩看见邻儿有一很好玩的火车，他本欲拿过来玩，但是他受了"勿取他人之物"一思想的干涉之后他便不去拿了。这也是习得的作用。

这四种方式考夫卡虽是分别的列论，然皆有不可离之关系。纯粹运动的发展并不只是机械式的动作，它同时也含有知觉的发展。譬如儿童游戏，他要明瞭游戏的玩具，运动的地位，场子的大小。纯粹知觉的发展亦不能不联带的有运动的进展。譬如我们要知道很远的地方来了一群什么东西，我们就要伸长了头颈向前观望。而观念之加入运动与知觉尤为心之生长的主要工作。心的活动可以超过直接的情境而升入较高的发展。最后考夫卡郑重的说，我们不能以为一切习得的动作都是学习而得的，因为其中也有本然自动能力的成熟。

（二）行为派学习律的错误　心的长成只全凭学习而成功。而学习的成功都只是经过盲目的行为的尝试，凡有用的都集聚了，无用的都淘汰，这种历程纯粹是机械的。这就是前面我们说过的桑戴克所发现的"尝试与错误"的原理。他们认为动物或婴儿是没有主动的理解力。动物本身并不知道它为什么要这样，它更未有参与其"意见"。他们而且主张所谓学习并没有新动作的产生。在我们的神经系里面原有许多的联结，学习就是把少数有用的联结加强，并且选择出来组成适当的秩序以备运用。那些无用的联结就逐渐消灭。所谓有用的动作和无用的动作在动物本身是没有意义的，没有目的的；他们以为凡足以使它有快感的就是有用的，而那些引起不快的即是无用的。这种学习律绝不足以解释心的长成，完形派举了下列的理由：

（1）假使有用的动作是由于有快感的满意，那末动作之后随即得有快感，较之动作后许久不得快感的行为，应当是容易学习着。但是这种假定是不合乎实验的。用两组白鼠走简单的迷津。甲组到达目的地位便可得食物，乙组到了目的地之后迟延五分钟后始能得到食物。照前面的假定说，这迟得食五分钟的白鼠其对于迷津途径的学习当较甲组为缓慢。然而实验的结果，这五分钟的迟延对于学习的速率是没有影响的。甲乙两组的学习仍是差不多的快。

（2）行为派之认为动物是不理解自己的行为，因为他们假定动物是愚笨的。这种假定根据两种事实（甲）动物动作的时间曲线，（乙）过错的屡犯。我们先来研究第一种事实。动作效率与时间的关系，桑戴克有过下面的一个统计图。他以为假若动物有一丁点儿智力就不致于经过了几次的脱笼而仍不能适当的重演。假若动物能有一丝一毫理解其情境的能力，如遇同一情境它必能立即解决其问题而无误，那末图中的曲线必骤然低落，而不复屡屡增高。然而下图是实验的事实。所以动物是无理解力的。但是我们能举出一次的尝试就可学习成功的事实。摩耿把初生下七天的小鸡放在一个新闻纸的笼里面，小鸡便会抓破笼的一角，逃脱出来。若再把它放在原处，它仍会跑向前将报纸抓下。如若把它在笼里和相反的一面，它仍会转向前面而冲破脱逃。这小鸡的动作在时间曲线上是骤然降下之后便未渐升上了。可见行为派的甲项事实是不足以证明动物的无智力。但是他们的第二件事实动物屡犯过错也不足以证动作的机械。不错动物对某情境学习成功之后仍时有错误。但是我们要知道这是理解力程度高低的分别而不是学习为盲目动作的证明。假是实验动物的情境是足以使动物全盘的领悟，那末这种"愚笨的过错"是不会发生的。反过来说，假使有一极复杂的问题就是人类也难以应付。但是有时某情境虽足以引起过错，而反没有过错，这当是行为派所惊惶的事实。用迷津的方法，有一条通达的道路可得食物，而绝路则很多。一个老鼠平常只需二十五次便可学得这个情境，现在加练百次。每一个老鼠都已学习直达目的地的途径。在这个时候，若是我们打通一条绝路使它成为达到食物的捷径。黑金生（G. D. Higginson）试验九个白鼠其中有五个马上就直接走捷径去取食，还有四个稍有迟疑之后也采取了捷径。这都证明了行为派以为行为全是机械的盲目的，这种假定是错误的。

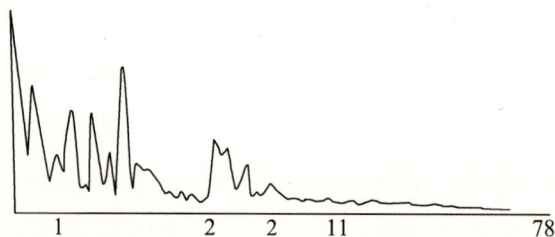

（三）黑猩猩的实验——对动物行为有理解力的证明　苛勒长腾涅立夫岛科学实验室的时候利用这个机会研究猩猩，著了一本《人猿之心灵》（Mentality of Apes）。苛勒的目的就在积极的证明动物的理解力，同时也是解释心的发展就是这种理智力的引起。苛勒对于这个实验有两个原则，第一是设立一个须要动物用间接的方法去解决的情境，这是积极证明黑猩猩的智力；第二此情境务使此动物有全盘了解的可能，这是消极的防止从以过高的智力标准测量动物所发生认其为盲目的行为之误解。苛勒的实验是由简而繁，以有系统的变动增加情境的复杂性。

（1）第一个实验是一个较为困难而复杂的问题。有一篮香蕉，用一根绳子穿过一个铜圈，其一端系在篮上，其另一端系于树枝上。情境是这样的：假若系在树枝上的绳结松脱之后，那端的水果便会落在地上。被实验者为黑猩猩苏丹。实验的结果是这样的：它看见一篮水果不能直接用手拿到，首先是似乎不安的样子，继而它爬上了树枝，拉绳子结在树上的这一端。于是水果便拉到了靠近铜圈。它又放松绳子，使篮振动而倾侧，水果便落在地上。它就下树拿水果吃。第二次它又爬上树，因它拉绳用力过猛，以致系在树上的结松脱。水果篮子因此全都落在地上。它便跳下来拿了那篮水果去了。三天后略加改变而实验苏丹乃决取最后的方法。这个实验还没有积极的贡献，不过已足表明苛勒用间接方法达到目的之意义。

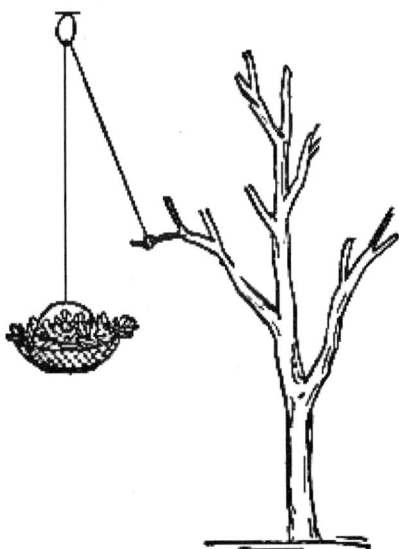

（2）第二个实验是一个简单而易于见效的问题。猩猩在笼子里面，而水果放在笼子外面，使它可见而不可及。不过水果系有一根绳子，其另端是放近它可拿得到的地方。于是它拉绳得果。

（3）第三是用木杖代绳子。

（4）这个情境是将水果放在很高的地方。旁边放着一个木箱。它会把木箱靠近放水果的地方。然后它登箱取果。

（5）用一根绳将水果篮挂在高处，使它摇绳便得果。

（6）篮子放在笼外可用手杖拿到水果，然在笼前置一大木箱使手杖拿水果而受到障碍。猩猩就先要移开木箱，再用手杖。

（7）第七个实验，水果仍然是放笼外，既无手杖亦无相像的东西。这猩猩会到笼背面的枯树上折一树枝来拿取其目的物。

（8）挂着一条绳子下端系有一根横木，这绳并绕着横木三度。若利用这横木打秋千似的荡过去到达目的地，则在之先必要把绕着三度的绳放直。

（9）地上放有一根绳子，可以把它挂起来做成一秋千绳子。

（10）水果挂得很高，需一木箱垫脚拿取。远处有一木箱，只是装满的石头。如用此木箱必先搬出里面石头。

（11）水果放得较远，在笼里的猩猩拿不着，面前有两根竹竿，然都嫌短了。它非先把两竹竿连接起来，这样长就可以拿到果子了。

（12）与第四实验差不多，只是一个木箱尚嫌太低。须以二三木箱叠集起来，乃可拿到那挂得很高的果子。实验的情境渐次增加其复杂性。

（13）苛勒在第十三个实验中更加成了双料的复杂性。如笼内虽有小短杆这绝不能到达目的地，但能到达一放在笼外的较长的杆子。此长杆乃可拿到目的物。猩猩必由短杆拿取长杆，再由长杆拿取果子。

（14）把这长杆放在屋顶，要另用木箱爬上去，而木箱里面又装满的石头。

（15）这实验更复杂了。水果放在离笼子四十五生的米突的地方，但是这水果是放在一个四方的抽屉里面。这抽屉三面都有边缘，只有背着笼的那边无缘。所以水果不能直接向笼面前滚出来。如要取得目的物，必先用竿将水果向抽屉后面推出来，然后从旁边引近到动物的面前。

这些实验苛勒都已渐次由简而繁的成功。黑猩猩一次难一次的做下去。在它前面它常是注意到有一个目的物，而绳竿等物不过是工具而已。它的目的是一个情境，而放在旁边的物件原是无关的。把这种无关的东西和情境发生一种特殊的关系，视如为达到目的的工具，这就是学习。两个独立的完形，在特殊的情境之中为主动者引起另一完形，而该两完形便成了它的部分。这决不是侥幸的成功，决不能把猩猩及其他动物的行为视为纯粹机械的，盲目的。否则，它怎样懂得应用工具，怎样过去的若干结果重新组合起来另外解决新的问题。考夫卡说："学习永远不全为特殊的。一个生机体对于一个问题，若已有一种聪敏的解决，便不仅学得解决将来再发生的同样的问题，而且还能解决前所不能解决的不同的问题，所以学习乃是一种真正的发展，而不仅为动作的一种机械的累积。"（高觉敷译考夫卡著《儿童心理学新论》一八九页）所谓真正的发展即引起新完形的显现。

（四）完形的构成　本能不是感受与运动机械的反射弧而自有其理解力，自有其组织。学习也不是机械动作的加积而更有其自主的心理活动。我们知道所谓理解力，所谓自主的活动就是说动物和人类都能了解一整个的情境和在此背景中显现出某种相当的图形。总之，我们有完形的领悟。背景或整个情境是含糊的，疏浅的，平铺的，无组织的。在婴儿的新生时期，或没有训练过小动物，它们只能在这种背景中抽出极简单的图形，其他的组织它们还没有这种集中的程度。当它们渐次长大的时候它们增加了相当目的的需要。于是它们从背景中综合出相当的关系，加以新的组织。从这种新的完形去达到它们所需求的目的。这便是我们所谓学习。学习所以就是我们不断的从情境引起新的完形的模型，构成特殊关系的组织以解决当前所需求的问题。所谓练习也并不如行为派视为盲目的对无用联结之淘汰，有用联结之加强。练习就是把已经引起的完形复新活跃，使之更为有效的随时用以解决困难。苛勒说了一段很透彻的话：

"我们的结论是这样的：联结是依据于组织的，因为联结只是组织历程之后的结果。当我们第一次介绍组织概念的时候有许多机械论的阻碍，在这些各方面，我希望我已讲明根本上经验不能从以前任何形式的学习产生，所以组织当为经验最原始的情态。有时在实际经验确是发现了过去经验的影响，然而这过去的经验之本身仍是过去的组织之结果，因为，普通实际经验中所含的意义是从重复得来，而此种重复是根据一较大完形的痕迹。最后，我们若要认组织为联合的意义，那末我们就要用在一大情境中以前的组织所有的痕迹去说明实际的组织。……组织当为最根本的机能概念，而联想或意义都只是根据于这种概念而来的。"（《格式塔心理学》二九九～三○○页）

这所谓组织就是完形的构成。不论是本能、习惯、智慧的动作都是以完形的组织为普遍的基本的原则。

三、心之长成的历程　现在我们要具体的研究心之长成所经过的历程。这个历程考夫卡告诉我们是由本能的完形而感觉的、知觉的、观念的完形以到数目的完形。每一层引起的组织较之前层为复杂。而外界的情境就是完形的背景。这个历程是趋向于更完美，更整齐，更全备的完形模型。这样的趋向之所以可能必赖记忆。所谓记忆就是生机体所保持的完形之重新呈现。假使某种情境之再发生便易于使第一次在此情境中所产生的完形之呈现，而且要较之敏捷。即使仅此客观情境一部分之再发生也足以引起前次类似的完形。所以记忆在心的长成中也是很重要的分子。

（一）**运动的完形**　拿走路来做代表这是遗传的行为而不是学习的。在小的时候肌肉还没发达完全，所以不能自由灵便的行走。这是成熟的问题。还有婴儿伸手拉取东西，这也是原始的运动。这都有倾向目的的特性。它们的发展是从简单的运动到复杂的动作。凡不相连续的动作都渐次综合起来而组成一种"运动的节奏"（movement-melody）。所谓运动的节奏乃是一个连续的有完密组织的整个活动。这就是从背景中引起的完形组织。运动的进展即构成较完善的新完形。这种新完形的构成乃赖于儿童意志之强弱。"两个儿童，体力相等，其本能发展的程度又相同，然而假定其一的意志力较强，则其行为的完成也较速"。这是考夫卡所引用斯腾（W. Stern）的一句话。（见高译二三五页）

（二）**感觉的完形**　我们先来研究色觉的发展。儿童在原始只知有有色和无色的区别。他们只知道在无色的背景上呈现出颜色来。颜色的区别又以色波较长的较早于色波较短的。这便是"温暖的颜色"和"冷淡的颜色"之区别。再从这种区别而乃认明四种主要的颜色，如红、黄、绿、蓝。这种颜色感觉的区别是很明晰的色觉完形。在没有颜色的背景中显出了有色的图形；在冷淡的背景中呈现了温暖的完形。考夫卡说："由我们看来领会一种颜色的差异，意思就是说这两种颜色已经组成一种联合；换句话说，那边已起有一种两个颜色的完形，而这两个颜色便各依其在这完形中所处的地位而发现，所以颜色知觉的发展就是新的颜色完形之逐渐的创造。"（高译二四三页）至于"颜色的恒常性"儿童是保守不变的。黑影子里面的白色，绝不会视为黑色，而亮灰色也不会看成白色。这都因为是以完形为基础的。

空间的知觉也是以创造新完形为发展的。儿童的视野在原先是有限制的。他首先看见眼面前的东西。而两旁的，上下的东西实际上他都没有注意。这是因为原始完形还没有成熟到固定的新完形。"体积的恒常性"也和"颜色的恒常性"一样的保持。苛勒曾把黑猩猩实验使之选择两个距离相等的盒子中的较大的一个。假使把这较大的盒子放得较远，在黑猩猩眼膜上反射出来反而变为较小的一个盒子了。但是黑猩猩仍然拿那个放得很远，似乎很小，而实际较大的原盒子。这都证明儿童对于体积的知觉和物体在空间内绝对的地位是没有密切的关系。体积固定的完形是保持在心灵活动里面的。至于"形式之恒常性"亦复相同。这种关于色、积、形的恒常性的事实乃是根据于完形的发展。完形一方面是由不成熟而至成熟，一方面是由背景中重新的创造新组织。

（三）运动感觉的完形　前面我们已经说过，在运动与感觉之间也有一种完形的关系。运动与感觉常为一整个完形的两方面。这一点考夫卡曾用摹仿来说明。一方面我们要知觉别人的动作，一方面自己照样去动作。这是运动与感觉两者合作的。考夫卡说："若由我的意思陈述这个问题则摹仿由于（一）个体本性中所已有的完形因旁的个体完成了一种同样的动作而开始活动；（二）个体若看见另一个体有某种方式的动作而引起一个新的完形则也可谓摹仿。"（高译二七五页）第一种摹仿谓为原有完型或为本能的或为习得的，因旁的个体之活动而引起同样的活动。第二种是因为旁的个体之活动而引起新完形的创造。所以知觉的完形而引起了运动的完形；运动的完形与感觉完形之间常有一种很密切的组织。原有的完形因知觉外面其他机体之同样或较完美的完形之活动，而起了一种不平衡的作用。于是自己发生运动同样的完形，以至达到目的为止。个体把许多似乎与某种情境不发生关联的事物开始由摹仿而加以注意。于是乃得到新的综合关系，以促进学习的效率。

（四）观念的完形　这已经是用语言思想去支配自然界的境域。这可以超越知觉与运动，或两者相合的活动范围。有一件极显明的事实就是儿童在会说话之前他能了解语言的意思。这就证明了儿童对于事物已发生了完形的关系。儿童渐次的知道事物各自一名，这乃又组织成功一种新关系。新关系的构造复又用以"类化其环境之影响"，而渐次的有了物质、因果、数目等完形的发展。所谓完形的发展，我们已屡次说明，是内的主动和外的情境两相关联之下所组成的。所以一切心的活动都是具有方式的。个体接受情境的刺激而不能不予以一种具有方式的反应。我们对于事物的观念当然也是完形的。它不是许多属性的总和，因为在此总和之上还有一个因之而成为完整体的中心核。事物由外认识之则为一由背景中所显现的图形；由其本身之内而得其观念则为此明确之图形的中心核而核的四周附有种种的属性。

心灵最高的完形要算数目或符号。儿童对于分别计算事物的多寡发展是很慢的。然而在这个计算多寡之前儿童已对于全盘的东西有过整个的认识。例如一个一岁多的小孩子给他三个铜板，他不会作数目的计算。若是在他无意之中偷了一个出来，他顿时会发觉对他以前所视为整数的铜子已有了缺少。

完形派对于心之长成的解释现在我们可以作一个总结束。我们已经明瞭心的长成决非对神经联结作无用有用盲目之选择。心的长成也绝非是无中生有机械反应之累积。心是一种有组织的活动，即新生婴儿亦有一种不完备的组织，由此不完备之组织渐与情境变迁之接近而次第成熟为完备的组织，或与其他的组织发生新关系而创造新的组织。这样心乃渐渐的长成。学习不仅为习得的行为而较重要的成分还是顿悟（insight）。苛勒说：

"若是习惯与重复不能认为所谓心理生活之主要动力，那末何为其真正之主要动力？这个问题只有一个答覆，这不是组成的而只是涵义的接受而已。此答覆即通俗的信仰。常人信仰，通常他顿然觉得为什么在某一时候他有这样的态度，在另一时候又那样的态度；而且大部分，在某一特殊情境中他为什么这样做，而不同的情境中他为什么又会别样的做，这都是他顿然就知道的，明瞭的。照通俗的眼光，他是顿然的，真实的经验到那些活动的内容，而这种动的关联之发展便组织成心理的生活。"（《格式塔心理学》第十章顿悟三四九页）

这种通俗的信仰便是完形派所同意的。顿然的领悟就是心的发展之主动力。这好似大思想家之顿然寻到他的理论，科学家顿然得到新的发现，文学家之顿然写出伟大的著作。这都是自然而然的领悟。

四、心之目的　一切心的活动是有目的的。这在完形派是同意的。而心之有目的在心理学派别里面也有麦独孤做代表来专门注重到这一点的解说。我们可以简单的叙述。麦独孤认定了有生物与无生物的界限。所谓有生物就有行为的动作。行为并不是机械的对刺激之反应。这是我们已经讨论过的，麦独孤就很注意这一点。因为他认为行为是有目的性的。

（一）行为之特性 麦独孤把行为列举了七种特性。（1）行为有活动的自主性（spontaneity of movement）。动物的行为不仅是受外力之推动与吸引，同时它是主动的支配这种推动与吸引。（2）行为有一种恒久性，它是与环境的情形独立的。或许它为一刺激所引起，然刺激停顿之后，行为仍是连续下去。（3）同时行为在恒永的活动中也有方向的变异。譬如我们的行为遇障碍的时候我们便用间接的方法去达到同一目的。（4）行为在其情境中有了特殊的变动时便会停止其活动。（5）活动总是力求预备新的情境。一串行为之前部是后部的预备工作。（6）行为的屡次发生便得改进的效果。（7）行为是有目的的活动，它是有机体整个的反应。

（二）行为之目的 从上面的七种特性看来，一切的行为都是有目的。一切的活动都是要达到某种的目的。麦氏说："有目的性的活动之典型是我们预先有一种很清楚很确定的目的，我们想要去或决定去达到它；于是我们也预先采取几种步骤以为达到此目的之工具。"（《心理学概论》四七页）然而目的之预见以及所采取的步骤有时也是很模糊的，含混的，但是这并不是没有目的。所以有目的之行为乃是心灵之表现。"心理活动之本性即似为有目的性"。

（三）目的之程度 目的表现的程度是有等级的。目的不一定在任何行为中都是明显的，都是可预见的。但是每种行为都有倾向于某方面的趋势。在低级的行为中只有含混不明的倾向性。在较高些的行为中已有相当的倾向于哪一方的认识，但是还没有经过考虑与选择。在最高的行为中我们才见有明确的目的，以及达到此目的之具体步骤。这就已经在各种可能性中经过了我们考虑与选择。人类或动物绝不是一个机器，他们有其整个的自我表现。一切的心理活动都是有目的的，而最后的目的就是在完形原则之下以达到最完善最美满的完形。

第四节　心身之关系

　　电从铜丝上经过而发为各种的光亮、热力、动能等等的作用。我们承认铜丝是传电的，但是我们不以为铜丝就是电力的本身，我们更不能主张铜丝就有发光，生热，推动种种的作用。心的活动是要经过神经感觉，运动各系而表现出来，但是我们能拿神经系等的工作认为就是心的活动吗？行为主义说明了心的活动在生理上的基础。同时它也拿生理学来代替了心理学，（虽然也加了一番综合的工作）甚致于连"心理"两个字它都要抛弃。行为主义派根本的错误就是盲目的接受了传统的生理学。生理学上有许多没有证明的说数，和徒凭假定的理论，行为主义派都深信无疑，因此盲目的走入了极端。现在我们要检验这些没有证明的假定。

　　一、生理的动物和心理的动物之区别　生理的动物就是一架机械，它的一切活动都是决定不移的遵守几条法律。它是许多反射作用的堆集。但是假定我们拿生理的构造纯粹的机械式的配合，这绝不会制造出一个有生物的。至于巴夫洛夫的交替作用，即使我们承认刺激引起反应，但此刺激与另一反应交替这不能用生理的机械观所可说明的，因为交替作用之发生必含有符号或意义的理解。动物在交替作用里面一定要有对符号主动的注意。一块石头，一片草地绝不会有交替作用。巴夫洛夫本人也知道动物之警觉状态为交替之主要原因。若是一只狗是厌倦的，或是激怒的，或是有毛病的时候它是很难有交替作用的。这就是说，没有"注意"的心理成分交替是不可能的。心理的动作是有一种主动的个性。它是一种整个的全体，它主动的去反应一切。这并不是说心理的动物没有生理的基础，但超过此基础之上当有心理活动的本身。这种心理活动我们就认为是心力（mental energy）。身体的活动需要心的支配。心与身是混一的，不可分离的。没有心的身体只是生理的躯壳，一无活动的臭皮囊。有了心力始有一切的心理活动，始有生气。

二、对于各种感觉的神经活动是没有区别的　通常我们知道有视神经传达光的感觉，听神经传导音的感觉。某种特殊的感觉的激动经过特殊的神经，达到脑部特殊的区域，于是乃有特殊的感觉。譬如红色的光线映入了眼帘；由眼神经传达到脑部的视觉区，于是我们有红色的感觉。但是事实上在神经里面并不因为特殊感官而有特殊的活动。第一刺激不能给感受器以力能；神经也不传达力能给筋肉。因为刺激力量的增减不足以改变神经纤维里面激动的能率。刺激一定要在某种强烈的程度才可以引起神经纤维的激动，在这程度之下便不能在神经里面发生任何效能。这是"不全则无"的定律（all or none rule）。增加刺激的力量其效果只是引起较多的神经纤维参与运动而已，然每一激动的能率是不变更的。可见神经的激动是利用纤维本身的力量。纤维里面所激发的力能是从纤维本质中所产生的，而不是从刺激方面产生的。若是这激动达到筋肉的时候筋肉就会发生伸缩，而这种伸缩之力能又是从筋肉本身的化学本质中所发生。神经纤维并没有把力能传给筋肉。

第二，在神经纤维里面的流通不论是听觉的、视觉的、嗅觉的、味觉的，根本上就看不出什么分别。佛克斯（Charles Fox）给我们一个很好的譬喻。设想从火星上来了一位生理学家，他对于地球上的所谓感觉一点都不知道。他随一位地球上的先生用极强烈的"塞管放大器"（valve amplifier）测验人体中各种神经里面的激动。在这一位火星来的先生看来这些激动除了时候关系不同之外几乎找不到一点区别。他看不出这些神经激动会发生感觉的痕迹。他更不会想到这些神经激动会依照不同之感官而生出各种不同的感觉。根据他所亲察的事实他决不能判决出这些激动会有神经的和运动的活动之区别。他更不会找出它们在脑里有什么联络。这不是一个譬喻。我们能试处于火星先生的地位去实验兔子及其他的动物。下面是佛克斯先生给我们的论证。

"我们因不可言神经传导感觉，乃言神经传带消息。传信者传带消息的时候他只能做传达的工作——不论是用言语，用书信，或其他的符号。电线传送电报它所通过的只是一系不同型态的电流以代表各种不同的意义。而神经系所传达的激动都是同一形态的。不论这些刺激是引起光觉的、听觉的、痛觉的、触觉的，它们都是完全同样的。所以就拿这些神经传导视为电线之通报尤为过甚，因为它们尚不似电线里面波长不同的电流"（《心灵及其身体》三〇页）

于是我们证明了神经活动之纯一性。各种知觉之区分，意义的了别胥有赖于超乎此反射作用之能力。神经活动必要有心灵始可发生不同的知觉与意义。

三、中枢神经系没有区别的功能　脑筋是含有许多特殊功能的吗？还是脑部只是一种混合的功能。皮质部某些神经与某种心理活动是有联带关系的吗？通常假定脑部是分区作用的。然而实验的结果，整个脑部内容都是同一质地的，脑部有均衡的潜力（equi-potentiality）。在脑部我们找不出区分的功能。法郎兹（S. L. Franz）和勒希莱（K. S. Lashley）用迷阵来实验白鼠。当白鼠能直达目的而无误之后，把通常认为管辖运动作用的区域——前脑——切断。这些经过手术的白鼠在迷阵并不像未受训练的老鼠乱跑乱跳。虽然它们复会走错数次，然而很快的就达到了目的。虽前脑切断，仍保持有运动的习惯。勒希莱曾做一个更复杂的实验。他用一群老鼠，有的去前脑，有的去后脑，有的断左脑，有的断右脑。每一个伤去其脑之一部分，一群合起来可算脑的全部都被切断。因此脑之所谓视觉区、听觉区、触觉区，都曾顺次的断去。这些受伤的老鼠受训练去开笼子。每一动物做错误的次数计算下来。同时用一群没有受过手术的老鼠做同样的实验而计其错误之次数。其比较的结果真令人可惊。未受伤的老鼠平均需一百四十次的尝试始能完满而受伤的老鼠其平均次数仅到八十左右。可见各种不同区域之切断均不足以阻止其某种功能的效力。脑部的各区域有同样的功能。学习的能力并不依赖脑筋的特殊分工。

四、心力　从上面三点看来，我们虽认为行为派或其他传统心理学曾给我们许多关于生理方面的知识，然而生理机械非即心灵的活动。生理的动物是死板的、机械的、无生的。活跃的、有生气的、有个性的动物就必有一种"心力"驾驭着一切生理的构造。神经纤维所传达的只是同一性质的激动，若是我们要区别其意义，了解其情境，则不能不有一自动的，整个的心灵去主持之。

一个混合的脑质而发出种种不同的心理活动，可见理智并不能是脑的机能。我所谓"心力"并不是一种物理的力量，而是心理超乎机械生理的自主活动。关于心力我们就两方面说，在有意识方面格式塔心理学给我们很详细的辩证；在潜意识方面精神分析论发挥得很痛快，不过著者宁取琼恩而舍佛洛德。因为我们知道在整个的心灵范围里有一种混一的推动力，它可以是libido性的冲动，也可以是求生的冲动。它支配着有机体的活动。我们对于心力的活动有一种直接的经验，也可说只有一种顿然的领悟。这是我们认为格式塔和精神分析论所供给的真理。心力当然是主动的力量，然亦有被动的身体。假定我们纯粹研究被动的身体我们不妨不理主动的心力。若是我们所要讨论的是心理活动，那末我们就不能不超乎身体而观察这个主动的支配力。所以讨论心身的关系主要的必从心理方面着手。

五、心身之完整　在大宇宙间我们见天体星球是一个完整的系统。在物质里面我们知道有许多精微的组织。生命也即全体性的表现而心灵亦为一不可分析的完整。好似生命之非但有本身的整齐而且与环境混而为一；心灵非仅有其本身活动的和谐且与身体是不可分离的一体。我们不能把心灵与身体分别离散，同时更无须加集混合，因为心身两个本即一完整体的两方面。身体是运行一切机械动作的，——不，身体本身是没有活动的——心灵才是推动一切活动的力量。心力管制着一切，规律着一切。若是没有心的活动，则神经运动以及一切身体动作都是无能为力的。行为主义想把心的活动只是神经、运动等等身体的动作，然而在神经系里面或运动器里面我们并不见有所谓心的活动。因为这种尝试根本是错的。佛克斯所说下面一段很痛快的话可作我讨论心身活动的结束。

"各种生理的观察以作为讨论心理状态之根据，我们已证明其非荒谬即不通。心和身为统一的完整体；此完整体是自成一体的。若是我们把身体和心灵分开，从任何一方所得的事实均不足解决心身问题。而且事实上我们就不可以说有这种身体对心灵之关系的问题。因为这反形成了心身相对的根本错误。"（一〇三页）

参考书

Woodworth R. S. *Psychology，A Study of Mental Life*

Woodworth R. S. *Contemporary Schools of Psychology*（谢循初译 国立编译馆出版）

Gates A. I. *Psychology for the Students of Education*

Thorndike E. L. *Fundamentals of Learning*，1930

Thorndike E. L. *Elements of Psychology*，1905

Thorndike E. L. *Animal Intelligence*，1911

Thorndike E. L. *Human Learning*（《人类的学习》 赵演译 国立编译馆出版）

Pavlov. *Conditioned Reflex*，1927

Pavlov. *Lectures on Conditioned Reflex*，1928

Joad C. E. M. *Guide to Modern Thought*，chap.Ⅳ，Ⅷ

Watson J. B. *Psychology from the Standpoint of a Behaviorist*（《行为主义的心理学》 商务出版 藏玉泩译）

Watson J. B. *Behavior，An Introduction to Comparative Psychology*

Watson J. B. *The Ways of Behaviorism*（谢循初译）

Watson J. B. *Behaviorism*

Warran H. C. *Elements of Human Psychology*（《人类心理学要义》 赵演 汪德全译）

Patrick T. W. *What is the Mind*?（《心之新解释》 朱然藜译 商务出版）

Wundt W. *An Introduction to Psychology*（《心理学导论》 吴颂皋译）

Joad C. E. M. *Mind and Matter*（《心与物》 张嘉森译）

Freud S. *Psycho-Analysis*（《精神分析引论》 高觉敷译 商务出版）

Freud S. *Interpretation of Dream*

Freud S. *Beyond the Pleasure Principle*

Jung C. G. *Contribution to Analytic Psychology*

Jung C. G. *Psychology of the Unconscious*

Adler A. *Problem of Neorosis*

Tansley A. G. *The New Psychology*

Low Psycho-Analysis（《佛洛德精神分析》赵演译 商务出版）

McDougall W. *Outline of Psychology*

McDougall W. *Outline of Abnormal Psychology*

McDougall W. *Outline of Social Psychology*

Briges J. W. *Psychology*：*Normal and Abnormal*

Kohler W. *Gestalt Psychology*

Kohler W. *Mentality of Apes*

Koffka K. *Growth of Mind*（《儿童心理学新论》高觉敷译 商务出版）

Fox C. *Mind and Its Body*

郭任远 《人类之行为》商务出版

郭任远 《心理学与遗传》商务出版

陈德荣 《行为主义》商务出版

朱光潜 《变态心理学》商务出版

张东荪 《精神分析学A. B. C.》世界出版

萧孝嵘 《格式塔心理学原理》国立编译馆出版

科学的哲学趋向于唯物欤唯心欤

　　科学与哲学同样是求宇宙的微妙。虽是科学分析的，精确的深入于宇宙各部的细微处，然而它的结果仍不外乎供给哲学以正确的资料，预备对宇宙的全盘作一批判的、综合的认识。科学注重于事实的实验，哲学偏重于理论的逻辑。若以精确的事实辅助逻辑，我们或可得一较为融贯的哲学。上面我们曾经把相对论、新量子论、生命完整论、完形心理学所供给哲学的资料分别的讨论过。我觉得新科学已攻破了唯物的营垒，巩固唯心的阵势。最近的科学已经和唯心论站在一条战线上。简单的说，科学的哲学是趋向于唯心论的。

　　我们不敢说新科学已得到了绝对的真理。新科学仍是在继续不断的发展中。哲学问题是恒久的，宇宙的宝藏我们无时无刻不在掘发中。但是现在我们知道旧科学已经溃乱，以旧科学为唯一武器的唯物论已无立锥之地。二十余年之中科学上的新发现引起了极大的思想革命，这种革命的思潮是转向唯心论而澎湃不已。我认为这种趋向凭着现在最可靠的科学结论，凭着现在最融贯的逻辑历程，是应该肯定的，应该坚持的，除非我们得到了与这相反的一种更为可靠的科学实验。

第一节　新唯心论及其知识论的根据

　　欲检讨现代科学是否为唯心论之基础，我们必先认清何谓新唯心论。所谓唯心论我们并不要回到以前的唯我论。新唯心论也并不主张宇宙万有是没有存在的。宇宙不是太虚幻境，外界不是乌有的梦乡。客观存在不是主观的变化，物理世界亦非幻觉的虚构。我们承认宇宙万有是存在的，是实有的。但是万物的存在是心灵的对象，宇宙之实有受心灵的支配。物理世界是心灵的显现。此地我所谓显现并不是说物质的虚幻，而是指心灵的活动运行在一切自然境界中。客观的存在脱不了主观的关系，物理世界无处不见心灵的活跃。唯心论所否认的是没有心灵活动的实有，离开主观关系的外界。假使那一学派欲在心灵之外，欲在没有主观活动的境界求独立存在的事物，我们认为那是徒劳无益的。唯心论主张物理的架格只能在主观的系统中始有其标准；物质的本然只是一团有秩序的活动组织。它们活动的历程都在心灵指导之下。生物有完整性的表现，因为生命进展的冲动力是心灵力量。身体行为也是完形的组织，因为心理活动也是为心力所支配的。因此，一切的存在，一切的组织，一切的活动，一切的发展都不离心的支配，都只是心的显现。唯心论就主张在心的活动之下，在心的驱使之中，物理世界是存在的，是实有的。主客是混然的完整；心物是不可分离的全体。这个完整性或全体性才是宇宙万有的本然、生命历程的动力。

我们曾经研究过空时、物质、生命、心灵等等的问题，这是很明显的表示，我仅就玄学的范围讨论。所以我只论及唯心唯物之争，不问观念与实在之别。观念论或实在论，那是知识论里面的学派，本书不是研究知识问题的。但是玄学上的主张必有知识论的背景，这是不可否认的。有人以为在玄学里面是主张唯心论的不一定在知识论上是一位观念论者。在知识论里面主张实在的也不一定是一位唯物论者。麦克塔格（J. Ellis McTaggart）在《现代英国哲学》一卷中作了一篇《一个本体论的唯心论》，他说："从本体论上讲我是一个唯心论者，因为我相信一切存在都是精神的……在另一方面，我要说从知识论上讲，我曾经是一个实在论者。因为我要说知识是真的信仰，而信仰之所以真，它必与事实有符合的关系。"康德是观念论者，笛卡尔也曾说过"我思故我存"，但是他们并没有承认物质本体是唯心的，是精神。麦克塔格在其《存在之本质》中又说："idealism常为知识论中所采用而不常用于本体论中。这样一来，虽康德未肯定一切存在即精神之说而被认为idealist。而柏克莱虽肯定存在即精神之说则反不被视为idealist。"（二卷一一九页）但是我觉得唯心论仍少不了观念论为其知识论上的根据。以我个人而论，在知识论我是一个观念论者，在玄学问题上我又认为非唯心论解决不可。

现在我先把唯心论在知识论上的根据作一个简略的说明，然后再讨论新科学趋向于唯心论的理路。在拙作《知识论纲要》第十八章我把观念论的主张归纳为以下的六点。（1）绝对不知道的东西即无存在；（2）凡存在都属于观念范围之内；（3）自我、非我、大我乃实有存在的；（4）这些存在都是观念的；（5）自我，非我为普遍心灵的对象；（6）普遍心灵是自我与非我之究竟。我们知道凡存在的东西都是必有其意义的。不论它是天球体系，或是光物的波粒，不论它是初性或是次性，那都不能没有意义。但是所谓意义必须要有一个意义者（signifier）。换言之，意义必要从主观的心灵中发生出来。存在必要被知道其存在而后始能确定。所以存在不离知识。反过来说，假定我们绝对不知其存在，那末我们复何由而肯定其存在？而且根本上肯定就是知识。所以我主张没有知识便没有存在。从这一点出发我进一步主张一切宇宙系统的组织都必有心灵活动为其原动力。在整个的宇宙系统中有自我与非我的存在。此地所谓自我是指个别的心灵和一切的有机生物；所谓非我是指一切物质现象。"在本质上，自我与外界乃是一个整体。组织外界的心灵和我自己的心灵乃是一体。"这个整体就是一个普遍心灵的对象，它是一切观念的总汇——不，它是一切万有的究竟。普遍心灵或绝对自我，我们可以从三方面去认识它。（1）它是物理外界综合的关系；（2）它是矛盾冲突的和谐；（3）它是认识一切真理的大我。物理现象确有综合的关系，矛盾间必含有和谐，整个对象的认识必有一完整的主观，这些都是经验的事实。所以普遍心灵是实有的。因为普遍心灵的实有而有一切万物的存在。

第二节　相对论所奠立的唯心论之基础

玄学可以包括本体论和宇宙论。其根本永恒的问题不外乎：（1）空间和时间是主观的，还是客观的？是独立的，还是连续的？（2）物质的本然是运动的实质，还是活跃的力能？它有独立的存在，还是心灵的描绘？（3）万物的演进是受因果律所支配的，还是自由发展的？是必然的，还是或然的？（4）生命是物理化学的堆集，还是自有其完整性？生命的进展是烦杂的组合，还是新颖的创造？（5）心理活动是生理的机能，还是自主的动作？是机械的运动，还是有理解的了别？在哲学史里面我们无处不是遇到这些困难，历来我们见到许多的哲学家不断的努力去解决这些问题。历史上的哲学家当然是有许多不可磨灭的理论，然而那多半是根据逻辑的冥索。现在我们因为要从科学实验的结果去解决这些问题，为免除偏见计，我不谈及那些哲学上的论点，专从科学的发现上去求证据。

科学的结论不是既成不便的，也不是无往不利的。这就是说科学日在进展之中，日在修正之中。在哲学史上我们知道科学也曾被唯物论所利用。但是现在科学进展的结论证明了旧科学是未成熟的，似是而非的。因此，新科学一方面是建立了最精确的哲学基础，一方面修正了传统科学的错谬。不论是机械唯物论或是辩证唯物论都也曾拿科学实验作为护身符。现在我们认识那些科学思想在科学不断的发展中已经是落伍的了，已经失了它作为哲学基础的确性。这是我们不能不加以说明的。

宇宙的独立性或客观性在旧科学看来，无过于拿绝对的空间和绝对的时间作准则。一般的人都以为事物是实有的，因为它们确实在空间与时间中不断的运动着。但是相对论告诉了我们空间和时间并不是离开主观系统而实有的。

我们所知道的空间和时间绝不能作为一切宇宙运动的标准。所谓普遍的以太也经迈、摩二氏的实验证明那是对宇宙运行不发生丝毫影响的空间名词。费、罗二氏的收缩作用又证明了量具在不同的运动速率中有不同的收缩变化。相对论告诉我们在极速度的运动中时间是过去得极慢。所以我们找不到一个普遍的空间，它可以应用到一切不同运动速度的星球，我们也找不到一个普遍的时间，它可以作为一切不同速率的运动的标准。因此，绝对的空间与绝对的时间是没有实在的。空间和时间都只是相对的。空间和时间只是相对于某一定速度运动的主观系统始有其准则的意义。在地球上的空间与时间只能应用于地球上一切人类的行为活动。但是我们不能拿"我们的空间与时间"去测量太阳上的运动。在火星上的物理学家必自有一种完全不同的空间与时间。他也许认为人类所用的空时是不准确的。上海外滩海关的钟敲八点，隔一会它又敲九点。在我听来，钟声一定的从同一的地方发出来的。但是在火星上的人看来，钟之敲九点和敲八点是在两个距离很远的地方发出的，因为地球一点钟之内在太阳系中已走了好几十万里。譬如我坐在第三节二等车里面吃茶。二十分钟这杯茶吃完了。在我本人和同我坐在一车的人都认为我坐在二等车里面同一地方吃茶。但是北站的站长见我在吃茶，真茹的站长也见我在吃茶。可见"同一地方"在陆地和在火车上有不同的意义。所谓"同时"在两个不同的系统上也各自有不同的意义。一对双生子，甲在地球上活了七十岁，老得快要死了。在这个时期之内乙坐光一样速度的飞机在星云上游历了一周回到地球才只是五岁的孩童，也许他比甲的孙子还要年青些。同一时期甲在地球上过了七十年，乙在星云只觉得过了五年。我们再用火车的比例。车由上海沿京沪铁路向南京开行。火车经苏州时未停而过。苏州适见由东西两方同时发出两道闪电。但是在火车上正中一节的乘客看见西处的闪电先发，东处闪光后来。因为火车向西开驰时西来闪光对火车逆行，东来闪光是顺火车并行，而且逆行之光先见，相顺之光后见。站长所见与乘客所见完全都是事实，然而一个说同时，一个西先东后。所以"同时"一词只能相对而言。因此，天体中每一个系统都自有其空间亦自有其时间。每一种空间和时间为其本系统之标准，对其他系统则不然。每一种标准都是正确的、精密的。我们不能袒护任何一种。但是它们的准确性只是对各主观系统相对而言。相对论的原理都给实验证明了。除了我们的心灵对事物的知觉之外，空间是没有意义的；除了我们主观的对事物的经验之外，时间是虚无的。空间与时间都是心灵主观的产物。

宇宙是个混然无别的连续体，是个完整的全体。个别的心灵或某一体系的心灵把整个的宇宙分裂开来。我们地面上的人把宇宙分成空间和时间，再把空间又分为高宽深三度，时间又分为过去、现在、未来三期。其实宇宙本身是没有这种分裂的。现在我们用地面的术语说（因为我们是人类）空间和时间只是一个连续的四度。四度的"空—时"才是实在的。唯物论说："好的，你承认了连续体的实在。你既是承认四度连续体是物理世界的架格，至少你投降了实在论。"不错，我承认连续体的实在，但是我并没有承认它是离心灵而自有实在的。所谓"空—时"之连续体，所谓"四度"都还是因为我们不能脱离地球观念而假定的名词。实在它是完整的全体，它是主客的综合。若是我们说它是独立存在的，它有四度，那末我们仍然破裂了全体的完整性。实在的完整是普遍的秩序，超然的均衡，不可分裂的整个，永垂无朽的保持。这不是离心实有的，这就是我所认为绝对心灵的本身。唯物论所见的空时，实在论所执的实有都只是一种妄计而已。宇宙的运动，物理的现象，相对论，证明了那都是我们自己的心灵，用一种相对的空间与时间所范畴的。单个的空间与单个的时间都是个别心灵把宇宙之完整体经过一番制造之后所浮泛出来的结果。既是一切物理现象都脱不了空间与时间的结构，则外界之必赖于心灵，其理甚明。所谓空—时之连续体仍只是一个绝对心灵的对象，仍只相对于普遍心灵而言。离普遍的主观便根本无所谓客观的实有。客观不能从主观中抽象出来而独立实有，因为这种分裂根本就不能认识完整之本然。这可说是新实在论的当头棒。

相对论的贡献在知识论的涵义上暗助我们明瞭了实在论的妄执；在宇宙论本体论上，强有力的证实了主观心灵对物理世界之活动。活动的对象才显现了客观的存在。然而宇宙的本然是混然一体，完整常存。这都给唯心论奠立了稳固的基础。

第三节　新量子论与不定原理之摧破唯物

关于物质问题我只预备把所讲过的结论归纳出两点来讨论。一点是关于物质的本质，一点是论及运动的法则。牛顿辈的科学家以为物质是实有的，因为物质有质量与运动。至于物体运动的法则，他们又认为是绝对的因果律。宇宙的一切都是物质的集聚，无论把它分析得怎样细微，它总有质量，它总依因果律而运动。因此，推而广之，无物非物质所组织，无变化非受机械律之支配，但是现在我们要看什么是物质的质量？新物理学从量子论到波动力学逐渐给我们一幅清晰的图画。所谓原子只是电子围绕原子核，像太阳系一样的一个运动体系。电子能有好几条轨道绕着原子核运行。它能从此一轨道跳到彼一轨道。所谓原子的质量就是从电子这样不断的跳跃绕行而产生的。其实，质量就是原子运行的一种影响力量的范围。并没有一个固定的质量，也并没有一种确实的本质。物体的质量照相对论说，是随着运动的速度而变更的。电子跳到离原子核较近的轨道其运动速度增高，其质量乃增大。电子跳到离原子核较远的轨道，其速率减低，质量亦随之而变小。原子的质量是依电子运动而决定。不过原子质量的大部分仍是为原子核所充塞。鲍尔说："原子核虽较整个原子为小然仍几占原子质量之全部。"那末，原子核不是仍有实质的质量吗？新物理学已告诉我们所谓原子核也好像原子一样有负电子绕着质子（proton）而运行。那末，原子核的质量也只是一种运动所发生的影响范围而已。无所谓内容，无所谓本质。因此，物质的质量在实在上是不存在的。于是物质只剩下了一种极细微的粒子极速度的运动。此地所谓粒子并不是指占有空间的东西，而是一种力能活动的"场面"（field）。在另一方面，柏乐吉利、海森堡、戴拉克等的波动力学又报告我们所谓电子是一种波动似的振动。于是物质又似乎成了波粒相

傅统先全集

混的活动现象。

那末，这种波粒子活动是物质的本质吗？它们有独立的存在吗？唯物论者以为无论如何新科学对于这一点是不能否认的。其实，我们就找不到一位新物理学家是承认波粒子有存在的本质。柏乐吉利不是说："我们如鲍尔一样不再把这些粒子绘影绘形的视为一件有空间的，有速度的，有抛物线的小东西。……波浪不过是某些或然性的纯粹符号而已。"科学只是对现象界的一种描绘。物理世界在科学家眼光看来那都"是一种象征，一种符号。所谓波动，所谓粒子都只是对这些符号加上色彩的描素"。爱丁顿说："有人问我到底电子是什么，我就说电子是物理学中的字母之一。"物理学的对象是一幅图画，是一套有系统的注音字母。在新物理学中我们找不到实质，看不见存在。粒子波动都只是抽象的想象，数理公式中的符号。

因果律曾一度被视为天经地义。现在的科学家都一致打破了这个机械决定论的迷梦。海森堡的"不定原理"（uncertainty principle）证明了我们没有法子去预知原子的行为，我们更无从决定原子未来的变化。因为照旧科学说，我们欲完全确定物质的情形，我们必要同时知道它在空间的位置和运动的速度。但是海森堡的实验说明了我们绝不能同时确知原子的位置与速度。我们愈确知其位置，则对其速度的知道愈为模糊，反之亦然。因之，我们没有法子去预先决定任何物质未来的行为。这是因果律极大的一个打击。假定我们相信某些一定的条件完全齐备的时候我们能决定其未来。但是实验告诉我们凡关于物质——甚至于整个自然界——我们绝对没有同时确知其一切条件的可能。我们愈确定此一必备之条件则愈不能确定另一亦为不可少的条件。我们只能校准位置与速度两者之一。质言之，因果律对于物质本然之决定是绝对不可能的。

鲍尔与商美费德也告诉过我们电子的绕行以及其在各轨道之间的跳跃，我们是没法去预测其行踪的。因果律在细微宇宙间已完全失其效力，已成不可否认的事实。我们知道戴拉克也说过："在同一条件之下将此实验重复若干次必发生各种不同的结果。"因此，新物理学已抛弃了因果律而利用了或然律，鄙弃了决定论而代以统计法。物理活动之不可绝对预测，宇宙运动自有其相当的主动力，这是最近科学的贡献。

　　新量子论充分的表示了物质的抽象性和证明了因果律的不可能。这两者已足以证明唯物基础的颓败，唯心思想之勃兴。物理现象脱不了主观的成分，离不开心灵的关系。科学本身就是对于心灵所显现的对象所加的符号的（即数理的）描素，或然的统计而已。所以科学所研究的对象仍然是唯心所识的构造。现在我们虽不欲如旧唯心论把客观性强归并于主观性之下，然而物理世界之不能无心灵的支配，不能离主观的认识，机械不足以解释物理，宇宙而有自主的活动，这都是我们所要坚持的。关于这种坚持的自信力我们当感谢新量子论的惠与。

第四节　生命之完整为心灵之表现

　　相对论奠定了唯心论的基石，物理学摧残了唯物论的营垒，而生物学生理学尤显明的证实唯心的论点。有机体是许多物理化学的原素堆砌而成的吗？有机的活动是一架机器的运行吗？生命的发展只是原有种子的扩张吗？现在的生物学者对于这些问题毫不迟疑的予以否定的答复。罗厄布虽极力从各方面说明生命的机械性，然而生命之不能加以剖解，不能加以分析，这是不可否认的事。假使我们把一个有机体分裂为细胞，细胞分化为原素之后，我们还能找得到生命的特性吗？假使我们拿若干原素照有机体的内容依样葫芦的组合起来，我们能创造生命吗？事实给此两问题否定之后，罗厄布的强辩是没有意义的。生命的特性是一种和谐的配合之保持（the maintenance of a harmonious co-ordination）。有机体的内部组织是共同活动的，生命是不可离散的完整体。生命的完整虽是内在各部分的产生，然而它并不是各部分之和。生命有一种永久维持其协和整齐冲动力。所以有机体是不断的冲动以求生、尽其所能的遗传以绵延。这绝不是机械观所能解释的事实。

生物非仅有其内部生理的和谐，并且和环境是不可分开的全体。谁都知道生物不能没有营养，谁都知道生物少不了呼吸空气，而人类之不能离开社会，脱离人群尤为显明之事实。因此环境不是在生命外面存在的，它只是生命本身的一部分。生命的开展是没有空间限制的。汉尔唐说："生命是一个表现为无空间限制的完整体的大自然。"他曾拿呼吸的事实证明生命活动的整齐性。呼吸在人类是肺部吸收养气吐出炭气的工作。但是这并不是机体内局部的问题。呼吸非但辅助血液的循环，体热的保持，而且一切神经作用，消化作用，肌肉的运动，思想的运用，无不赖以协和。我们要呼吸器官从整个有机体中抽象出来讨论呼吸作用，那是不可能的。就拿呼吸一事来说，它不仅是机体内部的和合，而且它维持着内部与环境的均衡。若是空气中炭酸压力起了极大的变化，肺部里面的压力仍是继续的调和，以致内部仍维持其均衡而不为外力所影响。机械就绝没有与环境混然为一的特性。生命的完整性乃是一种自主的冲动力的表现。生命绝不是物理化学的产物，它有自由主观的推动，心灵活动的伸张。个别的有机体是完整的，整个生命界也是完整的。若于我们从分裂中找完整，从离散中求全体，那简直是笑话。固然全体不能离开部分，但是全体不即等于部分之和。部分之和，是各不相关的，毫无生气的，完整的全体是互相协和的，彼此规律的。生命的完整性是心灵活动直接的表现。所谓生命的全体是各部组织之和再加"心力"。唯心灵之活动始有生命之绵延，唯生命之绵延始有部分之分别运行。故生物为"心力"之显现。

生命的发展并不是拿原有的材料作种种由简而繁的开展。生命原始的形态并没有包括未来长成的一切性质。生命在不断的创造新性质，它进展的每一阶段都是不能由前阶段所预定的新成就。生命的绵延是不断的创造新形态，这一点确是柏格森从生物学中领会得来的事实。新性质的创造，无论机械唯物论怎样的不顾及事实，然而那是现在的生理学家或进化论者所不争之实证。摩耿、斯墨兹是承认这一点的，而塞勒斯的进化自然主义又何独不然。生命的进展由一种主动的冲动力使之绵延创化。生命是完整的全体性从渐次演进的历程中的显现。在原始简单的有机体中我们只能暗淡的观察到完整性，后来愈到复杂的生物，完整性之实现则愈完全。所谓完整性的实现即言生物的演化乃是连续的创造以前所没有的新性质。这不是因果律所能支配的，我们也更不能把生命之发展视为若干旧原料机械的增加。

新性质的创造，自主力的冲动，完整性的实现，创化性的绵延，这都是证明心灵在生命里面活动。心力在一切生物中主持着。这种主持力是完整的，和合的，普遍的，绵延的。在各阶段的历程中其显现之程度虽有不同，然而趋向于完善则一。现在我们也不想象极端的生力论之重视了生力之一部分而疏忽了完整的全体性。我们所谓完整性是包括（1）一切进化历程的实现，（2）此实现之情境，（3）以及心力支配，三者之统一。机械论和生力论同样的假定了生命与环境之分离。其实，生命与环境只是唯一完整体的表现而已。

第五节　心灵之完形非机械所能解释

人类的行为和思想更可以积极的证明这心灵的活动。近来的精神分析论和格式塔学派都从科学的实验提出了强有力的证据。行为主义的雄辩终于不能克服事实。华生把人类的行为与思想分析为许多简单反射的集合。所谓反射作用不外为刺激的感受，神经的传导，肌肉的反应，但是我们对于外界刺激发生各种不同的意义，发出各种不同的了别。这种了别，这些意义是整个反射作用的功用吗？但是在神经系里面我们确看不见有若何了别作用的丝毫痕迹。佛克斯（Charles Fox）说神经虽好似通传电报的电线，其本身毫无电码意义之可言，然而严格的说，神经纤维简直连电线都不可比拟，因为电线之传达信号尚有其振动之不同，而神经纤维的活动利用valve amplifier测验的结果则完全看不出其间有丝毫区别。仅有反射那是不发生任何意义与了别的。因此，我们所有的了别的作用与意义的解释必有心灵之活动运行其间，绝无疑义。

　　进一层说，反射作用或许没有了别能力，然而刺激之本身也许是有种种差别而引起种种反射之不同。但是实验的事实又否定了这种说数。苛勒的"选择训练"证明了同一刺激而引起不同的反射。凡主张不同之刺激乃有不同的反应，他一定是以"个别感觉针对一定之刺激"为前提。但是刺激与反应之针锋相对是毫无根据的。完形心理学说，所谓感觉或较复杂的反射作用，实在它是对整个的背景加以了别，加以选择；它是特别注意到其间整个关系中之某一特殊关系。反射并不是针对某单个刺激成分独自发生作用。苛勒的实验是这样的。用一种淡灰色的纸块和一种较灰色的纸块。使小鸡反应"较灰"的纸块而得食，反应"淡灰"的纸块而无食。训练的结果只认定了较灰的纸块去反应，我们以正号代表之。小鸡再也不去反应淡灰色的纸块，我们以负号代表之。照行为主义和联感心理学的假定，小鸡无论在什么情境中总是反应正号，否则负号。"较灰"色的纸块引起了针对的"较灰"的反应。但是我们把情境改变了。我们仍保留那块"较灰"色的纸块，而另外用一块"极灰"的纸块来代替淡灰色的那一块。照行为主义的意思这小鸡因为较灰色的纸块已映入了"它的脑经"，仍然还是反应以前所反应的那张正号的较灰纸块。但实验的结果，小鸡大多次是直接去反应新加入的深灰色的纸块。因为小鸡是不顾某种特殊颜色的反应，它只注意去反应整个关系。在上述实验中小鸡所反射的整个关系即于两灰色纸块中选择其较深的灰色去反应之。在第二次实验中加入的更深的灰色于是变成了两者间之较深色而被选中。从此实验中我们证明了同一刺激而得到相反的感觉。这种关联的作用和了别的选择都足以证实心灵活动的表现。心灵确在积极的支配着一切行为思想。

　　心灵活动不是受身体机械所匡制，而在匡制身体运动的。心理活动虽表现于身体运动之中，然心灵和身体乃是一个完整的全体。不过我们知道心灵是超越机械的。因为心灵的活动在意识范围之中只是一小部分而已，大部分的活动都在潜隐之中。隐意识是超过一切身体运动的，是实际上支配人类一切行为的。这就是说，人类在不知不觉之中有一种潜隐的力量在指导着。这种力量佛洛德主张是色欲冲动。这种过分的趋于色情狂，我不以为然，虽是我也承认食色是求生的工具。阿德勒认为那是求权意志，较佛洛德之意似较深一层，然不及琼恩之求生之力。但是深刻的说，这种支配人类行为的力量是一种"求全"的力量（will to be perfect）。何以有食色？何以求权？何以求生？一言以蔽之，求完整性之实现而已。心理之活动——不论意识或潜意识——即完整性之显现。所谓身体，所谓肌肉、神经、感官，皆此实现之一部分，皆受此力量之支配。

心身问题只有从完整性的认识去解决。这一层正和相对论之以空时为一不可分离之连续体的理论不期而合。个别的心灵和机械的身体都是从完整性之实现中抽象出来。心身只是在完整的全体中存在。科学所证明的唯心论并不主张心灵的独立性。我们坚持完整性的实现是宇宙变迁的历程。

第六节　科学的哲学是唯心论的

所谓完整性就是一个绝对的、综合的、完善的、齐备的活动。绝对性、综合性、完善性、整齐性就是我们所认为绝对自我或普遍心灵的四大特性。普遍心灵是指完整性的本然而言，并非抽象心灵的意义。新唯心论就主张实有此完整的心灵之存在。这是科学所证明的。宇宙唯心灵所显现；法则唯心灵所支配。天体的空时，物理的波粒，生物的原素，心理的反射皆此完整性的抽象状态而已。完整性的实在不是死板的，不是空洞的。它本身就是一种有生气的，有灵性的变化、发展、创造。换言之，完整性之实在只有在变化、发展、创造中求之。

实在是完整的，是绝对的，总而言之，它是唯一的。但是实在之完整性惟于变化中显现之。所显现的变化有二：曰能变，曰所变。能变就是发展中，创造中的主动力；它匡制一切，支配一切；它是主观的活动。所变就是发展中，创造中所显现的现象；它是受匡制的，受支配的；它是客观的外界。一切宇宙万有，变化历程都不能离开能所两方面，都不能使能所分析为两种独立的存在。不过宇宙所显现完整性程度的不同，则其能所转变之显隐各异。在历程的某阶段中客观的所变比较的显明，而主观的能变则较为隐昧。在他阶段中则显隐之情况相反。能与所的变化，不论其程度之显隐，唯一完整性之显现而已。相对论，新量子论，完整生理学，完形心理学都证明了这一点。它们都主张只有从主客的统一，能所的综合，始有实有的存在。主客的隔绝，能所的分离均此实在完整之抽象状态。

空时与物质其客观性较为明显。然而爱因斯坦、海森堡、戴拉克等从实验中证明了它们的主观性。在进展的历程中它们所表现的所变现象较多，然而那是不离能变的所变。我们承认它们的存在，而我们所承认的理由是空时与物质乃为心所识。生命与心理的发展其主观性较为清晰，它们所表现的能变力量较为显明，然而我们并不否定其客观性，其所变的生理基础。汉尔唐从生理学告诉了我们生命之完整；考夫卡等注意到心之长成的完形根据。总之，科学是趋向于唯心论的。这个唯心论认识宇宙万有为唯一完整的、普遍的、绝对的、综合的心灵之变化，发展，创造。

作者当然不是唯物论，因为我不承认离心有物，离主有客，离能有所。但是我也不是心物两元论，或折衷论。我压根儿就没有想到实在性可以分析为心物两元。既无从知其两元，复何需乎折衷。我不是旧唯心论者，因为它主张离物有心，离客有主，离所有能。我不是多元的唯心论，因为我只承认唯一完整全体性之实有。我只愿追随现在的科学家做一个合乎科学事实的新唯心论之信徒。所谓合乎科学的事实即能所之综合，主客之统一，混然，无别之完整性，绝对普遍的心灵。

民国二十四年五月六日

完成于海上语梅簃

美学纲要

自 序

经验之完整性

美感经验之本质

美与自然

美与心理活动

美感经验之特性

创作与欣赏

艺术的种类

艺术与生活

自
序

　　一位生物学家，在他解剖动物之余，他很想带着他的小狗逛逛花园；一位商人，在周末往往也要看戏、听音乐。在我们房间里面，除了需要阳光和新鲜空气之外，还要它的形式美观，装饰雅致。这就是表示在我们的生活中，少不了一种美感经验。有人说艺术是一种奢侈品；假使它是奢侈品，这种奢侈品在我们的生活中，也必需的；这正等于我们在热天还要穿衣服，饭菜一定要放在碗或盘里用刀叉或筷子去拿，在有山洞的地方造洋房，同样都是一种必需的奢侈品。这种奢侈品，正是人类文明的表现。没有它，人就不成其为人。

　　我国的艺术，如书画、建筑、音乐，都达到了一种无上的妙境。可是保守派把它说的玄妙莫测，醉心欧化的先生们，又说它未脱原始典型。但是双方都太趋于极端。例如西洋艺术家近来在理论上想达到一个境界：即把艺术家心目中所观照的生气活泼的自然界，真实如是的画出来。这正是中国画法中的"气韵生动"和"骨法用笔"。然而西洋后期印象派以及所谓立体派、未来派所创造的作品，却是一种既不气韵生动又不真实如是的东西。而中国画的上品正是神韵自然，有一种以神遇而不以目视的境界。西洋艺术有此理论而无此技巧，中国艺术有此技巧而无此理论。美学是一种对于美感经验和艺术作品所作的思考的分析，正是一种理论上的功夫。我国的艺术界似应在这一方面多努力。

假使本书能够在理论方面对于我国的艺术有一点帮助的话，那末，作者已经是心满意足了。

统先

民国三十三年九月十六日

上海圣约翰大学哲学系

经验之完整性

一位田野里的农人，在插秧或刈稻的时候，嘴里有时候会哼着山歌；一位城市里的工人，在新年里也会买几张美人画回家，装饰他的房间；一位商人在一周的生意忙碌之后，在星期日常常陪着太太看话剧，听音乐会；至于骚人墨客，或对酒当歌，或登楼赋诗，更觉雅兴不浅。在我们生活中的这种经验，我们称之为美感经验。这种经验不能替我们充饿解渴，也不能使我们取暖避寒。可是我们的生活中若是没有这种经验，我们便会觉得枯燥无味，死气沉沉。美感经验烧燃着人们内心的火，使人生添增无限的生气。它使我们忘记了工作的疲乏；它把我们内心的苦闷移置于山水之间；它引我们到一个精神的胜境，体会到一个有无限发展的前途。茶和饭使我们生长肌肉；美感使我们增加生趣。

本书是专门以美感经验为研究的对象。不过在我谈到美感经验之前，我先要说明这种经验只是人生经验中的一部分，而这一部分又是不能与其他部分脱离关系的。美感经验自有它的特点，但是它绝不能离开其他经验而单独存在。所以开宗明义，我就是要申述人类全部经验的完整性。然后说明美感经验在这完整的经验中的地位。

第一节　直觉与知识

《大学》里面有一句话说："心不在焉，视而不见，听而不闻，食而不知其味。"这个"心"是指我们区别事事物物的认识作用。假使我们没有区别事物的认识作用，那末虽然有许多的东西呈现在我们的眼前，我们不会鉴别出来他们是些什么；虽然有各种的声音激动着我们的耳鼓，我们也分不清这些声音有些什么意义；虽然我们吃下了东西，也不会辨别它的滋味。这种境界可以说只有直觉而没有知识。当心不在焉的时候，"视"和"听"只是我们对外物直接发生的接触，而我对于他们并无所解释；"食"只是我对外物直接的享受，而对于这直接所享受的食物并无所辨别。这种直觉，我称之为"原始的感觉"。俗话说"如堕五里雾中"。我想原始的感觉便正是这种如堕五里雾中的感觉。这时我们对于外界，虽有直接的接触，但是所感觉到的只是一片烟雾，不起任何区别。换一个方向来讲，假使我们心里不起任何区别作用的时候，那末，我们虽然处于一个五花八门的世界之中，我们也只是视而不见，听而不闻，食而不知其味。

这种原始的直觉，是我们经验知识的基础。经验和知识，都是从这个原始的直觉状态中所分化出来的一种比较复杂的心理状态。例如你初次参加一种盛大的宴会。刚走进大厅的时候，眼前只是一片模糊，分不清张三李四。随后在这个人群中发现了你的主人翁，多年前没有见面的老友，你所爱慕的唐小姐，长舌妇的王太太。然后你再和他们寒暄、跳舞、玩牌。婴儿认识他妈妈的脸蛋，也是如此的经验。开始他感觉到妈妈全部面孔的轮廓，然后在她全部的面孔上分出了她的眼睛、鼻子、嘴巴。换句话说，我们原始的心理状态是单纯的、模糊的、拢统的。经验知识的产生，就是这个单纯的、模糊的、拢统的背景上，分化出来了复杂的、明确的、特殊的对象。

任何经验的发展，可以简略的分成三个阶段。第一个阶段是生理需要的满足。我们因为肚子饿，找东西吃，见到树上的果子，吃了一个饱，于是心满意足了。这时候推动我们活动的力量，是生理上需要，如饥、渴、性欲等等。由这种生理的行动所产生的活动，是直接的行动，如寻食、掘井、追求异性等等。由这种行动所得到的结果，是生理上紧张状态的松弛。第二个阶段是心理动机的满足。由于过去直接享受的丰富的经验，单纯的生理行动变成了比较复杂的心理动机。我们不仅需要吃饱肚子，而且要吃得好一点，而且吃饭的时候还需要用具精良，以表示自己的身份。我们不仅饮水止渴，而且要品茗饮酒，而且吃茶的时候还需要遵守当时的习惯礼节，好让人家来称赞我。我们不仅接交异性，当我们接交异性朋友的时候，我们还需要考虑对方的经济情形、社会地位、学识人品等等，好让别人来羡慕我。这种动机不是生理而是心理的。满足这种动机的方法，或是采取行动，或是在思想上利用过去的经验去推测每种行动所可能发生的几种效果，然后选择一个适当的途径。由这种行动或思想所产生的结果，是一种心理上的愉快，即使当这些动机不能得到直接满足的时候，我们也会求取精神胜利的方法。第三个阶段是精神价值的实现。这时候推动我们追求价值的力量，乃是一种超越生理需要和心理动机的精神需要。我们会受着良心的驱使，去做一种有损于自己而受一般人所责备的事情；我们会暂时放弃了物质生活上的享受，而从事于作曲、吟诗、绘图、雕刻；我们会像孔子一样，"四体不动，五谷不分"而同学生们谈做人之道，或者像苏格拉底一样愿意卖了自己的产业，付给青年人相当的代价来和他们讨论真理。在追求真美善等等价值的时候所做的工作，其中采取行动只是一小部分，而大部分都是热忱的情绪，严密的思想，复杂的精神活动。这种活动所产生的结果，乃是从情绪上的安定，思想上的融贯，精神上的调和，所得到的一种心灵上的安宁。

经验发展的这三个阶段是连续不断的。其间每一个阶段虽然各自有它的特性，但是最低阶段的经验是上面各阶段的基础。每进一步的发展都是建筑在这个基础上。不过每一阶段也是超越了下一阶段，而突创了下面各阶段所没有的特性，这种特性又能浸润在以下各阶段中，而产生一种有决定性的力量。

经验的发展是前进的，我们表达经验的方法也是前进的。例如在我们经验的初步乃是一种原始的直觉，这时候我们既然没有区别作用，当然我们也无法表达这种直觉。当我们觉得有生理上的需要时，我们会用叫号来表示我们的饥渴，用一种姿态来表示性的冲动。当心里的动机成熟的时候，我们会用语言文字来表达我们内心的需要。例如说，我要穿一套漂亮的衣服来出风头，这不难用语言来说明它。总之，我们日常生活中的需要和活动，都是用语言文字来表达。当我们的经验发达到更复杂的程度时，我们会运用数理或逻辑的符号公式来表达其中的关系。由此可知我们表达经验的方法，初步是运用声音和姿态，进一步是利用语言文字，更进一步便是应用数理符号。那表达的方法虽然是在进展，但是它远不及经验发展的迅速和复杂。所以当经验发展到非常复杂程度的时候，我们往往会没有适当表达的方法。例如平常所谓"辞不达意"，"意在不言中"，"弦外之音"，"只可意会，不可言传"，这都是表示我们还没有方法表达我们内心的一种复杂的经验。当我们倾心于一位爱人到一种非常深刻的程度时，这时的情绪复杂，真不是语言文字所能形容。在诗人笔尖下所记录下来的诗，只是流露了他的诗意的万分之一。画在纸上的线条结构，也只是艺人心目中画境的一部分。其他的部分都是没有方法表达的。常常我们遇见一位文学家吟着一首优美的诗句的时候，口中不绝的称好；或者看见一位艺术家欣赏着一幅名画，摇头晃脑，嘴里似乎是欲言欲止的样子。这时假使有人一定要追问他们欣赏的妙处到什么地方，他们也许哑口无言，莫知所答。在宗教方面，例如有佛教的禅宗不立语言文字，心心相印等等的经验。这都是表示人类的经验和心理状态会发展到一种非常复杂的境界，以至于我们通常所应用的语言文字数理符号，都不能去表达。

现在我们要从上面这个简略的分析中，找出美感经验在全部经验中的地位。有人说，美感经验乃是一种直觉，乃是一种没有知识思考的原始感觉。他们以为人类只有凭直觉才能与本体直接接触，只有在直觉中我们才能和万物合而为一，打成一片。例如柏克森（Bergson）说，智慧乃是分析的、抽象的、符号的，它只能翻译真理而不能达到真理。只有直觉所达到的境界才是真理。但是照我们上面的分析，原始的直觉乃是一种未经分化的一片模糊的心理状态。假使真理是蕴藏在这种原始的心理状态里面，那末，人的真理不如狗的真理；狗的真理不如鱼的真理；鱼的真理不如阿米巴的真理。因为阿米巴对于外界的感受是最原始、最直接的了。但是我们知道人类的真理、良心、美感经验、宗教信仰种种的精神价值，都是非常复杂的心理状态，他们已经复杂到不是我们的语言文字、数理符号所能表达的地步。但是他们说，这种复杂的心理状态乃是发展的结果，它们是许多成分所组成起来的复杂系统，这并没有和宇宙的实体发生直接的接触。这是道家所谓的"为学日增，为道日损"的说法。但是我们以为宇宙真相乃是整个发展的过程，而并不是这个过程出发时所根据的原始基础，即使我们想认识房屋的真相，我们就要从全部建筑工程完成之后的房屋中去观察体会，而不能在砖瓦和木料中去求房屋的真相。房屋是由砖瓦木料等所建筑成功的，但是砖瓦或木料中却找不着房屋。求宇宙的真相也是如此。经验愈发展，宇宙的真相愈显明。假使有人要在宇宙发展开始出发的地方，或在我们的原始直觉中，去求宇宙的实体，那简直是缘木求鱼；同样宇宙的美也要从复杂的美感经验中去求索，而不能在原始的直觉中去求索。直觉也是美感的基础，但是美不能在基础上去寻索，而须向发展的最高峰上去追求。

若是从最高的境界去求美，有人又以为美感乃是一种非常神秘的经验。这种灵域似乎是受之于神明。它似乎是在另外的一个世界里面，当我们有美感经验的时候，我们是脱离了这个现实的世界而升展到另一个精神境界了。这是神秘论，因为这种经验远非现实的语言文字所能表达。同时这也是两元论，因为他们把现实世界和精神世界分裂成功两个隔离的境地。这种见解，根据我们前面分析，我们认为是错误的。我们知道经验的发展是由原始感觉到智慧，由智慧到精神，整个过程是一派相承连续一气的。我们不能因为某一种境地是语言文字所难以表达的，于是就把它摒弃于经验界之外，而视为脱离经验界的另一胜境。其实它仍只是建筑在原始感觉上的一个非常复杂的经验。不过因为它发展到一种非常复杂的程度，以至我们平常表达经验的工具如语言文字、数理符号，都无法运用。所以美感乃是经验的，而不是神秘的。

第二节　主观与客观

　　真美善是人类经验中的精神价值，有人认为这种精神价值纯粹是一种主观的心理状态，又有人相反的说它们乃是一种独立的客观存在。主观与客论观的关系在知识里面有比较显著的讨论。例如说"我认识这是一朵红玫瑰"。在这个认识的情境中，一定有一朵客观的玫瑰，并且还要有一个能够认识玫瑰花的主观心理作用。可是在这种情景之下，有人主张说我们的认识作用完全是受客观的存在所决定的。心灵是一张白纸，它只是被动的反映客观的事物，它所认识的对象，即是这对象的本来面目。另外还有一派人，则以为我们所认识的对象完全只是一束的观念，只是我们的内心所赋与实在的许多主观性质。例如我看见一朵红玫瑰，站在客观论的立场，外界有一朵红的玫瑰花，它映入了我们的眼帘，使我们看见了它；我们所看见的这朵红玫瑰正是这朵红玫瑰的本身。但是从主观论的观点看起来，我们所看见的这朵红玫瑰，它的颜色不是它本身所固有的性质，而是当我们眼睛中的网膜上受到某种刺激时候所起的一种特殊反应。凡是当一个对象引起我的这种反应时，我就说它是红的。至于说一个东西是香的、圆的、甜的，这许多的感觉性质，都是我们主观的心灵所赋与外物的。再者，当我们判断说"这是一朵玫瑰花"，这个"玫瑰花"的概念也是我们的心灵所给与外物的解释。即使我们的主观心灵没有反应能力，没有区别作用，没有解释功能，那末，我们就不会认识这是一朵红玫瑰。因此，当我们认识一朵花的时候，除了一个不可知的它的本身以外，凡它所有的一切性质和意义，都是我们的主观心灵所给与它的。这个知识论上的问题，同时也就是一个普遍的价值论的问题。例如善恶的标准和美丑的标准等等，有人说是主观的，又有人说是客观的。所以在我们没有讨论到美感经验的本质之前，我们从一般的价值方面来说明这种主观和客观分裂的办法，是不通的。我们以为主观的心理状态是客观的，同时客观的对象也有主观的成分。

我们现在来讲主观的客观性。什么是主观的心理状态呢？例如我们的感觉作用；我们采取某种行动时的意志；我们的思想系统；我们的人格特性；这都可以说是主观的。但是在感觉的过程中，主观的活动少不了客观刺激。例如我看见一朵花，假使没有花，我们的视觉根本就没有活动的余地。而且当我们对于这朵花有感觉的时候，在对于这朵花的感觉中便包括有外来的影响。我们个人的行为是受我自己的意志所决定的，同时也是受客观环境所决定的。在我们的行为中，主观的需要，需要客观的外物去满足它。我的意志当然是我自己的。但是我的意志却并不是我无中生有所创造出来的，我的意志乃是从我的过去生活习惯和目前现实的环境中所产生的。我的思想系统也是一方面受过去传统思想的变迁所影响；另一方面，目前的社会时代对于我们有产生某种思想体系的要求。举一个显明的例子，假使没有世界各大思想家的政治、经济、法律、道德等等的理论系统，又假使中国社会没有彻底改造的需要，那末我想中山先生的三民主义的思想体系，是不会产生的。至于我个人所特有的人格，其实也是围绕着我四周各形各色的人物所交织成功的结晶品。我是谁？我是我父亲的第四个儿子，我是四个儿子的父亲，某某学校的哲学教授，一个读书会的会员，中华民国的国民。我的活动的范围愈大，我和别人人格所发生的关系愈多愈密切，而我的人格便愈伟大。在我周围的各个人格都摄受在我的人格里面，而成为了我所特有的个性；而我个人的人格，也深入于我周围各个人的人格组织中而影响着他们。

从以上这个简略的分析中，我们可以知道，任何主观的心理活动都有它的客观背景的。但是反过来讲，一切在我们目前的这个客观世界，也都渲染着若干主观的作用，因为这种渲染太普遍了，以致我们并不能发觉它的主观性。在我们的感觉经验中，外物的性质如颜色、声音、大小，都是由主观反映的外射作用。本来花不是红的，而我们说它是红的；本来音波的震动是没有声音的，而我们说它是有声音的。假使全世界没有受纳那这种音波振动的听觉器官和没有受纳光波辐射的视觉器官，这个外界便是一个无声无色的世界。一个有色盲病的人，会把外界所谓的红的东西看成蓝的，而外界所谓蓝的东西看成红的。一个耳聋的人，不怕雷声。我们说果子有一种功能，它可以供我们吃；椅子有一种功能，它可以供我们坐；笔有一种功能，它可以供我们写。外物的功能似乎是属于外物所有的，其实这种功能都是满足我们人类某种主观需要的关系。假使没有主观的需要，外物的这些功能便无形之中消逝了。同一个客观的情景在不同的个人的心目中，有不同的意义。同样是一盆花，花店的老板把它当作是一种货色。但是当放在一位艺术家的窗前，它便是一种美感的对象。植物学家把它归纳到某一个科目，或分析成一堆的细胞；而宗教家却又把它视为上帝的奇迹。有人说这盆花的本身并不受这许多主观见解的影响，但是这盆花的本身若是排除了它在各人心目中的意义以后，所剩下来的只是一种毫无意义的单纯刺激，它也就不成其所谓"一盆花"了。再如一个文艺团体、教育机关或政党组织，这都似乎是脱离于主观意志之外的客观社会组织。但是我们知道社会组织乃是建筑在许多主观意志间的共同旨趣之上。即使没有个人主观的意旨，那便没有所谓客观的社会。所以黑格尔（Hegel）把个人内心的活动称为"主观的心灵"，把一切政治经济社会的组织和活动称为"客观的心灵"，把宗教、文艺、哲理的精神活动，称为"绝对的心灵"。

根据以上的讨论，在人类的经验中，主观和客观乃是浑然一体不可分别的，有人把经验视为纯粹主观的或纯粹客观的，这固然是偏激之论，但是即使说经验乃是主观和客观两种独立的因素所组织起来，这种机械的两元论，也是不对的。因为经验乃是一个有机性的完整体，它不是许多单独自足的因素所加集起来的。经验的组织中，当然有各种作用不同的成分，但是这些成分是相互为用，休戚与共的。在整个的经验中，我们也许可以抽绎出他的主观成分和客观成分，但是这种主观成分和客观成分，乃是经验中的两种互相依赖的特殊功用。假使脱离了整个的经验组织之后，我们便找不到哪一部分是主观，哪一部分是客观了。

全部经验既然是如此，美感经验也是如此。有人说美感经验纯粹是主观作用，又有人说它纯粹是自然的本质。其实照我们看起来，美感经验中有客观的必需条件，同时也有主观的心理作用。我们不能说它是主观的或客观的。我们不如说，美感经验是含有客观性的主观作用，或含有主观作用的客观现象。美是一种复杂的精神价值，它的成分非常复杂，而它的组织又是非常严密。美感是一种复杂的心理组织，而不是一种徒属于主观的单纯直觉；从另一方面讲，事物的美也就是一种复杂的价值结构，而不是一种徒属于外界的单纯属性。美感经验是一种有机性的组织。所谓有机性，就是说其中的组织成分是休戚相关，不可分裂的。这一番话，初学的人也许还不十分懂得，但是这无妨碍。当他们读完此书，自然会明白的。现在我只是表示我个人对于美感经验所取的立场。

第三节　形式与内容

当木匠做一张桌子的时候，他要想到这张桌子的式样，同时也要选择适当的材料。在工程师还没有起造房屋之前，他先要打样和搜集材料。在我们眼前的这个世界上，任何对象都有它的形式和它的内容。不过所谓形式，不仅是对象的式样，而且是一个对象之所以成功这个对象的特质。桌子之所以为桌子而不是其他的东西，它一定自有其独特的性质，这便是我们所谓桌子的形式。有人说，桌子之所以为桌子，这是因为它有被我们应用的某种功能。根据这种说法，桌子的形式便是桌子的功能。又有人说，桌子之所以为桌子，这是因为它有一种特殊的配合和组织。照这种说法，桌子的形式便是它的特殊组织。总而言之，当我们谈到一个对象的形式时，我们是指它的外表的式样，内在的组织，特殊的功能。内容便是指一个对象的材料或组织成分。在理论上，我们对于一个对象的形式和内容，往往有偏颇的见解。有人说，假使没有材料，根本就无所谓桌子，所以桌子的存在完成是由于它的内容。反过来又有人说，假使徒有一堆的木料而没有桌子的功能组织，那末，这堆木料也不成其为桌子，所以桌子的存在完全是由于它的形式。现在我们就是要讨论这个问题在哲学各方面的论点，然后特别指出这种争点在美学上的重要。

形式和内容的争论，可以说是起源于希腊的玄学。照柏拉图（Plato）的意见，一个对象有变迁的方面，也有永久的方面。例如一张桌子由新而旧，由旧而坏，在不断的变迁。但是这张桌子不管它怎样变迁，它总是一张桌子。我们所看见的桌子是变动的，但是我们对于桌子的理念是不变的。变动的是桌子的材料；不变的是桌子的理型。我们所感觉的对象包括有原料和理型。一个对象之所以成为一个对象，这是因为它有这种对象的理型。所以柏拉图以为只有理型是实在的，而感觉材料是不实在的。但是照亚利士多德（Aristotle）的说法，形式和材料是不能分开的。一个对象的成立自有它的形式，也自有它的材料。他又把这个世界的许多对象分成许多的阶级。一个对象在此阶级的形式，在另一阶级却又是材料。例如个人是由许多细胞做材料在人类的形式中所组织成功的。但是许多个人又是组织社会的材料。所以他认为形式和内容不能分离。

在知识论方面也发生了这个争论。人类对于外物的知识是怎样组织的。有人说，知识就是由于外物经过我们的感觉器官所映射和住持在我们心版上的印象。在反面又有人说，知识是由于人类固有的一种理性作用所发展成为的。前一派注意知识的材料，后一派注意知识的形式。但是照康德（Kant）的理论，知识的成功少不了形式和内容两方面。感觉供给我们知识的内容，而理性供给我们知识的形式。内容没有形式便混杂凌乱；形式没有内容便空洞虚妄。

同样的问题也发生在道德行为方面。有人说我们对待别人只要问心无愧，在外表上虽然被人视为不道德，这也在所不计。例如我心里对我的父母很好，而在外表上一点也没有表示出来。形式的表现他们以为是虚伪的。道德行为应重本质。在另一方面，有人主张行为的仪式是很重要的。你对别人好不好，这要看你在实际行为对待人家如何。即使你只凭空在口头上说："我在心里很爱你"，这是无法证明的。因此，内心需要行为的表现。不过孔子说："质胜文则野，文胜质则史。文质彬彬，然后君子。"这意思是说，假使一个人只重实质而不注重文采，其结果这人便显得粗野而不开化。反之，假使一个人只注重外表的文采而不顾及本质，那末这个人便难免浮而不实。假使一个人能够文与质相均称，那末他才是一个君子。真情需要流露于外表，外表须要是真情的流露。

这个问题在艺术上便成为了抒情与描写的争点，表达的方式与所表达的内容的争点。有人以为艺术乃是把主观对于外物的形相接触的那一刹那间所生的直觉，用一种形式表达出来。例如戏剧离日常生活太近，容易注意到它所表演的内容而忽略形式，因此，它很难把生活的美的方面表现出来。再如音乐，在音韵声调中有一种抽象而形式上的美，而不必注意到它的内容是表达一些什么东西，或者顾虑到这些内容是道德的或不道德的。这一派是注重形式，把艺术当做是一种形相的描写，特别着力于怎样使作品在别人的感觉方面发生效果。又有人说艺术是生活的反映，苦闷的象征，内情的外达。中国所谓"文以载道"。他们注意艺术的内容。无论在诗歌方面或书画方面，都应该是有所为而表达的，绝不能徒顾外表的华丽而不重思想内容。所以这一派的意见，以为艺术的使命是如何借最少的媒介工具而表达自己的怀抱，和引起别人在思想和人格方面的共鸣。现在我们并不预备解决这个问题，不过我们不妨暂且把我们的立场表白出来。我们以为事实上内容和形式根本是分不开的，内容和形式同样是艺术的必需条件。只有材料而无表达的形式，或只有形式而无情感思想的内容，这都不能产生艺术，而且同一对象，在某种情境中是内容，在另一种情境中便是形式。凡把价值分成形式和内容的人，都没有认清经验本身乃是完整的、有机的。当我们在讨论的时候，我们是抽绎的把经验分成形式和内容，但是这只是权宜之计，而不能以为本然如此。

第四节　经验之完整

我们说经验是完整的。这意思就是说经验在机能上可以分成各方面，但是这许多方面是分工合作、休戚相关的。我们用"有机体"来比拟经验。一个人可以分成耳、目、口、鼻、四肢、五脏。但是其间任何一部分不能和任何其他部分独立。可是任何一部分都有它特殊的机能，而每一部分的机能一定要依赖一切其他部分机能发生作用。前面我们会把经验分成知识、道德、美感各方面。在知识里面，又分成主观的作用和客观的对象、理性的范畴和感觉的所与等等。在道德里面又分成内在的良心和外在的环境、个人的行为和社会的制度等等。在美感方面，又分成形相的直觉和内容的解释、表达的方法和情意的修养等等。我们已经表白主观和客观、内容和形式是不能分离的。但是这也不等于说经验就是主观与客观的和数，内容和形式的堆集。经验乃是一种完整的组织，在这个组织里面主观和客观、内容和形式乃是分工合作的。所谓分工就是说每一方面自有其特殊功能。所谓合作就是说一定要把各方面共同组织起来，才成为一个统一的有机体。

现在我们只要说明，在我们整个经验中，真实知识、道德行为、美感经验三方面，虽各自有其特性而同时也是休戚相关的。不过在我们说明这三方面的关系之前，我们先要说明普通把经验分成知、情、意三个各不相关的领域，这种分法是不对的。我们知道知识是起源于生活的困难。当我们的生活发生了困难的时候，这一方面发生一种不愉快的情调，使我们感觉到骚扰不安；一方面，又产生了一种冲动的力量，使我们寻求解决的方法。当我们把这种解决困难的方法和因欲望满足而得到的愉快感，逐渐加以抽象化、符号化的时候，这便产生知识。这种不快感和快感便发展而成功情感，这种冲动力便发展成为意志。此地我们可以看见知、情、意都是从同一种状态中分化出来的。而且在各自发展的过程中，知识少不了情感与意志的成分；情感少不了知识和意志；意志也少不了知识和情感。

由于知识的提炼和融贯，而有所谓正确的知识；由于意志的实现和和洽，而有所谓良善的行为；由于情感的表达和协调，而有所谓美感的经验。所以真是属于理智的，善是属于意志的，美是属于情感的。知、情、意是三位一体的，真、善、美也是三位一体的，美感经验和良知少不了理智的判断作用。换句话说，假使我们没有任何判别作用，请问我们怎样发生美感和善心。理智也少不了美感经验和生活行为。假使我们对于外物没有美感经验；假使我们不使对象和我们的社会生活发生关系，那末我们的知识也就是贫乏到我们对于外物表面的直觉，以至于不成其知识，这足以证明真美善的统一性。

经验是完整的，但是从这完整的经验中分化成功了真理、美感、善行等等的价值。我们说真、美、善是统一的，这并不等于真即是美善，或美善即是真。真、美、善都各自有它们的特点而不能相混。我们的意思是说，真必有美、善为基础，同样美也必须有真、善做根据。在人的面孔上，眼睛是眼睛，嘴巴是嘴巴，鼻子是鼻子，但是这不是说，眼睛可以和鼻子、嘴巴脱离关系，独立存在。这是我们随后讨论美感经验时所认定的一个大前提。

美感经验之本质

美学是研究美的本质的学问。美到底是什么？对于这个问题大概有两种答案。第一种答案说美是属于外物本身所固有的一种性质。对于这个问题大概有两种答案。第一种答案说美是属于外物本身所固有的一种性质。因为外物是美的，所以我们觉得它美。第二种答案说美是我个人内心的一种感觉。因为我觉得外物是美的，所以它有美的性质。这两种答案都是根据两元论的，这意思是说，他们以为客观和主观是分裂的。本章预备检讨这两派的主张，指出它们的弱点，然后替美找一个适当的解说。

第一节　以美为外物之属性

在我们日常经验中，当我们看见一个苹果的时候，我们说这个苹果有几种性质，例如它是红色的、圆滑的、光泽的。我们以为这些性质不是我的或与我是无关的，而是属于这苹果所有的。假使欣赏自然界一幅美丽的风景，那末这就等于说自然界是美的，而我只是欣赏自然界所固有的美。假使自然界没有美，我就不能欣赏它的美。假使我们不去欣赏自然的美，自然界本身仍然是美的。不管世界上有没有欣赏美的人，假使自然界是美的，它才是美的。自然的美和主观的欣赏是没有关系的。英国的实在论者乃阿德（John Laird）说：

> "美在天上，在云间，在海面。百合花里面有美，晚霞里面也有美。美在天高气爽的素秋，也在桃红柳绿的媚春。的确，自然界是无限的美，她披上了它的美，正好像她着上了颜色和声音一样。因此，何以我们一定要说自然界的美是属于我们的，而不说是属于她自己的呢？"

朴素的实在论者，把美视为我们直接从外物中所知觉的性质，正等于红和方形是我们直接从外物所知觉的性质一样。在哲学里面，凡外物经过我们的感觉器官而被我们所知觉的外物性质，都被称为"感觉性质"。苹果看起来是红的、圆的，并且占有若干空间（大小）；嗅起来是清香的；吃起来是甜的；触着的时候是光滑的。照洛克（John Locke）的说法，苹果的形状、大小等等，占空间的性质，和它的变迁多动等等在时间上的性质，这都是属于外物本身所固有的性质。这种性质称为"初性"。由这些形状、大小、运动等等初性在我们的感觉器官上产生各种不同的刺激，而使我们感觉到它的颜色、声音、气味。这些颜色、声音、气味，不完全属于外物的，而与我们的生理状态是有关系的。例如我看见这花是红的。其实这花没有红的性质，而只是因为我有一种红的感觉。物理学告诉我们，日光是七种颜色的光线所组织起来。当日光射过分光镜之后，它就会分成七种不同的颜色，每一种颜色的光线自有一种不同的波长。换一句话说，光波本身是没有颜色的。但是某一种波长的光波投射在我们眼睛之后，使我们产生一种特殊的感觉，而这种感觉不同于当我们的眼睛接受别种光波长不同的光波时所得到的感觉。这种波长的光波所产生的感觉我们说是红的；还有一种不同波长的光波所产生的感觉我们说是绿的；还有一种是黄的，或紫的等等。现在当我们看见一朵红花的时候，这朵花有一种作用，它能把射照在它上面的日光吸收进去而只是拒不吸收某种波长的光线，这种被拒绝的一部分日光投射在我们的眼睛上，这时我们就会感觉一种红的颜色。其实这红的颜色并不是花所固有的，而正是它所拒绝而反射出来的日光所产生的感觉性质。其他如声音、嗅、味亦然。这一类感觉性质称为"次性"。所以照洛克的意思，事物的属性有初性和次性：初性是外物所固有的，次性是初性和我们的机体状态发生关系之后所产生的。

但是照现在英国的新实在论者亚历桑德（S. Alexander）的主张，外物的初性（即时间和空间的配置）并不是感觉性质，而是外物的基本架格，也可以说是外物的原料。这就是外物是建筑在空间与时间的架格上的。当空间和时间性质配合成功一种特殊关系时，在这个空时架格上便突创出一种新的性质，这种新的性质便是次性。次性是从主观的感觉作用和客观的内容两方面所组织起来的。感觉作用是主观的心理活动，但是感觉的内容却是客观的材料。因此，亚历桑德说，次性与初性同样是客观的性质，这就是说，次性也属于外物的。这些次性如颜色、声音、香气、滋味，又能相互配合组织起来而又产生一种新的性质，这种新的性质便是美的价值。这种美的性质称为"第三性"。第三性虽然建筑在初性和次性上，但是它已超越了初性和次性的层次，而自有一种不同于初性和次性的性质。初性是时间性和空间性，第三性却已超越时空。次性是感觉性质，第三性却已超越了感觉。第三性是一种欣赏的性质。这种欣赏的关系，也少不了主观的心理作用和客观的内容材料。但是主观心理只有选择材料的作用，而不能创造材料。因此，凡我们所欣赏的内容——第三性——乃是客观的。

但是我们怎样能够证明这种美的性质的客观存在呢？根据英国新实在论者摩亚（G. E. Moore）的说法，美的性质是我们直接所接触的材料，这种内容是我们所直觉的，除此以外，别无他法证明。摩亚说："我的意思是说，'善'乃是一个单纯的概念，正和'黄'是一个单纯的概念一样假使一个人，从来没有直接经验过'黄'是怎么一回事，那末，无论你用什么方法去解释，也是没有用处的。同样，'善'也是不能解释的。"同样的论证可以应用到美的价值方面。美是一种独特的性质，它不能归并到任何别的一类性质中。好就是好，我们不能说好以外的性质来说明好。美就是美，美是我们所直觉的，我们不能用美以外的性质来说明美。真善和美这类价值，都是我们所直觉到的外物性质，它们是最后的、实在的，客观的。这种性质不能用知识来加以解释和分析的，而且也不必去分析它。无论我们知道它，或不知道它，美总是在那儿的，它能被我们所直觉的。

根据以上的讨论，我们知道实在论者主张：（一）美是外物所固有的性质，它独立存在于主观作用之外，而且即使它与我们的主观作用关系之后，也不致为主观作用所改变的；（二）这种美的性质是我们的知觉所直接接触到的，而不能加以分析。现在我们来检讨这种说法是否合理。这个说法的第一点，我们觉得是理论上的武断，而不是根据事实的。先从感觉性质方面来说。这朵花是红，那架琴是发音的。但是假使我们没有受纳作用，这花就不是红的，这琴也是无声的。再进一步，同是一种声音在各人心目中会发生不同的意义。当然我们并不是说，凡颜色声音都是我们无中生有的幻想，它自有其外在的原因。但是这个外在的原因假使没有主观的反应，它只是一种非常贫乏而不能加以说明的条件，但却绝不是感觉性质。感觉性质是从某种外在的原因所产生的，但是这个原因并不是感觉性质。桌子是木制的，但是木板绝不是桌子。同样，美的性质是少不了外在的条件，但是我们直接所接触到的这些外在条件，却并不等于美。在我们的美感经验中，外物能够表现出它的悲喜愁苦，其实这是我的悲喜愁苦投射到了外物身上，而不是它所固有的。实在论者把一种复杂关系中的原始条件，视为即等于这种关系的本身，这是错误的。

这种学说的第二点，把美的性质视为直觉的对象，而不是知识的对象，我们还觉得有一点补充。照他们的说法，美是我们直接所得到的对象，所以它是什么我们所直觉也就是什么，其中用不着知识的渲染补充。假使根据我们前面的分析，一方面组织美的原始条件并不是美而只是非常贫乏、毫无意义、不能说明的X，在另一方面，原始的感觉也只是一片浑然、未经区别的全体反应性，那末，请问这里面我们可以发现美的性质吗？我们以为这里面根本就没有所谓美。美是建筑在这上面而是超越这种原始状态发展成功了一种非常复杂的经验。这种经验不是原始直觉的对象，而是知识、情感、意志，以至其各方面所共同组织的一个非常复杂心理作用，在聚精会神无暇思索时所接触的一个对象。

第二节　以美为心理之现象

美国新实在论者桑塔耶纳（George Santayana）说："除了我们自己，除了我们人类的偏好，在一个机械的世界里面，我们绝得不到一点价值。假使我们的意识消逝了，那末价值的可能性也消逝了。再者，价值不仅是随着一切的意识的消逝而从这个世界中消逝，而且在人类经验中过分抽象的因素，只有一种纯理智的结构……在这种情形之下，也好像意识消逝了一样，一切的价值都消逝了。"美是一种价值，它也少不了主观的意识作用。不过有一派思想家太偏于主观方面，以为价值的成立完全是一种心理现象，外物的媒介是没有什么关系的。

美感经验有一点和其他的经验不同的地方。在日常经验中，我说这朵花是红的，这时候别人也同意说它是红的（除了少数色盲的人是例外）；我说这个球是圆的，大家也都同意说它是圆的。但是在美感经验中，我们的意见便大不相同了。例如我说："这位小姐多美啊！那秋水似的眼睛，柳叶似的娥眉，樱桃似的小嘴！"可是另外一个人也许说："不错，她那秋水似的眼，柳叶似的眉，樱桃似的嘴巴，但是她并不美呀！"一个对象的形像，在各人心目中是相同的，但是一个对象的美丑，在各人的目光中可以大不相同。即使同一对象在同一个人的观赏之下，也能因为这一个人的心境不同而有不同的美感效果。当我心里面很安适悠闲的时候，欣赏一个轻松愉快的调子，这时候我便深深感觉到这个调子的美。可是当我心里烦闷忧虑的时候，听见这个调子，这会使我讨厌这一个调子，结果只觉得它烦躁骚扰，一无可取。这是同一个对象，这个对象并没有起多少明显的变化，但是在不同的主观心境之下，却有大不相同的美感经验。这种美感经验的分异，当然是因为主观的心境所产生的。既然美感经验的特点就是它在个人心目中有不同的经验；既然这种歧异是起原于个人主观的心理状态；那末，美感经验只是表现个人主观的心境而已。

这种主观的心境便是一个人的爱好。各人的爱好有不同，因此各人的美感也不相同。何以各人的爱好会各不相同呢？这大部分是由于过去的训练不同。据说有一次的音乐会里面，在闭幕的时候听众方面报以热烈的彩声，似乎大家很能欣赏这次音乐的美妙。但是有人听见在他们的议论中，有人说某一位唱歌的小姐身上的衣服很好看，有人说当她谢谢观众时一鞠躬的姿势很有趣，又有人说她的歌喉非常悦耳。从这些议论中，我们知道因为各人在过去的训练不同，注意的方面不同，兴趣不同，于是各人所欣赏的方面也就各不相同了。特别受过音乐训练的人，便能特别欣赏音乐的妙处，更只有特别受过音乐训练的人，才能创作音乐中的歌曲。但是徒有过去的经验仍然不够，因为还要有天才。例如对于音乐有天才的人，他在这一方面便有特别丰富的美感经验。

美感是一种主观的感觉。关于这一点，我们还可以用另一种事实来说明。别的经验在各人之间可以互相传递，而美感经验一定要亲自体会。假使你说这桌子有五尺长，你能用一根尺量给我看。但是当你说这画很美的时候，你却不能用客观的方法来证明，除非我自己也体会到这个境地。假使有人说某处火烛，我虽没有亲自看见，但自能了解他所说的是怎样一回事。但是假使他说某处的风景很美，那末，我非亲历其境，不能领略其中的美妙。这足以证明美感经验乃是主观的。

在美感经验中，所谓主观的因素，在各个主观论者之间又各有不同的解释：（一）有人说，美乃是内心快感的外射。外物本身是没有意义的。当它们和人类的需要发生关系的时候，它就发生了意义。水是可以饮的，苹果是可以食的，笔是写字用的，刀是割物用的。外物在满足我们的欲望时，我们内心就发生了一种快感。我们有时会把这种快感投射在外物的身上，这时我们对于它便发生了一种美感经验。（二）又有人说，美是情感的传达。当我是满腹愁肠的时候，我所见到的景色也都是一片凄凉。当我是欣欢鼓舞的时候，我所直接感到的形相也都是愉悦轻松的。当我的情感转移到外物的时候，我就会感觉到外物的美。（三）又有人说，美是一种理想中的满足。他们以为实际上欲望的满足，只是对外物发生快感而不能发生美感。美感只是当我们在实际上未曾得到满足而在理想中求到满足时，我们所得的一种感觉。当我们说着对象很美的时候，我们只是把我们在理想中得到满足时的快感，移射到对象上去。美可以说是我们的理想。当我们把对象当做符合于我们这种理想的时候，我们就说它是美的。

以上我们是说明主观论者怎样把美当做主观的心理现象。现在我们要批评这种主张。我们觉得这种说法有三点可以疵议的地方。第一，有些爱好并不是美感。我舍不得离开我住惯了的一间破旧的屋子，这并不是因为我欣赏它的美。母亲特别喜欢她自己的癫痫头儿子，这也不是因为她的儿子比别人的儿子美些。所以我们也许可以说，美感和爱好是有关系的，但是我们却不能说凡爱好一定都是美感。第二，我们承认各人对于同一对象的美感是不同的。同一对象有人说它美而别人说它丑。但是一般而论，我们对于某一对象的美感尚有相当的一致性。一首好听的曲子，大部分的人听起来都是好听的，所不同者只是各人所能欣赏的程度有差别而已。一处好看的风景，一位绝色的佳人，大家对于她同有美感。这种一致性是不能否认的。那末，这种一致性颇足表示美感经验是有相当客观标准的。即以同一个人欣赏同一个对象而论，我们对于同一对象的欣赏多少都有相当一贯性的。这就是说假使我欣赏一个对象的美，我们以后也是欣赏它的，除非这个对象本身起了变化，或者除非我一时心绪移置到别的对象上去了。当我的兴会一时移置到别的对象上去，这只能够说，我暂时对于这个对象未曾注意，而不足以证明我对于它的欣赏完全不同了。第三，假使美感经验完全是主观的心理现象，而不必凭借于外物，那末，当一无外物凭借的时候我们能随意产生美感吗？或者当我们欣赏一幅美丽的图画时，我们能够故意改变主观的态度，而是这幅图画变得丑陋不堪吗？而且以后我们将积极说明有许多客观现象，一定是美感经验的必需条件。假使这种客观条件不存在的话，美感经验便是不可能的。

第三节　以美为逻辑之理型

　　前面我们讨论过两种关于美的本质的主张，一种主张以为美在外物，一种主张以为美在内心。但是这两种主张都有一个共同的假定，他们认为凡是客观的东西，一定是物理的而不是心理的；或者说，凡是心理的东西，一定是主观的而不是客观的。现在我们来讨论第三种学说，根据这个主张，美是客观的而不是物理的，是理论的而不是主观的。我们预备分四点来讲：（一）美不是物理的；（二）美不是心理的；（三）美是论理的；（四）这种学说的批评。

　　当我们说"这棵树是存在的"的时候，就外界条件而论，它占有时间和空间；就内在条件而论，它是经过我们的感觉器官而直接感觉到的。这棵树在某一个地方，它有多大，有什么形状，它在生长，它在变化，而这些性质都是我们大家所能用耳目口鼻等等所感觉到的。我们说"这一树海棠花多美呵！"这时候我们直接所感觉到的是一树美的花而没有感觉到"美"。美的东西如美的风景，美的音乐等等，有占有空间和时间的，但是美并不在空间或时间内。我们在感觉器官中所感觉到的是对象的大小、颜色、声音，但是我们从没有看见过"美"、听见过"美"。因此，美不在空间时间，不被我们的感觉器官所感觉。根据这个论证，美并不是一种存在物。

　　更进一步，他们也不承认美在外物之中。当我们说这物很美的时候，我们的意思是说，这物是符合于美的标准。所谓美的标准一定是十全十美的。这个十全十美的标准是由于外物所产生的呢？还是由于内心所产生的呢？美的标准绝不是由外物所产生的。第一，假使事先我们没有一个美的标准，我们怎能觉得这种经验是美的，我们怎能说这对象是美的呢？这意思是说，先要有美的标准，然后我们才能分别一个对象是不是美。反过来说，假使我们没有分别美恶的标准，我们就不能说这对象是美是恶。所以美的标准是分别美恶的先在条件。第二，我们虽然说对象是美的，但是我们知道在眼前这个世界里面，并没有一个尽善尽美的东西。请问一个十全十美的标准，怎样能够在一个不尽善尽美的经验界中产生？因此，美是先验的，而不再被我们所经验的外物之中。

这证明美不是物理的。但是美是不是心理的呢？照这个学说的讲法，心理作用的产物是主观的、特殊的、流变的。例如几个人仰望天上的行云，在甲的心目中呈现出一匹奔驰的烈马，在乙的心目中又是一束怒放的鲜花，在丙的心目中却是狂吠的苍狗。在甲心目中的现象只是甲所私有的，而不能举以告乙。即使甲把他内心所幻觉的告诉乙，这也许在乙的内心产生一种类似的幻觉，但是这两种幻觉完全是两件事而不能相沟通的。而且在这一刹那中这行云在我的心目中是飞马，在下一刹那又变成了鲜花，在别一刹那中它又变成了苍狗。心理的现象就是这样主观的、特殊的而变化的。但是在我们各人心目中的美的标准是不是主观的、特殊的、变化的呢？第一，我们说美的标准并不是主观的。例如当我说"这幅画很美"的时候，你一定懂得这是什么意思，你绝不会以为我在说"这幅画很长"，或"这幅画太旧"。足见美的意义是可以沟通的。换句话说，在我们各人的心目中美的意义是共同的。从这一点上讲起来，美是客观的。第二，美的标准不是特殊的。我们心目中所谓美并不是限于某一特殊的对象。我们可以把这个美的意义应用到各方面去。有许多情境是我们从前所没有经验过的，但是当我们第一次观赏它的时候，我们就会觉得它是美的或丑的。而且这个美的标准并不是我独创的而是大家心目中所共有的。从这一点讲起来，美是普遍的。第三，美感经验无论怎样变幻无穷，但是美的概念是不变的。例如孔子在二千多年前口中念着"美目盼兮"，他知道这是什么意思，而我们现在也知道他知道这是什么意思。假使孔子当时说："某人很美"，即使在两千多年以后的今日，我们仍然懂得他所谓美的意思。

因此，美是客观的，普遍的，永恒的。

有时我们说这地方的景致很美，或者说那一个歌曲很美；有时我们也说我们内心有一种美妙的境界。但是这都是因为我们有一个美的标准。这个美的标准不是从我们的经验中得来的。因为美的经验一定先要有美的标准。这个美的标准不是物理的，因为它不占有空间和时间。美的标准也不是主观的产物，因为它在我们大家的心目中是普遍的。积极的说，美的标准是先验的而不是经验的；是普遍的而不是特殊感觉性的；是必然的而不是偶然的。总而言之，这种美的标准不是物理的，不是心理的，而是论理的（或逻辑的）。它不是存在的而是客观的，不是主感的而是理性的。这在现在流行的哲学术语中称为"潜存者"（subsistent），"美"就是一种潜存者。

这个学说可以远溯到柏拉图的理型论。在这个感觉世界里面我们看见一朵特殊的花，一张特殊的椅子，一个特殊的圆球。花之所以为花必有花之理；椅子之所以为椅子必有椅子之理；球之所以为球必有球之理。凡我们所见到的只是感觉影像，而未见花之理，椅子之理，或球之理。我们能够看见张三李四赵大王二，但是我们不能够看见"人"。当我看见他们的时候我却说："他们都是人"。我们所直接感觉的是随着主观而不同的，是随时在变迁的。但是"人之所以为人之理"，这在各人心目中是一致的、不变的。在这个感觉世界里面的对象有其变动主观的成分，也有其不变的，可以沟通的成分。其变动主观的成分，就是我们所感觉的内容；其不变的客观成分，乃是我们的理性所得到的理型。理型是感觉对象之所以存在的标准，是十全十美的，是永恒不变的。因此，它虽是实在的，然而并非在这个感觉世界中所产生的。于是柏拉图便假定在这个感觉世界之前，有一个理想型世界。它是实在的而不是存在的。美也是一种理型。所以美虽不在空间时间，而仍然是一种客观的实体。

我们对于这个学说认为有几点可以商榷的地方。第一，他们以为美是一种潜存者。但是他们并没有说明美是哪一类的潜存者。换句话说，他们对于美的本质并没有说明。无论根据柏拉图的理型论，或现在的新实在论，只要这个世界里面有一个对象，便有一个相符的理型或潜存者。这就是说，潜存者的种类很多，而所谓美的潜存者，它的特性是什么呢？假使这一点没有说明，美就没有说明。所以我们认为这个理论是不够用的。第二点，这个学说没有把美的经验和美的判断分清。他们只就美的判断去研究美的本质，而不过问美的经验。其实，美的判断是抽象的、符号的，是根据于美感经验而言的。假使我们要真的认识美感，我们一定要分析美感经验本身。譬喻我想把某君介绍给某小姐。我说："某君少年英俊"。这位小姐是否只把我的判断作一番逻辑上的分析研究，而借以认识这位少年。这是隔靴抓痒，最好是让他们约会面谈，彼此才可以认识得清楚一些。第三点，根据这个学说，美的标准是先验的。这意思是说，在我们有美的经验之前，我们先有美的判断。这个先后的秩序不是时间上的先后，而是理论上的先后。此地我们要分别理论上的层次（logical order）和心理上的秩序。例如，照理而论，我们先要有人的概念，然后始能分别欧洲人、非洲人、亚洲人。先要认识亚洲人，然后始能分别中国人、日本人、印度人等。先要懂得什么叫中国人，然后始能分别江苏人、湖南人、四川人。换句话说，假使你不知道什么叫做人，你绝不能判断说他是亚洲人。假使你根本不懂得什么叫做亚洲人，你就不能说他是中国人。这称之为"理论上的层次"。但是根据我们心理上的发展，我们并不是先知道人的意义，然后判断说他是亚洲人。并不是先懂得"亚洲人"的意义，然后才说他是中国人。在我们的心理上，我们先和一般所谓中国人有直接的接触，而认识了中国人。再推广到中国人以外的各种人而认识他们是亚洲人或欧洲人。这是由直接的、具体的经验而推求到抽象的、间接的。这是心理上的秩序。当我们把这种区别应用到美学上来的时候，我们就可以知道，虽然从理论上讲起来，一个十全十美的美的标准应先于美感经验，但是从心理的秩序而言，我们先有美感经验，然后有美感判断，然后有美的最高标准。美的理想是从不完善的美感经验中升华成功的。因此，我们不能以抽象的潜存者来解释美感经验。

第四节　以美为内在之价值

在我们的美感经验中，我们把全副的精神都注集在事物的意象上，使我整个的人格和这个在我心目中所呈现出来的对象，完全打成了一片。在这种复杂的经验中，有许多方面是我个人所独自享受的，有许多方面是我个人和别人所能共同享受的。例如事物在我心目中所呈现出来的意味，这是和它在任何其他的人的心目中所呈现出来的是不同的。又如我个人的人格的表现于外物，这也是别人所不能领略的。至于我个人的整个人格和我所观照的整个对象浑成一体的这种复杂的经验，这更不是局外人所能享受。但是在各人不同的美感经验中，却往往有许多为我们所能共有欣赏的地方，或者说，在创造者的美感经验和欣赏者的美感经验之间，有许多彼此沟通之点。例如，当我们共同观赏一幅图画或读一首诗的时候，我们之间发生了一种同感，我觉得美的地方你也觉得美。又如当我浸润在某种美感之中而写了一首诗，可是当你读到这首诗的时候，它会在你的内心起一种共鸣，觉得也有这种美感。从这些简直的事实中，我们可以知道，美感经验并不是完全主观的，也不是完全客观的，更不是若干主观成分和若干客观成分加集起来的结果。美感经验是一种完整的、有机的心理组织，在这种组织中主观和客观之间，突创了一种特殊的有机关系。这种特殊的有机关系，朱孟实先生在他的《文艺心理学》里面称之为"情趣的意象化"或"意象的情绪化"。他说：

"美不仅在物，亦不仅在心，它在心与物的关系上面，但这种关系并不如康德和一般人所想象的，在物为刺激，在心为感受；它是心借物的形象来表现情趣。世界上并没有天生自在，俯拾即是的美。凡

美

美都要经过心灵的创造。……在美感经验中，我们须见到一个意象或形相，这种'见'就是直觉或创造。所见到的意象须恰好传出一种特殊的情趣，这种'传'就是表现的象征；见出意象恰好表现情趣就是审美或欣赏。创造是表现情趣于意象，可以说是情趣的意象化；欣赏是因意象而见情趣，可以说是意象的情趣化。美就是情趣意象化或意象情趣化时心中所觉到的'恰好'的快感。"（朱光潜：《文艺心理学》一五四页～一五五页）

所谓意象，就是外物所呈现于我们心目中的形相。这里面少不了外物的影响，因为假使没有外物，那末根本就无形相之可言。而且无论各人的目光如何不同，外物的一致性是不能变更的。例如我们在欣赏一枝孤松，无论它在你心目中是不是"孤"，但是它总是一枝松。他的轮廓、形态、长短都是一致的。当然其中也少不了主观的影响，因为同一外物在各人心目中所呈现出来的意象，是各不相同的。所谓情趣，就是我们内心一时借外物所感触的心境，这种心境，是从我们整个人格中所突露出来的一部分。情趣似乎完全是主观的，但是其中也有客观的背景。总之美感经验中有许多的主观成分，如：快感、理想、判断等等，也有许多客观的成分，如自然界的一致性与个人在社会中的共同活动等等。但是我们，第一，要知道没有一种主观成分不是同时也含有客观因素而是纯粹主观的；同时也没有一种客观成分不是同时也有主观因素而是纯粹客观的。第二，这些组织美感经验的成分，它们本身都不是美感经验。我们不能把组织美感经验的成分，就当做美感经验。杜威在他的《经验艺术论》里面说：

"艺术是没有浸润在经验中的一种性质，而不是经验本身。美感经验并不仅仅是美感的，它里面包括有许多的外物和意义，这些外物和意义的本身并不是美感的，但是当它们组织成功一种极端有规律的条理时，它们就变成美感的了。这种材料本身都是属于人类的。美感经验的材料既然是属于人为的，那末它一方面是与自然界相连续的，因为人类也是自然的一部分，另一方面它也是有社会性的，因为人的活动都是有社会性的。第一，美感经验是文化生命的表现、记录和颂扬。第二，美感经验是推动文化发展的一种工具。第三，它也是文化性质优劣的最后判断根据。因为虽然美感经验是个人所创造、所享受的，但是个人之所以成功个人，这又是因为个人必须参与在整个的文化之中。"（第三二六页）

这样一种复杂的心理组织，主观与客观相浑，直觉与知识相成，形式与内容相关，聚精会神，不沾实用，无所为而为的作用所表现之我与万物合而为一的境界，这种境界我们归之于内在的价值。

美与自然

　　美感经验脱离不了自然界。假使没有自然界的形形色色，我们就不会发生美感。我们不能凭空的说："我有一种美感。"我们只能说："我对于某种东西发生美感"；或者说："我觉得某某东西是美的"。因此，有人主张自然界是美的。但是所谓"自然界是美的"这一句话太含糊了。我们不妨来把它分析一下。这一句话可以有两个解释。第一，它是说自然界本身是美的；美在自然界里面。这便是美的客观论者。自然是美的，这是因为自然是美的，而不是因为我以为它是美的。第二，它可以解释说，自然界在我们的心目中看起来是美的。在我们的心目中美不仅在美术作品里面，而且也在自然界里面。我们不承认美完全是存在于外物中的客观性质，但是我们不能否认自然界在我们的心目中是美的。我们承认美有其客观的条件，因为假使没有这种客观的条件，就绝没有美的可能。但是这些客观条件本身并不是美。本章里面我们预备说明在自然界里面有许多组织美的客观条件，但是我们却并不承认它们本身就是美。自然界本身并不是美，但是它能使我们对它发生美感，而觉得它是美的。

　　不过"自然"这个名词的意义也并不是十分清楚。庄子曾给过我们一个说明。他说："牛马四足是谓天；络马首，穿牛鼻，是为人"。牛马有四只脚这是天然的（或自然的）；络马首，穿牛鼻，这是人为的。桃红柳绿，鸟语花香，这是自然的美。亭台楼阁，灯烛辉煌，这是人工的美。但是照西洋自然主义的哲学讲起来，自然就是经过我们的感觉器官所认知的客观世界。不管天然的也好，人为的也好，只要是我们眼所见、耳所闻、身所触的对象都是自然。这种所谓自然是相对于精神而言的。我看见一只狗，一所房子，

傅统先全集

438

我听见一首歌曲，这些都是属于自然界的（或感觉世界）。我相信神灵，我认为眼前这个现象世界背后有一个推动的精神，这不是我们所能感觉而是超越于自然界以上的精神世界。这种所谓自然，我们并不以为就是美学里面所论及的自然。在美学里面或者在我们的美感经验中，我们并没有自然与精神的分别，也没有自然美与精神美的分别。我们只有自然美和艺术美的分别。这就是说，在我们的美感经验中，我们或以自然的环境如山水鸟木为美的对象，或以人工的作品如图画诗歌为美的对象。因此，在美学中我们所谓自然，是相对于人类而言的。

第一节 自然美

中西的诗人艺人都感觉到自然有无上的美。不过中国所赞美的自然，乃是指一个自然而然的运行过程，并不带有多大的神秘色彩。例如庄子有一段描写自然的话：

> "夫大块噫气，其名为风。是唯无作，作则万窍怒号。而独不闻之翏翏乎？山林之畏佳，大木百围之窍穴，似鼻、似口、似耳、似枅、似圈、似臼、似洼者、似污者。激者、謞者、叱者、吸者、叫者、譹者、宎者、咬者。前者唱于而随者唱喁，泠风则小和，飘风则大和。厉风济则众窍为虚。而独不见之调调，之刁刁乎？……夫吹万不同而使其自已也，咸其自取，怒者其谁耶？"

又说：

> "天其运乎？地其处乎？日月其争于所乎？孰主张是？孰维纲是？……云者为雨乎？雨者为云乎？孰隆施是？孰居无事淫乐而劝

是？风起北方，一西一东，有上仿徨。孰嘘吸是？孰居无事而披拂
是？"

这个无主宰、非精神、自然而然的景象，成功了艺人诗家最高贵的作品。
田园诗人陶渊明的诗，适应自然，天衣无缝。使人亦不复作世俗之想。他的
《归园田居》云：

"少无适俗韵，性本爱丘山。误落尘网中，一去三十年。羁鸟
恋旧林，池鱼思故渊。开荒南野际，守拙归园田。方宅十余亩，草屋
八九间。榆柳荫后檐，桃李罗堂前。暧暧远人村，依依墟里烟。狗吠
深巷中，鸡鸣桑树颠。户庭无尘杂，虚室有余闲。久在樊笼里，复得
返自然。"

再请看左思的《招隐》：

"杖策招隐士，荒涂横古今。岩穴无结构，丘中有鸣琴。白云停
阴冈，丹葩曜阳林。石泉漱琼瑶，纤鳞或浮沉。非必丝与竹，山水有
清音。何事待啸歌，灌木自悲吟。秋菊兼糇粮，幽兰间重襟。踌躇足
力烦，聊欲投吾簪。"

至于陆机诗韵自然，更显得辞藻华丽，在自然美上面再加上了雕琢之美。
例如：

"清川含藻景，高岸被华丹。馥馥芳袖挥，泠泠纤指弹。悲歌吐
清音，雅舞播幽兰。"（日出东南隅行）

"凝冰结重涧，积雪被长峦。阴云隐岩侧，悲风鸣树端。不睹白
日景，但闻寒鸟喧。猛虎凭林啸。玄猿临岸叹。"（苦寒行）

在西洋歌颂自然把自然视为最善最美的境界者，当首推罗斯铿（John
Ruskin）。他以为自然界每天没有一分一秒钟不在从自然的景象中表现出最完
备的美，来使我们永远的愉快。这穹苍，这云霓，这山水无处不在表现自然的

美。不过罗斯铿和其他的西方人一样，把他们所崇拜的自然界当作是神的启示。他说：

> "当我们把上帝视为大千世界的创造者，永恒不朽的超然者的
> 时候，我们绝不能看见他。但是当我们把上帝视为地上的审判者，人
> 类的维系者的时候，那些我们所看见的天空确就是他的居处。'请你
> 不要凭着天发誓，因为那是上帝的宝座；也请你不要用地来盟誓，因
> 为它是上神的踏脚凳'。这些倏来倏去的骤雨和阴影，那些天际的银
> 官，以至风驰电闪，朝日晚霞，这都使我们内心深深感觉到'我们的
> 天父是在天堂里面'这句话真确，亲切！"（罗斯铿《真与美》第
> 六十页）

这种浓厚的宗教思想是西洋传统思想一贯的系统，从斯宾诺莎（Spinoz）的泛神论到黑格尔（Hegel）的绝对论，都在阐明上帝如何在自然界显现他自己。不过他们是从玄学方面申诉这一点，而艺术家是从艺术的眼光来说明这一点。现在我们简单的介绍一下罗斯铿如何说明自然界中的山水、云霓、草木的美。

他把天空的行云分成三层。最高层至少在地平线上一万五千尺以上，这是每当秋高气爽的时候所呈现在我们头上的蔚蓝的天空，这里面有无数静止的云雾条纹。这些条纹的云雾有：（一）均称，（二）确切，（三）无景，（四）纯洁，（五）变化五大特色。他并引录武德华绥（Wordworth）的《云诗游》（The Excursion）云：

> "But rays of light
>
> Now suddenly diverging from the orb
>
> Retired behind the mountain tops, or veiled
>
> By the dense air, shot upwards to the crown
>
> Of the blue firmament—aloft—and wide：
>
> And multitudes of little floating clouds

Ere we， who saw， of change were conscious， pierced

Through their ethereal texture， had become

Vivid as fire，—clouds separately poised

Innumerable multitude of forms

Scattered through half the circle of the sky

And giving back， and sheading each on each

With prodigal communion， the bright hues

Which from the unapparent fount of glory

They had imbibed， and ceased not to receive

That which the heavens， displayed the liquid deep

Repeated， but with unity sublime."

以上是从诗人的心目中去看自然，觉得自然界有无穷的美妙。至于到底这里面的美有多少是属于自然的成分，有多少成分是属于诗人的，这很难确定。其实是自然界供给一部分美的因素，诗人供给另一部分。这两方面的本身都并不是美，而只是美的必需条件。现在我们再来讨论自然界里面有哪些成分是美的客观的必需条件。

自然界中的美的必需条件又可以分成两类：（一）是自然界所供给的关于美的内容——如颜色、声音、形状、方向等等；（二）是自然界对于美的形式方面的贡献——如调和、规律、均衡、节奏、条理等等。根据完形心理学讲，凡在我们心目中所表现的对象，都必是一个完形，所谓完形的条件是简单、均衡、整齐。例如以形状而论，容易引起我们的知觉的形状，一定是比较整齐而有规律的。A图在我们看起来是一个四方形，它里面有一条斜线，但是我们不说它是两个不规则的四方形在一起。可是B图在我们看起来，是两个并列的六边形，而并不是一个十边形，里面有一条直线。C图看起来是两条交叉的线，而D图却又是两个邻近的圆形。这在完形心理学讲起来，C图中ab一线与cd线有良好的连续性，放ab成一单元，cd另一单元。至于D图中则圆形为较为整齐的圆形，而特别呈现出来。在声音方面，凡是有节奏的、和谐的、连续的声音，容易使我们知觉它是我们心目中的一个对象。声音本身有内在的秩序，我们可以把它们从最低音到最高音排列起来，成功全部的音程。一切音乐都从这些音阶配合而成。不过这些配合的关系一定要有条理、有节奏。颜色的本身也可以根据它们的光波波长而排列成功一定的秩序。而颜色的配合要调和、均匀、地位适宜。例如布洛（E. Bullough）曾用两个相等的三角形，同样从中腰把这两个三角形分成上下两截。甲图上截是淡颜色，下截是深颜色。乙图上截是深色，下截是淡色。试验的结果，多数人喜欢甲图而不喜欢乙图。他们的理由是认为甲图比乙图似乎稳定些。乙图上半截似乎太重，下半截太轻，令人觉得不相称。在色调中最好的配合是成为补色的两种颜色。所谓成为补色的两种颜色就是当它们混合的时候它们就会变成白色。如红色和青色，蓝色和黄色都是补色。所以在图画里面或房间的布置中，红色应配青色，蓝色应配黄色。

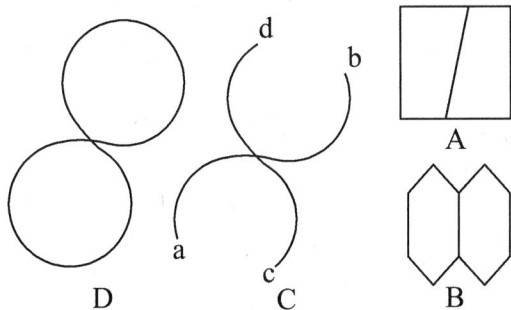

从形式方面而言，我们还应讨论两个一般的组织原则。第一个就是完整统一的原则。如上面所说的调和、均称、规律，这都是产生统一性的基础。但是假使事物的组织太单调，那末，它又不会在我们心目中产生深刻的印象。对象除了完整统一之外，还应该多方面变化。例如我们听一支歌曲，它并不是许多单纯的音调，而是把这些音调起伏变化配合而成。当然，这种变化又不能太离奇复杂，以致使我们只觉得杂乱而抓不着它的统一性，那便只有噪音而没有和音了。美的组织一方面要完整统一，一方面又要多变化。统一不能统一成功一种单调的对象；变化又不能变化成功一种离乱烦杂的现象。它要在统一之中有变化；在变化之中有统一。这便是第二个组织原则。第一个组织原则我们可以称异中之同。第二个原则我们可以称为同中之异。

第二节　艺术与自然

照柏拉图和亚利士多德的意见，艺术只是模仿自然。自然界在柏拉图的心目中乃是一个现象世界，这是现象世界又只是实在世界的一个不完善摹本。艺术只是这个不完整的摹本的摹本。所以艺术离开真理很远。一个画家虽然对于木匠的工作一无所知，然而他能照样子画出一个木匠。凡是对于木匠一无所知的人，凡事只能用颜色和形像去判断别人的人，才能欣赏画家的作品是好的，诗人也是如此。亚利士多德也是说，一切艺术都是模仿自然。艺术的模仿性是发源于人类的心理，人类是一种富于模仿的动物，模仿不但使人的感觉愉快，而且能够激起人的智慧。无论音乐、舞蹈、唱歌、诗赋，都表示人类有一种嗜好调和节奏的天性。不过，亚利士多德所谓描摹自然，并不完全在描摹感觉方面和特殊的对象方面。艺术的材料虽然是属于感觉方面的，艺术品虽然是可感觉的，但是艺术却要在特殊的感觉对象中，表达普遍永恒的观念。这已经不只是描摹自然的外表。

现代法国雕刻家罗丹（Rodin）也是一位模仿自然论者。他说："我完全服从自然，我永远不想去命令他。我唯一的野心就是做自然的一个忠实的臣仆。""美术上唯一的原则是在抄下凡自己亲眼所看见的。若欲取媚于那些斤斤于美学规则的商人而另求另一种原则，那是徒劳而无益的。世间上实在没有饰美自然的方法。"但是有人指着罗丹的作品说："你这些作品并不和原来的自然相同呵！你在被逼而改变了自然！不然，何以你所塑成的人像却并不和模铸物所产生的印象相同呵！"于是罗丹再申述说，所谓模仿自然，并不只是描摹自然的外表而且是描摹自然的精神。当一位艺术家在描摹自然的时候，这时的自然并不是自然的本身，而是艺术家心目中的自然。"美术家所见到的自然不与他现在流俗人的一样，因为艺术家以自己的情绪，启示自己以物体外表下面的内在真理。"在美术家的心目中，自然界所有都是美的。自然界本身有被人公认为丑陋的部分，但是经过艺术家的魔杖一击，它立即就会变成美的。在一个真正配称艺术家的人看起来，自然界之所以是美的，那是因为他是真正抓住了自然的精神。

中国画家喜欢讲"气韵"，意思也是说绘画虽然应以自然为本，但不能徒注意外表而须注意自然的神韵。董其昌是比较注意描摹自然的。他说："画家以古人为师已是上乘。进此当以天地为师。每朝看云气变幻绝近画中山。"宋、郭熙云："学画花者以一株花置深坑中，临者上而瞰之，则花之四面得矣。学画竹者取一枝竹，因月夜照其影于素壁之上，则竹之真形出矣。学画山水者何以异此？盖身即山川而取之，则山水之意度见矣。"韩干画马有"厩中万马皆吾师"之说。但是描摹自然当注意自然的神韵，不可仅及外表。明、唐志契云："山水原是风流潇洒之事，与写草书行书相同，不是拘挛用工之物。如画山水者与画工人物花鸟一样，描勒界画妆色，那得一毫趣味？是以虎头之满壁沧洲，北苑之若有若无，河阳之山蔚云起，南宫之点墨成烟，子久、元镇之树枯山瘦，迥出人表，皆毫不着象，真足千古。"足见艺术上乘非仅止于描摹。

诗人雪莱（Schiller）谈过，自然是燃烧诗人灵魂的火，诗人只有从自然里面才能获得他的力量。艺术是有相当模仿性的，但是这不等于说，艺术完全是自然外表的摹本。无论在音乐、绘画、诗歌、戏剧里面，我们不能不用自然现象中的材料，艺术的内容形式都不能不类似自然现象。假使我们画一个不像狗的狗，不像人的人，那末根本我们就无从欣赏。而且这类怪物我们也无从创作。但是假使艺术只是绝对的和自然界一样，那末，请问哪一位艺术家对于自然详细内容的感觉，能够比照像底片的感光性更灵敏呢？而且着色的照片当为最上乘的绘画，铜铸的人像当是最艺术的雕刻，法庭上的口供记录当是最好的文艺创作了。据说，欧洲有人画了一幅油画，名叫《崇拜金犊的犹太人》，表现一段圣经上的故事。这位画家为表达逼真起见，把牛犊凸出画面，用真金涂在犊身，好像一个真的金犊。请诸位想想看，这幅画能成功最上乘的艺术而能引起欣赏者无上的灵感吗？假使有画家用真金来表达金黄色的落霞，用真沙来装饰在他画上的沙滩，用真羽毛放在他所画的飞禽身上，其结果绝不会增强欣赏者的想象力和感应，而反足以破坏它。

自然界里面的任何对象，无论是一棵树、一朵花、一个人、一处风景，在我们各人的知觉中虽有小异，却是大同的。例如我们都会知道这是桃红，那是柳绿，这是少女，那是老翁。各人彼此之间的知觉可说大致相同。但是，自然界在各人心目中所引起的想象不同，所以激动的情绪不同。这种想象和情绪方面的不同，又是随着各人的人格修养之不同而不同的。中国人论艺术作品常有所谓雅俗之分。"俗"就是通俗，就是一般人的看法。无论你是俗人，或是雅士，假使这是桃红，你不能说它是柳绿；假使苹果是可吃的，树枝是可以当柴燃的，那末，你就不能说苹果是可以当柴燃的而树枝是可吃的。这意思是说，自然界对于我们在知觉和在实用两方面是没有多大分别的。但是从美感方面讲起来，一位雅士和常人便大不相同了。在雅人认为美的，在俗人看起来却并不美；在俗人看起来美的，在雅士却又不美。例如一枝稀疏的梅花，在画家看起来是很美，但是一位黄包车夫在新年里面却愿意买一幅美女广告画。这就是所谓各人的修养不同了。自然主义派的罗丹说：

"一个庸俗的人所抄下的自然，永远不能成为一件美术的作品。这是由于他视而不见，他想毫无遗漏的把每个自然的细节都抄录下来，其结果则平板而无品格。并且美术家的事业不是为庸俗的众人而设的。……美术家则反是。他在看，——他的眼睛安放在他的心上，深深的于自然的胸腹内诵读。"

这一段话，正可以说明在庸人眼睛里面的自然界和艺术家眼睛里的自然界，是不同的。俗人是把他所知觉的自然界全盘接受；艺术家则是有所选择，他在他所知觉的自然中选择最能引起他的灵感，最能引起他丰富的想象的一部分。还有一点我们要特别注意的。也许有一部分自然界，无论在谁看起来都是很美的，但是这种自然界的美，不一定能够产生艺术上的美。例如有许多天然的风景是不能入画的，因为自然界里面，有许多地方是人类的艺术所不能表达的。我们要知道自己技能和物质条件的限度。无论我们调和颜色的本领多大，我们也绝难表达晚霞的彩色。艺术家往往选择自然里面比较简单的部分而把它加以美化。所以有许多在自然界美的地方，在艺术上也许就不美的；在艺术上美的对象，在自然界里面也许原来是丑的。艺术并不等于模仿自然。艺术美也不等于自然美。艺术家对于自然界的取材必有所选择，有所安排。在这种选择与安排中，却表现艺术家的技工、风度、情感、修养。艺术家可以说是模仿自然，不过他并不模仿自然所激起人类的感觉，而是模仿自然的精神。一幅中国山水画，初看时往往甚不似自然，因为它里面有许多地方很不合比例配景的；可是当你凝神注视的时候，它是最似自然的了。因为艺术作品的作用在能传神。歌德说：

> "艺术家对于自然有两重关系。他同时是自然的主人，也是它的奴隶。他是它的奴隶，因为他必须使用人世的工具，才能叫人懂得；他是它的主人，因为他奴使这些人世的工具，使它们效用于他的卓越的心裁。艺术家要使观众见到一种总印象，这种总印象在自然中寻不着，它是他自己心的产品，或者说，他的心被一般灵气所鼓动的结果。如果我们随意浏览这张画，里面一切事物都使我们觉得自然，觉得它仿佛是自然的拓本，这样美的画在自然中向来见不着的。"

第三节　写实主义与理想主义

极端的自然主义是主张艺术是完全描摹自然。自然主义的扩充便进入了写实主义。关于写实主义，我们可以把它归纳成功四点。第一，艺术非但是描摹自然而且描摹我们实际的生活。他们有一句口号说："凡存在的东西都是实在的；生命就是真理，而真理就是艺术。"所以凡是自然界和人生社会的内容都是艺术的材料。现代名艺术史家谬德（Muther），当他讨论到现代法国写实派和自然主义派的画家采取材料的时候，他有一段讲到左拉（Zola）所用的题材的话，我们不妨引录下来。他说：

> "每一样东西都是绘画的材料，例如机器厂、火车站、木工厂、熔化炉、国庆日的表演、美术展览会的陈列、咖啡馆、跳舞厅、跑马场、交易所、总会、浴堂、银行、旅馆、火车里的卧铺、大学里的讲堂。总之人生的全部，无论任何地方，我们所见到的东西，无论是哪一类的东西，无论是在家里，在旅社里，在茶室里，在戏院里面，在树荫道旁，——没有一个地方不是艺术的材料。"

第二，艺术的优劣当以表达自然和生活的方式与技巧的优良为标准，因为艺术的内容已经受自然和生活本身所决定。艺术只是自然和社会的模仿，它对于它们没有选择，内容方面既无选择之可能，当然也就没有优劣之可言。艺术上的区别便完全在形式方面了。所以照写实主义讲起来，艺术家只是注重形式和技巧。第三，艺术的特质既然是其表达的方式而不能选择其表达的内容，那末艺术家只应在形式上用功夫，至于他们的取材便不应顾及道德问题或政治哲学的问题。这意思是说，艺术的表达只是有见必写，而不必为政治作宣传，为道德说教，为自己的哲学作表扬。所以艺术里面并没有道德，没有政治，没有哲学。第四，从表达的技巧方面讲，因为写实主义的主旨在描写其实际，所以他们是注重在表达个性的，注重在具体的事物。

从艺术史讲起来，写实主义是比较挽近才产生的学派，它一方面固然是继承古典的自然主义，但是另一方面，却是反抗古典的理想主义。在古典艺术理论中，理想主义是比较占优势的。我们现在再把理想主义的艺术论简单的介绍一下，然后对于两方面再作一个批评。照理想主义讲，艺术是用具体的材料来表现自己的情绪或理想。我们内心有某种情感或理想而需要表现出来，于是我们运用文字、颜色、声音等等工具来表现它。其结果便产生了艺术。所以艺术家的工作在选择适当的材料来表现理想。第二，根据这一点看起来，理想主义派便深深的注意如何选择艺术的内容。选择的标准便是他自己的理想。凡是符合这个理想标准的便可以被选来表现这个理想，否则这些部分便被淘汰。因此，艺术品的特质在其内容，至表达的技巧方式便居于次要的地位了。第三，艺术既然表现某种理想或主张，那末艺术家的胸中或者自有其道德信念或哲学系统。艺术作品乃是替他的道德信念或哲学系统作具体的表现。因此，艺术是有道德性的，有理论根据的。凡是好的也是美的；凡是美的根本上也是好的。第四，从表达的方式来讲，理想主义是种典型而不重个性的。所谓注重典型，就是表现一类个别事物中所共同有的性格。例如画一个女子，我们并不是画这个女子所特有的性格，而是把一切女子的特性都表达出来，使人从这一张画而感觉到一切女子所有的美。

德腊库瓦在他的《艺术心理学》批评说：

> "现实主义和理想主义有一个共同的假设：艺术是天生自在的，或是在经验的实在界里，或是在超越经验的实在界里。艺术家的能事只在把现成的取出来。其实艺术永不会是天生自在的，无论是经验的或是超经验的实在界里，都没有现成的艺术。艺术就是创造是人力。"

（用朱光潜先生译文，见《文艺心理学》一四〇页）

这个批评是说写实主义和理想主义都承认自然界本有天生自在的艺术。艺术美即等于自然美，不过写实主义说艺术美是等于自然美的全部，而理想主义则说艺术美等于自然美的一部分。我觉得这个批评并不公允，因为这两个学派并没有承认有天生自在的艺术。他们都承认艺术是创造，是人力，不过他们的意思是主张艺术乃是模仿或选择自然美。无论模仿的工作或选择的工作，我们都不能说其中没有人力。无论写实派或理想派，再愚笨也不会作如此想法。自然美是由于自然景象所产生的美感经验。艺术美是由于人工的艺术作品所激起的美感经验。所以现在的问题仍是要看这两个学派，是否承认自然界里面有天生自在的美，而不是要看他们是否承认自然界里面有天生自然的艺术。这一点我们在前面已经申述过，即使最激烈如自然主义也不承认美是在自然界本身。假使美在自然界本身，那末，庸俗人和艺术家所见到的美，一定是完全一样的，可是自然主义者如罗丹，也说艺术家和俗人所见到的自然界并不相同的。这种对于自然界看法的差别，就足以证明他们并不以为美在自然界本身。这两个学派都可以承认自然界能够引起我们的美感，而它本身却并不一定是美的。自然主义说艺术美是模仿全部自然美；理想主义说艺术美是选择一部分自然美。其实它们的涵义并不是说自然界本身是美的。为清晰起见，我们可以把这两派的区别作如下的说明。自然主义说艺术家是模仿他心目中所视为自然的美；虽然在庸人看起来，自然界不一定完全是美的，但是在艺术家的心目中自然界全部都是美的，所以艺术家只用把他所见到的自然抄录下来，那就是艺术的美了。在另一方面，理想主义说艺术家是选择他心目中所视为自然的美，他们因为自然界有一部分不符其理想标准的地方是并不美的，所以要淘汰；还有一部分即使在他心目中视为美的，他们因为这是人力所无法表达的，所以也要淘汰。所以我认为这两派观点的毛病并不在此。而是它们两方面都没有弄清楚自然界和理想界是不能分裂的。他们共同的毛病就是两元论上面。所以在第一章我们就解释何以主观和客观是分不开的，何以艺术的形式和内容也是分不开的。关于这一方面，请读者自己翻到第一章参考一下，然后自己根据这个线索来批评这两种艺术观，自然就会明白。

第四节　自然丑　艺术丑

根据上面的讨论，我们知道艺术美并不等于自然美，而自然丑也并不一定产生艺术丑。现在我们再从自然丑和艺术丑的不同，来说明艺术和自然的关系。

自然美和自然丑的区别是根据两个标准：（一）快感；（二）常态。根据第一个标准，凡是引起人们快感的对象，它就是美的；凡是使人发生恶感的对象，它就是丑的。例如有规律的形状就是美的，而无规律的线条，便是丑的。和谐的声音就是美，嘈杂的声音就是丑。调和的颜色就是美，而不调和的颜色就是丑。因为凡有规律的、调和的、有节奏的对象，都能引起我们的快感；与此相反的对象便引起我们的恶感。艺术家往往运用这种自然美来创造艺术美，但是这种自然美的本身并不一定在艺术上是美的。据第二个标准，凡事物的常态就是美；变态就是丑。例如一个人太高或太矮都显得丑。歪鼻子、小眼睛也是丑。罗丹在他的《美术论》里面说：

> "在现实事物的过程中，人们呼为'丑'的东西，乃是畸形的、不洁净的，是疾病、衰老和痛苦的，是反规律的、不康健的。所以肉瘤是丑，拘挛是丑，穿百补衣的穷人是丑。……不道德的人、恶人和罪人、损害社会的反常人的灵魂和行为，这也是丑。弑亲逆子、卖国贼和无情的野心家的灵魂，这些也是丑。"（中国有时骂人所谓"丑态百出"，或者也能指这一类的人。）（曾觉之译：《美术论》第一三四页）

在另一方面，所谓艺术丑是什么呢？罗丹说：

"美术上所谓丑的是假伪的，是人工做作的，是求艳丽或美貌以替代表现情意的，是假意和作态的，是无动机而微笑的，是无理由而装模作样的，是无原因而卑屈或自大的，是无灵魂而娇媚的，是说谎的。当一位美术家在饰美自然的心念中加青绿于春天，猩红于晚霞，朱红于嫩唇，他便创造了丑恶，因为他在说谎。当他减轻痛苦的皱促，衰老的疲弱，邪恶的陋劣，当他编排自然，蒙蔽它、掩藏它、修改它，以迎合无知的群众，他创造了丑态，因为他在惧怕真理。"（前书，一四二页）

清、沈宗骞在他的《芥舟学画编》说：

"画俗有五：曰格俗，曰韵俗，曰气俗，曰笔俗，曰图俗。其人既不喜临摹古人，又不能自出精意，平铺直叙，千篇一律者谓之格俗。纯用水墨渲染，仅见片白片黑，无从寻其笔墨之趣者谓之韵俗。局促异于人，而笔墨滞窒，墨气昏者谓之气俗。狃与俗师之指授，不识古人用笔之道，或燥笔如弸，或呆笔如刷，本自平庸无奇而故欲出奇以骇俗者，或妄生圭角，故作狂态者，谓之笔俗。非古名贤事迹及风雅名目，专取谀颂繁华与一切不入诗料之事者谓之图俗。能去此五俗而后可几于雅。"

又宋、韩拙云："画者惟务华媚而体法虚，惟务柔细而神气泯，真俗病耳。"

以上只是引录几段文字，说明艺术美丑的标准和自然美丑的标准是不同的。本章因为专论自然美与美感的关系。何谓艺术上的美或丑，将留待以后各章再谈。

美与心理活动

美从外物方面讲是物的属性，而这种属性有很浓厚的主观作用。美从主观方面讲是一种美感经验，当然这种美感经验也有它的客观条件。其实在美里面，主观和客观是分不开的。美有客观的条件，也有主观的条件，但是这些条件无论是在客观方面的或在主观方面的，它本身单独讲起来都不是美。美是这两方面所产生的一种复杂的组织。在这个组织中主观和客观不可分。虽然如此，但是当我们讨论的时候，当我们作一种理论上的分析的时候，我们又不能只从某一观点讲起。理论上的分析却不等于经验上的分裂。前章我们是从自然方面，来说明美的客观条件。现在我们再从人类心理活动方面，来说明美的主观条件。换句话说，我们预备讨论美感经验和经验的其他方面有什么关系。

美感经验并不是一个简单的心理功能，也并不是一种天生自在的美感本能，而是一种非常复杂的心理组织，它里面不仅有情感作用，而且有认识作用和批判作用。有人说美感是一种直觉，但是这种直觉并不是无认识无批判的原始感觉，而是一种复杂的心理作用，当它聚精会神无暇旁顾时的一种不自觉的心理组织。因其不自觉而称之为直觉。这一点我们当在下一章再谈。现在我们要讨论美感经验和认识、情感、批判三方面的关系，和它们之间的区别。何以我们知道美感经验中不仅有情感作用，而且有认识作用和批判作用呢？现在我们不妨以欣赏达文奇（Leonardo da Vinci）的名画《最后的晚餐》（Last supper）为例。假使根本我们不能认识阴影颜色人物，不能了解其中的意义背景，我们怎能有一种辛酸苦辣的感触。所以第一，我们要懂得其中是怎样一回事；第二，我们内心起了一种情感作用；第三，我们批判它的美丑。美感经验虽不是认识、情感和批评，但是它却在认识、情感、批评之中。假使我们对于这《最后的晚餐》既无所认识，又无所动于中，更不能评其美丑，请问我们对于它的美感经验将在哪儿呢？再以《秋宫怨》这首歌曲而论，当一个不懂中国宫帏历史背景的外国人听起来，和一个懂得内容的中国人听起来，其中的美感经验便大不相同。甚至于在一个不懂得它的内容的中国人听起来会起一种悲感的共鸣，因为这种音调会引起一种悲苦的联想，而一个外国人也许连这种联想也没有。结果在这个外国人听起来，这种声音只是使他的耳鼓膜发生一点生理上的快感而已。其中便又无美感之可言了。

本章预备分五层来详细发挥这个意思：（一）美感与快感；（二）美感与情绪；（三）美感与直觉；（四）美感与联想；（五）美感与判断。

第一节　美感与快感

有人说美感就是一种快感。这话是对的，因为凡美感的总是产生快感的，不过这一句太模糊，容易产生误解，以为美感等于快感，或凡快感都是美感。我们说凡美感的总是产生快感的，这并不是说凡快感的总是美感的。所以现在我们一方面要说明凡美感的总是快感的，另一方面又要说明有些快感并不是美感的。罗斯铿说："任何物质对象，凡当我们对其外表的性质有一种简单的观照，而不直接确切的运用理智时，倘若它能使我们产生一种快感，那末，这种对象我便称它是美的。"但是如朱光潜先生在他的《文艺心理学》里面有以为有些美感的对象并不产生快感。例如他说："荷兰画师冉伯让（Rambrandt）所画的满面皱纹的老太婆以及红楼梦里的刘姥姥，都没有什么风姿可邀请罗斯铿的青眼，比血色鲜丽的英国姑娘相去自不能以道里计，可是在艺技上仍不失其美。" 反过来，他又以为有些产生快感的对象并不引起美感。他说："反之许多血色鲜丽的英国姑娘或任何国的姑娘，做了平凡画匠的模特儿，或是印在纸烟香水广告牌上时，不一定就叫人起美感。"第二点我们是承认的，并非一切快感都是美感。不过朱先生所举的例子，我们并不完全赞成的。血色鲜丽的英国姑娘或任何国的姑娘，做了平凡画匠的模特儿或是印在纸烟香水广告牌时，却也不一定，不叫人起美感。它们也许不能引起朱先生的美感，因为朱先生的艺术修养非常高超。但是在常人的眼光中却是可以引起美感的，例如一个洋车夫也许拿这个广告牌去装饰他的房间。这大部分可以说是引起他的实用感，但是这绝不能说其中毫无美感之可言。不过他们的美感和朱先生所有的并不完全相同罢了。当你喝一杯好酒，发泄了性的饥渴，被人轻轻的抚摸，或吃一杯茶的时候，你是有一种快感，而这种快感和欣赏广告画不同，它不能算是美感。当你看一幅画、听一支歌曲、读一首诗的时候，这时你也有一种快感，这种快感我们便称之为美感。因此，有人说凡是在高等感觉（即视觉和听觉）中所引起的快感乃是美感，例如广告牌上的画有时也能引起美感，这是因为我们是用视觉去摄取它的。而低等感觉（如嗅、味、触、内脏的生理松弛的感觉等等）便只能产生快感而不能产生美感。但是即使在低等感觉中得来的快感，有时也能转变成功美感。如朱先生所引用的"暗香浮动月黄昏"，"客去茶香余舌本"，"冰肌玉骨，自清凉无汗"，这都表示在低等感觉中也有美觉。这种美感并不是在快感之外所特有的，而是由快感再加上了别的因素所产生的结果。无论在高等感觉或低等感觉中，假使没有快感，那便没有美感。换句话说，没有美感是没有快感的。

　　把以上的话再说得清楚一点。我们承认有些快感并不是美感，而这些快感大部分都是属于低等感觉方面的，可是这也并不一定说，凡低等感觉所得到的快感都不是美感，因为即使在低等感觉中的快感有时也会是引起美感的。但是我们绝不承认有些美感不是快感的。冉伯让所画的满面皱纹的老太婆，《红楼梦》里面的刘姥姥，罗丹所雕塑的像一具死尸而骇怕的《老欧米亚》，波特莱尔（Baudelaire 1821—1867 法国的诗人）所描写的一具浊臭、脓烂、虫吮的腐尸，都似乎是产生恶感的美感。假使你把红楼梦里所描写的刘姥姥看成一个令人生厌的老太婆，把罗丹的《老欧米亚》看成一个可怕的死尸，把波特莱尔所描写的腐尸仅就其脓烂浊臭方面去看，其结果只有不快感而绝无美感之可言。但是这些艺术作品何以会叫我们起一种美感呢？我们是否说："冉伯让所画的老太婆真美啊！因为她那满面的皱纹使我们非常厌恶。"我们是否说："罗丹的《老欧米亚》实在讨厌而可怕，同时我们却又非常欣赏它的美啊！"波特莱尔会不会说："我们见着这腐坏的臭尸而真觉得它美啊！"不！无论创造的人或欣赏的人，都不会有这种把讨厌的东西视为美感的感觉。但是何以这些讨厌的东西却又是美术作品呢？却又能使我们产生了美感呢？关于这个问题，我们有两点解释。第一这些东西的本身也许是讨人厌的，但是从这些东西所产生的艺术作品却并不讨厌，而反能引起我们的快感。例如我们对于一个满面皱纹的老太婆，既不会发生快感又不会发生美感。但是我们对于冉伯让所画的老太婆，却会因为那种线条的生动而起一种快感。假使一个孤单单的刘姥姥站在诸位的前面，你们就不会觉得她美，可是当《红楼梦》的作者把她放在一个满院都是美丽姑娘的怡红院里面，表现出各种使人发生快感的风趣，于是我们就对她发生美感了。因此，我们可以说，就这些艺术作品的本身而论，它们都不是使人发生不快感的。所以这种例子不能说明我们有一种不快感的美感。第二，即使一件东西是使人讨厌的，但是它并不是绝对是讨厌，也不能说它对于任何人都一定是引起恶感的。例如老妓女罗米亚在我们也许是感觉到它很不愉快的，但是她在罗丹的心里面也许能产生一种快感。甚至于一具死尸在某人是感觉不愉快的，但是另一种人也许却又会感觉到愉快的。例如臭咸鸭蛋和臭豆腐乳大半的人都觉得讨厌，往往掩鼻而过，可是另有一种人，却嗜之如命，吃臭蛋的快感比吃蛋炒饭的快感还大。再如有人喜欢闻自己的臭脚，看女人的小脚，这在他们感觉起来未始不是快感。因此，同一对象对某人引起恶感，而对另一人也许引起快感。在我看起来，老妓女和腐尸是讨厌的，所以我不能对她们发生美感。腐尸在波特莱尔的心中也许产生一种快感，老妓女，或关于老妓女的诗句使罗丹发生快感，所以也只有他们能够把这些材料变成了艺术作品。

根据以上的讨论，我们得到了两个结论：（一）凡美感的一定都是快感的，或者说，不使人起快感的东西都不是美感的。（二）有些快感并不是美感的，这就是说，美感经验虽有快感的成分，但是快感并不等于美感。美感乃是一种特殊的快感。

假使我们要知道美感和快感的关系，或者假使我们要知道美感和其他快感的不同，我们先要明白快感是怎样一回事。简单一点说，快感起于需要的满足。个人的需要可以简单的分成三类：第一类是生理上的需要，例如饥求食、渴求饮、性求偶。这是生理上的一种紧张状态。生理上需要的满足就是这种紧张状态松弛下来，人类因此而感觉到一种愉快。这种快感还是有机体上的一种感觉。这种快感是人和其他动物所共享有的。第二类的需要是心理上的需要，例如我们：（一）有一种好胜心，希望自己胜过别人，自己有控制别人的力量；（二）有一种希求社会赞扬的心，喜欢时髦，出风头，社会上很多人都认识我，称赞我；（三）占有欲，有许多我们所喜欢的东西，虽然眼前不一定直接满足生理上的需要，但是我们总是希望多多益善，而且这些东西最好是我一人所独有的。这种需要是在我们心理上所起一种紧张状态。假使别人的力量比我的大，假使别人在批评我，假使我看见别人有的而我没有，那末，我在生理上虽是无饥无渴，然而在心理上便有一种非常强烈的冲动。当心理上的需要得到满足的时候，我们也会感觉到一种愉快。这种愉快便进而为心理上的一种感觉。假使晚餐的宴会中大家都称赞我这一件衣裳漂亮，许多的人以我为中心围绕着我，那末，我心里面便感觉非常的快乐。第三类的需要是精神上的需要。例如：（一）我们有道德的精神，我们要求尽忠尽孝，仁人爱物；（二）宗教的精神，我们要求与神明沟通；（三）哲理的精神，我们要运用理性，要批评分析，以求达到清晰明确的思想；（四）美感的精神，我们要求美的灵感。当这种精神上的需要得到满足的时候，我们也感觉到一种愉快，这种快感，属于精神方面。我所谓生理上的快感，并没有一点轻视的意思，我所谓精神上的快感，也并不是一种神秘的境界。总之，我们可以说，无论在生理方面，在心理方面，在精神方面，凡是需要的满足就能引起我们一种快感。在生理方面所得到的快感，是因为某种对象的机能足以有益于我们个人的机体状态（organic state）；在心理方面所得到的快感，是因为某种对象或活动的机能足以增加我们个人的社会地位（social status）。这两方面所得到的快感，都是由于我们利用某种对象或活动为工具，以求达到我们在生理上在社会上的需要。至于在精神上的快感，便是因为我们已经超越了功利性的作用，对于某对象或某活动本身发生了一种要求，而这对象或这活动本身的求得其本身，就产生了一种乐趣，这种"不沾实用，无所为而为"的乐趣，便是我们所谓精神上的快感。

从上面这个分析，我们可以知道美感乃是一种精神上的快感，这种精神快感，既不同于道德性的、宗教性的、哲学性的精神快感，又不同于好胜、占有、求赞扬等等有社会性的快感，更不同于求饱、求性的生理快感。不过我们不要忘了生理快感是突创心理快感和精神快感的基础或先在条件。假使我们没有生理上的快感，我们就不会有心里的快感，更不会有精神的快感。生理上的快感、心理上的快感、精神上的快感，虽有发生过程上的关系，但并不能混为一谈。当生理上的快感、心理上的快感和在美感以外的其他精神上的快感，若是和美感混合一起，它们有时也足以妨害美感。

第一，我们先讨论生理上的快感怎样妨害美感。吃苹果的时候我们有一种生理上的快感。欣赏一幅图画我们有一种精神上的快感——美感。假使当我们欣赏一幅苹果的名画时，想到苹果好吃的滋味，这足以减低美感的程度。在你欣赏一座赤裸的美女石像时，假使你起了一种邪淫的念头，那末，你也许便只有在想象中得到一种生理上的快感而失去了美感了。至于有人饥寒交迫的时候求食之不暇，他便无法欣赏艺术了。但有人问：古人论诗又何以说："穷而后工"呢？这只是说一个诗人经过一种穷苦的境况之后，有比较丰富的情感和生活意义足以增进他的诗境，但是假使你穷得连晚餐还没有着落的时候，尊驾还有心思对着月亮吟诗吗？第二，美感的享乐是由于把全副精神集中在某一对象而来的。当我们对于另一对象发生美感或别种快感的时候，我们对于此一对象的美感，便受到妨害了。例如当我们观赏一件艺术品的时候，或者在剧场或音乐会听曲的时候，忽然来了空袭，或有人在旁边高谈家常，这都是大煞风景的事情，使我们的注意力分散到别的事情上去，而无所谓美感了。第三，我们从宗教或道德方面所得到的快感也足以妨害我们的美感。一个到古庙里烧香的老太婆，就不会欣赏这古庙建筑的美。当一位居士正在欣赏一座美丽的观音塑像或图画的时候，忽然起了一种宗教崇拜的心理，而这种心理就会消灭他的美感。一位道学夫子连正眼都不敢看一看的裸体画，绝不能引起他的美感。第四，批评分析也会妨碍我们的美感。当我们正在观赏一幅图画的时候，假使我们根据美学原理分析这幅画之所以引起我们美感的客观条件是什么，主观条件是什么，我们觉得它美的标准是什么，它在什么地方违反或符合美学原理，那末，这位美艺哲学家也许会从这种分析和批评中得到快感。这虽也是一种精神的快感，但是这绝不是美感，而且这种理性上的快感，反足以妨害美感。

因此，我们可以说，美感是建筑在快感上的，它是一种特殊的快感，但是美感并不等于快感，而且别种快感反足以妨害美感。

第二节　美感与情绪

美感当以快感为基础，这是一般人不容易看见的。但是我们都知道美感中间有情绪的成分。其实，情绪也是建筑在快感上的。生理上的快感或不快感，是人类最基本的感触（feeling）。肚子饿的时候吃下东西去，便觉得快适。这种快感因为人类经验的增广，而变成了喜欢吃巧克力糖而不喜欢吃饴糖的情绪。当我被狗咬了一下的时候便觉得痛苦。这种痛苦因为人类经验的发展而变成了怕狗而不怕猫的情绪。由于性的发泄而有快感。这种快感会随着经验而发展成功爱慕的心理。所以人类的感触是快感和不快感。由这种基本感触而发展成功喜怒哀乐惧恨等等的情绪。假使人类是没有情绪的动物，那末人类一定没有美感。美感经验有一点特点，就是移情作用，把我的情移置于物，同时又用物的形相触起我的情绪。这一点在下一章将有比较详细的讨论。现在我们只要知道，假使我们就是一种无情的动物，那末请问情绪又怎能移置呢？假使鸟鸣只是鸟鸣，而不和我们的情绪发生关系，那末，鸟鸣只是一种声音而绝不会是引起美感的音乐。花木山川假使只是花木山川而不夹有情绪其间，那末，它们也只是一种无生命的自然，而绝不会是引起我们美感的形相。不过美感也不等于情感；美感乃是情感和其他各种因素所共同组织成功的一种非常复杂的状态。所以我们也不可以把美感和情感混为一谈。

现在我们预备从诗辞、图画、音乐几方面，说明凡艺术作品都含有情感作用的，否则那便不能成为真的艺术品。孔子说："人而不仁如礼何？人而不仁如乐何？"这就是说，假使一个人内心没有情感，虽外表有仪式和声音的表现，这仍不能成其为礼节，为音乐。换言之，礼仪音乐都应以内心的情感作为灵魂。

例如表达怨恨哀悲的诗句有：

"何草不黄！何日不行！何人不将！经营四方。何草不玄！何日不矜！哀我征夫！独为匪民！匪兕匪虎，率彼旷野。哀征真夫，朝夕不暇。有芃者狐，率彼幽草，有栈之车，行彼周道。"（《小雅》《何草不黄》）

"哀民生之多艰兮，长太息以掩涕。余虽好修姱以鞿羁兮，謇朝谇而夕替。既替余以蕙纕兮，又申之以揽茝。亦余心之所善兮，虽九死其犹未悔。怨灵修之浩荡兮，终不察夫民心。……"（屈原：《离骚》）

描写离恨相思的诗句有如：

"无言独上西楼，月如钩；寂寞梧桐深院锁清秋。剪不断，理还乱，是离愁；别是一般滋味在心头。"（李后主：《相见欢》）

写爱慕之情者有如：

"燕子来时新社，梨花落后清明。池上碧苔三四点，叶底黄鹂
一两声；日长飞絮轻。巧笑东邻女伴，采桑径里逢迎。疑怪昨宵春梦
好，元是今朝斗草赢，笑从双脸生。"（晏殊：《破阵子》）

又我国绘画重气韵生动，实即表达内心情绪的一种心理作用。俞剑华在
《国画研究》中云："盖画者在下笔之始，心中原有一股蓬勃郁积之气，无可发
泄，借笔墨以泄之，所谓'意在笔无'，所谓'胸有成竹'，即系此种作用。
迨既动笔之后，则或钩或点，或转或折，或挺而劲拔，或丰满而纯厚。元气淋
漓，行乎其所不得不行，止乎其所不得不止。笔之所到，即心之所逞，心之所
逞，即气之所生。虽任意挥洒，若不经意，而实有一种精能之气，寓乎其中，
左右逢源，随手拈来，皆成妙谛，故能'取象不惑'也。"这是证明画是情意的
表达。绘画无气韵便不能生动；不生动变死气沉沉，何美感之可言？

至于音乐中的情感更是丰富。《乐记》云：

"凡音之起，由人心生也。人心之动，物使之然也。感于物而
动，故形于声。声相应，故生变。变成方谓之音。……乐者音之所由
生也，其本在人心之感于物也。是故其哀心感者其声噍以杀。其乐心
感者，其声啴以缓。其喜心感者，其声发以散。其怒心感者，其声粗
以厉。其敬心感者，其声直以廉。其爱心感者，其声和以柔。六者非
性也，感于物而后动，是故先王慎所以感之也。"

这是说某种情绪所感觉到的声音各不相同，换句话说，这就是说明某种声
音会触起某种情绪。在音乐的美感中，假使没有情绪的成分，那便根本无音乐
之美感可言。

以上是从诗辞、绘画、音乐说明情绪，是美感经验中很重要的一种心理基
础。不过美感还有其他的成分，它并不等于情绪，这个理由和上一段所讨论的
是相同的，所以也用不着再说了。

第三节　美感与知觉

知觉在心理学里面，可以简单解释说由各种感觉器官中去得知的对象，例如我们有颜色、形状、姿态、声音、软硬、香甜等等的知觉。美感经验当然不只是这种知觉，但是美感经验中却少不了知觉。在绘画雕刻中我们要应用视觉，在音乐中我们要应用听觉，在戏剧中我们要应用视觉和听觉两方面。雕刻中视觉之外还要用触觉，在欣赏庭园时或许还用嗅觉。例如宋，郭熙的《山水训》云：

傅统先全集

> "学画花者以一株置深坑中，临其上而瞰之，则花之四面得矣。……学画山水者何以异此？盖身即山川而取之，则山水之意度见矣。真山水之川谷，远望之以取其势，近望之以取其质。……真山水之风雨远望可得，而近者完习不能究错纵起止之视，远数里看又如此，远十里看又如此，每远每异，所谓山形步步移也。山正面如此，侧面又如此，背面又如此，每看每异，所谓山形面面看也。"

当我们听音乐的时候，我们的听觉要敏锐而受过相当的陶冶。我们要能够分别音乐的高低、缓急、节奏、长短、旋律、音色以及调和不调和，否则我们就无法欣赏音乐。在音乐的听觉还有一种奇怪的现象，那就是当一个人听到某种声音的时候，他同时因此而看见一种颜色。这便是所谓"有色的听觉"。有一个人每次听见提琴的声音时，他就好像看见一条波动的黑色蓝边的长带。当他听蔡哥夫斯克（Tchaikowsky）的悲歌时，他满眼就看见蓝色。又有一个人听到瓦格洛的《歌师曲》的引子时，会发生黑色、红色和金黄色的幻觉。

诗歌文艺似乎没有直接的感觉材料，但是它们乃是感觉材料的符号化。当我们读到一首诗的时候，我们若是能把这些符号翻译成功实际的感觉材料，这首诗更能引起我们的美感。例如我们读到下面一首词：

> "蓼岸风多橘柚香，江边一望楚天长；片帆烟际闪孤光。
>
> 目送征鸿飞杳杳，思随流水去茫茫。兰红波碧忆潇湘。"

这时假使我们能够在想象中觉得鼻子闻着桔柚的香气，似乎自己站在江边，望着这连着天际的江水，看见一只帆船在烟雾中一闪一闪的飘去，假使你再能想象那帆船里面载着这人的爱人而去，那末，这许多方面的知觉，都能增加你对这首词的美感。

但是我们对于外界的知觉乃是完整的、全体的，而不是片断的、零散的。这就是说，无论在知觉中或幻觉中，我们不仅是用眼睛去知觉颜色形状，用耳朵去听声音，用鼻子去嗅气味，用皮肤去触摸，而且我们是对于全体的情境有整个的观照。即使在视觉中我们也不是分别的知觉各种颜色或形状，而是把同一情境中各种不同的颜色或形状，作一统一的知觉。这种统一的知觉对于我们的美感经验，有非常重要的决定作用。无论当我们欣赏一种自然美或艺术美的时候，或者当我们创造一种艺术美的时候，我们把我们的美感情境一定要作一个全局的观照。例如在绘画中，我们要讲"经营位置"（composition）。王维的《山水诀》云："远岫与云容相接，遥天与水色交光。山钩锁处，沼流最出其中；路接危时，栈道可安于此。平地楼台，偏宜高柳映人家；名山寺观，雅称奇杉衬楼阁。远景烟笼，深岩云锁。……远山须要低排，近树惟宜拔进。"在文章中讲章法，小说中讲结构，这都可以说是对美感情境作统一的观照，不然，零落散漫，不成文章。在音乐方面也是如此，全部歌曲乃是一个完整的情境，而不是许多单独存在的音调。孔子说："乐其可知也，始作如翕也，从之纯如也，皦如也，绎如也，以成。"把这一段译成普通的话就是说："我们对于音乐的原理是不难懂得的，当一支乐曲开始的时候，他是蕴蓄收敛浑然一体的。等到这乐曲继续展开的时候，它是调和的，其中各种的音调虽是清晰分明，但是首尾连续，一气呵成的。"由此，足见统一性的知觉，在美感经验中是非常重要的。

以上只是说明知觉是美的心理条件，但这并不是知觉就是美感。这理由很明显，不用再申述了。

第四节　美感与联想

　　联想就是从某一个人或某一件事情而想到另一个人或另一件事情。例如张小姐和李小姐常在一起玩的。当我们遇见张小姐的时候，我们就会联想到李小姐。联想使我们的生活丰富而更有意义，一则它可以引起我们的情绪，二则它可以使我们懂得符号或象征。例如每当我们在花前月下的时候，我们往往就会想到从前喁喁情话时的心境，这时候我们便觉得有一种情意绵绵。当我们在江边漫步的时候，我们就会想起远别的爱人，这时候我们便觉得有一种别恨离愁。由联想而引起情感，有情感而后生命发生趣味。假使当我们看见花月时，只知道它是花或是月而不能联涉及其他，这时的花月对于我们的生活，便没有多大的意义。假使当我们听见一种声音时，只觉得这是声音而不能发生一种悲乐离合的感慨，那末，这种声音就是索然无味了。联想又可以扩充我们的思想范围。我们可以从明月想到家乡的境象，从家乡的境象想到父母。李白的《静夜思》云："床前明月光，疑是地上霜；举头望明月，低头思故乡。"这是从明月的认识扩充到故乡的回忆，从故乡的回忆才有一种情绪的发生。再如但丁的《神曲》里面，有一段是描写但丁在森林中彷徨的时候遇见豹、狮和狼的威赫。据说豹是代表人的色欲，狮子代表暴力，狼代表贪吝。屈原在他的《离骚》里面以美人喻怀王，以蕙茝喻贤臣，以鸷鸟喻中正，以薋菉喻谗佞。假使我们只知道豹、狮、狼就是豹、狮、狼，而不懂得它们就是表示色欲、暴力、贪吝；假使我们只知道芳草就是芳草，美人就是美人，而不知道它们是表示人类的品格，那末，人类知识的范围狭小，人生的意义，也就不会像现在这样的丰富了。这些象征都是由于联想。

联想是组织美感经验的一种重要因素。假使没有联想，便没有情趣和象征。假使没有情趣和象征，那末在我们的生活中，只有直接满足我们的欲望的东西使我们发生一种生理上的快感而已。人生在这个阶段上，根本没有美感之可言。至于有美感所创造的艺术，它更非建筑在联想之上不可。例如当我们观照达文奇的《最后的晚餐》时，假使我们只能分别各种颜色，或者能够配合起来而知道这是许多人在吃饭，这虽似可以发生某种快感，然而我们仍不能承认这是美感。有一次我看见过一幅立体派的画，只见一团模糊的小方块而找不出它的意义，这时候，它也许能够使我们的眼肌肉松弛而产生某种快感，但是这种快感我认为却并不是美感。后来当我们找到它的标题是《小狗追猫》的时候，我立即觉得兴趣映然，我心目中从这些混乱的点线而联想那狗追猫的神情，这时倒还觉得它似乎有相当的美。我说它似乎有相当的美，这意思是说当然我不主张联想就是美感，因为虽有联想而没有美感的其他条件时，它仍不能成其为美。我们是说联想确是产生美感的一个条件。再如白居易的《琵琶行》：

> "大弦嘈嘈如急雨，小弦切切如私语，
>
> 嘈嘈切切错杂弹，大珠小珠落玉盘。
>
> 间关莺语花底滑，幽咽泉流冰下难。"

这首诗是由于听听音乐之后发生联想而作的。假使嘈嘈切切就是嘈嘈切切，请诸位想想看，其中是否发生美感。这一点又使我们讨论到形式主义的问题。照形式主义的说法，产生美感的对象是形式而不是内容的。所以最高的艺术品应该完全只借形式而使我们感觉到美，而不必求助于它的内容。这种艺术品应该把它的内容减低到最少的程度。例如赛让纳（Cezanne）的画，往往就会许多颜色线条所配合成功的一个"局格"，而你往往就找不出这画的内容。立体派的画也是如此，他们是利用许多的小形体镶配出来的一种"局格"，这局格也许是一个人体，可是引起的视觉的快感的，却是这个镶配的形式而不是人体。再如当你读或听到一首所谓"纯诗"的时候，你应该让它的音韵节奏的缓急，像通电流似地直接和你的心灵沟通接触，使你产生一种美感而不必去了解它的意义。丕德（Walter Pater）说："一切艺术都以逼近音乐为指归。"这就是因为音乐的艺术是形式重于内容，有时它可以纯粹是声音的配合而不必有什么涵意。有人甚至于反对在音乐里面去追寻意义，他们认为音乐应该直接用音调来引起我们的情趣。

我们觉得这种形式主义没有弄清楚快感和美感的分别。在我们看起来，快感是比较简单基本的一种心理状态，而美感经验是一种比较复杂的心理状态。快感是比较近乎生理的，而美感是夹杂有知识经验的。例如口渴吃茶，这是生理上的快感。至于"客去茶香余舌本"，这便有一种美感了。假使有一种刺激纯粹引起一种感觉上的舒适，纯粹的声音使我们觉得在听觉上有一种快感，而我们在其中并不发生任何联想意义，那末，我认为这种感觉完全是在生理方面的。同样，在视觉方面也是如此。许多粗细线条颜色的配合，纯粹只在感觉上得到一种安适的状态，而其中并无丝毫的情绪意义，我们认为这也完全是生理方面的。这都是快感而不能算是美感的。美感并不等于从感官上所得的快感。眼睛看见一种舒适的线条配置，耳朵听见一种悦耳的音波配置，这是我们的感觉正等于我们喝着一杯香茶，肚子里吃的饱饱的时候所得到的快感是一样的。这并不是美感，因为我们认为美感是快感、情趣、知识、理想等等所组织成功的一种特殊的心理状态。它的特点将留在下一章再谈。现在我们只要说明美感并不是一种单纯的感觉上的愉快。假使没有情绪，没有知识，没有理想的快感就等于美感，那末猫和狗狗的美感，一定高于人类的美感，因为只有下等动物有比较纯粹感觉上的快感，而人类的快感中总是夹杂有若干意义的。假使美感是纯形式的，那末艺术家的美感必不如一般人的美感；一般人的美感必不如婴儿的美感；婴儿的美感并不必如下等动物的美感，而美感的最高境界，应该在阿米巴的感觉上。

美感是生活意义的一种特殊表现。联想帮助生命更富丰，更有意义。所以联想是美感中的一种因素。不过它并不等于美感而已。

第五节　美感与判断

美感里面少不了判断，判断就是予以对象的意义。"人是有理性的动物"，这是一个判断。在这种判断里面，我们一方面要说明人是属于动物一类的，人有其他动物所共有的性质，另一方面我们要把人和其他的动物不同之点找出来。所以在判断里面我们一方面有概括，另一方面有鉴别。现在我们就要分析，假使我没有概括和鉴别两种能力，我们能不能有美感？朱光潜先生在他的《文艺心理学》里面说："美感观照是一种极单纯的直觉活动，对于所观照的对象并不加以肯定或否定，所以不用判断。"请问当我们欣赏一幅图画的时候，我们要不要分别这是图画而不是诗歌？在这幅图画中我们要不要分别这是一幅风景而不是人物；在欣赏这幅风景画的时候，我们要不要分别它的美丑？我们是否一见到任何形相马上就觉得有美感？这就是说，我们有没有不分别美丑的美感？在第一章里面，我们已经说明直觉可以分为两种，一种是原始浑然不起区别作用的简单直觉，还有一种是复杂的直觉，其中有名理的思考而不自觉。前一种并不是美感，所谓美感的直觉是属于第二种的。"比如读一首诗，我们决不能马上就把它当作一个意象悬在心眼前，必先懂得每字每句的意义，分析它的音韵方面的技巧。……这就是名理的思考。"朱先生自己也如是说。不过他认为"美感经验和名理的思考不能同时并存，并非说美感经验之前后不能有名理的思考。美感经验之前的名理的思考是了解，美感经验之后的名理的思考就是批评，这几种活动虽相因为用，却不容相混。照朱先生这种说法，美感和了解、批评，乃是平等的三种活动，它们相因为用，因为有了解，所以有美感；因为有美感，所以有批评。当我们研究美学的时候，我们可以在理论方面作如此的分法，但是我们要知道在实际的美感经验中，它们是三位一体，不能分裂的。不能分裂并不等于说两者相同。美感当然不即是判断，不过美感是一种特殊的判断。通常我们称之为美感判断。美感里面一定包括有判断，不过这种判断我们是在不知不觉之中所产生的。当我们有美感判断的时候，我们并未曾自觉我们正在作此种判断，但是不自觉有判断，并不等于无判断。

最后，我并不如朱先生所云把美感和快感、知觉、联想、判断视为平等的几种活动。我们认为美感是建筑在快感、知觉、联想、判断的基础上的上层组织。我们只能在名理上论其先后，但是这并不是说它们是不能同时并存的。这就是说，在美感经验中同时有快感、知觉、联想、判断，而它们在美感中已变了质，而不复有其本来面目。这也不是把美感经验和其他心理活动混为一谈。在美感这个上层组织中，快感、知觉、联想、判断，共同发生了一种新的关系，这个新关系产生了几种它自有的特性，而成功了所谓的美感经验。

美感经验之特性

从上面两章，我们知道美感经验在客观方面，少不了自然里面的声浪、线条和它们的内在秩序，在主观方面少不了知觉、联想、情感、判断。它们都是美感经验的必需条件。所谓"必需条件"有两重意义，一方面这意思就是说，假使没有这些条件，那末一定没有美感经验，但在另一方面，同时也就是说，假使徒有这些条件而没有其他的特性，那末美感经验也不一定会发生。所以我们说美感经验是主观条件和客观条件两方面互相交织所产生的一种特殊的组织。在美感经验的组织中有三个特点，这三个特点使美感经验成为美感经验。它们是：（一）在美感经验中，我们聚精会神去知觉一个对象的形相；（二）美感经验是超越现实不沾实用的；（三）在美感经验中物我两忘，浑然一体，物中有我，我中有物，情移物化，气韵生动。

第一节　聚精会神

这种聚精会神，是指当我们对于事物的形相有所知觉时的凝神作用。当我们作哲理上的玄想时，我们也在聚精会神。当我们谈恋爱的时候，我们也在聚精会神。当科学家正在作一个实验的时候，他也在聚精会神。那末，请问美感中的聚精会神和其他经验中的聚精会神，有什么不同呢？我们的答案就是说，这种凝神作用的发生是正当我们对于事物形相有所知觉的时候。所以当我们解释美感的时候，我们要特别注重形相的知觉。当我们做科学实验的时候，我们在寻求事物之间的前因后果。当我们有哲学思考的时候，我们在寻求概念之间的融贯一致。当我们追求情偶的时候，我们在寻求感情之间的调整协和。但是当我们对形相知觉的时候，我们在观照事物对我们所起的意象之间的完整无碍。所以我们现在进一步来讨论：（甲）所谓形相的知觉是什么？（乙）聚精会神是一种怎样的心理状态？（丙）所谓完整无碍作何解释？

第一，所谓形相的知觉，就是注重我们所知觉的事物的表面，而不注重它的本质。例如当我们欣赏一处田园风景的时候，我们并不在研究那座小桥是松木的还是杉木的，我们不在分别那群小鸡是意大利种还是中国种，我们又不在替那丛红花绿叶分科别类，但是我们是在对于这整个景致中的各种色彩的配置，形象的比例，声音的调协，作一种意象上的观点。换句话说，这种经验是偏向于知觉方面，而不是偏向于理性方面的。我说它是偏向于知觉，这当然是说它并不纯粹是知觉的，非但如此，而且我们还要说它是不知不觉信任在理性中的知觉。为说明这一点起见，我们又要懂得：（a）意象和概念的不同；（b）同一对象因人因地而有不同的意象；（c）意象不能离概念。

当我站在母亲的前面时，我看见她的容貌仪态，这是知觉。当她不在我面前的时候，我的脑海中仍然浮现出她老人家的容颜，这是意象。无论是眼前的知觉或是心目中的意象，这都是个别的显现。在知觉对象或意象中，我们都是作一个全局的反应，而并没有把它加以分析。"母亲"这个概念乃是一种特殊的关系，这个概念是普遍的、抽象的。知觉对象或意象是感觉器官的对象，而概念是思想的对象。例如我们看见张三、李四、赵大、王二，这些人都是我们所能知觉的。但是我们看不见"人"这个抽象概念。我们能看见一张椅子，但是我们看不见"座"这个概念。我们可以想到"人"是什么意义，但是这个意义是我们所不能感觉的。这是意象和概念的分别。

意象在各人心目中是各不相同的，但是概念在各人心里面有相同的意义。例如有人问我："你昨天在草地上看见一个什么东西？"我说："我看见了一只小狗。"他听了之下能够知道我看见的是什么东西，但是在他的心目中，并不能显现那个被我昨天所看见的小狗。"狗"的概念我们大家都是一致的，但是在各人心目中所显现出来的狗的意象，却是各不相同的。何以在个人心目中狗的意象会各不相同呢？这是由于各人过去的经验和目前的情趣不同。即使同一个人对于同一个对象也会有不同的意象。例如罗沙赫（Roschach）曾经做过一个心理实验，他预备一种墨迹给各人看，请他们把所看见的东西讲出来。结果有人说是两个小狗跳舞，有人说是一只蝴蝶，有人说是两个老头儿接吻。各人的反应随着个人的人格、修养、经验、学识而不同。一枝梅花在此人心目中显现一位高士，在另一人心目中现出一个美人。

有人主张意象是属于感觉方面的，于是把它归于直觉的知识，以别于名理的知识。这就是说，意象是脱离概念而孤立的。例如朱光潜先生在他的《文艺心理学》里面说："我们直觉A时，就把全副心神注在A本身上面，不旁迁他涉，不管它为某某。A在心中只是一个无沾无碍的独立自足的意象。A如果代表玫瑰，它在心中就只是一朵玫瑰的图形。如果联想到'玫瑰是木本花'，就失其为直觉了。这种独立自足的意象或图形，就是我们所说的'形相'。"我们虽不联想到"玫瑰是木本花"，但是我们会不会想象到"甜蜜"、"爱情"、"美人"和那天黄昏她送我一束玫瑰时的情境？如果没有这些，如果根本不知道"这是玫瑰"，"这是图形"，那末我们心目中可不就只剩下了模糊的一团么？假使确是如此的话，那末朱先生何以又说："这里面所谓'形相'并非天生自在，一成不变的。……它是观赏者的性格和情趣的返照。观赏者的性格和情趣随人随时随地不同，直觉所得的形相也因而千变万化。"什么是"性格和情趣"？我们以为它们就是过去经验所组织成功的。所谓过去的经验就是知识，就是名理的概念。假使没有名理概念，我们就不能有所谓过去的经验；假使我们没有过去的经验，我们就不能有所谓的性格情趣；假使我们没有性格情趣，那末所谓形相随性格情趣而转变的话就说不通了。所以我们认为意象里面包括有概念名理，只是因为我们专心一致精神凝注而不觉概念名理活动罢了。其实我们所批评的不是朱先生而是克罗齐形式派的美学，因为朱先生自己也看清楚这个错误。他说："我对于美学的意见和四年前写初稿时的相较，经过一个很重要的变迁。从前我受康德到克罗齐一线相传的形式派美学的束缚，以为美感经验纯粹地是形相的直觉，在聚精会神中我们观赏一个孤立绝缘的意象，不旁迁他涉，所以抽象的思考联想、道德观念等等都是美感范围以外的事，现在我察觉人生是有机体；科学的、伦理的和美感的种种活动，在理论上虽可分析，在事实上却不可分割开来，使彼此互相绝缘。因此，我根本反对克罗齐派形式美学所根据的机械观和所用的抽象的分析法。"（《文艺心理学》作者自白）

　　第二，我们来讲聚精会神的心理状态。当我们聚精会神射注在一个对象的时候，这个对象并不是和它四周的许多东西孤立绝缘，而是从它四周的背景中突特的显现出来。在我们的知觉中没有一个对象能够离开它的背景而独立存在。例如晚餐时台子上的圆盘，其实这盘子本身在我们直接感觉的时候是椭圆形的，而不是圆形的。但是在我们看起来它是圆形的而不是椭圆的，这是因为我们对于某一个对象的知觉，乃是受它和它的背景之间的关系所决定，而不是受它本身单独所决定的。假使我们设法使这盘子和它的背景两下隔离，使它孤立绝缘，其结果，这盘子在我们看起来便是椭圆的而不是圆的了。这说明我们对于一个对象的知觉乃是不能和它的四周分开的。其次，我们还要解释所谓聚精会神，乃是把我们全部的意识集中在某一点，而并不是只把意识的一部分去注射在某一对象。粗略的说，我们的意识活动可以分成三层圈子。在知觉场的中心有最清晰的意识范围。当我们聚精会神的时候，这个中心便缩小到很小的一点上。在这个中心意识的外围，我们有一种比较模糊的意识。在这个模糊的意识圈的旁沿，便是无意识的境界。例如我们在课堂里面听先生讲书的时候，先生的言行便在我们的意识中心。我们都聚精会神地领略他的演讲。至于我们四周的同学，先生背后的黑板，后排同学私语的微声，都在我们的中心意识的外围，我们模糊的知觉它们，而不甚清晰。但是当先生和同学全体静默几分钟的时候，我们马上就会听见窗外的鸟叫、蝉鸣，外处的嘈杂人声等等，这都是在我们刚刚凝神听讲时所未曾听见的声音，这些声音便超越了我们的意识界限之外了。这三个意识层次——清晰的意识层、模糊的意识层、无意识层——并不是彼此独立而脱节的。中心意识好比是大海里面的一个小孤岛，但是这个小岛并非孤独漂浮在海面上的。在海面下它有一种较大的基础，海水可以上涨而使这岛在水面上的面积缩小到最低程度，这便是我们所谓聚精会神时的心理状态。这个心理状态似乎是孤立绝缘的，但是它有全部意识活动做基础的。

第三，我们要说明在美感经验中的形相乃是一种完整的组织。在美感经验中各部分组织成功一个完整的有机体，而这个有机体是有节奏性的。杜威在他的《经验艺术论》里面说：

"在美感对象中有许多的力量组织成功了一种特殊的节奏，而这些力量在别的时际和别的事物发生关系的时候，却是游离分开的。这个有特殊节奏的组织，把这些原来分散的力量互相牵制起来，这个有节奏性的组织，就是我们所谓'清晰'、'浓厚'、'专一'。在潜伏状态中彼此独立的力量，会因为要产生一种经验而互相激荡，互相合作。"（第一七六～七页）

他又说：

"每当前进一步的时候，这个过程同时就是累积过去的步骤和满足过去的希望，而每当累积过去的步骤和满足过去的希望时，这过程同时就在加强未来的愿望，这便产生了所谓节奏……在有节奏的程序中，即使在每一个休止和停顿的地方，它一方面是限制和画刻一个单元的个性，另一方面是使各个单位之间有一种连接作用。在音乐里面有停顿的地方，并不是一无所有的空白，而是一种有节奏的静声。它一方面把过去的音节作一句逗，另一方面又向着未来作进一步的传递。"（一七二页）

例如一首歌曲，它是一个完整的有机体，其中每一个音韵对于这个有机体都是有所贡献的。假使我们把其中的一部分抽出来之后，一方面这个歌曲已不成其为歌曲，另一方面这一部分也失去了它在整个歌曲中所表现的特点。我们对于一幅图画的观赏也是完整一气的，其它的韵色形态，一定要配合成功一个完整的全体，这个全体再和我们整个人格融会一致。

第二节　超越现实

当两个人一同欣赏一幅仕女画的时候，假使某甲说："这画生动传神，笔法细致"，或者他整个心灵凝注在这画上面，作一种无言之美的享受，我们就说这人很高雅。假使某乙因此动了邪念，想入非非，或者说："这女子多肉感啊！"我们就说他俗不可耐，这种俗人是取现实态度的。所谓现实有两种意义：（一）一件东西是合符实用的；我们看见了一所幽静的别墅，就想去住些时日，这是实用的态度。（二）一件东西非常逼真，我们把它视为真实的事物，这是现实的态度。美感经验在某种程度上都是要超越现实，不沾实用的。注重现实，计算功用的便是俗；超越现实，不沾实用就是雅。例如杜牧之的《歎花诗》云：

> "自恨寻芳到已迟，昔年曾见未开时；
> 如今风摆花狼藉，绿叶成阴子满枝。"

这首诗有两个解释。第一个解释，我们可以假定这位诗人每年喜欢到山野里去探梅，往年去的早，所以梅花多含苞未放。谁知今年去的太迟，梅花经过风吹雨打之后，绿叶已成荫，子实满枝，欣赏梅花的兴致已经索然无味了。这种用平常的话表达出来，已失去诗歌中音韵节奏之美，但态度超俗，用意尚雅。照第二个解释，这位诗人乃是寻花问柳，所谓寻花问柳还说得太雅，其实他就是追求女性。希望色欲。往年见少女尚未成年，颇似含苞未放。等到现在他跑去找这位姑娘的时候，只见她已经结了婚，受着她丈夫的蹂躏，而且子女成行，憔悴不堪了。这便是从实用的观点去说明，真可谓俗不可耐。一件俗不可耐的事实经过一种化装之后超越了现实，加上音韵，便可成功美感的对象。

我们注意所知觉的对象，这或者是因为它能帮助我们达到某种目的，或能阻碍我们达到某种目的，或者是因为它本身使我们感觉兴趣。以前一种情形而论，这个对象有一种有工具性的价值，它属于现实生活世界里面。以后一种情形而论，这个对象有一种内在的价值，它是超越于现实生活世界以外的。在美感经验中的对象，一定是从现实生活世界推开到相当的距离的一种有内在价值的东西。例如当我到圣约翰大学去教书的时候，我每天要穿过兆丰公园。兆丰公园在我的生活中成功了一种交通工具，因为假使不穿过公园我将绕道走过更远的途径。有时当我远远听见校内已经敲了上课钟而我还在公园里的时候，我甚至于会痛恨公园里面有这样长一条路阻碍着，使我不能立即达到课室。于是这个公园成功我生活中的障碍。但是每当我悠闲无事在公园里面漫步的时候，心旷神怡，于是发生了一种美感。这时候，我们注意到公园花木的本身，而不把这公园视为生产工具的一部分，这就会产生美感。

因此，在美感经验中，我们在心理上要采取一种与现实生活有若干距离的态度。这在美学上有人称为"心理上的距离"。假使自然界使我们发生美感，我们对于它一定要有一种心理的距离，不使其太接近现实生活。假使一个对象或一种动作要成功一种艺术品，它一定是超越现实，不沾实用的。所以艺术品不能太逼真，不能引起我们的现实的欲望。声音、颜色、形态最不接近实用生活，所以音乐、图画、诗歌最易成功艺术。戏剧最接近实际生活，它最易堕于流俗而失去我们的美感。总之，艺术品之所以能够产生美感，它每每是保持相当的心理上的距离，使我们能够在实用圈子的外面欣赏我们的知觉世界。

中国画的妙处在于重写意而不重远近阴影大小比例。宗白华先生在他的论《中西画法之渊源与基础》一文里面说：

　　"中国画自有它独特的宇宙观与生命情调，一贯相承。至宋、元山水画、花鸟画发达，它的特殊画风更为显著，以各式抽样的点渲皴擦摄取万物的骨相与气韵。其妙处尤在点画离披，时见缺落，逸笔撇脱，若断若续，而一点一拂具含有气韵。以丰富的暗示力与象征力代形相的写实，超脱而浑厚。大痴山人画山水苍苍莽莽，浑化无迹，而气韵蓬松，得山水的元气，其最不似处最荒率处，最为得神。"

又清、沈宗骞在他的《芥舟学画编》里面说：

> "惟能避俗者而后可以就雅也。是泯没天真者，不可以作画。外慕纷华者，不可以作画。驰逐名利者，不可以作画。与世迎合者，不可以作画。志气惰下者，不可以作画。此数者，皆沉没于俗而绝于雅者也。"

中国的文艺家描写性的故事最能引起美感而不引起性感。如"春至人间花弄色，露滴牡丹开"；"鱼水得和谐"；再如新娘用的面盆上画着一个小麻雀停在一枝桃花上，旁边题着两诗："桃源自是非尘境，飞入林间鸟亦仙"。这都是把最切身的事情用丰富的暗示力和象征力，而放置在相当的心理距离上，使人发生一种美感，这便是艺术的成功处。戏剧最近于人生，所以剧作者和表演者都要设法在观众的心理上建立相当的距离。例如中国旧戏中的人物，穿着高底鞋子，画着面谱，对白有一定的腔调，关门只要做一种关门的手势，骑马只要有一根马鞭，这都是使观众超越现实的办法。现在新兴的话剧比较受西洋写实派的影响，无论在布景、灯光、台词、表情方面，都比较逼真。但是好的写剧家和导演，仍设法使观众有一种心理的距离，例如台词富于文艺的风味而不用太通俗的土白，表情多少有几分夸张性，剧情不是尽人皆知，一目了然而包含有若干出乎常情的曲折。这都是在心理的距离上用功夫。有一位剧评家批评一个剧本说："那戏里面既穷苦又愚笨的老太婆，绝对说不出这样文雅而有艺术性的词句。"其实，这位剧评家不懂得"心理的距离"这个原理。

但是心理的距离，既不能太近，也不能太远。心理的距离，太近很容易使我们回到实用的世界，处处想把艺术的内容和我们的生活欲望发生关系。例如有许多淫秽的绘画和小说戏剧，其中也未始没有美感，不过因为它太现实了，它所唤起的实用感比美感强烈，它们便消失了艺术的本质。有人看《三国志》，每见曹操两字便用一枝燃着的香把它烧去，因为曹操是一个奸臣。这位读者便已落于实用世界，不能与言艺术。据说从前有一位知县，看《风波亭》一剧，其中秦桧一角色扮演逼真，奸雄个性，惟妙惟肖。这位县老爷看到他谋害岳飞的时候，立即吩咐左右："秦桧这人实在太可恶，你们替我把他抓下来重打一顿！"台上的秦桧便说："我乃当朝一品宰相，而小小七品县令爷，焉敢如此无理，我必将尔撤职查办。"知县这时候才恍然大悟，说道："你是假丞相，我是真知县！"在这个笑话里面我们可以看得出来，这位知县和扮演秦桧的人都回复到现实的世界，弄假成真，没有心理上的距离。其间当无美感可言。

　　至于心理距离太大，离开现实世界太远，这也不足以使我们发生美感。西洋画里面的立体派和未来派，只求把一点模糊的印象用许多线条颜色配成一种局格，这因为在我们心理上的距离相隔太远，不能引起我们的共鸣，我们对它根本就不能发生美感。我看见过一幅立体派的画，其中只看见某种荫影配合的许多小方块，它在我的视觉器官的肌肉上，也许会引起相当的舒适感，但是我一点不知其美在何处。后来读到作者的注解说那是一个舞厅，里面有许多人在跳舞。我们看的人并得不到这样一种感觉。爱尔兰的小说家乔哀斯（James Joyce）写过一本梦境的小说，其文句不拘文法，其立意又一任断续的幻想，使读者如堕五里雾中。例如全书的第一句是："River run，　past Eve and Adam's, from swerve of shore to band of bay."（河流，过了夏娃的和亚当的，彼岸之弯到弯之曲。）末一行是"A way a lone a last a loved a long the."（一路，一独，一后，一被爱，一长这）。这离现实太远，不知是什么意思。再如李义山有《圣女祠》的诗一首云：

　　　"松篁台殿蕙兰怅，龙护瑶窗凤掩扉，

　　　无质易迷三里雾，不寒长著五铢衣。

　　　人间定有崔罗什，天上宁无刘武威，

　　　寄问钗头双白燕，每朝珠馆几时归？"

　　诸君知道李义山所要表达的是怎样一回事吗？老实说，这是描写他和尼僧道姑通私情的心理。那著五铢衣的崔罗什就是女尼，那松篁台殿和龙护瑶窗无非是庵庙而已。假使我们不做一番考据的功夫，谁能欣赏他所要表达的那种和女尼谈情趣的美感呢？不过这首诗的辞句音韵还能给我们另一种美感。最近我在小报上看到一首新体诗，可说是心理的距离相隔太远的一个好例，抄录如下：

　　　　"拿手杖的鱼，

　　　　吃板烟的鱼，

　　　　不可思议的大邮船，

　　　　驶向何处去？

　　　　那些雾，雾的海。

　　　　没有天空，也没有地平线。

　　　　馥郁的是远方和明日。

　　　　散步的鱼，歌唱。"

　　假使没有这位所谓诗人的自注，谁也不能想象这拿手杖、吃板烟的鱼就是他尊驾本人，谁也不能解释那雾海中的大邮船就是目前一片茫茫的黑暗社会。这绝不能使读者产生美感，根本就不是艺术品，因为太超过了现实，使人们觉得如堕在他雾海一样，不知所云。

　　总之，美感经验的发生一定是在适当的心理距离，这距离不离现实生活太近，也不相隔太远。"不即不离"，"恰到好处"，是美感经验最高的标准。

第三节　物化情移

美感经验的第三个特点就是宇宙的人格化。我的人格要射入外物，而外物的形相也影响我们的人格。我的情感移置于物，物的形态同化于我，由物我两忘到物我一体。我即是物，物即是我。美学里面普通称之为移情作用。这个名词来源于德文的Einfiihrung，意思是说我觉得与外物合为一体。

本来当我们对于一种情境不加以反省的思考或不利用概念的分析时，我们就会有一种主客不分（即自我与外物不加分别的心理状态）。庄子所说的一种坐忘的境界，即是指此。在原始时代的人们，有一种拟人作用，把一切的自然现象都当做是人。这云、这雨、这花、这木、这鸟、这兽，都和其他的人一样。狗咬了他一口，和别的人打了他一下一样；他的头撞到了石头，他恨这石头和恨撞着他的人是一样。一切的东西都有灵魂，儿童也有这种心理，当他跌了一跤的时候，即使你替他打几下地板他就觉得舒适一点。但是这种原始的拟人作用，并不是美感中的移情作用，因为移情作用是一种包括有思想、意志、情感的复杂心理，这种心理在原始人的拟人作用只是它的雏形而已。这种移情作用从广义方面说起来，乃是心理学上的所谓外射作用（projection）。人们有一种心理作用，喜欢把主观和客观两下接触时所产生的一种关系，视为即属于外物本身所有的性质。第一，从知觉方面讲起来，我们看见这朵花有红的颜色，那个铃发出很响的声音。其实，这花的本身并不是红色，这铃的本身也不会有声音。例如红的花照物理学的分析，它有一种特性吸收日光中其他颜色的光线而拒绝可以产生红色的光波，这光波投射在我们眼睛里面的网膜，使我们产生一种特殊的感觉，凡使我们产生这种特殊的感觉的花，我们就说它有红色。铃有一种特性足以产生某种声浪，这种声浪震动我们的耳鼓，使我们有一种特殊的听觉，当我们有这种特殊的听觉时，我们就说这铃有响的声音。所以颜色与声音，乃是客观的某种性质和主观的感官发生一种特殊的关系。但是在我们的心理状态中，我们以为颜色和声音乃是属于外物所有的性质，这便是外射作用。

第二，从概念方面讲，一个东西的功能也不是完全属于外物的本身，而是一种主客之间的关系。例如椅子可以坐，苹果可以吃，刀可以割，水可以喝，但是假使没有我去坐，去吃，去割，去喝，它们便没有这种功能。我坐椅子，所以我们就说，椅子有可以坐的性质。我吃苹果，所以我们说苹果有可以吃的特性。再如我们对于一件东西所下的判断，也少不了这种比拟作用。"这是一只苹果"，这就是说，这东西由我们在过去经验中所称为苹果的一切特性，所以我们现在就说，"它是苹果"。因此，在我们的判断中，我们要把我们过去的经验投射到这个新的对象身上，否则，我们就不能认识它。

第三，从情绪方面，我们也会时常觉得蜂狂蝶浪，风凄雨苦，松贞，菊傲。其实这是我们的情绪投射在外物身上。例如林黛玉看见院中落红片片，飘零无主，觉得它们可怜，她替他们做一个花塚，作了一首葬花词。其实，这是林姑娘自己有一种飘零之感投射在落花上面，而落花的形相也同时引起了她的悲感。所以这是一种人与物的交感。托尔斯泰在他的《艺术论》里面说："在自己的心中回想起一种经验过的情感，回想起来之后，于是用动态、线条、颜色或语言，把它传达出来，使旁人也可以经验到同样的情感。这就是艺术的活动。"在一位艺术家欣赏自然的时候，他非但把情感投射到外界，而且他把他自己整个的人格都投射到外界。北宋、荆浩《画法笔记》内云：

> "太行山有洪谷，其间数亩之田，吾常耕而食之。有且登神钲山四望，回迹入大岩扉，苔径露水，怪石祥烟。疾进其处，皆古松也。中独围大者皮老苍藓，翔鳞乘空，蟠虬之势，欲附云汉。成林者爽气自重，不能者抱节自屈。或回根出土，或僵截巨流，挂岸盘溪，披苔裂石。因惊其异，遍而赏之。明日携笔就写之，凡数万本，方如其真。"

古松会"翔鳞乘空","欲附云汉",有的"爽气自重",有的"抱节自屈",有的"挂岸盘溪",有的"披苔裂石",这都是观赏者使他所观赏的对象加以人格化了。这种宇宙的人格化乃是我们聚精会神、无所为而为的时候所产生的一种必然的结果。我的人格越复杂，我所观赏的对象和我同化的时候所表现的意象，也就是越复杂。原始人的拟人作用或者也可以说它是宇宙的人格化。不过当时他们的思想行动人格是非常简单的、原始的，所以在他们心目中自然界所显现的人格，也是非常简单的。总之，在我们心目中外物的人格就是我自己人格的反映。这虽是反映，但是当我们精神集中不分耦我之际，我们也就分不清这是我的人格，还是物的人格了。

在拙著《哲学与人生》中，我对于美感经验作如下的解释：

"美感经验不是原始的感觉，而是人生最优越、最复杂的经验，它的组织成分在客观方面有形状上的对称正常，线条上的规律连续，颜色上的均匀调和，声音上的节奏和谐；再加以它们之间的同中之异与异中之同；在主观方面有身心上的快感，正确的判断，丰富的想象，崇高的人格。由主客这两方面所组织成功的美感经验，就是聚精会神对于已经人格化的情境意象作一种无所为而为的观赏。这种组织的恰到好处便是美；过与不及就是丑。宋玉《登徒子好色赋》里面说："'东家之子，增之一分则太长，减之一分则太短，敷粉则太白，施朱则太赤。眉如翠羽，肌如白雪，腰如束素，齿如含贝。嫣然一笑，惑阳城，迷下蔡。'所以美的标准就是这种心理组织的'恰到好处'。"

创作与欣赏

引起我们的美感的对象可以分成两类：一是自然界；一是艺术品。一朵鲜花或一处风景能使我们有美感；一个花瓶或一幅风景画也能使我们有美感。自然界产生美感的时候，我们称之为自然美；人工的作品使我们有美感的时候，我们称之为艺术美。当我们感觉到一种自然景象或一件人工作品是美的时候，这便是欣赏；当我们把我们的美感，用一种知觉的形相表达出来，而使自己或别人也对它发生美感时，这便是创作。所以在我们的欣赏中一种天然的或人工的形相摄住我们整个的心灵，使我们和这种形相浑然一体，同喜共愁，因对它作一种无所为而为的观赏，而产生一种复杂的快感。若是把我们内心的这种美感用形相表达出来，于是我们便有艺术的创造。艺术的创造是人为的。但是创作和欣赏是不能分开的。假使我们对于形相没有美的欣赏，那末，我们不能有所创造。假使我们的创造不能引起自己或别人的美的欣赏时，那便不成其为创造。无论创作或欣赏都是美感的表现。由形相而起美感便是欣赏；由美感而生形相便是创作。欣赏和创作都是一方面需要有天赋的秉性，一方面需要有锻炼的修养。虽然不加锻炼也有艺术的创作，也有美的欣赏，如原始人和一般的俗人，但是我们觉得一般人和艺术家之间的美感，便有程度上复杂和简单的分别，而我们觉得愈简单的愈近乎生理的快感；愈复杂愈高超的愈符合所谓美感的本质。

第一节 人格的修养

美感经验不是一时的快感，不是一时的情绪，不是一时的幻想，而是整个人格的一种特殊的精神反映。前面说美感经验中有移情作用，把我的情感移置于物。其实何止移置情感，我们在移置我们整个的人格于外物。所以在欣赏或创造中，我们不止有情绪上的锻炼，而且要有整个人格的修养。董其昌说："气韵不可学，此生而知之，自然天授。然亦有学得处，读万卷书，行万里路，胸中脱去尘浊，自然丘壑内营，成立鄞鄂，随手写出，皆为山水传神。"中国人论书画注重胸襟开阔，气魄雄伟，这都是有关于人格修养，不是勉强得来。照厨川白村的讲法，艺术的创造乃是把个人内心的苦闷用一种具体的象征表达出来的。它是根据佛洛德的《精神分析论》。他说：

> "内心里燃烧着似的欲望，为抑压作用的使者所阻止，因而生出了冲突，生出了苦闷，但这个欲望之力，有时竟然在不知不觉中，逃避了那个使者的抑压，而得到绝对自由，这就是梦。又有时居然脱去外面的强制和抑压，立在绝对自由的地位，以做纯粹创造工作，这就是艺术。……人类心灵的殿堂里是都潜有说不出来的烦恼，说不出来的苦闷。把这些说不出来的烦恼苦闷，拿到绝对自由的生活里而加以象征化，这就是文艺的事业。"

艺术是苦闷的象征，这是我们承认的，不过我们以为这种苦闷不是一时情绪的冲动，而是整个人格的表现。贝多芬有一个时候感觉生活的苦痛烦闷，很想自杀，是因为胸中这种蕴蓄可以借另一种方式发泄出来，于是隐忍不死。歌德也是因为有一种爱情无计发泄，意图自杀，后来又因为听到一位少年失恋自杀而感觉到一种悲哀的时候，于是借着草拟《少年维特》一书而发泄了内心的苦闷。但是这种苦闷乃是个人生命中蕴蓄已久的一种情态。这个情态，就狭义而论有他整个的人生观做背景；就广义而论，那也许是一种时代精神的代表。艺术和文学的伟大，当以个人的修养为转移。一种伟大的文艺不仅是一时的幻觉，而是一种足以代表时代精神的生命的表现。泰纳（Taine）在他的《英国文学史》里面开宗明义就说：

> "文学作品不是一种单纯理想的游戏，不是一种热烈头脑的幽思，而是当代生活态度的一种摹本，一种心灵的型态。有人说，我们可以从文学的文献中找出几世纪以前的人们的情绪思想。这种工作有人尝试过，而且已经得到了相当的成功。"

例如我们以魏、晋文学而论，魏、晋是文艺自由发展的时代。我们只要约略的注意当时的社会情形，我们就会明了何以当时会产生这样的文学。自从东汉末叶以后，政局起了很大的变化，内有宦官、外戚争权，外有党祸、黄巾的屠杀，接着就是三国鼎立之势，魏、晋相续的篡夺，再加以八王之乱，五胡侵略，这两百多年战祸天灾。在这个混乱的局势之下，比较开明的人士便产生种种新的人生观以求逃避当时的现实。虽然各人所用的方式不同——有的讲清静无为，逍遥自在；有的讲养生长寿，益病延年；有的讲从欲赏乐，田园隐逸；——但是他们的目的，就是发泄由当时局势在他们内心所产生的一种苦闷。刘大杰先生在他的《中国文学发展史》讲到阮籍的时候，他说："我们读到他的《首阳山赋》，知道他的心中还蕴藏着激烈的愤慨与热烈的情感。他讨厌那些高官大吏假借礼法的名义来陷良民，所以他反对那种虚伪的礼法；他看见那些君王贵族的胡作乱为，所以他鼓吹无为；他受不了那种压迫束缚的生活，所以他歌颂着清静逍遥的境界。这种心情的结合，表现出来的是那八十二首《咏怀诗》。"当他讲到陶渊明的时候，他说："陶渊明之所以为陶渊明，就是他独有的性格，时代的背景，以及各家思想的精华，混合调合而形成那种特殊的典型。"总之，假使一位文艺家的创造没有他的时代背景，没有他自己的思想人格，那种作品只是艳丽浮华，无病呻吟。这便是孔子所说的"人而不仁如礼乎？人而不仁如乐乎？"

第二节　见地与灵感

个人的人格一方面是历史社会的产物，另一方面它自有其特殊的组织，在这个组织中有各种休戚相关的成分。当个人和自然社会接触的时候，一方面是个人因为受自然和社会的影响而加强其组织的特殊性；另一方面自然和社会也因为个人活动的影响而发生变化。但是有一点我们在此地要特别注意的，那就是当个人与环境接触的时候，个人全部的人格都在和环境发生关系，不过在表现上我们只觉得人格的某一部分独特的突露出来。当我们对于环境发生关系的时候，我们有直接的关系和间接的关系。在我们和环境的直接关系中，我们或者是采取行动，例如我从树上采一个苹果吃，或者是对外物有所知觉，例如我在树下面看见有许多红色的苹果，闻着它们所发出的香味，或听见风吹动它们时所发出的声音。在我们和环境的间接关系中，我们或者是在想象中浮现出某一种情境的意象，例如我想象自己在一条幽静的小河旁边钓鱼，或者是运用抽象的概念组织一个思想系统，对于某种情境有所解释，例如我们推论说既然张三大于李四而李四大于刘五，那末张三必大于刘五，这时我们对于这三位先生不必起任何知觉意象。

在美感经验中，我们整个的人格在和环境发生关系，然而当我们和环境发生这种美感关系的时候，从我们人格中所特别突露出来的部分，乃是属于知觉和想象方面的。当我们聚精会神对于某种情境有所知觉和想象的时候，我们就会见到一种特殊境界，这种境界我们就称之为"见地"（vision）。这个"见地"并不是一时的幻觉或幻想，而是集中整个人格于某特点时所产生的结果。它是以整个人格为背景的，在这个背景上不过只在知觉方面或想象方面特别的显露出来罢了。这种"见地"从心理学上讲起来，乃是一种特殊的知觉场（perceptual field）。同一环境，各人对它所见到的境界是各不相同的。因为各人的修养程度不同，他们所见到的境界也各有深浅不一。例如许多人一同走到一个小溪的旁边，一般人所见到的只是流水，只是落花，而其中有一个人却见到了一个"落花有意，流水无情"的境地。这便是所见的深浅不同了。艺术家的创造就依赖这种深刻的见地，他能在知觉和想象方面见到一般人所不能见到的境界。例如我们读李后主的《虞美人》：

> "春花秋月何时了，
> 往事知多少！
> 小楼昨夜又东风，
> 故国不堪回首月明中。
> 雕栏玉砌应犹在，
> 只是朱颜改，
> 问君能有几多愁？
> 恰似一江春水向东流。"

此地请读者想一想看，一位词人对于一个简单的情境有多么丰富的见地。他是一个逃亡的君主，抛弃了旧都和宫殿，跑到江南来，过着流亡的生活。昨天在小楼感觉到一阵东风，望着天上的明月，于是联想到"故国"，再从故国想到宫中的雕栏玉砌，又回想到自己的流亡，不觉一缕愁思，恰似一江春水东流不绝。在一般的人看起来，东风明月是东风明月，雕栏玉砌是雕栏玉砌；愁只是愁，流也只是流。可是在李后主的心目中他却从东风明月的知觉中想象到雕栏玉砌；又从流亡的愁绪中感觉到春水的东流。在一般人的知觉场中所不发生关系的两种东西，从这位词人的整个人格的背景上却显现出一种特殊的关系，这种关系使他从目前的知觉场中见到一个新的境界。在同一小楼上同一阵东风吹到我身上或读者的身上，我们所见到的就大不相同。因此，我们又知道一个人的见地乃是他整个人生的独特部分。各人对于人生的透视不同，各人的见地自然就不一致。

无论哲学家、宗教家或艺术家，对于他们的环境都是各有所见的。不过哲学家是对于整个人生的体验有所见；宗教家是在超现实的精神界有所见；艺术家是在眼前的知觉场所中有所见。哲学家是用严密的逻辑系统把他所见的境界，从涵意关系的推演中表达出来，创造一种思想系统；宗教家是用神秘的精神锻炼，把他所见的境界从宗教仪节的安排中表达出来，创造一种生活方法；艺术家是用知觉的形相配置，把他所见的境界从意象的象征中传达出来，创造一种艺术作品。

这种见地有时是在一种意识之流的过程中所表现出来，如一般画家诗人触境生情，然后联想出一个艺术的境界。但有时这种见地是突如其来的。我们往往会在一种不知不觉的状态中突然见到一个特殊的境界。这在艺术上称之为"灵感"或"烟丝皮来熏"（Inspiration）。一个算术题目我们经过长久的苦思而不能解答，有时在无意之中忽然我们解答出来。一支歌曲或一首诗，往往是在无意之中突现了出来。例如歌德描写他写《维特》的经验说："这部小册子好像是一个患梦游症者在无意识之中写成的。"刘后村的《沁园春词》序云："癸卯佛生之翼日，梦中有作。既醒，但易数字。"灵感在以前认为是一种神秘的东西，其实这仍是可以用心理学的事实来解释的。前面我们说过，我们的意识可以分成三个层次。第一层是意识的中心，即我们聚精会神的一种意识作用，这时我们所认识的最清晰最深刻而范围也最狭小。在这个灵感范围里面，我们思考理性有相当重要的地位。第二是回忆层，虽在我们现意识范围之外，然而我们仍可以把它招回到意识圈以内来，这个范围比较广，其中所蕴藏的经验情趣也比较的丰富，不过所识得的不甚清晰罢了。在这个层次里面，我们的情趣和想象有比较活动的势力。第三是潜意识层，这是我们过去经验中已经被我们所遗忘而并没有消逝的心理活动，这个范围更为广泛，内容更为丰富，不过不被我们所意识罢了。我们的生活非但是受现意识和前意识所决定的，而且也是受潜意识的力量所决定的，不过我们不自觉罢了。在这个潜意识范围，我们的想象和情意特别的活跃丰富。这种潜意识并不是我们普通的回忆所能招得回来的。我们的意识作用愈活动的时候理性的势力愈大，潜意识部分的人格愈受到限制而不易涌现。但是当意识松弛，茶余酒后，神游梦幻的时候，我们常常会发见一种意想不到的境地，这个境地便是潜意识中特别活动的一部分，借着理性松弛的机会而突露在意识水平线之外所产生的结果，这便是灵感。欧阳修说："余生平所作文章多在三上，乃马上、枕上、厕上也。盖惟此尤可以属思耳。"灵感的招邀正是这种悠闲自在、神志松懈的时候。

第三节　艺术天才

艺术的创造需要天才。所谓天才，就是一个人不因为学习的效果有超过一般人的才能。在心理学上这种才能称为智慧（Intelligence）。智慧是一种运用过去的经验，把握眼前情境中的新关系，以解决由这个情境所发生的困难。例如两个人一同学几何，第一步大家都把几条基本的定义和公理记熟了，现在两人来证明一个命题。结果甲很快很正确的解答了，而乙却百思不得其解。"证明一个命题"，这是当前的一种工作（或问题）。熟记的定义和公理，便是过去的经验。问题的解答就是怎样把熟记的许多定义搭配成功一种新的关系，而这种关系足以证明那个命题。这种能力便是智慧。它是根据过去的经验，但并不等于过去的经验，因为甲乙两人可以同样熟记这些定义，但甲能够运用它们，把它们连贯成一种特殊的关系，而乙却不能。智慧也要根据于我们对于目前情境的了解，但是它不只是懂得目前的情境，因为甲乙两人可以同样明白那个命题的意义和所要解决的问题，但甲能够把目前情境和过去所习得的定义发生适当的关系，而乙却不能。我们说甲有天才，这就是说甲能够运用和乙所同有的经验去解决乙所不能解决的问题。甲能够解决这个问题，这是才能，但是这种才能虽离不了过去的经验，然却并不是过去的经验，因为乙有此经验而无此解决问题的能力。所以我们说甲所有的这种才能乃是天赋的。这是我们对于天才的解释。

以上我们是就一般的天才而论，但是还有许多人有一种特殊的天才，如美术天才、音乐天才、文艺天才、数理天才等等。现在我们要问这种特殊的天才是否即是普通的天才？凡有一般天才的人是否一定有艺术的天才？从历史上看起来，伟大的艺术家多半是绝顶的天才，可是从心理学的研究中，我们知道有特殊天才的儿童（如音乐天才，绘画天才等），不一定是有高的智慧，有的也许是有较低的智慧。反过来说，智慧高的儿童也不一定有特殊的音乐天才或文艺天才。有音乐天才的儿童，在六岁以前就可以测验得出来；有艺术天才的儿童，在十几岁的时候也可以预测。不过假使这种特殊的天才不加以特殊的训练，那末他这种天才根本就无从发展，也无从表现。因此，我们可以说，艺术的创造是需要天才的，但是有天才的人不一定就有艺术的创造，因为这还要看他在这一方面的训练如何。至于有少数智慧较低而有特殊艺术成就的人，那更不能不归功于他们的勤苦锻炼。

第四节　技巧的锻炼

不管一个人有怎样崇高的人格修养，有怎样丰富的想象见地，有怎样优越的艺术天才，假使他没有熟练的表达技巧，他绝不能有艺术的创造。根据前面的讨论，我们知道艺术的创造，乃是我们运用知觉方面的具体材料，把我们的内心的精神（即人格与见地）表达出来，以引起欣赏者的美感。因此我们就明白如何运用具体材料以象征我们的人格，这种技巧的锻炼，在艺术的创造中是多么重要的一种工作。刘勰论文章的镕裁时有云：

> "规范本体谓之镕，剪截浮词谓之裁。裁则芜秽不生，镕则纲领昭畅，譬绳墨之审分，斧斤之斫削矣。……思绪初发，辞采苦杂，

心非权衡，势必轻重。……舒华布实，献质节文，绳墨以外，美材既斫，故能首尾圆合，条贯统序，若术不素定，而委心逐辞，异端丛生，骈赘必多。……夫百节成体，共资荣卫，万趣会文，不离辞情。若情周而不繁，辞运而不滥，非文镕裁，何以行之乎？"

我国绘画历来宗奉谢赫的六法。六法是什么呢？（一）气韵生动；（二）骨法用笔；（三）应物象形；（四）随类赋彩；（五）经营位置；（六）传移模写。（一）所谓气韵生动，照董其昌的说法："此生而知之，自然天授，然亦有学得处。读万卷书，行万里路，胸中脱去尘浊，自然丘壑内营，成立鄞鄂，随手写出，皆为山水传神。"其内容包括有人格、修养、天才、锻炼。（二）"骨法用笔"，是指用笔的方法，例如王学浩有讨论点苔的笔法云："点苔最难，须从空堕下，绝去笔迹，却与擢不同。擢者秃笔直下，点者尖笔侧下。擢之无迹，笔为之。点之无迹，用笔者为之也。尝见黄鹤山樵'江山渔父图'，其点苔处粗细大小，无一可寻笔迹，真从空堕之法。"又元、李衎有论画墨竹之笔法云："墨竹位置，一如画竹法。但干节枝叶四者若不由规矩，徒费功夫，终不能成画矣。凡濡墨有深浅，下笔如重轻。逆顺往来，须知去就；浓淡粗细，便见荣枯。乃要叶叶着枝，枝枝着节。山谷云：'生枝不应节，乱叶无所归。'须一笔笔有生意，一面面得自然。四面团栾，枝叶活动，方为成竹。"（三）"应物象形"，这就是观照自然，效法天地。郭思说："学画花者，以一株花置深坑中，临者上而瞰之，则花之四面得矣。学画竹者取一枝竹，因月夜照其影于素壁之上，则竹之真形出矣。学画山水者，何以异此？盖身即山川而取之，则山水之意度见矣。"董其昌也说过："朝起看云气变幻，可收入笔端。吾尝行洞庭湖，推篷旷望，俨然米家墨戏。……山行时见奇树，须四面取之。树有左看不入画而右看入画者，前后亦耳。看得熟，自然传神。"（四）"随类赋彩"，是讲究着色的方法。（五）"经营位置"，是注重全局布置，阴影远近的经营。（六）"传移模写"，是描摹别人的佳作。董棨《画学钩深》内云："学画必从临摹入门，使古人之笔墨，皆若出于吾之手；继以披玩，使古人之神妙，皆若出于吾之心。……临摹古人，求用笔，明各家之法度，论章法，知各家之胸臆，用古人之规矩，而抒写自己之性灵，心领神会，直不知我之为古人，古人之为物，是中至乐，岂可以言语形容哉？"

以上我们是利用谢赫的作画六法，来说明艺术家若想有所成就，他必须用力磨炼。这种磨练的功夫，无论在哪一方面的艺术，都应该注意这六种方面。总结的说，一个艺术家第一要有伟大的人格和丰富的体验，第二要熟练运用工具的技巧；第三要观赏自然；第四要经营章法，注意组织；第五要临摹古人，研习法度。假使一个艺术家在技巧方面有了纯熟的锻炼，然后利用这种技巧把他所特有的见地表达出来，那末他就可以开始所谓艺术的创造了。

艺术的种类

艺术是美感经验的具体表现。因为表现的媒介和方式不同，人类便有不同的艺术。例如从视觉的形相所表现出来的便有建筑、雕刻、图画。这三种艺术也称为静的艺术，因为它们都是一种空间的组织。从听觉的音韵所表现出来便有诗歌、音乐。这又称为动的艺术，因为它们是根据于时间的过程。还有一种艺术是借文字所表达的，那便是文学。文字可以代表声音，也可以代表形状颜色。所以文学是符号的艺术。本章预备把建筑、雕刻、图画、文学、音乐简单的介绍一下，使读者对于这艺术之城作一鸟瞰。

第一节 建筑

建筑起源于人类实际的需要。所以一种建筑是根据于一种实际需要的。因为人们要祭鬼神，于是便有庙宇；因为要居住，于是便有房屋；因为要处理民政，于是便有宫殿；因为要制造工业，于是有工厂。所以建筑是不能不顾到它的功能的。其次，我们要顾到一种建筑是否能够安全持久。这是属于工程方面的。但是建筑之能否成功一种艺术，决定的因素，不是建筑的功能和坚固，而是它的设计（design）。一所房子也许很经久耐用，但是它不一定是一种艺术品。设计就是如何把一所房子的功能和构造，从一种视觉的配置方面表现出来。设计是部分的统一，是一种视觉组织，这种组织的得当便能产生美感，不当便能产生丑感。不过有一种功能派的建筑家，主张形式应依据于功能。他们认为凡是经久耐用的建筑就有某种美的形式。这句话我们觉得并没有经验的根据。我们以为在一种伟大的建筑中，功能、结构、设计三方面组织起来产生一种新的性质，这种新性质能够引起观赏者的美感经验，使他对于生命的意义多一层深切的认识。

西方建筑可以分成两大派：一派是罗马式（Romanesque）；一派是高特式（Gothic）。罗马式的建筑深受中古罗马思想的影响，盛行于一、〇〇〇年至一、二〇〇年之间。这种型式是想用在古典建筑中形相对于感觉器官所产生的效果，来表达基督教会的精神。我们也可以说罗马式的建筑是古典的、拜占庭的（即东方的）和北欧野蛮民族三种影响的统一产物。古典建筑包括希腊和罗马的神庙、戏院和礼拜堂。希腊建筑，从它的功能讲起来很简单，因为它们大半是神庙，其中只要有一个安置神像的地方就够了；从它的结构方面讲起来，在那些圆柱上的柱头、三槽板、排齿，对于建筑的安全持久是毫无补益的。所以希腊建筑的发展完全是根据于设计的观点。它的目的在建筑外表形相的简洁和观念的连贯。罗马建筑注意在内部的宏敞和装饰上的富丽，比较的还着重于建筑的效能方面。至于东方拜占庭（Byzantine）的建筑的特点，便是著名的圆顶，它不如古典式的引起我们感官上的简洁修理，而是激动一种精神上的崇高。北欧野蛮民族的特性是刚直勇武，高昂激烈。所谓罗马式的建筑（Romanesque architecture）便是把感觉上的简洁，信仰上的崇高，和性格上的刚直，三方面统一起来，成功一种具体的表现。但是因时因地不同，而这三方面在各民族中所表现的显晦不一。例如在意大利古典势力特别雄厚，而北欧如法兰西则三方面有较为均衡的发展。不过其中以古典特性与野蛮民族为最难调和。例如北方民族性的刚直，在形相上则往往表现为高大雄伟，在建筑上特别是从它的高度方面表现出来。可是罗马式的建筑，因为限于古典形态的着重横轴方面的气氛，以及拜占庭形态的圆顶和交弧的圆拱，而限制了建筑的高度。

高特式的建筑便极力从这个高大的方面用功夫。高特式盛行于十二世纪中叶和十三世纪。这时中古文化的各因素已能完全融贯一致。高特式建筑的中心思想就是统一形式和空间。形式是具体的，空间感乃是不可摸触的。现在的问题就是，一方面如何使具体的形式因抽象的空间感而发生意义，另一方面如何使抽象的空间感因具体的形式而得以表现。在高特式的建筑中，内部和外部的相隔并没有用墙垣，而建筑的四壁只是利用许多的窗间壁和扶壁来维持上面的屋顶。因为没有墙壁而是窗壁，于是内部比较的明敞。再加上窗上的颜色玻璃，而更使内部鲜艳夺目。另一方面，高特式把罗马式的圆拱改成了尖拱，这可以增加建筑的高度，使其崇高雄伟。因此，高特式的特点就是高耸、空敞、轻巧、鲜明。

在文艺复兴时代，建筑的发展，一方面自由运用古典的形式而不顾及它原来的功用，如大艺术家Michelangelo所表现者；在另一方面尽量放大形体的面积以增加雄壮的空气；如圣彼得堂所显示者。一到巴罗克时期（The Baroque Period），便特别注重在建筑形相在主观情绪上所产生的效果。巴罗克的建筑家开始利用绘画和雕刻方面效能，和建筑设计综合起来。例如他们用一根曲扭的圆柱，或一根破碎的楣楹，又如门面上用光暗阴影的配置，这虽然破坏了建筑功用上的效果，但是足以产生我们内心的情绪。巴罗克艺术大师白利尼（Bernini）注意到建筑外面广场的石柱石塔，内外的鲜艳彩色，明媚纤巧，实在是建筑艺术美感化的顶点。

第二节　雕刻

雕刻就是在任何物体上雕刻人形或我们对于其他自然现象的意境。雕刻就是一种绘画，不过它的媒介不是颜色和纸，而是石头或木板；它的工具不是笔而是刀或模子；它是立体的而不是平面的。雕刻大约可以分成两类：一类是浮雕；一类是独立的塑像。所谓独立的塑像是四面腾空，它的前后左右都可以看得见。至于浮雕乃是附着在背景上面，我们只能观照它的前面。浮雕又分为两种：一种是高浮雕，即所雕刻的对象从背景上凸出很高；还有一种是低浮雕，这只是在木板或石骨上略加镂刻而并不十分凸出。

雕刻和其他的艺术一样，不能太脱离现实，又不能太肖似自然。自然主义的罗丹虽然说过我们要忠实于自然，但是他所说的自然不是一般庸俗人心目中的自然，而是艺术家主观中的自然。不加选择的照片并不是艺术；自然物的铜模也不是艺术。一个艺术家不仅是描摹自然，他要从他雕刻中表现他自己的情绪人格；他更要从他的雕刻中引起别人的共鸣。塑像之可贵在其组织，更在其神韵。

埃及的雕刻起源于宗教作用，因为有些雕刻的人像是放在坟墓里面，好让死人的灵魂去附着；还有些雕刻便是半人半怪的神像，它们的轮廓简单，容貌呆板，毫无生气。希腊的雕刻便有筋肉的表现和姿势的曲折，活泼而有生气。有人说雕刻是适宜于表达希腊思想的一种艺术，一则因为希腊思想注重人的精神，而雕刻正是以人像为对象的；二则因为希腊思想注重感觉形式，而雕刻正是一种形式的艺术。中世纪和文艺复兴时代的雕刻，差不多全是基督教的装饰，例如Hildesheim教堂铜门上的《亚当与夏娃的审判图》；Amiens教堂大门入口处的《新约》图；Florence浸礼堂东入口吉伯谛（Ghiberti）所雕刻的《天堂之门》； Michilangelo Medici的《童贞及其圣子》等等。十九世纪的雕刻，到了罗丹可说是登峰造极，他着重在作品所表现的性格，而不十分注重形式上的美。从他的名作《吻》，我们就会感觉到他在运用光暗阴影来激动我们心理上的生气。这已经脱离了宗教而纯粹以雕刻为艺术了。至于近来四大名家，Maillol完全注重静止的体积形式；Manship但求装饰之美；Mestrovie表现一种民族统一性的爱国感；Milles注意完整统一的动作，各有其长。但是可惜近代雕刻并不如建筑或图画的发达，这一则因为雕刻没有建筑的实用性；二则又不如图画之轻便易于装饰；三则所需资本太大，艺术家不易自由发展。

第三节　绘画

　　图画可以说是雕刻的脱胎，雕刻仍然是三度空间的，图画便成功了两度空间的艺术。中西绘画都可以说是从雕刻脱化而来的。因为中西雕刻所表现的精神不同，而中西绘画也就有显著的区别。西洋雕刻是描摹人体，所以它的题材是限于自然界的小部分；因为雕刻是描摹自然，所以他们的艺术家特别注意比例、秩序、均衡、和谐等等所谓形式的美。人类的背景是文明整洁的城市，所以它给与我们的感觉也比较是静止安定。至于中国的雕刻如商、周的钟鼎镜盘，汉代的南阳石刻，所表现的都是大自然中深山大泽的龙蛇虎豹、星云鸟兽、人物歌舞等等流动的姿态。它不是描摹静的人体形象，而是表现动的姿态节奏，所以我们的艺术家是特别注意飞舞、节奏、神韵、生气等等所谓精神的美。这些星云鸟兽的背景是大气流行、变动不息的大自然，所以它们所给与我们的感觉是生动活泼。

　　从这两种品格不同的雕刻而产生了两种气味不同的图画。西洋画是利用透视、光影、凹凸的晕染，使我们对于画中的线条配合产生了一种立体空间的幻觉，然后从这种立体空间的幻觉中显现出圆雕式的物体。这种绘画是写实的，完全在我们的感觉方面发生效用。假使这是一幅房屋的图画，我们便觉得可以走进走出；假使所画的一只苹果，我们就想伸手去拿。所以绘画最高的理想乃是从均衡、比例、和谐、整齐的方式中，模仿自然，使观赏者发生一种美感。因为西洋画是注重透视法的，所以观照画境的立足点是在画的外面，观赏者和画境是处于对立的地位。

　　但是中国画是运用线条的节奏和墨色的浓淡来表现飞动姿态的节律，使我们的生命情调中产生一种共鸣。这种绘画是灵空的，它并不需要在感觉上起效果，而是有感觉的媒介使我们在情绪上起一种飘渺浮动的灵感。所谓"墨汁留川影，笔花传石神"者指此。中国绘画的最高理想是运用画法中点线皴擦以表现生命情调，透入物象。这一点宗白华先生在他的《论中西画法之渊源与基础》一文里有非常精澈的立论。他说：

> "中画的透视法是提神太虚，从世外鸟瞰的立场，观照全整的律动的大自然，他的空间立场是在时间中徘徊移动，游目周览，集合数层与多方的视点谱成一幅超相虚灵的诗情画境。……中画的作者因远超画境，俯瞰自然，在画境里不易寻得作者的立场，一片荒寒，似是无人自足的境界，然其人格个性反因此完全融化隐没在全画的意境里，尤表现在笔墨点线的姿态意趣里面。"

中国绘画六法首先提出"气韵生动"与"骨法用笔"两点。所谓"骨法用笔"就是如何运用笔法把握事物的骨气，以表现生活中的动态，而"气韵生动"正是骨法用笔所能达到的理想境界。至于西洋画里面所注重的描摹自然与形式美感，在我国绘画六法中则曲居次要地位，名之为"应物象形"，"随类赋彩"（这是指如何模仿自然事物的形象色彩），和"经营地位"（这是指比例均衡等等形式的美）。最后，"传移换写"便是指如何描摹古人之神韵笔法位置，以作为独立创造的基础，画法上故更居于次要之地位。

至于西洋画自从文艺复兴以后，艺术家已逐渐摆脱古典的牢笼而得自由发展。其理想中虽有欲走入中国绘画艺术之妙境，但是可惜徘徊无主，支流层出，未获正当途径。现在我们再将现代西洋绘画流派作一简单介绍。现代西洋画可以分为三大派，即理想主义、自然主义、表现主义。这三大派是前后相继，表示有一定的发展路条。理想主义是西洋传统的画派，它们的作品夹杂有主观的理想。西洋画的传统是有实用的，这意思是说，它们或者是宗教的宣传品，或者是宫殿上的装饰。它们的内容是宗教故事或宫闱故事。它们的技术是以纤巧华丽为主。它是主观理论的说教，而不是人生热情的表现。在理想主义下，现代绘画，又可以分成古典主义和浪漫主义两派。现在的古典派以达卫（Louis David）的《戴冠式》为代表作，他的特点是重形式美而轻色彩，表现类性而排斥个性。浪漫派以Delacroin的《一八三〇年》为代表作，这是描写一八三〇年七月革命的事实。它的特点是重色调，表现热情，内容以卑近的人间故事为主题，一洗从前以中古宫廷故事为主题的风习。但是它和古典派一样仍然是不强调个性，离开实际生活而作概念的表现，对于客观对象的态度游离不定，这仍然未脱传统风气。打破西洋画的传统而欲独树一帜者，则为现代的自然主义，它要使艺术客观化、现代化，摆脱一切的主观概念，希望以冷静的眼光来反映客观的现实。其中又可以分成写实派、印象派和新印象派三个支流。写实派是米叶（Millet）、柯伯（Courbet）等人所倡立。主张对客观自然作忠实的描写，打破古典派的壮丽的形态和浪漫派的热情奔放。在技巧上求形象和色彩的逼真；在内容上描写日常生活与自然景象。印象派的代表是莫南（Monet）、马纳（Manet），他们特点从颜色和光彩方面替自然界写实。所谓印象派的意思就是说，把自然界的色和光所射映在我们视觉上的印象，忠实的描摹下来。新印象派的首创是修拉（Seurat）和西业克（Signae），他们是运用五色的圆点来绘成一个画面，以表达自然的色和光所给予我们的感觉印象，而不是运用色彩的线条，所以他们又被称为"点画派"。第三大画派的表现主义，又是从客观的描写回到主观的表现，而不同于传统的理想主义。理想主义是利用静止呆板的画面来表达主观的理想说教，引起观赏者的信仰或情感。创造者是有主张的，观赏者是有情感的，而画面本身只是一种形态和形式。自然主义是利用静止冷酷的态度目光反映生动的自然。在创造者只是把生动的自然从形状色彩上忠实的反映出来，所以它是静止的。观赏者也只要能够再把这幅忠实的自然描写反映出来也就够了，所以它也是静止的。而画面本身却是生动的。表现主义觉得从生动活泼的自然景象所给予我们的印象，也是生动活泼的，而这种生动活泼的印象，应该用一种生动活泼的笔法，从一种生动活泼的画面表现出来。所以表现主义派的创造者的主观作用是生动活泼的，但是这种生动活泼不是主观者自己的理想或说教，而是从生动活泼的客观所引起的印象。画面的线条色彩配置也是活动的。观赏者内心所被引起的印象也是生动活泼的。例如塞让纳（Cezanne）的后期印象派，是用动摇的线条表出客观在主观上所产生的心状，忽视了形状色彩上的忠实性。马迪士（Matisse）的野兽派更忽视形状，以粗大的线条来表现客观在内心所起的运动。比卡索（Picasso）的立体派已不肖似自然，而把自然所给予主观的印象，用许多四角形的形体堆砌起来的画面表现出来。马尼纳提（Marinetti）的未来派，以为自然过程是继续不断的在时间上流动演变，在刹那间所感觉到的印象却自有其整个的动力系统，所以绘画要把这个整个动力系统所予我们的印象表现出来。在马氏的画里面马有二十几个脚，弹琴的人有四五只手。至于所谓达达派已经得不到一点形式的美感，它完全是用图示符号来表现客观所予主观的印象，例如Tristan Tzara的肖象，只是几个黑白的圆圈加以几个字而已，它已绝无人像影子了。

表现主义所注重的生动活泼，即我国画法中所谓"气韵生动"和"骨法用笔"，即用生动节奏的线条和浓淡和谐的墨色，来表现自然界的飞舞翔跃，这的确是以有节奏流动的线条墨色，把飞舞活跃的自然所给予我们有神韵灵虚的感觉表现出来。这是最高境界的表现主义，它所表现的是主观中的客观和客观所产生的主观。可惜西洋画家如自然主义，只是抛弃了主观来描摹静死的自然，而所谓表现主义，却又是抛弃了客观来表现客观所产生的主观印象，仍未能得入艺术的妙境。

第四节　文学

文学是不是一种艺术，这一方面要看艺术的本质，另方面也要看文学范围的广狭。例如《汉书艺文志》包括"六艺"（易、书、诗、礼、乐、春秋、论语、孝经、小学均在内）、诸子（儒、道、阴阳、法、名、墨、纵横、杂、小说名家）、诗赋、兵书、数术（天文、历谱、五行、蓍龟、杂古、形注）、方技（医经、经方、房中、神仙）六大类。又有分为经史子集四大部门。总之，凡一切用文字所记载下来的统称之为"艺文"。西洋方面也把文学分成散文和韵文两大类。散文中又包括书简、论文、传记、史乘、演说、小说六种；韵文中包括诗歌和戏剧两种。现在我们要请问中国的《易经》、《论语》、《小学》、《道德经》、《墨经》、历谱、医经等和西洋的科学论文、公文记录、政治演稿，是否应归之于文学一类。假使这也称之为文学，那末我们能不能说文学是一种艺术。

据我们以前的解释，艺术是美感经验的象征化，而美感经验的特性是形相直觉而不必自觉，精神灌注而不粘沾实用，感情移入而物我化一。文学是否艺术，就要看文学所表达的经验有没有这几个特点。假使我想要家里寄几个钱而来写一封信去要求，这封信只是以文字来表达一种意欲。假使我有了一套融贯的思想系统，而用一篇论文来发表，这篇论文只是以文字表达一种思想。假使有一件事实我们恐怕忘记而把它记载下来，这种史记只是用文字保持一种事迹。这许多都是没有情趣、没有意向的实用工具，不能称为艺术。本来中国这个"文"字是指一种花纹。因为中国文字是象形的，所以在造字的时候，古人是"仰观象于天，俯观法于地，近取诸身，远取诸物"。据说仓颉造书是见鸟兽蹄远之迹，依类象形。所以中国文字在感觉方面是起形相直觉的。因此，凡是运用文字的地方都称为文学。其实文字有两种功用：一方面它是表达我们的思想欲念以求满足某种实际需要的一种工具；另一方面它可以引起我们一种意象的直觉，而我们又会因为对于这种意象作一种聚精会神物我合一的观照，而发生一种快感。前者我们只能称之为文字记载，后者才称之为文学。例如《佚文篇》所云："五经六艺为文，诸子传书为文，造论著说为文，上书奏记为文。"这只是文字记载而不是文学。清、阮元说："文选必文而后选，非文则不选也。凡以言语著之简策，不必以文为本者皆经也、子也、史也，不可专名之为文。专名为文，必沉思翰藻而后可也。"所谓"翰藻"，即刘熙《释名》中所谓"文者会集众彩以成锦绣，会成众字以成辞义，如文绣然也。"所以我们以为假使一种文章能够引起我们在视觉方面或听觉或其他感觉方面的意象，我们对于这种意象发生移情作用，因而聚精会神作一种无所为而为的观照，这种文章便是艺术。因为此时的文字不是在表达思想欲念，而是在表达美感经验。简而言之，凡能引起美感经验的文字就是文学。有些论文传记，经史诸子的文章，也许能够引起我们的美感经验。所以从它们的能引起美感经验而言，它们也许可以说是一种文学。但是它们所以成功文学并不是因为它们是一种文字记载，而是因为它们也含有美感的因素。例如我们读到下面一首诗：

"和风飞清响，鲜云垂薄阴。

蕙草饶淑气，时鸟多好音。"

从感觉方面讲起来，当我们读这首诗的时候，我们在触觉方面起一种和风的意向，在视觉方面起一种鲜云的意象，在嗅觉方面起一种淑气的意象，在听觉方面起一种好音的意象，再加上诗本身音韵上的和谐，内心的情趣，因此起一种美感。这才是文学，才是艺术。但是有人批评说，一首诗也许完全是浮艳的文彩，辞藻的雕琢而全无生气意味，这不能算是艺术。这种纯形式主义，我们在别种艺术方面也有同样的批评。这种作品我们只能说是对于美感经验的表现不足。但是我们却不能说，凡是用辞藻的文字都不是艺术。

第五节　音乐

音乐可以说是最纯粹的形式艺术，它只用声音的和谐直接来打动我们的心弦，而不必有任何内容。例如绘画一定要有一个对象无论是人物花卉。诗歌一定要申诉一个心情或事实。音乐则不必是表现一个事物或一种情境，而完全是从感觉方面来引起我们的快感。丕德（Peter）说："一切艺术当以音乐为依归"。这就是指艺术当着重于形式方面。但是我们以为这话并不尽然。

所谓"纯音乐"（即不起具体景象的知觉的音乐），在人类是少有的。音乐在打动我们的心弦时，我们在听觉上或在视觉上即起一种意象，而如我们在以前所说，这种意象并不是孤立绝缘的纯感觉，而是有思想意义做背景。在没有意义的感觉中，我们认为没有美感。所以我们以为音乐，也是从意象中引起我们的情趣的。凡内容足以帮助音乐激起丰富的意象，而这些意象又能引起无限情趣的，这种音乐愈足以引起我们的美感。否则美感的成分很低，也许会只剩了快感。所以我们以为同是柴可甫斯基（Tschaikowsky）的悲怆交乐曲，在贩夫走卒听起来和一个音乐家听起来，其间便有很大的差别，在这个差别中，我们说这位音乐家比贩夫走卒从它得到了更多的感觉。所以自从贝多芬（Beethoveen）以后音乐家，都主张所谓"内容音乐"。有时因为利用乐曲上的文学标题而给予欣赏者一种情境的暗示，以增加他们的美感，这又称为"标题音乐"。例如修伯特（Schubert）用音乐来表达歌德的诗；孟德森（Mendelsson）编《仲夏夜之梦》的歌剧；肖邦（Chopin）作《夜乐》；殊曼（Schumann）作《浮士德》歌剧。这都是标题乐派的巨子，认为音调的形式里面应该充实人生的意味。

音乐的组织由于两个成分；一个成分是客观的音调，还有一个成分是主观的情调。从客观方面讲起来，音调有一种强烈的暗示力，某种特殊的音调能够引起某种主观的反应。例如当我们欢喜的时候，我们就会有一种轻快活泼的动作和发出某种节奏的音调。当我们看见别人有这种轻松明快的动作和音调时，我们就知道他在欢喜或者暗示我的欢喜。当我们听到一种强力急促的accent的音调，我们就会觉得这是愉快的表示。反之，当我们心里有一种悲哀的时候，我们的动作就会缓慢迟钝，我们所发出的声音也就悲切凄凉。当我们听到这种悲切凄凉、缓慢平静的音调时，我们也会觉到一种沉着郁结的情绪。所以在音乐中"渐急"的调子（a cellerando）必是兴奋的、激动的，而"渐缓"的调子（ritardando），多是沉静的、悲切的。

从主观方面讲起来，同是一种暗示愉快的调子，在甲是感觉到他和他爱人谈情时愉快；在乙是感觉到他在某种事业上成功时的愉快；在丙是感觉到有一次遇险得救时的愉快。同是一种悲怆的调子，在甲是觉到离乡别亲；在乙是觉到情场失意；在丙是觉到国破家亡。这便是主观的情调融合到客观音调的暗示作用之中了。

例如贝多芬的名著Coriolanus Overture，全曲多是用一种迅速不安而跳越的音调和一种柔和婉转而明快的长调。这两种音调在主观方面初步所唤起的，只是一种憧憬或不安的心理状态。但是各个不同的主观可以进一步而引起各种不同的具体意象。这些变幻无穷的意象，使音调表现出生命中各种变幻无穷的意味。贝多芬这个序曲的标题，是叙述一位罗马名将Cais Marzio Coriolano被罗马逐放，愤怒之下联合敌人，会攻罗马，亲自督帅大军，兵临罗马城下。其母及妻泪诉谏阻，终为所感，乃收兵停战。当我们只听见贝氏的序曲而不知道这个故事的内容时，我们听了第一段音调之后，只觉激昂；听了第二段音调，只觉悲切。但是当我们明白了这段故事之后，我们可以从第一段里面浮现出一个有激昂的复仇心理的主将，在第二段中又浮现两个女性的血泪悲诉。而且同样这个序曲，在一个不知道这个故事而另有一种心境的人听见之后，他也许会觉得始而是一个男子气愤填膺，向一位女性质问她的背信，继而觉得由于这位女性的泪诉而他因此软化的情境。所以我们以为音乐的妙处，就在它能以单纯的音调引起复杂的意境。

在图画中，一个人物或一处山水，只能引起人物山水的意象，再从这些意象暗示我们某种情调。但是这种暗示力也不外乎是在此人物山水之间。可是音乐里面。从各种音调的变幻而引起我们一种模糊不定的情调，再从这种情调中浮现出各种不同的主观心境。这种暗示力是无穷的。以最少的物理媒介产生最大的生命情调，这是艺术的最高境界。假使丕德所说的"一切艺术当以音乐为依归"，是指音乐的这种作用，那是我们所赞同的。

艺术与生活

艺术，我们可以说是人类生活的灵魂。假使人类没有艺术，他只是过着机械冷酷的生活和其他的动物一样。人类进步的表示就是他有艺术。人类的活动不仅是维持生命，而要生活更丰富、更有意义。我们不仅穿衣御寒，而且还要戴花敷粉，装束入时；我们不仅饮食果腹，而且还要杯盘齐整，花色调和；我们不仅以洞穴避风雨，而且还要画栋雕梁，园林曲折。而且很奇怪的是人类甚至于在没有衣服之前，已经在穿鼻纹身；在没有房屋之前，已经在装饰庙宇。足见有时候艺术的冲动似乎甚于直接的需要。本章我们预备讨论：（一）原始的生活和艺术的关系；（二）儿童生活和艺术的关系；（三）成人生活和艺术；（四）从以上的讨论来说明艺术怎样起源于生活；（五）艺术是否有助于道德。

第一节　原始的艺术

何以我们要研究原始的艺术呢？这是因为我们要从原始的生活中找出艺术的根源。当一个翡及安土人接受了达尔文所送给他的一段红布时，他不把这段红布当作衣服而将它撕成许多的细条，分送给他的同伴，缠绕在殭冻的身体上作为一种装饰品。"他们情愿裸体，却渴望美观。"人体装饰中最原始的形式，就是刻痕（scarification）和纹身（tattooing）。在澳洲人的行囊里，他们带着白垩和红色、黄色的矿土，好像摩登小姐们皮包里放有粉纸和口红膏似的。在平日他们只在颊边、肩上和胸前画几笔就够了，不过在宴会节期，他们就要涂遍全身。例如当少年举行成年礼或男子参加战争的时候，他们满身涂遍了红色或白色的条纹。根据人种学的研究，一切原始民族都喜欢红色。第一，红色的美感根本是由于直接的印象，例如牝牛和火鸡见了红色的布就会发生异常兴奋的情绪；狒狒用它臀部红色硬皮，雄鸡用它的红色冠来作吸引异性的工具；在罗马时代当一位将军得胜回朝的时候，他们用红色涂在他的身上。第二，红色容易引起强烈的联想而加强他们的情绪，原始人最初所用的红色，就是他亲手杀死的兽类或敌人的鲜血。后来他们因为纹身不能持久，所以又用刻痕的方法。他们用燧石贝壳割破皮肤，让它在黑色的皮肤上会生出淡色的浮像。托累斯（Torres）海峡邻近的男人，在两肩上带着很厚的马蹄形的劙痕，很像欧洲人的肩章。劙痕一则是表示勇敢和忍耐性，二则是做为部落和家族的标记，三则是用以装饰全身。据说："只有男子身上有着各种的线绞，妇女是不准割的，因为他们觉得女人不应该装饰太甚。所以对胸上、背上、臂上的很少几根线文，她们也只能认为满足。她们对这点应许她们用的装饰非常珍视，对别的事情，虽则非常娇嫩，但为了打扮却不怕受苦。"（Grosse Beginnings of Art，蔡慕晖译：《艺术的起源》七八一页）在佩戴的饰物方面，虽然平时他们没有衣着，但是在跳舞会的时候，男子用整束的皮条带在腰带的前后，女的用鸟羽制成的腰带，一直挂到膝部，来装饰他们。卫斯特马克（Westermarck）在他的《人类婚姻史》里面解释说："一个大家都通行裸体的地方，裸体是不足为奇的，因为我们每天看见的东西，就不会有特殊的印象。但是当男女们一用光亮的流苏加在上面时，不论是一对斑驳的羽毛，一串小珠，一簇叶子或一个发亮的贝壳，就不能逃避同伴们的注意，这小小的衣饰，实做了很强烈的可以设法引起的性感的刺激物。"这种原始民族非但装饰他们本身，而且装璜他们的用具。他们在盾牌上、刀矛上、弓箭上，都刻画有许多鸟、兽或其他自然界物品的形象。这一方面有伪装的作用，一方面和装饰他们自己的身体一样有美感作用。

最古的雕刻，有人从多陀纳洞穴里面，开掘了驯鹿时期所遗留下来的鹿角上有雕刻的花纹，这些雕刻大都是临摹动物的。格雷（Grey）在澳洲北部上格能纳新（Uper Glenelg）地方发现了几个岩洞，在洞壁上画着人和袋鼠的图画。在其他的原始民族中也发现同样的图画。这些图画有的是雕刻在石头或木头上，有的是用单色的矿质颜料画在洞穴里面的岩壁上面。这些图画都是描摹土人日常的生活，图中的形式和实物可算是唯妙唯肖。但是他们何以有这样高妙的本领呢？格罗塞（Grosse）在他的《艺术的起源》中说："敏锐的观察能力和灵巧的手艺技巧，乃是原始狩猎生活中所必不可少的两种技能。而这两种技能成功原始绘画的素质。只要他是一个高明的猎者和手艺的人，他大概也是一个过得去的画家和雕刻家。"这种绘画和雕刻，一方面是利用形象把他们的生活经验记录下来，这便演成了后来的象形文字，另一方面是运用形象来象征他们内心的情绪。

跳舞也是原始生活中最普遍的一种艺术。无论果实的丰收，青年的成年礼，友好部落的会合，战争的出发，合约的完成，或行猎的大收获，都用跳舞来庆祝。爱尔（Eyre）曾经描写过一种原始跳舞说："跳舞的妇女在头顶上拍着手，合着脚，并着膝。于是腿从膝盖处向旁伸——脚和手维持着原来的地位——又飞快地收回来，因为收得很快，以致互击作尖锐的响声。这种跳舞或者单独由一个女子或几个女子欣欣奏演。有时也由一个女子在一队男性的舞者之前跳舞，以激发他们的情欲。舞者用另一种形状向前进，脚时常相并踏着地上，用身体的一种特殊的蠕动，形成一种半圆形。这一种跳舞大概仅由年轻的姑娘们演奏音乐。"格罗塞对于这种艺术有一种很好的解说。他说：

"剧烈动作和节奏动作的快感，模仿的快感，强烈情绪流露中的快感——这些成分给热情以一种充分的解释，原始人类就是用这种热情来研究跳舞艺术的。最强烈而又最直接地经验到跳舞的快感者是舞者自己，但充溢于舞者间的快感，也同样地可以拓展到观众，而且观众更进一步享有舞者所不能享有的快感。舞者不能看见自己或者他的同伴，也不能和观众一样可以欣赏那种雄伟的、规律的、交错的动作，单独的和合群的景象。他感觉到跳舞，却看不见跳舞；观众没有感觉到跳舞，倒看见跳舞。在另一方面，舞者因为知道他已引起群众对于他的善意和赞赏，也可以得到一种补偿。因为这个缘故，双方都激起了热烈的兴奋；他们渐为音调和动作所陶醉了。"（《艺术的起源》二三二页）

古代的音乐和唱歌都是伴着跳舞。例如澳洲男人们跳利罗薄利舞（corroborry）的时候，便由本族的女人们伴奏音乐；布须曼人跳舞时，旁观的人便打着鼓合着他们的节奏。因此，我们知道音乐一方面是给跳舞合拍子，另一方面也是用声音来表达自己内心的情绪，因为从原始的音乐中，他们先是口头歌唱，然后用乐器。乐器音乐乃是口头歌唱的扩充而已。所以斯宾塞说，音乐的根源，在乎感情激动时语言的声调，而它又使这种声调更富于变化，更加繁复，更加表情了。后来音乐成功了最纯粹的艺术，它逐渐离开了实际的生活，建立一个独立的音乐王国。

第二节　儿童的游戏

有人说儿童的游戏心理和原始民族颇为类似，也可以解释艺术的来源，或者说，游戏是艺术在儿童生活中的开始。这话虽有几分理由，但是艺术和游戏并不完全相同。现在我们是希望从儿童的游戏中去透视艺术的起源。

关于游戏的本质，有几种重要的解释，我们预备简单的介绍一下。（一）席勒（Schiller）和斯宾塞（Spencer），主张精力过剩说。他们以为儿童之所以要游戏，那是因为他有过剩的精力的缘故。人类从营养中所贮藏的精力比他的生活中所需要的精力多些。假使这些精力不必用于直接有益于生活的活动，那末，它们就从许多无所为而为的活动中发泄了出来。游戏需要生活上的悠闲和精力，这就不成问题的。不过我们要请问何以儿童生病的时候或已经玩得精疲力尽的时候，他们仍然要游戏。而且假使游戏是由于精力过剩，那末，何以儿童在不同的年龄中作不同的游戏呢？所以精力过剩不能解释游戏随年龄发展而来的差别。（二）古鲁思（Gross）采用生活准备说。他认为儿童的游戏乃是努力练习生活中所需要的各种技能。游戏就是学习，就是为将来的生活作准备。不错，游戏足以使肌肉发展，增长经验，但是这是游戏的结果而不是游戏的原因。而且有许多游戏如打猎、骑马、游水等等，已经是现在开化社会中所不需要的玩艺了。更何况儿童根本就无从知道成年之人需要一些什么技能。（三）霍尔（G. Stanley Hall）主张重演说，以为儿童生活的发展过程，乃是重覆整个种族从原始到现在所经过的发展过程。现在儿童的游戏，正是重演民族在原始时代的许多生活工作。但是根据儿童游戏的发展和种族生命的发展作一比较，我们知道这两个过程阶段并不完全相符。而且有的游戏是整个儿童时代连续发现，而并不特别在某一个阶段上有显著的活跃。（四）根据勒曼（Lehman）与魏狄（Witty）的研究，儿童之所以游戏不外乎四种原因：（甲）避免不快意的事情；（乙）实现其复仇之心理；（丙）补偿他自己的缺陷；（丁）逃避现实的生活。但是这个说法也并不尽然。男孩子喜欢踢球，女孩子替洋娃娃缝衣服，都不必归纳到这四种心理之中任何一种。儿童的游戏表现与人合作，炫耀自己的优点，发泄内心的愉快，而且在儿童心理中现实和想象并不如我们成人这样分别得清楚，根本用不着逃避。

我们以为在我们解释儿童的游戏之前，第一，先要认清在各种年龄中儿童游戏的变迁，第二，再要分析儿童生活的本质；因为这两个方面都可以帮助我们认识游戏和儿童生活的关系。

现在先讲儿童游戏的变迁。儿童游戏的演变有几条发展的路线，是可以寻溯得出来的。（甲）它是从感觉动作的游戏进展到有理智因素的游戏；（乙）从个人的游戏到有社会性的、团体的游戏；（丙）从简单散漫到有组织的游戏。婴儿时期大部分是许多散漫的机体活动，例如移动身体，拨弄物件，和发出哦哦的声音。在七岁之前可说是玩具时期，儿童要穿珠子、剪纸、用沙泥做花园、积木搭房子。这类游戏是幻想的、模仿的，他们请客人、抱囡囡、骑竹马、开汽车。这时候他们喜欢内容简单，体裁重复的禽兽故事。在这种游戏中，儿童在幻想和现实分不清楚的经验中，领略生活的意义。有时他们用幻想创造许多超过现实生活的需要而再用幻想去满足这种需要，并因此而得到和实际需要满足一样的愉快。从七岁到十岁儿童的游戏，是有组织有系统的动作，如跑、跳、爬木梯、溜滑梯，荡秋千。从十岁到十五岁的游戏，增加了理智的成分，如猜谜、下棋、赌博、歌唱、替洋娃娃做衣服，各种符合节奏的动作，和有组织的运动。这时的游戏偏重在理智，技术的灵巧，和团体的生活。

从这个游戏发展的过程中，我们也可以看得出儿童生活的本质。我们认为儿童的生活是受机体活动和幻想情绪所操纵的。他们的基本需要的比较简单。大部分的需要很容易满足，因为这时有成人看护着他们；还有一部分没有满足的需要，他们便求之于幻想世界。他们的生活就在这样一个幻想和实际不必分开的世界里面，自由活泼的活动着，把全副精神注射在这个世界的一切对象上，作一种在成人看起来是不沾实用的活动，以求得快感而避免痛苦。当内心感觉到愉快或恐惧的时候，他们马上用行为表达出来，例如当他想吃苹果而妈妈给他一只苹果的时候，他马上就会高兴得唱起来、跳起来，这便是所谓儿童的游戏。这种游戏和原始艺术，有许多相同的地方。他们所生活的世界是一个现实和幻想不太分得清楚的境界。他的需要除了容易满足的简单生理需要之外，还有许多由幻想所造成的超现实的需要。因为要满足这些需要起见，他们一方面熟练机体和技能，以求达到简单的生理需要；另一方面，他们就用现成的机体和技能去满足他们幻想中的需要。但是当他们采取行动满足他们的现实幻想的需要时，他们是一任情绪的发泄和相像的指导而不加以反省和思考的。所以我们可以说，这种活动是自由的、不自觉的、聚精会神的。

在原始艺术和儿童游戏中所有的这许多特点，也正和艺术的本质相符。所以我们可以说，原始艺术和儿童游戏，是我们现在所谓艺术的雏形。我们说它们是艺术的雏形，这意思当然是说它们还并不完全和我们现在的艺术相同。以前我们说过，艺术是美感的表现而借以引起别人的美感。但是我们知道，原始的民族和儿童的美感和已经开化而有过很久民族生命的人民的美感，并不完全相同。我们的经验比较丰富，情绪比较复杂，动机比较繁多，理智比较发达，而想象也比较变化无穷。既然我们说，美感经验是由于这些方面共同所组织起来的一种特殊的心理状态，而这些基本因素在原始民族或儿童和成人方面又既有繁简之不同，那末，在成人或开化民族心目中的美感经验，比较儿童或原始民族心目中的美感，便更近乎我们所谓美感的标准。原始人或儿童的美感只是尚未成熟的美感罢了。因此，从这种未成熟的美感所产生的艺术，便是艺术的雏形而已。但是有人要问：何以古代艺术似乎比现代艺术好呢？这并不是古代艺术品和现代艺术品之间在本质上有什么不同，而是我们现在的人对于这两类艺术品的看法不同。前面我们讲过，美感又一个特点就是超越现实。古代艺术和现代作品比较起来是更较为超越现实的，所以它更能引起我们的美感。但是我们要知道这些古代作品在古代人的心目中，并没有在我们的心目中这样有美感价值。

第三节　苦闷的象征

从成人心理讲起来，有人主张艺术是生活苦闷的象征化。这个学说是根据佛洛德的升华说。照佛洛德的说法，指挥着人类活动的力量不是有意识的意志，而是无意识的一种欲力。我们的意识范围比较的狭小，而在这个意识范围中的活动，都有一种无意识的力量做背景的。例如一位青年在他的意识范围内，是因为激于爱国义愤而发表一篇慷慨激昂的演讲；其实在他的无意识之中，他是在借此而吸引他所渴望追求的姑娘的爱。在心里的发展中，我们的内心，似乎是建设两个部门：一个是意识部门，它是由于经过社会道德所允许的途径，而使欲望得到了满足之后所产生的结果，所以这一部门的活动是受所谓良心所支配的。还有一部门就是无意识的活动，它们是许多被良心所抑压而不许发泄的欲力。这种欲的力量很大，它们虽然被禁闭在这个无意识的圈子里面，但是它们随时在找出路来发泄。它们或者在梦境中跑出来，例如当我们醒的时候，不敢偷人家的东西吃，在做梦的时候，我们却吃到了一个大的苹果。它们或者从精神病里面发泄出来，例如当一位小姐害了精神病的时候，她就可以公开的对她所喜的人说："我爱你，我想和你发生关系。"还有一条出路就是研究哲学，做宗教事业，和创作文学。我们从哲学、宗教或艺术里面，把我们内心的苦闷发散出来，借以得到一种快感。假使我们说，哲学是苦闷的理性化，宗教是苦闷的行为化，那末，我们也可以说艺术是苦闷的象征化。

　　不过，以生活苦闷的象征化来说明艺术的来源，我们认为这种说法把艺术的范围看得太狭了。因为我们主张艺术是美感的象征化。所谓美感并不等于生活的苦闷。美感并不是孤立于人格之外的一个单独的特性，而是整个人格的结晶。它里面当然包括有生命的苦闷，同时也包括有生活的愉快。当我们苦闷的时候，我们要找发散的机会。但是当我们愉快的时候，我们也要手之舞之足之蹈之的表现出来。我们有所活动的时候，我们一方面是发泄自己的情绪，另一方面也是在别人的面前有所表示，我们又从这种因我们向人表示而引起的同情和赞美，而得到另一种愉快。因此，艺术的创造并不是由于某一种单纯的原因，而是有一种非常复杂的心理背景的。

第四节　艺术与道德

　　艺术既然是以整个人个做背景的。那末，一个人的艺术创作或对于一件艺术品的欣赏，是否完全代表他的道德态度呢？此地我们要分别美感经验和道德判断的不同。一幅裸体美女画能够引起我们的美感，同时也能引起我们不道德的邪思。孔子说："诗三百。一言以蔽之，思无邪。"这完全是从艺术的眼光去欣赏诗意，但是这些诗未始不可以动邪念。不过，美感和道德感是并不相同的。不错，美感是以整个人格为背景的，道德判断也是以整个人格为背景的。但是前者由于我们对于知觉的形相作聚精会神的观照时所引起的我们的情趣，而后者乃是我们在行为上求得人与人之间的调和。所以这两种经验是不能混为一谈的。但是两者的不同，并不等于两者之间毫无关系。当我们创作或欣赏艺术的时候，我们起一种美感，而这种美感是有道德背景的，因为一个人的人格既是多方面而又是完整的。我们有我们的美感方面，道德方面、理性方面、宗教方面，但是这些许多方面乃是互相浸润含浑不可分裂的。当我们起美感作用的时候，我们的道德、理性、宗教各方面同时都在活动，不过这时候美感的特性有比较主动的力量。这正等于在我们的道德观点何尝没有美感和理性的成分？只不过那时候道德的特性特别的显著罢了。

根据我们这个观点，在艺术上所谓"为道德而艺术"和"为艺术而道德"这两派的争端，可以得到一个解决。在艺术上这是一个久悬未决的问题。我们不妨请托尔斯泰来做"为道德而艺术"一派的代表；请克罗齐做"为艺术而艺术"一派的代表。托尔斯泰说："艺术是一种人的活动，它的要义就是说：一个人有意地用具体的符号把自己所曾生活过的情感传给旁人，旁人受这些情感的传染也感觉到这些情感。每个有理性有道德的人都应该追随柏拉图，以及耶稣和回教的教师，宁可不要艺术，也莫再让现行流行的腐化的虚伪艺术继续下去。"文艺应该用以宣传道德。当艺术在破坏道德的时候，我们就要替这般艺术家戴上桂花冠，驱逐出我们的国境。

在另一方面，克罗齐说："艺术不是由于意志活动所产生的。造成好人的善良意志不能造成一个艺术家。艺术和道德是没有关系的。世界上没有一条刑律可判它一个意象的死刑或判它下狱。判定但丁的Francesca为不道德的，或莎斯比亚的Cordelia为道德的，这异于判定一个三角形是不道德的，或一个四方形是道德的。"或者我们把克罗齐的话说的比较和缓一点。一个裸体塑像我们可以说它是美，同时也可以说它是不道德的。这是这两种判断完全是根据两种不同的态度。我们不能说，因为它很美，所以它是道德的；也不能说，因为它是道德的，所以它很美。美丑和善恶完全是两回事。

美感和道德是不能混同的，这是形式艺术论的优点。当我们创作和欣赏时候的美感，乃是当我们聚精会神对于知觉的形相作一种情趣回照的时候所产生一种快感。这时候，我们所得的经验并不是一种道德判断。但是这并不是说美感经验不能在道德方面发生影响。根据前面的分析，我们知道美感经验本身脱离不了道德观念和理性分析。朱光潜先生在他的《文艺心理学》里面说的很好："短促的一纵即逝的直觉，嵌在繁复的人生中，好比沙漠中的湖泽，看来虽似无头无尾，实在伏源深广。一顷刻的美感经验，往往有几千万年的遗传性和毕生的经验学问做背景。道德观念也是这许多繁复因素中的一个重要的节目。"这一段话，完全和本书的立场相符。最后我们再引用厨川白村在他的《苦闷的象征》中所说的一段话作为本书的结论。

"自我的底部的真生命与宇宙的大生命相交感、相交流的地方，就是真的艺术鉴赏结晶的地方。约言之，这不单止认识对象，还要把万有纳入自己的体验里面而品味它，要在对象里面发现自己。"

参考书目

朱光潜《谈美》

　　　《文艺心理学》

丰子恺《艺术丛话》

　　　《西洋艺术十二讲》

　　　《近代艺术概论》

夏丏尊《文艺论ABC》

俞寄凡《美学纲要》

吕　征《美学浅说》

范寿康《艺术之本质》

　　　《美学概论》

俞剑华《国画研究》

刘大杰《中国文学发展史》

Meuhaus　*The Appreciation of Art*

Croce　*Aesthetics*

Prall　*Aesthetic Judgment*

Tolstoi　*Art*

Santayana　*Reason in Art*

Dewey　*Art as Experience*

Grosse　*Beginnings of Art*

罗　丹《艺术论》

Robb and Garrison　*Art in the Western World*

附录：傅统先学术年谱

1910年

农历正月初三，出生于湖南省常德县（今常德市），原籍云南省澄江县，回族。[1]

1922年

6月，毕业于湖南省立第二师范学校附属小学。[2]

1924年

6月，肄业于湖南省立第二中学。[3]

1925年

6月，毕业于湖南常德峻德中学。[4]

8月，考入上海民立中学。[5]为了节省费用，借居于上海西门小桃园街清真寺内，因而受伊斯兰教影响很深。早晚均做礼拜，听讲教义。夜间随阿訇学习阿拉伯经文。这时常读回教学者刘介廉所著《天方典礼》与《天方性理》两书，深受其影响。从这两书中得知伊斯兰教所信仰的真宰是无形象、无方所、无所不在、无所不能的。于是种下了泛神论的种子。

1926年

8月，转入上海圣约翰大学附属高中（1927年，因时局关系，圣约翰大学

---

① 资料来源：《傅统先自述》，山东师范大学档案馆。
② 资料来源：《傅统先自述》，山东师范大学档案馆。
③ 资料来源：《傅统先自述》，山东师范大学档案馆。
④ 资料来源：《傅统先自述》，山东师范大学档案馆。
⑤ 资料来源：《傅统先自述》，山东师范大学档案馆。

及附中均停课，约十个月，在这一段时间内，曾考入上海美孚行做学徒。到1928年夏，圣约翰大学复学，回校继续学习）。[①]

1928年

春，与蒋尚庄订婚。

9月，高中毕业后直接升入圣约翰大学，主修哲学，辅修教育学；[②]发表《佛学概略》（《约翰声》第41卷）。

1929年

6月，同回族青年陆昌洪等一起创办了以"宣扬宗教，发扬教义，注重青年道德的培养，唤起教友团结精神"为宗旨的伊斯兰文化社团——上海回教青年研究社（1929—1933），由哈德成、达浦生、哈少夫为研究社指导员。主编社刊《回教青年》（月刊，1932年停刊，共出版12期）。[③]

1930年

5月，连续发表短篇小说《服从？》（《月华》第2卷第14、15期）。

10—11月，发表《现代回教的觉悟》（《回教青年月报》第8—9期）。

11月，发表《驳唐大圆居士"上帝造万物为不通"之谬论》（《月华》第2卷第32、33期）。

1931年

任圣约翰大学校刊《约翰年刊》英文部编辑，[④]圣约翰大学学报《约翰声》中文版主任，英文版编辑。[⑤]

发表《驳无神论》，翻译 *Selection of Plato* 的导论部分《柏拉图的哲学》（《约翰声》第42卷）；发表《春至人间花弄色》（《约翰年刊》第17期）。

5—11月，连续发表长文《追求中的真宰》（《月华》第3卷第13、18、23、24、27、28、29、30、31期），说明真宰是在整个世界的一切事物中，在

傅统先全集

516

---

① 资料来源：《傅统先自述》，山东师范大学档案馆。
② 资料来源：《傅统先自述》，山东师范大学档案馆。
③ 资料来源：王伏平，《傅统先及其〈中国回教史〉》。
④ 资料来源：相关聘书。
⑤ 资料来源：《傅统先自述》，《约翰声》1931年编委名单。

全部自然发展的过程中体现出来的。

1932年

发表《关于易经的考据研究》（《约翰声》英文版）。

8月，从上海圣约翰大学毕业。

9月，因患病在家疗养，长达三年之久。

1933年

同鲁忠翔、王义等回民青年，共同创办上海穆斯林刊物《改造》，以宣传伊斯兰文化。[1]

1月，翻译《逻辑的实证哲学》（《哲学评论》第4卷第3—4期）。

5月，出版《知识论纲要》（作家书屋）。

1934年

同鲁忠翔、马天英、王义等回族青年知识分子发起组织伊斯兰文化学术团体——中国回教文化协会，任常务理事，并编辑出版"中国回教文化丛书"，举办回民职业补习学校，任教务主任。同时在上海伊斯兰师范学校授课。[2]

3月，发表《读欧阳竟无之〈以俗说真之佛法谈〉》（《改造》第1期）。

10月，发表《辩证法唯物论批判》（载于张东荪著《唯物辩证法论战》，民友书局）；发表《知识论上之观念论》（《哲学评论》第5卷第4期）。

11月，连续发表《新物理学中之宇宙观》（《光华大学半月刊》第3卷第3、4、5期）。

1935年

1935年9月—1937年8月，任上海暨南大学附设实验学校教员兼副主任。[3]

3—4月，发表《生机哲学在生物学上之基础》（《光华大学半月刊》第3卷第6、7、8期）

4月，向中国哲学会第一届年会提交的论文《科学的唯心论》，由张东荪

---

① 资料来源：王伏平，《傅统先及其〈中国回教史〉》。
② 资料来源：王伏平，《傅统先及其〈中国回教史〉》。
③ 资料来源：《傅统先自述》，山东师范大学档案馆。

代读。①论文摘要《科学的唯心论》刊载于《宇宙（香港）》（1935年，第2卷第1期）。

9月，发表《答新实在论者》（广州版《民国日报》副刊《哲学周刊》）。

10月，发表《名著介绍—考夫卡著格式塔心理学原理》（《教育杂志》第25卷第10期）；翻译《小学美术教学要点》（《儿童教育》第7卷第1期）。

1936年

2月，翻译《小学算术的目标》（与圣之合译）、《实验主义与新心理学之关系》、《学校在社会组织中之地位》、《个别讨论与班次讲授之比较》、《训练明日之教师》（《儿童教育》第7卷第2期）；翻译《唯心哲学》第八章《辩证法与绝对》，（《文哲月刊》第1卷第5期）。

3月，出版《现代哲学之科学基础》（商务印书馆）；发表《怎样读哲学书？》（《华年》第5卷第8期）。

4月，翻译《学习之电化基础》（《教育杂志》第26卷第4期）；论文摘要《科学的唯心论》刊载于（《哲学评论》第7卷第1期）。

5月，发表《认识是多元还是一元？》（载于詹文浒编《张东荪的多元认识论及其批评》，世界书局）。

6月，翻译《现代学校教导儿童的主要原则》、《学习的电化论》、《学校中的心理卫生》（《教育杂志》第7卷第4期）。

7月，发表《认识之组织》（《哲学评论》第7卷第2期）。

1937年

任《儿童教育》编辑，②译著《格式心理学原理》（考夫卡原著），由商务印书馆出版，列为"大学丛书"。

1937年9月—1939年8月，任上海暨南大学附属中学教员。③

---

① 资料来源：《宇宙（香港）》，1935年第2卷第1期。
② 资料来源：《儿童教育》，1937年3月—4月编委成员。
③ 资料来源：山东师范大学档案馆。

1月24—27日，出席中国哲学会第三届年会，^①时任中国哲学会上海分会干事，并宣读论文《宇宙之组织》。论文摘要《宇宙之组织》刊载于《哲学评论》（第7卷第3期），全文发表在《东方杂志》（第34卷第12期），并被《政训月报》（第34期）转载。

1月，发表《新著介绍—近代心理学之演进》（《教育杂志》第27卷第1期）。

3月，译著《自然与生命》（怀特海原著），由商务印书馆出版，编入王云五主编《万有文库》第二集；与董任坚合译《儿童发育测验：自出生至六岁》（《儿童教育》第7卷第10期）；发表《书报介绍—中国心理学报》，翻译《前进教育的将来》、《现代小学教育的几个问题》、《一种不用成绩报告单的报告方法》（《儿童教育》第8卷第1期）。

4月，发表《书评—勒文的方位心理学与动的人格论》（《儿童教育》第8卷第2期）。

6月，发表《新书介绍—儿童心理学》（《现代教育评论》第1卷第3期）。

1938年

1938年9月—1939年8月，兼上海江西中学英语教员。

1938年9月—1943年8月，兼上海正风学院（后改诚明文学院）教授。^②

1939年

1939—1942年，任上海圣约翰大学大学讲师；1942—1945年，任上海圣约翰大学大学副教授；1945—1948年，任上海圣约翰大学大学教授。^③

1939年2月—1941年1月，兼上海大夏大学讲师。

1939年2月—1941年8月，兼上海光华大学讲师。^④

---

① 资料来源：《哲学评论》1937年第7卷第3期。
② 资料来源：山东师范大学档案馆。
③ 资料来源：房建昌，《简论回族著名学者傅统先先生》。
④ 资料来源：山东师范大学档案馆。

加入中国心理学会；发表《现代思想的转变》（《正风》）。

7月，译著《心理学》（波林、兰费德、卫尔德原著），由商务印书馆出版。

9月，讲义《逻辑纲要》，由大夏大学、光华大学等出版。

10月，发表《青年的思想问题》（《美商青年》第1卷第1期）；发表《思想往何处去？》（《美商青年》第1卷第2期）。

12月，发表《辩证法与唯物论是可以综合的吗？》（《文哲》第1卷第9期）。

1940年

1940年9月—1948年8月，兼任东吴大学法学院教员。①

1月，发表《人类的智慧从何处而来？》（《知识与趣味》第2卷第1期）；翻译《如是我闻的中国人》（《知识与趣味》第2卷第8期）；出版《中国回教史》（商务印书馆），列入中国文化丛书；沈恩孚、蒋维乔等人，根据傅先生的演讲"儒释道耶回五教合一"印制出版《儒释道耶回五教基本一致性》。

3月，发表《科学与现代世界：介绍几本关于新科学理论的书（西书介绍）》（《西书精华》第1期）。

5月，发表《大学生与哲学》（《教育杂志》第30卷第5期）。

6月，翻译《人类行为心理》（《西书精华》第2期）。

9月，入圣约翰大学研究生院在职进修教育哲学硕士；翻译《哲学家的休闲》（《西书精华》第3期）。

12月，发表《从联络家庭说到专家教育》（《小学教师》第2卷第8期）；发表《现代思想方法（西书介绍）》（《西书精华》第4期）。

1941年

暑假，担任上海小学教师训练班的"世界教育思潮"讲座教师。②

---

① 资料来源：《傅统先自述》，山东师范大学档案馆。
② 资料来源：《傅统先自述》，山东师范大学档案馆。

译著《唯心哲学》（亨黎原著），由中华书局出版。

1941年8月—1942年1月，兼任无锡国学专修学校（上海）教授。[①]

1月，翻译《论诗与哲学》（《西洋文学》第5期）。

3月，发表《文化之衰落与复兴（西书介绍）》（《西书精华》第5期）。

4月，翻译《哲学的诗人》，发表在（《西洋文学》第8期。

6月，发表《哲学入门》（《西书精华》第6期）；《全体性的哲学与教育》（《学林》第8期）；翻译《精神之领域》（《西洋文学》第10期）。

1942年

6月，获文学硕士学位，毕业论文题为《从实在论的角度重述唯心主义》。[②]

1943年

2—6月，兼私立成文商学院教员，执教《外国文》《伦理学》。

1943年9月—1945年8月，兼上海华东联合大学教育学院心理学讲师。[③]

时为圣约翰大学教育系主任，带领圣约翰大学学生创办中南中学、圣约翰大学附属实验学校。[④]

加入上海市小学教师联合进修会。[⑤]

1944年

1月，以笔名舡斋发表《世界文化之分歧与会流》（《学术界》第1卷第6期）。

6月，出版《哲学概论工作手册》（世界书局）。

1945年

1月，出版《哲学与人生》（世界书局），被选为大学国文教本。[⑥]

---

① 资料来源：相关聘书。
② 资料来源：《傅统先自述》，山东师范大学档案馆。
③ 资料来源：《傅统先自述》，山东师范大学档案馆。
④ 资料来源：《教育学报》，1947年第1期。
⑤ 资料来源：《申报》，1947年12月23日。
⑥ 资料来源：《申报》，1945年1月31日。

9月，同刘大杰、陈选善等创办《平论》，任《平论》主编；① 时任《申报》副刊《出版界》主编；② 发表《中国文化的出路》（《平论》第1期）。

10月，发表《谈接收学校》（《平论》第2期）；发表《上海青年的再教育》（《平论》第3期）。

11月，发表《知识与生活》（《知识（上海1945）》第3期）；《中国人的自然观》（《平论》第5期）。

12月，发表《小学教师可以做的几件事》（《教师生活》第2期）；发表《对于国是应表示明确的态度》（《平论》第7期）。

1946年

组织发起成立上海市大学教授联合会，任理事，学术研究委员会委员，召集人③。

当选为上海市临时参议员；④ 上海市长宁区市参议员；⑤ 任立法委员。⑥

1946—1948年，参加中国回教协会上海分会，任理事。⑦

1946年2—6月，兼私立之江文理学院教授。⑧

1月，发表《思想与实践》（《真理与自由》第1期）；发表《教育与文化的演进》（《教育与文化（上海）》第1期）；发表《中国人的社会观》（《人之初月刊》第2期）；发表《中国文化运动的新路线》（《平论》第8期）；发表《读罗家伦的新人生观》（《前线日报》21日）。

2—3月，连续发表《与冯友兰先生论中国哲学之精神》（《平论》第10、11、12期）。

3月，发表《评张东荪著知识与文化》（《申报》2日）。

---

① 资料来源：《平论》，1945年第1期。
② 资料来源：《傅统先自述》，山东师范大学档案馆。
③ 资料来源：《申报》，1946年3月4、13日。
④ 资料来源：《申报》，1946年3月7日。
⑤ 资料来源：《申报》，1946年5月20日。
⑥ 资料来源：《申报》，1946年9月10日。
⑦ 资料来源：《傅统先自述》，山东师范大学档案馆。
⑧ 资料来源：相关聘书。

4月，发表《教育政治与哲学》（《教育与文化（上海）》第3期）。

6月，发表《论社会组织》（《申报》8、9日）；发表《思想与社会》（《申报》13日）；发表《是与非》（《申报》15日）；发表《如何培植民主的思想》（《教育与文化（上海）》第4—5期）。

7月，发表《理论的斗争》（《申报》3日）；发表《评张东荪著思想与社会》（《申报》11日）；发表《传统思想的错误》（《群光周报》第2期）。

8月，发表《生与死》（《启示》第1期）。

10月，发表《怎样研究哲学？》（《读书通讯》第118期）。

11月，发表《读书的方法》（《申报》28日）。

12月，发表《写作的道德》（《申报》12日）；发表《出版与捐税》（《申报》26日）。

1947年

任中国教育学会上海分会筹备委员，并出席中国教育学会上海分会成立大会；①

出版《教育哲学讲话》（世界书局）。

1947年2—8月，兼南京建国法商学院讲师，执教《哲学》。②

1月，发表《学习的御道》（《申报》16日）。

2月，发表《我对于现用教科书一般的批评》（《活教育》第4卷第2期）。

4月，发表《与梁漱溟先生谈中国民族之前途》（《申报》17日）。

5月，发表《以教育救中国》（《观察》第2卷第12期）。

6月，发表《如何使教育适应社会需要》（《教育学报》第1期）。

7月，发表《中国文化之新精神》（《革新（南京）》第2卷第18期）。

10月，发表《东西文化之会流》（《申报》30日）。

12月，发表《编者的希望》（《申报》4日）；发表《文化的故事》

---

① 资料来源：《教育学报》，1947年第1期。
② 资料来源：《傅统先自述》，山东师范大学档案馆。

（《申报》11日）。

1948年

5月，出版《美学纲要》（中华书局）。

6月，发表《基督教与民主主义》（《申报》3日）。

8月，赴哥伦比亚大学师范学院攻读哲学博士，第一年在师范学院研究教育哲学并旁听教育心理学方面的课程。第二年进研究生院，专攻哲学，师从兰德尔（Randall）学习思辨哲学，师从艾德曼（Irwin Edman）学习美学，师从内格尔（Nagel）学习逻辑学。师从劳普（Robert Bruce Raup），专攻教育哲学。

1949年

7月，再次获文学硕士学位，美国哥伦比亚大学师范学院授予。

1950年

7月，获哲学博士学位，毕业论文题为《形成道德判断的方法论——基于国际比较的视野》。[①]

8月，在塘沽港回国。[②]

1950年8月—1951年2月，在上海等候学习、工作。

1951年

2—8月，任上海新中国学院心理学教授。

1951年9月—1952年1月，苏州华东人民革命大学政治研究院学员。

1952年

2月，任山东师范学院教育系教授，先后任教育系副主任、主任，直至晚年。期间，担任教育学和心理学课程，创建教育实习制度。为了改革教育，帮助中小学教师提高教育质量，曾为济南市中小学教师业务学习班讲授教育学，为济南军区部队文化教员讲授教育学和心理学，为空军学校教授逻辑学。也曾为山东省党政领导同志开办逻辑学讲座，并为党校干部训练班上过逻辑学课。

① 资料来源：《傅统先自述》，山东师范大学档案馆。
② 资料来源：《傅统先自述》，山东师范大学档案馆。

12月，发表《热烈投入教学改革的学习 积极为教学改革准备条件》（《山东师范学院校刊》20日）。

1953年

1月，发表《加强学习、搞好教学以迎接一九五三年》（《山东师范学院校刊》6日）。

3月，发表《说不出的恩情（悼念斯大林）》（《教与学》20日）。

10月，发表《人民教师的光荣任务》（《教与学》14日）。

12月，发表《通过公开教学和评议会我的课堂讲授得到了初步的改进》（《山东师院》1日）。

1954年

参加中国心理学会济南分会筹备委员会，1960年改为山东心理学会，任理事。

1954—1963年，兼中国人民政治协商会议山东委员会委员。[1]

1月，发表《我组助教进修的途径和问题》（《山东师院》13日）。

2月，发表《吸取过去经验为本学期教学工作做好准备—二月十五日在教学会议上的发言》（《山东师院》23日）。

8月，出版《教学方法讲话》（山东人民出版社）。

11月，发表《几个主要的教学原则在巴普洛夫学说上的根据》（《山东师院》）。

12月，出版《儿童品德教育讲话》（山东人民出版社）。

1955年

5月，发表《批判为美帝国主义服务的杜威反动教育思想》（《山东师院》）。

6月，发表《做一个人民教师是光荣而愉快的》（《山东师院》）。

---

[1] 资料来源：《傅统先自述》，山东师范大学档案馆。

7月，发表《认清杜威教育学说的反动本质，肃清它的残余影响》（《光明日报》11日）。

10月，发表《关于制定教研组工作计划的几点体会》（《山东师院》20日）。

12月，发表《教育实习中应注意的几个问题》《怎样阅读参考书》（《山东师院》10日）；《进一步思想改造，赶上客观发展，迎接一九五六年》（《山东师院》31日）。

1956年

3月，发表《做好全面规划，以实际行动回答党对我们的关怀》（《山东师院》7日）。

7月，发表《对百家争鸣的一点看法》（《山东师院》10日）。

9月，发表《谈谈在教学中贯彻百家争鸣的几个问题》（《山东师院》28日）。

12月，出版《谈谈怎样教育子女》（山东人民出版社）。

1957年

2月，出版《反动的实用主义教育思想批判》（湖北人民出版社）。

12月，发表《对于格式塔心理学的初步批判》（《山东师范学院学报（人文科学）》第2卷第1期）。

1959年

11月，发表《红专学校中生产劳动、科学技术研究和教学过程的统一性》（载于中国科学院山东分院教育研究所编《创办红专学校的经验》，山东人民出版社）。

1960年

1月，译著《经验与自然》（杜威原著），由商务印书馆出版。

1962年

10月，发表《试论通过教学形成学生世界观基础》（《大众日报》13

日）。

12月，译著《现代哲学倾向》（培里原著），由商务印书馆出版。

1964年

10月，译著《自由与文化》（杜威原著），由商务印书馆出版。

1965年

译著《确定性的寻求：关于知行关系的研究》（杜威原著），由上海人民出版社出版。

2月，译著《人的问题》（杜威原著），由上海人民出版社出版。

9月，翻译《当代心理学理论》第一章《操作主义与逻辑实证主义》（《国外社会科学文摘》第9期）。

1975年

回上海疗养，担任《外国教育资料》外文校对工作。①

1979年

当选为中国教育学会常务理事兼《教育研究》编委，山东省教育学会名誉主席②；再次当选为政协山东省委员会常务委员③。

翻译《发生认识论》（皮亚杰原著），（《教育研究》第2、3、5期，1980年第1期）。

1月，翻译《学院和大学课程》第七章《美国研究生教育的发展和倾向》（载于《外国教育丛书》编辑组编《高等学校的科学研究和研究生教育》，人民教育出版社）。

5月，发表《高等教育对于社会发展的贡献：介绍联合国教科文组织一九七八年于巴黎召开的一次座谈会》，翻译《苏丹的高等学校和社区发展》（《外国教育资料》第8卷第2期）。

---

① 资料来源：《傅统先自述》，山东师范大学档案馆。
② 资料来源：《傅统先自述》，山东师范大学档案馆。
③ 资料来源：《傅统先自述》，山东师范大学档案馆。

6月，译著《世界电化教育概况：利用教育技术进行科学教育的新动向》（联合国教科文组织出版部原编），由上海教育出版社出版。

9月，与华东师范大学张文郁教授联合招收培养教育学原理专业硕士研究生陆有铨（傅先生为第一导师）。

1980年

当选为中国国民党革命委员会常务委员；①

1月，发表《美国改造主义的教育思想》（《教育研究》第2期）。

3月，发表《试论皮亚杰的发生认识论》（《教育研究》第1卷第4期），并被《复印报刊资料（心理学）》1980第9期转载。

6月，翻译《儿童的语言与思维》（皮亚杰原著），由文化教育出版社出版。

11月24—28日，应联合国教科文组织邀请出席巴黎举行的"关于生产劳动与普通教育相结合问题"的专家会议。回国后，《外国教育资料》编辑部约请傅先生撰写《普通教育与生产劳动的关系（介绍联合国教科文组织召开的一次有关的专家会议）》（《外国教育资料》1981年第10卷第3期），同时选译南斯拉夫、印度两位专家在会上的发言。

1981年

4月，发表《关于生产劳动与普通教育相结合的问题》（《山东教育》第4期），并被《复印报刊资料（教育学）》1981年第5期转载。

3月，翻译《中小学中劳动在技术与社会方面的统一性》（《外国教育资料》第3期）。

4月，发表《按照学习心理，改进教学方法》（《课程.教材.教法》第3期）；发表《柯尔伯格的道德教育学说》（《外国教育资料》第10卷第4期）。

5月，发表《教育心理学的一个新学派》（《外国心理学》第1期）；发表

---

① 资料来源：山东省地方史志编纂委员会编《山东省志第十卷民主党派工商联志》，山东人民出版社，1999年。

《关于改进教育与教学的若干问题》（《教育研究》第5期）。

7月，发表《谈谈生产劳动与普通教育相结合的几个问题》（《教育研究》第2卷第7期）。

11月，翻译《教育科学与儿童心理学》（皮亚杰原著），由文化教育出版社出版。

1982年

5月，发表《我的思想发展过程》（载于北京图书馆《文献》丛刊编辑部、吉林省图书馆学会会刊编辑部编《中国当代社会科学家 第1辑》，书目文献出版社）。

6月，发表《当前世界各国对于教育与生产劳动相结合的实施与研究概况》（《外国教育资料》第11卷第6期）。

8月，译著《儿童的心理发展》（皮亚杰原著），由山东教育出版社出版。

9月，与华东师范大学张文郁教授联合招收培养教育学原理专业硕士研究生魏贤超（傅先生为第一导师）、张晓鹏（傅先生为第二导师）。

10月，翻译《明日教育的结构基础》（皮亚杰原著）（《教育研究》第10期），并被《复印报刊资料（教育学）》1982第11期转载。

11月，发表《试论皮亚杰的结构主义》（《华东师范大学学报（哲学社会科学版）》第6期），并被《复印报刊资料（外国哲学与哲学史）》1983年第1期转载。

1984年

9月，与陆有铨合译《儿童的道德判断》（皮亚杰原著），由山东教育出版社出版；在山东师范大学教育系，独立招收教育基本理论专业硕士研究生：戚万学、李立绪和高旭平。

1985年

3月2日，在上海逝世；9日，追悼会在上海华龙宾馆举行。

7月，翻译《终身教育与秘鲁的教育改革》，载于上海第二教育学院、上海市成人教育研究院编《外国成人教育理论》，由上海市成人教育研究院出版。

12月，与陆有铨合译的《学习的条件》（加涅原著），由人民教育出版社出版。

1986年

6月，与张文郁合著的《教育哲学》，由山东教育出版社出版。